Die praktische Notwendigkeit des Guten

Christoph Bambauer

Die praktische Notwendigkeit des Guten

*Handlungstheoretische Ethikbegründung im Ausgang
von Christine Korsgaard und Alan Gewirth*

mentis

Gedruckt mit Unterstützung des Förderungsfonds Wissenschaft der VG WORT

Bibliografische Information der Deutschen Nationalbibliothek

Die Deutsche Nationalbibliothek verzeichnet diese Publikation in der Deutschen Nationalbibliografie; detaillierte bibliografische Daten sind im Internet über http://dnb.d-nb.de abrufbar.

Alle Rechte vorbehalten. Dieses Werk sowie einzelne Teile desselben sind urheberrechtlich geschützt. Jede Verwertung in anderen als den gesetzlich zugelassenen Fällen ist ohne vorherige schriftliche Zustimmung des Verlags nicht zulässig.

© 2019 mentis Verlag, ein Imprint der Brill-Gruppe
(Koninklijke Brill NV, Leiden, Niederlande; Brill USA Inc., Boston MA, USA; Brill Asia Pte Ltd, Singapore; Brill Deutschland GmbH, Paderborn, Deutschland)

Internet: www.mentis.de

Einbandgestaltung: Anna Braungart, Tübingen
Herstellung: Brill Deutschland GmbH, Paderborn

ISBN 978-3-95743-162-2 (paperback)
ISBN 978-3-95743-720-4 (e-book)

Inhalt

1 Einleitung: Die Idee der praktischen Ethikbegründung 1

2 Hauptthesen und Begründungsziele 11

3 Aufbau der Untersuchung 15

4 Das Problem einer rationalen Ethikbegründung 19
   4.1 Rationale Rechtfertigung 20
   4.2 Die Überflüssigkeit der rationalen Ethikbegründung 23
   4.3 Die Unmöglichkeit der rationalen Ethikbegründung 28
      4.3.1 *Das Methodenproblem* 29
      4.3.2 *Die Rechtfertigung des Moralbegriffs* 32
   4.4 Die Notwendigkeit der rationalen Ethikbegründung 35
      4.4.1 *Praktische Forderungen, Prudentialität und Anthropologie* 35
      4.4.2 *Die Begründung der Autorität moralischer Forderungen* 45
      4.4.3 *Unbedingte Verbindlichkeit und der praktische Standpunkt* 54
      4.4.4 *Zusammenfassung der bisherigen Resultate* 69
      4.4.5 *Anforderungen an praktisch-rationale Ethikbegründungen* 72

5 Korsgaards Modell der akteurreflexiven Normativität 79
   5.1 Die normative Frage 80
   5.2 Wertzuschreibung und Gesetzgebung im Voluntarismus 87
   5.3 Substantieller und prozeduraler Realismus 88
   5.4 Die Tragweite sentimentalistischer Motivation 92
   5.5 Reflexivität und Normativität 97
   5.6 Zwischenfazit und Ausblick 100
   5.7 Praktische Nötigung, Selbst-Konstitution und Handlung 104
      5.7.1 *Praktische Nötigung und der Zweck praktischer Prinzipien* 104
      5.7.2 *Selbst-Konstitution* 109

	5.7.3	Handlungsgrund, Maxime und Kategorischer Imperativ	113
		5.7.3.1 Die Gesetzesförmigkeit von Maximen	116
		5.7.3.2 Maximen als intrinsisch normative Selbstzwecke	123
	5.7.4	Die Normativität der praktischen Identitäten	129
	5.7.5	Prudentielle Pflichten	142
	5.8	Der Wert der rationalen Natur und moralische Normativität	151
	5.8.1	Der Wert der rationalen Natur	154
	5.8.2	Die Rechtfertigung moralischer Normen	169
	5.9	Fazit: Die praktische Notwendigkeit des Guten als Normativität der rationalen Natur	206

6 Gewirths Argument der generischen Konsistenz ... 213

- 6.1 »Action«, »Agency« und der moralneutrale Ausgangspunkt ... 214
  - 6.1.1 »Action«: Die freie zweckgerichtete Handlung ... 214
  - 6.1.2 »Agency«: Rationale Handlungsfähigkeit als autonomes Können ... 224
- 6.2 Die intrinsische Normativität der Handlung ... 238
- 6.3 Vom notwendigen Wert zum prudentiellen Recht ... 270
- 6.4 Die Universalisierung des prudentiellen Rechts ... 298
- 6.5 Das Moralprinzip der Konstitutiven Konsistenz ... 309
- 6.6 Die Erweiterung des Arguments der generischen Konsistenz ... 320
  - 6.6.1 Das Problem der Rechtfertigung des selbstbestimmten Handelns ... 322
  - 6.6.2 Die erweiterte Variante des Arguments ... 327
- 6.7 Fazit: Die praktische Notwendigkeit des Guten als logische Verbindlichkeit der Handlungskonstitutivität ... 339

7 Tragweite und Grenzen praktischer Ethikbegründungen ... 347

- 7.1 Rückblick auf Korsgaard und Gewirth ... 347
- 7.2 Vorzüge und Grenzen des erweiterten Arguments ... 352
- 7.3 Schluss: Perspektiven praktischer Rationalität ... 359

Nachwort und Danksagung ... 361

Literaturliste ... 363

Personenregister ... 375

KAPITEL 1

Einleitung: Die Idee der praktischen Ethikbegründung

Wenn man vor dem Hintergrund der aktuellen Philosophie die Frage nach der Begründung der Ethik stellt, können die maßgeblichen Antworten meist unmittelbar auf klassische Positionen zurückgeführt werden. Neben der aristotelischen Tugendethik und bestimmten Formen des Utilitarismus ist in den letzten Jahrzehnten vor allem die kantische Ethik von verschiedenen Seiten konstruktiv aufgegriffen worden.[1] Darüber hinaus sind insbesondere zwei Begriffe in den Fokus der Forschung gerückt: Zum einen das Konzept der *Intersubjektivität*, welches vor allem im Personalismus von Buber[2] und Levinas[3], in Apels Transzendentalpragmatik[4], der Diskursethik von Habermas[5] sowie in der jüngeren Theorie Stephen Darwalls[6] eine essentielle Rolle spielt; zum anderen der Begriff der *Handlung*, der in der zweiten Hälfte des letzten Jahrhunderts im Kontext von Logik und Wissenschaftstheorie u.a. von v. Wright[7] behandelt und wenig später im Zuge der fortschreitenden Ausbildung der eigenständigen philosophischen Disziplin der Handlungstheorie maßgeblich von Davidson[8] untersucht wurde. Der Relevanz der Intersubjektivität wird seit langem und auf verschiedene Weise philosophisch Rechnung getragen; es hat sich eine binnendifferenzierte Theorielandschaft etabliert, welche die Bedeutung der zwischenmenschlichen Interaktion und insbesondere der Relevanz der Intersubjektivität für unseren Begriff von

---

1 Vgl.: H. Pauer-Studer – Maximen, Identität und praktische Deliberation. Die Rehabilitierung von Kants Moralphilosophie, in: Philosophische Rundschau Bd. 45 (Heft 1) 1998, S. 70-81; R. A. Makkreell/S. Luft (ed.) – Neo-Kantianism in Contemporary Philosophy, Indiana 2009.
2 Vgl.: M. Buber – Ich und Du, 16. A. Gütersloh 1999.
3 Vgl.: E. Levinas – Die Spur des Anderen. Untersuchungen zur Phänomenologie und Sozialphilosophie, 3. A. Freiburg 1992; Ders. – Zwischen uns. Versuch über das Denken des Anderen, München 1995.
4 Vgl.: K.-O. Apel – Transformation der Philosophie (2 Bde.), Frankfurt a. M. 1973; Ders. – Diskurs und Verantwortung, Frankfurt a. M. 1988.
5 Vgl.: J. Habermas – Theorie des kommunikativen Handelns (2 Bde.), Frankfurt a. M. 1981.
6 Vgl.: S. Darwall – The Second-Person Standpoint: Morality, Respect, And Accountability, Harvard 2006.
7 Vgl.: G. H. v. Wright – Norm and Action, London 1963; Ders. – Handlung, Norm und Intention. Untersuchungen zur deontischen Logik, Berlin/New York 1977.
8 Vgl.: D. Davidson – Essays on Actions and Events, Oxford 1980.

praktischer Vernunft und ihren Geltungsbedingungen in den Vordergrund stellt. Der praktisch-systematischen Relevanz sowohl des Handlungs*begriffs* als auch der Handlungs*theorie* blieb dagegen für lange Zeit eine vergleichbare Anerkennung verwehrt.[9]

Die sich seit den frühen Arbeiten Davidsons in den sechziger Jahren stetig komplexer gestaltende Debatte in der Handlungstheorie fokussierte sich meist nicht auf den Zusammenhang von Handlungsbegriff und Ethik (eine Ausnahme stellt hier z. B. Poser 1982 dar) und damit auf eine umfassendere historisch-systematische Kontextualisierung und Analyse der Relevanz der Handlung und des Akteurbegriffs, sondern vielmehr auf die spezifische Frage, ob man Handlungsvollzüge in theoretischer Perspektive kausal oder teleologisch rekonstruieren müsse. Die Notwendigkeit einer kritischen Reflexion auf die systematischen Implikationen handlungstheoretischer Annahmen wird allerdings auch und vor allem im Rahmen von moraltheoretischen Überlegungen angesichts dessen einsichtig, dass mit den Begriffen der Handlung und des Handelnden zahlreiche Kernprobleme der philosophischen Tradition verbunden sind. Ganz in diesem Sinne betont Stoecker: »Schließlich ist es ein Kennzeichen menschlichen Handelns, an zwei brisanten Schnittstellen unseres Daseins angesiedelt zu sein, den Übergängen zwischen Sein und Sollen und zwischen Geist und Welt. Wer also wissen will, wie alles mit allem zusammenhängt, kommt schon deshalb nicht um die Handlungstheorie herum. Außerdem besteht die Gefahr, dass Fehler und Missverständnisse an diesen Nahtstellen besonders weit reichende Irrtümer in den angrenzenden

---

9 In kritischer Distanz zum einseitig semantisch-rekonstruktiv sowie formallogisch ausgerichteten Zugang zum Phänomen der Handlung in der analytischen Handlungstheorie hat Höffe in den siebziger und achtziger Jahren des vergangenen Jahrhunderts auf die Notwendigkeit einer methodisch und inhaltlich profunden Untersuchung der Wechselbeziehungen von Handlungstheorie und Ethik verwiesen. Diese programmatischen und wegweisenden Ansätze zu einer nicht nur mikro-analytischen, sondern umfassenderen Handlungstheorie betonten mit der Notwendigkeit einer teleologischen Handlungsauffassung, der anthropologischen Relevanz des Handlungsbegriffs sowie der damit verbundenen sozialen Dimension grundlegende Aspekte dieses Themenkomplexes; vgl.: O. Höffe – Philosophische Handlungstheorie als Ethik, in: H. Poser (Hrsg.) – Philosophische Probleme der Handlungstheorie, Freiburg i. Brsg. 1982, S. 233-261. Im Rahmen der Kantforschung ist die zunehmende Konzentration auf den Handlungsbegriff und die kantische Handlungstheorie u.a. durch Kaulbach angestoßen (Das Prinzip der Handlung in der Philosophie Kants, Berlin 1978) und später durch die Rezeption von Willaschecks handlungstheoretisch orientierter Kant-Interpretation forciert worden; vgl.: M. Willascheck – Praktische Vernunft. Handlungstheorie und Moralbegründung bei Kant, Stuttgart/Weimar 1992; vgl. zudem: Chr. Korsgaard – Creating the Kingdom of Ends, Cambridge 1996. Eine umfassende handlungstheoretisch orientierte Kant-Interpretation hat Steigleder vorgelegt: K. Steigleder – Kants Moralphilosophie, Stuttgart 2002.

Themenbereichen nach sich ziehen.«[10] Die Frage nach Struktur, Erklärung und Rechtfertigung von Handlungen besitzt eine konstitutive Bedeutung für eine reflektierte Auffassung dessen, was wir unter einem rationalen Akteur verstehen: »Philosophische Fragen nach dem Handeln gehören nicht allein in den Rahmen einer Fachdebatte innerhalb der Philosophie des Geistes. Vielmehr betreffen sie das Zentrum unseres Selbstverständnisses als Personen und berühren unter anderem Fragen der Rationalität und der Freiheit des Handelns, der Moral und der Verantwortlichkeit.«[11]

In der jüngeren praktischen Philosophie ist diese These der ethischen Relevanz der handlungszentrierten Perspektive auf unterschiedliche Art und Weise aufgegriffen worden. Es ist dabei kein Zufall, dass mit der Betonung der grundlegenden Relevanz der Handlungstheorie eine Wiederentdeckung eines bestimmten Typs von Handlungskonzeption einherzugehen scheint, nämlich desjenigen der teleologischen Handlungserklärung. Die Idee, dass menschliches Handeln nicht ohne einen konstitutiven Bezug auf eine Zwecksetzung bzw. auf das Anstreben einer Zweckverwirklichung durch einen rational-verantwortlichen Akteur erklärbar ist, weist über den Bereich des mechanisch-kausalen bzw. naturalistisch-reduktionistischen Denkens hinaus.[12] Die handlungsteleologische Auffassung vom Menschen als Akteur und damit als moralisch verantwortlichem Wesen öffnet den Blick auf die auch anthropologische Bedeutung praktischer Selbstverhältnisse.[13] Doch auch abgesehen

---

10   S.: R. Stoecker – Einleitung, in: Ders. (Hrsg.) – Handlungen und Handlungsgründe, Paderborn 2002, S. 7-32, S. 7.

11   S.: Chr. Horn/G. Löhrer – Einleitung: Die Wiederentdeckung teleologischer Handlungserklärung, in: Dies. (Hrsg.) – Gründe und Zwecke. Texte zur aktuellen Handlungstheorie, Frankfurt 2010, S. 7-45, S. 9.

12   Die paradigmatische Extremform eines reduktionistischen Ansatzes findet man im »Eliminativen Materialismus« Churchlands, welcher die Alltagspsychologie als (natur-)wissenschaftlich irrelevant einstuft; vgl.: P. Churchland – Eliminative Materialism and propositional Attitudes, in: Journal of Philosophy 78 (1981), S. 67-90, S. 75; vgl. ebenfalls: D. Dennett – The Intentional Stance, Cambridge/London 1987, S. 117. Vgl. kritisch dazu: G. Keil – Kritik des Naturalismus, Berlin/New York 1993. Bemerkenswert scharf und treffend wird der Eliminativismus von Keil als Reaktion auf das Scheitern der Naturalisierung des Intentionalen bezeichnet; vgl.: Ders. – Naturalismus und Intentionalität, in: Ders./H. Schnädelbach (Hrsg.) – Naturalismus, Frankfurt 2000, S. 187-204, S. 203 Anm. 29.

13   Die Betonung der Relevanz des Verstehens einer Handlung, die auf die Idee einer intentional agierenden Person verweist, lässt sich im Kontext der neueren Debatte über Dilthey hinaus auf die Position G. H. v. Wrights zurückführen, der in einschlägigen Publikationen im Anschluss u. a. an Wittgenstein wiederholt auf die strukturelle und irreduzible Differenz von kausaler Handlungserklärung und Handlungsnachvollzug verwiesen hat; vgl.: G. H. v. Wright – Explanation and Understanding, New York 1971. Anscombe hatte bereits zuvor den auch für die aktuelle Diskussion um Handlungserklärungen

von der Relevanz des Handlungs- und Akteurbegriffs für Kernfragen der philosophischen Anthropologie ist die Tatsache, dass Menschen handelnde Wesen sind, in verschiedenen Ansätzen zur Rechtfertigung moralischer Werte und Prinzipien in den Mittelpunkt des begründungstheoretischen Diskurses gerückt.

Eine konsequente Ausprägung eines handlungstheoretischen Ansatzes der Ethikbegründung findet sich zum einen bei Alan Gewirth, der in den späten siebziger Jahren in seinem Werk »Reason and Morality«[14] eine Theorie vorlegte, der zufolge die unbedingte und kategorische Gültigkeit eines obersten Moralprinzips allein unter Rekurs auf die Implikationen eines minimalistischen teleologischen Handlungskonzepts gerechtfertigt werden kann. Dieses Projekt wird daher zu Recht als »handlungsreflexive Ethikbegründung« bezeichnet[15] und als eigenständiger Ansatz zur praktischen Reflexion aufgefasst. Durch die präsuppositionslogische Reflexion auf die unhintergehbaren Bedingungen des Handelns werden die Gehalte derjenigen Urteile bestimmt, die jeder rationale Akteur *als Akteur* aus seiner erstpersonalen Sicht logisch notwendig für wahr halten muss. Auf diese Weise sollen rational begründete, d.h. zu Recht bestehende zentrale Interessen jedes Handelnden benannt werden, deren Rechtmäßigkeit nicht ohne Selbstwiderspruch bestritten werden kann, da jeder rationale Akteur notwendigerweise diese Interessen besitzt, weil er ein Akteur ist. Moralisch geboten ist entsprechend, dass das Handeln jedes Akteurs mit den notwendigen Handlungsbedingungen aller Akteure, d. h. den handlungskonstitutiven Gütern übereinstimmt.

Zum anderen ist in diesem Zusammenhang die Theorie Christine Korsgaards zu nennen.[16] Korsgaards Grundgedanke setzt bei der kantischen Idee an, dass einzig reflektierende Akteure autoritative Instanzen sein können, wenn es um Fragen nach Normativität und Werthaftigkeit von Dingen, Handlungen, Prinzipien oder auch Personen geht. Der Wert von Handlungszwecken wird dabei stets von demjenigen Wert abgeleitet, der das jeweils bestehende praktische Selbstverhältnis des Handelnden charakterisiert. Da Korsgaards Ansatz im Anschluss an teleologische Theorien des Menschen die Überzeugung

---

relevanten Unterschied von intentionalen und nicht-intentionalen Ereignissen herausgearbeitet; vgl.: E. Anscombe – Intention, Oxford 1957.

14 Vgl.: A. Gewirth – Reason and Morality, Chicago 1978.

15 Vgl.: M. Düwell – Handlungsreflexive Moralbegründung, in: M. Düwell/Chr. Hübenthal/M. H. Werner (Hrsg.) – Handbuch Ethik, Stuttgart 2002, S. 152-162.

16 Vgl.: Chr. Korsgaard – The Sources of Normativity, Cambridge 1996; Dies. – Self-Constitution. Agency, Identity, and Integrity, Cambridge 2009; Dies. – The Constitution of Agency. Essays on Practical Reason and Moral Psychology, Cambridge 2008.

1 EINLEITUNG: DIE IDEE DER PRAKTISCHEN ETHIKBEGRÜNDUNG

zugrunde liegt, dass Handeln als solches einen spezifischen Zweck besitzt und moralische Normativität in Bezug auf diesen Zweck begründet werden muss, wird praktischen Prinzipien eine handlungskonstitutive Funktion zugeschrieben. Ihr Zugang zur Ethikbegründung wird daher als Form des Konstitutivismus aufgefasst. In diesem Zusammenhang ist kein logischer Widerspruch zu notwendigen Handlungsbedingungen, sondern ein Widerspruch zum unbedingten Wert der praktisch-rationalen Natur aller Akteure zu vermeiden.

Doch auch über Gewirth und Korsgaard hinaus ist die Idee einer handlungsbezogenen Ethik bzw. Ethikbegründung in der zeitgenössischen Forschung präsent: Die Rawls-Schule hat mit den Ansätzen O'Neills und Hermans neben Korsgaards Theorie zwei weitere handlungszentrierte Modelle der praktischen Vernunft hervorgebracht, wobei sich die erstgenannte Variante auf die handlungsbasierte Beziehung zwischen Akteuren[17] und die zweite vor allem auf eine handlungstheoretisch orientierte Interpretation von Lehrstücken der Ethik Kants[18] bezieht. Die stark von Korsgaard inspirierte Theorie Anton Leists bezieht sich auf das Verhältnis von Handlung und Wertsetzung und impliziert die These, dass handlungsleitende Werte prinzipiell nur durch rationale Handlungen konstituiert werden können. Handlungen wird hier das Potential zur ursprünglichen praktischen Werterzeugung zugesprochen.[19] Zudem werden auch die Ideen eines handlungstheoretischen Begriffs der Moral[20] und der praktischen Bedeutung des Vollzugs theoretischer Urteile[21] vertreten, womit zugleich implizit das Problem der systematischen Relation von Ethik, Handlungstheorie und Metaethik angesprochen wird.

Die Idee einer handlungsbasierten Ethikbegründung wird nicht nur ernsthaft reflektiert[22], sondern viele ihrer Befürworter sprechen den Begriffen

---

17 Vgl.: O. O'Neill – Towards Justice and Virtue, Cambridge 1996. O'Neills Ansatz kann freilich nur bedingt als Beitrag zur Grundlagenforschung angesehen werden, da sie im Vergleich zu Gewirth oder Korsgaard auf einer klar voraussetzungsvolleren Stufe der Reflexion ansetzt und somit kein genuin begründungstheoretisches Programm verfolgt.
18 Vgl.: B. Herman – The Practice of Moral Judgment, Harvard 1993.
19 Vgl.: A. Leist – Die gute Handlung, Berlin 2000, S. 326ff.
20 Vgl.: N. Scarano – Moralische Überzeugungen. Grundlinien einer antirealistischen Theorie der Moral, Paderborn 2001.
21 Vgl.: Chr. Illies – The Grounds of Ethical Judgment, Oxford 2003.
22 Vgl.: K. Steigleder – Grundlegung der normativen Ethik. Der Ansatz von Alan Gewirth, Freiburg/München 1999; D. Beyleveld – The Dialectical Necessity of Morality, Chicago 1991; Düwell (2002); Leist (2000); Chr. Horn – Antike Lebenskunst, München 1998, S. 213ff. Ott zählt Gewirths Theorie zu den »beachtlichsten Begründungsversuchen der

der Handlung, der Handlungsfähigkeit und der Akteuridentität die Eigenschaft zu, als Kernelement in einer alternativlosen Begründung moralischer Sollensforderungen zu fungieren.[23] Als begründungstheoretisch relevant gilt hier nicht die Tatsache, dass Menschen das jeweils moralisch Gebotene auch handelnd umsetzen können müssen. Ebenfalls steht nicht im Mittelpunkt, dass erst eine Berücksichtigung praktischer Erstpersonalität eine Erfassung der moralischen Bedeutung der subjektiv-individuellen Dimension des Menschseins ermöglicht. Die systematische Pointe der neueren handlungstheoretisch basierten Ethikbegründungen besteht vielmehr in der These, dass die praktisch-erstpersonale Perspektive als Fundament von Argumenten für eine bestimmte Auffassung von Moral[24] sowie von einer Rechtfertigung ihrer maßgeblichen Gehalte und Prinzipien fungiert. Menschliches Handeln soll nicht nur bereits als normativ verbindlich ausgewiesenen Prinzipien genügen, es soll diese Prinzipien selbst als gültig legitimieren.

Trotz der in struktureller Hinsicht partiell weitreichenden Unterschiede dieser Theorien haben sie gemeinsam, dass sie vor allem deshalb eine Herausforderung für ihre kritische Interpretation darstellen, weil in ihnen durch die unterschiedlich gewichtete Berücksichtigung der Disziplinen der Moraltheorie, Begründungstheorie, Handlungstheorie, Psychologie und Anthropologie verschiedenartige systematische Probleme thematisch werden, die in dieser Form in anderen Typen der Moralbegründung nicht immer in vergleichbarerweise zu bewältigen sind. Angesichts der begründungstheoretisch relevanten Berücksichtigung von erstpersonaler Reflexionsebene und dem Phänomen der Handlung liegen Kritikpunkte wie die Vermutung eines Sein-Sollen-Fehlschlusses, das Problem des Geltungsrelativismus sowie dasjenige der Vermittlung von praktischer Erstpersonalität und Intersubjektivität nahe. Insbesondere im Hinblick auf das Projekt einer handlungstheoretischen Begründung von universellen und kategorischen Moralprinzipien scheint unklar, wie gerade in diesem Zusammenhang der Erste-Person-Standpunkt und der empirische Begriff des Handelns zu einer Lösung praktischer Begründungsprobleme beitragen können.

Dabei ist zu berücksichtigen, dass schon das Unternehmen einer rationalen Begründung der Ethik als solches aus unterschiedlichen Gründen als schwierig,

---

Gegenwartsethik«; s. K. Ott – Moralbegründungen, Hamburg 2001, S. 139; vgl. darüber hinaus affirmativ zu Korsgaard und Herman: Pauer-Studer (1998).

23   Vgl.: Chr. Bambauer – Action Theory and the Foundation of Ethics in Contemporary Ethics: A Critical Overview, in: G. de Anna (ed.) – Willing the Good, Cambridge 2012, S. 148-163.
24   Vgl.: Gewirth (1978), S. 25.

1 EINLEITUNG: DIE IDEE DER PRAKTISCHEN ETHIKBEGRÜNDUNG

wenn nicht gar zweifelhaft beurteilt wird. Dies gilt zumindest dann, wenn man unter moralischen Forderungen strikte allgemeingültige Ansprüche versteht und daher eine der Verbindlichkeit und Reichweite dieser Ansprüche entsprechende, d.h. ebenfalls unbedingt gültige Rechtfertigung zu leisten ist. Der beharrliche Moralskeptiker, der zwar vernünftig ist, moralischen Intuitionen jedoch nicht traut oder sie gar nicht hat, scheint nicht durch bloße Argumente zur Anerkennung der Verbindlichkeit des Moralischen gebracht werden zu können. Zwar ist umstritten, ob eine Ethikbegründung notwendigerweise den rationalen Moralskeptiker überzeugen muss, doch macht dies die Sache nicht besser, da in diesem Diskurs unklar bleibt, was überhaupt als eine erfolgreiche Ethikbegründung gelten sollte und warum.

Die Möglichkeit einer rationalen Ethikbegründung ist allerdings nicht nur in skeptischer Perspektive in hohem Maße umstritten, sondern auch die Verteidiger eines solchen Unternehmens können sich schnell in einer primär defensiven Position wiederfinden. Dieser Umstand verdankt sich zum einen bestimmten Aspekten, die mit dem Gegenstandsbereich der Moralphilosophie verbunden sind, zum anderen ist er durch systematische Probleme bedingt, die im Kontext der Analyse des Konzepts der rationalen Rechtfertigung von Urteilswahrheit zu berücksichtigen sind. Beide Problembereiche sind bereits von Aristoteles adressiert worden: Erstens sei die Ethik keine exakte Wissenschaft[25], zweitens sei die Idee einer strikt rationalen Begründung von Urteilen unmöglich, da jede Begründung stets von einer bestimmten Prämisse ausgehen müsse, sodass die Begründung der jeweiligen Prämisse das Rechtfertigungsproblem nicht lösen, sondern allenfalls reproduzieren könne und daher zu einem infiniten Regress führe.[26] Aristoteles hat jedoch nicht nur

---

25 Während der Ausgangspunkt der ethischen Deliberation, der Begriff der *eudaimonia*, mittels Rückbindung dieses Konzepts an die menschliche Natur mit einem gemäßigten wissenschaftlichen Anspruch formuliert wird, kann dies von der entsprechenden Kasuistik nur bedingt gesagt werden; vgl.: W. D. Ross – Aristotle, London 6. A. 1995, S. 197; vgl. darüber hinaus: T. Irwin – Ethics as an inexact Science: Aristotle and the ambitions of Moral Theory, in: B. Hooker/M. Little (Hrsg.) – Moral Particularism, Oxford 2000 (repr. 2003), S. 100-129; U. Wolf – Aristoteles' Nikomachische Ethik, Darmstadt 2002, S. 58ff.

26 Das Regressproblem wird in der aristotelischen Ethik dadurch pragmatisch entschärft, dass die Glückseligkeit als höchstes Prinzip und Fundament des aristotelischen Modells nicht als Resultat rein rationaler Argumentation verstanden wird, sondern ihr rechtes Verständnis gilt bei den gebildeten Hörern der aristotelischen Ausführungen als bereits vorhanden. Insofern Glückseligkeit jedoch unter dem formalen Aspekt betrachtet wird, dass sie alles Erstrebenswerte umfassen soll, muss Aristoteles' These der Eudaimonie als Selbst- und Endzweck des Handelns auch als begrifflich basiertes Argument rekonstruiert werden; vgl.: J. L. Ackrill – Aristotle on Eudaimonia (I 1-3 und 5-6), in: O. Höffe (Hrsg.) – Die Nikomachische Ethik, Berlin 1995, S. 39-62, S. 46f.

besagtem Problembewusstsein Ausdruck gegeben, sondern zudem in Absetzung von Platon die Eigenständigkeit des Praktischen betont: Die Ethik sei nicht auf rein theoretisches Wissen zurückzuführen, sondern müsse als ein Bereich sui generis verstanden werden. Neben der Erweiterung des platonischen Tugendkatalogs nahm er eine für die spätere Entwicklung von theoretischer und praktischer Philosophie als getrennte Disziplinen folgenreiche Differenzierung zwischen ethischen und dianoetischen Tugenden vor, wobei erstere Tugenden des Charakters sind und letztere dem Intellekt zugeschrieben werden. Mit dieser tugendtheoretischen Klassifizierung wurde eine Aufhebung der platonischen Identität kognitiver und moralischer Qualitäten vollzogen und das Praktische als eigenständiger Geltungsbereich antizipiert.[27]

Die Auffassung des Praktischen als eigenständiger Bereich wird besonders nachdrücklich und wirkmächtig von Kant geteilt. Kant identifiziert das Praktische mit demjenigen Bereich, der durch die Gesetze der Freiheit bestimmt wird – im Unterschied zum theoretischen Wissen gehe es bei der praktischen Reflexion nicht um das, was ist, sondern um das, was sein soll.[28] Im Ausgang von dieser Annahme ist eine rationale Ethikbegründung in einem logischen, d.h. theoretischen Sinne nicht möglich. Stattdessen vertritt Kant die Auffassung, dass sich jedes praktische Vernunftwesen als unmittelbar durch das Sittengesetz verpflichtet ansehen müsse. Seine Ethik ist primär durch eine Art praktischer Intuition begründet, deren möglicher Hinterfragung er in seiner Faktumslehre in der zweiten Kritik im Grunde die Versicherung entgegenhält, dass angesichts der moralischen Verpflichtungsgewissheit eine radikale Moralskepsis nicht ausführlicher zu thematisieren sei. Während Kant eindringlich und differenziert die Idee des autonomen Akteurs skizziert, der sich als freies Vernunftwesen den Forderungen des Kategorischen Imperativs verpflichtet weiß, kann man im Ausgang von seiner Ethik den Eindruck gewinnen, dass der

---

27 Im Unterschied zu Platon verfügt Aristoteles mit seiner Fokussierung der Tätigkeit des Strebens in Kombination mit der Idee der »praxis« über spezifische Kriterien zur Identifikation des Praktischen. Auch die Differenzierung des allgemein naturteleologisch unterstellten Strebens aller Dinge in prärationales und in auf Gründe basierendes bzw. menschliches Streben ist nicht nur theorieimmanent nachvollziehbar, sondern zudem, was die Charakteristika des menschlichen Handelns anbetrifft, auch noch für die heutige Philosophie einflussreich; vgl.: A. W. Price – Aristotle, the Stoics and the will, in: T. Pink/M. W. F. Stone (ed.) – The Will and Human Action, London 2004, S. 29-52, S. 30.
28 Vgl. zur Relation von Kategorischem Imperativ und praktischer Freiheit: Kant – GMS AA IV, S. 453ff.; vgl. dazu: D. Schönecker/A. Wood – Kants »Grundlegung zur Metaphysik der Sitten«, Paderborn 2002, S. 199.

Preis für eine *praktische* Fundierung moralischer Sollensforderungen in einer Verabschiedung der Idee ihrer strengen rationalen Rechtfertigung besteht.[29]

Das interessante und zugleich problematische Moment der Idee der Rechtfertigung moralischer Forderungen unter Rekurs auf die Begriffe der Handlung und des Akteurs besteht nun darin, dass sie auf eine Weise verstanden werden kann, der zufolge mit einer praktischen Ethikbegründung im skizzierten Verständnis zwei nicht ohne weiteres kompatible Ziele verfolgt werden: *Erstens* soll mit der Begründung moralischer Forderungen dem Umstand Rechnung getragen werden, dass ihre Adressaten einen Anspruch auf die prinzipielle Nachvollziehbarkeit dieser an sie gestellten Forderungen haben und diese Forderungen einen begründungswürdigen Status besitzen; *zweitens* soll mit der praktischen Form dieser Begründung nicht nur der Eigenständigkeit des Praktischen entsprochen, sondern diese vielmehr selbst gerechtfertigt werden, indem gezeigt wird, dass der Begriff des handelnden Akteurs praktisch-normative Implikationen besitzt. Im Gegensatz zu der Annahme, dass man entweder praktisch reflektieren *oder* strikt begründen könne, nicht jedoch beides zugleich möglich sei, impliziert eine starke Interpretation der Idee handlungstheoretischer Ethikbegründung, dass umgekehrt *allein* die praktische Reflexion zu einer strikten Rechtfertigung moralischer Forderungen fähig sei.

Eine in diesem Sinne starke Interpretation der Idee praktischer Ethikbegründung wird von Gewirth und Korsgaard vertreten, und zwar in zweierlei Hinsicht: Zum einen verteidigen sie die Auffassung, dass allein eine handlungstheoretisch basierte Ethikbegründung plausibel sein kann, und zum anderen erheben sie mit ihren Theorien den Anspruch, die Gültigkeit universeller kategorischer Moralprinzipien zu rechtfertigen und zielen somit auf die Begründung eines anspruchsvollen Moralkonzepts ab. Die Tatsache, dass sowohl bei Gewirth als auch bei Korsgaard die teleologische Handlungsauffassung, die erstpersonale Akteurperspektive, die Methode der Präsuppositionsanalyse

---

29 Kants Etablierung der Eigenständigkeit des Praktischen wird vor dem Hintergrund der Selbstevidenz des Unterschieds von Wissen und Handeln entwickelt. Der vom Sittengesetz an uns ausgehende praktische Anspruch stellt dabei die Grundlage und Bedingung der Annahme dar, dass wir Akteure sind, die über praktische Freiheit verfügen und entsprechend verantwortlich für unsere Taten sind. Die praktische Sichtweise des Akteurs auf sich selbst wird bei Kant daher in direkter Rückbindung an das Phänomen der unbedingten Achtung vor dem Sittengesetz etabliert, sodass die Rechtfertigung der Annahme von praktisch-freien Akteuren mit derjenigen der Verbindlichkeit des Moralischen zusammenfällt; vgl.: I. Kant – KpV AA V, S. 4. Kants grundlegende These, dass praktische Vernunftwesen Selbstzwecke sind, wird von ihm jedoch nicht auf eine Weise eingelöst, die man als zwingend bezeichnen kann; vgl.: Schönecker/Wood (2002), S. 145; H. Krämer – Integrative Ethik, Frankfurt 1992, S. 59.

sowie der Anspruch der Begründung von allgemeingültigen und strikten moralischen Forderungen eine zentrale Rolle einnehmen, darf jedoch nicht über ihr voneinander abweichendes Beweisziel hinwegtäuschen: Während Korsgaards konstitutivistischer Ansatz zu zeigen versucht, dass die Anerkennung von moralischer Normativität eine *handlungstheoretisch* notwendige Bedingung für *Handlungen* darstellt, soll Gewirths Argument der generischen Konsistenz begründen, dass die Anerkennung von moralischer Normativität als praktisch-*logisch* notwendige Bedingung für *konsistente Handlungen* fungiert. Pointiert rekonstruiert, müssen wir Gewirth zufolge ein oberstes Moralprinzip anerkennen, insofern wir rationale Akteure sind; Korsgaard zufolge müssen wir ein oberstes Moralprinzip anerkennen, insofern wir überhaupt Akteure sind. Entgegen einem oberflächlichen Eindruck handelt es sich um zwei klar zu differenzierende Ansätze.

Dieser Befund wirft die grundlegenden Fragen auf, welche systematischen Weichenstellungen zu den unterschiedlichen Beweiszielen führen und wie diese Prämissen jeweils rational eingelöst werden. Auch die Beweisziele selbst sind genauer zu prüfen, lassen sie doch keinen unmittelbaren Zusammenhang zur Rechtfertigung praktischer Prinzipien vermuten. Im Hinblick auf Korsgaards Modell lässt die These der Handlungskonstitutivität von moralischer Verbindlichkeit nicht erkennen, wie sie mit der Normativität von Moral kompatibel sein, geschweige denn diese begründen soll, da moralischem Sollen eine allein handlungstheoretische Funktion zuerkannt wird. Gewirths Ansatz soll zeigen, dass rationale Akteure zur unbedingten Wertschätzung der Handlungsbedingungen aller Akteure verpflichtet sind, doch da dies unter Rekurs auf das teleologische Handlungsmodell, also eine empirisch orientierte Theorie zur Erklärung und nicht zur Rechtfertigung von Handlungen geschieht, bleibt offen, inwiefern die Bestimmung von allein faktisch notwendigen Bedingungen des Handelns zur Begründung von moralischer Verbindlichkeit führen soll. Gewirth müsste zeigen, dass logisch notwendige Urteile nur deshalb praktische Geltung etablieren können, weil sie *für einen Akteur* notwendig wahr sind. Hier liegt das Argument nahe, dass dem Akteur, seinem Handeln und den Handlungsbedingungen schon zuvor ein bestimmter impliziter Wert zugeschrieben wird, damit die Handlungstheorie und damit verknüpfte logische Notwendigkeiten des Akteurs überhaupt moralisch relevant sein können. Kurz: Es ist alles andere als offensichtlich, wie diese beiden Ansätze eine Rechtfertigung eines Moralprinzips kantischen Typs leisten sollen. Zugleich ist die Frage berechtigt, ob Korsgaard und Gewirth tatsächlich offensichtliche theoriearchitektonische Probleme schlichtweg ignoriert bzw. gar nicht erkannt haben, oder ob ihre Ansätze durchaus auf unterschiedliche Weise tragfähig sind, wenn man sie differenziert rekonstruiert und ihren jeweiligen Zielsetzungen entsprechend verteidigt.

KAPITEL 2

Hauptthesen und Begründungsziele

Das übergeordnete Anliegen dieser Studie besteht darin, einen Beitrag zu der moraltheoretischen Grundlagenforschung im Bereich der Ethikbegründung zu leisten und in diesem Kontext belastbare Gründe für die These herauszuarbeiten, dass und inwiefern insbesondere Gewirths geltungstheoretischer Zugang zu einer erstpersonal-praktischen Rechtfertigung moralischer Sollensforderungen systematische Vorzüge besitzt, die in dieser Form bei alternativen Modellen nicht zu finden sind. Das Projekt umfasst drei verschiedene systematische Aspekte: 1. Eine komparative Strukturanalyse von Korsgaards und Gewirths Ansätzen; 2. Die Herausarbeitung der Stärken und Schwächen beider Theorien; 3. Die Bestimmung der maßgeblichen Vorzüge eines an Gewirth angelehnten Ansatzes zur handlungstheoretischen Ethikbegründung.

Erstens analysiere ich die Theorien von Korsgaard und Gewirth im Hinblick auf ihre maßgeblichen strukturellen Eigenschaften. In diesem Zusammenhang führe ich beide Theorien auf verschiedene, jedoch aufeinander verweisende Aspekte der Akteurperspektive zurück und arbeite strukturelle Gemeinsamkeiten und Unterschiede heraus. Bei Korsgaards konstitutivistischem Ansatz handelt es sich um eine Form der *erstpersonal-anthropologischen Erklärung der Motivationskraft von moralischer Verbindlichkeit*, die motivationstheoretische Implikationen für denjenigen Akteur besitzen soll, der diese Erklärung als Erfassung der menschlichen Natur und des Wesens von moralischer Normativität begreift. Gewirths Theorie der generischen Konsistenz basiert hingegen auf der Analyse von aus der Akteurperspektive logisch notwendigen Urteilen und ist von dem Anspruch getragen, eine *geltungstheoretische Rechtfertigung eines obersten Moralprinzips* zu leisten.

Entgegen diesbezüglicher Äußerungen u.a. von Enoch[30] und Gert[31] muss klar gesehen werden, dass mit beiden Ansätzen unterschiedliche Thesen auf unterschiedliche Weise begründet werden sollen. Beide Theorien sind grundsätzlich miteinander kompatibel, weil sie verschiedene Gegenstandsbereiche

---

30 Vgl.: D. Enoch – Agency, Shmagency: Why Normativity Won't Come from What is Constitutive of Action, in: The Philosophical Review Vol. 115 Vol. 2 (2006), S. 169-198, S. 189 Anm. 42.

31 Vgl.: J. Gert – Korsgaaard's Private-Reasons Argument, in: Philosophy and Phenomenological Research Vol. LXIV, No. 2 (2002), S. 303-324, S. 307 Anm. 13.

eines umfassenden Modells der Ethik adressieren: Korsgaard vertritt eine explanative Theorie, die aus der Sicht einer erstpersonal-praktischen Anthropologie erklären soll, warum Akteure faktisch für moralische Verbindlichkeit empfänglich sind und warum diese Erklärung die Motivation zum moralischen Handeln nicht unterminiert; Gewirth versucht in geltungstheoretischer Hinsicht zu begründen, welche normativen Prinzipien für rationale Akteure gültig sind. Im Anschluss an Aristoteles und Hume besteht der Gegenstand der Ethik nach Korsgaard nicht im Wahren, sondern im *Guten*, während Gewirth im Anschluss an Kant nach dem *Wahren in Bezug auf das Gute*, d.h. nach dem Richtigen fragt. Das Richtige soll jedoch zum Guten werden und das Gute soll richtig sein. Beide Perspektiven sind auseinanderzuhalten, verweisen jedoch aufeinander.[32]

Zweitens argumentiere ich im Anschluss an eine systematische Kritik von Korsgaards und Gewirths Modellen für die übergeordnete These, dass eine handlungstheoretisch fundierte Ethik eine grundsätzlich nachvollziehbare Rechtfertigung von universell und kategorisch verbindlichen moralischen Forderungen leisten kann, die alternativen Modellen vorzuziehen ist. Allerdings stimme ich weder mit Korsgaards noch mit Gewirths konkreten Begründungstheorien direkt überein, sondern zeige anhand einer kritischen Analyse beider Ansätze, dass zwar spezifische Begriffsbestimmungen, Strukturmomente und Argumente überzeugend sind, die jeweiligen Theorien für sich genommen jedoch unterschiedlich weitreichende Defizite aufweisen. In diesem Zusammenhang arbeite ich generelle Anforderungen an eine rational gerechtfertigte praktische Ethikbegründung heraus und weise auf, inwiefern

---

32 Gewirth erhebt mit seiner Theorie ohne Zweifel einen geltungstheoretischen Wahrheitsanspruch. Komplexer ist die Situation im Fall der Theorie Korsgaards, da diese nicht nur eine Theorie *über* moralische Motivation darstellt, sondern auch von der Idee getragen wird, dass die Erklärung von moralischer Motivationskraft für de facto existierende moralische Motivation relevant sein soll. Ihr zufolge muss eine überzeugende Erklärung der erstpersonal-kausalen Rolle von moralischer Verbindlichkeit mit dieser Rolle kompatibel sein, d.h. ihre Theorie basiert nicht nur auf der Analyse motivierender Gründe, sondern soll im weitesten Sinne *selbst* ein solcher Grund für denjenigen Akteur sein, der ihre Wahrheit bzw. *Gutheit* erkennt. Korsgaard wendet sich damit gegen einen geltungstheoretischen Realismus bzw. objektivistischen Kognitivismus. Ein solcher Ansatz kann prima facie rein immanent betrachtet als konsistent beurteilt werden, *insofern* mit ihm kein Wahrheits-, sondern allein ein Motivationsanspruch verbunden wird – in dieser Lesart stellt Korsgaards Theorie einen *Vollzug des Guten* dar. Die über Korsgaards Theorie hinausgehende Frage, ob eine Theorie über das Gute ihre eigene Gutheit transparent erläutern und rechtfertigen kann, verweist jedoch auf die Frage nach ihrer Wahrheit.

diese Vorzüge entweder direkt oder indirekt mit geltungstheoretischen Implikationen der Perspektive praktischer Erstpersonalität verbunden sind und warum diese Implikationen eine entscheidende Relevanz für die Rechtfertigung moralischer Forderungen besitzen.

Drittens besteht eine zentrale systematische Pointe dieser Untersuchung darin, die argumentationstheoretische Tragweite des teleologischen Handlungsmodells im Rahmen der praktischen Begründung von moralischen Forderungen zu bestimmen. Im Mittelpunkt der Analysen von Korsgaards und Gewirths Theorien steht die These, dass zwar beide zu Recht auf das teleologische Handlungsmodell rekurrieren, dieses im Rahmen ihrer Modelle allerdings auf je unterschiedliche, da theoriespezifische Weise problematisch interpretieren: Korsgaard deutet die Zweckverfolgung des Akteurs immer schon als Verwirklichung des Zwecks seiner rationalen Selbst-Konstitution und setzt diesen Zweck voraus, obwohl er durch zusätzliche Argumente gerechtfertigt werden müsste; Gewirth deutet die Handlungsteleologie als Theorie, deren Implikationen aus der Perspektive des rationalen Akteurs für diesen Akteur notwendige logische Wahrheiten darstellen, obwohl die teleologische Handlungstheorie ein empirisch orientiertes Erklärungsmodell von Handlungen darstellt und nicht benannt wird, welche konkreten logischen Gesetze mit ihm verbunden sein sollen, die im Falle der Bestreitung der Handlungsteleologie verletzt werden. Es wird jedoch dafür argumentiert, dass Gewirths Adaption der Handlungsteleologie und seine Einnahme des Standpunkts des Handelnden auf eine Weise gerechtfertigt werden kann, die nicht durch die erwähnte Fehldeutung belastet ist.

KAPITEL 3

Aufbau der Untersuchung

Die Untersuchung umfasst drei Abschnitte. Der *erste* Abschnitt (Kap. 4) ist allgemeinen systematischen Vorüberlegungen gewidmet, im *zweiten* Segment (Kap. 5 und 6) findet eine Analyse der Theorien von Korsgaard und Gewirth statt, die eine Argumentation für die Notwendigkeit einer Erweiterung von Gewirths Argument umfasst. Im *dritten* und letzten Abschnitt (Kap. 7) wird erstens ein Strukturvergleich beider Theorien unternommen, zweitens werden im Ausgang von der erweiterten Variante von Gewirths Argument allgemeine strukturelle Vorzüge und Grenzen dieser Form der praktischen Ethikbegründung herausgestellt.

Im *ersten* Teil (Kap. 4) werden maßgebliche begriffliche und argumentative Probleme erörtert, die mit dem Projekt einer rationalen Ethikbegründung verbunden sind. In diesem Zusammenhang erfolgt die kritische Diskussion der beiden Einwände, dass eine solche Begründung entweder überflüssig oder unmöglich sei (4.2./4.3.). Dieser Abschnitt dient jedoch nicht nur der Bestimmung von zentralen begründungstheoretischen Schwierigkeiten, sondern darüber hinaus wird in Grundzügen sowohl für die Möglichkeit als auch die Erforderlichkeit der rationalen Rechtfertigung von strikt verbindlichen moralischen Forderungen argumentiert (4.4.). In diesem Zusammenhang wird u.a. erläutert, welche Gründe dafür sprechen, dass sich eine rationale Ethikbegründung durch den geltungstheoretischen Bezug auf systematische Implikationen der Akteurperspektive auszeichnen sollte. Darüber hinaus erfolgt eine Rekonstruktion von zentralen Kriterien, die sinnvollerweise für eine belastbare praktische Ethikbegründung anzusetzen sind.

Im *zweiten* Teil der Studie (Kap. 5 und 6) werden die Theorien von Korsgaard und Gewirth kritisch rekonstruiert. Zu Beginn der Korsgaard-Analyse werden u.a. die von ihr angesetzten Begründungskriterien, ihre Kritik am moralphilosophischen Realismus und die These der Normativität der menschlichen Natur dargestellt und kritisch evaluiert (5.1. bis 5.6.). Anschließend erfolgt eine Analyse von Korsgaards Konzept der praktischen Nötigung, der These der Selbst-Konstitution des Akteurs als Zweck des Handelns sowie ihres Handlungsbegriffs (5.7.1. bis 5.7.3.). Im Hinblick auf das Phänomen der praktischen Nötigung wird sein praktisch-anthropologischer Charakter herausgestellt, der fraglich erscheinen lässt, inwiefern die empirisch bedingte

Handlungsnotwendigkeit als Basis der Rechtfertigung normativer praktischer Prinzipien dienen kann. Die These der Selbst-Konstitution wird als zumindest partiell problematisches Konzept interpretiert, das im Rahmen von Korsgaards Ansatz keine unmittelbare begründungstheoretische Funktion besitzt. Im Kontext der Erläuterung des Handlungsbegriffs steht u.a. Korsgaards Adaption des Kategorischen Imperativs Kants im Mittelpunkt, wobei zum einen die Unterschiede zur kantischen Variante herausgearbeitet und kritisch beurteilt werden, zum anderen in systematischer Hinsicht versucht wird, die Umdeutung des Kategorischen Imperativs unter Rekurs auf die Globalstruktur von Korsgaards Theorie verständlich zu machen. Die beiden Folgekapitel sind der Darstellung der Theorie der praktischen Identitäten und der damit verbundenen Lehre der identitätstheoretisch fundierten Pflichten gewidmet (5.7.4./5.7.5.). Auch wenn eine grundsätzliche psychologische Plausibilität von Korsgaards Identitätstheorie konzediert wird, erfolgt an dieser Stelle eine Kritik ihrer These, dass partikulare praktische Identitäten eine tragende Rolle im Rahmen der Fundierung von strikten praktischen Forderungen innehaben können. In diesem Zusammenhang wird aufgezeigt, dass die Korsgaard zufolge normativ verbindliche Idee der rationalen Einheit des Akteurs sowie der Begriff der Pflicht als Abwehr von Bedrohungen der eigenen Identität die ihnen zugedachten Funktionen nicht überzeugend erfüllen können: Der normative Status der platonisch gedachten Einheit des Akteurs bleibt eine Versicherung, während im Hinblick auf den Pflichtbegriff vor allem unklar ist, warum die eigenen partikularen praktischen Identitäten nicht nur relativ und bedingt verbindlich sein sollen. Im Anschluss daran werden Korsgaards Argument des unbedingten Werts der rationalen Natur und ihre These der in dieser Natur gründenden moralischen Normativität dargestellt und in struktureller sowie begründungstheoretischer Hinsicht kritisiert (5.8.). Im abschließenden Fazit (5.9.) erfolgt eine Zusammenfassung der primären Stärken und Schwächen der Theorie. Es wird die These vertreten, dass Korsgaards Theorie primär wegen konzeptueller Unklarheiten sowie theorieimmanenter Inkonsistenzen das durch sie anvisierte Argumentationsziel nicht erreicht. Abgesehen davon wird aufgrund der konstitutivistischen Struktur sowie der motivationstheoretischen Ausrichtung des Ansatzes keine strikte Rechtfertigung moralischer Forderungen geleistet.

In Kapitel 6 erfolgt eine kritische Rekonstruktion von Gewirths Argument der generischen Konsistenz. Im ersten Abschnitt (6.1.) wird der Handlungsbegriff untersucht, wobei das Konzept des Handlungsvermögens u.a. gegen mögliche dispositionslogische Einwände verteidigt wird. Der zentrale Aspekt von Teilkapitel 6.2. besteht in der Herausarbeitung der These, dass der Beginn von Gewirths Argument im Gegensatz zu Gewirths eigener Interpretation keinen Grund dafür liefert, die systematischen Implikationen der Handlungsteleologie für den Akteur als logisch notwendig zu erachten. Stattdessen wird die These verteidigt, dass der Akteur als Zwecke verfolgendes Wesen nur psychologischen Notwendigkeiten untersteht, die nicht als Geltungsgrund unbedingter moralischer Forderungen fungieren können. Im folgenden Abschnitt (6.3.) wird Gewirths Konzept des prudentiellen Rechts erläutert und gegen eine Reihe grundlegender Einwände verteidigt. Diese Verteidigung sowie alle weiteren Analysen von Gewirths Reflexionen stehen konsequenterweise unter dem Vorbehalt, dass das Argument der generischen Konsistenz aufgrund von Gewirths problematischer Deutung der Handlungsteleologie nicht hinreichend fundiert ist und der teleologische Ausgangspunkt somit auch andere Theorieelemente nicht rechtfertigen kann, die in geltungstheoretischer Hinsicht von ihm abhängen. Dennoch wird im Laufe des Kapitels die Position verteidigt, dass einzig der Beginn von Gewirths Ansatz problematisch ist, während die weiteren Argumentationsschritte mit guten Gründen als nachvollziehbar erachtet werden können. In diesem Sinne wird in Abschnitt 6.4. auch Gewirths These der Universalisierung prudentieller Rechte als grundsätzlich tragfähig erwiesen. Zugleich wird sowohl in diesem als auch in dem der Skizzierung von Gewirths Moralprinzip gewidmeten Folgekapitel (6.5.) das Problem der Interpretation der Handlungsteleologie wiederholt adressiert und schließlich in Abschnitt 6.6. ausführlicher thematisiert. An dieser Stelle wird für die Position argumentiert, dass Gewirths Urteilssequenz um die von Gewirth selbst berücksichtigte, von ihm jedoch nicht logisch rekonstruierte Voraussetzung der Möglichkeit von moralischen Handlungen erweitert werden sollte, damit sich der Akteur als zu seiner freien und willentlichen Zweckverfolgung nicht nur psychologisch, sondern auch logisch berechtigt ansehen kann.

Der *dritte* Teil umfasst das Schlusskapitel (7.). Dort wird abschließend und in vergleichender Hinsicht auf die Vorzüge und Nachteile von Korsgaards und Gewirths Theorien reflektiert (7.1.). Zudem (7.2.) erfolgt eine Rekapitulation der strukturellen Vorzüge des erweiterten Arguments der generischen Konsistenz als Überblick über die Gründe, warum dieser Begründungsansatz über bedenkenswerte Stärken verfügt. Schließlich (7.3.) werden im abschließenden Fazit die zentralen Resultate der Untersuchung zusammengefasst.

KAPITEL 4

Das Problem einer rationalen Ethikbegründung

Die Frage nach der Möglichkeit einer rationalen Begründung moralischer Prinzipien und Werte kann unterschiedlich motiviert sein. Sowohl eine nachvollziehbare Verteidigung als auch eine moralskeptische Hinterfragung moralischer Geltungsansprüche erfordern ihre Beantwortung. Allerdings ist die Anerkennung ihrer Dringlichkeit nicht selbstverständlich, sondern die Frage nach einer Rechtfertigung der Ethik kann auch von vornherein als überflüssig disqualifiziert werden.[33] Auch eine Zurückweisung der Notwendigkeit einer rationalen Ethikbegründung kann auf affirmativer wie skeptischer Basis geschehen. Dies trifft sowohl auf die *These der Überflüssigkeit der Ethikbegründung* als auch auf die *These der Unmöglichkeit der Ethikbegründung* zu.[34]

Damit die verschiedenen Positionen zur Ethikbegründung auf eine aussagekräftige Weise diskutiert werden können, muss man sich auf einen Begriff der rationalen Rechtfertigung von Überzeugungen beziehen.[35] Eine verbindliche Definition der Idee der rationalen Rechtfertigung kann angesichts der Komplexität des damit verbundenen theoretischen Diskurses an dieser Stelle nicht geleistet werden. Dennoch ist es notwendig, ein für den hier relevanten Zweck hinreichend bestimmtes Konzept dessen zu beschreiben, was es im gegebenen Zusammenhang heißt, eine Überzeugung als rational gerechtfertigt zu bezeichnen. Im nächsten Abschnitt (4.1.) wird dementsprechend keine umfassende Definition, jedoch eine systematische Skizze bestimmter notwendiger Bedingungen von rationaler Rechtfertigung entwickelt. Anschließend wird zuerst die These der Überflüssigkeit (Kap. 4.2.) und danach diejenige der Unmöglichkeit der Ethikbegründung (4.3.) behandelt, um die Verteidigung der Notwendigkeitsthese[36] (4.4.) vorzubereiten.

---

33   Vgl.: W. Kuhlmann – Begründung, in: Düwell/Hübenthal/Werner (2002), S. 313-319, S. 317.
34   Darüber hinaus kann eine strikte Ethik mit unbedingten Sollensforderungen nach Luhmann auch zur Gefahr für die Gesellschaft werden; vgl.: Ott (2001), S. 16f.
35   Im Rahmen der begrifflichen Vorüberlegungen darf nicht schon eine spezifisch praktische Konzeption von Rechtfertigung entwickelt bzw. vorausgesetzt werden, da die Plausibilität einer solchen ja gerade zur Debatte steht.
36   Die Rechtfertigung der Notwendigkeitsthese ist nicht strikt von der Widerlegung der Überflüssigkeits- und Unmöglichkeitsthese getrennt, da bestimmte Argumente, die für das Erfordernis einer rationalen Ethikbegründung sprechen, in direkter Auseinandersetzung mit genannten Gegenthesen entwickelt werden müssen. Zudem ergeben sich aus dem Gegenstandsbereich der Moralphilosophie spezifische Restriktionen, was den Verbindlichkeitsgrad der Rechtfertigung der Notwendigkeitsthese anbetrifft: Da die These

4.1 Rationale Rechtfertigung

Wir sind kognitive Wesen, da wir bestrebt sind, unser Handeln nach Überzeugungen auszurichten, die wir für wahr halten, und wir sind rationale kognitive Wesen, insofern wir Überzeugungen nur dann als wahr auffassen, wenn sie auf Gründen basieren, die unsere Überzeugungen rechtfertigen. »Rechtfertigung« ist ein Gattungsbegriff, d.h. es existieren verschiedene Formen der Rechtfertigung.[37] Vor dem Hintergrund der begrifflichen Differenzierung von motivierenden und rechtfertigenden Gründen[38] gilt grundsätzlich, dass sich eine rationale Rechtfertigung moralischer Normativität auf rechtfertigende Gründe bezieht. Unter einem rechtfertigenden Grund wird im Folgenden dasjenige verstanden, was konstitutiv für den epistemologischen Status einer Überzeugung ist.[39] Zudem gilt, dass der Begriff der Begründung bzw. Rechtfertigung im Bereich der Ethik verschieden strikt interpretiert werden muss: Während es plausibel ist, im Rahmen der normativen ethischen Prinzipientheorie ein möglichst strenges Begründungsideal zu verfolgen, wäre eine solche Vorgehensweise z.B. bei Fragen der Angewandten Ethik verfehlt.[40]

Das Projekt einer rationalen Ethikbegründung besteht darin, rationale Rechtfertigungsgründe für die strikte Gültigkeit von moralischen Prinzipien und entsprechenden praktisch-normativen Urteilen zu bestimmen sowie nachzuweisen, warum diese Gründe die jeweiligen Prinzipien und Urteile auf rationale Weise begründen. Eine gerechtfertigte Überzeugung besitzt nicht nur in deskriptiver Hinsicht die Eigenschaft des rationalen Begründetseins, sondern diese Eigenschaft hat normative Implikationen: Eine gerechtfertigte

---

der Notwendigkeit einer rationalen Ethikbegründung strukturell einen bestimmten Moralbegriff voraussetzt, dieser Moralbegriff zwar ebenfalls argumentativ verteidigt, jedoch nicht als strikt verbindlich ausgewiesen werden kann, ist nur für die bedingte Notwendigkeit rationaler Ethikbegründung zu argumentieren. Da es jedoch prinzipiell nicht möglich ist, die unbedingte Verbindlichkeit eines inhaltlich aussagekräftigen Moralbegriffs zu begründen, handelt es sich bei diesem Standpunkt nicht um ein Defizit, sondern um eine unvermeidbare Grenze eines jeden solchen Begründungsversuchs.

37 Die Rede von einer rationalen Rechtfertigung z.B. eines moralischen Prinzips ist insofern mehrdeutig, als man ein solches Prinzip auch dann als gerechtfertigt ansehen kann, wenn es nicht aus vernünftigen, sondern z.B. aus Klugheitsgründen als gültig angesehen wird.

38 Vgl.: Chr. Halbig – Praktische Gründe und die Realität der Moral, Frankfurt 2007, S. 145-185; D. Parfit – Reasons and Motivation, in: Aristotelian Society Supplementary Vol. 71 Issue 1 (1997), S. 99-130.

39 Die motivationspsychologischen Aspekte einer Überzeugung sind den geltungstheoretischen Aspekten untergeordnet: Eine für wahr gehaltene Überzeugung soll einen rationalen Akteur motivieren, weil sie gerechtfertigt ist – sie ist nicht wahr, weil sie zum Handeln motiviert.

40 Vgl.: Ott (2001), S. 68f.

Überzeugung ist eine Überzeugung, die so ist, wie sie sein *sollte*. In diesem Kontext müssen diejenigen Gründe, deren inferentielle Relation zu Überzeugungen diese zu gerechtfertigten Überzeugungen machen, bestimmten allgemeingültigen, begrifflich-argumentativen Standards genügen. Diese Gründe dürfen sich nicht auf persönliche Gefühle, Intuitionen oder andere subjektiv-relative Geltungsgrundlagen beziehen. Die Standards für rational gerechtfertigte, d.h. auf rationalen Gründen basierende Überzeugungen können nur formaler Natur sein.[41] Über diese formale Bestimmung der Kriterien für rationale Gründe hinaus besteht kein rational belastbarer Konsens in Bezug auf ihre konkreten Eigenschaften. Das Konzept des rationalen Grundes kann grundsätzlich Verschiedenes bedeuten, so z.B. kann es rationale Gründe für ein bestimmtes Verhalten, eine Entscheidung oder für die Überzeugung von der Wahrheit eines logischen oder moralischen Prinzips geben.[42]

Der im Folgenden fokussierte Kontext der Rede von rationalen Gründen ist derjenige der Begründung der normativen Ethik, d.h. die hier relevanten rationalen Gründe sollen das Für-wahr-Halten von normativen moralischen Sollensforderungen und ihren Prinzipien rechtfertigen. Vor diesem Hintergrund ist es möglich, zumindest einige Minimalbedingungen für eine rational gerechtfertigte Überzeugung zu bestimmen: Diejenigen Gründe bzw. Argumente, welche eine Überzeugung rechtfertigen, dürfen den basalen logischen Schlussregeln der Induktion und Deduktion nicht widersprechen; zudem müssen sie im Einklang mit dem Satz der Identität, dem Tertium non datur sowie dem Satz vom verbotenen Widerspruch stehen.[43] Damit sind nur

---

41 Man könnte im Kontext von reflexiv notwendigen Urteilen eine andere Position vertreten, doch scheint mir diese Situation ein Sonderfall zu sein.

42 Vgl. zu dieser kontroversen Diskussion, die im aktuellen Diskurs vor allem unter Rekurs auf die Relation der Konzepte der Rationalität, der Normativität und der Gründe geführt wird: J. Broome – Rationality through Reasoning, Malden/Oxford 2013, S. 192ff.; R. Audi – The Structure of Justification, Cambridge 1993; Ders. – The Architecture of Reason, New York 2001; L. BonJour – In Defense of Pure Reason. A Rationalist Account of A Priori Justification, Cambridge 1998; J. Raz – Engaging Reason. On the Theory of Value and Action, Oxford 1999.

43 Weder die Gültigkeit des Tertium non datur noch des aristotelischen Satzes vom verbotenen Widerspruch werden allgemein akzeptiert; vgl.: G. Priest – What is so bad about contradictions?, in: Journal of Philosophy 1995 (1998), S. 410-426; Ders. – In contradiction. A Study of the Transconsistent, Oxford 2006. Ob es rational nachvollziehbar ist, diese Prinzipien nicht nur auf formal-, sondern auch fundamentallogischer Ebene anzuzweifeln, ist allerdings fraglich. Zumindest scheint der Diskurs *über* die Validität von transkonsistenten Logiken nicht zufällig auf der zweiwertigen Logik zu basieren, da es um die Richtigkeit *oder* Falschheit logischer Theorien geht. Vgl. zur logischen Relation von mehrwertiger Formallogik und transzendentaler Fundamentallogik: D. Wandschneider – Grundzüge einer Theorie der Dialektik, Stuttgart 1995, S. 17ff.; vgl. darüber

fundamentale logische Anforderungen an Gründe und Argumente benannt, die Überzeugungen als rational begründet rechtfertigen können.[44]

Eine damit verbundene Anforderung an eine gerechtfertigte Überzeugung besteht darin, dass sie fallibel sein muss. Wenn eine gerechtfertigte Überzeugung so ist, wie sie sein sollte, bedeutet dies im Folgenden gemäß einer normativen Wahrheitskonzeption, dass sie von einem rationalen Akteur mit nachvollziehbaren Gründen für *wahr* gehalten werden kann. Der Deflationismus, wie er z.B. von Rorty vertreten wird[45], bestreitet den normativen Status des Wahrheitsprädikats und trennt den Wahrheitswert eines Urteils vom Prinzip des Begründens. Der Begründungsstatus eines Urteiles soll über den Rekurs auf einen faktischen Konsens bzw. Dissens ermittelbar sein. Damit gibt es jedoch keine rational restringierte Korrekturmöglichkeit eines Konsenses, sondern die normative Dimension rationaler Deliberation löst sich in einen kontingenten Konsenspositivismus auf. Ich verstehe den Wahrheitswert eines Urteils daher im Unterschied zum Deflationismus als normative Eigenschaft dieses Urteils, weil andernfalls eine rationale Diskussion der Möglichkeit einer Begründung von moralischer Normativität in einem aussagekräftigen Sinne nicht möglich ist.[46] Die rationale Rechtfertigung einer Theorie der Ethikbegründung im hier relevanten Verständnis ist schließlich zu unterscheiden von einer rationalen Strategie zum Umgang mit begründungstheoretischen Problemen der Moralphilosophie. So kann es durchaus rational sein, z.B. im Falle der erwiesenen Unmöglichkeit einer strikten argumentativen Rechtfertigung eines obersten Moralprinzips auf andere Geltungsgrundlagen zurückzugreifen, die unter

---

hinaus: H. Holz – Allgemeine Strukturologie. Entwurf einer transzendentalen Formalphilosophie, Essen 1999.

44 Vgl.: M. Ossa – Voraussetzungen voraussetzungsloser Erkenntnis? Das Problem philosophischer Letztbegründung von Wahrheit, Paderborn 2007, S. 167ff. Die umfassendere Frage nach belastbaren Kriterien für eine plausible Ethikbegründung geht über dieses formale Grundgerüst hinaus und wird in Kap. 4.4.5. behandelt.

45 Vgl.: R. Rorty – Is Truth a Goal of Inquiry? Donald Davidson versus Crispin Wright, in: Ders. – Truth and Progress. Philosophical Papers, Cambridge 1998, S. 19-42.

46 Auch wenn m.E. epistemische Wahrheitskonzeptionen plausibler sind als nicht-epistemische (zumindest die Korrespondenztheorie ist nur schwer haltbar), muss an dieser Stelle keine spezifische Position bezogen werden, da die Fallibilismus-Anforderung mit beiden Ansätzen kompatibel ist; vgl.: B. Rähme – Wahrheit, Begründbarkeit, Fallibilität. Ein Beitrag zur Diskussion epistemischer Wahrheitstheorien, New York/Berlin 2010, S. 12. In Bezug auf die Korrespondenztheorie hat Baumann zwar Recht, wenn er auf die notwendige Differenzierung von Wahrheitsbegriff und Wahrheitskriterium verweist, doch da die Angabe eines praktikablen Kriteriums zum notwendigen Anwendungsaspekt einer sinnvollen Wahrheitskonzeption gezählt werden muss, kann auch dieser Hinweis die problematische Sachlage nur bedingt entschärfen; vgl.: P. Baumann – Erkenntnistheorie, Stuttgart 2002, S. 150f.

dem Gesichtspunkt einer strengen, d.h. logischen Verbindlichkeit defizitär erscheinen müssen. In einem solchen Fall wäre nicht die Theorie selbst, sondern ein auf die jeweilige (problematische) Situation bezogenes Verhalten rational zu nennen.

4.2 Die Überflüssigkeit der rationalen Ethikbegründung

Die Überflüssigkeitsthese kann zweierlei implizieren: In ihrer starken Variante behauptet sie die Redundanz von Ethikbegründungen überhaupt, in einer schwächeren Form die Überflüssigkeit nur einer rational-diskursiven Rechtfertigung.[47] Zudem kann die Überflüssigkeitsthese *erstens* aufgrund der Mehrdeutigkeit des Prädikats »rational« als mit zwei Varianten der Unmöglichkeitsthese verbunden begriffen werden. Wenn man die Ansicht vertritt, dass eine logische, u. a. auf das Konsistenzkriterium rekurrierende Ethikbegründung unmöglich ist, kann man derartige Begründungsversuche als nutzlos verwerfen. Als Alternativen könnten hier u.a. dezisionistische[48], kontraktualistische[49] oder auch, im Falle einer abgeschwächten Überflüssigkeitsthese, konsenstheoretische bzw. am Common-Sense orientierte Varianten[50] berücksichtigt werden. Diese Position ist zwar kognitivistisch, jedoch nicht rationalistisch: Sie schließt nicht die Berechtigung einer Begründung der Ethik als solche aus, sondern einzig ihre logisch-strikte Variante. Darüber hinaus kann man den generellen Sinn von Ethikbegründungen im Ausgang von einer non-kognitivistischen Auffassung von Moral bestreiten, nach der moralische Urteile keinen Wahrheitswert besitzen: Moralische Urteile und Prinzipien können z.B. in emotivistischer Perspektive nur als subjektiv-unverbindlicher Ausdruck von Gefühlen verstanden werden, sodass es in dieser Sicht aus konzeptuellen Gründen unmöglich und daher müßig ist, für eine rationale Verbindlichkeit des Moralischen zu argumentieren.[51] Beide

---

47 Die Differenzierung unterschiedlicher Varianten ist wohlgemerkt nicht per se trennscharf, da sie von der Definition des Konzepts der Begründung abhängt. So gibt es z.B. keine unterschiedlichen Varianten der These, wenn man unter »Begründung« immer schon eine logisch-diskursive Rechtfertigung versteht.
48 Vgl: H. Keuth – Ist eine rationale Ethik möglich?, in: Logos 1 (1994), S. 288-305.
49 Vgl.: J. Rawls – A Theory of Justice, New ed. Harvard 2005; D. Gauthier – Morals by Agreement, Oxford 1986. Vgl. darüber hinaus: N. Southwood – Contractualism and the Foundations of Morality, Oxford 2010.
50 Vgl.: Krämer (1995), S. 56ff.; J. Habermas – Wahrheit und Rechtfertigung, Frankfurt 1999.
51 Diese These wird nicht dadurch falsch, dass einige Non-Kognitivisten zunehmend versuchen, ebenfalls eine Wahrheitskonzeption zu adaptieren. Da es sich dabei jedoch um einen wahrheitstheoretischen Deflationismus handelt, ändert sich nichts an der

soeben beschriebenen Positionen berufen sich auf unterschiedliche Varianten der Unmöglichkeitsthese und setzen somit die Gültigkeit von letzterer voraus. Sie stellen streng genommen eher mögliche Implikationen der Unmöglichkeitsthese denn eigenständige Thesen dar und werden dementsprechend im folgenden Unterkapitel (4.3.) genauer analysiert.

Zweitens kann die Überflüssigkeitsthese auch vom Standpunkt eines starken Intuitionismus aus vertreten werden, demzufolge moralische Wahrheiten prinzipiell selbstevident und somit ohne Rekurs auf abstrakte logische Argumentation erkennbar sind. Eine auch diskursive Rechtfertigung moralischer Normativität wird dadurch nicht ausgeschlossen, ist jedoch bedeutungslos. Eine intuitionistische Theorie der Selbstevidenz moralischer Sollensforderungen ist unabhängig von der Unmöglichkeitsthese, setzt demnach weniger voraus und bietet dadurch weniger Angriffsfläche. Die argumentative Fundierung eines solchen kognitivistischen Intuitionismus kann in einer phänomenologischen Ideenschau wie z.B. bei Scheler[52] oder in der aristotelischen Lehre der phronesis[53], aber auch, nach naturalistischer Manier, im Rekurs auf biologische bzw. anthropologische Gesichtspunkte[54] bestehen. Zudem kann ein Common-Sense-Intuitionismus im Sinne von Moore und Ross vertreten werden.[55]

Trotz der verschiedenen Fundierungsmöglichkeiten dieser Form des Intuitionismus gibt es Einwände, die gegen alle skizzierten Modelle angeführt werden können. Diese Einwände beziehen sich jedoch nicht nur unmittelbar auf die Positionen selbst, sondern berücksichtigen auch die verschiedenen angeführten Geltungsgrundlagen. Das in epistemologischer Hinsicht

---

Grundstruktur dieser Theorien; vgl. dazu: E. Sonny Elizondo – Reason in its Practical Application, in: Philosopher's Imprint Vol. 13, Vol. 21 (2013), S. 1-17.

52 Vgl.: M. Scheler – Der Formalismus in der Ethik und die materiale Wertethik, 4. A. Bern 1954.

53 Vgl.: B. H. Baumrin – Aristotle's Ethical Intuitionism, in: New Scholasticism 42 (1) 1968, S. 1-17; M. Hoffmann – Der Standard des Guten bei Aristoteles: Regularität im Unbestimmten, Freiburg 2010; J. McDowell – Mind, Value, and Reality (Harvard 2001), S. 27ff.; D. Wiggins – Deliberation and Practical Reason, in: Ders. – Needs, Values, Truths (Oxford 1987), S. 215-237. Die intuitionistisch-partikularistische Interpretation nicht nur des phronesis-Begriffs, sondern auch der epistemologischen Grundstruktur der aristotelischen Ethik ist allerdings umstritten; vgl.: J. T. King – Aristotle's Ethical Non-Intuitionism, in: *New Scholasticism* 43 (1) 1969, S. 131-142; Irwin (2003).

54 Vgl.: N. L. Sturgeon – Ethical Intuitionism and Ethical Naturalism, in: P. Stratton-Lake (ed.) – Ethical Intuitionism: Re-evaluations, Oxford 2002, S. 184-211.

55 Vgl.: G. E. Moore – Principia Ethica, London 1903; D. Ross – The Right and the Good, Oxford 1930.

profilkonstitutive Moment der als evident angesehenen Wahrheit moralischer Intuitionen[56] ist das Kernproblem dieses Ansatzes. Intuitive Gewissheit fungiert hier grundsätzlich als Beurteilungsstandard für die Gültigkeit praktischer Urteile. Die Frage nach dem Grund für die Annahme, dass Intuitionen selbstevident wahr sind und daher eigenständige Geltungsinstanzen darstellen, wird insofern nicht beantwortet, als damit immer auch nach der Rechtfertigung für den vorrangigen epistemologischen Status der intuitiven Gewissheit gefragt wird. Dieser wird jedoch stets schon vorausgesetzt, da Intuitionen andernfalls nicht als evident wahr aufgefasst würden.[57] Selbstevident wahre moralische Intuitionen besitzen keinen rational prüfbaren externen oder internen Maßstab, was im Falle von inhomogenen Intuitionen verschiedener Akteure zu einer unentscheidbaren Konfliktsituation führt, da Evidenz gegen Evidenz steht. Um diesen Konflikt zu klären, d.h. um auf nachvollziehbare Weise zwischen wahren und falschen Intuitionen unterscheiden zu können, müsste man auf einen nicht-intuitionistischen Maßstab rekurrieren, denn wenn dieser Maßstab selber auf Intuitionen basierte, würde das strukturelle Problem nicht gelöst, sondern auf einer Metaebene reproduziert – allerdings würde ein nicht-intuitionistischer Maßstab die Pointe der Position aufheben.

Als funktionales Analogon zu einem solchen Maßstab könnte die Vorstellung eines Common-Sense herangezogen werden, der deswegen nicht in einem theoriefeindlichen Sinne extern wäre, weil er selbst auf Intuitionen beruht. Da jedoch gerade der unbegründete geltungstheoretische Intuitionsbezug als problematisch erwiesen wurde, ist unklar, wie durch die bloße Vervielfältigung von (gegebenenfalls heterogenen) Intuitionen eine nachvollziehbare Lösung des Beurteilungsproblems geleistet werden sollte. Im Rahmen der Common-Sense-Variante kommt mit dem Rekurs auf die Mehrheitsmeinung ein kontingenter Aspekt hinzu, der der Plausibilität der Position zusätzlich abträglich ist. In begrifflicher Hinsicht ist fragwürdig, ob man vor dem Hintergrund der Begründung einer universalistischen Ethik tatsächlich von einem einheitlichen, hinreichend spezifizierbaren moralischen Common-Sense

---

56   Der Begriff der Intuition kann Grundverschiedenes bezeichnen, wobei das Spektrum von Descartes' rationaler Intuition des »Cogito, ergo sum« über Kants »intuitus originarius« und Husserls »Wesensschau« bis hin zu Audis propositionalem, jedoch nicht-inferentiellem Begriff von »belief« reicht. Vgl. darüber hinaus zu Intuition als dem nicht-diskursiven Erfassen von Ganzheiten: J. König – Der Begriff der Intuition, Hildesheim 1924. Zudem ist es ein ganz eigenes Problem zu klären, was moralische Intuitionen sind; vgl.: M. R. DePaul/W. Ramsey – Preface, in: Dies. (ed.) – Rethinking Intuition, Oxford 1998, S. V-XV, S. XV Anm. 15. Vgl. zur Relation von Intuitionen und Gefühlen: J. Dancy – Intuition and Emotion, in: Ethics Vol. 124, Vol. 4 (2014), S. 787-812.

57   Vgl. zu dieser Problematik im Kontext des regeldeontologischen Intuitionismus von Ross: W. Kellerwessel – Normbegründung in der analytischen Ethik, Würzburg 2003, S. 145f.

sprechen kann. Dies ist im Übrigen keine Glaubensfrage, sondern müsste empirisch abgesichert sein. Doch selbst dann, wenn es einen solchen einheitlichen Common-Sense geben sollte, handelte es sich um *faktisch* vorliegende doxastische Einstellungen, bei denen nicht ausgemacht ist, warum ihre bloße Existenz normative Implikationen besitzen soll. Dies gilt nicht zuletzt deswegen, weil unklar ist, *auf welchem Wege* sie zustande gekommen sind.[58] Eine starke moralische Intuition kann z.b. durch Erziehung oder auch gezielte (u.a. politisch motivierte) psychologische Manipulation bedingt sein, was zwar an einem möglichen Wahrheitsgehalt dieser Intuition nichts ändert, es jedoch erforderlich macht, dass man zur Bestimmung dieses Wahrheitsgehalts auf normative Maßstäbe Bezug nehmen müsste, die unabhängig von den zur Debatte stehenden Intuitionen sind. Andernfalls würde man implizit die unplausible und unbegründete These vertreten, dass die jeweilige Erziehung oder Manipulation stets, d.h. *gesetzmäßig* zu moralisch wahren Intuitionen führt.[59]

Auch die Konzepte einer phänomenologischen Ideenschau oder der moralischen Weisheit in konkreten Entscheidungssituationen können eine rationale Ethikbegründung nicht als überflüssig erweisen. Sowohl bei der Ideenschau als auch bei der Idee des Weisen, der mittels seiner kundigen Wahrnehmung moralisch richtig entscheiden kann, bleiben zentrale Fragen offen. Der moralphänomenologische Ansatz ist insbesondere durch methodologische und epistemologische Probleme belastet: Erstens ist unklar, wie

---

58 Southwood betont daher zu Recht, dass eine Primärfunktion von sozialen Normen in der empirischen Etablierung und nicht der geltungstheoretischen Rechtfertigung von praktischer Verbindlichkeit besteht; vgl.: N. Southwood – The Authority of Social Norms, in: M. Brady (ed.) – New Waves in Metaethics, Hampshire 2011, S. 234-248, S. 244ff.

59 Auch diese Annahme ist nicht nur durch ihre an sich bestehende Unplausibilität, sondern zudem dadurch belastet, dass auch hier offen bleibt, wie man methodisch konsistent und zugleich im Rahmen der intuitionistischen Prämissen zu dieser Einsicht kommen können soll. In diesem Kontext wird die biologische Begründungsmöglichkeit relevant – allerdings nicht in konstruktiver, sondern in kritischer Hinsicht. Wenn argumentiert wird, dass moralische Intuitionen eine primär evolutionstheoretisch rekonstruierbare Funktion besitzen, bedeutet dies nichts anderes, als dass die Existenz solcher Intuitionen gegebenenfalls vollständig kausalwissenschaftlich erklärt werden kann. Auch hier wäre mit dem Aufweis einer biologischen Funktion der Intuitionen nicht gezeigt, dass diese nicht auch unabhängig von ihren Entstehungsbedingungen und Funktionen wahr sein können, doch stünde dessen ungeachtet jede geltungstheoretisch orientierte Interpretation in Konkurrenz zu einer an die Empirie rückgebundenen Alternativposition. In dieser Hinsicht ist der intuitionistische Ansatz problematisch, da tiefverwurzelte Intuitionen auch biologisch und/oder psychologisch bzw. sozialwissenschaftlich erklärt werden können. Die subjektiv empfundene Stärke und historische Präsenz einer Intuition hat nichts mit ihrem Wahrheitsgehalt zu tun; vgl. zu den Problemen biologischer Ethikbegründung: Chr. Illies – Philosophische Anthropologie im biologischen Zeitalter, Frankfurt 2006, S. 175-185.

eine Rechtfertigung normativer Prinzipien und Urteile durch Phänomenrekonstruktion geleistet werden soll, und zweitens kann die Verlässlichkeit der Methode der Ideenschau mit guten Gründen in Zweifel gezogen werden, da sie sich der kritischen Reflexion entzieht.[60] Der Ausgang vom Urteil des aristotelischen Weisen, der über eine spezielle moralische Sehkraft verfügt, ist durch die Annahme der Selbstevidenz der moralischen Wahrheit belastet, die in diesem Zusammenhang nicht ausschließen kann, dass verschiedene moralisch kundige Akteure voneinander abweichende Urteile fällen.[61] Zudem ist gegebenenfalls unklar, welche Kriterien ein Weiser erfüllen sollte und warum – mit dieser Überlegung ist man jedoch schon wieder bei der übergeordneten Prinzipienproblematik angelangt.

Die grundlegenden Probleme des Intuitionismus, eine rational nachvollziehbare Begründung moralischer Normativität als überflüssig zu erweisen, können auch in moderneren Varianten wie McCanns konativem Intuitionismus[62] oder dem pluralistischen Universalismus Audis[63] nicht vermieden werden. Wenn McCann auf die unbegründete und im intuitionistischen Kontext auch prinzipiell unbegründ*bare* Annahme der Verlässlichkeit kollektiver moralischer Erfahrungen verweist, zugleich jedoch unterstellt, dass keine Alternative dazu denkbar sei, bleibt diese letzte Behauptung ebenso ungerechtfertigt wie die intuitionistische Kernthese selbst.[64]

---

60 Die Phänomenologie kann allein deskriptive Sachverhalte konstatieren, und dies gilt auch für die Moralphänomenologie. Das Phänomen einer Werterfahrung oder einer Verpflichtung ist selbst nicht normativ, sondern *bezieht sich nur* auf axiologische bzw. normative Gehalte. Diese Gehalte müssen im Unterschied zur Ideenschau über die phänomenologische Erfassung hinaus als verbindlich ausgewiesen werden.

61 Zudem kann dieser Ansatz als Form einer induktiven Ethikbegründung interpretiert werden, bei der von konkreten Urteilen auf ihnen zugrunde liegende Prinzipien geschlossen wird, was evtl. zu einem inkonsistenten Prinzipienpluralismus führt; vgl.: Gewirth (1978), S. 18f.

62 Vgl.: H. McCann – Metaethical Reflections on Robert Audi's Moral Intuitionism, in: M. Timmons/J. Greco/A. R. Mele (ed.) – Rationality and the Good. Critical Essays on the Ethics and Epistemology of Robert Audi, Oxford 2007, S. 40-53.

63 Audi beantwortet die Frage nach einer verlässlichen Korrekturmöglichkeit eigener selbstevidenter Intuitionen mit dem Verweis auf das Abgleichen von Daten in der Naturwissenschaft: »It is enough if ... they are always correctable by further reflection. Such reflection may include comparison with the intuition of *others*, just as in scientific enquiry one might compare one's observations with those of co-investigators«; vgl.: R. Audi – The Good in the Right, Princeton 2004, S. 37. Außer Acht gelassen wird hier u.a., dass sich das Zustandekommen von Intuitionen im Unterschied zu wissenschaftlichen Thesen und Daten vollkommen unterschiedlich darstellt und offen bleibt, welche *rationale Methode des Intuitionsabgleichs* zur Verfügung steht.

64 Vgl.: McCann (2007), S. 49.

Fazit

Die intuitionistisch fundierte Überflüssigkeitsthese kann in keiner ihrer Spielarten zu belastbaren Resultaten führen, ohne über sich hinauszuweisen, um nicht zu einem verkappten Dogmatismus zu werden. Dies ändert nichts an der unbestreitbaren Bedeutung moralischer Intuitionen für den Prozess der materialen Bestimmung von moralisch verbindlichen Urteilen und Prinzipien: In *genetischer* Hinsicht sind entsprechende Intuitionen notwendig, da weder ein allgemeiner Moralbegriff noch konkrete moralische Gehalte durch abstrakte logische Reflexion generiert werden können. Diese Intuitionen müssen jedoch nach Maßgabe externer normativer Standards beurteilt werden, die sich auf Intuitionen beziehen, nicht jedoch selbst auf ihnen beruhen.

4.3 Die Unmöglichkeit der rationalen Ethikbegründung

Für die These der Unmöglichkeit der rationalen Begründung der Ethik können vor allem drei Argumente angeführt werden: *Erstens* kann man im Ausgang von Aristoteles auf das methodische Problem der Deduktion verweisen, demzufolge der Ausgangspunkt jeder Argumentation notwendigerweise selbst nicht hinreichend gerechtfertigt werden kann[65]; *zweitens* impliziert eine nonkognitivistische Auffassung von Moral, dass auch die Prinzipien praktischer Normativität nicht als normativ verbindliche Erkenntnisgehalte verstanden und daher nicht entsprechend begründet werden können[66]; *drittens* kann man auch auf der Basis eines kognitivistischen Moralkonzepts eine rationale Ethikbegründung für unmöglich halten, da man darunter den Aufweis der unbedingten Verbindlichkeit eines bestimmten Moralkonzepts versteht. Das erste Argument bezieht sich auf einen methodischen Aspekt der Begründung erster Prinzipien, während die beiden anderen Argumente auf strukturelle Probleme der Rechtfertigung des Moralbegriffs verweisen. Ich werde dafür argumentieren, dass diese drei Argumente aus jeweils unterschiedlichen Gründen nicht überzeugend sind.

---

65 Vgl.: C. F. Gethmann/R. Hegselmann – Das Problem der Begründung zwischen Dezisionismus und Fundamentalismus, in: Zeitschrift für allgemeine Wissenschaftstheorie 8 (1977), S. 342-368; H. Keuth – Fallibilismus vs. transzendentalpragmatische Letztbegründung, in: Zeitschrift für allgemeine Wissenschaftstheorie 14 (1983), S. 320-337.

66 Vgl.: D. Naughton – The Importance of Being Human (Reply to Cora Diamond), in: D. Cockburn (ed.) – Human Beings, Cambridge 2010, S. 63-82.

4.3.1 Das Methodenproblem

Das bereits bei Aristoteles angesprochene begründungstheoretische Methodenproblem wurde in jüngerer Zeit von Albert unter dem Begriff des »Münchhausen-Trilemmas«[67] aufgegriffen. In den letzten Jahrzehnten wurde vor dem Hintergrund der Diskussion um den Leistungsbereich transzendentaler Argumente vor allem die Möglichkeit einer philosophischen Letztbegründung[68] sowohl von theoretischen als auch praktischen Aussagen kontrovers diskutiert. Unter einem letztbegründeten Urteil versteht man in diesem Zusammenhang grundsätzlich ein Urteil, dessen Wahrheit logisch nicht konsistent bestreitbar ist.[69] Entgegen einem verbreiteten Missverständnis wird durch das Prädikat »letztbegründet« kein Anspruch auf infallible Erkenntnis erhoben, da dies den Ausschluss jeglicher empirischer Irrtumsmöglichkeit bei der *faktischen* Rechtfertigung eines solchen Urteils bedeuten würde. Eine solche Annahme wäre offenbar unsinnig: Nur deswegen, weil ein Akteur über die Möglichkeit absolut verbindlicher Urteile reflektiert, muss er für das Resultat seiner Überlegungen keine absolute Gültigkeit im Sinne einer notwendigen Irrtumsfreiheit beanspruchen.[70] Die faktische Möglichkeit des Irrtums ist prinzipiell nicht auszuschließen, da ein Beweis des Gegenteils aus methodischen Gründen unmöglich ist.[71]

Vielmehr geht es bei der Letztbegründungsdebatte einzig und allein um die Frage, ob jegliche nicht-empirische Erkenntnis hypothetisch gültig ist. Hier spielt das Münchhausen-Trilemma eine zentrale Rolle, da es die Unmöglichkeit von nicht-hypothetischen und zugleich nicht-empirischen Urteilen implizieren soll: Philosophische Begründungsversuche müssen Albert zufolge entweder in einen infiniten Regress führen, eine petitio principii implizieren oder können allein durch einen dogmatischen Abbruch des Begründungsverfahrens zu einem Ende gebracht werden. Albert diagnostiziert diese Probleme stets mit Blick auf eine allgemeine Struktur von Begründung, die von einer

---

67   Vgl.: H. Albert – Traktat über kritische Vernunft, Tübingen 1991.
68   Vgl. zum Prägungskontext dieses Begriffs: W. Flach – Hegels dialektische Methode, in: H.-G. Gadamer (Hrsg.) – Heidelberger Hegel-Tage 1962 (Hegel-Studien Beiheft 1), Bonn 1964, S. 55-64, S. 58 u. S. 64.
69   Vgl.: Ossa (2007), S. 14.
70   Vgl.: V. Hösle – Die Krise der Gegenwart und die Verantwortung der Philosophie, 3. erw. A. München 1997, S. 143f.; Wandschneider (1995), S. 199f.; vgl. grundsätzlich zur Fallibilismus-Problematik: Rähme (2010), S. 95ff.; M. Ossa/D. Schönecker – Ist keine Aussage sicher? Rekonstruktion und Kritik der deutschen Fallibilismusdebatte, in: Zeitschrift für philosophische Forschung 58/1 (2004), S. 54-79.
71   Wie sollte man begründen können, dass der propositionale Gehalt eines Urteils notwendigerweise die Möglichkeit eines Irrtums des Urteilenden ausschließt, weil er dieses Urteil als wahr (an)erkennt?

Prämisse ausgeht, von der im weiteren Argumentationsverlauf bestimmte weitere Urteile abgeleitet werden, d. h. er konzentriert sich allein auf den deduktiven Typ der Begründung von Urteilen.

Auf die in dieser Studie fokussierte praktische Begründungssituation übertragen, würde dies bedeuten, dass die Ausgangsprämisse der Validität des Akteurstandpunkts ihrerseits begründungsbedürftig wäre, die Gültigkeit ihrer Begründung jedoch eigens erwiesen werden müsste und dies auch auf alle denkbaren Rechtfertigungsschritte zuträfe. In dieser Perspektive ist ein infiniter Regress von Begründungsschritten unvermeidbar. Im zweiten von Albert erwogenen Szenario wären moralisch normative Elemente nur deswegen von der Prämisse ableitbar, weil die Prämisse, der Begriff des handelnden Akteurs, bereits moralische Implikationen besitzt. Ein dogmatischer Abbruch der Begründung bestünde schließlich darin, die Validität der praktischen Perspektive ohne Rechtfertigung zu konstatieren. Alle drei Varianten des Trilemmas implizieren, dass das Ziel einer rationalen Ethikbegründung aus argumentationsmethodischen Gründen prinzipiell verfehlt werden muss.

Gegen die universelle Gültigkeit des Trilemmas wurden verschiedene Argumente meist transzendentaler Natur angeführt, die hier nicht genauer zu diskutieren sind[72], doch existiert eine fundamentale Reflexionsstruktur, die bei vielen dieser antiskeptischen Einwände eine systematisch tragende Funktion besitzt: Auch wenn es verschiedene empirische Faktoren gebe, die nicht für die Möglichkeit der Erkenntnis von objektiven, d.h. logisch notwendig wahren Urteilen sprechen, sei es zugleich in logischer Hinsicht problematisch davon auszugehen, dass die Erkenntnis von objektiv wahren Urteilen prinzipiell unmöglich sei, denn zumindest *ein* Urteil müsse selbst dann für wahr gehalten werden, wenn man einen rationalen Wahrheitsskeptizismus vertritt. Es handele sich dabei um das Urteil, das die geltungstheoretische Bedingung für die Erhebung eines Wahrheitsanspruchs formuliert, denn insofern man die Bedingungen für wahre und falsche Urteile (die Idee eines möglichen Wahrheitswerts eines Urteils) nicht akzeptiere, könne man schlichtweg keine rationalen Urteile fällen.[73] Streng genommen handelt es sich dabei nicht um ein einziges Urteil, sondern um eine Klasse von Urteilen, wobei die Elemente dieser Klasse die Eigenschaft besitzen, nicht explizit negiert werden zu können, ohne dabei – logisch notwendig – implizit affirmiert zu werden. Die Urteile »Es gibt wahre

---

72 Vgl. zu einer Reihe einschlägiger Kritikpunkte: Ossa (2007); V. Hösle (1997), S. 153ff.
73 Vgl.: H. Holz – Ein Nukleus transzendentaler Formalintuition: Über Binnenstrukturen philosophischer Letztbegründung, in: Ders. – Immanente Transzendenz, Würzburg 1997, S. 77-102; Wandschneider (1995), S. 18; K.-O. Apel – Fallibilismus, Konsenstheorie der Wahrheit und Letztbegründung, in: Ders. – Auseinandersetzungen – In Erprobung des transzendentalpragmatischen Ansatzes, Frankfurt 1998, S. 81-193.

4.3 DIE UNMÖGLICHKEIT DER RATIONALEN ETHIKBEGRÜNDUNG

Urteile« und »Es gibt wahre und falsche Urteile« weisen z.B. diese Eigenschaft auf. Die Bestreitung dieser Urteile wäre notwendigerweise selbstwidersprüchlich, da auch eine aussagekräftige Negation einen Anspruch auf Wahrheit implizieren müsste, womit die Annahme eines Wahrheitswerts von Urteilen durch die Negation affirmiert würde.[74]

Der Grund dafür, warum Vertreter der Gültigkeit des Trilemmas diese Art von Einwänden im Ausgang von den im Trilemma vorausgesetzten begründungstheoretischen Annahmen[75] prinzipiell nicht erfolgreich widerlegen können, besteht darin, dass das Trilemma von der Ausschließlichkeit des deduktiven Begründungstyps ausgeht und dementsprechend in Bezug auf reflexive Begründungen[76] keine Aussagekraft besitzt. Methodisch ist für reflexive Begründungen charakteristisch, die Wahrheit von Urteilen nicht durch eine problematische Deduktion, sondern über den Weg der Analyse der Implikationen und Voraussetzungen von Urteilen zu rechtfertigen. Anstatt also von einer Prämisse gemäß bestimmter Schlussregeln weitere Urteile abzuleiten und den Begründungsgang linear fortzusetzen, wendet man sich bei reflexiven Begründungen auf das Ausgangsurteil zurück und reflektiert auf Bedingungen, ohne die das jeweilige Urteil nicht rational nachvollziehbar gedacht oder behauptet werden kann. Reflexive Begründungen besitzen demnach keine klassische axiomatische Struktur, d.h. keine Prämissen und keine davon abgeleiteten Schlüsse, die durch ihre inferentielle Relation zu den Prämissen gerechtfertigt werden sollen. Sie basieren auf Urteilen, deren selbstverifizierender Status dadurch definiert ist, dass ihre Negation notwendigerweise die für die Negation logisch vorauszusetzenden Geltungsbedingungen bestreitet. Die notwendige Wahrheit dieser Art von Urteilen kann einzig durch präsuppositionslogische Reflexion aufgezeigt werden. Für die Plausibilität dieser Art von Begründung ist unerlässlich, dass das erste Urteil tatsächlich nicht konsistent bestreitbar ist, da andernfalls unklar bleibt, warum die logisch notwendigen Implikationen dieses Urteiles eine strikte Verbindlichkeit besitzen sollen.

---

74 Die Grundfigur dieser Argumente findet sich im Prinzip schon bei Parmenides' Gleichsetzung von Denken und Sein, die impliziert, dass »Nichts« immer als seiendes Nichts gedacht werden muss, *insofern* es gedacht wird. Dementsprechend ist eine Negation nie *nur* Negation, sondern stets affirmierte Negation.

75 Dieser Zusatz ist insofern zu berücksichtigen, als ich nicht behaupte, dass reflexive Argumente gegen jede Art von substantieller Kritik immun sind. Ich vertrete allerdings die Auffassung, dass eine erfolgreiche Kritik nicht allein im Ausgang von den Prämissen des Trilemmas durchführbar ist.

76 Vgl.: W. Kuhlmann – Reflexive Letztbegründung. Untersuchungen zur Transzendentalpragmatik, Freiburg/München 1985.

Fazit

Es bleibt festzuhalten, dass die auf dem Methodenproblem basierende Unmöglichkeitsthese nicht haltbar ist, da sie sich allein auf die deduktive Begründungsmethode bezieht, diese jedoch nicht alternativlos ist. Um die systematische Tragweite der Implikationen des voraussetzungsreflexiven Ansatzes für eine Rechtfertigung von Urteilen im Kontext der praktischen Ethikbegründung zu bestimmen, sind allerdings differenziertere Analysen notwendig, die über eine Widerlegung der radikalen Wahrheitsskepsis hinausgehen. Es ist zu zeigen, dass auch praktische Ausgangsurteile mittels selbstreferentiell-präsuppositionslogischer Reflexion als notwendig wahr erwiesen, d.h. nicht konsistent bestritten werden können.

4.3.2 *Die Rechtfertigung des Moralbegriffs*

Auch wenn man das Methodenproblem nicht als Beweis für die Unmöglichkeit einer rationalen Ethikbegründung gelten lässt, scheint es bestimmte Auffassungen von Moral zu geben, die einen solchen Begründungsversuch in Frage stellen können. Sowohl aus non-kognitivistischer Perspektive als auch hinsichtlich der Anforderung einer strikten Rechtfertigung der jeweils vorausgesetzten Moralkonzeption erweist sich eine unbedingt verbindliche Ethikbegründung als nicht praktikabel. Die dadurch gegebene Situation ist für einen Verteidiger der rationalen Ethikbegründung komplexer als im Falle des Methodenproblems. Zudem ist sie vergleichsweise unvorteilhaft: Eine unmittelbar schlagkräftige Kritik der non-kognitivistischen Unmöglichkeitsthese steht vor dem Problem, dass sie ein bestimmtes Moralkonzept im strengen Sinne zu widerlegen, d.h. als falsch auszuweisen hat.

Einer kognitivistisch motivierten Forderung nach einem verbindlichen Moralbegriff ist ebenfalls schwierig zu entsprechen. Die Beurteilung eines Moralbegriffs kann sich an einem unterstellten Common Sense oder an einer bestimmten philosophischen Strömung (z.B. Kantianismus oder Utilitarismus) ausrichten, und dies ist ohne Zweifel die gängige Praxis. Die Plausibilität eines Moralkonzepts scheint darüber hinaus nur partiell und primär in formaler Hinsicht argumentativ diskutierbar zu sein. Es ist jedoch vernünftig anzunehmen, dass ein nachvollziehbarer Moralbegriff über ein eigenständiges systematisches Profil mit bestimmten Eigenschaften verfügen muss, damit es möglich ist, ihn von anderen praktischen Begriffen unterscheiden zu können. Während Williams von der möglichen Vorrangigkeit auch rein persönlicher Gründe ausgeht[77], ist Foot darum bemüht, die Verbindlichkeit moralischer

---

77 Vgl.: B. Williams – Persons, Character and Morality, in: Ders. – Moral Luck, Cambridge 1981, S. 1-19.

Sollensforderungen als nur hypothetisch zu rekonstruieren[78], sodass auch hier kein struktureller Unterschied zu nicht-moralischen praktischen Normen konstatiert wird. Man kann gegen die Moralauffassungen von Williams oder Foot geltend machen, dass unklar bleibt, inwiefern der Bereich des Moralischen überhaupt noch von demjenigen des strategisch Klugen bzw. Nützlichen oder des sozial Schicklichen unterschieden werden kann. Ein Begriff der Moral, der hinsichtlich seiner Verbindlichkeit mit dem Konzept einer rein prudentiellen oder strategisch-instrumentellen Vernunft kompatibel ist, wirft die Frage auf, worin genau das Phänomen des Moralischen bestehen soll und durch welche nur ihm zukommenden Eigenschaften es sich auszeichnet.

Eine verbreitete Auffassung des Moralischen impliziert, dass moralische Gründe ihre Verbindlichkeit aus ihrem Bezug auf zentrale Interessen von Akteuren gewinnen. Die Kriterien für den Prozess der Bestimmung dieser Interessen werden durch den Moralbegriff selbst allerdings nicht mehr vorgegeben, sodass auch hier kein Anhaltspunkt für ein argumentativ fundiertes Präferenzurteil vorliegt. Dieser Umstand ist nicht zuletzt dadurch bedingt, dass in die Bildung von Moralbegriffen häufig Elemente einer vorausgesetzten philosophischen Anthropologie eingehen, für die partiell dasselbe gilt wie für den Moralbegriff selbst: Eine über Plausibilitätsargumente hinausgehende Rechtfertigung ist prinzipiell nicht möglich.[79]

Sowohl hinsichtlich der allgemeinen Forderung nach einer Rechtfertigung des Moralbegriffs als auch der non-kognitivistisch begründeten Unmöglichkeitsthese ist zu konzedieren, dass sie nicht im geltungstheoretischen Sinne widerlegt werden können – auch ein Vertreter des Kantianismus kann einem Utilitaristen prinzipiell keine genuin *argumentativen* Fehler nachweisen, weil er ein anderes Moralkonzept voraussetzt.[80] Die Frage, ob ein praktischer Geltungsanspruch dann ein moralischer ist, wenn er sich auf den Besitz rationaler Handlungsfähigkeit, die Würde des freien Vernunftwesens, die Ausbildung von Tugenden oder auf die Maximierung des allgemeinen Glücks bezieht, kann nicht unter Rekurs auf formale Konsistenzkriterien oder Ähnliches beantwortet werden. Es gibt in diesem Sinne keinen wahren oder falschen Moralbegriff. Letzteres gilt auch für den kontroversen Diskurs um Kognitivismus und Non-Kognitivismus. Das impliziert, dass *erstens* auch die non-kognitivistisch

---

78 P. Foot – Morality as a System of Hypothetical Imperatives, in: Philosophical Review Vol. 81 Vol. 3 (1972), S. 305-316.

79 »Partiell« deshalb, da es sich bei anthropologischen Fakten um empirisches Wissen handelt, das einen höheren Verbindlichkeitsgrad als z.B. dezisionistisch basierte Moraldefinitionen besitzen kann.

80 Vgl.: B. Williams – Der Begriff der Moral, Stuttgart 1986, S. 4 f.

basierte Unmöglichkeitsthese nicht falsch, weil eben auch nicht richtig sein kann[81], und dass *zweitens* ein nicht streng rational begründeter Moralbegriff kein Defizit einer rationalen Ethikbegründung darstellt, weil die Forderung nach einer solchen Begründung prinzipiell unerfüllbar ist. Zudem ist es dennoch möglich, Gründe für eine bestimmte Moralauffassung anzuführen. Die Möglichkeit einer rationalen Ethikbegründung kann also nicht ausgeschlossen werden.

Fazit
Die These der Unmöglichkeit einer rationalen Ethikbegründung kann nur vertreten werden, insofern man sich auf eine non-kognitivistische Position zurückzieht, da die methodologisch fundierte Unmöglichkeitsthese nur zeigt, dass allein deduktive Begründungen nicht strikt verbindlich sein können. Insofern man die Überflüssigkeit einer rationalen Ethikbegründung auf Basis der non-kognitivistischen Unmöglichkeitsthese behauptet, ist auch diese Form

---

81 Dies heißt nicht, dass keine Argumente existieren, die gegen die Plausibilität des moralischen Non-Kognitivismus sprechen. Charakteristisch für die verschiedenen Formen der non-kognitivistischen Metaethik ist ihre gemeinsame systematische Konsequenz, dass man mit moralischen Aussagen nur manipulative Zwecke verfolgen kann. Diese Annahme ist begründungsbedürftig, und die verschiedenen Profile der maßgeblichen Emotivisten und Expressivisten weisen je unterschiedliche Defizite auf. Ich beschränke mich hier auf drei prominente Beispiele: a) Der durch das neopositivistische Sinnkriterium motivierte Emotivismus Ayers nimmt seinen Ausgang von epistemologischen Prämissen, die durchaus nicht zwingend sind – vielmehr ist fraglich, inwiefern das Sinnkriterium des logischen Positivismus auch und gerade aus positivistischer Sicht nicht in hohem Maße problematisch ist, da es sich weder um ein begriffsanalytisches noch ein empirisches Prinzip handelt. Im Falle Ayers entfällt jedoch mit der Verbindlichkeit der positivistischen Sprachanalyse auch die Rechtfertigung der non-kognitivistischen Moraltheorie; b) Stevensons im Anschluss an Ogdens und Richards kausale Bedeutungstheorie entwickelte Metaethik reduziert die Funktion jeglicher Sprachhandlungen auf das Bewirken psychologischer Effekte, was u.a. deshalb unplausibel ist, da es dann unmöglich wäre, jemanden zu verstehen, ohne dass dadurch das eigene Verhalten beeinflusst würde. Eine solche Annahme ist jedoch kontraintuitiv und vor allem spekulativ; c) Die kausale Theorie der Bedeutung ist auch bei Gibbards Expressivismus zentral, wobei Gibbard ein affirmatives Urteil im Unterschied zu Stevenson als Ausdruck der Akzeptanz von Normen deutet. *Jeder* normative Diskurs wird hier auf kausale Beeinflussungsprozesse reduziert. Damit untergräbt die Theorie jedoch – und zwar explizit – die Grundlage ihrer eigenen möglichen Wahrheit, da sie auf der Basis dieser Annahmen nur einen psychologisch relevanten, jedoch epistemologisch irrelevanten Beeinflussungsversuch des jeweiligen Rezipienten darstellen kann. Wenn Wahrheit durch Wirkung ersetzt wird, gibt es keinen Weg mehr zurück von der Wirkung zur Wahrheit. Dementsprechend mag sich die expressivistische Normativitätsrekonstruktion gut in ein naturwissenschaftliches Weltbild einfügen, nur kann sie ihrer eigenen Implikation nach nicht wahr in einem aussagekräftigen Sinne sein.

der Überflüssigkeitsthese nicht widerlegbar. Die Möglichkeit von reflexiven Begründungen ist dadurch jedoch keineswegs ausgeschlossen. Der im Kontext der Definition von Moral zu berücksichtigende Spielraum impliziert, dass jede Form der Ethikbegründung nur bedingt, da relativ zum jeweils vorausgesetzten Moralbegriff verbindlich sein kann. Da ein non-kognitivistischer Zugang zur Moral jedoch prinzipiell nicht als rational zwingend ausgewiesen und die Forderung nach einem verbindlichen Moralbegriff grundsätzlich nicht erfüllt werden kann, ist der Versuch einer rationalen Rechtfertigung von moralischer Normativität legitim.

4.4 Die Notwendigkeit der rationalen Ethikbegründung

Die kritische Prüfung der Thesen der Überflüssigkeit und der Unmöglichkeit einer rationalen Ethikbegründung hat ergeben, dass keine zwingenden Argumente gegen die Möglichkeit einer rationalen Ethikbegründung existieren. Es reicht allerdings nicht aus zu zeigen, dass eine rationale Ethikbegründung möglich ist, und daher wird im Folgenden über die bisherige Kritik von Einwänden hinaus erläutert, welche Gründe für ein solches Projekt sprechen. In diesem Zusammenhang muss genauer geklärt werden, was plausiblerweise unter dem Begriff der »Moral« zu verstehen ist und durch welche Eigenschaften sich moralische Forderungen auszeichnen. Auch wenn der Begriff von Moral nicht allein im abstrakten Sinne festzulegen ist, sondern sich nicht zuletzt bestimmten Erfahrungen und damit verbundenen Grundentscheidungen verdankt, existieren Gesichtspunkte, die bis zu einem gewissen Grad eine argumentativ nachvollziehbare Eingrenzung des Bereichs des Moralischen ermöglichen. Eine Argumentation für die Notwendigkeit einer rationalen Ethikbegründung kann nur dann nachvollziehbar sein, wenn sie sich auf einen Begriff von Moral bezieht, der nicht nur kognitivistisch ist, sondern spezifische Geltungsansprüche impliziert, welche eine entsprechend anspruchsvolle Rechtfertigungsleistung erforderlich machen.

4.4.1 *Praktische Forderungen, Prudentialität und Anthropologie*

Im Anschluss an die kritischen Reflexionen über die Kriterien eines plausiblen Moralbegriffs soll an dieser Stelle eine grundsätzliche Sinnbedingung festgehalten werden: Damit man von einem hinreichend bestimmten Bereich des Moralischen sprechen kann, müssen sich die mit diesem Bereich verbundenen Forderungen von nicht-moralischen praktischen Forderungen durch charakteristische Eigenschaften absetzen. Der Begriff der nicht-moralischen Forderungen umfasst verschiedenartige praktische Ansprüche, die prudentieller, rechtlicher oder auch allgemein sozial-habitueller Natur sein können. Praktische Forderungen können sich grundsätzlich durch ihre Reichweite, ihren Inhalt, ihr Geltungsfundament und ihren Verbindlichkeitsgrad auszeichnen.[82] Dementsprechend ist zu klären, in Bezug auf welche dieser Kriterien sich nicht-moralische Ansprüche von moralischen Ansprüchen unterscheiden, insofern sie dies überhaupt tun. Letzteres wird hier vorausgesetzt. Dieses Vorgehen ist insofern berechtigt, als zuvor gezeigt wurde, dass kein zwingender Grund dagegen spricht.

In den nachfolgenden Ausführungen wird im Rahmen der bereits skizzierten sachbedingten Grenzen für die Plausibilität eines kantischen Moralbegriffs argumentiert.[83] Das heißt jedoch nicht, dass ohne weitere Rechtfertigung dem Kantianismus das Wort geredet wird, sondern es wird versucht zu zeigen, dass dieser Moralbegriff aus der berechtigten Absetzung moralischer Forderungen vom Bereich nicht-moralischer Ansprüche resultiert. Mit der These, dass der kantische Moralbegriff nicht ausschließlich mit der kantischen Ethik verbunden ist, sondern über Kant hinaus aus allgemeinen konzeptuellen Reflexionen über Moral folgt, wird u.a. gegen Foot und Williams Stellung bezogen, die nahelegen, dass die Unausweichlichkeit und Kategorizität moralischer Sollensforderungen eine primär kantische Position darstellt.[84]

Prudentielle Ansprüche basieren auf dem Interesse des individuellen Akteurs an seinem eigenen Wohlergehen, beziehen sich also auf ihn selbst und sind auch nur für ihn selbst verbindlich: »Prudence demands that an agent act so as to promote his overall good. More generally, prudence seems to require that an agent's deliberations, attitudes, and actions be regulated by a correct conception of his overall good«[85]. Selbst wenn es möglich ist, die Berücksichtigung

---

82 Inhalt und Reichweite praktischer Gründe können, müssen jedoch nicht aufeinander verweisen. Dagegen ist es plausibel, die Kriterien des Geltungsfundaments und des Verbindlichkeitsgrads als unmittelbar miteinander verbunden anzusehen.
83 Die bisher detaillierteste Kritik an Kants Moralkonzept wurde von Köhl vorgelegt; vgl.: H. Köhl – Abschied vom Unbedingten, Freiburg/München 2006, S. 68-111. So instruktiv seine Analysen sind, so problematisch ist die von ihm geforderte Verabschiedung des moralisch Unbedingten; vgl.: Chr. Bambauer – Harald Köhl: Abschied vom Unbedingten (Rezension), in: Philosophisches Jahrbuch 116/1 (2009), S. 189-194.
84 Vgl.: Foot (1972), S. 305; B. Williams – Ethics and the Limits of Philosophy, London/New York 2011, S. 210ff.; vgl. kritisch zu Foots und Williams' Rekonstruktion von kategorischer moralischer Normativität: Köhl (2006), S. 38 Anm. 5.
85 S.: D. O. Brink – Prudence and Authenticity: Intrapersonal Conflicts of Value, in: The Philosophical Review Vol. 112, Vol. 2 (2003), S. 215-245, S. 215; vgl. zudem: C. Beisbart – Handeln begründen: Motivation, Rationalität, Normativität; Berlin 2007, S. 34ff.

einiger allgemeiner menschlicher Bedürfnisse als Minimalvoraussetzung individuellen Wohlergehens aufzufassen, können die Bedingungen des individuellen Wohlergehens in einzelnen Fällen stark divergieren. Prudentielle Ansprüche in diesem auch persönliche Anliegen umfassenden Sinne sind partikularistisch. Sie basieren auf der Art von Gründen, mit der der Mensch insofern am besten vertraut ist, da er sie in der Regel bereits präreflexiv als für sich verbindlich auffasst. Sie sind zumindest partiell mit seiner Selbsterhaltung verbunden und ihre unmittelbare subjektive Evidenz ist daher teilweise biologisch erklärbar. Im Unterschied zu dieser individuellen Auffassung existiert auch eine mit kontrafaktischen Momenten verbundene Konzeption von Prudentialität, der zufolge es nicht auf die faktisch vorliegenden, sondern die »wahren« Bedürfnisse ankommt.[86] Dieser Begriff von Prudentialität ist bereits in antiken Ethiktheorien präsent und zeichnet sich aufgrund seines Bezugs zu einer normativ konnotierten philosophischen Anthropologie durch eine gewisse Nähe zu auch modernen Moralitätsvorstellungen aus.[87] Allerdings wäre es irreführend, diese mit aus heutiger Sicht anspruchsvollen metaphysischen Theorieelementen verbundene Auffassung als den konzeptuellen Bezugspunkt prudentieller Gründe anzusehen. Im Folgenden wird daher unter einem prudentiellen Grund ein Grund verstanden, der aus der Perspektive sich des um sich selbst sorgenden Individuums als faktisch verbindlich betrachtet wird, weil er seinem Wohlergehen zuträglich ist.

Wie zuvor erwähnt, unterscheiden sich moralische Forderungen von rein prudentiellen Ansprüchen prima facie dahingehend, dass ihnen zufolge nicht nur zentrale Interessen des Einzelnen, sondern diejenigen aller Akteure zu berücksichtigen sind. Die für das Moralische charakteristische Eigenschaft wäre demnach der *universelle Adressatenkreis* entsprechender Forderungen. Dagegen scheint zu sprechen, dass die Berücksichtigung der Interessen oder des Wohlergehens anderer bzw. aller Akteure durchaus mit einer rein prudentiellen Perspektive kompatibel ist. Man kann die zentralen Interessen aller anderen Menschen allein deswegen achten und entsprechend in seinem Handeln berücksichtigen, weil man der Ansicht ist, dass dies dem eigenen Wohlergehen zuträglich ist. Auch kann man aus prudentiellen Gründen jeden

---

86 Eine solche Vorstellung ist im aktuellen Diskurs u.a. in Form der »true preferences« in Harsanyis Utilitarismus relevant; vgl.: J. C. Harsanyi – Morality and the theory of rational behaviour, in: A. Sen/B. Williams (ed.) – Utilitarianism and beyond, Oxford 1982, S. 39-62, S. 54ff.

87 Vgl. zum rationalen Wollen Platons als Inbegriff des wohlverstandenen Eigeninteresses des Akteurs: Chr. Horn – Wille, Willensbestimmung und Begehrensvermögen, in: O. Höffe (Hrsg.) – Immanuel Kant: Kritik der praktischen Vernunft, Berlin 2002, S. 43-61, S. 51f.; Ders. (1998), S. 194-213.

Menschen als unbedingt wertvoll ansehen.[88] Weder scheinen der Adressatenkreis noch der Inhalt moralischer Forderungen[89] auszureichen, um ihre Besonderheit zu erfassen. Zugleich stellt der universelle Adressatenkreis einen wichtigen Aspekt moralischer Ansprüche dar, weil nicht-universalistische moralische Forderungen Gefahr laufen, nicht mehr von bloß konventionellen lokalen Gesellschaftsregeln unterscheidbar zu sein. Wenn Mitgliedern eines bestimmten Kulturkreises andere moralische Rechte zuerkannt werden als den übrigen Akteuren, weil sie diesem Kulturkreis oder einer bestimmten Religion angehören, wird die Gültigkeit moralischer Normativität unmittelbar durch kontingente Faktoren bedingt.[90] Dies gilt auf eine andere Weise auch für das zuvor erwähnte Beispiel der zwar allgemeinen, jedoch prudentiell motivierten Wertschätzung von Akteuren. Hier wäre die Veranlagung des Akteurs und somit seine prudentiell basierte universale Wertschätzung der Menschheit kontingent. Eine konstitutive praktisch-normative Relevanz der Kontingenz führt jedoch dazu, dass das Konzept moralischer Verbindlichkeit jeder eigenständigen systematischen Pointe beraubt wird. *Universelle Gültigkeit* kann daher berechtigterweise als ein notwendiges, jedoch nicht hinreichendes Kriterium für das Vorliegen moralischer Ansprüche angesehen werden.[91] Eine Analyse der Relation von Prudentialität und Moralität führt in diesem Kontext zu einem diesbezüglich wichtigen Aspekt: Die Interessen aller

---

88 Dies wäre z.B. der Fall, wenn man auf eine entsprechende Weise erzogen wurde und sich nur dann wohlfühlt, wenn man im Einklang mit den über die eigene Erziehung erworbenen normativen Handlungsregeln agiert. Diese im menschlichen Alltag sicherlich nicht seltene Situation ist insofern kompliziert und in strikt gesinnungsethischer Perspektive nur schwer adäquat zu bewerten, als es auch einer kantisch geprägten Pädagogik zufolge geboten ist, angenehme Gefühle mit dem moralisch richtigen Handeln zu verbinden. Dennoch muss in dieser Sicht das richtige Handeln das alleinige oder zumindest primäre Motiv darstellen und das gute Gefühl darf nur ein Epiphänomen sein; vgl. grundsätzlich zu der Relation von Moral und Prudentialität: Leist (2000), S. 138ff.

89 Wenn Williams hervorhebt, dass bei der Frage nach der Natur des Moralischen dessen Gehalt häufig vernachlässigt werde, obwohl er von zentraler Relevanz für ein Erfassen des Moralischen sei, ist dies ein legitimer Standpunkt, doch geht Williams im Übrigen argumentativ über eine bloße Diskreditierung von Kriterien wie Vorrangigkeit und allgemeine Gültigkeit nicht hinaus; vgl.: Williams (1986), S. 85; vgl. zu einer profunden systematischen Kritik an Williams: Kellerwessel (2003), S. 108ff.

90 Sowohl das in eine Kultur Hineingeborenwerden als auch die Tatsache, dass sich Menschen aufgrund persönlicher Evidenzerlebnisse zu einer Kultur/Religion etc. bekennen, sind beide gleichermaßen zufällig. Wenn man woanders geboren worden wäre oder die eigenen praktischen Entscheidungen auf anderen Gewichtungsevidenzen basieren würden, hätte man einen anderen moralischen Status.

91 Vor dem Hintergrund von Köhls Differenzierung unterschiedlicher Aspekte und Formen des moralischen Universalismus kann man bei der hier verteidigten Variante von einem »normativen Begründungsuniversalismus« sprechen; vgl.: Köhl (2006), S. 92.

Akteure werden nur dann unter Rekurs auf einen moralischen Grund wertgeschätzt, wenn diese Wertschätzung der Verfolgung eigener Zwecke auch entgegenstehen kann, d.h. moralische Forderungen müssen mit prudentiellen Ansprüchen konfligieren können.[92]

An diesem Punkt ist für die Verhältnisbestimmung von Prudentialität und Moralität eine Angemessenheitsbedingung zu formulieren: Obwohl moralische Forderungen in Konflikt mit prudentiellen Ansprüchen geraten können müssen, setzt Moralität einen in vernünftigem Rahmen um sich selbst besorgten Akteur voraus. Dies impliziert eine Grenze des moralisch Gebotenen: Moralische Forderungen dürfen prudentiellen Ansprüchen stets nur insoweit entgegengesetzt sein, dass die grundlegende Handlungsfähigkeit des Akteurs nicht beeinträchtigt wird, da diese eine notwendige Voraussetzung auch für moralisches Handeln darstellt.[93] Im Unterschied zu der zuvor erläuterten konzeptuellen Sinnbedingung des Moralbegriffs handelt es sich hier um eine praktische Konsistenzanforderung an moralische Normen, die nur oberflächlich betrachtet eine Restriktion ihrer vorrangigen Gültigkeit impliziert. Es handelt sich nicht um eine Restriktion in dem Sinne, dass die Verbindlichkeit von moralischer Normativität von einer moralfremden Autoritätsinstanz eingeschränkt würde, sondern um eine Selbstbeschränkung moralischer Ansprüche um deren Erfüllungsmöglichkeit willen. Moralität darf zum einen nichts fordern, was denjenigen minimalen Bedingungen der Prudentialität widerspricht, die zur Erfüllung moralischer Forderungen notwendig sind; zum anderen darf sie jedoch auch nicht in einem allein oder primär instrumentellen Verhältnis zu Prudentialität stehen, da in einem solchen Fall unklar bleiben müsste, warum es sich bei moralischen Gründen nicht einfach nur um eine Form von normativ überhöhter Prudentialität handeln soll. Es ist daher sinnvoll, moralische Sollensforderungen als *intrinsisch normativ* zu verstehen. Die Idee der intrinsischen Normativität ist jedoch nicht notwendig mit moralischen Implikationen verbunden, sondern man kann auch der Lust oder der rationalen Reflexion eine intrinsische Normativität zuschreiben, da weder die Lustempfindung noch die Erfüllung rationaler Standards auf einen außer ihnen liegenden Zweck verweisen. Es ist demnach eine weitere Qualifikation der intrinsischen Normativität des Moralischen notwendig, die ihren besonderen Status anzeigt: Ein moralischer Anspruch muss *unbedingt*

---

92 Vgl.: Horn (1998), S. 195. Hier ist nur von einer Konflikt*möglichkeit* und nicht einer entsprechenden Notwendigkeit die Rede.

93 Die prudentielle Dimension ist im Übrigen insofern begrifflich mit Moralität verbunden, als der allgemein-formale Moralbegriff mit der Berücksichtigung zentraler Interessen von Akteuren immer schon auf ein »Minimalwohl« des Akteurs ausgerichtet ist.

verbindlich und in Konfliktsituationen mit nicht-moralischen Forderungen in der Regel *vorrangig zu berücksichtigen* sein. Die Verbindlichkeit moralischer Forderungen unterscheidet sich von derjenigen prudentieller Ansprüche dahingehend, dass erstere auch unabhängig von individuellen Wünschen und kontingenten Situationen gültig ist, d.h. sie setzt keine partikularen Willensakte, Wünsche oder spezifischen äußeren Bedingungen voraus. Die normative Dimension moralischer Forderungen ist unabhängig von Zwecksetzungen einzelner Akteure und fungiert vielmehr als oberste Bedingung für die Rechtmäßigkeit individueller Zwecksetzungen.

Die Merkmale der universellen und unbedingten Verbindlichkeit, der intrinsischen Normativität sowie des prinzipiellen Vorrangs setzen moralische Forderungen von nicht-moralischen Forderungen ab. Im Hintergrund steht hier die Annahme, dass prudentielle Ansprüche an sich weder universell sind noch als prinzipiell vorrangig gültig betrachtet werden können, während rechtliche Vorschriften und soziale Regeln nicht ohne weiteres als unbedingt und intrinsisch normativ anzusehen sind.[94] Die Bestimmung eines plausiblen Moralbegriffs kann jedoch nicht nur auf formaler Abgrenzung von alternativen praktischen Begriffen beruhen, sondern muss darüber hinaus einen Bezug zur Erfahrung aufweisen. Eine an der Alltagserfahrung orientierte Phänomenologie unbedingter praktischer Forderungen umfasst allerdings auch nicht-moralische Regeln und Ansprüche. So können z.B. religiöse Gebote oder auch Rechtsvorschriften als unter allen Umständen normativ verbindlich und in Konfliktfällen mit egoistischen Bestrebungen vorrangig wahrgenommen werden.[95] Darüber hinaus wird u.a. von B. Williams die These vertreten, dass auch partikulare Motive wie persönliche Lebensprojekte einen unbedingten und vorrangigen Forderungscharakter besitzen können, sodass – zumindest in autophänomenologischer Sicht – auch prudentiellen Forderungen eine moralanaloge Verbindlichkeit zuzuschreiben ist.[96] Eine belastbare Erfassung des Eigentümlichen des Moralischen muss den spezifischen Charakter der

---

94 Die Notwendigkeit der begrifflichen Differenzierung von prudentiellen, rechtlichen und moralischen Forderungen darf nicht darüber hinwegtäuschen, dass sowohl rechtliche als auch prudentielle Ansprüche häufig auf moralischen Voraussetzungen beruhen. Dies ändert jedoch nichts an den oben beschriebenen Sachverhalten.

95 Die subjektiv empfundene Eindringlichkeit normativer Phänomene muss von den begrifflichen oder argumentativen Aspekten unterschieden werden – auch wenn es z.B. kontraintuitiv zu sein scheint, an einer absoluten Gültigkeit rechtspositivistischer Strukturen ohne jede weiterführende Rechtfertigung festzuhalten, können unbegründete Rechtsnormen zweifellos als strikt verbindlich empfunden werden.

96 Vgl.: Köhl (2006), S. 141-152.

moralischen Universalität, Unbedingtheit, des intrinsischen Werts und der Vorrangigkeit auf eine Weise herausstellen, die über phänomenologische Reflexionen hinausgeht. Auch wenn moralischen Forderungen in phänomenologischer Perspektive oftmals ein Sonderstatus zugeschrieben wird, können bloße Beschreibungen von entsprechenden Erfahrungsgehalten nicht rekonstruieren, warum sich das Phänomen der moralischen Verpflichtung kategorial von demjenigen nicht-moralischer Notwendigkeit unterscheiden soll.

In diesem Zusammenhang kommt ein Aspekt des Moralischen zum Tragen, der vor allem bei Kant auf eindrückliche Weise erfasst und ausformuliert wurde: Moralische Normativität wird oftmals als etwas den Menschen Transzendierendes, nicht seiner Willkür Unterstehendes verstanden, weshalb ihr im Vergleich zu gesellschaftlichen Verhaltensregeln oder staatlichen Gesetzen häufig eine besondere praktische Autorität zugeschrieben wird.[97] Moralische Sollensforderungen werden demnach auch deshalb als strikt verbindlich angesehen, weil sie einer besonderen *Autoritätsinstanz* zugeschrieben werden. Nicht allein das bloße Vorliegen einer bestimmten Form der Notwendigkeit ist hier entscheidend, sondern die Hinsicht, in der diese Notwendigkeit besteht und vor allem das ihr zugrunde liegende Fundament. So kann es durchaus der Fall sein, dass ein Akteur ein aus seiner individuellen Sicht unbedingt notwendiges Anliegen hat, und dennoch wäre dies nicht hinreichend, um sein Anliegen allein deswegen als moralisch verbindlich zu bezeichnen. Ebenso kann ein Akteur aus logischen Gründen zum Fürwahrhalten eines Urteils berechtigt oder gezwungen sein, doch auch dies allein würde keine moralischen Implikationen besitzen. Moralische Verbindlichkeit ist weder aus persönlichen noch aus logischen Notwendigkeiten ableitbar. Dennoch haben in jüngerer Zeit Autoren wie Darwall oder Brink zu Recht die Frage aufgeworfen, ob moralische Gründe nicht denselben strikten Nötigungscharakter aufweisen müssten wie rationale Gründe. Zur Debatte stehe demnach »whether considerations that present themselves as reasons from within the moral point of view ... *really are reasons.*«[98]

---

97 Dieser Aspekt der kantischen Ethik wurde bekanntlich von Anscombe aufgegriffen. Sie deutet das Konzept des unbedingten moralischen Sollens als ursprünglich religiöse Idee, die ohne ihre religiösen Wurzeln jedoch nur mehr als leere Formel bar jeden Sachbezugs verstanden werden kann und entsprechend zu vermeiden ist; vgl.: G. E. Anscombe – Modern Moral Philosophy, in: Philosophy 33 (1958), S. 1-19. Ihre Position kann u.a. deswegen verwundern, als das noch nicht durch die platonische Philosophie geprägte Urchristentum gar keinen strikten moralischen Universalismus vertreten hat.

98 S.: S. Darwall – Autonomist Internalism and the Justification of Morals, in: Nous 24 1990, S. 257-268, S. 258; vgl. ebenfalls: Ders. – Internalism and Agency, in: J. E. Tomberlin (ed.) – Philosophical Perspectives 6, Atascadero 1992, S. 155-174, S. 156; D. O. Brink – A Puzzle about the Rational Authority of Morality, in: Tomberlin (1992), S. 1-26.

Von den vier zuvor genannten Aspekten praktischer Forderungen – Reichweite, Inhalt, Geltungsfundament und Verbindlichkeitsgrad – ist derjenige des Geltungsfundaments von entscheidender Bedeutung für das systematische Profil moralischer Ansprüche. Die moralische Forderungen fundierende Autoritätsinstanz hat im Laufe der Philosophiegeschichte unterschiedliche Formen angenommen. In religiös bzw. theistisch basierten Ethiken verdankt sich die Geltung moralischer Forderungen der Autorität des höchsten Wesens, während metaphysische Systeme häufig auf einen normativ konnotierten Begriff der Natur bzw. des menschlichen Wesens oder eine essentialistisch gedachte Wertidee rekurrieren.[99] In der Moralphilosophie seit Kant werden vor allem die praktische Vernunft des autonomen rationalen Akteurs, der Besitz von Interessen, die Eigenschaft der Leidensfähigkeit oder eine jeweils unterschiedlich spezifizierte Form der gesellschaftlichen Vernunft als Geltungsgrund praktischer Sollensansprüche angesetzt.[100] Vor allem in der jüngeren Geschichte der Ethik wird über diskursethische und kontraktualistische Ansätze hinaus die Auffassung vertreten, dass entweder negativ sanktionierende Reaktionen der Gesellschaft diese autoritative Funktion übernehmen oder dass der Verpflichtungscharakter moralischer Forderungen in semantischer Hinsicht mit moralischen Reaktionen verbunden ist.[101] Abgesehen von diesen spezifischen Strömungen ist eine wachsende

---

99 Zwar sind diese Formen der Autoritätsinstanz partiell auch in der heutigen Theorielandschaft noch präsent, jedoch haben sie durch Religionskritik, Aufklärung und verschiedene antimetaphysische Strömungen einen Großteil ihrer Überzeugungskraft eingebüßt; vgl.: Hösle (1997), S. 38-58.

100 Nicht zuletzt im Zusammenhang mit der zunehmenden Beachtung der Resultate der Sozialwissenschaften, der analytisch sowie postmodern basierten Kritik an einem kantischen Modell der (praktischen) Vernunft sowie der Hinwendung zur Politischen Philosophie wird die Idee einer sozialen oder öffentlichen Vernunft mittlerweile häufig einem orthodoxen Kantianismus vorgezogen, wie sich exemplarisch in der Popularität der Theorien von Habermas und Rawls zeigt. Abgesehen von diesem Aspekt besteht auch der Anspruch der gesellschaftlichen Vernunft offenbar darin, die Grundlage rational gerechtfertigter Urteile bilden zu können. Insofern intersubjektiv (z.B. konsenstheoretisch) basierte moralische Prinzipien vernünftig sein sollen, müssen sie auf einen Beurteilungsmaßstab Bezug nehmen, dessen Substanz nicht aus sozialen diskursiven Interaktionen resultiert, sondern umgekehrt für diese Interaktionen normativ sein soll. Dementsprechend orientieren sich nicht nur Rawls und Habermas, sondern auch andere Vertreter einer intersubjektiv fundierten deontologischen Ethik an einem objektiven Vernunftbegriff, ohne jedoch das metaphysische Rahmenwerk von Kants Philosophie zu übernehmen. Zugleich gehen sie von einem strukturellen Zusammenhang von Moralität und Vernünftigkeit aus, der, freilich in anderer Form, schon bei Kant angelegt ist.

101 Vgl.: E. Tugendhat – Vorlesungen über Ethik, Frankfurt 1993, S. 43.

Bedeutung der empirischen Wissenschaften für die Ethik festzustellen, wobei die Anthropologie bzw. Biologie eine besondere Rolle innehat.

Dies ist jedoch nicht der Hauptgrund dafür, dass das Problem einer anthropologischen Fundierung des Moralbegriffs auch für die aktuelle Moralphilosophie relevant ist. Die Idee einer definierbaren Natur des Menschen gilt zwar u.a. aufgrund der essentialistischen Implikationen dieses Konzepts in vielen Diskurskontexten als metaphysisch-spekulativ diskreditiert, doch ist unklar, inwiefern eine anthropologisch neutrale Ethik tatsächlich praktikabel ist.[102] In diesem Zusammenhang gilt es, zwischen zwei systematischen Funktionen anthropologischer Annahmen in Bezug auf moralische Geltungsfragen zu unterscheiden: Erstens kann die Anthropologie eine Begründungsfunktion besitzen, wie es in verschiedener Form z.B. bei Nietzsche, Gehlen oder Ansätzen des Neoaristotelismus der Fall ist; zweitens können bestimmte anthropologische Annahmen als für den Sinn, d.h. die prinzipielle Erfüllbarkeit moralischer Forderungen notwendig unterstellt werden. Während die auf eine unmittelbare begründungstheoretische Relevanz der Anthropologie rekurrierenden Ansätze dem Vorwurf eines naturalistischen Sein-Sollen-Fehlschlusses ausgesetzt sind, muss die zweite Funktion anthropologischer Annahmen nicht nur als zulässig, sondern vielmehr als notwendig bezeichnet werden.[103]

Eine zumindest grundsätzlich anschlussfähige Verhältnisbestimmung von Ethik und Anthropologie findet sich bei Kant. Nach Kant ist die Auffassung falsch, dass »der Grund der Verbindlichkeit (...) in der Natur des Menschen oder den Umständen der Welt, darin er gesetzt ist, gesucht werden müsse«[104]. Dennoch spielen anthropologische Annahmen bei ihm u.a. insofern eine praktisch zentrale Rolle, als er das eigentliche Selbst des Menschen als untrennbar mit seiner Fähigkeit zum moralischen, d.h. wertrational fundierten Handeln verbunden ansieht. Kants Position impliziert an dieser Stelle keine immanente Inkonsistenz, da das von ihm unterstellte Vermögen zum moralischen Handeln nicht aus einer empirisch-anthropologischen Prämisse

---

102 Man kann nicht nur anhand einer Analyse z.B. des Hobbeschen Kontraktualismus nachverfolgen, wie auch eine dezidert unmetaphysisch-minimalistische Auffassung vom Menschen auf die hier adressierte anthropologische Fundierungsfunktion der Moralphilosophie verweisen kann. Auch Rawls, der explizit an einer weltanschaulich und anthropologisch möglichst neutralen und formal-prozeduralen Perspektive auf die Bestimmung moralischer Prinzipien interessiert ist, geht implizit im Anschluss an Rousseau davon aus, dass der Mensch, vereinfacht reformuliert, grundsätzlich das Gute bzw. Vernünftige will; vgl.: J. Rawls – The Law of Peoples (with »The Idea of Public Reason Revisited«), 3rd printing Cambridge 2001, S. 7.

103 Vgl.: Illies (2007), S. 156-160.

104 S.: I. Kant – GMS AA IV, S. 389.

folgen soll, sondern als eine Implikation der Selbstevidenz der Normativität des Sittengesetzes verstanden wird, die selbst keine spezifischen anthropologischen Annahmen voraussetzt.[105] Wenn Kant das eigentliche Selbst des Menschen mit seiner Fähigkeit zum moralischen Handeln, d.h. mit seiner praktischen Intelligibilität identifiziert, ist zwar ohne weitere Rechtfertigung fraglich, warum dies der Fall sein soll, doch berücksichtigt er eine notwendige, jedoch zuweilen implizit bleibende Bedingung der normativen Ethik: Wenn moralische Sollensforderungen jedweder Art einen Adressaten besitzen sollen, muss man von moralisch verantwortlichen, d.h. ihr Handeln selbst bestimmenden Akteuren ausgehen.[106] Normative Ethik impliziert demnach bestimmte anthropologische Annahmen, doch diese Annahmen beschränken sich primär darauf, dass der Mensch ein freier rationaler Akteur und als solcher mit der Situation konfrontiert ist, eigenverantwortlich Stellung zum Problem des moralisch richtigen Handelns und dessen Rechtfertigung zu beziehen. Die Frage nach einem Geltungsgrund moralischer Forderungen, der diese Forderungen als unbedingt verbindlich qualifiziert, ist damit noch nicht beantwortet.

Fazit
Es gibt nachvollziehbare Gründe für die Annahme, dass sich moralische Forderungen durch Universalität, Unbedingtheit, intrinsische Normativität und Vorrangigkeit auszeichnen. Zudem gilt, dass die Besonderheit der praktischen Autorität moralischer Forderungen über die Zuschreibung der besagten Eigenschaften hinaus genauer zu spezifizieren ist, um sie von andersartigen praktischen Forderungen unterscheiden zu können, da in phänomenologischer Hinsicht auch nicht-moralische Ansprüche einen strikten Grad von Verbindlichkeit besitzen können. Die für moralische Forderungen charakteristischen Merkmale müssen durch die Annahme des Primats der praktischen Autorität dieser Forderungen flankiert werden. Im Anschluss an z.B. Schneewind und Tugendhat ist es plausibel, das Begründetsein moralischer Forderungen als einen ihrer zentralen Aspekte anzusehen.[107] Moralische Forderungen können

---

105 Die von Kant konstatierte Selbstevidenz von moralischer Normativität ist angreifbar, stellt hier jedoch auch nicht den entscheidenden Punkt dar.
106 Die Begriffe der Autonomie oder der Handlungsfähigkeit müssen wohlgemerkt nicht notwendigerweise identisch mit den bei Kant entwickelten Konzepten sein.
107 Vgl.: J. B. Schneewind – The Invention of Autonomy, Cambridge 1998, S. 255. Tugendhat zufolge ist »der Anspruch, begründet zu sein, charakteristisch (...) für (...) moralische Normen«; S.: E. Tugendhat – Dialog in Letitia, Frankfurt 1997, S. 14. Auch Habermas zufolge bringen »moralische Äußerungen (...) ein Potential von Gründen mit sich, das in moralischen Auseinandersetzungen aktualisiert werden kann«; s.: J. Habermas – Die

nicht zuletzt über den Weg ihrer politisch-rechtlichen Institutionalisierung nicht nur sehr weitreichenden Einfluss auf die Struktur ganzer Gesellschaften besitzen, sondern verfügen oftmals auch über tiefgreifende Implikationen für die individuelle Lebensführung. Eine möglichst stringente Rechtfertigung moralischer Geltungsansprüche legt sich umso mehr nahe im Hinblick auf die Tatsache, dass bereits weit weniger schwerwiegende praktische Forderungen in der normalen zwischenmenschlichen Kommunikation als begründungsbedürftig angesehen werden. Darüber hinaus ist es unter dem Gesichtspunkt der Angemessenheit plausibel anzunehmen, dass die Rechtfertigung von unbedingten und prinzipiell vorrangigen Forderungen nach einem Geltungsfundament verlangt, das entsprechend anspruchsvolle Begründungsleistungen erbringt. Im folgenden Abschnitt werde ich dafür argumentieren, dass die besondere praktische Autorität moralischer Forderungen nur durch eine spezifische Form der vernunftbasierten Argumentation gerechtfertigt werden kann.

4.4.2 Die Begründung der Autorität moralischer Forderungen

Die Autorität praktischer Forderungen verdankt sich der ihnen jeweils zugrunde liegenden Autoritätsinstanz[108], und mit der Idee Gottes, dem

---

Einbeziehung des Anderen, Frankfurt 1996, S. 11. Vgl. zudem zum Zusammenhang von rationaler Reflexion und Moralität: W. Welsch – Vernunft. Die zeitgenössische Vernunftkritik und das Konzept der transversalen Vernunft, Frankfurt 1996, S. 513ff.; M. Wetzel – Praktisch-politische Philosophie Bd. 2, Würzburg 2004, S. 209.

108 Prima facie mag diese These gegebenenfalls falsch anmuten. So könnte man einwenden, dass das Urteil »zwei plus zwei ergibt vier« auch dann richtig ist, wenn es von einem Grundschüler gefällt wird, der sehr schlecht in Mathematik ist und daher keine Autorität auf diesem Gebiet besitzt. Umgekehrt kann man argumentieren, dass das Urteil »zwei plus zwei ergibt fünf« falsch ist, auch wenn es von einem angesehenen Professor für Mathematik stammt. Ähnliche Beispiele lassen sich im Hinblick auf die Verbindlichkeit der Logik konstruieren: Selbst dann, wenn einem religiösen Menschen Gott erschiene und dieser konstatierte, dass es keine wahren oder falschen Urteile gebe, müsste der Gläubige entgegen der (für ihn absolut gültigen) Autorität Gottes einwenden, dass dieses Urteil aus logischen Gründen nicht richtig sein könne. Diese Art des Gegenarguments beruht allerdings auf dem Missverständnis, dass die jeweils urteilende Instanz (Schüler, Gott) immer auch dasjenige darstellt, was unter einem primären autoritativen Geltungsgrund zu begreifen ist. Dem ist nicht so, und die zuvor angeführten Beispiele veranschaulichen dies. In den erstgenannten Beispielen stellen die mathematischen Gesetze den finalen Autoritätsgrund dar, während es im letzten Beispiel die Gesetze der vernünftigen Argumentation sind. Der springende Punkt ist hier, dass eine Autoritätsinstanz niemals als isoliertes Element, sondern stets als komplexes Gebilde begriffen werden muss, das auf einer autorisierenden und einer autorisierten Partei beruht. So ist es möglich, dass der Gläubige Gott und nicht den Gesetzen der Mathematik folgt, auch wenn Gott ein mathematisch falsches Urteil fällt. Dass die Autorisierung einer Geltungsinstanz durch einen rationalen Akteur nicht einfach willkürlich sein kann, erschließt sich im Hinblick

subjektiven Eigeninteresse, dem rationalen autonomen Akteur, der Institution des Staates, der gesellschaftlichen bzw. öffentlichen Vernunft, der subjektiven Intuition oder auch der menschlichen Natur gibt es verschiedene philosophiehistorisch relevante Instanzen, auf die man sich in diesem Zusammenhang beziehen kann.[109] Die primäre Problematik besteht darin, dass diese Konzepte nur dann die Geltungsbasis von vorrangig normativen und strikt verbindlichen moralischen Sollensforderungen darstellen können, wenn sie selbst als vorrangig normativ und unbedingt verbindlich verstanden werden. Verhält es sich so, ist begründungsbedürftig, warum ihnen dieser Wert und eine entsprechende Verbindlichkeit jeweils zukommen soll. Ein solcher Begründungsversuch ist notwendigerweise mit der Schwierigkeit konfrontiert, dass die rationale Rechtfertigung einer unbedingten praktischen Autoritätsinstanz prima facie ein selbstwidersprüchliches Unternehmen darstellt, da die zur Debatte stehende praktische Verbindlichkeit nur unter Rekurs auf einen diese Verbindlichkeit *bedingenden* normativen Maßstab begründet werden kann.

Im Folgenden werde ich *erstens* im systematischen Anschluss an die Diskussion des Methodenproblems (Abschnitt 4.3.1.) die Frage behandeln, welche Aspekte bei einer rationalen Rechtfertigung einer vorrangig intrinsisch wertvollen und unbedingt verbindlichen praktischen Autoritätsinstanz entscheidend sind und warum (1.). *Zweitens* werde ich dafür argumentieren, dass eine hinreichende Berücksichtigung dieser Aspekte zwar prinzipiell möglich ist, von potentiellen Autoritätsinstanzen wie z.B. der Idee Gottes, dem Eigeninteresse, der Gesellschaft, dem Staat und der menschlichen Natur jedoch aus strukturellen Gründen nicht geleistet werden kann (2.). Die dagegen in beiden Punkten entwickelte These lautet: Unbedingte praktische Verbindlichkeit kann nur unter geltungstheoretischem Rekurs auf systematische Implikationen der *Perspektive des rational reflektierenden Akteurs* etabliert werden.

Ad 1. Wie bereits zuvor skizziert wurde, reicht die Annahme der intrinsischen Normativität einer moralischen Autoritätsinstanz nicht aus, um diese Instanz

---

auf das zuletzt genannte Beispiel durch die Einsicht, dass auch Gott die Eigenlogik des Mathematischen nicht ändern kann, ohne dass das Mathematische als solches seinen Sinn und seine Existenzberechtigung verliert. Mit der Eigenlogik des Mathematischen ist an dieser Stelle nichts anderes bezeichnet als die Autorität mathematischer Gesetzlichkeit. Die hier relevante Kernfrage besteht demnach darin, welche Gründe jeweils dafür bestehen, einer Autoritätsinstanz einen spezifischen Verbindlichkeitsgrad und einen inhaltlich begrenzten Verbindlichkeitsbereich zuzuerkennen.

109 Natürlich sind weitere mögliche praktische Autoritäten denkbar, doch geht es im Folgenden nicht um die Abarbeitung einer vollständigen Liste, sondern um einen strukturellen Punkt, der unter Rekurs auf die oben genannten Beispiele verdeutlicht werden soll.

von nicht-moralischen Autoritätsinstanzen und entsprechenden Forderungen abzusetzen, die ebenfalls berechtigterweise als intrinsisch wertvoll betrachtet werden können, allein deswegen jedoch keinen prinzipiellen Vorrang besitzen müssen. Im Hinblick auf die Kriterienfrage muss genauer geklärt werden, was man unter einer *vorrangigen* intrinsischen Normativität verstehen soll und warum. In diesem Kontext ist deutlich zu machen, in welcher Relation vorrangige intrinsische Normativität zu unbedingter Verbindlichkeit steht und was das Konzept unbedingter Verbindlichkeit im hier gemeinten Sinne auszeichnet. Beide Aufgaben erweisen sich bei genauerer Reflexion als miteinander verbunden: Der Begriff der vorrangigen intrinsischen Normativität sollte in Rückbindung an denjenigen der unbedingten Verbindlichkeit definiert werden, weil dann ein normativer Maßstab zur Verfügung steht, demgemäß vorrangige und nachrangige Formen von intrinsischem Wert differenziert werden können. So können z.B. Lust oder persönliche Selbstwirklichung als intrinsisch wertvoll wahrgenommen werden, doch sind beide Zwecke nur bedingt verbindlich, da sie von einer allein optionalen Zwecksetzung abhängen und nicht notwendigerweise einen intrinsischen Wert für rationale Akteure besitzen.

Wenn man diesen Überlegungen soweit folgt, muss im nächsten Schritt geklärt werden, was man sinnvollerweise unter unbedingter Verbindlichkeit verstehen kann und welche Reflexionsperspektive in diesem Zusammenhang primär relevant ist. Insofern vorrangige intrinsische Normativität auf unbedingter Verbindlichkeit beruht und letztere sich dadurch auszeichnen soll, dass sie bzw. ihre Etablierung nicht von kontingenten Willensakten und Zwecksetzungen des Akteurs abhängen darf, muss es sich bei unbedingt verbindlichen Urteilen um Strukturen handeln, deren Affirmation unabhängig von subjektiv-willkürlichen Zwecksetzungen geboten ist. Um sich diesem Konzept weiter anzunähern, ist es hilfreich zu bestimmen, woran man in formaler Hinsicht festmachen kann, dass ein Urteil oder ein Prinzip unbedingt verbindlich ist: Die Negation von bedingt gültigen Urteilen führt nur unter bestimmten, ihrerseits nicht zwingenden Voraussetzungen zu Widersprüchen, während die Bestreitung eines unbedingt verbindlichen Urteils ohne jede weitere Voraussetzung unweigerlich Widersprüche mit sich bringt.

Das Konzept der unbedingten Verbindlichkeit eines Prinzips oder Urteils impliziert demnach, dass es voraussetzungslos gültig ist – »unbedingt« bedeutet hier prima facie »durch keine Voraussetzung bedingt«. Allerdings ist die These, dass ein unbedingt verbindliches bzw. gültiges Urteil nichts voraussetzt, zumindest tendenziell missverständlich, denn streng genommen muss »unbedingt« nicht als »durch nichts bedingt«, sondern als »durch nichts anderes *als durch sich selbst* bedingt« verstanden werden. Ein unbedingt verbindliches Urteil muss in demjenigen Sinne ein selbstverifizierendes Urteil[110] sein, dass es nur sich selbst voraussetzt, und es ist nur dann rational gerechtfertigt, wenn es sich bzw. seine Gültigkeit *notwendigerweise* selbst voraussetzt.[111] Wenn Rorty Kants Idee der unbedingten Notwendigkeit mit dem Argument zu treffen meint, dass diese die Existenz von etwas Nicht-Relationalem und somit Fiktivem voraussetze[112], geht diese Kritik ins Leere, da unbedingt verbindliche Urteile sehr wohl eine Form von Relationalität aufweisen, nämlich diejenige der geltungstheoretischen Selbstreferenz. Angesichts der zuvor nahegelegten begrifflichen Verbindung von unbedingter Verbindlichkeit und vorrangigem intrinsischem Wert ist die übergeordnete Rechtfertigungsfrage in einer ersten Annäherung wie folgt zu beantworten: Eine Rechtfertigung des vorrangigen intrinsischen Werts eines normativen Urteils oder einer Autoritätsinstanz kann dadurch geleistet werden, dass diese Instanz als sich in geltungstheoretischer Hinsicht notwendigerweise selbst voraussetzend erwiesen wird. Die sich aufdrängende Frage danach, ob es solche unbedingt notwendig anzuerkennenden Urteile überhaupt gibt, verweist zurück auf die Überlegungen, die bereits zuvor zu dem Methodenproblem der Ethikbegründung (Abschnitt 4.3.1.) angestellt wurden: Auch ein radikaler Skeptiker muss – insofern er ein *rational urteilender Skeptiker* sein will – zugestehen, dass man die Existenz von gültigen Urteilen nicht sinnvoll bzw. konsistent bestreiten *und* zugleich für diese Position einen Anspruch auf Wahrheit, Richtigkeit oder rationale Nachvollziehbarkeit unterstellen kann. Dementsprechend sind alle diejenigen Urteile, die die Bedingungen der Möglichkeit von wahren Urteilen bzw. des rationalen Urteilens formulieren, für jeden rational Urteilenden strikt verbindlich.

---

110 Hiermit ist weder ein nicht-linearer Kohärentismus im Sinne Zoglauers angesprochen noch wird auf Chisholms Konzept selbstverifizierender Urteile Bezug genommen. Sowohl im Kohärentismus als auch bei Chisholm wird das auf Leibniz zurückzuführende Prinzip der zureichenden Begründung entweder verabschiedet (Kohärentismus) oder es spielt keine Rolle (Chisholm): Im ersten Fall sind zwar selbstbestätigende Zirkel zugelassen, doch besitzt deren logische Notwendigkeit keine konstitutive geltungstheoretische Funktion, während Chisholm von der Existenz selbstevidenter Propositionen in Bezug auf interne mentale Zustände ausgeht; vgl.: T. Zoglauer – Normenkonflikte. Zur Logik und Rationalität ethischen Argumentierens, Cottbus 1995, S. 64; R. Chisholm – Freedom and Action, in: K. Lehrer (ed.) – Freedom and Determinism, New York 170, S. 11-44, S. 28.

111 Anders gewendet, ist die hier relevante Definition von unbedingter Verbindlichkeit eines Urteils gerade deshalb voraussetzungs*voll*, weil sie impliziert, dass ein solches Urteil voraussetzungs*los* gültig sein muss. Eine voraussetzungslose Gültigkeit eines Urteils kann es jedoch in rationaler Perspektive nicht in dem Sinne geben, dass die Wahrheit eines Urteils ex nihilo konstatierbar ist, denn dies wäre das strukturelle Analogon zu einer Intuition, d.h. eine thetische Versicherung, die schlimmstenfalls zum Dogmatismus führt.

112 Vgl.: R. Rorty – Philosophy and Social Hope, London 1999, S. 60.

4.4 DIE NOTWENDIGKEIT DER RATIONALEN ETHIKBEGRÜNDUNG

Vor dem Hintergrund der zuvor entwickelten Überlegungen zu der geltungstheoretischen Selbstreferenz unbedingt anzuerkennender Urteile ist es nicht überraschend, dass die Negation solcher Urteile nicht nur zu einem Widerspruch, sondern zu einem unmittelbaren *Selbst*widerspruch führt, denn der Widerspruch kommt allein dann zustande, wenn bestimmte Bedingungen negiert werden, die man *als rational urteilender Akteur* immer schon akzeptiert haben muss, um überhaupt konsistent urteilen zu können. Damit ist jedoch ein notwendiger Zweck des Akteurs adressiert, denn der rationale Akteur konstituiert sich sozusagen erst dadurch, dass er rationale Urteile fällt oder zumindest fällen kann.[113] Falls die Möglichkeit des rationalen Urteilens nicht gegeben ist, ist unklar, warum man von rationalen Akteuren sprechen können soll. Falls dies zugestanden wird, ist weiterführend anzunehmen, dass die strikte Gültigkeit unbedingt verbindlicher Urteile nicht nur im Hinblick auf bestimmte logische Vorannahmen (z.B. die Annahme der Möglichkeit zumindest *eines* wahren Urteils) rekonstruiert werden kann, sondern auch unter Rekurs auf systematische Implikationen des Standpunkts des urteilenden Subjekts, *für welches* diese Annahmen strikte Verbindlichkeit besitzen.[114] Auch strikt gültige Prinzipien sind immer nur in Bezug auf einen spezifischen Reflexionsstandpunkt verbindlich: Die Gesetze des konsistenten bzw. rationalen Urteilens gelten zwar unbedingt für rational urteilende Akteure, jedoch nicht für ein Subjekt, das gar nicht oder zumindest nicht widerspruchsfrei urteilen will oder kann. Letzteres wäre ebenfalls dann durch urteilslogische Konsistenzregeln gebunden, *sobald* es rational reflektieren wollte, doch von einem alternativen Standpunkt betrachtet wären auch fundamentallogische Normen des konsistenten Urteilens nicht verbindlich.

Damit ist kein Geltungsrelativismus in Bezug auf logische Argumentationsbedingungen behauptet, sondern allein angezeigt, dass auch die abstrakttheoretische Geltungsreflexion auf eine bestimmte *praktische* Perspektive verweist, auf die sich ihre Verbindlichkeit bezieht, nämlich den theoretisch-reflektierenden, d.h. urteilenden und argumentierenden Akteur. Ich nenne diese Perspektive im Folgenden diejenige der »theoretischen Akteuridentität«. Weil wir in der geltungslogischen Reflexion eine Perspektive einnehmen, die eine Abstraktion von unseren individuellen physiologischen und psychologischen Eigenschaften voraussetzt, handelt es sich um eine allgemeine, d.h.

---

113 Damit ist zumindest eine unverzichtbare Bedingung für den Sinn des Konzepts des rationalen Akteurs benannt. Darüber hinaus müsste man ein durch die rationalen Urteile bestimmtes Handeln anführen, um einen umfassenderen Begriff des rational Handelnden zu skizzieren.

114 Vgl. zu diesem Punkt im praktischen Kontext: Leist (2000), S. 390.

gemeinsame Identität – die Identität *des* theoretisch-rational reflektierenden Akteurs. Die für diese Identität profilkonstitutive und genau deswegen auch strikt verbindliche Normativität fundamentallogischer Prinzipien gilt für alle theoretisch-rationalen Akteure gleichermaßen und auf dieselbe Weise, was impliziert, dass wir, in Analogie zum juristischen Sprachgebrauch, vor den logischen Gesetzen alle gleich sind. Parfits Differenzierung in akteurrelative und akteurneutrale Verbindlichkeiten bzw. Gesichtspunkte[115] wird hier insofern unterlaufen, als die Perspektive des theoretisch-rationalen Akteurs als solche durch akteurrelative Normen bestimmt wird, diese Normen unter dem Gesichtspunkt der Abstraktion von individuellen Eigenschaften jedoch zugleich als akteurneutral verstanden werden müssen. Vor dem Hintergrund der üblichen Differenzierung der Kategorien der Erst-, Zweit- und Drittpersonalität wäre es demnach legitim, von einem *drittpersonalen Akteurstandpunkt* zu sprechen. Die Berücksichtigung dieser Reflexionsperspektive steht der verbreiteten Tendenz entgegen, ausnahmslos jeden reflexiven Akteurstandpunkt als entweder auf Begehrungen (»desire«) oder Überzeugungen (»belief«) ausgerichtet zu rekonstruieren und muss daher z.B. von Darwalls Beschreibung des subjektiven theoretischen Standpunkts der Person unterschieden werden, die diesen allein als Menge von Überzeugungen in Bezug auf die Welt rekonstruiert.[116]

An dieser Stelle liegt gegebenenfalls ein Missverständnis nahe: Die Rede von einer bestimmten rationalen Perspektive oder einer prima facie frei wählbaren theoretischen Identität suggeriert das Bestehen alternativer Optionen, die dem Akteur offenstehen, sodass die allgemeine theoretische Akteuridentität als eine von mehreren rein optionalen Identitäten begriffen werden könnte. Da die Selbstauffassung als rational reflektierender Akteur jedoch die Anerkennung der Normativität der unhintergehbaren Bedingungen rationaler Reflexion impliziert, wäre eine Negation der Autorität der allgemeinen theoretischen Akteuridentität unmittelbar inkonsistent. Das Besondere der Perspektive des reflektierenden Akteurs besteht darin, dass sie für jede Affirmation bzw. Negation einer spezifischen Perspektive bzw. Autoritätsinstanz vorausgesetzt werden muss und daher selbst nicht frei gewählt oder konsistent negiert werden kann.[117] So gesehen, stellt die Selbstauffassung als theoretisch-reflexiver Akteur keine Reflexionsperspektive neben anderen dar,

---

115   Vgl.: D. Parfit – Reasons and Persons, Oxford 1984, S. 27. Diese Terminologie wurde wenig später von Nagel übernommen: T. Nagel – The View from Nowhere, New York 1986, S. 156f.
116   Vgl.: S. Darwall – Weil ich es möchte, in: Chr. Halbig/T. Henning (Hrsg.) – Die neue Kritik der instrumentellen Vernunft, Frankfurt 2012, S. 213-251, S. 216; vgl. zudem: Darwall (2006), S. 285.
117   Vgl.: Welsch (1996), S. 427ff.; Wandschneider (1995), S. 18f.

sondern muss vielmehr als die *Bedingung der Möglichkeit der Einnahme von Reflexionsperspektiven* verstanden werden.[118] Dies gilt zumindest unter der m.E. nicht sinnvoll bestreitbaren Voraussetzung, dass die Einnahme einer Reflexionsperspektive die Affirmation dieser Perspektive impliziert und damit immer auch die Affirmation von bestimmten Regeln oder Prinzipien verbunden ist, ohne deren Anerkennung unklar bleiben muss, inwiefern man tatsächlich den jeweiligen Standpunkt einnimmt und entsprechend agiert.

Die zuvor entwickelten Überlegungen zu der strikten Verbindlichkeit der Autorität der theoretischen Akteuridentität geben noch keinerlei tragfähige Antwort auf die genuin praktischen Probleme, die in dieser Studie primär thematisch sind. Im Hinblick auf die übergeordnete Frage nach der Rechtfertigung der Verbindlichkeit von praktischen Autoritätsinstanzen ist festzuhalten, dass eine präsuppositionslogische Begründung der Bedingungen der Möglichkeit von rationalen Urteilen allenfalls einen radikalen theoretischen Wahrheitsskeptizismus abwenden kann. Die urteilslogischen Bedingungen rationaler Reflexion gelten sowohl für theoretische wie für praktische Urteile, müssen jedoch selbst in theoretischen Urteilen formuliert werden. An dieser Stelle der Untersuchung geht es dementsprechend nur um formale Vorüberlegungen zu den charakteristischen Eigenschaften von moralischen Sollensforderungen. Als Zwischenresultat dieses Abschnitts hat sich herausgestellt, dass die vorrangige intrinsische Normativität moralischer Forderungen in direkter Rückbindung an das Konzept von unbedingter Verbindlichkeit bestimmt werden sollte, um *erstens* zwischen verschiedenen Formen von intrinsischer Normativität unterscheiden und *zweitens* den unterstellten Vorrangcharakter des Moralischen nachvollziehen zu können. Darüber hinaus legt das Konzept der unbedingten Verbindlichkeit angesichts der Präsuppositionsanalyse von notwendigen fundamentallogischen Urteilen und Prinzipien folgende Annahme nahe: *Die Negation von unbedingt verbindlichen Urteilen führt notwendigerweise zu einem unmittelbaren Selbstwiderspruch, weil sie konstitutive Elemente desjenigen Reflexionsstandpunkts darstellen, von dem aus sie bestritten werden.*

Wie zuvor erwähnt, kann der Rekurs allein auf rationale Reflexionsvoraussetzungen nicht unmittelbar zu auch praktisch aussagekräftigen Resultaten

---

118 Der zuvor erwähnte fiktive Standpunkt außerhalb der rationalen Reflexion ist ein in sich widersprüchliches Konstrukt, weil sich der Akteur in diesem Fall als jemand denkt, für den keine fundamentallogischen Gesetze gelten. Die Idee, dass von diesem Standpunkt betrachtet logische Gesetze *keine* Gültigkeit besitzen, beruht jedoch immer schon auf einer Negation, verdankt ihre Existenz also der rationalen Reflexion, die nach herkömmlichem Muster konstruiert wird.

führen. Dennoch ist die Annahme von sich notwendigerweise selbst verifizierenden Urteilen nicht nur plausibel, sondern ihrerseits logisch notwendig. Dies impliziert die Möglichkeit von unbedingter praktischer Verbindlichkeit. Darüber hinaus zeigt die Analyse unbedingter theoretischer Verbindlichkeit im Hinblick auf die Bestimmung der zentralen Eigenschaften von moralischen Sollensforderungen, dass die jeweils zu vermeidenden Selbstwidersprüche strukturell mit dem Verhältnis von negiertem Gehalt und implizit vorauszusetzenden Implikationen der jeweils eingenommenen Reflexionsperspektive verbunden sind.

Ad 2. In Bezug auf die zuvor genannten Autoritätsinstanzen Gott, Gesellschaft, Natur und Selbstinteresse gilt es festzuhalten, dass sie aus einem formalstrukturellen Grund nicht als Geltungsfundament strikter Forderungen fungieren können: Die Negation ihrer vorrangigen praktischen Autorität (d.h. immer auch: ihrer unbedingten Verbindlichkeit) impliziert keinen logisch notwendigen Selbstwiderspruch. Dies gilt, weil jeder Akt der rationalen Rechtfertigung auf einen diesen Autoritäten äußerlichen normativen Maßstab rekurrieren muss, um sie im Hinblick auf ihre geltungstheoretischen Implikationen prüfen zu können.[119] Auf diese Weise kann der erforderliche logisch notwendige Selbstwiderspruch jedoch prinzipiell nicht zustande kommen, da aufgrund des externen normativen Maßstabs das Moment der Selbstreferenz fehlt. In unkommentierter Form kann die besagte Definition unbedingter Verbindlichkeit allerdings unscharf erscheinen, da es möglich ist, den Begriff der unbedingten Verbindlichkeit prinzipiell als auf eine bestimmte, zuvor eingenommene Reflexionsperspektive bezogen zu verstehen. Aus prudentieller Sicht kann die eigene Selbsterhaltung und das eigene Wohl als unbedingt notwendig angesehen werden, insofern der prudentielle Reflexionskontext nicht selbst zur Debatte steht, sondern implizit als gültig vorausgesetzt wird, während z.B. aus sozialtheoretischer Sicht das Bestehen einer funktionierenden Gesellschaft oder aus anthropologischer Perspektive Implikationen der menschlichen

---

119 Weder ist die Angewiesenheit eines Urteils auf eine seine Geltung evaluierende Instanz noch die Tatsache, dass diese Instanz keine semantische bzw. logische Implikation dieses Urteils sein darf, in irgendeiner Weise ungewöhnlich oder gar defizitär. Im Gegenteil wird durch dieses Vorgehen eine unzulässige petitio principii vermieden. Wenn nun diese ein anderes Urteil verifizierende Instanz selbst zum Gegenstand kritischer Prüfung wird, reproduziert sich besagte Struktur, und dies potentiell ad infinitum. Es handelt sich um eine prinzipiell unabschließbare Reihe von bedingten, d.h. vorläufigen Begründungen. Der Begriff der Unbedingtheit, der ein notwendiges, da profilkonstitutives Merkmal moralischer Forderungen darstellt, erfordert hingegen eine Begründung, die eine unendliche Sequenz hypothetischer Annahmen vermeidet und dennoch rational nachvollziehbar ist.

Natur als unbedingt notwendig und daher auch vorrangig intrinsisch wertvoll erscheinen müssen. Dementsprechend führte es zu einem Selbstwiderspruch, wenn man z.B. aus prudentieller Perspektive ein Prinzip affirmieren würde, dass unvermeidbar mit dem Wert der eigenen Selbsterhaltung konfligiert, da dadurch der Ausgangspunkt der Argumentation unterminiert würde. Die Prädikate der vorrangigen intrinsischen Werthaftigkeit sowie der unbedingten Verbindlichkeit wären mit einer prudentiellen, sozialen oder streng genommen auch jeder anderen Begründung kompatibel, da hier vorausgesetzt wird, dass der Begründungsstandpunkt der eigenen Willkür untersteht. Die Idee der weitgehenden Willkürwahl des begründungstheoretischen Ausgangspunkts in der Ethik ist zumindest partiell für die Flut an heterogenen, mittlerweile nicht mehr überschaubaren Positionen verantwortlich, die zuweilen dazu geführt hat, von einer Grundlagenkrise der Moralphilosophie zu sprechen.[120]

Die Annahme, dass unbedingte Verbindlichkeit im Grunde nur relativ gültig und von optionalen, gleichwertigen Standpunkten abhängig ist, ist jedoch verfehlt, da sie jeweils normativ konnotierte Ausgangspunkte der Reflexion voraussetzt, deren strikte Verbindlichkeit nicht ausgewiesen, sondern schlichtweg konstatiert wird.[121] Im Unterschied zu einem strikt verbindlichen Geltungsfundament setzen sich die genannten Autoritätsinstanzen

---

[120] Nida-Rümelin macht für die von ihm konstatierte Krise der Ethik allerdings »Probleme ihrer Anwendung« als Ursache aus; vgl.: J. Nida-Rümelin – Angewandte Ethik. Die Bereichsethiken und ihre theoretische Fundierung, Stuttgart 1986, S. 63.

[121] Theologische, sozialtheoretische, prudentielle oder naturalistische Theorien der Ethikbegründung besitzen über diesen formalen Aspekt hinaus ganz eigene und unterschiedliche Schwierigkeiten, die partiell an früherer Stelle in der vorliegenden Studie erwähnt wurden und hier nicht näher zu erläutern sind. Ein kurzer kritischer Blick auf diese Ansätze kann allerdings auch systematische Bezüge zu der in unserem Zusammenhang primär relevanten Argumentation aufzeigen. Im Falle einer theologischen Ethikbegründung fällt z.B. negativ ins Gewicht, dass die Verbindlichkeit moralischer Forderungen von der (in epistemologischer Hinsicht ohnehin problematischen) Idee eines höheren Wesens abhängt, wobei (mit Wolff und Kant gegen Pufendorf) gefragt werden muss, inwiefern dadurch nicht der intrinsische Wert des Moralischen negiert wird. Im Kontext einer sozialpsychologisch fundierten Theorie sanktionierender moralischer Reaktionen muss offen bleiben, inwiefern es sich um die richtigen, d.h. tatsächlich moralisch angemessenen Reaktionen der Gesellschaft handelt, die über sanktionierende Macht verfügen. Abgesehen davon stellt sich das Problem, dass eine durch soziale Sanktionen erzwungene Konformität nicht ohne weiteres mit einem selbstbestimmten moralischen Handeln identifiziert werden kann. Naturalistische Ethikbegründungen, die auf ein Konzept der menschlichen Natur als normative Basis rekurrieren, beruhen entweder auf einem grundlegenden Sein-Sollen-Fehlschluss oder müssen sich auf einen nicht-naturalistischen normativen Maßstab beziehen, um die praktische Autorität der von ihnen fokussierten natürlichen Prädikate zu rechtfertigen. Letzteres würde jedoch eine Negation des naturalistischen Begründungsansatzes implizieren.

nicht zwingend selbst voraus. Als im strengen Sinne unbedingt verbindlich kann einzig die Anerkennung des Standpunkts des rational reflektierenden Akteurs bezeichnet werden, denn nur dann, wenn diejenigen Prinzipien und Bedingungen, die für die von einem Akteur eingenommene Reflexionsperspektive konstitutiv sind, durch diesen Akteur bestritten werden, resultiert ein logischer Selbstwiderspruch.

Fazit
Fassen wir zusammen: *Erstens* ist ein normatives Urteil nur dann vorrangig intrinsisch normativ, insofern es unbedingt verbindlich ist; *zweitens* ist es nur dann unbedingt verbindlich, wenn seine Negation notwendigerweise zu einem logischen Selbstwiderspruch führt; *drittens* kommt ein solcher Selbstwiderspruch nur dann zustande, wenn der Gehalt eines Urteils im Widerspruch zu systematischen Implikationen des (zumindest implizit affirmierten) Reflexionsstandpunkts des Urteilenden steht. Der erstgenannte Punkt verdankt sich einer rein begrifflichen Überlegung; der zweite Aspekt resultiert im Anschluss an den Diskurs um den radikalen Wahrheitsskeptizismus; für den dritten Punkt wurde das Argument angeführt, dass die Einnahme einer bestimmten Reflexionsperspektive stets mit der Anerkennung bestimmter Normen verbunden ist und daher eine Bestreitung dieser Normen im Ausgang von der ihnen zugehörigen Reflexionsperspektive zu einer selbstreferentiellen bzw. immanenten Inkonsistenz führt.

4.4.3 Unbedingte Verbindlichkeit und der praktische Standpunkt

Die Argumentation für die Plausibilität eines Moralbegriffs kantischen Typs sowie die Verteidigung der Notwendigkeit einer rationalen, d.h. unmittelbar auf formale Vernunftkriterien rekurrierenden Rechtfertigung moralischer Forderungen implizieren eine strukturelle Verbindung von moralischer Normativität und logischer Notwendigkeit. Moralische Forderungen sind jedoch *praktisch*, d.h. sie können prinzipiell nicht allein durch ihren Bezug auf fundamentallogische Geltungsbedingungen von Urteilen und logisch konsistenten Begründungen gerechtfertigt werden. Bei der Normativität der selbstreferentiellen präsuppositionslogischen Konsistenzanforderung handelt es sich um eine Form von theoretischer Verbindlichkeit. Ihr zufolge müssen wahre Urteile prinzipiell möglich sein, da die Negation der Verbindlichkeit des theoretischen Akteurstandpunkts zu einem Selbstwiderspruch führt, doch impliziert sie nichts, was substantiell darüber hinausgeht. Dementsprechend gibt es nur einige wenige theoretische Urteile, die unbedingt gültig sind. Ihre Aussagekraft ist insofern dürftig, als sie allein auf den Diskurs um den radikalen Wahrheitsskeptizismus beschränkt ist.

4.4 DIE NOTWENDIGKEIT DER RATIONALEN ETHIKBEGRÜNDUNG

Zwar hat die Kurzanalyse der Struktur selbstverifizierender theoretischer Urteile gezeigt, welche Eigenschaften Urteile besitzen müssen, deren Negation ohne weitere zusätzliche Prämissen zu einer nachvollziehbaren Etablierung von unbedingter Verbindlichkeit führt, doch ist der Adressat moralischer Forderungen ein rationaler Akteur, der nicht nur konsistente Urteile fällen kann, sondern auch über solche theoretischen Akte hinaus prinzipiell zu allen Handlungen fähig ist, die einem Menschen überhaupt möglich sind. Der moralisch verantwortliche Akteur als zu praktischer Deliberation und zu entsprechenden Handlungen fähiges Wesen ist zwar *auch* ein theoretisch urteilendes Subjekt, doch muss die theoretische Akteurperspektive überschritten werden, um den Gegenstandsbereich praktisch-moralischer Reflexionen erschließen zu können: Weder Glück oder Wohlergehen, noch Würde oder allgemeine menschliche Interessen spielen irgendeine phänomenologisch oder argumentativ relevante Rolle, solange allein fundamentallogische Geltungsbedingungen zur Debatte stehen. Unter dem Gesichtspunkt *allein* präsuppositionslogischer Sinnbedingungen des rationalen Urteilens besitzt der Akteur keine moralische Verantwortung, da er kein Adressat oder Urheber moralischer Geltungsansprüche sein kann.

Der Akteur als moralisch verantwortliches Wesen kommt erst dann in den Blick, wenn er zwar als zur rationalen Reflexion fähiger, zugleich jedoch empirischer, d.h. endlicher und physisch wie psychisch verletzlicher und daher *bedürftiger* Mensch verstanden wird. Dies gilt unabhängig davon, ob man von kantischen, humeschen, utilitaristischen, kontraktualistischen oder diskursethischen Prämissen ausgeht. Indem sich der Mensch als in der Welt handelndes Wesen begreift, nimmt er einen praktischen Standpunkt ein und identifiziert sich mit dem Vermögen, durch reflektierte Willens- bzw. Handlungsvollzüge einen bewussten und intentionalen Einfluss auf die Welt auszuüben.[122] Vom praktischen Standpunkt aus betrachtet, stellt die Selbstauffassung des Akteurs als Adressat fundamentallogischer Geltungsansprüche zwar den Kern seiner Identität als rationales Wesen dar, doch wird zugleich deutlich, dass es sich bei der allgemeinen theoretischen Akteuridentität um

---

122 Mit dieser Annahme ist noch nicht der Diskurs um intentionale Handlungen in der analytischen Handlungstheorie berührt, da hier allein die *Selbstauffassung des Akteurs* thematisch ist. Ob dieses praktische Selbstverhältnis handlungstheoretisch plausibel verteidigt werden kann, ist eine andere Frage; vgl. zu dieser Problematik: G. Wilson – The Intentionality of Human Action, Stanford 1989; A. Mele – Autonomous Agents. From Self-Control to Autonomy, New York 2001; Ders. – Springs of Action, New York 1992; R. Kane – The Significance of Free Will, New York 1999; S. Sehon – Teleological Realism, Cambridge 2005.

eine Abstraktion handelt, die von einem in phänomenaler und normativer Hinsicht reicheren und komplexeren Selbstverhältnis von Akteuren ausgeht.

Eine Rekonstruktion der allgemeinen Charakteristika des praktischen Standpunkts ist komplexer als diejenige der fundamentallogischen Reflexionsbedingungen, da sie u.a. eine umfassendere Definition der Begriffe »Handlung« und »Akteur« impliziert, welche eine transparente Verhältnisbestimmung von begriffslogischen, phänomenologischen und handlungstheoretischen Aspekten erfordert. Der praktische Standpunkt des Akteurs bezeichnet eine erstpersonale Perspektive auf sich, andere Akteure und die Welt. Grundsätzlich muss der Standpunkt des Handelnden mit der erstpersonalen Reflexionsperspektive identifiziert werden, da die Existenz von Handlungen nicht durch objektivierende Beobachtung, sondern einzig in ihrem Vollzug durch einen Akteur aus der Erste-Person-Perspektive erfasst werden kann. Ebenso wie die Dimension der Gefühle oder der Wahrnehmung sekundärer Qualitäten ist das Phänomen der Handlung an die Ich-Perspektive gebunden. Darüber hinaus zeichnet sich die Akteurperspektive durch bestimmte Eigenschaften und Implikationen aus, die im Folgenden zusammenfassend skizziert werden.

Die erstpersonale Akteurperspektive wird üblicherweise im systematischen Anschluss vor allem an Platon, Aristoteles und Kant handlungsteleologisch rekonstruiert, d.h. der Akteur wird als zwecksetzendes Wesen und Handeln als das Anstreben der Verwirklichung eines Zwecks begriffen.[123] Der Begriff der Handlungsteleologie kann allerdings zwei unterschiedliche Theoriestrukturen bezeichnen. Im Anschluss an Christoph Horn wird darunter ein vor allem in der Antike vorherrschender Ethiktypus verstanden, der von allgemein bzw. objektiv verbindlichen Zweckhorizonten menschlichen Handelns und Strebens ausgeht, wie es exemplarisch bei der platonischen Theorie des rationalen Wollens der Fall ist.[124] Die subjektive Handlungsteleologie ist gewissermaßen eine Spiegelstruktur der objektiven Teleologie. Der entscheidende Unterschied von objektiver und subjektiver Handlungsteleologie in antiker Perspektive besteht dabei in den folgenden zwei Aspekten: Der objektive Zweck des Guten

---

123 Vgl.: Sehon (2005), S. 135-153; Horn/Löhrer (2010), S. 13ff.

124 Das jeweils transsubjektiv relevante Ziel des Handelns fungiert als eigenständiges normatives Element, dem es in den jeweiligen Einzelhandlungen des Akteurs Rechnung zu tragen gilt. Zugleich wird sowohl bei Platon als auch Aristoteles und den Stoikern die Einzelhandlung des Akteurs in Parallele zu der ontologischen bzw. metaphysischen Rahmentheorie ebenfalls teleologisch rekonstruiert; vgl.: Chr. Horn – Klugheit, Moral und die Ordnung der Güter: Die antike Ethik und ihre Strebenskonzeption, in: U. Meixner/ A. Newen (Hrsg.) – Philosophiegeschichte und logische Analyse. Schwerpunkt: Geschichte der Ethik, Paderborn 2003, S. 75-95; vgl. darüber hinaus: M. Forschner – Die stoische Ethik, 2. durchges. und erw. A. Darmstadt 1995, S. 171-226.

bzw. der Glückseligkeit besitzt *erstens* eine Ordnungs- bzw. Hierarchisierungsfunktion in Bezug auf Einzelzwecke und muss *zweitens* dem Akteur keineswegs bewusst sein, um von ihm angestrebt zu werden. Dagegen basiert die individuelle handlungstheoretische Teleologie auf der Annahme, dass Handlungen den Ausdruck eines intentional begründeten Strebens darstellen, das auf einen für erstrebenswert gehaltenen Zweck gerichtet ist. Jeder Handlungszweck als das finale »Um-Willen« dieser Handlung muss als ein Gut und somit für den Akteur als Motivationsgrund zur Verfolgung dieses Zwecks betrachtet werden.[125] Unabhängig von ihrer gesamttheoretischen Einbettung[126] besteht die systematische Funktion des subjektiven teleologischen Handlungsmodells in der *Erklärung von Handlungen*: Durch die (gegebenenfalls kausale) Rückführung eines Ereignisses[127] auf die Intention eines Akteurs wird dieses Ereignis als durch einen Willensakt eines instrumentell rationalen Wesens bedingt verstanden, weshalb es im Unterschied zu nicht-intentionalen Naturereignissen als (zumindest grundsätzlich) zurechen- und daher auch verantwortbare Handlung in Erscheinung tritt. Die in diesem Kontext zentrale Hintergrundannahme besteht darin, dass das Zustandekommen von Handlungen nur dann adäquat erklärt werden kann, wenn man auf einen zur Handlung und ihrem situativen Zusammenhang passenden, d.h. rational nachvollziehbaren Zweck der handelnden Person rekurriert.

Der handlungstheoretische Kausalismus im Anschluss an Donald Davidson macht dagegen geltend, dass die explanative Leistung des teleologischen Handlungsmodells insofern zu beschränkt ist, als nicht das bloße Vorhandensein

---

125 Besonders bei den antiken Theorien zeigt sich eine enge Bezogenheit beider Formen der Teleologie aufeinander, doch ist die subjektive Variante grundsätzlich unabhängig von spezifischen ontologischen Kontexten, wie man nicht zuletzt am kantischen Modell sehen kann. Bei Kant findet man eine teleologische bzw. entelechiale Auffassung von theoretischer und praktischer Vernunft, der eine subjektiv-teleologische Handlungstheorie korrespondiert; vgl.: Chr. Bambauer – Deontologie und Teleologie in der kantischen Ethik, Freiburg/München 2011, S. 407ff.

126 Die Handlungsteleologie ist bei Aristoteles im Unterschied zur aktuellen analytischen Handlungstheorie in einen ethischen Kontext eingebettet, welcher selbst wiederum in einem naturteleologischen Rahmen zu interpretieren ist; vgl.: Horn (1998), S. 213-226. Bei Kant muss von einer moralischen Kontextualisierung seiner handlungstheoretischen Reflexionen gesprochen werden, allerdings nicht in einem naturteleologischen, sondern vielmehr praktisch-vernunftteleologischen Sinn. Zugleich geht Kant nicht allein von dem Wert des jeweiligen Handlungszwecks aus, sondern, als dem Handlungszweck praktisch-geltungstheoretisch vorgängig, von dem objektiven, nicht-prudentiellen Wert der vernünftigen Natur des Akteurs selbst; vgl.: Kant – GMS AA IV, S. 428f.; vgl. dazu: A. Wood – Kant's Ethical Thought, Cambridge 1999, S. 75.

127 Nur am Rande sei hier angemerkt, dass die Auffassung von Handlungen als Ereignissen umstritten ist; vgl.: K. Bach – Actions are not events, in: Mind 89 (1980), S. 114-120.

einer Intention, sondern einzig ihre tatsächliche, die jeweilige Handlung bedingende Kausalität eine Handlung erklären kann.[128] Diese Handlungsauffassung impliziert die These, dass Gründe auch als Wirkursachen fungieren. Mit der Frage nach der Relation von Zwecken und Wirkursachen ist immer auch die Frage nach der Existenz von Handlungen als freien Akten von Akteuren und damit auch nach der praktischen Freiheit der handelnden Akteure verbunden[129], wobei wohlgemerkt auch durch das teleologische Handlungsmodell ein psychologischer Determinismus nicht ausgeschlossen werden kann. In methodischer Sicht ist entscheidend, dass im Kausalismus nicht primär aus autophänomenologischer oder akteurzentrierter, sondern theoretisch-drittpersonaler Perspektive[130] argumentiert wird, während die Vertreter der Teleologie eben diese subjektiv-hermeneutische Position als für Handlungserklärungen ausschlaggebend erweisen wollen. Handlungen stellen im Kontext einer naturwissenschaftlichen Kausalanalyse von Ereignissen keine theoretische Größe dar. Konzepte wie »Intentionalität« oder »Zweckgerichtetheit«, also diejenigen Begriffe, anhand derer Handlungen in der Regel von »blind« ablaufenden Naturereignissen unterschieden werden,

---

128 Vgl.: Davidson (1980); vgl. dazu: R. Stout – Action, Durham 2005, S. 74-82. Der Begriff der »Ursache« spielt im Hempel-Oppenheim Schema keine Rolle mehr, da er aus der Perspektive nomologischer Rationalität als anthropomorph gilt; vgl.: C. G. Hempel – Erklärung in Naturwissenschaft und Geschichte, in: L. Krüger (Hrsg.) – Erkenntnisprobleme der Naturwissenschaft, Köln/Berlin 1970, S. 215-238.

129 So vertritt z.B. Ginet die Inkompatibilität von Kausalismus und freien Handlungen; vgl.: C. Ginet – Reasons explanations of action: Causalist versus noncausalist accounts, in: R. Kane (ed.) – The Oxford Handbook of Free Will, Oxford 2002, S. 386-405, S. 387 u. 397; vgl. kritisch dazu: W. A. Davis – The Causal Theory of Action, in: T. O'Connor/C. Sandis (ed.) – A Companion to the Philosophy of Action, Malden/Oxford 2013, S. 32-39, S. 36. Die Freiheitsproblematik verweist auf die Frage nach der Unabhängigkeit rationaler Prinzipien der Reflexion. Mit Bieri und Frege kann man gegen den Kausalismus anführen, dass eine rein kausalistische Rekonstruktion des Vollzugs eines logischen Schlusses (z.B. »Wenn gilt: A→B, und wenn gilt: B→C, dann gilt: A→C«) die logische Struktur dieses Schlusses auf eine an sich kontingente kausale Abfolge von psychischen Überzeugungszuständen reduziert; vgl.: P. Bieri – Analytische Philosophie der Erkenntnis, Frankfurt 1987, S. 60f.; G. Frege – Logische Untersuchungen, Göttingen 2003, S. 36. Wenn Grundmann den Kausalismus gegen diese Kritik mit dem Argument verteidigt, dass semantische Inhaltseigenschaften kausal relevant sein können, da sonst unerklärlich bliebe, warum z.B. Intentionen und Wissenszustände eines Akteurs als explanative Gründe für Handlungsvollzüge fungieren können, ist fraglich, ob er das hier entscheidende Problem der nomologischen Determinierung fokussiert; vgl. zu Grundmann: T. Grundmann – Analytische Einführung in die Erkenntnistheorie, Berlin/New York 2008, S. 235ff.

130 Damit ist an dieser Stelle nicht die zuvor skizzierte theoretische Akteuridentität im Sinne des geltungslogisch Urteilenden, sondern die naturwissenschaftliche Perspektive des kausal Analysierenden benannt.

besitzen üblicherweise keinerlei explanative Funktion und verfügen unter diesem Gesichtspunkt über den Status von redundanten Epiphänomenen.[131] Die maßgeblichen Eigenschaften der erstpersonalen Akteurperspektive können entsprechend in Absetzung von einer Position herausgestellt werden, die Handlungen als bloße Abläufe von biologischen bzw. physikalischen Kausalprozessen beschreibt.[132] Die erste Konsequenz der systematischen Ausblendung praktisch-erstpersonaler Phänomene besteht in der Irrelevanz von Zwecken bzw. von Begriffen wie »Zwecksetzung« und »Zweckverfolgung«. Eine zweite bedeutsame Konsequenz der Ausblendung praktischer Erstpersonalität in rein kausalistischen Ereignisrekonstruktionen besteht darin, dass die Konzepte der *Normativität,* der *Freiheit* und der *rationalen Selbstbestimmung* keine konstitutive Rolle spielen können. Ich werde zuerst auf die Relation von normativen Forderungen und Handlungen (a), danach auf diejenige von normativen Forderungen und Freiheit (b) und abschließend auf das Verhältnis von Freiheit und praktischer Rationalität (c) eingehen.

Ad a. Die Annahme der Existenz von Handlungen und Akteuren stellt eine notwendige sinnlogische Bedingung der Erhebung und des Gewahrseins von normativen Forderungen und den mit ihnen verbundenen Geltungsansprüchen dar, da letztere prinzipiell bestimmte Handlungen von ihren Adressaten verlangen.[133] Eine Forderung, die weder selbst eine Handlung ist noch auf

---

131 In Bakers nicht-reduktionistischem »Near-Naturalism« wird versucht, die erstpersonale Akteurperspektive als irreduzible dispositionale Eigenschaft im Kontext einer naturalistischen Ontologie zu rekonstruieren; vgl.: L. R. Baker – Naturalism and the First-Person Perspective, New York 2013, bes. S. 207ff. Einen damit kompatiblen, ebenfalls nicht-reduktionistischen Ansatz vertreten De Caro und Voltolini mit ihrem »Liberal Naturalism«; vgl.: M. De Caro/A. Voltolini – Is Liberal Naturalism possible?, in: Dies. (ed.) – Naturalism and Normativity, New York 2010, S. 69-88. Eine rein kausalistische bzw. naturalistische Betrachtung der Welt und aller in ihr vorkommenden Prozesse kann jedoch auch auf eine Weise interpretiert werden, die das Verschwinden von Handlungen und Akteuren impliziert. Strikt kausalistische Zugriffe auf die Phänomene der Handlung und des Akteurs führen weder selten noch zufällig zu reduktionistischen oder eliminativen Formen des Materialismus bzw. Physikalismus; vgl.: T. O'Connor – Agent-Causal Theories of Freedom, in: Kane (2011), S. 309-328; C. Gillet/B. Loewer (ed.) – Physicalism and its Discontents, Cambridge 2001.

132 Angemerkt sei hier, dass auch nicht-reduktionistische Varianten des handlungstheoretischen Kausalismus vertreten werden; vgl.: A. S. Roth – Reasons Explanations of Actions: Causal, Singular, and Situational, in: Philosophy and Phenomenological Research Vol. 59 (1999), S. 839-874.

133 Es sei an dieser Stelle darauf hingewiesen, dass diese Feststellung nicht als Antwort auf einen metaphysischen Zweifel an der Existenz der äußeren Realität oder der phänomenologischen Präsenz von Akteuren zu verstehen ist, sondern allein als nicht selbstverständliche Position innerhalb handlungstheoretischer Diskurse. Die Annahme,

Handlungen ihrer Adressaten abzielt, ist nicht als Forderung, sondern nur als implikationsloses kontingentes Ereignis zu verstehen.[134] In handlungsteleologischer Sicht besteht darüber hinaus eine konzeptuelle Verbindung von Normativität und Zwecksetzung, der zufolge Normativität prinzipiell zweckgebunden und damit immer auch durch Akte der Wertzuschreibung durch den Akteur bedingt ist. Diese Annahme lässt sich auf den motivationspsychologischen Kern der Handlungsteleologie zurückführen. Der teleologischen Handlungsauffassung liegt die Prämisse zugrunde, dass mögliche Handlungsziele dadurch zu konkreten Zwecken eines Akteurs werden, dass dieser Akteur sie hinreichend wertschätzt und deshalb anstrebt. Erst durch seine Wertschätzung, einen *voluntaristischen* Akt, gewinnen bloß gegebene Handlungsoptionen für den Akteur eine auf sein Handeln bezogene normative Verbindlichkeit. Durch seine Akte der Wertschätzung ist der Akteur auf der Ebene der subjektiven Handlungsteleologie daher immer auch der Geltungsgrund der Normativität seiner Zwecke: Selbst dann, wenn eine praktische Forderung nachweislich logisch strikt begründet ist, muss diese logische Notwendigkeit aus der Akteurperspektive als wertvoll anerkannt werden, damit aus theoretischer Konsistenz ein praktisch relevanter Wert für einen Handelnden werden kann. Nicht nur praktische, sondern auch abstrakte theoretische Forderungen können in dieser Sicht als implizit oder explizit mit einem normativ konnotierten Zweck verbunden interpretiert werden. Auch die Normativität fundamentallogischer Reflexionsbedingungen ist dem zufolge durch einen Zweck bedingt, und zwar durch den Zweck der Ermöglichung von rationaler Reflexion. In praktisch-teleologischer Perspektive handelt es sich bei unbedingt verbindlichen Rationalitätsanforderungen um absolut notwendige Zwecke des theoretischen rationalen Akteurs, deren Verfolgung für ihn nicht optional ist, da er sie als *rationaler* Akteur immer schon verfolgt. Allerdings hängt die logische Konsistenz eines Urteils nicht von der akteurrelativen Wertschätzung ab, sondern umgekehrt sieht ein rationaler Akteur in widerspruchsfreiem Urteilen einen für ihn

---

dass normative Forderungen untrennbar mit Akteuren verbunden sind, wird von Leist als Kernmoment eines schwachen Begriffs der Akteurrelativität von Begründung bezeichnet; vgl.: Leist (2000), S. 233. Wenn hingegen Scheffler betont, dass der Akteurstandpunkt sozusagen natürlicherWeise für den Akteur von zentraler Bedeutung sei, hat diese These keine begründungstheoretischen Implikationen, sondern muss als (im Übrigen sicherlich richtige) Erfassung eines normativ irrelevanten Faktums verstanden werden; vgl.: S. Scheffler – The Rejection of Consequentialism, Oxford 1982, S. 62ff.

134 Eine Forderung, die von einem Akteur erhoben wird, jedoch prinzipiell nicht durch Handlungen erfüllt werden kann, ist nur als Wunsch, nicht aber als Forderung sinnvoll rekonstruierbar: Ich kann mir wünschen, dass es regnet, dies aber nicht sinnvollerweise fordern.

verbindlichen Zweck, der eine teleologische Reformulierung der Prinzipien seiner eigenen Akteuridentität darstellt.

Ad b. Normative Forderungen können prinzipiell nur dann sinnvoll sein, d.h. vom jeweiligen Adressaten anerkannt bzw. abgelehnt werden, wenn diesem Adressaten ein bestimmtes Maß an Freiheit zum selbstbestimmten Handeln zugeschrieben wird.[135] Diese Annahme liegt nicht nur der weithin anerkannten Idee einer grundsätzlichen praktischen Verantwortlichkeit von Akteuren für ihre Handlungen zugrunde, sondern spielt in exemplarischer Form auch eine zentrale Rolle in der kantischen Transzendental-Anthropologie: Die Kant zufolge unbestreitbare Geltungsevidenz des Sittengesetzes müsse es dem Menschen ermöglichen, dem vom Gesetz geforderten Sollen auch in seinem Handeln entsprechen zu können, da das Sittengesetz andernfalls sinnlos wäre. Die Sinnlosigkeit des Sittengesetzes bedeutet die Unmöglichkeit von moralischer Normativität, sodass die Annahme der praktischen Freiheit bei Kant von

---

135 In kausaltheoretischer Sicht wird kontrovers diskutiert, inwiefern eine mit Formen der praktischen Freiheit verbundene Akteurkausalität plausibel oder gar notwendig ist; vgl.: T. O'Connor (ed.) – Agents, causes, and events: Essays on Indeterminism and Free Will, New York 1995; Ders. – Persons and Causes. The metaphysics of free will, New York 2000; T. Botham – Agent-causation revisited, Saarbrücken 2008; R. Clarke – Determinism and our self-conception, in: Philosophy and Phenomenological Research 80 (1), S. 242-250. Die Tatsache, dass verschiedene Varianten reduktionistischer bzw. eliminativer Theorien eine gewisse Attraktivität besitzen können, lässt sich nicht zuletzt damit erklären, dass ihre Verfechter das von ihnen propagierte Programm nicht strikt umsetzen. Was in diesen Ansätzen jeweils reduziert oder eliminiert wird, ist niemals theoretische oder praktische Erstpersonalität als solche, sondern stets nur ihre reifizierte Form: Eine Welt ohne zwecksetzende Akteure, das physische Gehirn als Subjektivitätssubstitut etc. Der Vertreter der jeweiligen Theorie als Akteur, der mit seiner Theorie bestimmte Geltungsansprüche verbindet, müsste jedoch ebenso auf rein deskriptiv erfassbare Kausalrelationen reduziert bzw. als Akteur eliminiert werden. Gleiches gilt für die Adressaten der von ihm erhobenen Ansprüche. Für die normative Auffassung der Wahrheitswertdifferenz von Urteilen und damit auch von Theorien ist in einem solchen Szenario kein Platz, da auch Urteilshandlungen als rein naturgesetzlich und nicht logisch bestimmte Prozesse verstanden werden müssen. Trotz des differenzierten aktuellen Diskurses um kausalistische und teleologische Handlungsrekonstruktionen bleibt unklar, wie eine konsistente und adäquate Berücksichtigung der Phänomene der Handlung bzw. des Akteurs sowie die Normativität der Prinzipien des rationalen Urteilens im Ausgang von reduktionistischen Prämissen möglich sein soll. Vgl. zu einem neueren Versuch, Kausalismus mit einer minimalen Form der Akteurkausalität zu verbinden: Chr. E. Franklin: Event-causal libertarianism, functional reduction, and the disappearing agent argument, in: Philosophical Studies: An International Journal for Philosophy in the Analytic Tradition Vol. 170, Vol. 3 2014, S. 413-432.

der Möglichkeit von Moralität abhängt.[136] Diese Möglichkeit steht für Kant aufgrund der von ihm vorausgesetzten Selbstevidenz von moralischer Normativität außer Frage.

Die Normativität praktischer Vernunft impliziert nach Kant zum einen die Freiheit des Akteurs vom Determinismus durchgängiger Kausalketten, zum anderen jedoch auch die Fähigkeit, gemäß der eigenen rationalen Einsicht agieren zu können.[137] Doch auch über Kant hinaus ist die Annahme plausibel, dass sowohl logische Prinzipien, strategische Ratschläge sowie moralische Gebote nicht nur eine negative, sondern darüber hinaus auch eine positive Form praktischer Freiheit der Adressaten voraussetzen, die ihnen ermöglicht, normative Forderungen als an sie gerichtete Sollensansprüche zu begreifen und entsprechend zu handeln.[138] Wie unter Punkt c) genauer zu zeigen ist, sprechen bestimmte Implikationen der Handlungsteleologie dafür, von einer wechselseitigen Verwiesenheit bestimmter Formen von praktischer Freiheit und rationaler Selbstbestimmung des Akteurs auszugehen.

Ad c. Grundsätzlich ist für ein nachvollziehbares Konzept des selbstbestimmt Handelnden zumindest eine Form der Handlungsfreiheit vorauszusetzen, d.h. die Selbstbestimmung des rationalen Akteurs ist in Hinsicht auf seine reflektierte Wahl der Mittel zu einem angestrebten Zweck als positive Freiheit zu verstehen. Insofern man von einem zweckrational handelnden Akteur ausgeht, muss dieser Akteur nach Maßgabe des Prinzips der instrumentellen Rationalität agieren können. Wie im Folgenden kurz skizziert wird, setzt auch die Annahme der explanativen Funktion dieses Prinzips eine Form praktischer Freiheit voraus.

Die Funktion der teleologischen Handlungstheorie besteht in der nicht natur-, sondern akteurkausalen Erklärung von Handlungen: Wenn Handlungen als Verwirklichung von Intentionen eines Akteurs verständlich sein sollen, müssen sie als auf einen Zweck hin ausgerichtet und einer zumindest für

---

136 Vgl.: H. E. Allison – Justification and Freedom in the Critique of Practical Reason, in: E. Förster (Hrsg.) – Kant's Transcendental Deductions, Stanford 1989, S. 114-130, S. 129.
137 Vgl.: Steigleder (2002), S. 71ff.
138 Auch anthropologisch vergleichsweise anspruchslose Modelle wie Hobbes' Kontraktualismus schreiben dem Menschen das Vermögen zu, seine unmittelbar egoistischen Handlungsimpulse gemäß einer übergeordneten Zwecksetzung zu beurteilen und dadurch in der Lage zu sein, sie in Übereinstimmung mit Prinzipien der strategisch-instrumentellen Vernunft zu lenken. Ein nutzenorientierter Vertrag setzt Parteien voraus, die diesen Vertrag einhalten können, und wenn ein Vertrag nicht vollkommen überflüssig sein soll, muss er einen normativen Anspruch an Akteure implizieren, dem diese auch prinzipiell entsprechen können.

den jeweils Handelnden normativen Instanz unterstehend begriffen werden.[139] Damit eine teleologische Handlungserklärung eine Handlung in Bezug auf einen Zweck des Akteurs verständlich machen kann, muss eine solche Erklärung auf das Prinzip einer *rationalen* Zweck-Mittel-Relation rekurrieren. Wenn mein Tennis-Spielen damit erklärt würde, dass ich mit dieser Handlung den Zweck verfolge, die Gravitationskraft des Mondes zu beeinflussen, wäre dies keine plausible Erklärung meiner Handlung, weil mein Tennis-Spielen und die Mond-Gravitation keine kausale Beziehung und daher auch keine rational rekonstruierbare Zweck-Mittel-Relation aufweisen. Wenn man mein Tennis-Spielen jedoch damit erklärte, dass ich es verbessern oder etwas Gutes für meine Gesundheit tun möchte, wäre dies rational nachvollziehbar.

Natürlich kann ich irrigerweise der Ansicht sein, dass eine Kausalrelation zwischen Tennis-Spielen und Mondgravitation besteht, sodass in diesem Fall meine auf einer Fehlinformation beruhende Mittelwahl bzw. Handlung dennoch durch die Angabe meines Handlungszwecks teleologisch erklärt würde. Der hier entscheidende Punkt besteht jedoch darin, dass ich mögliche Zweck-Mittel-Relationen beurteilen muss und mich bei der Wahl geeigneter Mittel zur sinnvollen Verfolgung eines Zwecks *irren* kann. Dieser letzte Aspekt ist in zweifacher Hinsicht wichtig: *Erstens* bedeutet die Irrtumsmöglichkeit, dass die Mittelwahl gemäß einer rationalen Norm[140] beurteilt wird – es gibt richtige (geeignete) sowie falsche (ungeeignete) Mittel, und die je nach Zweck richtige Mittelwahl kann nur durch die zutreffende Erfassung der bestehenden Zweck-Mittel-Relationen getroffen werden[141]; *zweitens* impliziert die Irrtumsmöglichkeit das Bestehen alternativer Handlungsoptionen für den Akteur – er kann sich nur deswegen bei der Wahl adäquater Mittel irren, weil er über eine Form von *Wahlfreiheit* verfügt. Andernfalls wäre es witzlos, von einem Irrtum des Akteurs zu sprechen.

Die teleologische Handlungserklärung kann demnach nur unter der Voraussetzung einer bestimmten vermögenstheoretischen Annahme funktionieren: Wenn der Akteur ein durch die Normativität der jeweiligen Zweck-Mittel-Relation bestimmtes Mittel wählen können soll, muss ihm eine praktische Freiheit zugeschrieben werden, die mit dem Vermögen zu zweckrationaler

---

139 Vgl.: Sehon (2005), S. 135ff.
140 Mit dem Konzept einer rationalen Norm ist in diesem Zusammenhang kein z.B. geltungslogisches Prinzip etc., sondern die Maßgabe zur adäquaten Beurteilung bestehender motivationstheoretisch fundierter Kausalrelationen gemeint; vgl.: U. Steinvorth – Was ist Vernunft? Eine philosophische Einführung, München 2002, S. 63-66.
141 Ob der normative Maßstab der Wahl eines Mittels zur Erreichung des jeweiligen Zwecks vom Akteur abhängt oder nicht, ist an dieser Stelle irrelevant, da es hier einzig um die allgemeine Möglichkeit der Erfassung des Zweck-Mittel-Prinzips geht.

Reflexion verbunden ist.¹⁴² Allerdings ist zu beachten, dass die mit der instrumentellen Rationalität und der Handlungsteleologie verbundene Handlungsfreiheit nicht hinreicht, um den Akteur in die Lage zu versetzen, seine Handlungen aus Vernunfteinsicht nach Maßgabe unbedingter moralischer Forderungen zu bestimmen. Dies gilt zumindest dann, wenn man davon ausgeht, dass moralische Ansprüche mit prudentiellen Handlungsmotiven konfligieren können und letztere im Zweifelsfall den moralischen Gesichtspunkten untergeordnet werden sollten. Wenn moralische Forderungen sinnvoll, d.h. moralisch motivierte Handlungen möglich sein sollen, muss dem Akteur auch Willensfreiheit zugestanden werden, da er andernfalls stets nur die ihm von seinen prudentiellen Impulsen vorgegebenen Zwecke anstreben könnte. Im Hinblick auf die vor allem von Williams angestoßene Internalismus-Externalismus-Debatte¹⁴³ bedeutet dies, dass die Möglichkeit moralischen Handelns mit der vernunftgeleiteten Wahl von moralischen Zwecken immer auch die Möglichkeit eines Externalismus der Gründe impliziert.¹⁴⁴ Der selbstbestimmte rationale Akteur muss als Adressat unbedingter moralischer Forderungen dazu fähig sein, sein Handeln nach Maßgabe einer rationalen Einsicht zu orientieren, die für ihn nicht deswegen normativ ist, weil sie ihm bei der Verwirklichung seiner ohnehin bestehenden Zwecke dienlich ist. Ebenso wie im Bereich der theoretischen Reflexion, die eine zentrale Rolle der Anerkennung der Verbindlichkeit logischer Urteils- und Schlüssigkeitsgesetze für die Urteilshandlungen des theoretischen Akteurs voraussetzt, muss der potentiell moralische Akteur – kantisch gesprochen – als zur Motivation aus reiner Vernunfteinsicht fähig gedacht werden.

Die Tatsache, dass Sinn und Normativität moralischer Forderungen allein aus der Perspektive des Handelnden nachvollziehbar sind, impliziert als solche noch nicht, dass der praktisch-erstpersonale Standpunkt die

---

142   Die hier bezeichnete Form von Freiheit wird von Steigleder in seiner kritischen Auseinandersetzung mit Korsgaards Interpretation von instrumenteller Vernunft bei Kant zu Recht als »schwache Autonomie« bezeichnet; vgl.: Steigleder (2002), S. 57.
143   Vgl.: K. Setiya – Introduction: Internal Reasons, in: K. Setiya & H. Paakkunainen (ed.) – Internal Reasons: A Contemporary Readings, Cambridge 2012, S. 1-34; D. Lubin – External Reasons, in: Metaphilosophy 40, Vol. 2 (2009), S. 273-291; M. Smith – Internal Reasons, in: Philosophy and Phenomenological Research 55, Vol. 1 (1995), S. 109-131; J. H. McDowell – Might There Be External Reasons?, in: J. E. J. Altham/R. Harrison (ed.) – World, Mind and Ethics, Cambridge University Press, New York 1995, S. 68-85; E. Millgram – Williams' Argument Against External Reasons, in: Nous 30, Vol. 2 (1997), S. 197-220.
144   Dies gilt zumindest in dem Fall, wenn sich moralisch Gebotenes dadurch auszeichnet, dass seine Negation im Widerspruch zu rationalen Kriterien steht, die über rein instrumentelle Rationalität hinausgehen.

Geltungsgrundlage dieser Forderungen darstellen muss. Sobald man unter moralischen Forderungen jedoch universelle, unbedingte und vorrangige praktische Ansprüche versteht und die Unbedingtheit der Gültigkeit dieser Ansprüche daran festmacht, dass ihre Negation einen notwendigen Selbstwiderspruch impliziert, ist es naheliegend, einen strukturellen Zusammenhang von praktischer Erstpersonalität und moralischer Normativität anzunehmen, der die geltungstheoretische Relevanz von bestimmten systematischen Aspekten der Akteurperspektive mit einschließt. Diese Annahme wird nachvollziehbar, wenn man die Bedeutung der Akteurperspektive für die Erhebung von praktischen Geltungsansprüchen zu den formalen Bedingungen für das Zustandekommen von logischen Selbstwidersprüchen bzw. von unbedingt verbindlichen theoretischen Urteilen in Beziehung setzt.

Blicken wir kurz zurück auf die allgemeinen Strukturbedingungen der strikten Verbindlichkeit von normativen Urteilen. Diese sind grundsätzlich nur dann unbedingt verbindlich, wenn ihre Negation den notwendigen Konsistenzbedingungen dieser Negation widerspricht. Diese Definition der unbedingten Verbindlichkeit von Urteilen ist zwar anspruchsvoll, doch hat die Analyse der Negation von präsuppositionslogisch notwendigen Reflexionsbedingungen gezeigt, dass die Annahme von solchen strikt gültigen Forderungen durchaus rational verteidigt werden kann. Die handlungsteleologische Rekonstruktion fundamentallogischer Selbstwidersprüche zeigt, dass der jeweilige Reflexionsstandpunkt spezifische *materiale* Implikationen besitzt: Mit der Einnahme des Standpunkts des theoretisch reflektierenden Akteurs ist der immer schon normativ konnotierte Zweck der rationalen, d.h. konsistenten und regelgeleiteten Reflexion verbunden.

In formaler Parallele zu der strikten Gültigkeit der theoretisch-präsuppositionslogischen Reflexionsbedingungen ist es sinnvoll anzunehmen, dass sich auch im praktischen Bereich Forderungen mit unbedingter Verbindlichkeit dadurch auszeichnen müssen, dass ihre Negation einen notwendigen Selbstwiderspruch aus der Sicht des urteilenden Akteurs impliziert. Die Negation unbedingt gültiger praktischer Forderungen darf jedoch nicht auf eine allein theoretische Inkonsistenz hinauslaufen, sondern muss einen genuin *praktischen Selbstwiderspruch* implizieren, damit sie im Hinblick auf die Rechtfertigung von moralischer Verbindlichkeit aussagekräftig sein kann. Was immer genau unter den charakteristischen Merkmalen des Moralischen verstanden wird – in formaler Hinsicht muss der Reflexionsstandpunkt im praktischen Begründungskontext derjenige des praktisch-rationalen Akteurs sein, da nur in diesem Fall gewährleistet ist, dass *erstens* moralische Forderungen überhaupt sinnvollerweise als Reflexionsgegenstand fungieren und *zweitens* ihre Negation notwendigerweise zu einem praktischen Selbstwiderspruch führt. Während jedoch die Relevanz der Akteurperspektive für die Erfassung moralischer Phänomene unstrittig und im Hinblick auf verschiedene Ethiksysteme unspezifisch erscheint, ist der Begriff eines praktischen Selbstwiderspruchs erläuterungsbedürftig.

Insofern die Konzepte des moralisch Richtigen/Guten und Falschen/Bösen einen strukturellen Bezug zu der Wahrheit und Falschheit von Urteilen besitzen sollen[145], kann auch im Falle eines praktischen Selbstwiderspruchs *im Kern* nur das Kriterium der logischen Konsistenz im Mittelpunkt stehen. Der genuin praktische Charakter des Widerspruchs kann sich einerseits – in formaler Hinsicht – nicht einer andersartigen Form der Inkonsistenz verdanken, und muss andererseits unmittelbar mit materialen Aspekten des praktisch-erstpersonalen Standpunkts der Reflexion verbunden sein. Angesichts der zentralen Rolle der *allgemeinen theoretischen Akteuridentität* im Rahmen der Rechtfertigung von strikter Urteilsgeltung liegt der Schluss nahe, dass das Konzept eines strikten praktischen Selbstwiderspruchs eine Rechtfertigung der Verbindlichkeit moralischer Forderungen verlangt, die sich auf eine Eigenschaft praktisch-rationaler Akteure bezieht, welche ihnen allen gleichermaßen zugeschrieben werden muss und daher das Zentrum der *allgemeinen praktischen Akteuridentität* ausmacht. Diese Eigenschaft ist der Besitz der *Handlungsfähigkeit*: Ein Akteur ohne Handlungsfähigkeit ist nicht nur kein »praktischer« oder theoretischer Akteur, er ist überhaupt kein Akteur.[146] Dies gilt unabhängig von der spezifischen Definition des Handlungsbegriffs, da auch unter der Voraussetzung eines möglichen nicht-teleologischen Handlungsbegriffs ein prinzipiell handlungsunfähiger Akteur ein sinnwidriges Konzept darstellt.

Es ist demnach anzunehmen, dass eine rationale Rechtfertigung unbedingter praktischer Sollensforderungen auf die begründungstheoretische Relevanz bestimmter Aspekte der Handlungsfähigkeit des praktischen Akteurs verwiesen ist. In struktureller Parallele zu der Differenzierung

---

145 Vgl. kritisch dazu: E. Tugendhat – Vorlesungen über Ethik, Frankfurt 1993, S. 44f. Tugendhats Vorwurf an Kant, dessen anspruchsvoller Vernunftbegriff sei eine Erfindung ohne Rückbindung an den »normalen« Begriff von Rationalität, stellt sich im Kontext der Diskussion um präsuppositionslogische Bedingungen der rationalen Reflexion als übereilt dar.

146 Der Begriff eines »praktischen Akteurs« ist an dieser Stelle eine Hilfskonstruktion, die dazu dient, den allein theoretisch reflektierenden Handelnden vom auch moralisch verantwortlichen Akteur abzusetzen. Bei dem nur rational reflektierenden Akteur handelt es sich um eine Abstraktion, die von dem im umfassenden (praktischen und theoretischen) Sinne Handelnden ausgeht.

von theoretischer und praktischer Akteurperspektive muss zwischen theoretischer und praktischer Handlungsfähigkeit unterschieden werden: Während der theoretisch-fundamentallogische Widerspruch aus der Negation der Bedingungen der Möglichkeit des Urteilens, d.h. der Bedingungen der theoretischen Handlungsfähigkeit resultiert, muss der praktische Widerspruch auf die Negation der Bedingungen der praktischen Handlungsfähigkeit, d.h. des Vermögens zu allen denkbaren Handlungen zurückgeführt werden. Wenn der Begriff unbedingter Verbindlichkeit ernst genommen und eine strikt gültige praktische Forderung nur um den Preis eines praktischen Selbstwiderspruchs negiert werden kann, dann muss diese zu vermeidende praktische Inkonsistenz unmittelbar mit der systematischen Relation von praktischer Erstpersonalität und der allgemeinen Fähigkeit zu handeln verbunden sein.

Gegen diese Position könnte man nun einwenden, dass das soeben entwickelte Argument für die begründungstheoretische Konstitutivität der praktischen Akteurperspektive unmittelbar von zwei Annahmen abhängt: 1. Moralische Forderungen müssen unbedingt verbindlich sein; 2. Unbedingt verbindliche Forderungen zeichnen sich dadurch aus, dass ihre Negation zu einem logisch notwendigen Widerspruch führt. Beide Prämissen seien evtl. tragfähig, allerdings nicht zwingend und daher anfechtbar. Es gibt jedoch ein weiteres Argument für die zentrale begründungstheoretische Rolle praktischer Erstpersonalität, das von den beiden genannten Voraussetzungen unabhängig ist. Es nimmt Bezug auf die allgemeine Grundsituation, die in *jedem* Versuch der Rechtfertigung von moralischer Normativität gegeben ist. Diese Situation ist dadurch charakterisiert, dass eine Rechtfertigung praktischer Anforderungen zum einen keine vollkommen unspezifische Form von moralischen Ansprüchen fundieren soll, zum anderen jedoch durch eine allzu restriktive Auffassung des Moralischen notgedrungen ihren eigenen Relevanzbereich beschränken würde. Demnach sollte der Ausgangspunkt einer praktischen Ethikbegründung nicht bereits implizit die Richtigkeit einer spezifischen Moraltheorie voraussetzen, zugleich jedoch einen systematischen Bezug zu praktischer Normativität besitzen. In diesem Zusammenhang stellt sich, nicht zuletzt in selbstkritischer Perspektive, die Frage nach den Kriterien, die von einer plausiblen Ethikbegründung zu erfüllen sind.

Entscheidend für eine Beurteilung der Stärken und Schwächen von Ethikbegründungen ist die Bestimmung der begründungstheoretischen Probleme, die jeweils erfolgreich bewältigt werden können. Die Herausarbeitung von Schwächen alternativer Ansätze stellt dabei ohne Zweifel einen wichtigen Schritt im Kontext der Legitimation der eigenen Position dar. Zugleich ist dieses Unternehmen insofern problematisch, als die Bestimmung zentraler

Begründungsprobleme in der Ethik selbst einen Gegenstand kontroverser Diskurse darstellt und besagte Probleme daher nicht einfach thetisch aufgezählt und nacheinander gelöst werden können.[147] Dies gilt, weil z. B. logische, epistemologische, konzeptuelle oder methodologische Probleme einer Theorie immer von einem bestimmten metatheoretischen Standpunkt aus diagnostiziert werden und deshalb streng genommen keine an sich bestehenden Begründungsprobleme existieren.[148] Im Falle der kritischen Diskussion von Moraltheorien und ihren Begründungen besitzt in erster Linie der jeweils adaptierte Moralbegriff einen weitreichenden Einfluss auf die Identifikation von systematischen Problemen alternativer Theorien.[149] Ein überzeugter Utilitarist ist an einer Fokussierung auf das Kriterium der Glücksmaximierung interessiert, ein Kantianer affirmiert dagegen die vernunftbasierte Idee universell-kategorisch gültiger Moralprinzipien. Damit ist jedoch nicht gezeigt, dass die z.B. aus utilitaristischer oder kantischer Perspektive konstatierten Probleme jeweils alternativer Moraltheorien *an sich* bestehen. Vielmehr legt diese Situation den Schluss auf eine tendenziell zirkuläre Relation von impliziten moraltheoretischen Prämissen und vorausgesetzten begründungstheoretischen Kriterien nahe.

Ein diesbezüglicher Vorzug des praktischen Begründungszugangs liegt darin, durch den Ansatz beim Konzept des Akteurs eine Reflexionsperspektive einzunehmen, die sowohl unabhängig von bestimmten moraltheoretischen Voraussetzungen ist als auch eine notwendige Beziehung zu praktisch-normativen Sachverhalten aufweist. *Ersteres* ist deswegen der Fall, weil das Konzept des Akteurs als möglicher Adressat moralischer Forderungen nicht nur von einer spezifischen ethischen Position, sondern theorieübergreifend vorausgesetzt werden muss. Insofern mit dem Akteurbegriff allein das teleologische Handlungsmodell sowie die Annahme praktischer Freiheit verbunden wird, ist keine implizite Vorentscheidung für eine substantielle Theorie der Moral getroffen, sondern nur die Möglichkeit von selbstbestimmten praktisch-rationalen Handlungen zugestanden worden. *Zweitens* ist der Bezug zum Bereich des

---

147 Vgl.: Ott (2001), S. 63ff.; Leist (2000), S. 33ff.
148 Sicherlich kann man sich in vielen Diskursszenarien auf bestimmte Punkte einigen, was grundsätzliche Anforderungen der Ethikbegründung anbetrifft: Eine dogmatische Behauptung sowie ein subjektiver Rekurs auf ein diffuses Gefühl dürften meist nicht als überzeugende rechtfertigende Gründe z.B. für die universale Geltung eines kategorischen Moralprinzips anerkannt werden. Zugleich wird das hier bestehende Problem auch durch einen solchen Verweis auf situationsabhängige Konsenswahrscheinlichkeiten nicht gelöst, sondern einmal mehr veranschaulicht.
149 Die jeweiligen Standards und Methoden der Begründung sind ähnlich wichtig wie der vorausgesetzte Moralbegriff, doch werden üblicherweise erstere durch letzteren bedingt und nicht umgekehrt.

Praktischen dadurch gewährleistet, dass mit der erstpersonalen Akteurperspektive der notwendige Ausgangspunkt von praktischer Deliberation und Handlungen berücksichtigt wird. Praktische Erstpersonalität ist somit auf eine Weise moralneutral[150] und zugleich auf moralische Normativität bezogen, die nicht widersprüchlich, sondern immanent konsistent ist. Festzuhalten bleibt, dass der Ausgang vom Erste-Person-Standpunkt einen prima facie defensiven, jedoch argumentationsstrategisch umsichtigen Schachzug darstellt, der auch unabhängig von der kantischen Moralkonzeption eine begründete Antwort auf die Frage darstellt, aus welcher Perspektive eine möglichst unvoreingenommene und daher rational belastbare Rechtfertigung von praktischen Geltungsansprüchen möglich ist.

4.4.4 Zusammenfassung der bisherigen Resultate

Die Analyse der grundlegenden Probleme einer rationalen Ethikbegründung hat gezeigt, dass die Thesen der Überflüssigkeit bzw. der Unmöglichkeit einer solchen Begründung nicht stichhaltig sind. Während die verschiedenen Varianten der Überflüssigkeitsthese mit guten Gründen kritisiert werden können, ist die non-kognitivistische Form der Unmöglichkeitsthese nicht ohne weiteres widerlegbar. Dies stellt jedoch genau besehen keinen argumentationstheoretischen Vorteil dar, weil sie ihrerseits keine Mittel bereitstellen kann, um alternative Positionen auszuschließen. Da eine non-kognitivistische Moralauffassung keine adäquate phänomenologische Basis besitzt, kann man zudem nur schwer von ihrer intuitiv evidenten Plausibilität sprechen.[151] Auch wenn eine im strengen Sinne rationale Rechtfertigung eines bestimmten Moralbegriffs aus methodischen Gründen unmöglich ist, muss ein aussagekräftiges Konzept von moralischen Forderungen in der Lage sein, eine hinreichend präzise Beschreibung der Eigenschaften dieser Forderungen zu leisten, damit moralische Gebote von bloßen Ratschlägen oder anderen praktischen Ansprüchen ohne moralische Relevanz abgesetzt werden können. Im Hinblick auf das phänomenologische und vor allem das

---

150   Die hier angesprochene Form der Moralneutralität ist nicht mit dem Konzept der Impartialität zu identifizieren, das in Enochs Reductio-Argument gegen den moralischen präferenzbasierten Subjektivismus relevant ist. Bei Enoch stellt der impartiale Standpunkt ein moralisches Theorieelement dar, weil er in seinem Argument der Anforderung der (nicht zuletzt pragmatisch relevanten) Idee der Fairness entspricht; vgl.: D. Enoch – Taking Morality Seriously. A Defense of Robust Realism, Oxford 2011, S. 26 (im Folgenden zitiert als 2011b). Die in unserem Kontext thematische Impartialität ist dagegen allein aus argumentationsmethodischen Gründen notwendig, um Zirkularität zu vermeiden.
151   Vgl.: Halbig (2007), S. 222. Eine phänomenologische Basis wäre zwar keinesfalls für die Akzeptanz des Non-Kognitivismus hinreichend, jedoch immerhin ein Grund, der eine genauere Auseinandersetzung mit ihm rechtfertigen würde.

begriffliche Kriterium ist daher die kantische Auffassung von moralischen Geboten als universellen und kategorisch verbindlichen Forderungen den bestehenden Alternativen und damit auch dem Non-Kognitivismus vorzuziehen. Die methodologische Variante der Unmöglichkeitsthese geht fälschlicherweise von der Absolutheit deduktiver Begründungsformen aus, sodass ihr zufolge eine strikte deduktive Rechtfertigung von Urteilen unmöglich ist. Allerdings kann im Ausgang von dieser Voraussetzung nicht über die Möglichkeit einer reflexiv-präsuppositionslogischen Begründung von selbstverifizierenden Aussagen befunden werden. Der Einwand, dass eine rationale Ethikbegründung aufgrund der Unmöglichkeit der strikten Rechtfertigung eines spezifischen Moralbegriffs nicht durchführbar sei, kann mit dem Argument zurückgewiesen werden, dass das Nicht-Erfüllen einer prinzipiell nicht erfüllbaren Anforderung kein strukturelles Defizit einer Theorie ausmacht. Vielmehr ist umgekehrt die Annahme plausibel, dass derjenige Moralbegriff zu adaptieren ist, der phänomenologisch plausibel und begrifflich konturiert sowie mit denjenigen Eigenschaften des moralisch verantwortlichen Akteurs verbunden ist, die seine praktische Identität konstituieren. Im Hinblick auf die Frage nach belastbaren Kriterien für unbedingt verbindliche normative Forderungen gilt es festzuhalten, dass die Negation solcher Forderungen zu einem notwendigen Selbstwiderspruch führen muss. Für diese Position sprechen insbesondere zwei aufeinander verweisende Gründe: *Erstens* müssen die begründungstheoretischen Probleme deduktiver Rechtfertigungen vermieden werden, sodass einzig die reflexive Begründungsform übrig bleibt. Dies wiederum bedeutet, dass ein zentrales moralisches Prinzip einen selbstverifizierenden Status besitzen muss, der sich dadurch zeigt, dass seine Negation zu einem notwendigen Selbstwiderspruch führt.[152] *Zweitens* kann z.B. im Unterschied zu intuitionistischen Modellen nicht von einer unmittelbaren Selbstevidenz moralischer Prinzipien ausgegangen und das Prädikat »unbedingt« daher auch nicht so verstanden werden, dass die Wahrheit eines praktisch-normativen Prinzips tatsächlich durch nichts bedingt, d.h. aber auch durch nichts rational Fassbares verifiziert ist – die Gültigkeit moralischer Forderungen darf zwar in deduktiver Hinsicht von nichts geltungstheoretisch Externem abhängen, doch muss ihre strikte Verbindlichkeit dennoch rational ausweisbar sein, sodass man auch hier auf das Prinzip selbstverifizierender Urteile samt der ihrer Negation impliziten Selbstwidersprüchlichkeit verwiesen ist.

---

152 Der selbstverifizierende Status normativer moralischer Prinzipien muss demnach als über ein reflexives Argument für deren Gültigkeit vermittelt begriffen werden.

4.4 DIE NOTWENDIGKEIT DER RATIONALEN ETHIKBEGRÜNDUNG

Im Ausgang von der unbedingten Verbindlichkeit moralischer Forderungen und dem Selbstwiderspruchskriterium ist die Annahme inkonsequent, dass eine solch strikte Form der Normativität durch Strukturen fundiert werden könnte, die nicht selbst über eine unbedingte praktische Autorität verfügen. Theologische, sozialtheoretische, kontraktualistische oder naturalistische Theorien sind an normative Instanzen rückgebunden, deren Autorität ohne Selbstwiderspruch von einem rationalen Akteur negiert werden kann. Solcherart begründete moralische Forderungen können also keine moralischen Forderungen in dem Sinne sein, dass sie auf selbstverifizierenden Prinzipien beruhen und daher zu Recht als strikt gültig angesehen werden. Beispiele für logisch unhintergehbare Urteile findet man im Kontext der Diskussion über die Möglichkeit einer radikalen Wahrheitsskepsis: Diejenigen Urteile, die die urteilslogische Möglichkeit der Erhebung von rationalen Geltungsansprüchen bestreiten, können nur als unmittelbar inkonsistent verstanden werden. Sie setzen implizit das voraus, was sie explizit bestreiten. Die Unmöglichkeit ihrer konsistenten Negation ist das zentrale formale Strukturmoment selbstverifizierender Urteile, was bedeutet, dass auch moralische Prinzipien diese Struktur aufweisen müssen. Trotz der formalen Parallele zu selbstverifizierenden theoretischen Urteilen muss eine rationale Rechtfertigung von moralischen Geltungsansprüchen über den rein logischen Reflexionskontext der präsuppositionslogischen Widerlegung radikaler Wahrheitsskepsis hinausgehen, um praktische Normen als für einen moralisch verantwortlichen Akteur verbindlich ausweisen zu können. Ein Urteil, das in Widerstreit mit dem von einem moralischen Prinzip Gebotenen steht, ist zwar auch widersprüchlich, doch handelt es sich dabei nicht um einen rein logisch-abstrakten, sondern um einen genuin praktischen Widerspruch. Die Negation praktisch normativer Prinzipien, die zu einer Inkonsistenz mit allein theoretischen Reflexionsbedingungen führt, kann daher keine Basis für die Rechtfertigung dieser Prinzipien darstellen. Vielmehr gilt es zu zeigen, dass es auf *praktische* Weise unmittelbar irrational ist, unmoralisch zu urteilen bzw. zu handeln. Da nun die universelle unbedingte Gültigkeit moralischer Forderungen und Prinzipien impliziert, dass ihre Negation zu einem Selbstwiderspruch führt, muss die Geltung dieser Forderungen mit einer allgemeinen identitätskonstitutiven Eigenschaft des praktisch-rationalen Akteurs verbunden sein, d.h. mit der Handlungsfähigkeit moralisch verantwortlicher Akteure. Daraus folgt zweierlei: *Erstens* müssen bestimmte Implikationen des Konzepts der Handlungsfähigkeit für die Verbindlichkeit moralischer Prinzipien geltungstheoretische Relevanz besitzen, und *zweitens* muss diese Relevanz aus der Perspektive praktischer Erstpersonalität sowie unter Rekurs auf das Kriterium der logischen Konsistenz gerechtfertigt werden.

4.4.5 Anforderungen an praktisch-rationale Ethikbegründungen

Angesichts der Tatsache, dass kein theorieübergreifender Kriterienkatalog für erfolgreiche Ethikbegründungen besteht[153] und zudem aus methodischen Gründen nicht klar ist, wie ein solcher zu verteidigen wäre, kann argumentiert werden, dass ein solcher Kriterienkatalog nicht möglich sei. Gegen diesen Punkt ist zu erwidern, dass eine hinreichend konkrete Bestimmung spezifischer Begründungskriterien zwar nicht voraussetzungslos sein kann und daher grundsätzlich angreifbar ist, ein gänzlicher Verzicht auf die Angabe normativer Maßstäbe jedoch keine reale Option darstellt, insofern man an einer qualitativen Unterscheidung von Moralbegründungen interessiert ist. Darüber hinaus könnte man gegen die These der Notwendigkeit praktisch-begründungstheoretischer Kriterien einwenden, dass diese auch deswegen überflüssig seien, da es mit den Kriterien der Konsistenz, Kohärenz und Korrespondenz einschlägige und erprobte Maßstäbe für die Plausibilität von Theorien gebe, deren Validität zumindest nicht grundsätzlich in Frage steht. Zugleich zeigt ein genauerer Blick auf diese Kriterien, dass sie allenfalls als kriterielle Rahmenbedingungen, nicht jedoch als aussagekräftige Kriterien für die Beurteilung des Leistungsbereichs praktischer Rechtfertigungsansätze fungieren können. Ich werde kurz erläutern, warum sich dies so verhält.

Eine minimalistische Strategie zum Test der Plausibilität von Theorien und ihren impliziten Voraussetzungen besteht in der Fokussierung auf ihre immanente logische Konsistenz, doch würde auch die selbstreferentielle Konsistenz einer Theorie allein nicht implizieren, dass sie konkurrierenden Entwürfen überlegen ist. Das formale Kriterium der Konsistenz ist zwar auch für Ethikbegründungen unverzichtbar, doch kann Widerspruchsfreiheit nur ein notwendiges Rationalitätskriterium, jedoch kein hinreichendes Rechtfertigungskriterium darstellen. Auch die Erfüllung des formalen Kriteriums der Kohärenz führt hier nicht weiter, da *erstens* mehrere koexistente kohärente Theorien denkbar sind[154], dieses Kriterium *zweitens* keinen im praktischen Kontext erforderlichen Weltbezug impliziert[155], und *drittens* ein

---

153 Vgl.: Ott (2001), S. 63ff.; Tugendhat (1993), S. 65-78; L. Siep – Konkrete Ethik. Grundlagen der Natur- und Kulturethik, Frankfurt 2004, S. 111ff.
154 Vgl.: M. Schlick – Über das Fundament der Erkenntnis, in: Erkenntnis 4 (1934), S. 79-99.
155 Ein solcher Einwand leitet sich aus der Implikation der Kohärenzidee ab, allein die inferentiellen Relationen zwischen Überzeugungen zu fokussieren. Vgl. dazu die treffende Kritik McDowells an Davidsons Kohärenztheorie: J. McDowell – Geist und Welt, Paderborn 1998, S. 39; vgl. darüber hinaus zu der klassischen Kritik an der Korrespondenztheorie der Wahrheit, die von der Übereinstimmung mit der Wirklichkeit als dem normativen Maßstab für Urteilswahrheit ausgeht: O. Neurath – Radikaler Physikalismus und »Wirkliche Welt«, in: Erkenntnis 4 (1934), S. 346-362, S. 355; vgl. dazu: A. Beckermann – Wittgenstein,

der Kohärenzperspektive übergeordneter normativer Maßstab vorausgesetzt werden muss, um diesem Kriterium einen adressierbaren Gehalt zu verleihen.[156] Das Korrespondenzkriterium, demzufolge eine praktische Sollensforderung aufgrund ihrer Übereinstimmung mit Tatsachen[157] wahr ist, impliziert einen Wahrmacher und etwas, das durch seine propositionale Korrespondenz mit diesem Wahrmacher als wahr ausgewiesen wird. Diese formale Definition erlaubt, dass verschiedenartige Strukturen die Funktion des Wahrmachers besitzen können: Objektive Werte im Sinne eines moralischen Realismus können prinzipiell ebenso wie konstruktivistisch konzipierte Vorstellungen oder auch ein unterstellter moralischer Common Sense einer Gesellschaft als Wahrmacher dienen. Während jedoch im Falle von theoretischen Urteilen über Weltzuständen die Wahrmacher-Funktion notwendigerweise von besagten Weltzuständen übernommen wird, ist grundsätzlich offen, welche Instanz die Funktion des Wahrmachers in einem praktischen Rechtfertigungskontext besitzen und auf welche Weise dieses Problem verbindlich zu lösen sein soll. Auch die Idee der Korrespondenz kann nur eine formale Struktur vorgeben, die als solche nicht dazu in der Lage ist, die entscheidende Frage nach der wahrmachenden Instanz zu beantworten. Sowohl das Konsistenz- als auch das Kohärenz- und Korrespondenzkriterium sind demnach in einem Sinne ergänzungsbedürftig, der substantiell über ihre bloße Kombination hinausgeht.

Es gilt nun zu erläutern, welche weiteren Anforderungen sinnvollerweise an eine Rechtfertigung moralischer Prinzipien zu erheben sind. Da sich in den vorherigen Untersuchungsabschnitten ein praktisch-erstpersonaler Begründungsansatz als plausibler als bestehende Alternativen herausgestellt hat, geht es im Folgenden speziell um Anforderungen an eine transparente Theorie *praktischen* Zuschnitts. Die in diesem Kapitel durchgeführte kritische Reflexion auf das Problem der rationalen Ethikbegründung hat nicht nur zu bestimmten Argumenten für die grundsätzliche Möglichkeit bzw. Notwendigkeit einer rationalen Rechtfertigung von moralischer Normativität sowie für ihre geltungstheoretische Rückbindung an die Perspektive praktischer Erstpersonalität

---

Neurath und Tarski über Wahrheit, in: Zeitschrift für philosophische Forschung 49 (1995), S. 529-552, S. 543ff.

156 Dieser Maßstab kann auch das zuvor genannte Kriterium der logischen Konsistenz sein, wobei allerdings in diesem Fall das erstgenannte Problem einer Pluralität von nur relativ verbindlichen Überzeugungssystemen verschärft wird. Dies gilt, weil das Konsistenzkriterium (zumindest in einem basalen Sinne) bereits dann erfüllt ist, wenn die jeweiligen Überzeugungen keinen inhaltlichen Bezug zueinander aufweisen; vgl.: Grundmann (2008), S. 312.

157 Vgl.: B. Russell – Problems of Philosophy, London 1912, S. 129.

geführt. Darüber hinaus orientierten sich die betreffenden Analyseschritte an spezifischen Gesichtspunkten, die mit der mit dem Projekt einer praktisch-rationalen Ethikbegründung verbundenen Sachlogik zusammenhängen. Diese Gesichtspunkte stellen daher nicht optionale Analysehinsichten dar, sondern bezeichnen systematisch zentrale Strukturmerkmale, mit denen bestimmte Mindestanforderungen verbunden sind, denen eine plausible praktische Ethikbegründung gerecht werden muss. Zu nennen sind hier sieben Aspekte, die unmittelbar zu zentralen Diskursen in der Handlungstheorie, der Metaethik, der Theorie der Gründe, der Begründungstheorie und der Gütertheorie in Beziehung stehen.

1. Die begründete Rekonstruktion des vorausgesetzten Moralbegriffs
Im Zusammenhang mit praktischen Begründungstheorien ist die Frage nach dem jeweils angesetzten begrifflichen Profil von Moral zu beantworten, da die Beurteilung der Schlüssigkeit eines Arguments für die Verbindlichkeit moralischer Prinzipien maßgeblich von dem jeweils vorausgesetzten Moralbegriff abhängt.[158] Dies gilt u.a. deshalb, weil sich die Anforderungen an den rationalen Nötigungsgrad der Begründung nach dem Verbindlichkeitscharakter richten, der mit moralischen Forderungen assoziiert wird. Die Bewertung einer Ethikbegründung als plausibel muss immer schon im Rückgriff auf einen bestimmten Moralbegriff interpretiert werden, ohne ihn jedoch in dem Maße begründen zu können, wie es gegebenenfalls für einzelne praktische Prinzipien gilt. Die zentrale konzeptuelle Anforderung an rationale Ethikbegründungen besteht dementsprechend nicht darin, eine strikte Rechtfertigung einer spezifischen Moralauffassung zu leisten. Dadurch wird allerdings nicht obsolet, dem mit dieser Situation verbundenen dezisionistischen Moment Rechnung zu tragen. Eine Position, die sich allein auf die thetische Behauptung entweder der Richtigkeit oder der Beliebigkeit ihres Moralbegriffs zurückzieht, wirft die Frage auf, inwiefern die Idee einer rational ausweisbaren Gültigkeit des Moralischen im Ausgang von einem solchen Standpunkt überhaupt noch sinnvoll zu verstehen ist.

---

158 Die Frage nach einem adäquaten Moralbegriff wird häufig nicht als normative Frage aufgefasst, sondern die sie aufgreifenden Theorien treten unter modernen Vorzeichen meist als sprachanalytisch, d.h. in methodischer Hinsicht deskriptiv bzw. rekonstruktiv orientierte Ansätze in Erscheinung. Unter einem adäquaten Moralbegriff wird in dieser Sicht eine dem gängigen Sprachgebrauch entsprechende Begriffsauffassung verstanden; vgl.: F. v. Kutschera – Grundlagen der Ethik, Berlin/New York 1999, S. 42ff. Auf diese Weise kann die Frage in ihrer normativen Bedeutung prinzipiell nicht erfasst werden, wenn man nicht immer schon von der per se gegebenen Vernünftigkeit und Homogenität der jeweils verbreiteten Moralauffassung ausgeht.

2. Die Bestimmung von Verbindlichkeit und Reichweite moralischer Forderungen
Im Ausgang vom vorausgesetzten Verständnis von Moral ist *erstens* deutlich zu machen, welcher Grad an Verbindlichkeit mit moralischen Forderungen verbunden wird. Der jeweils angesetzte Forderungscharakter ist entscheidend für die zu erbringende Rechtfertigungsleistung einer dazugehörigen Begründungstheorie. Während im Falle moralischer Ratschläge keine strikte Rechtfertigung einzufordern ist, da sich Ratschläge von moralischen Forderungen im Hinblick auf ihre Verbindlichkeit unterscheiden, liegt im Falle von unbedingten praktischen Forderungen, die leicht angreifbar sind, häufig ein Missverhältnis zwischen Forderung und erbrachtem Berechtigungsnachweis zur Erhebung dieser Forderung vor. *Zweitens* gilt es, die Reichweite moralischer Geltungsansprüche zu bestimmen und sich im Kontext der Diskussion um Generalismus und Partikularismus zu positionieren.[159] Auch Modelle handlungstheoretischer Ethikbegründung stehen wie alle anderen Ansätze zur Ethikbegründung immer schon im Horizont der Frage, ob sie generalistische oder partikularistische Geltungsansprüche rechtfertigen und warum.[160]

3. Die transparente Rekonstruktion des praktischen Ausgangspunktes
Eine genaue Darstellung des praktischen Ausgangspunktes der Begründung ist nicht nur notwendig, um das jeweils angesetzte Verhältnis von Handlungsteleologie und Kausalismus nachvollziehen zu können, sondern im Kontext der Beschreibung der Akteurperspektive muss darüber hinaus deutlich werden, welche begründungstheoretisch relevanten Eigenschaften diese Reflexionshinsicht auszeichnen. Die Akteurperspektive ist die Grundlage

---

159   Der Disput zwischen Generalisten und Partikularisten bezieht sich jedoch nicht allein auf die Frage nach der Reichweite der Geltung von moralischen Prinzipien, sondern auch auf diejenige nach ihrer Gültigkeit bzw. Angemessenheit. Vgl. zu diesem Diskurs: N. T. Potter/ M. Timmons (ed.) – Morality and Universality: Essays on Ethical Universalizability, Dordrecht 1985; R. Wimmer – Universalisierung in der Ethik: Analyse, Kritik und Rekonstruktion ethischer Rationalitätsansprüche, Frankfurt 1980; S. McKeever – Principled Ethics: Generalism as a Regulative Ideal, Oxford 2006; B. Hooker/M. Little (ed.) – Moral Particularism, Oxford 2000.

160   Vor dem Hintergrund der Annahme, dass eine vernunftbasierte, d.h. vor allem auf das logische Widerspruchskriterium rekurrierende Ethikbegründung strukturgemäß auf generalistische Moralprinzipien abzielt, sind die in diesem Diskurskontext thematischen Probleme nicht notwendigerweise von entscheidender Bedeutung, denn eine überzeugende Antwort auf die begründungstheoretischen Herausforderungen kann implizit auch als eine gerechtfertigte Stellungnahme zur Generalismus-Partikularismus-Debatte verstanden werden. Die Situation stellt sich anders dar, wenn der Partikularismus wie im Fall Dancys durch einen generellen Gründe-Holismus fundiert ist, weil damit auch die theoretische Begründungsbasis des Generalismus angegriffen wird.

von erstpersonalen Phänomenen ganz unterschiedlichen Charakters. So ist die praktische Autorität von so divergenten Phänomenen und Handlungen wie Gefühlen, Hoffnungen, Wertintuitionen, strategischer Deliberation oder logischen Schlussfolgerungen an die Innenperspektive eines Handelnden gebunden. Es gilt daher nicht nur, die in begründungstheoretischer Hinsicht wichtigen Strukturmomente praktischer Erstpersonalität zu benennen und dem Begriff der Handlungsfähigkeit ein möglichst scharfes Profil zu verleihen, sondern auch zu bestimmen, welche Formen der Akteuridentität eine systematisch tragende Rolle spielen sollen und warum. Zu unterscheiden ist hier vor allem der allgemeine Begriff *des* Handelnden und das Konzept des individuellen Akteurs sowie das Verhältnis von theoretischer und praktischer Reflexion.

4. Die Rechtfertigung von Irreduzibilität und Normativität des praktischen Ausgangspunktes
Erstens ist zu begründen, inwiefern der Akteurstandpunkt ein eigenständiges Geltungsfundament darstellt und nicht auf z.B. bloße Kausalrelationen reduziert werden kann; *zweitens* muss darüber hinaus nachgewiesen werden, warum die Perspektive des Handelnden praktisch-normative Implikationen besitzt. In diesem Kontext müssen die in Punkt 3 eingeforderten begründungsrelevanten Eigenschaften des praktischen Standpunkts als solche gerechtfertigt werden. Der eigenständige Nachweis der Irreduzibilität ist dabei nicht notwendig eine Voraussetzung für den Nachweis der Normativität der Akteurperspektive, da auch im Ausgang von der strikten Begründung der Normativität des Praktischen bzw. Moralischen auf die Irreduzibilität des Akteurs bzw. der Handlung geschlossen werden kann. Die Begründung der bloßen Irreduzibilität des praktischen Standpunkts reicht in normativer Hinsicht jedoch nicht aus.

5. Die Vermeidung der Probleme deduktiver Begründungen
Eine Bestimmung und Rechtfertigung von Begründungsmethode und Begründungsbegriff besitzt im Kontext praktischer Ethikbegründung oberste Priorität, da die Plausibilität derartiger Theorien entscheidend von diesen Aspekten abhängt. Eine Rechtfertigung unbedingter praktischer Forderungen muss zeigen, warum sie nicht durch die in Alberts »Münchhausen-Trilemma« behauptete These der Unmöglichkeit von strikt begründeten Urteilen in Frage gestellt wird. Entgegen einem evtl. nahe liegenden Eindruck ist diese ihrer Natur nach theoretische Debatte auf grundlegende Weise für das Projekt einer rationalen Rechtfertigung moralischer Prinzipien bedeutsam, da unbedingt verbindliche Urteile einer reflexiven Begründung bedürfen, wie sie

sich in formaler Hinsicht auch in der Debatte um den Wahrheitsskeptizismus finden lässt.

6. Die Konzeption und Rechtfertigung eines praktischen (Selbst-)Widerspruchs
Die in begründungstheoretischer Hinsicht attraktiven Momente reflexiver Argumentationsstrategien können im praktischen Kontext nicht zum Tragen kommen, wenn nicht ein Prinzip des praktischen Widerspruches etabliert wird. Dies gilt, weil reflexive Begründungen rein theoretischer Urteile prinzipiell keine Aussagekraft in Bezug auf moralische Fragen besitzen können. Es ist daher zu zeigen, 1. inwiefern es sich um einen praktischen Widerspruch handelt und 2. warum dieser Widerspruch notwendig resultiert.

7. Die normative Auszeichnung moralisch zentraler Güter nach Maßgabe eines Moralprinzips
Das übergeordnete Ziel einer auf die Normativität praktischer Erstpersonalität rekurrierenden Ethikbegründung besteht zwar in der Rechtfertigung eines obersten Moralprinzips, doch gilt für dieses Prinzip, dass es – besonders vor dem Hintergrund des handlungsteleologischen Ausgangspunktes – bestimmte Handlungszwecke als moralisch primär verbindlich auszeichnen muss.[161] Grundsätzlich besteht die Möglichkeit, dass zwar plausible Gründe für die Rechtmäßigkeit eines Moralprinzips existieren, von diesem jedoch keine hinreichend spezifizierten Normen bzw. Zwecke abzuleiten sind. Eine überzeugende Ethiktheorie muss jedoch hinreichend konkrete Ansprüche implizieren, damit sie ihre handlungsleitende Funktion erfüllen kann.

---

161   Diese Annahme ist unabhängig von der im Übrigen begrifflich meist ungenau geführten Diskussion um deontologische und teleologische Ethiken, da mit dem Ausgang von der Akteurperspektive zwar ein teleologischer Rahmen gegeben ist, dies aber keinesfalls im Widerspruch zu der gemeinhin als deontologisch bezeichneten unbedingten Prinzipienverbindlichkeit steht. Vielmehr gilt es, im Anschluss an die platonische und kantische Konzeption des rationalen Wollens bzw. guten Willens festzuhalten, dass sich die imperativische Form unbedingt gültiger Moralprinzipien, die gemeinhin einseitig mit deontologischen Pflichtethiken verbunden wird, ihrem Bezug auf die Akteurperspektive verdankt, nicht aber allein deswegen bereits als der Idee praktisch-rationaler Zwecke entgegengesetzt verstanden werden muss. Die strikte Gültigkeit eines Moralprinzips wird durch seine handlungsteleologische Rekonstruktion nicht untergraben, da nicht dessen Anerkennung, sondern ein durch es normativ restringiertes Handeln als Zweck des Akteurs fungiert. Dieses Handeln richtet sich idealiter nach Zwecken aus, die durch das Prinzip geboten werden.

Fazit

Ohne Anspruch auf Vollständigkeit zu erheben, handelt es sich m.E. bei der Darstellung formaler Anforderungen an eine anschlussfähige praktische Ethikbegründung um die Skizzierung notwendiger Bedingungen für eine plausible Rechtfertigung moralischer Forderungen. Die Berechtigung dieser Anforderungen ergibt sich aus den Argumenten und begrifflichen Weichenstellungen, die zuvor in diesem Kapitel verteidigt wurden. Die angesetzten Kriterien sind insofern *prinzipiell* erfüllbar, als keine zwingenden Argumente konzeptueller, phänomenologischer, logischer oder methodologischer Art gegen sie sprechen. Die in diesem Abschnitt durchgeführte kritische Analyse verschiedener Probleme der Ethikbegründung sowie die Skizzierung bestimmter Argumente für eine praktisch-rationale Variante einer solchen Begründung hat zum einen die mit einem solchen Unternehmen verbundenen Schwierigkeiten verdeutlicht, zum anderen wurde die Position verteidigt, dass sowohl für die Notwendigkeit als auch für die grundsätzliche Umsetzbarkeit einer handlungstheoretisch basierten Ethikbegründung belastbare Gründe existieren. Mit diesen formalen Vorüberlegungen, die für die Plausibilität einer auf Implikationen der allgemeinen praktischen Akteursperspektive basierenden Ethikbegründung sprechen, ist allerdings nur eine grobe systematische Spur skizziert, deren definitive Schlüssigkeit erst vor dem Hintergrund der Analyse konkreter Theorien beurteilt werden kann, die auf der Voraussetzung der begründungstheoretischen Relevanz von praktischer Erstpersonalität basieren. Die beiden folgenden Kapitel dieser Untersuchung sind einer solchen Analyse gewidmet.

KAPITEL 5

Korsgaards Modell der akteurreflexiven Normativität

Im Mittelpunkt von Christine Korsgaards Theorie steht die Frage nach der Rechtfertigung moralischer Sollensforderungen: »When we seek a philosophical foundation for morality we are not looking merely for an explanation of moral practices. We are asking what *justifies* the claims that morality makes on us. This is what I am calling ›the normative question‹«[162]. Ihre übergeordnete These besteht darin, dass wir *erstens* die für uns gültige Verbindlichkeit unserer Handlungszwecke nur unter Rekurs auf moralische Prinzipien verstehen und *zweitens* auch nur unter Anerkennung von moralischen Prinzipien handeln können. Beides gelte auch dann, wenn wir in moralischer Hinsicht indifferente Handlungen vollziehen, da Handlungen stets das Anstreben eines vom Akteur wertgeschätzten Zwecks darstellten und diese Akte der Wertschätzung prinzipiell mit moralischen Ansprüchen an den Handelnden verbunden seien: »(...) if we take anything to have value, then we must acknowledge that we have moral obligations.«[163] Ebenso wenig sei das Konzept der handelnden Person ohne konstitutiven Bezug auf Moralität rekonstruierbar.[164] Korsgaard geht demnach nicht nur davon aus, dass eine belastbare Ethikbegründung die systematischen Implikationen der Begriffe des Akteurs und der Handlung berücksichtigen muss, sondern vertritt zudem die Auffassung, dass eine plausible Handlungstheorie nicht ohne konstitutiven Bezug zu der Dimension des Moralischen möglich ist. Ihr Argument könne begründen, warum die Fähigkeit zu reflektiertem Handeln und moralische Normativität untrennbar miteinander verbunden seien: »I take this argument to show that any reflective agent can be led to acknowledge that she has moral obligations. What makes morality special is that it springs from a form of identity which cannot be rejected unless we are prepared to reject practical normativity, or the existence of practical reasons altogether (...).«[165] Sie versucht die Frage nach der Gültigkeit moralischer Prinzipien über den Weg der Beantwortung der Frage nach dem *konstitutiven Zweck des Handelns* zu klären, d.h. ein richtiges Verständnis der Handlung soll ein ebenso richtiges Verständnis

---

162 S.: Korsgaard (1996a), S. 9f.
163 Vgl.: A. a. O., S. 92.
164 Vgl.: A. a. O., S. 121, 132-145; vgl. ebenso: Dies. (2009), S. 206.
165 Vgl.: Dies. (1996a), S. 125.

von Moralität und ihrer Normativität implizieren. Ihre Theorie ist daher eine Variante des Konstitutivismus, der im aktuellen Diskurs in verschiedenen Ausprägungen existiert.[166]

Korsgaard hat ihren Ansatz erstmalig in ihrer Vorlesungsveröffentlichung »Sources of Normativity« dargestellt und darüber hinaus vor allem in »Self-Constitution« detaillierter erläutert, in handlungstheoretischer Hinsicht substantiell ergänzt und gegen Kritiken verteidigt. In ihrer Vorlesung zu den Ursprüngen der Normativität entwickelt sie eine Art historisch-systematische Propädeutik zu ihrer Theorie, welche nicht zuletzt aufgrund der darin entwickelten Kritik an philosophiegeschichtlich einschlägigen Normativitätskonzepten die hinter ihrer Theorie stehende Gedankenentwicklung nachvollziehbar machen soll. Im Folgenden werden in einem ersten Schritt Korsgaards Hauptkritikpunkte an voluntaristischen, realistischen und prudentiellen Theorien sowie ihre grundlegenden Schlussfolgerungen für den Ausgangspunkt einer Theorie der Normativität rekonstruiert, wie sie von ihr in »Sources« ausgearbeitet werden (5.1-5.6.). In einem zweiten Teil werden die zentralen Begriffe und Begründungsschritte ihres Ansatzes erörtert und auf ihre Tragweite hin analysiert (5.7./5.8.). Ein abschließender dritter Unterabschnitt dient der kritischen Zusammenfassung und Gewichtung der herausgearbeiteten Vorzüge und Schwächen der Theorie (5.9.).

5.1 Die normative Frage

Zu den Präliminarien von Korsgaards Theorie gehört eine Reflexion auf Kernaspekte normativer moralischer Begriffe wie vor allem der Prädikate »gut« bzw. »richtig« und des Konzepts der Verpflichtung.[167] Drei Fragen stehen in diesem Zusammenhang im Fokus: 1.) Was bedeuten diese Begriffe? 2.) Was ist ihr Anwendungsbereich? 3.) Woher stammen sie bzw. warum benutzen wir sie? Nach Korsgaard stellen moralische Sollensforderungen für uns Handlungsgründe dar, die in der Regel allen anderen möglichen Gründen überlegen sind. Im Zuge ihrer Illustration der normativen Kraft moralischer Gründe rekurriert sie primär auf psychologische Aspekte, d.h. auf unterstellte faktische Wirkungen von moralisch konnotierten Vorstellungen auf das menschliche Gemüt.[168]

---

166 Vgl.: Enoch (2006).
167 Vgl.: Korsgaard (1996a), S. 10ff.
168 Die psychologischen Wirkungen moralischer Eigenschaften umfassen die Wahrnehmung anderer Menschen als Personen, mit denen man sinnvoll interagieren kann, sowie den

5.1 DIE NORMATIVE FRAGE

Demzufolge bezeichnen moralische Begriffe an uns adressierte positive oder negative Sollensansprüche: Wenn wir eine Handlung bzw. Handlungsweise für moralisch richtig halten, fühlen wir uns (zumindest grundsätzlich) zu einem entsprechenden Handeln verpflichtet, und wenn wir eine Charaktereigenschaft als Tugend wahrnehmen, ist sie etwas für uns Erstrebenswertes. Der Bereich des Moralischen wird demnach allgemein als sowohl für unsere gelebte Intersubjektivität als auch für unser individuelles Selbstverständnis zentral aufgefasst.

Die generelle Funktion von Korsgaards moralphänomenologischer Bestandsaufnahme besteht darin, eine Grundlage für Kriterien bereit zu stellen, die für eine Beantwortung der normativen Frage nach der Rechtfertigung von Moral maßgeblich sein sollen. Über phänomenologische Annahmen hinaus formuliert sie bereits im Vorlauf zur Kriterienerläuterung mit der *explanatorischen* und der *normativen Adäquatheit* zwei fundamentale Anforderungen, die eine Moraltheorie erfüllen muss. Während die explanative Adäquatheit auf der deskriptiven Ebene verbleibt, indem gezeigt werden muss, wie moralische Motivation möglich ist, kann die normative Adäquatheit nicht an faktisch vorliegende Motivationsstrukturen und Handlungsweisen rückgebunden werden. In normativer Hinsicht muss gezeigt werden, dass die phänomenologisch konstatierbaren Implikationen von Moralität zu Recht bestehen. Hier kommt die Figur des Moralskeptikers ins Spiel, denn an seinem Beispiel zeigt sich die ganze Schärfe des normativen Begründungsproblems. Korsgaard zufolge muss der Skeptiker die Faktizität der verbreiteten Hochschätzung des Moralischen oder eine mögliche Erklärung einer moralischen Motivation nicht bestreiten, um die Verbindlichkeit von Moral zu bezweifeln. Vielmehr sei es in seinem Sinne, die Ursachen für moralisch motivierte Handlungen herauszufinden, um auf diesem Wege das normative Moment zu unterminieren.[169] In der Sicht des Skeptikers würden auch die vom intrinsischen Wert des Moralischen überzeugten Akteure von ihrer Position abrücken, wenn sie ihre wahre, »entzauberte« Natur erkennen würden. Wie Korsgaard selber hervorhebt[170], ist eine solche Annahme jedoch nur unter der Bedingung möglich, dass Erklärung und Rechtfertigung auf unzulässige Weise miteinander identifiziert werden: Eine plausible evolutionstheoretische Erklärung moralischer Handlungen könne prinzipiell nicht dazu führen, dass die ihnen zugrunde liegenden

---

Wunsch nach Belohnung oder Bestrafung je nach Maßgabe der moralischen Qualität ihrer Handlungen; vgl.: A. a. O., S. 11f.
169 Wenn moralische Handlungen prinzipiell nur ein Element in einer mit zahllosen anderen (nicht-moralischen) Zusammenhängen verbundenen Kausalkette darstellen, liegt es aus der Perspektive des Skeptikers nahe, ihnen keine besondere Dignität zuzuschreiben.
170 Vgl.: A. a. O., S. 16.

Forderungen aufgrund der Einsicht in die Kausalmechanismen als verbindlich angesehen werden sollten. Die Evolutionstheorie beantworte nicht die normative, sondern die explanative Frage: »The question how we explain moral behaviour is a third-person, theoretical question, a question about why a certain species of intelligent animals behaves in a certain way. The normative question is a first-person question that arises for the moral agent who must actually do what morality says.«[171]

In diesem Zitat kommt ein spezifisches Verständnis von Rechtfertigung zum Ausdruck, da es keinesfalls selbstevident ist, dass die normative Begründungsfrage in der Ethik eine erstpersonale Frage ist und daher auch nur erstpersonal beantwortet werden kann. Während es trivialerweise zutrifft, dass Rechtfertigungsakte stets auf Akteure rückzuführen sind, ist es plausibel, zumindest für die Begründung von universellen kategorischen moralischen Forderungen eine Instanz anzunehmen, deren praktische Autorität den Bereich des Erstpersonalen im Sinne des Persönlichen transzendiert. Soweit ist der erstpersonale Charakter der normativen Frage jedoch nur dahingehend bestimmt, dass der einzelne Akteur mit der Rechtfertigung von moralischer Normativität konfrontiert ist.

Auf der Basis dieser Vorüberlegungen ergeben sich für Korsgaard drei grundlegende Anforderungen[172]:

a) *Erstpersonale praktische Relevanz*: Die Theorie muss eine Antwort auf die normative Frage geben können, die sich unmittelbar an die Person richtet, die die Frage aus ihrer erstpersonalen Perspektive stellt. Mit dieser Anforderung soll sichergestellt werden, dass eine Antwort auf die Frage nach der Rechtfertigung moralischer Sollensforderungen nicht auf einen allein theoretischen Wissensgehalt hinausläuft, sondern dass sie aus erstpersonaler Perspektive, d.h. *praktisch* nachvollziehbar ist. Zentral ist die Frage, worin die Bedingungen dafür bestehen, dass eine Rechtfertigung moralischer Prinzipien den Akteur auf die eingeforderte Weise anspricht. Korsgaard versucht ihre diesbezügliche Position zu verdeutlichen, indem sie auf die Bedeutung der Negation der Relevanz des Moralischen Bezug nimmt. Demnach ist das Anführen bestimmter Gründe eines Akteurs für die Ignorierung bzw. Geringschätzung moralischer Sollensforderungen solange ohne Aussagekraft, als dies von einer neutralen Beobachterperspektive aus erfolgt: »(...) an agent who doubts whether she must really do what morality says also doubts whether it's so bad to be morally

---

171 S.: A. a. O.
172 Vgl.: A. a. O., S. 16f.

bad, so the bare possibility of this sort of criticism settles nothing.«[173] Für den echten Moralskeptiker steht demnach nicht nur die theoretische Wahrheit moralischer Urteile infrage, sodass man *über* diesen Skeptiker sagen könnte, seine Antwort auf die Frage nach dem Grund seines Skeptizismus könnte sich z.B. im alleinigen Verweis auf einen von ihm unabhängigen Wissensbestand erschöpfen. Dagegen zeichne sich der praktische Zugang zur Moralbegründung dadurch aus, dass die Berücksichtigung des *subjektiven Werts* des Moralischen ein zentrales Moment eines solchen Unternehmens darstelle. Die hier relevante Überlegung lautet also nicht, welche moralischen Urteile für Akteure verbindlich wären, *wenn* sie dem Moralischen einen Wert zuschreiben würden, sondern vielmehr, warum moralische Urteile für den Handelnden aus seiner subjektiven Sicht normativ sind und was es *für ihn* heißen würde, wenn letzteres nicht der Fall wäre.[174] Im Hinblick auf den Moralskeptiker wäre z.B. der bloße Hinweis irrelevant, dass dessen Skepsis gegenüber moralischer Verbindlichkeit zu einem logischen Selbstwiderspruch führen würde, denn hier bliebe immer noch zu zeigen, warum ein solcher Widerspruch aus der Sicht des Skeptikers notwendigerweise zu einem Problem führen muss, das *ihn* als handelnde Person betrifft.[175]

b) *Explanatorische und normative Transparenz*: Die Theorie muss in dem Sinne transparent sein, dass sie eine Antwort auf die Frage gibt, warum wir durch moralische Reflexionen motiviert werden können. Unsere Handlungen müssen für uns drittpersonal erklärbar sein und uns zugleich als erstpersonal normativ gerechtfertigt erscheinen können, ohne dass unser Wissen um den explanativen Aspekt unsere praktische Beziehung zum normativen Aspekt von Moral negativ beeinflusst. Korsgaard zufolge resultiert diese Transparenzforderung direkt aus der Relevanz der erstpersonalen Reflexionsperspektive.[176] Es ist jedoch nicht ohne weiteres einsichtig, warum man mit Korsgaard

---

173 S.: A. a. O., S. 16.
174 Hier argumentiert sie im Sinne von B. Williams, wenn dieser den ethischen Begründungsdiskurs folgendermaßen kontextualisiert: »When the philosopher raised the question of what we shall have to say to the sceptic or amoralist, he should rather have asked what we shall have to say about him. The justification he is looking for is in fact designed for the people who are largely within the ethical world, and the aim of the discourse is not to deal with someone who probably will not listen to it, but to reassure, strengthen, and give insight to those who will.«; s.: Williams (2011), S. 30.
175 Grundsätzlich sei anzunehmen, dass eine erstpersonale Antwort auf die moralische Rechtfertigungsfrage nur für Akteure einsichtig sein können muss, die die Frage nach dem Wert des Moralischen ernst nehmen und für deren Klärung auch den Wert philosophischer Argumentation akzeptieren.
176 Vgl.: Korsgaard (1996a), S. 17.

annehmen sollte, dass wir zur Beantwortung der normativen Rechtfertigungsfrage auch detailliertere Kenntnisse über die kausalen Bedingungen unseres moralischen Handelns besitzen müssen. Vielmehr ist konsistent denkbar, dass wir nicht wissen und sogar evtl. prinzipiell nicht sicher wissen *können*, ob wir z.B. aus evolutionsbiologischen oder anderweitigen Ursachen zu moralischer Reflexion und entsprechenden Entscheidungen disponiert sind, und dennoch eine praktisch-epistemologisch nachvollziehbare Position zur normativen Begründungsfrage beziehen können. Dies ist zumindest dann der Fall, wenn man von einer geltungstheoretischen Autonomie der rationalen Reflexion ausgeht.

De facto geht es beim Transparenzkriterium jedoch nicht primär um eine theoretische Fundierung der Motivation zum moralischen Handeln, da nicht behauptet wird, unsere Kenntnis der wahren Beweggründe unseres moralisch relevanten Handelns sei eine Bedingung für die Normativität unserer moralischen Gründe. Auch und vor allem in praktischer Hinsicht wäre es widersinnig zu behaupten, dass eine moralisch adäquate Motivation unseres Handelns von theoretischem Wissen abzuleiten sei. Dementsprechend kann Korsgaard zufolge z.B. eine evolutionstheoretische Kausalrekonstruktion unserer moralischen Urteile und Gefühle eine plausible Erklärung aus der drittpersonalen Perspektive liefern, doch stelle die Idee, dass mein moralisches Handeln zum Fortbestand der Menschheit beitrage, möglicherweise keinen für mich normativ überzeugenden Grund dar, moralisch anmutende Handlungsimpulse als *für mich* verbindliche Handlungsgründe zu begreifen.[177] Es müsse

---

177 Vgl.: A. a. O., S. 14. In der Tat ist prima facie unklar, warum der bloße Verweis auf das Bestehen eines Kausalmechanismus in der Natur überhaupt ein Handlungsmotiv liefern können sollte, geschweige denn ein moralisches. Allerdings ist es umgekehrt keinesfalls unmöglich, dass eine solche Kausalerklärung einen essentiellen Bestandteil eines plausiblen wertrationalen Handlungsgrundes darstellt: Wenn ich etwa im Fortbestand der Menschheit einen moralisch wünschenswerten oder gar gebotenen Zustand erblicke, da ich – warum auch immer – der Menschheit selbst einen moralischen Wert zuschreibe, stellt der Einblick in das Funktionieren evolutionärer Mechanismen durchaus einen motivationstheoretisch entscheidenden Faktor dar, da er mich zu anderen Handlungen bewegen könnte als in einem alternativen Szenario, in dem ich nicht über diese Erkenntnisse verfügte. Der evolutionäre Nutzen moralischen Handelns könnte allerdings nur dann eine Antwort auf die normative Frage darstellen, wenn die Evolution notwendigerweise mit der Verwirklichung von als wertvoll qualifizierten moralischen Ideen verbunden wäre, d.h. evolutionärer Nutzen immer mehr bedeuten würde als nur biologisch (d.h. aber kontingent) qualifizierbare Nützlichkeit bzw. Überlebensdienlichkeit. Auch wenn also rein kausale Erklärungen z.B. des Nutzens von Moralität einen gegebenenfalls konstruktiven Einfluss auf moralisch motivierte Handlungen besitzen können, ist mit Korsgaard anzunehmen, dass bloße kausale Erklärungen solche Motivationen nicht ursprünglich bewirken. Eine davon zu unterscheidende Frage ist diejenige nach dem grundsätzlichen Motivationspotential bestimmter Ideen, und diese Frage ist weniger leicht zu

zwar zwischen Erklärung (drittpersonale Perspektive) und Rechtfertigung (erstpersonale Perspektive) differenziert werden, doch zugleich gelte: »Both, after all, concern questions about how people are motivated to do the right thing and why people care about moral issues so deeply. (...) certainly a theory of moral concepts which left the practical and psychological effects of moral ideas *inexplicable* could not even hope to *justify* those effects.«[178] Zentral ist hier die Erfüllung der Bedingung, dass die dem Akteur aus seiner erstpersonalen Perspektive gültig erscheinenden Rechtfertigungsgründe für ihn auch dann nicht an Verbindlichkeit verlieren, wenn er Einsicht in die Kausalfaktoren gewinnen *würde*, die ihn zu einem diesen Gründen entsprechenden Handeln motivieren. Das Transparenzkriterium impliziert somit die These, dass die Erklärung moralischen Handelns mit der praktischen Normativität moralischer Handlungsgründe aus erstpersonaler Sicht kompatibel ist.

c) *Bezug zur normativen Verbindlichkeit der eigenen Identität*: Die Theorie muss einen unmittelbaren Bezug zu den Kernmomenten der eigenen Selbstauffassung aufweisen. Korsgaard zufolge ist das Tun des moralisch Falschen für eine Person zuweilen schlimmer als der Tod, da durch bestimmte Handlungen das Zentrum der eigenen Identität verleugnet bzw. zerstört werden kann: »If moral claims are ever worth dying for, the violating must be, in a similar way, worse than death. And this means that they must issue in a deep way from our sense of who we are.«[179] Dieses dritte Kriterium ist nun einerseits eine genauere Explikation von Punkt a) und stellt streng genommen keinen eigenständigen Punkt dar[180], andererseits impliziert das von Korsgaard angeführte Beispiel für die Normativität praktischer Identitäten einen strikten Begriff von moralischer Verbindlichkeit, da moralisches Fehlverhalten offenbar alle weiteren (auch fundamental vitalen) Zwecke und Werte einer Person zunichtemachen und daher zum »psychologischen Tod« führen können soll. Moralischen Gründen wird zumindest grundsätzlich die normative Kraft von »overriding reasons« zugeschrieben.[181] In diesem Zusammenhang wird zu klären sein, was es

---

beantworten. Korsgaard scheint nicht zufällig davon zu sprechen, dass die Idee des Fortbestands der Menschheit *möglicherweise* nicht hinreichend motivierend sei.
178   S.: A. a. O.
179   S.: A. a. O., S. 18.
180   Punkt c) stellt zusammengefasst eine Konkretisierung der ersten Anforderung dar, weil die dort fokussierte persönliche Ansprache durch einen praktischen bzw. moralischen Grund nun als mit der eigenen Identität zusammenhängend rekonstruiert wird.
181   Die Betonung von »grundsätzlich« ist insofern zu berücksichtigen, als Korsgaard die später zu diskutierende Auffassung vertritt, dass auch enge persönliche Beziehungen praktische Gründe rechtfertigen können, die nicht-moralisch und dennoch ebenso bindend wie moralische Gründe sind; vgl.: A. a. O., S. 125.

heißen soll, dass praktische Verbindlichkeiten »tatsächlich« bestehen, da bereits das erste Kriterium darauf verweist, dass damit keine Fundierung von Sollensforderungen in Tatsachen irgendwelcher Art gemeint sein kann.

Sowohl die Relevanz der Akteurperspektive bzw. die Berücksichtigung der Normativität der praktischen Identität als auch das Transparenz-Kriterium zielen auf die Auszeichnung verschiedener Aspekte des menschlichen Selbstverhältnisses ab. Der Hauptgrund für die zentrale Rolle des praktischen Standpunkts, die Erfüllung des Kriteriums der erstpersonalen Nachvollziehbarkeit moralischer Gründe, setzt implizit voraus, dass dies die einzige Möglichkeit ist, damit einem Akteur Sinn und Verbindlichkeit von Moralität zugänglich wird. Es wird an dieser Stelle allerdings noch nicht darauf reflektiert, welche Relation von praktischer Erstpersonalität und rationaler Verbindlichkeit besteht.[182] Korsgaard erörtert den Aspekt der Verbindlichkeit moralischer Ansprüche stattdessen in einem identitätspsychologischen Kontext. Die in Punkt c) betonte normative Relevanz der eigenen Identität wirft die Frage auf, inwiefern hier nicht die Grundlage für einen unhaltbaren Schluss von Faktischem auf Normatives gelegt ist. Zusätzlich zu der Möglichkeit eines Sein-Sollen-Fehlschlusses im Ausgang von der faktisch vorliegenden praktischen Identität des Handelnden ist im Hinblick auf die drei Anforderungspunkte unklar, in welchem Verhältnis sich psychologische und logische Aspekte zueinander verhalten. In Bezug auf Punkt c) wäre zu erwarten gewesen, dass eine Rechtfertigung moralischer Gebote jedem Akteur einen normativen Maßstab dafür vorgibt, welche praktische Identität er wählen bzw. ausbilden *sollte*. Eine kriterielle Funktion der bereits bestehenden Akteuridentität lässt hingegen in ihrer bisherigen formalen Rekonstruktion die Möglichkeit zu, dass eine psychologische Tatsache als normative Instanz fungiert. Vor diesem Hintergrund müsste Korsgaard zeigen können, dass besagte praktische Identität zwar faktisch vorliegt, zugleich jedoch notwendigerweise ein in moralischer Hinsicht *normatives Faktum* ist.

Die dritte zu Beginn aufgeworfene Frage nach dem Ursprung moralischer Normativität ist mit den soweit rekonstruierten Argumenten noch nicht beantwortet worden. Auch das Kriterium der moralischen Relevanz der eigenen praktischen Identität bleibt eine bloße Versicherung. Beide Aspekte greift

---

182 Korsgaard nennt auch Vernünftigkeit und Ernsthaftigkeit als Voraussetzungen möglicher Adressaten moralischer Sollensforderungen, doch ist damit noch nichts Aussagekräftiges über das vernunfttheoretische Profil gültiger Rechtfertigungsurteile gesagt. Aus ihrer Verwendung des Prädikats »reasonable« erschließt sich zu Beginn von »Sources« nicht, was genau darunter zu verstehen ist; vgl.: A. a. O., S. 116.

Korsgaard in einer kritischen Analyse von vier philosophiegeschichtlich einschlägigen Konzepten zur Rechtfertigung moralischer Normativität auf: Voluntarismus, Realismus, sentimentalistischer Prudentialismus und Autonomismus. Ihre eigene Position entwickelt sie, indem sie zwar vor allem die klassischen Formen des Voluntarismus und Realismus kritisiert, zugleich jedoch bestimmte Momente beider Ansätze konstruktiv aufgreift und sie mit den systematischen Vorzügen von Prudentialismus und Autonomismus zu verbinden versucht. Im Folgenden wird zusammengefasst, welche Elemente dieser Ansätze für Korsgaard jeweils zu bewahren oder abzulehnen sind und warum.

5.2   Wertzuschreibung und Gesetzgebung im Voluntarismus

Unter »Voluntarismus« versteht Korsgaard die Unterordnung des eigenen Willens unter den Willen einer anderen Instanz (Person, Institution/Staat, Gott), der eine entsprechende Autorität zugeschrieben wird. Diese Instanz dürfe jedoch in dezidierter Absetzung von einer realistischen Position, die bestimmte an sich gültige Entitäten als in der Welt vorfindlich annimmt, stets nur insofern als Autorität für den Willen anderer gelten, als ihnen die jeweilige Autorität von den Akteuren *zugeschrieben* wird. Da die Natur in der neuzeitlich-naturwissenschaftlich geprägten Sicht keinen Ursprung von Werten darstellt und als moralisch bzw. normativ indifferent Vorhandenes gedacht wird, stehen menschliche Akteure in der Pflicht, durch ihre eigene Aktivität bestimmte Dinge oder Personen axiologisch auszuzeichnen. So wie ein Gesetz durch den Akt seiner Erlassung in Kraft gesetzt und damit erst verbindlich wird, so müssen auch die jeweiligen gesetzgebenden Instanzen in Kraft gesetzt werden.[183]

Der voluntaristische Begriff des strikten Gebots unterscheide sich von demjenigen des bloßen Ratschlags dadurch, dass das pflichtgemäß Richtige einzig um willen des Richtigen getan werden solle und nicht deswegen verbindlich sei, weil die Konsequenzen der gebotenen Handlungen für die Akteure gut wären. Dessen ungeachtet würden die Inhalte der praktischen Gesetze, also das konkret Gebotene, durch die natürliche Vernunft gegeben, d.h. moralisch geboten sei dasjenige, was ein menschliches Zusammenleben

---

[183]   Korsgaard führt diese Position exemplarisch auf Pufendorf und Hobbes zurück: vgl.: A. a. O., S. 21ff. Im Detail muss man ihre diesbezüglichen Ausführungen nicht teilen, doch geht es hier nicht um die Adäquatheit ihrer historischen Referenzpunkte, sondern um ihre rein systematischen Reflexionen zur Problematik der Generierung von praktischer Normativität.

möglich mache. In sporadischen Rekursen auf Pufendorf und Hobbes als Vertreter einer solchen Position stellt sie zudem heraus, dass das *Prinzip der negativen Sanktionen* ein entscheidendes Moment voluntaristischer Ansätze darstelle.[184] Dennoch solle nicht die Furcht vor den Sanktionen die Motivation zu den gebotenen Handlungen liefern, sondern diese Furcht stelle vielmehr den Ausdruck der Anerkennung der Autorität des Gesetzgebers dar. Die dem Gesetzgeber von Natur aus zukommende Macht zur Umsetzung des Gebotenen durch Sanktionen (exekutives Vermögen) qualifiziere ihn als auch gesetzgebende Instanz (legislative Autorität). Das durch den Gesetzgeber Gebotene soll nicht aufgrund seiner Sanktionsmacht als normativ begriffen werden, sondern weil es intrinsischen Wert besitzt.

Korsgaard argumentiert insgesamt für die Plausibilität dreier Annahmen: 1. Die bloße Vernünftigkeit von Handlungen reicht nicht aus, um ihnen einen praktischen Verpflichtungscharakter zu verleihen; 2. Ein solcher Verpflichtungscharakter resultiert nur dann, wenn die gegebenenfalls vernünftigen Handlungen durch einen Gesetzgeber geboten werden, der die Autorität zu Sanktionen gegenüber dem Adressaten der Forderungen besitzt; 3. Ein Gesetzgeber verfügt nur unter der Voraussetzung über praktische Autorität, dass sie ihm von den jeweils durch seine Gesetzgebung Betroffenen zugeschrieben wird. Die voluntaristische Systematik wirft die Frage auf, warum die Motivation zu moralisch gebotenen Handlungen nicht aus der Furcht vor den andernfalls drohenden Sanktionen resultiert, wenn doch die Autorität des Gesetzgebers maßgeblich auf ihr beruht und ohne diese das jeweils Gebotene zwar immer noch richtig, aber nicht als praktisch verbindlich Gefordertes anzusehen ist. Infrage stehen hier demnach die systematischen Implikationen der Kriterien für die Zuschreibung von praktischer Autorität.

5.3 Substantieller und prozeduraler Realismus

Moraltheoretischer Realismus basiert Korsgaard zufolge auf der Annahme, dass praktische Normativität von existierenden Entitäten abgeleitet wird, die intrinsisch wertvoll sind.[185] Sie will nachweisen, dass realistische Ansätze die praktische Verbindlichkeit moralischer Forderungen nicht erklären können. An einer aufschlussreichen Kernstelle ihrer Realismus-Kritik rekonstruiert sie die realistische Grundposition, als ob diese suggeriere, dass allein schon der

---

184 Vgl.: A. a. O., S. 24.
185 Vgl.: A. a. O., S. 33f.; Dies. – Realism and Constructivism in Twentieth-Century Moral Philosophy, in: Dies (2008), S. 302-326, S. 302f. (im Folgenden zitiert als »Realism«).

5.3 SUBSTANTIELLER UND PROZEDURALER REALISMUS

nicht-illusionäre Charakter praktischer Forderungen ihre Gültigkeit beweise: »If someone finds that the bare fact that something is his duty does not move him to action, and asks what possible motive he has for doing it, it does not help to tell him that the fact that it is his duty just is the motive. That fact isn't motivating him just now, and therein lies his problem. In a similar way, if someone falls into doubt about whether obligations really exist, it doesn't help to say ›ah, but indeed they do. They are real things‹. Just now he doesn't see it, and herein lies his problem.«[186] Der Skeptiker werde vom Realisten stets auf etwas hingewiesen, das *eigentlich* für sich selbst spräche (die Verbindlichkeit der Pflicht), aber vom Skeptiker nicht erkannt werde. Der bloße Verweis auf die (eigentlich) motivierende Kraft und die (eigentlich) bestehende Geltung bzw. »Realität« der infrage stehenden Sollensforderung helfe dem Skeptiker bei seinem Motivationsproblem jedoch nicht weiter.

Korsgaard führt die dennoch bestehende philosophiehistorische Prominenz realistischer Ansätze auf das Missverständnis zurück, dass diese als einzige Alternative zum Skeptizismus angesehen werden. Tatsächlich verhalte es sich so, dass realistische Ethikbegründungen zwar durchaus gegen einen moralphilosophischen Skeptizismus gerichtet seien, dieses antiskeptische Moment jedoch ebenfalls bei einer weitaus überzeugenderen Variante des Realismus gefunden werden könne, die Korsgaard in ihrer frühen Vorlesung »prozeduralen Realismus« und später »Konstruktivismus«[187] nennt: »Procedural moral realism is the view that there are answers to moral questions; that is, that there are right and wrong ways to answer them. Substantive moral realism is the view that there are answers to moral questions because there are moral facts or truths, which those questions ask *about*.«[188] Im Unterschied zum substantiellen Realismus ziele der prozedurale Realismus nicht auf die Orientierung an

---

186　S.: A. a. O., S. 38. Nagel zufolge entwirft Korsgaard ein Zerrbild des moralischen Realismus, das unverhältnismäßig stark fragwürdige metaphysische Entitäten als begründungstheoretische Grundlagen normativer Sollensforderungen fokussiert. Entgegen ihrer Auffassung ginge es besonders bei moderneren Formen des Realismus vor allem um die Verbindung von moralischem Kognitivismus und der Irreduzibilität der Antworten auf moralische Begründungsfragen: »(...) a substantive realism need not (and in my view should not) have any metaphysical content whatever. It need only hold that there are answers to moral questions and that they are not reducible to anything else.« S.: T. Nagel – Universality and the reflective self, in: Korsgaard (1996a), S. 200-209, S. 205 (im Folgenden zitiert als Nagel 1996). In diesem Punkt ist Nagel m.E. zuzustimmen. Zugleich trifft dies nicht die primäre Stoßrichtung von Korsgaards Realismus-Kritik.

187　Vgl.: Dies. – Realism (2008), S. 321ff.

188　S.: Dies. (1996a), S. 35. Vgl. zu alternativen Reformulierungen dieser Sachdistinktion: G. Cullity/B. Gaut (ed.) – Introduction to Ethics and Practical Reason, Oxford 1997, S. 4; vgl.: Darwall (2006), S. 292.

Gegebenheiten, sondern auf die Bestimmung von adäquaten Prozeduren der Entscheidungsfindung ab.[189]

Bemerkenswert an diesem Zitat aus »Sources« ist die Tatsache, dass der klassische Realismus auch Positionen umfassen soll, die nicht von moralischen Fakten, sondern von moralischen Wahrheiten ausgehen (»moral facts *or* truths«). Korsgaard hebt hervor, dass der moralische Realist dem Skeptiker nur entgegenhalten könne, dass die Verbindlichkeit bestimmter Pflichten etc. *wahr* sei, dies aber nicht hinreiche, um jemanden von der Normativität des Moralischen zu überzeugen.[190] Er könne nur ein theoretisches Argument für die Gültigkeit der Verpflichtung anführen, z.B. (wie Korsgaard selber andeutet[191]) die Universalisierbarkeit oder allgemeine Glückskontributivität der jeweiligen Handlungsprinzipien darlegen. Korsgaards primärer Vorwurf an den moralischen Realismus lautet nicht, dass er eine falsche Antwort auf die richtige Frage gebe, sondern er ist insofern schärfer, als er besagt, realistische Moraltheorien würden nicht einmal zur richtigen Frage durchdringen. Die Kernfrage laute nicht »Welche Handlungen sind moralisch gut oder schlecht?«, sondern vielmehr »Gibt es moralisch gute oder schlechte Handlungen – und falls ja, woher wissen wir das?«. Doch selbst dann, wenn wir die richtige Frage aus realistischer Sicht zu beantworten versuchten, bekämen wir nicht nur eine falsche Antwort, sondern eine *Antwort der falschen Art*, nämlich ein Urteil, dessen Wahrheitsanspruch sich auf einen unterstellten normativen Teil der Welt bezieht. Entgegen diesem Anspruch kann es Korsgaard zufolge jedoch keine in diesem Sinne »moralischen Entdeckungen« in struktureller Parallele zu den Naturwissenschaften geben, da praktische Normativität als solche keine Relation zu theoretischem Wissen besitzt.[192] Die normative Frage müsse

---

189 Die fehlende Rückbindung der normativen Reflexion an einen von ihr unabhängigen Maßstab im prozeduralen Realismus hat laut Nagel zur Folge, dass er mit verschiedenen Formen des Reduktionismus vereinbar ist; vgl.: Nagel (1996), S. 205. Das Grundproblem speziell von Korsgaards Variante des prozeduralen Realismus besteht in dieser Sicht in dessen Unfähigkeit zur nachvollziehbaren Etablierung von transsubjektiv verbindlichen Sollensforderungen. Statt dessen stelle Korsgaards Theorie eine Variante des subjektiven Voluntarismus dar, weil es außerhalb der Wahlakte des Subjekts keine normativen Standards gebe, die eine grundsätzliche Willkür der jeweiligen Entscheidungen zu verhindern in der Lage seien: »The issue is, what does the truth or falsity of statements about what we have reason to do or believe, or what we *should* do or believe, depend on? Does it depend on what we think or what we choose, more or less, or not? Korsgaard believes that in ethics, at least, it does«; S.: A. a. O.

190 Vgl.: Korsgaard (1996a), S. 38.

191 Vgl.: A. a. O.

192 Diese Position kann aus der Sicht eines Apologeten des substantiellen Realismus folgendermaßen kritisiert werden: Anstatt den von Korsgaard rekonstruierten drohenden infiniten Regress der Begründungsinstanzen bei einer dem Akteur äußerlichen

demnach auf eine andere, genuin praktische Art und Weise sowie vor dem Hintergrund eines grundsätzlichen moralischen Skeptizismus beantwortet werden. An dieser Stelle ihrer Argumentation expliziert Korsgaard in »Sources« eine These, die zu Beginn ihres späteren Werks »Self-Constitution« wieder aufgegriffen wird[193] und eine Basisannahme ihrer gesamten Theorie darstellt. Die spezifische Beschaffenheit des Menschen sei der Grund dafür, warum jede realistische Ethikbegründung scheitern müsse, denn Menschen seien reflexive und somit potentiell alles anzweifelnde Wesen: »Normative concepts exist because human beings have normative problems. And we have normative problems because we are self-conscious rational animals, capable of reflection about what we ought to believe and to do.«[194] Eine Begründung moralischer Werte oder Sollensforderungen könne daher rational überzeugend sowie tendenziell motivierend sein und vom Skeptiker dennoch abgelehnt werden.[195]

Korsgaards Kritik am Realismus basiert *erstens* auf der These, dass dieser unfähig zu einer rationalen Erklärung der Motivation zu moralischem Handeln sei; *zweitens* liefert sie eine Antwort auf die im Kontext der Darstellung ihrer Begründungskriterien bisher offen gebliebene Frage nach dem Ursprung moralischer Begriffe, indem sie die Verwendung dieser Begriffe als praktisch-normative Orientierungskonzepte auf die reflexive Natur des Menschen zurückführt. Die Unzulänglichkeit ihrer Rekonstruktion realistischer Ethiken ändert nichts an der Plausibilität von Korsgaards grundsätzlichem Punkt, dass der

---

Entität – einer »moralischen Entdeckung« – zu stoppen, indem man sie als letztgültig normativ deklariert, lege man sich alternativ auf den menschlichen Willen fest. Dadurch sei das zuvor diagnostizierte Problem jedoch nicht gelöst, da auch auf diese Weise die Rechtfertigungsfrage nicht beantwortet würde. Zwar seien nun nicht, wie z.B. bei Prichard, die Handlungen intrinsisch normativ, wohl jedoch das auf eine spezifische Weise rekonstruierte Vermögen des Willens. Die in diesem Kontext relevante Frage lautet, ob es prinzipiell notwendig ist, den eigenen Willen als intrinsisch und unbedingt normativ aufzufassen. Darüber hinaus ist der folgende Einwand möglich: Auch wenn unsere jeweiligen Willensakte für uns in der Regel (subjektiv) normativ sind – dieser systematische Kern der Handlungsteleologie kann problemlos auch von einem Vertreter des substantiellen Realismus konzediert werden –, impliziert dies nicht notwendigerweise, dass die Struktur unseres Willens die Quelle von auch transsubjektiv verbindlichen moralischen Sollensforderungen darstellt.

193 Vgl.: Dies. (2009), S. 1ff.
194 S.: Dies. (1996a), S. 46.
195 Über Korsgaards eigene Erläuterung dieses Punkts hinaus könnte man sagen, dass sich die Distanz, die der moralische Realist aufgrund seiner objektreferentiellen Methode zu den von ihm postulierten Werten und Normen besitzt, auf psychologischer Ebene reproduziert, sodass er aller Überzeugung zum Trotz prinzipiell dazu in der Lage ist, diese Werte kritisch zu beurteilen und gegebenenfalls abzulehnen.

Nachweis von unabhängig von unserer praktischen Verfasstheit existierenden Werten und Normen offen lässt, welche *praktisch*-erstpersonalen Gründe es für ein entsprechendes Handeln geben kann.[196] Dennoch sind in diesem Zusammenhang drei Aspekte problematisch: a) Die anti-realistische Stoßrichtung von Korsgaards Argumentation ist mit der These der praktischen Irrelevanz moralischer Wahrheiten verbunden, doch ist unklar, welche begründungstheoretischen Implikationen mit letztgenannter Annahme verbunden sind; b) es ist möglich, auch menschliche Vermögen wie z.B. den Willen oder die Reflexionsfähigkeit realistisch zu interpretieren; c) die für uns bestehende subjektive Normativität unserer Reflexionsfähigkeit impliziert als solche noch keine universelle moralische Verbindlichkeit.

Eine traditionsreiche Alternative zu einem wissensbasierten Zugang zur Moral und ihrer Begründung stellen Theorien dar, die moralisches Handeln auf eine anthropologische Basis zurückführen. Mit ihrer Konzentration auf den Menschen scheinen diese Ansätze speziell unter praktischen Gesichtspunkten vielversprechender zu sein als der auf distanzierte Objektivität ausgerichtete Realismus. Es wird sich allerdings zeigen, dass auch eine Orientierung an der menschlichen Natur Verschiedenes bedeuten kann und ganz eigene Probleme generiert.

5.4 Die Tragweite sentimentalistischer Motivation

Die Theorien, die die Bedingungen der Normativität moralischer Prinzipien im Subjekt und nicht in der Welt der Objekte verankern, zeichnen sich nach Korsgaard durch eine methodische Annahme aus, die sie als »reflective endorsement«[197] bezeichnet. Diese Idee liegt auch ihrem zweiten Kriterium für die Beantwortung der normativen Frage zugrunde, dem zufolge diejenige Theorie eine adäquate Rechtfertigung moralischer Normativität leisten kann, die mit ihrer Erklärung der wahren Natur moralischer Ansprüche die praktische Verbindlichkeit dieser Ansprüche für uns nicht unterminiert – moralische Normativität müsse den *Test der reflexiven Prüfung* bestehen: »If we find upon reflecting on the true moral theory that we still are inclined to endorse the claims that morality makes on us, then morality will be normative«.[198] Der

---

[196] Würde ein Argument z.B. für den Zusammenhang von theoretischer Rationalität und Moralität angeführt, handelte es sich dabei wieder nur um eine Form theoretischer Verbindlichkeit und das Strukturproblem würde reproduziert.
[197] Vgl.: A. a. O., S. 50.
[198] S.: A. a. O., S. 49f.

Begriff »normativ« bezieht sich an dieser Stelle offenbar auf den Motivationsaspekt, d.h. moralische Anforderungen sind nur dann in einem strengen Sinne für uns motivierend, wenn ihre motivierende Kraft mit einer Erkenntnis dessen kompatibel ist, was Moralität im Wesentlichen auszeichnet. »Reflective endorsement« bezeichnet hier eine Form der reflektierten Affirmation, welche nicht im Gegensatz zu einer auch emotionalen Wertschätzung steht.[199]

In partiellem Anschluss an das bereits beim Voluntarismus relevante Prinzip der Wertzuschreibung durch den Akteur interpretiert Korsgaard u.a. auch die Theorie Humes dahingehend, dass sich unsere moralischen Werturteile nicht von einer uns äußerlichen Instanz ableiten, sondern vielmehr umgekehrt unsere Urteile den Dingen und Handlungen ihren jeweiligen Wert verleihen. Die bei Hume entscheidende Rechtfertigungsinstanz, d.h. die Grundlage der moralischen Urteile, sind unsere Gefühle, und unsere Gefühle werden wiederum als Ausdruck natürlicher menschlicher Anlagen verstanden, die eine glückskontributive Funktion besitzen. Dies impliziert, dass Moralität auf ein nicht-moralisches Gut ausgerichtet ist und nur einen instrumentellen Wert innehat.[200] Der in moraltheoretischer Hinsicht wichtigste Kritikpunkt legt sich von einer realistischen Position aus nahe und besagt, dass prudentielle

---

199 Eine kritische Strukturanalyse des Reflexivitätstests kann zu der Frage führen, wie man in diesem Modell die wahre Natur des Moralischen erkennen können soll, ohne zumindest implizit schon auf seine motivierende Normativität für uns zu rekurrieren. Die von Korsgaard als Beispiel angeführte evolutionstheoretische Erklärung moralischer Phänomene könnte nur dann möglicherweise plausibel erscheinen, wenn die unterstellte Verbindung von evolutionären Mechanismen und unserer Wertschätzung z.B. von moralischen Tugenden eine rationale Rekonstruktion der Kausalbedingungen eben dieser Wertschätzung darstellt. Diese Wertschätzung ist aber nichts anderes als die in Frage stehende Motivation zum moralischen Handeln, sodass die Idee einer wahren Natur des Moralischen immer schon auf ein motivationstheoretisches Moment verweist. Die Differenzierung zwischen dem wahren Wesen des Moralischen und seiner motivierenden Kraft ist jedoch eine notwendige Voraussetzung der Idee, dass eine plausible Theorie der Moralität auch dann noch motivieren können muss, wenn sie den Reflexionstest durchlaufen hat – andernfalls wäre der Reflexionstest aufgrund der strukturell implementierten Zirkularität defizitär und redundant. Eine solche Rekonstruktion der vorliegenden Situation würde jedoch aus einem (naheliegenden) Missverständnis resultieren, welches mit der Verwechselung von zwei Formen der Motivation verbunden ist: Die kausale Erklärung impliziert zwar immer schon ein Motivationsmoment, doch stets unter der Perspektive der rein kausalen Analyse von nicht-intentionalen Naturvorgängen und nicht derjenigen der reflektierten Affirmation von Akteuren aus erstpersonaler Sicht. Daher kann man Korsgaard an dieser Stelle nicht ohne weiteres vorwerfen, zirkulär zu verfahren.

200 Zumindest resultiert diese Folgerung vor dem u.a. kantisch geprägten Hintergrund, dass Glückszustände an sich wertneutral und somit auch in moralischer Hinsicht nicht normativ sind.

Ethiken vor allem deswegen defizitär sind, weil sie Moralität stets nur einen extrinsischen Wert zuschreiben, als eine überzeugende Antwort auf die normative Frage jedoch nur eine Theorie infrage kommt, die praktische Normativität als intrinsisch verbindlich formulieren kann. In diesem Zusammenhang verweist Korsgaard auf eine Rekonstruktion von Normativität, die sie u.a. bei Hutcheson zu finden glaubt[201] und die für unsere hier verfolgten Zwecke vor allem deswegen bedeutsam ist, weil sie Korsgaards Ansatzpunkt zum Übergang vom Prudentialismus zur kantisch geprägten Theorieform und damit zum Fundament ihres eigenen Ansatzes darstellen soll. Dieses Konzept besagt, dass Normativität und unsere Empfänglichkeit für moralische Sollensforderungen untrennbar mit *Reflexivität*, d.h. mit dem charakteristischen Wesensmerkmal des Menschen verbunden sind. Sowohl die theoretische als auch die praktische Vernunft würden uns selbst dann notwendigerweise Maßstäbe des Richtigen oder Guten vorgeben, wenn wir sie hinterfragen, denn in den jeweiligen Akten der skeptischen Hinterfragung müssten wir immer schon die allgemeine Verbindlichkeit der Bedingungen dieser Hinterfragung anerkennen.[202] In Bezug auf die Verbindlichkeit des Moralischen bedeute dies im Anschluss an Hutcheson, dass wir den Wert unseres Vermögens zur Wertzuschreibung nicht sinnvoll von einer fiktiven Position außerhalb des Wirkungsbereichs eben dieses Vermögens beurteilen können, da es einen solchen gar nicht geben könne: »(...) we cannot (...) get outside of all the points of view from which we judge things to be good or bad and still coherently ask whether something is good or bad. There is no place outside of our normative points of view from which normative questions can be asked.«[203]

Im Ausgang von dieser Einsicht in die Unumgänglichkeit der Einnahme des prudentiell-bewertenden Standpunkts zeige sich, dass unsere menschliche Natur samt der ihr inhärenten Anlage zur moralischen Bewertung von Handlungen und Charaktereigenschaften intrinsisch normativ sei, da gelte: »(...): there is *no intelligible challenge* that can be made to its claims.«[204]

---

201 Vgl.: A. a. O., S. 63.
202 »We have no access to the world except through the verdicts of the understanding itself, just as we have no access to the good except through the verdicts of the various points of view from which we make judgments of goodness«; s.: A. a. O., S. 65.
203 S.: A. a. O., S. 64f.
204 S.: A. a. O., S. 66. An dieser Stelle ist erläuterungsbedürftig, inwiefern die reflektierte Affirmation der unterstellten Verbindlichkeit der eigenen (menschlichen) Natur alternativlos sein soll. Die Identifizierung von alternativloser und zu affirmierender Normativität ist nicht zwingend, denn auch und gerade vor dem Hintergrund von Korsgaards Adaption des voluntaristischen Prinzips der notwendigen Wertzuschreibung durch den Akteur stellt sich die Frage, warum besagte Notwendigkeit aus erstpersonaler Perspektive nicht nur ein hinzunehmender Zwang sein soll, sondern positiv zu konnotieren ist.

5.4 DIE TRAGWEITE SENTIMENTALISTISCHER MOTIVATION

Korsgaards Antwort auf die naheliegende Frage, warum vor diesem Hintergrund moralische und nicht z.B. egoistische Handlungsimpulse normativen Vorrang haben sollten, besteht darin, dass Moralität weder im Widerspruch zu prudentiellen Ansprüchen noch zu sich selbst stehe. Damit sei der Reflexivitätstest bestanden[205] und man könne der moralischen Perspektive mit guten Gründen die oberste praktische Autorität zuschreiben. Korsgaards Fazit zu Humes Ethik lautet dementsprechend: »We have (...) no reason to reject our nature, and can allow it to be a law to us. Human nature, moral government included, is therefore normative, and has authority for us.«[206]

Dieses Fazit ist jedoch nur vorläufig, da Korsgaard eine Schwachstelle in Humes Ansatz diagnostiziert, die ihn als belastbare Theorie praktischer Verbindlichkeit unbrauchbar mache. Im Rahmen der Theorie Humes sei das übergeordnete normative Kriterium für den praktischen Wert von Handlungen ihre Zuträglichkeit für den Akteur. Das Wohl des Akteurs hänge aufgrund seiner Sympathie mit anderen Menschen entscheidend davon ab, wie er durch die Augen dieser anderen Menschen gesehen wird. Die Vorstellungen von moralisch guten Charaktereigenschaften und Dispositionen, die den Blick der anderen auf den Akteur und somit auch den Akteur selbst prägen, würden bei Hume als durch allgemeine Regeln bestimmt verstanden. Es bestehe jedoch die Möglichkeit, dass eine bestimmte Handlungsweise zwar generell aus prudentieller Sicht zweckdienlich ist, eine von der generellen Tendenz abweichende Einzelhandlung im konkreten Fall jedoch vorteilhafter sein kann.[207] Demnach sei es auch in Humes Ansatz nicht ausgeschlossen, dass z.B. rechtskonformes Handeln generell als positiv angesehen wird und der einzelne Akteur in einer konkreten Entscheidungssituation dennoch einen für ihn einsichtigen Grund hat, anders zu agieren.[208] Genau auf diese situativ bedingten praktischen Anforderungen kommt es Korsgaard zufolge jedoch in der Moraltheorie an: Durch unsere reflektierte Affirmation würden zwar unsere Dispositionen für uns normativ, doch impliziere dies noch nicht

---

[205] Der Reflexivitätstest kann als eine prozedurale Umsetzung der Anforderung von Korsgaards Transparenzkriterium verstanden werden. Im Falle der Theorie Humes besteht die wahre Natur von Moralität darin, dass die Disposition, durch moralisch Wertvolles bzw. Gebotenes motiviert zu werden, zu unserer (nicht zuletzt sozialen) Natur gehört, was wiederum impliziert, dass moralisches Handeln von uns natürlicherweise für gut befunden wird.

[206] S.: A. a. O.

[207] Vgl.: A. a. O., S. 86ff.

[208] Zur Illustration dieses Punktes skizziert Korsgaard eine abgewandelte Version von Humes eigenem Beispiel des »sensible knave«; vgl.: Vgl.: A. a. O., S. 86f.

die Rechtmäßigkeit einzelner Handlungsgründe, deren Nachweis jedoch notwendig sei.[209] Gefordert sei daher eine Theorie der Normativität, die zwar in der menschlichen Natur gründe, jedoch über den Ansatz Humes hinaus auch eine nachvollziehbare Qualifizierung von spezifischen praktischen Gründen liefern könne.

In Bezug auf die Analyse der Struktur der prudentiellen Ethik und der damit verbundenen Methode der reflektierten Affirmation am Beispiel Humes bleiben die folgenden Thesen Korsgaards festzuhalten: 1. Da die realistische Ausrichtung der praktischen Reflexion auf die Welt der Gegenstände nicht in der Lage ist, praktische Normativität zu etablieren, weil objektreferentielle theoretische Aussagen stets hinterfragbar und ihre motivationstheoretischen Implikationen unklar sind, muss die Quelle praktisch-normativer Verbindlichkeit in der Natur des Menschen verortet werden; 2. Das praktische Vermögen der Wert- und Normativitätszuschreibung sowie der damit verbundene praktische Standpunkt sind unhintergehbar für uns und müssen als zentraler Aspekt der menschlichen Natur angesehen werden; 3. Unsere menschliche Natur samt der ihr inhärenten Reflexivität ist intrinsisch wertvoll und stellt das Fundament von für uns verbindlichen moralischen Forderungen dar, weil keine alternative praktische Autoritätsinstanz existiert und keine plausiblen Gründe dagegen sprechen.

In Bezug auf die erste These ist im Anschluss an ihre ursprüngliche Formulierung im Kontext der Realismus-Kritik festzuhalten, dass die Konstatierung des allgemeinen Zusammenhangs von moralischer Normativität und praktischer Reflexivität zwar plausibel ist, ihre konkreten begründungstheoretischen Implikationen jedoch eigens aufgewiesen werden müssen. Soweit bleibt noch offen, was genau damit gemeint ist, dass die praktische Autorität der menschlichen Natur im Unterschied zu realistisch gedachten Werten nicht sinnvoll hinterfragbar ist. Die damit verbundene Legitimität des für Korsgaard zentralen Reflexivitätstests ist aufgrund seines Bezugs auf anfechtbare empirische Annahmen[210] ebenfalls nicht hinreichend, um weiter-

---

209 »It is as agents that we must do what we are obligated to do, and it is as agents that we demand to know why. So it is not just our dispositions, but rather the particular motives and impulses that spring from them that must seem to us to be normative.« S.: A. a. O., S. 91.

210 Die bereits in Bezug auf Korsgaards Realismus-Analyse angeführte Kritik, dass die These der zentralen normativen Relevanz menschlicher Reflexivität für das einzelne urteilende Subjekt in begründungstheoretischer Hinsicht nicht hinreichend aussagekräftig ist, besitzt auch hier ihre Gültigkeit. Der Reflexivitätstest ist zwar insofern nachvollziehbar, als sich die Motivation zum moralischen Handeln nicht einer falschen Annahme

führende praktische Ansprüche zu rechtfertigen. Im Hinblick auf die Thesen 2) und 3) bestehen vor allem zwei Anforderungen, die für die Plausibilität von Korsgaards eigenem Ansatz zentral sind: *Erstens* muss der Begriff der menschlichen Natur über die bisherige Rekonstruktion im sentimentalistischen Kontext hinaus präzisiert werden; *zweitens* ist ein eigenständiges Argument erforderlich, um die Unausweichlichkeit der menschlichen Reflexivität auch als Grund für ihre Funktion als unbedingt *wertvolle* praktische Autoritätsinstanz für den Akteur zu erweisen. In diesem Zusammenhang gilt es zudem zu klären, welche Form von Reflexivität hier adressiert wird und warum die jeweils fokussierte Art der rationalen Deliberation zu den von Korsgaard postulierten Resultaten führen muss.

5.5 Reflexivität und Normativität

Korsgaard teilt mit dem Modell Humes die Annahme, dass praktische Normativität durch die Reflexivität des Akteurs bedingt ist und den jeweiligen

> über die wahre Natur von moralischen Forderungen verdanken sollte. Zugleich hängt die Plausibilität von Korsgaards Bestimmung dieser wahren Natur des Moralischen als aus praktisch-erstpersonaler Perspektive nachvollziehbarer Motivation von den nicht hinreichend geklärten begründungskonstitutiven Implikationen praktischer Selbstverhältnisse von Akteuren ab. Mit dem Reflexivitätstest ist immer auch eine empirische Unwägbarkeit verbunden: Die Idee, dass moralische Forderungen die kritische Reflexion auf ihren kausalen Aspekt »überleben«, den Akteur also auch nach dieser Prüfung zu ihrer Befolgung motivieren können müssen, setzt implizit eine bestimmte Vorstellung davon voraus, welche praktischen Ansprüche diese Anforderung aus der Akteurperspektive erfüllen können und welche nicht. An dieser Stelle des Argumentationsgangs bleibt offen, welche Kriterien zur nachvollziehbaren Rechtfertigung dieser Vorstellung gelten sollen. Da es sich um eine motivationspsychologische Frage handelt, muss ihre Beantwortung auf empirische Sachverhalte Bezug nehmen, was angesichts der mit dem Reflexivitätstest verbundenen Geltungsansprüche impliziert, dass mit empirischen Generalisierungen gearbeitet werden muss. Es kann z.B. durchaus sein (wie Korsgaard behauptet), dass eine rein evolutionär-funktionale Erklärung von moralischer Motivation eine demotivierende Wirkung auf Akteure ausübt, da diese der Ansicht sind, dass Moralität in diesem Fall nicht gerechtfertigt, d.h. nicht normativ sei. Auch ist problemlos denkbar, dass bestimmte Akteure jede Motivation zum moralischen Handeln verlieren, wenn sie erfahren, dass ihr moralisches Handeln überhaupt nicht erklärbar ist. Allerdings ist ebenfalls nicht auszuschließen, dass die Angabe einer rein psychologischen Funktionalität des Moralischen die vormals unterstellte Normativität strikter moralischer Pflichten in den Augen einiger Akteure entzaubert. Man könnte an dieser Stelle weitere Spekulationen darüber anstellen, was alles denkbar wäre oder nicht. Das der mangelnden Plausibilität des Reflexivitätstests zugrundeliegende Problem besteht darin, dass – zumindest bisher – nicht klar ist, was *nicht* denkbar ist, *für wen* genau dies gilt und *warum* dies der Fall sein soll.

Wertträgern (Objekten, Weltzuständen, Handlungen, Personen etc.) durch den Akteur zugeschrieben werden muss. Der sentimentalistische Zugang zu praktischer Normativität rekurriert jedoch nicht auf die Kategorie des Wahren oder Richtigen, sondern auf diejenige des *Guten*: »Obligations and values are projections of our own moral sentiments and dispositions. To say that these sentiments and dispositions are justified is not to say that they track the truth, but rather to say that they are good. We are the better for having them, for they perfect our social nature, and so promote our self-interest and our flourishing.«[211] Von einer prudentiellen Basis aus können wir demnach nur bestimmen, was faktisch gut für uns ist, nicht aber, was *richtig* ist bzw. gut für uns sein *sollte*. Die letztgenannte Idee, dass unsere menschlichen Anlagen zumindest partiell nicht so sind, wie sie sein sollten, ist mit demjenigen Standpunkt der normativen Reflexion verbunden, den Korsgaard im Anschluss an Hume explizit ausschließt: Ein Standpunkt, von dem aus wir die Verbindlichkeit unserer moralischen Natur bzw. unserer moralischen Anlagen radikal hinterfragen, wird als fiktiv abgelehnt. Gegen ihn spricht aus Korsgaards Perspektive, dass auch eine solche Skepsis ihren Ausgang von dem menschlichen, d.h. prudentiellen Reflexionsstandpunkt nehmen muss.

Zu klären gilt nach wie vor, was dieser Einwand in geltungstheoretischer Hinsicht besagt, da er auf einer anthropologischen Basis zu beruhen scheint und in diesem Fall durch die vor allem von Kant herausgestellten Probleme von anthropologisch begründeten Ethiken belastet wäre. Um ihre allgemeine Rede von einer für uns intrinsisch normativen menschlichen Natur zu präzisieren, muss Korsgaard genauer bestimmen, welche Art von Problem bzw. welche Form der Inkonsistenz bei einer Negation der Normativität unserer Natur resultiert. Vor allem ist immer noch nicht deutlich genug, was unter einer solchen Negation überhaupt zu verstehen ist. Offenbar soll es sich um eine Form von selbstreferentieller Inkonsistenz handeln, da Korsgaard die These vertritt, dass den jeweiligen Instanzen praktischer Autorität ihre normative Bedeutung für Akteure nur durch diese Akteure selbst zugeschrieben werden kann. Zugleich handelt es sich dabei offenbar nicht um einen logischen Selbstwiderspruch, da dieser, als theoretisches Problem, von dem Moralskeptiker als *für ihn* praktisch-normativ irrelevant angesehen werden könnte.[212]

---

211   S.: A. a. O.
212   Formal betrachtet scheint die ihrer Kritik zugrunde liegende Annahme darin zu bestehen, dass dasjenige, von dem sich ein Akteur durch Verobjektivierung kritisch distanzieren kann, ohne die Verbindlichkeit seines Vermögens zur Wertzuschreibung zu verkennen, für ihn nicht als autoritative Instanz fungieren kann. Unter begründungstheoretischem Gesichtspunkt ist demnach entscheidend, wie Korsgaard dieses Vermögen zur Wertzuschreibung im Folgenden rekonstruiert und welchen Gesetzmäßigkeiten es

5.5 REFLEXIVITÄT UND NORMATIVITÄT

In Bezug auf die Annahme der Gegebenheit bestimmter menschlicher Wertungs- und Handlungsdispositionen wird ein bereits zuvor angesprochener Einwand relevant, der Korsgaards anti-realistische Argumentation gegen ihre eigene Favorisierung der normativen Auszeichnung dieser Dispositionen wendet: Die Negation des substantiellen Realismus soll zwar eine Loslösung der Reflexion von der Vorstellung von (vor)gegebenen Objekten implizieren, doch stellen die natürlichen Dispositionen der menschlichen Natur ebenfalls etwas der Reflexion Vorgegebenes dar. Unsere prudentiellen Dispositionen können für uns zwar durch unsere reflektierte Affirmation verbindlich werden, doch impliziert die These ihrer unhintergehbaren Normativität die Annahme, dass sie für uns auch ohne unsere reflektierte Affirmation verbindlich sind. Natürliche Dispositionen geben uns tendenziell vor, was wir intuitiv als gut für uns erachten, doch ist denkbar, dass es sich bei all dem um nichts weiter als um faktisch vorliegende, an sich kontingente Präferenzstrukturen handelt, deren Pointe sich in bestimmten Funktionen erschöpft, welche nicht über biologisch-soziale Zweckstrukturen hinausgehen. Zumindest kann eine solche Einordnung der normativen Relevanz prudentieller Impulse z.B. von einem kantischen Standpunkt aus vorgenommen werden, dem zufolge auch und gerade unsere natürlichen Bestrebungen kritisch objektiviert und nach Maßgabe nicht-prudentieller Maßstäbe beurteilt werden müssen. Da Korsgaard den zuvor angesprochenen Zirkel als in praktischer Hinsicht notwendig und daher auch als belastbares Geltungsfundament zu verstehen scheint, zugleich jedoch keinen reinen Sentimentalismus, sondern eine kantische Form der Moraltheorie vertreten will, beruht die Plausibilität ihres Ansatzes in dieser Hinsicht auf einer nachvollziehbaren Vermittlung von anthropologisch fundierter Prudentialität und kategorisch verbindlicher Moralität.

Tatsächlich folgt Korsgaards eigene Argumentation diesem Reflexionsgang, wenn sie die Implikationen der von ihr bereits zuvor erwähnten Reflexivität des Menschen auf die These zuspitzt, dass auch unmittelbar motivierende praktische Impulse hinterfragt werden können, ja sogar müssen: »I perceive, and I find myself with a powerful impulse to act. But I back up and bring that impulse into view and then I have a certain distance. Now the impulse doesn't dominate me and now I have a problem. Shall I act? Is this perception really a *reason* to act? (...).The reflective mind cannot settle for perception and desire,

---

unterstehen soll. Vor diesem Hintergrund wird es auch möglich sein, die in normativer Hinsicht relevante Form der Inkonsistenz zu bestimmen, die im Falle einer Negation der Autorität dieses Vermögens resultiert.

not just as such. It needs a *reason*.«[213] Die zuvor als anti-realistisches Moment herausgestellte Notwendigkeit des normativ konstitutiven praktischen Selbstverhältnisses des Akteurs tritt nun scheinbar auch als anti-sentimentalistisches Moment in Erscheinung. Allerdings fokussiert Korsgaard nicht die humeschen Dispositionen, sondern ausschließlich partikulare Momente, die sich uns in unserem Bewusstsein als mögliche Handlungsgründe präsentieren.

Für Korsgaard ist unzweifelhaft, dass Kants praktische Philosophie genau wie diejenige von Hume und Williams in der menschlichen Natur gründet und sich unsere moralischen Prädikate von menschlichen Dispositionen ableiten.[214] Allerdings ist damit keine schlichte Ableitung von Sollensforderungen und Werten von allgemeinen emotionalen Aspekten der conditio humana gemeint. Die hier thematische Disposition ist in erster Linie die unhintergehbare Reflexivität des menschlichen Selbstbewusstseins: Weil wir selbstbewusste, d.h. hinsichtlich der Bestimmungsgründe unserer Handlungen auf uns selbst zurückgeworfene Wesen sind, besitzen wir notgedrungen das Bedürfnis nach selbstbestimmter Orientierung an verbindlichen Maßstäben. Da wir nichts an unserer Reflexivität ändern können, handelt es sich bei dem Bedürfnis nach Orientierung nicht um eine Option, die man gegebenenfalls abweisen könnte, sondern um eine Notwendigkeit. Niemand kann uns die Aufgabe abnehmen, zu entscheiden, nach welchen Gründen wir handeln wollen. Der Ausgangspunkt von Korsgaards Begründungstheorie besteht demnach in der These, dass wir uns unsere Handlungsgründe aufgrund unserer reflexiven Verfasstheit selbst geben müssen.

5.6   Zwischenfazit und Ausblick

Im Rückblick auf die Rekonstruktion von Korsgaards Argumentationsentwicklung haben sich folgende konzeptuelle und argumentationstheoretische Probleme als persistent erwiesen:

---

213 S.: A. a. O., S. 93. Es wird hier nicht hinreichend deutlich, ob Impulse schon vor ihrer reflektierten Affirmation Gründe sind oder erst durch diese Affirmation zu Gründen werden, da Korsgaards Sprachgebrauch nicht einheitlich bzw. präzise ist; vgl.: Gert (2002), S. 305 Anm. 4. Gerts Position, dass Impulse intuitiv betrachtet schon vor der Wahl durch den Akteur als Gründe zu verstehen sein müssten, konfligiert mit Korsgaards praktisch-axiologischer Gesamtsystematik, der zufolge erst die akteurbedingte Wertzuschreibung normative Entitäten konstituieren kann.

214 Vgl.: Korsgaard (1996a), S. 91. Diese problematische These wird in Kap. 5.7.5. einer ausführlicheren Kritik unterzogen.

5.6 ZWISCHENFAZIT UND AUSBLICK

1. *Begründungskriterien*: Die erläuterungsbedürftige Rechtfertigung und inhaltliche Unschärfe von Korsgaards begründungstheoretischen Kriterien wirken sich negativ auf die Plausibilität ihres gesamten Ansatzes aus. Das Kriterium der explanativen und normativen Transparenz, welchem im Verlauf der Argumentation in Form des Reflexivitätstests eine zentrale Bedeutung zukommt, impliziert eine unausgewiesene empirische Generalisierung in Bezug auf das Verhältnis von Erklärung moralischer Normativität und deren Motivationskraft. Ob eine Theorie den Reflexionstest überlebt oder nicht, kann solange kaum von systematischer Relevanz sein, bis konkrete und nachvollziehbare Kriterien für ein Bestehen dieses Tests angegeben werden, welche nicht von kontingenten individuellen Motivationsdispositionen abhängen. Das Kriterium des normativen Bezugs moralischer Forderungen zu der eigenen praktischen Identität schreibt zwar praktischer Selbstreferenz eine zentrale Bedeutung zu, doch suggeriert es eine rein psychologische Betrachtungsweise.[215]

2. *Praktische Autorität*: Die vom Voluntarismus übernommene Annahme, dass die Eigenschaft der Vernünftigkeit nicht hinreiche, um praktischen Forderungen einen Verpflichtungscharakter zu verleihen, sondern dazu die Sanktionsmacht eines Gesetzgebers nötig sei, setzt im Sinne des Reflexivitätstests die motivationale Machtlosigkeit der Vernünftigkeit praktischer Forderungen schlichtweg voraus. Selbst wenn dies zutreffen sollte, muss die These begründet werden, dass nicht die Sanktionen, sondern das Gebotensein der Forderungen zu einem entsprechenden Handeln motivieren sollen. Korsgaards Annahme, dass der Akteur, der sich als bestimmten Normen unterstehend begreift, dem Geltungsfundament dieser Normen praktische Autorität zuschreiben muss, ist motivationspsychologisch und handlungstheoretisch nahvollziehbar. Die Frage, wie rational nachvollziehbare Sollensforderungen aus der Akteurperspektive praktisch verbindlich werden können, verweist im Anschluss an ihre Begründungskriterien auf motivationstheoretische Aspekte rechtfertigender Gründe. Allerdings laufen ihre Überlegungen eher auf einen anthropologisch

---

215 Die Gesamtsituation wird zusätzlich kompliziert, wenn man das dritte Kriterium auf das zweite bezieht, wodurch nahegelegt wird, dass die Überzeugungskraft einer Moralrechtfertigung auch durch individuelle praktische Identitäten und entsprechende Beurteilungsmaßstäbe beeinflusst werden könnte. Es ist unklar, wie allein unter Bezug auf Korsgaards Grundthesen sowie auf ihre drei Kriterien belastbare Maßstäbe etabliert werden können, anhand derer man kategorisch gültige Sollensforderungen von alternativen, z.B. sozialen oder individualpsychologischen Verbindlichkeiten unterscheiden kann. Vielmehr gibt es Grund zu der Annahme, dass Korsgaards Theorie mehr leisten muss, als nur ihren eigenen Kriterien zu entsprechen.

fundierten Existenz-Internalismus als auf einen vernunftbasierten Urteils-Internalismus hinaus.

3. *Realismus und Kognitivismus*: Korsgaards Verweis auf die Schwäche des moralischen Realismus, keine überzeugende Antwort auf die Motivationsfrage zu besitzen, ist insofern begründet, als der Realist stets in einem eigenen Argumentationsschritt die praktische Relevanz der von ihm postulierten theoretischen Wahrheit aufzeigen muss. Dies gilt allerdings nur unter der Bedingung, dass die geltungstheoretische Relevanz des Motivationsaspekts akzeptiert wird – eine solche Annahme ist jedoch nicht zwingend, sondern vielmehr problematisch, da sie ohne weiteres Korrektiv auf die These hinausläuft, dass diejenigen moralischen Forderungen richtig bzw. berechtigt sind, die gut sind, weil sie faktisch zum Handeln motivieren. Korsgaards gleichzeitige Negation von externen intrinsisch normativen Entitäten und moralischen Wahrheiten folgt nicht notwendigerweise aus ihrer Realismus-Kritik, da Kognitivismus und Realismus nicht identisch sind. Ihre Argumentation wirft die Frage auf, was anstelle von moralischen Wahrheiten als normatives Regulativ gerechtfertigter Sollensansprüche fungieren soll.[216] Falls man diejenigen Aussagen Korsgaards hervorheben will, denen zufolge es dennoch wahre und falsche moralische Urteile geben kann, bleibt die Frage zu klären, was genau praktische Wahrheiten sein sollen und vor allem, was der Maßstab ist, dem gemäß moralische Urteile beurteilt werden.

4. *Anthropologie und praktische Normativität*: Eine Antwort auf diese letzte Frage deutet sich an, wenn Korsgaard als wahren Grund für die Normativität moralischer Forderungen die anthropologische Tatsache anführt, dass menschliche Akteure als reflexive Wesen auf normative Gründe angewiesen seien. Der direkte Bezug dieser Annahme zum Bereich des Moralischen wird erst im Laufe der weiteren Analyse ihrer Theorie deutlich, doch ist ein erster Schritt in diese Richtung bereits mit der Einsicht vollzogen, dass Menschen aufgrund von selbstgewählten Gründen agieren müssen. Die systematische Bedeutung von Korsgaards Übernahme der These Humes, dass unsere menschliche Natur eine alternativlose Autoritätsinstanz für uns darstellt, ist grundsätzlich zu präzisieren: Einerseits ist ihr Begriff der menschlichen Natur im Hinblick auf menschliche Dispositionen grundsätzlich mit Hume kompatibel, andererseits setzt er sich durch die Annahme von ihm ab, dass

---

216 Da Akteure prinzipiell auch durch falsche bzw. im prudentiellen Sinne schädliche Annahmen motiviert werden können, liegt auf der Hand, dass bloßes Motiviertwerden an dieser Stelle nicht hinreicht.

5.6 ZWISCHENFAZIT UND AUSBLICK

die moralische Rechtfertigungsfrage nicht unter Rekurs auf Dispositionen, sondern auf einzelne zu bewertende Handlungsimpulse zu klären sei. Das von Hume übernommene Kriterium für valide moralische Forderungen, die Zuträglichkeit für den Akteur, wirft angesichts von Korsgaards Bestrebung, im kantischen Sinne über Hume hinauszugehen, die Frage auf, wie diese anthropologisch-prudentielle Weichenstellung mit einer kantischen Systematik vereinbar sein soll. Moralische Sollensforderungen sind bei Kant in einem von menschlichen Handlungen unabhängigen Moralgesetz gegründet, während Korsgaards Konzept auf eine vollständige erstpersonale Fundierung praktisch-normativer Standards hinausläuft. Zudem gilt, dass die These der unhintergehbaren Normativität der menschlichen Natur für den Akteur nicht notwendig deren unbedingten Wert impliziert, sondern auch als schlichtweg gegebenes Faktum verstanden werden kann. Im Anschluss an die Problematik der Vereinbarkeit von den Thesen der unbedingten Normativität der menschlichen Natur und Kants Lehre des vom Sittengesetz ausgehenden moralischen Sollens ist von Korsgaards Seite aus zu zeigen, welcher Aspekt der menschlichen Natur die Funktion der praktischen Autoritätsinstanz besitzen soll und was ihn dazu qualifiziert. Es ist daher von vorrangiger Bedeutung zu klären, was genau unter der Verbindlichkeit der menschlichen Natur zu verstehen ist und vor allem, in welcher begründungstheoretisch relevanten Beziehung sie zu moralischen Sollensforderungen steht.

Nach der in diesem Abschnitt erfolgten kritischen Darstellung von Korsgaards Kernargumenten für die Berechtigung ihres Ansatzpunkts in Auseinandersetzung mit Voluntarismus, Realismus und Sentimentalismus wird das folgende Kapitel die grundlegenden Annahmen und Begründungsschritte ihres eigenen Arguments behandeln. In diesem Zusammenhang ist eine kurze Vorbemerkung zur Interpretation des Verhältnisses ihrer beiden Hauptwerke »Sources of Normativity« und »Self-Constitution« sinnvoll. Mit Korsgaard[217] gehe ich davon aus, dass sich weder Struktur noch Inhalt ihrer Ethikbegründung in beiden Werken voneinander unterscheiden. In ihrem jüngeren Werk »Self-Constitution« verfolgt Korsgaard demnach nicht das Ziel einer Modifikation oder Revision ihres früheren Arguments, sondern widmet sich *erstens* der detaillierteren Ausarbeitung bestimmter handlungstheoretischer Grundlagen ihres Ansatzes und *zweitens* dem Nachweis, dass ihr Modell von Handlung und Akteur weitgehend mit den Theorien Platons, Aristoteles' und Kants kompatibel ist. Im Anschluss an die im ersten Untersuchungsabschnitt konstatierten Kritikpunkte werde ich argumentieren, dass die maßgeblichen

---

217 Vgl.: Dies. (2009), S. 25.

Schwierigkeiten von Korsgaards Modell nicht auf der Ebene handlungstheoretischer Details zu finden sind. Vielmehr muss das Hauptproblem ihres Modells auf die vorausgesetzte Verhältnisbestimmung von anthropologischen, psychologischen und geltungstheoretischen Theoriemomenten zurückgeführt werden. Wenn Korsgaard von der Begründung von moralischer Normativität spricht, ist damit eine spezifische Verwobenheit von motivationspsychologischen und rechtfertigenden Aspekten bezeichnet, die es in struktureller Hinsicht genau zu analysieren gilt.

5.7 Praktische Nötigung, Selbst-Konstitution und Handlung

Korsgaards Konzept der Normativität der Reflexivität der menschlichen Natur impliziert, dass der Akteur die für ihn normative Autoritätsinstanz nicht im Sinne des ontologischen Realismus außerhalb seiner selbst finden kann, sondern die für ihn verbindlichen Prinzipien über den Weg des praktischen Selbstbezugs bestimmen muss. In den folgenden drei Unterkapiteln wird es darum gehen, zentrale Aspekte dieses praktischen Selbstbezugs anhand der Analyse der Konzepte der praktischen Nötigung (5.7.1.), der Selbst-Konstitution (5.7.2.) und der Handlung (5.7.3.) genauer zu bestimmen.

5.7.1 *Praktische Nötigung und der Zweck praktischer Prinzipien*

Im Sinne ihrer bereits zuvor skizzierten Ablehnung theoretischer Gründe kann man die Art der mit menschlicher Reflexivität zusammenhängenden Verbindlichkeit Korsgaard zufolge nicht als logische Notwendigkeit rekonstruieren: Handeln sei für uns als praktische Wesen zwar notwendig, die Idee eines in einer bestimmten Situation nicht handelnden Akteurs jedoch logisch unproblematisch – daher könne unsere reflexive Natur keine logische Verbindlichkeit besitzen.[218] Neben der logischen schließt Korsgaard auch rationale und

---

218 Vgl.: A. a. O., S. 1. Allerdings kann ein Akteur auch nach Korsgaard nicht bewusst nichthandeln: Zwar könne man ungewollt in einen Zustand des Nicht-Handelns geraten (z.B. während des Autofahrens am Steuer einschlafen), doch sei es nicht möglich, solche Situationen gezielt herbeizuführen, da dies offenbar wieder das eigene Handeln involviere. Korsgaards Argument gegen die logische Verbindlichkeit praktischer Reflexivität verweist auf diese Möglichkeiten des Nicht-Handelns und konstatiert, dass solche Fälle unter der Voraussetzung der logischen Normativität reflexiver Selbstbestimmung nicht existieren könnten. Dieses Argument wäre allerdings nur unter der Voraussetzung der unplausiblen Prämisse schlüssig, dass logische Notwendigkeit einen strukturellen Zusammenhang mit empirischen Ereignissen besitzt. Anders formuliert, liegt die Annahme nahe, dass hier Anforderungen an einen konsistenten Begriff des Akteurs und an das Konzept eines real existierenden Akteurs vermischt werden. Auch dann, wenn ein Akteur

kausale Notwendigkeit als adäquate Klassifikationen der mit der normativen Aufgabe verbundenen Verbindlichkeit aus: Rationale Notwendigkeit bestehe in dem Zwang, im Ausgang von einer Prämisse nach einem »Wenn-dann«-Muster die jeweils logisch gebotene Schlussfolgerung zu ziehen, doch sei die Notwendigkeit des freien Handelns im Anschluss an Kant an keine Prämisse gebunden, sondern *unbedingt* verbindlich[219]; kausale Notwendigkeit stelle hingegen nur eine Form der äußeren Beeinflussung dar und verfehle daher prinzipiell die praktische Natur der normativen Aufgabe: »I'm not talking about something that works *on* you, whether you know it or not, like a cause; I am talking about a necessity you are *faced* with.«[220]

Das an dieser Stelle auch durch Korsgaards Zurückweisung der verschiedenen Notwendigkeitsformen nicht hinreichend geklärte Problem besteht darin, dass der Ausgangspunkt ihrer Theorie in positiver Hinsicht unterbestimmt bleibt. Daran ändert auch eine weitere Formulierung nichts, die einmal mehr den rein faktischen Charakter unserer Reflexivität betont: »The necessity of choosing and acting is not causal, logical, or rational necessity. It is our *plight*: the simple inexorable fact of the human condition.«[221]

---

faktisch immer handeln müsste, würde dies keine logische Notwendigkeit des Handeln-Müssens von Akteuren begründen.

219 Vgl.: A. a. O., S. 2. Korsgaards Argument gegen die rationale Notwendigkeit ist insofern angreifbar, als sie sich in diesem Kontext zwar auf Kants These der unbedingten Notwendigkeit der Unterstellung praktischer Freiheit, nicht aber auf Kants weiterführende Rechtfertigung dieser These in seiner ausgereiften praktischen Philosophie bezieht. Bei Kants Annahme der Freiheit handelt es sich (zumindest in seiner einschlägigen Rekonstruktion dieser Problematik in der zweiten Kritik) um eine auf der angeblich unabweisbaren Evidenz der Verbindlichkeit des Sittengesetzes beruhende *Schlussfolgerung* – die Evidenz moralischer Normativität stellt bei Kant eine Prämisse dar, die den Schluss auf die notwendige Unterstellung praktischer Freiheit rechtfertigt. Man könnte argumentieren, dass eine notwendige Prämisse de facto keine Prämisse im eigentlichen Sinne darstellt, da dieser Begriff nur dann sinnvoll verwendet werde, wenn etwas zur Debatte stehe, über das ein rationaler und gegebenenfalls kontroverser Diskurs sinnvoll sei – wenn sie eine selbstverständliche Voraussetzung sei, könne man sie daher auch gegebenenfalls weglassen. Zumindest im Falle der kantischen Freiheitstheorie wäre dies jedoch insofern ein problematisches Vorgehen, als damit Kants Konzept vom Sittengesetz als Erkenntnisgrund der Freiheit und der Freiheit als Seinsgrund des Sittengesetzes stillschweigend auseinandergerissen und seine Gesamtthese auf eine scheinbar willkürlich behauptete Freiheit reduziert würde. Korsgaards selektiver Bezug auf Kant lässt sich hier vor dem Hintergrund ihrer eigenen Theorie dahingehend rekonstruieren, dass sie zwar seine Idee der unbedingten Notwendigkeit der freien praktischen Selbstbestimmung, nicht jedoch seine Theorie der wechselseitigen Verwiesenheit von Sittengesetz und Freiheit adaptiert.
220 S.: A. a. O.
221 S.: A. a. O.

Als Klassifikation des hier skizzierten Phänomens bietet sich am ehesten diejenige einer *praktisch-anthropologischen Notwendigkeit* an: Die Notwendigkeit zum selbstbestimmten Handeln ist anthropologisch, weil sie allein für menschliche Akteure besteht; sie ist praktisch, weil sie allein aus der Akteurperspektive nachvollzogen werden kann.[222]

Korsgaard ergänzt die These der dem Menschen vorgegebenen Notwendigkeit des reflexiven Handelns durch eine Aufzählung verschiedener heterogener Ausprägungsformen des Verpflichtungsphänomens. Dazu gehören moralische und rechtliche Verbindlichkeit ebenso wie allgemeiner Sozialdruck durch die Vorstellung kollektiv vorhandener Erwartungen und die mit persönlichen Beziehungen einhergehenden Implikationen von Loyalität. Unter Rekurs auf das aristotelische Diktum, dass kein vollkommen disziplin- und tugendloser Mensch sich glücklich nennen könne, sowie auf den von ihr unterstellten phänomenologischen Tatbestand der starken Bindungskraft der verschiedenen Verpflichtungsgefühle verweist sie auf Kants Begriff der *Nötigung* (»necessitation«) als Oberbegriff für den psychologischen Effekt praktischer Normativität.[223] In »Self-Constitution« greift sie in diesem Zusammenhang ihre frühere Kritik an Hume und dem Realismus in abgewandelter Form wieder auf. Sowohl Tugendethik als auch Rationalismus seien hinsichtlich ihrer praktischen Erklärungskraft defizitär: »It is certainly true that from a third-personal point of view, when we call people vicious or irrational, we mean that they fail to conform to certain standards. But that failure is the outward manifestation of an inner condition, and these theories do not tell us what that inner condition is. They don't tell us how we are necessitated.«[224]

---

222 Vgl. zu einer Kritik an Korsgaards Vermeidung einer begrifflichen Konkretisierung der für ihre Theorie fundamentalen Form von Normativität: Enoch (2006), S. 188, Anm. 42. Allerdings ist auch vor diesem Interpretationshintergrund nicht klar, warum es sich dabei nicht doch um eine Form der kausalen Notwendigkeit handeln können soll: Wir kommen nicht durch logische Überlegungen oder einen dezisionistischen Willensakt dazu, uns der Notwendigkeit unserer reflexiven Verfassung stellen zu müssen, sondern diese Verfasstheit, d.h. unsere menschliche Natur ist ursächlich dafür, dass wir praktische Nötigung erfahren können bzw. müssen. Praktische Nötigung stellt zwar ein erstpersonales Faktum dar, doch widerspricht dies nicht ihrer Rekonstruktion als besonderes Motivationsphänomen, das eine grundlegende praktische Bedeutung für das menschliche Leben aus der Akteurperspektive besitzt.

223 Vgl.: Korsgaard (2009), S. 3. Nötigung wird hier als allgemeiner Terminus für die unterschiedlichen Formen von psychologischem Zwang benutzt und ist nicht, wie bei Kant, auf den Bereich genuin moralisch fundierter praktischer Notwendigkeit beschränkt.

224 S.: A. a. O., S. 7. Während Korsgaards Kritik an einer Tugendethik humescher Prägung nachvollziehbar ist, muss die Kritik am Rationalismus differenzierter betrachtet werden, da hier nicht genauso wie gegen die natürlich fundierte Tugendethik argumentiert werden kann: Wenn ich nur deswegen bestimmte praktisch-rationale Standards anerkenne und

5.7 PRAKTISCHE NÖTIGUNG, SELBST-KONSTITUTION UND HANDLUNG 107

Korsgaards Kritik kann auf eine Frage zugespitzt werden, deren Zielrichtung und Berechtigung nicht ohne weiteres einsichtig sind, nämlich die Frage danach, *warum man als rationaler Akteur rationale Standards anerkennt*. Sie betont zwar zu Recht, dass rationalistische Ethiken z.B. in metaphysischer Hinsicht problematisch sind, insofern sie im Sinne einer ontologisch konzipierten Korrespondenztheorie eine objektive Vernunft »in der Welt« annehmen, der ein Abbild im Akteur entsprechen soll, und allein diese quasi-gegenständliche Korrespondenz bereits die praktische Verbindlichkeit der objektiven Vernunft außerhalb des Akteurs für den Akteur erklären kann. Eine rein theoretische Korrespondenz von Urteil und Tatsache ist auch abgesehen von diesbezüglichen kohärenztheoretischen Einwänden in der Tat nicht in der Lage, eine damit verbundene *praktische* Verbindlichkeit nachvollziehbar zu machen – dies ist der strukturelle Kern ihrer Realismus-Kritik. Korsgaards eher sporadisch durchgeführte Rekonstruktion rationalistischer Positionen stellt jedoch insofern eine Simplifizierung dieser Ansätze dar, als die Anerkennung rationaler Standards nicht auf einen ontologisch gegebenen Sachverhalt reduziert werden muss, der in Form bloßer Faktizität als Begründungsfundament normativer Verbindlichkeit fungiert. Vielmehr können die jeweils angesetzten ontologischen Annahmen auch umgekehrt als Folgerungen aus einer ihnen vorgeordneten Werteinsicht rekonstruiert werden. Doch auch eine solche Reformulierung des rationalistischen Ansatzes würde in Korsgaards Perspektive keine hinreichende Antwort auf die normative Frage darstellen, denn insofern sich besagte Werteinsichten auf Entitäten außerhalb des Akteurs bezögen, würde dies das von ihr diagnostizierte Problem replizieren und nicht lösen. Falls die Werteinsicht jedoch durch eine Form des Selbstbezugs des Akteurs

---

auch dementsprechend handele, weil sie eben genau dies sind – rationale Standards –, dann kann ich auf Korsgaads Frage nach dem Warum meiner Anerkennung in der Tat nur eine sinnvolle Antwort geben: »Weil es rationale praktische Standards sind.« Welche alternativen Antworten wären hier möglich? Der Akteur könnte rationale Standards z.B. nur deswegen anerkennen, weil er dadurch zu einem sozial akzeptierten Teil der ihn umgebenden Gesellschaft würde oder andere für ihn wertvolle Zwecke verwirklichen könnte. Kurz: Er könnte nicht- bzw. arationale Gründe für seine Anerkennung der Rationalität anführen und dieser damit einen nur extrinsischen Wert zuschreiben. Allerdings wäre es in solchen Fällen durchaus gerechtfertigt, diese nur bedingte Anerkennung rationaler Standards als instrumentelle Verzerrung dessen zu beurteilen, was es heißen kann, rationale Standards aus den *richtigen* Gründen anzuerkennen. Andernfalls würde man berechtigterweise davon sprechen, dass der Akteur nicht verstanden hätte, worum es bei vernünftigen Akten eigentlich gehe. Genau dies scheint Korsgaard bestreiten zu wollen, denn nach ihr ist es aus praktisch-erstpersonaler Sicht unmöglich, durch die bloße Wertschätzung der Vernünftigkeit eines Prinzips als Selbstzweck zu einem diesem Prinzip entsprechenden Handeln motiviert zu werden.

bedingt wäre, würde Korsgaard dies nicht mehr unter die rationalistischen Theorien subsumieren. Letzteres ist der Weg, den sie in ihrer eigenen Theorie verfolgt.

Die bereits in »Sources« entwickelte Kritik an Realismus und Sentimentalismus wird in »Self-Constitution« aufschlussreich präzisiert: Weder Tugendethik noch Rationalismus könnten adäquat erklären, welchen *Zweck* diejenigen Akteure verwirklicht haben, die wir als rationale oder gute Personen bezeichnen.[225] Entgegen der naheliegenden Annahme, dass der moralisch gute Akteur seinen Kampf um die innerpsychische Verwirklichung des Moralischen und der rationale Akteur seinen Kampf um die rationale Bestimmung seines Handelns gewonnen hätte, sind diese Akteure nach Korsgaard bei der Meisterung einer anderen Aufgabe erfolgreich gewesen – sie werden von uns rational oder gut genannt, weil sie durch Akte der Selbstbestimmung ihre *psychische Integrität* herstellen.[226] Da der Akteur selbst mit der Herstellung seiner psychischen Einheit betraut sei, müssten praktisch normative Prinzipien als die Gesetze praktischer Selbst-Konstitution der handelnden Person verstanden werden: »Normative standards (...) are the principles by which we achieve the psychic unity, the work that we experience as necessitation, is what I am going to call *self-constitution*.«[227]

Fazit
Mit der Auszeichnung der psychischen Einheit des Akteurs als primärem Zweck seiner Handlungen beantwortet Korsgaard die Frage nach der Rechtfertigung praktischer Normen auf eine Weise, die die Annahme nahe legt, normative Prinzipien und damit auch moralische Gesetze hätten eine rein *instrumentelle* Rolle im Kontext einer primär in psychologischer Hinsicht normativen Handlungstheorie inne. Zwar ist mit der oben zitierten These noch nicht behauptet, dass die Herstellung von psychischer Einheit den einzigen Zweck normativer Prinzipien darstellt, doch liefert sie Grund zu der Annahme, dass im Ausgang von Korsgaards bisher entwickelter Systematik trotz der zahlreichen Bezüge auf Kant keine Theorie kantischen Typs vorliegt. Dies liegt nicht daran, dass Korsgaard von einer teleologischen Kontextualisierung auch moralisch normativer Prinzipien ausgeht, sondern ist in der Behauptung von deren spezifisch *psychologischer Funktionalität* begründet. Der Kampf, den der kantische Akteur in seiner Seele kämpft, ist nicht derjenige um seine psychische Integrität, sondern derjenige um die moralisch angemessenen

---

225 Vgl.: A. a. O.
226 Vgl.: A. a. O.
227 S.: A. a. O.

Handlungsgründe. Diese Gründe beziehen ihre Normativität nicht von ihrer psychologisch bestimmten Funktionalität, sondern von ihrer Entsprechung zum Sittengesetz.[228] Damit ist noch nichts Definitives über die Plausibilität der Gesamttheorie Korsgaards gesagt, jedoch registriert, dass sich ihr Ansatz dadurch von Kant absetzt, dass die psychologische Struktur des Akteurs als ein primär relevantes, weil normativ implikationsreiches Element der Kerntheorie fungiert.

5.7.2 *Selbst-Konstitution*

Das bisher weitgehend unspezifizierte Moment des Selbstbezugs des Akteurs wird von Korsgaard durch die Annahme präzisiert, dass ihm nicht nur die Geltungsfundamente der für ihn verbindlichen praktischen Prinzipien allein im Rekurs auf seine eigene praktische Reflexivität zugänglich sein sollen, sondern dass er genau genommen *vor* der Wahl seiner Handlungsgründe nicht existiert: Im Prozess der Entscheidung für einen für ihn verbindlichen Handlungsgrund entscheide sich der Handelnde immer auch für eine bestimmte Identität bzw. für eine bestimmte Version seiner selbst.[229] Der Grund für diese auch nach Korsgaard paradox anmutende Annahme[230] besteht darin, dass sie den Gedanken der Zurechenbarkeit von Handlungen zu Akteuren radikal interpretiert. Dem zufolge impliziere ein ernst genommener Begriff von Verantwortung auch die Verantwortung für die Grundlage der Entscheidungen für Handlungsgründe, d.h. für die eigene Identität: »It is as the possessor of personal or practical identity that you are the author of your actions, and responsible for them. And yet at the same time it is in choosing your actions that you create that identity. What this means is that you constitute yourself *as* the author of your actions in the very act of choosing them.«[231] In Übereinstimmung mit einer Lesart, nach der die strukturellen Grundlagen von Korsgaards Ansatz nicht kantisch sind, interpretiert sie das Prinzip der Selbst-Konstitution des Akteurs im Kontext einer aristotelischen, d.h. teleologischen Auffassung vom Leben.[232] Das Paradoxon der Selbst-Konstitution des Akteurs

---

228 Die psychische Integrität des Akteurs kann, je nach konkreter Gestalt seines Charakters, auch bei Kant maßgeblich von der Wahl seiner Handlungsgründe beeinflusst werden, doch würde sich eine Deutung der kantischen Moralphilosophie als Theorie praktisch notwendiger psychologischer Eigenschaften einem Missverständnis verdanken.

229 »(...) in the relevant sense there is no you prior to your choices and actions, because your identity is in a quite literal sense constituted by your choices and actions«; S.: A. a. O., S. 19.

230 Vgl.: A. a. O., S. 20.

231 S.: A. a. O.

232 »The account of the normativity of practical reason that I am working on here grounds normative standards in a frankly teleological, Aristotelian, conception of objects and activities«; s.: A. a. O., S. 37.

sei in dieser Hinsicht nichts Problematisches oder Unverständliches, sondern schlichtweg die menschliche Weise, ein Lebewesen zu sein, da diese sich grundsätzlich durch ihre autopoetische Beschaffenheit auszeichne. De facto handele es sich überhaupt nicht um ein Paradoxon, da der Prozess der Selbst-Konstitution nicht derjenige eines sich selbst hervorbringenden Handwerkers sei, sondern das Wesen des Lebens bezeichne. In dieser metaphysischen Hinsicht unterscheide sich die Existenzweise eines Akteurs nicht von derjenigen einer Giraffe: »(...), what it is to be a person, or a rational agent, is just to be engaged in the activity of constantly making yourself into a person – just as what it is to be a giraffe is to be engaged in the activity constantly making yourself into a giraffe.«[233]

Korsgaards Theorie der Selbst-Konstitution des Akteurs stellt also nicht etwa eine teleologisch-essentialistische Reformulierung von Fichtes Selbstsetzung des praktischen Ichs dar, sondern beschränkt sich auf die aristotelische Position, dass dies nun einmal die menschliche Seinsweise sei. Es kann verwundern, dass Korsgaard meint, mit dieser Deutung der Selbstwahl des Akteurs sei dieser Vorstellung der paradoxale Charakter genommen, denn die autopoetische Lebensmetaphysik gibt nur ein allgemeines Prinzip an, das jedoch die Struktur konkreter Fälle von personaler Selbst-Konstitution weder erklärt noch rechtfertigt. Tatsächlich ist der Begriff der Selbst-Konstitution in seiner teleologischen Verständnisweise zwar im Kontext der Theorie Korsgaards für die Interpretation des Phänomens der praktischen Nötigung relevant, doch besitzt er keine zentrale argumentative Funktion, die über besagte Rechtfertigung von Zurechnungsfähigkeit hinausgeht.

Vielmehr scheint er eine systematische Leerstelle zu bezeichnen, die z.B. auch, in anderer Form, in Kants praktischer Philosophie zu finden ist. Kant reflektiert in seiner späten Religionsschrift über das Problem der ersten ursprünglichen Wahl von Maximen des Akteurs und kommt zu dem Schluss, dass eine solche erste Wahl nicht ohne infiniten Regress denkbar sei, da jeder Wahlakt immer schon aufgrund von bestimmten Maximen vollzogen werden müsse. Der erste Ursprung der eigenen Maximen sei daher streng genommen unerforschlich, damit aber auch der Grund des Charakters dem praktisch-rationalen Zugriff entzogen.[234] De facto findet sich diese Figur des infiniten Regresses in Korsgaards aristotelisch inspirierter Idee der Selbst-Konstitution wieder, und zwar als auf sich zurückgebogener und daher selbstreferenzieller Regress des kontinuierlichen Selbstschaffens. Dies ist auch der Grund dafür, warum durch das Konzept der Selbst-Konstitution in systematischer Hinsicht

---

233 S.: A. a. O., S. 42.
234 Vgl.: I. Kant – Die Religion innerhalb der Grenzen der bloßen Vernunft, AA VI, S. 21 Anm.

5.7 PRAKTISCHE NÖTIGUNG, SELBST-KONSTITUTION UND HANDLUNG

genauso wenig geleistet wird wie durch einen infiniten Regress. An anderer Stelle der Religionsschrift wird ein ähnlicher Punkt aufgegriffen, wenn Kant konstatiert, dass der Wechsel von einem bösen zu einem guten Charakter nicht graduell gedacht werden könne, sondern in einer Revolution der Denkungsart bestehen müsse.[235] Diese Revolution müsse man sich als intelligiblen Entscheidungsakt vorstellen, durch den eine radikale Umkehr von den bisherigen Gesinnungsgrundlagen stattfinde. Eine genauere Beschreibung der praktisch-moralischen Revolution scheint jedoch aus ähnlichen Gründen unmöglich zu sein wie diejenige der ersten Wahl von Maximen, da es sich um einen abrupten Wechsel der gesamten Maximen-Konfiguration handelt. Die Wahl von moralisch guten Maximen ist nicht von bösen Maximen ableitbar, sodass es sich gewissermaßen auch hier um die Problematik des Ursprungs der ersten (guten) Maximen handelt.[236]

Das kantische Problem einer ersten Wahl von Handlungsgründen kann durch die Konzeption einer kontinuierlichen praktischen Selbstschaffung nicht gelöst werden, sondern in teleologischer Sicht scheint eine Frage nach ersten Maximen bzw. Gründen irrelevant oder kategorial falsch zu sein, da sie eine künstliche Unterbrechung des Kontinuums der Selbst-Konstitution vorauszusetzen scheint.[237] Auch eine radikale Revision der Prinzipien der Wahl der Handlungsgründe (Revolution der Denkungsart) wird durch die Annahme eines selbstreferentiellen Entscheidungsaktkontinuums nicht transparenter gemacht. So ungewöhnlich Korsgaards Theorie der Selbst-Konstitution insbesondere vor dem Hintergrund der aktuellen Theorielandschaft erscheinen mag, so wenig Handfestes ist in systematischer Hinsicht mit ihr verbunden.

Fazit
Die hier vertretene Lesart, die primär den verantwortungstheoretischen Aspekt der Selbst-Konstitution fokussiert, kann die Frage aufwerfen, ob es nicht essentiell für Korsgaards Argument der handlungskonstitutiven Funktion von moralischer Normativität ist, dass wir deshalb moralisch handeln sollen, weil moralische Verbindlichkeit unsere adäquate Selbstkonstitution ermöglicht. Die These der Selbstkonstitution als Zweck des Handelns wird in diesem Sinne u.a. bei David Enoch unverhältnismäßig stark in den Mittelpunkt der Analyse gerückt.[238] Zudem liegt die Annahme nahe,

---

235   Vgl.: A. a. O., S. 47ff.
236   Vgl. dazu Kants Äußerungen zum unerklärbaren Ursprung des Bösen: A. a. O., S. 43.
237   Vgl. dazu: Korsgaard (2009), S. 43f.
238   Vgl. zu der weiterführenden Diskussion: M. E. Silverstein – The Shmagency Question, in: Philosophical Studies 172 (no. 5) 2015, 1127-42; L. Ferrero – Constitutivism and the Inescapability of Agency, in: Oxford Studies in Metaethics 4 (2009), S. 303-333.

dass Korsgaard eines ihrer Hauptwerke nicht ohne Grund »Self-Constitution« genannt hat. Zweierlei bleibt diesbezüglich festzuhalten: Wenn man die These der Selbst-Konstitution im antik-teleologischen Kontext versteht, stellt sie eine *metaphysische Deutung* der praktischen Wahl von Handlungsgrundsätzen dar, trägt jedoch weder explanativ noch normativ zu einem besseren Verständnis dieses Prozesses bei; wenn man sie unabhängig von teleologischen Gesichtspunkten interpretiert, führt dies zu einer ebenso wenig aufschlussreichen infinit regressiven Struktur. Es ist demnach kein Zufall, wenn sich im Hinblick auf Korsgaards Gesamttheorie zeigt, dass deren systematische Pointe nicht von der These der Selbst-Konstitution abhängt. Die allgemeine Grundidee von Korsgaards Theorie zum Zusammenhang von Handlung und Prinzipiengeltung besteht vor allem darin, dass 1. menschliche Akteure mit der Notwendigkeit zu handeln konfrontiert sind, 2. Handeln die reflektierte Wahl von Gründen impliziert, 3. die reflektierte Wahl von Gründen eine bestimmte Einheit des wählenden Akteurs voraussetzt, und 4. diese Einheit nur durch die Anerkennung der Normativität praktischer Prinzipien geleistet werden kann. Keiner dieser Punkte ist deswegen unverständlich oder unmittelbar unplausibel, wenn bzw. sobald er nicht mehr vor dem Hintergrund der Idee der Selbst-Konstitution interpretiert wird.[239] Korsgaards These, dass der Zweck des Handelns primär in der Selbst-Konstitution des Akteurs besteht, impliziert allein noch keine von dem Akteur zu erfüllende Forderung, die er auch *nicht* erfüllen könnte, da wir uns notgedrungen immer durch unsere Handlungen auf irgendeine Weise selbstkonstituieren.[240] Der entscheidende Aspekt besteht darin, dass wir uns *auf eine bestimmte Weise* selbstkonstituieren sollen, nämlich als rationale Einheit. Der Grund für diese weiterführende These ist jedoch nicht metaphysischer, sondern verantwortungstheoretischer Natur: Wir sollen uns als rationale Einheit konstituieren, damit zurechenbare Handlungen möglich werden.

---

239 Es gibt Interpretationskontexte der Philosophie Korsgaards (z.B. existentialistische Ansätze), in denen die Selbst-Konstitution des Akteurs an substantieller Bedeutung für das Profil ihrer Theorie gewinnt, doch zumindest aus der hier fokussierten begründungstheoretischen Sicht ist dies nicht der Fall.

240 In dieser Sicht handelt es sich bei der These der Selbstkonstitution um eine deskriptive These: Wir konstituieren uns unweigerlich durch unsere Handlungen selbst, weil wir als Handelnde – allgemein ausgedrückt – nichts anderes sind als unsere Handlungen. Wir können nicht handeln, ohne uns selbst zu konstituieren. Umgekehrt können wir uns zwar auch nicht konstituieren, doch impliziert dies, dass wir nicht handeln bzw. als Akteure streng genommen nicht existieren.

5.7 PRAKTISCHE NÖTIGUNG, SELBST-KONSTITUTION UND HANDLUNG

Um zu verstehen, wie die Gültigkeit moralischer Forderungen Korsgaard zufolge durch unsere praktische Natur konstituiert wird, gilt es, die dem Handlungsbegriff zugeschriebenen systematischen Implikationen zu rekonstruieren. Drei Fragen sind in diesem Zusammenhang zu beantworten:

1. Die Frage nach dem praktischen Wahlobjekt (*Was* wird gewählt, wenn ein Handlungsgrund gewählt wird?)

2. Die Frage nach dem praktischen Wahlgesetz (*Wie* wird gewählt, wenn ein Handlungsgrund gewählt wird?)

3. Die Frage nach dem praktischen Wahlsubjekt (*Wer* wählt, wenn ein Handlungsgrund gewählt wird?)

Die ebenfalls zentrale Frage nach dem praktischen Wahlgrund (*Warum* wird gewählt?) ergibt sich bei Korsgaard aus der Beantwortung der drei Fragen nach dem Objekt, dem Gesetz und dem Subjekt der Wahlhandlung. Zudem wird sich zeigen, dass auch die Fragen nach dem Objekt und dem Subjekt der Wahl von Handlungsgründen eng miteinander verbunden sind. Dies ist vor dem Hintergrund der Idee der Selbst-Konstitution nicht überraschend. Korsgaards Argument für die handlungstheoretisch fundierte Verbindlichkeit moralischer Normativität hängt konsequenterweise unmittelbar mit den systematischen Implikationen des Akteurseins, also dem dritten Punkt zusammen. Die kritische Rekonstruktion der Begründung von Korsgaards Moraltheorie bildet dementsprechend den Abschluss der Analyse ihres Modells.

Im Folgenden werden die drei soeben genannten Fragen in der angegebenen Reihenfolge behandelt und auf diesem Wege Korsgaards praktische Begründungsthese entwickelt. Im nächsten Abschnitt (5.7.3.) wird gemäß der ersten Frage bestimmt, was Korsgaard unter einem Handlungsgrund versteht. Im Kontext der Analyse ihres Begriffs des praktischen Grundes wird herausgearbeitet, warum sie die These vertritt, dass menschliche Akteure durch die Wahl von Gründen intrinsisch normative Werte schaffen. Da Handlungsgründe immer Gründe eines Akteurs sind, der sein Handlungsvermögen nach bestimmten Gesetzen ausrichten muss, wird in diesem Zusammenhang auch gemäß der zweiten Frage das Prinzip der Wahl von Handlungsgründen thematisch.

5.7.3 *Handlungsgrund, Maxime und Kategorischer Imperativ*

Im Kontext der Entwicklung der handlungstheoretischen Grundlagen ihrer Theorie diskutiert Korsgaard zwei Modelle von Handlung, die sich u.a.

schon bei Aristoteles finden lassen.[241] Sie vertritt die Auffassung, dass nur die aristotelische Idee der »praxis« als Grundlage eines plausiblen Handlungsbegriffs tauge: Erst der Handlungsvollzug in Zusammengehörigkeit mit dem durch ihn verfolgten Zweck stelle die vom Akteur gewählte Handlung (»action«) dar[242]. Dagegen verdanke sich die im Alltag und auch in der zeitgenössischen Forschung übliche Auffassung von einer Handlung, die auf einen außerhalb von ihr liegenden Zweck ausgerichtet ist, einer verkürzten Redeweise.[243] Korsgaard geht es bei der Klärung ihres Handlungskonzepts primär um eine Verhältnisbestimmung von Zweck und Grund: Wenn man einen Akteur nach seinen Handlungsgründen frage, sei es nicht hinreichend, den Zweck der jeweiligen Handlung als Grund zu nennen, sondern de facto frage man immer nach dem Grund für den Zweck einer Handlung. Dieser Grund sei jedoch nichts von der Handlung Verschiedenes, sondern ihr intelligibler Kern: »(...), an action is an essentially intelligible object that *embodies* a reason, the way a sentence is an essentially intelligible object that embodies a thought«.[244]

---

241 Beide Modelle stellen Varianten der teleologischen Handlungsauffassung dar und implizieren demnach eine konstitutive Funktion von Zwecken. Das erste Modell bestimmt Handlung als einen Prozess des Hervorbringens, d.h. die Funktion der Handlung besteht in dieser Sicht darin, einen Zweck zu verwirklichen, der nicht selbst schon einen Teil der Handlung darstellt. Dementsprechend liegt der Maßstab, anhand dessen wir über die jeweilige Qualität der Handlung urteilen, prinzipiell *außerhalb* dieser Handlung (»poesis« bei Aristoteles). Demgegenüber liegt der Handlungszweck im zweiten Modell in der Handlung selbst und stellt somit auch kein hervorzubringendes Produkt im Sinne des ersten Modells dar (»praxis« bei Aristoteles). Die Handlung im Sinne des zweiten Modells ist immer noch teleologisch, da sie ebenfalls auf die Verwirklichung eines Zwecks ausgerichtet ist, doch weist der durch sie bzw. in ihr anvisierte Zweck nicht über sie hinaus, sondern gilt als verwirklicht, wenn die Handlung *auf eine bestimmte Art und Weise* ausgeführt wird. In diesem Fall ist die Qualität der Handlung mit der Ausführung der Handlung selbst gegeben, sodass diese nicht danach beurteilt werden kann, welche Resultate sie zeitigt. Korsgaard sieht das praktische Handlungsmodell bei Aristoteles und Kant verwirklicht: Sowohl die gute Handlung nach Aristoteles als auch die sittengesetzlich adäquate Handlung nach Kant implizierten eine Bestimmung des praktischen Gegenstands des Akteurs, die sowohl Handlungsvollzug (»act«) als auch Handlungszweck (»end«) umfasse. Vgl.: A. a. O., S. 8ff.

242 Vgl.: A. a. O., S. 9ff.

243 Dies treffe auch auf den Handlungsgrund zu: »Contemporary philosophers tend to think of the reasons for an action as something outside of or apart from the action itself, something that perhaps serves as its cause. This in turn leads to misinterpretation of our practices of asking and answering questions about people's reasons. We ask for the *reason* for an action, and as often as not, we give the answer by citing the agent's *purpose*. The purpose is separate from and behind the act, so if you think of a reason as separate from and behind an action, you will be led to confuse the act with the action.« S.: A. a. O., 12.

244 Vgl.: A. a. O., S. 14.

5.7 PRAKTISCHE NÖTIGUNG, SELBST-KONSTITUTION UND HANDLUNG

Die hier artikulierte Idee besteht darin, unter einem Handlungsgrund das *Verhältnis von Handlungsvollzug und Handlungszweck* zu verstehen. Dieses Verhältnis drücke sich jedoch immer in der ganzen Handlung aus, sodass ein Handlungsgrund kein isoliertes Moment einer Handlung, sondern nur diese selbst in ihrer Totalität sein könne. Wenn Akteure also Handlungsgründe wählen, entscheiden sie sich nach Korsgaard stets für Handlungen. An diesem Punkt rekurriert sie auf das kantische Konzept einer Maxime: Wie man u.a. an Kants eigenen Beispielen im Rahmen seiner Maximentests nachverfolgen könne, hätten Maximen die Form »Ich vollziehe Handlung H um Zweck Z zu verfolgen«. Eine kantische Maxime sei demnach nichts anderes als die Beschreibung einer Handlung nach teleologischem Muster.

Nun soll es in Korsgaards Theorie nicht nur um Handlungen überhaupt, sondern um die Frage nach guten und schlechten Handlungen gehen. Der mit ihrem Ansatz verbundene Anspruch beschränkt sich nicht auf bloße Handlungsrekonstruktion, sondern besteht in dem Nachweis, dass Handlungsrekonstruktion immer schon mit Moralrekonstruktion verbunden ist.[245] Angesichts ihrer Thesen, dass 1. Handlungen als solche den Zweck der Selbst-Konstitution des Akteurs besitzen, 2. diese Selbst-Konstitution nur unter der Bedingung der psychischen Einheit des Akteurs erfolgreich ist und 3. die Einheit des Handelnden nur unter Bezug auf die Normativität praktischer Prinzipien zustande kommen kann, existieren in Bezug auf den übergeordneten Zweck von Handlungen bestimmte Maßstäbe, nach denen es gute und schlechte Handlungen geben kann. Im Hinblick auf die Gesamtstruktur der Theorie steht Folgendes fest: *Gute Handlungen stellen die Einheit des Akteurs her und müssen daher auch den praktischen Prinzipien entsprechen, die für diese Einheit konstitutiv sind.* Wenn Handlungen durch Maximen beschrieben werden, gibt es auch gute und schlechte Maximen. Die in diesem Kontext zentrale Frage lautet demnach: Was macht eine Maxime zu einer guten Maxime?

Korsgaards Antwort schließt sowohl an Kant als auch Aristoteles an: Der Wert einer Maxime verdanke sich ihrer Form, wobei die Form durch die Anordnung ihrer Teile bestimmt sei.[246] Da die beiden Elemente einer Maxime in Handlungsvollzug und Handlungszweck bestünden, sei für ihre Form die Relation von Handlungszweck und Handlungsakt entscheidend. Die Relation zwischen beiden Elementen müsse dergestalt sein, dass die jeweilige Maxime von einem

---

245 Vgl.: A. a. O., S. 7.
246 Vgl. dazu ihren Verweis auf die Verwendung des Begriffs des »logos« bei Aristoteles: A. a. O., S. 10. Korsgaard verdeutlicht diesen Punkt durch die Analyse verschiedener Maximen, deren moralische Qualitätsunterschiede unabhängig von dem jeweils angestrebten Zweck oder dem Handlungsvollzug bestehen, sondern aus deren Anordnung resultieren; vgl.: A. a. O., S. 15f.; Dies. (1996a), S. 108.

rationalen Akteur als Gesetz gewollt werden könne, d.h. das Kriterium für eine gute Maxime besteht im Anschluss an Kant in ihrer *Gesetzesförmigkeit*.[247] In konsequenter Parallele zu ihrer an der aristotelischen Idee der »praxis« orientierten Handlungskonzeption charakterisiert Korsgaard gute Maximen zudem als Strukturen, denen Gesetzesförmigkeit als eine *interne* Eigenschaft zukommt.[248] Eine Maxime ist nach Korsgaard dann gesetzesförmig, wenn sie ein bestimmtes *funktionales Arrangement* ihrer Elemente aufweist: »If the walls are joined and roof placed on top *so that* the building can keep the weather out, then the building has the form of a house. So: if the action and the purpose are related to one another *so that* the maxim can be willed as a law, then the maxim is good.«[249]

Sowohl das Kriterium der Gesetzesförmigkeit der Maximen als auch die Anforderung, dass gute Maximen aufgrund ihrer inneren Beschaffenheit gesetzesförmig sein sollen und deswegen als Gesetz bzw. Handlungsgrund gewollt werden können, sind erläuterungsbedürftig. Ich werde zuerst auf die allgemeine Anforderung der Gesetzesförmigkeit und in diesem Rahmen auch auf Korsgaards Interpretation des Kategorischen Imperativs eingehen (5.7.3.1.). Danach wird ihre weitergehende Forderung der intrinsischen Gesetzesform von guten Maximen thematisch sein.

5.7.3.1 Die Gesetzesförmigkeit von Maximen

Die Gesetzesförmigkeit von Maximen muss nach Korsgaard als Erfüllung einer grundlegenden Anforderung an die Handlungen des Akteurs verstanden werden, und zwar derjenigen, die im Anschluss an Kant notwendigerweise aus

---

247 In terminologischer Hinsicht zeichnet Korsgaards Reflexionen zu Handlung und Handlungsgrund eine Besonderheit aus. So benutzt sie Handlungsgrund (»reason«) und Gesetz (»law«) bzw. die Idee des Gesetz-für-einen-Akteur-Seins weitgehend synonym. Daher gibt es Passagen, in denen sie auch sinnliche Vergnügungen als mögliches Gesetz für Akteure behandelt: » (...) if your will were heteronomous, and pleasure were a law to you, this is all you would need to know, and you would straightaway do act-A in order to produce that pleasant end-E. But since you are autonomous, pleasure is not a law to you: nothing is a law to you except what you make a law for yourself. (...). Since nothing is a law to you except what you make a law for yourself, you ask yourself whether you could take *that* to be your law. Your question is whether you can will the maxim of doing act-A in order to produce end-E as a universal law«; S.: Dies. (2009), S. 153. Normalerweise würde man nicht von der Möglichkeit sprechen, dass Genuss oder Lust »ein Gesetz« für uns sein könnte, sondern eher davon, dass wir (als Denkmöglichkeit) ein Gesetz adaptieren könnten, welches besagt, dass Genuss oder Lust die höchsten Werte und daher stets praktisch anzustreben seien.
248 Vgl.: A. a. O., S. 16.
249 S.: Dies. (1996a), S. 108.

5.7 PRAKTISCHE NÖTIGUNG, SELBST-KONSTITUTION UND HANDLUNG

der reflexivitätsbedingten Autonomie des Akteurs resultiert – da wir unsere Handlungsgründe selbstbestimmt wählen (autonom handeln), Handeln grundsätzlich mit Kausalität verbunden ist und Kausalität auf Gesetzmäßigkeit verweist, müssen wir uns als frei Handelnde selbst das Gesetz unseres Handelns geben. Wenn unser allgemeines Handlungsgesetz nicht das Prinzip unseres Handelns selbst wäre, könne man nicht von einer freien Wahl von Handlungsgründen sprechen. Daher müsse man als oberstes Gesetz der eigenen Handlungen die bloße Gesetzesförmigkeit bestimmen.[250] Das Gesetz, nach gesetzesförmigen Maximen zu handeln, sei demnach das Prinzip des nach selbstgewählten Gründen handelnden Akteurs.

Der Begriff des Handlungsgrundes impliziert nach Korsgaard die *Unmöglichkeit eines partikularistischen Wollens*, d.h. eines Handelns, dessen Struktur bei jedem Vollzug vollständig durch den jeweils kontingenten Handlungsimpuls bestimmt werde.[251] Ein Handeln, das nicht einer von den dem Akteur vorgegebenen Impulsen verschiedenen Gesetzlichkeit folgt bzw. das nicht auf einer reflektierten Beurteilung dieser Impulse nach eigenen Maßstäben beruht, wäre gesetzlos. Bei einem gesetzlosen Handeln gebe es keinen Akteur, der sich von seinen unmittelbaren Impulsen unterscheide und nach Maßgabe normativer Prinzipien eine Beurteilung dieser Impulse vornehmen könne. Eine Maxime, die einem Akteur als Handlungsgrund diene, müsse von diesem Akteur daher als universal gültig, d.h. als *regelmäßig* und daher auch *regelgemäß* für ihn verbindlich betrachtet werden. Dies schließe keinen Wechsel von Maximen aus – ein solcher sei unvermeidlicher Bestandteil reflektierten menschlichen Handelns –, sondern weise darauf hin, dass die mit dem Begriff des Handlungsgrundes verbundene universale Normativität allein schon aus akteurtheoretischen Gründen zu unterstellen sei. Die Idee, dass Akteure ihr Handlungsvermögen allein durch das Prinzip der Gesetzesförmigkeit bestimmen, wird von Korsgaard ebenfalls bei Kant verortet, und zwar als das Konzept des *Kategorischen Imperativs*. Da Korsgaards Adaption dieses kantischen Kernkonzepts mit einer weitgehenden Umdeutung seiner ursprünglichen Bedeutung und damit auch der Bedeutung des Begriffs der universalen Verbindlichkeit einhergeht, wird im Folgenden in gebotener Kürze erläutert, welche Rolle der Kategorische Imperativ in ihrer Systematik besitzt und welche Probleme damit verbunden sind.

Kants Kategorischer Imperativ sei deswegen das adäquate Prinzip der Autonomie, weil er allein die bloße Gesetzmäßigkeit der Maximen als Bedingung

---
250 Vgl.: A. a. O., S. 97f.
251 Vgl.: Dies. (2009), S. 75f.

für die Wahl von Handlungsgründen ansetze und damit den beiden Aspekten gerecht werde, die in diesem Zusammenhang konstitutive Relevanz besäßen, nämlich die Freiheit von äußerlichen Restriktionen und die Eigenschaft der Kausalität. Korsgaards Übernahme des Kategorischen Imperativs weicht von Kants Konzept allerdings dahingehend ab, dass sie den Kategorischen Imperativ als moralneutrales, rein handlungstheoretisch relevantes Prinzip versteht und damit vom kantischen Sittengesetz (»moral law«) absetzt. Das Sittengesetz sei das Gesetz des Reichs der Zwecke (»Kingdom of Ends«) und deshalb immer schon insofern moralisch zu konnotieren, als dieses Reich eine Wechselbeziehung von Interessen und praktischen Zwecken aller rationalen Akteure impliziere. Im Hinblick auf ihre grundsätzliche Auffassung dieser Idee wird dabei deutlich, dass sie das Reich der Zwecke nicht zuletzt als immer schon politisch relevante Konzeption im Anschluss an Rawls versteht: »The moral law tells us to act only on maxims that all rational beings could agree to act on together in a workable cooperative system.«[252]

Korsgaards These der moralischen Irrelevanz des Kategorischen Imperativs ist vor allem deswegen klärungsbedürftig, weil sie das bei Kant moralisch konnotierte Moment des Imperativs – seine universelle Geltung – nicht bestreitet, sondern keinen Zweifel daran lässt, dass Gesetzmäßigkeit und Universalität untrennbar zusammengehören. Ihre Interpretation des Kategorischen Imperativs setzt bei einer Mehrdeutigkeit des Begriffs der Universalität an, die bei Kant nicht prominent ist, jedoch mit Korsgaards Rekonstruktion des Arguments für die Plausibilität der Autonomiethese kompatibel zu sein beansprucht: »Any law is universal, but the argument (...) doesn't settle the question of the domain over which the law of the free will must range.«[253] Dem zufolge kann sich die Universalität eines praktischen Gesetzes auch nur auf die Handlungsgründe eines einzelnen Akteurs oder einer bestimmten Gruppe von Akteuren beziehen. Die Gültigkeit des Sittengesetzes stelle dementsprechend einen von mehreren möglichen Fällen von Universalität dar, wenn sie als für alle rationalen Akteure relevant betrachtet wird.[254] An dieser Stelle soll kurz auf zwei systematische Implikationen ihrer Übernahme und Umdeutung des

---

252 S.: Dies (1996a), S. 99.
253 S.: A. a. O.
254 »It is only if the law ranges over every rational being that the resulting law will be the moral law.« S.: A. a. O. Da Korsgaard sich dezidiert von Kant absetzt und mit der Adaption des Kategorischen Imperativs in ihrer Lesart eine rein systematische Pointe verfolgt, erübrigt sich eine detaillierte Diskussion der damit verbundenen Interpretationsfragen (auch wenn nur bedingt nachvollziehbar ist, warum sie sich trotz ihrer weitreichenden Umdeutung dieses kantischen Konzepts dennoch wiederholt auf Kant bezieht).

5.7 PRAKTISCHE NÖTIGUNG, SELBST-KONSTITUTION UND HANDLUNG

Kategorischen Imperativs aufmerksam gemacht werden, die die grundlegende Strukturdifferenz beider Ansätze veranschaulichen.

Erstens ist zu berücksichtigen, dass Korsgaards autonomer Akteur den Kategorischen Imperativ immer schon befolgt, d.h. der Kategorische Imperativ fungiert soweit allein als *deskriptives Prinzip selbstbestimmter Handlungen*.[255] Der Wegfall der im kantischen Kontext normativen Implikation ist durch Korsgaards Interpretation als oberstes *handlungstheoretisches* Gesetz bedingt: In dieser Perspektive beschreibt der Kategorische Imperativ das Gesetz, dessen Befolgung für einen freien rationalen Akteur charakteristisch ist. Im Unterschied dazu stellt der Kategorische Imperativ bei Kant die imperativische Variante des infinitivisch formulierten Sittengesetzes dar, welches nicht eine Beschreibung von Handlungen, sondern allein von moralischen Handlungen darstellt. Korsgaards Umdeutung des Kategorischen Imperativs ist aus der von ihr fokussierten Perspektive demnach keine systematische Verirrung, sondern vielmehr konsequent.

In diesem Zusammenhang ist *zweitens* allerdings fraglich, wie sie auf rein handlungstheoretischer Basis die Annahme der Autonomie des Akteurs rechtfertigen kann, wenn sie im Unterschied zu Kant nicht explizit von einem moralischen Sollensanspruch an den Akteur ausgeht, dem zufolge dieser dazu berechtigt ist, sich als zu einer sittengesetzlich bestimmten Selbstbestimmung fähig zu begreifen. Im Hintergrund dieser Problematik steht die Frage, ob Korsgaard in ihrer begrifflichen Bestimmung der grundlegenden Handlungsnotwendigkeit zu Recht einen Zusammenhang von Handlung und Kausalität bzw. Gesetzmäßigkeit voraussetzt.[256]

---

255 Korsgaards handlungstheoretischer Imperativ ist zumindest im Hinblick auf den autonomen Charakter von Handlungen deskriptiv, da man innerhalb von Korsgaards Systematik nicht anders als autonom handeln, d.h. nicht von diesem praktischen Faktum abweichen kann. Es gibt daher bereits aus rein strukturellen Gründen keinen Imperativ der Form »Handle autonom!« Aus einer anderen, noch genauer darzustellenden Perspektive rekonstruiert, kann man insofern von normativen Implikationen des allgemeinen Handlungsgesetzes sprechen, als die Wahl von Gründen nach Korsgaard stets eine gewisse interne Konsistenz besitzen muss, was die Relation von Handlungsgrund und praktischer Identität sowie die Wahl von praktischen Identitäten selbst anbetrifft. Wenn man miteinander vollkommen inkompatible partikulare praktische Identitäten wählt, kann man nicht nur im übertragenden Sinne handlungsunfähig werden, d.h. man kann auch auf eine Weise handeln, die bestimmten (hier: formalen) Maßgaben nicht entspricht. Dies ändert jedoch nichts daran, dass autonomes Handeln als solches bei Korsgaard keiner Sollensvorgabe entsprechen muss, d.h. im Hinblick auf den autonomen Charakter von Handlungen ist Korsgaards Handlungsgesetz kein Imperativ.

256 Bei der Vorstellung, dass Handeln stets mit Kausalität und Kausalität mit Gesetzmäßigkeit verbunden sein muss, handelt es sich um kein Argument, sondern um eine *Prämisse*. Ebenso wenig, wie Handeln notwendigerweise als mit Kausalität oder zumindest einer

Kant zufolge weiß der Akteur aufgrund seines Verpflichtungsgefühls immer schon, dass er – *wie auch immer dies handlungstheoretisch zu rekonstruieren ist* – dem Sittengesetz gemäß handeln können muss, womit zumindest implizit schon eine rein moralische Anforderung an ein nomomorphes Handeln des praktisch freien Akteurs verbunden ist. Kant geht zwar von einem begrifflichen Zusammenhang von Handlung und Kausalität sowie Gesetzmäßigkeit aus, doch gibt es im kantischen Kontext auch ohne diese Voraussetzung einen moralischen, d.h. praktischen Grund, Handlung als einen gesetzlich bestimmten Vorgang zu begreifen, da das Sittengesetz die *kategorische* Verbindlichkeit moralischer Gründe gebietet.[257] Im Falle Kants

---

bestimmten Art von Kausalität verbunden gedacht werden muss, ist es notwendig, Kausalität als untrennbar mit Gesetzesförmigkeit verbunden anzusehen. Allerdings ist es im Falle einer strikten Trennung beider Begriffe erläuterungsbedürftig, was jeweils unter »Kausalität« und »Gesetz« verstanden wird. Diesbezüglich haben sich vor allem theoretisch orientierte Diskurse entwickelt, die sich u.a. mit dem Verhältnis von kausalen Relationen und kausalen Gesetzen sowie der Frage befassen, inwiefern kausale Zustände auf nicht-kausale Zustände reduzibel sind; vgl. dazu: E. Sosa/M. Tooley (eds.) – Causation, Oxford 1993; M. Tooley – Causes, Laws, and Ontology, in: H. Beebee/Chr. Hitchcock/P. Menzies (eds.) – The Oxford Handbook of Causation, Oxford/New York 2012, S. 368-386. Eine in praktischer Hinsicht aufschlussreiche Analyse kann bei der Relevanz von praktischer Freiheit und Zweckgerichtetheit als den Begriffen ansetzen, denen das Konzept der Handlung bei Korsgaard sein grundlegendes Profil verdankt. Zweckgerichtete Prozesse scheinen dabei auf freie Akte der Zweckwahl und der entsprechenden Ausrichtung oder Lenkung von kausal bestimmten Ereignissen durch einen Akteur zu verweisen, während die Situation des freien Akteurs die Notwendigkeit zu implizieren scheint, Zwecke zu wählen und sein Handlungsvermögen den Erfordernissen der Verwirklichung dieser Zwecke entsprechend zu bestimmen. Letzteres ist nichts anderes als die von Korsgaard diagnostizierte Situation des Menschen als reflexives Wesen. Trotz dieser wechselseitigen Verwiesenheit von Zweckgerichtetheit und Freiheit zeichnen sich beide Phänomene durch unterschiedliche Eigenschaften aus: Während Zweckgerichtetheit eine Relation von einer Handlung und einem Objekt bezeichnet, adressiert der Begriff der praktischen Freiheit eine Relation von Akteur und seiner Handlung. Im ersten Fall sind bestimmte Intentionen auf ein mentales Objekt gerichtet, das nicht real sein bzw. werden muss (eine erfolgreiche Zweckverwirklichung ist im Begriff der Zweckgerichtetheit nicht impliziert), im zweiten Fall stellt der Akteur einen realen Träger von Handlungsvermögen, also einer Form von Macht dar, dessen Aktionsradius auf seine ebenfalls faktisch existenten Handlungen als den Resultaten der Verwirklichung seines praktischen Vermögens bezogen ist. Angesichts dieser Unterschiede ist *erstens* fraglich, inwiefern beide Phänomene notwendig mit Kausalität verbunden gedacht werden müssen, *zweitens* ist auch im Falle einer solchen Verbindung jeweils genauer zu klären, um welche Art der Kausalität es sich jeweils handeln soll, und *drittens* ist vor allem unter Berücksichtigung der unterschiedlichen Bezugsobjekte beider Phänomene unklar, inwiefern beide auf ein und dieselbe Konstitutionsinstanz zurückgeführt werden können.

257 Vgl. dazu: M. Kohl – Kant on Determinism and the Categorical Imperative, in: Ethics Vol. 125, Vol. 2 2015, S. 331-356.

liegt in normativitätstheoretischer Hinsicht eine *Top-Down-Struktur* vor. Bei Korsgaards Ansatz ist dies nicht der Fall, denn dort gibt es kein untrügliches moralisches Pflichtgefühl, das aus moralischen Gründen eine bestimmte Struktur von Handlungsgründen erforderlich macht. Stattdessen geht sie von der rein handlungstheoretischen Notwendigkeit selbstbestimmter Handlungen aus und schließt allein im Ausgang von der Analyse des Begriffs der selbstbestimmten Handlung auf die Notwendigkeit ihrer gesetzlichen Determination. Im Falle Korsgaards handelt es sich um eine *Bottom-Up-Struktur* der Etablierung von Normativität, die aus der Fokussierung auf die praktisch-erstpersonale Verfasstheit des Akteurs resultiert. Die partiell unterschiedliche Rechtfertigung der freien Handlung als autonomer Akt bei Kant und Korsgaard hat Konsequenzen für die systematischen Implikationen dieser These in den jeweiligen Theorieumgebungen: Wenn man einen handlungstheoretisch fundierten Zusammenhang von Handlung und Gesetzmäßigkeit bestreiten würde, wäre Kants Ansatz (zumindest theorieimmanent betrachtet) immer noch *praktisch* weitgehend konsistent denkbar, während dies bei Korsgaard nicht ohne weiteres in vergleichbarerweise der Fall wäre. Im kantischen Szenario bestünde immer noch die sittengesetzliche Forderung, selbstbestimmt nach universalisierbaren Maximen zu handeln, während im zweiten Fall kein übergeordnetes praktisches Gebot existiert – dieses soll ja erst im Ausgang von einer handlungstheoretischen Basis etabliert werden.

Dennoch besteht auch innerhalb von Korsgaards Systematik eine Möglichkeit, im Rückgriff auf ihr Argument gegen das partikularistische Wollen für einen Zusammenhang von Handlung und Gesetzesförmigkeit zu argumentieren, und zwar indem man darauf verweist, dass der Gesetzesbezug von Handlungen aus der akteurtheoretisch gerechtfertigten Eigenschaft von Handlungsgründen folgt. In dieser Lesart würde die Korsgaards Ansatz zugrunde liegende praktisch-anthropologische Notwendigkeit des Handelns als funktionales Äquivalent zu Kants moralischem Sollensanspruch an den Akteur dienen: Während die Gesetzesförmigkeit der Maximen bei Kant eine Implikation des vom Sittengesetz an den Akteur ausgehenden moralischen Sollensanspruchs darstellt, müssen Handlungsgründe nach Korsgaard eine gesetzmäßige Form aufweisen, weil sie andernfalls keine *akteurkonstitutive* Rolle besitzen können. Kurz: Praktische Gründe müssen nach Korsgaard deswegen gesetzesförmig sein, weil andernfalls kein rationales Handeln und somit auch keine Akteure möglich sind, die sich durch dieses Handeln selbst konstituieren. Die Analyse der Berechtigung von Korsgaards Variante des Kategorischen Imperativs verweist auf die ihrer Theorie zugrunde liegende Prämisse, nämlich die Existenz von rationalen Handlungen und Akteuren.

Der reflexive Akteur ist nach Korsgaard kein Wesen, das schlichtweg existiert und dann noch zusätzlich mit der Notwendigkeit zu handeln konfrontiert ist, sondern vielmehr besteht die Existenzweise menschlicher Akteure darin, die Lösung für das Problem autonomen Handelns darzustellen, die darin besteht, Handlungsgründe zu wählen. In dieser Perspektive ist die Annahme der Gesetzesförmigkeit praktischer Gründe deswegen notwendig, weil es ohne Handlungsgründe keine Akteure geben kann, und diese Gründe müssen gesetzesförmig sein, um das Problem des partikularistischen Wollens (die »Auflösung« des Akteurs) zu vermeiden.[258] Diese Argumentation für die Anforderung der Gesetzesförmigkeit führt demnach zu der Frage: *Woher wissen wir, dass reflexive Akteure existieren?* Korsgaard behandelt diese Frage in ihrem Werk nicht explizit als gesonderte Problemstellung, jedoch erschließt sich ihre Antwort aus der generellen Systematik ihrer Theorie: Im Ausgang von der Perspektive praktischer Erstpersonalität stellt sich diese Frage genau genommen nicht, denn wenn überhaupt etwas zweifelsfrei feststehen soll, dann das Faktum der Notwendigkeit der autonomen Handlung und der Selbst-Konstitution des Akteurs.[259]

Fazit
Zusammengefasst ergibt sich folgendes Bild: Korsgaards rein handlungstheoretische Interpretation des Kategorischen Imperativs ist *erstens* klar vom kantischen Originalkonzept zu unterscheiden, was sich insbesondere an der Interpretation der Idee der universalen Geltung zeigt: Maximen müssen universal sein, weil der Kategorische Imperativ das Handlungsgesetz des einzelnen

---

258 Das in diesem Zusammenhang relevante Argument gegen ein partikularistisches Wollen ist insofern einsichtig, als die Zuschreibung des Akteurstatus nur dann sinnvoll ist, wenn dadurch eine Evaluations- und Dezisionsinstanz angesprochen wird, die sich im Unterschied zu primär psychologisch bedingten und entsprechend kontingenten Handlungsimpulsen durch Invarianz auszeichnet. Diese Invarianz muss näher bestimmt werden als die konstante Struktur der normativen Maßstäbe, die den jeweiligen Entscheidungsakten zugrunde liegen. Damit den Entscheidungen eines Akteurs normative Maßstäbe zugrunde liegen können, muss er sie als verbindlich anerkennen, d.h. er muss sich mit ihnen *identifizieren* – andernfalls würde das Motivationsproblem des Realismus auf individualpsychologischer Ebene entstehen. Das Konzept eines normativen Maßstabs ist jedoch nicht verständlich, wenn es so rekonstruiert wird, dass es für jede Handlung ein eigenes individuelles Gesetz gibt – ein solcher Maßstab könnte keine normativen Implikationen besitzen, weil kein zweiter Anwendungsfall existiert und somit keine Möglichkeit besteht, dass das jeweilige Gesetz auch nicht erfüllt werden, d.h. normativ sein kann. Die vorliegenden Impulse würden alle gleichermaßen unmittelbar in Handlungen umgesetzt, ohne dass sie zuvor durch eine Akteurinstanz praktisch affirmiert werden. Wenn sich dies aber so verhält, ist es gerechtfertigt, davon zu sprechen, dass kein Akteur existiert.
259 Vgl.: Korsgaard (2009), S. 2.

autonomen Akteurs darstellt. Unter einer universal gültigen Maxime wird hier kein moralisch richtiger, sondern nur ein für den jeweiligen Akteur normativer Handlungsgrund verstanden, d.h. der Kategorische Imperativ besitzt im Unterschied zum moralischen Gesetz keine moralischen Implikationen. Korsgaard weicht *zweitens* dahingehend von der kantischen Theorie ab, dass ihr Konzept des autonomen Akteurs allein handlungstheoretisch abgesichert ist, was durch das Argument gegen das partikularistische Wollen geleistet wird. *Drittens* ist hervorzuheben, dass Korsgaards handlungstheoretische Umdeutung des Kategorischen Imperativs dazu führt, dass dieser nicht mehr als normatives, sondern primär deskriptives Prinzip verstanden werden muss, welches beschreibt, nach welchem Gesetz autonome Akteure *de facto* handeln.

5.7.3.2 Maximen als intrinsisch normative Selbstzwecke

Die Gesetzesförmigkeit einer guten Maxime hängt nach Korsgaard nicht von dem die Maxime als Handlungsgrund wählenden Akteur, sondern von der Beschaffenheit der Maxime selbst ab. Damit basiert Korsgaards Theorie der Maximen bzw. Handlungen auf einem realistischen Fundament: »Realists believe that ethics is grounded in intrinsically normative entities, and a good maxim (...) is exactly that – an ›entity‹ whose intrinsic properties, or internal structure, renders it normative.«[260] Angesichts von Korsgaards zuvor skizzierter Kritik am ethischen Realismus ist genauer zu bestimmen, inwiefern ihre These des intrinsischen Werts von Maximen mit dieser Kritik kompatibel ist.[261] Auch ist fraglich, inwiefern Maximen über einen intrinsischen Wert verfügen können, wenn sie in genetischer Hinsicht im wahrsten Sinne des Wortes *konstitutiv* von Akteuren abhängig sind, da sie sich nicht selbst hervorbringen, sondern ihre Existenz durch Handlungen bedingt ist.

Nun steht hinter dem substantiellen Realismus nach Korsgaard durchaus ein argumentationstheoretisch berechtigtes Anliegen, das sich zwei nachvollziehbaren Anforderungen an eine Instanz verdankt, die zu einer hinreichend strikten Begründung von praktischen Prinzipien in der Lage ist: Damit ein infiniter Regress von Begründungsschritten vermieden werden kann, muss es

---

260 S: Dies. (1996a), S. 108f.
261 Korsgaards Kernargument gegen den moralischen Realismus lautet, dass unklar sei, warum Akteure durch praktische Prinzipien motiviert werden können sollen, die keinerlei Verbindungen zu ihnen als handelnden Wesen aufweisen. Dementsprechend sei eine Theorie unplausibel, die praktische Normativität im Ausgang von der Existenz moralischer Fakten zu etablieren versuche, da nicht gezeigt werden könne, warum diese Fakten von genuin praktischer bzw. moralischer Relevanz sein sollten. Wenn Handlungen bzw. Maximen aufgrund ihrer Form als intrinsisch wertvolle Entitäten begriffen werden, liegt allerdings prima facie dieselbe Situation vor wie im klassischen Realismus.

sich um eine Entität handeln, die einen finalen Zweck bzw. Endzweck oder *Selbstzweck* darstellt, da andernfalls stets gefragt werden kann, warum oder wozu die jeweilige Instanz gut ist, sodass der Begründungsprozess nicht zu einem Ende käme. Zudem muss der Wert der gesuchten Struktur allein durch ihre eigene Beschaffenheit bedingt sein, d.h. er darf nicht von anderen wertverleihenden Autoritäten abhängen, da auch hier das Problem der Rechtfertigung von praktischer Werthaftigkeit nur verschoben würde.[262]

Im Hinblick auf die Frage nach nachvollziehbaren Kriterien für sowohl Selbstzwecklichkeit als auch intrinsische Normativität gilt es, bestimmte Probleme zu bewältigen, die vor allem durch G. E. Moore thematisiert wurden. Selbstzweckhaftigkeit und intrinsische Normativität können nach Moores intuitionistischem Realismus deshalb nur durch Intuition erfasst werden, weil jede Angabe eines Grundes für das Bestehen dieser Eigenschaften diese unmittelbar zu negieren scheint.[263] Dies ist nicht nur in Bezug auf intrinsischen Wert nachvollziehbar, da die Angabe eines Grundes diesen Wert als einen eigentlich extrinsischen zu erweisen scheint, indem der angeblich intrinsische Wert der jeweiligen Entität de facto von einem anderen, im eigentlichen Sinne intrinsischen Wert abgeleitet wird.[264] Auch eine Begründung der Selbstzweckhaftigkeit einer autoritativen Instanz kann leicht dahingehend interpretiert werden, dass diese Eigenschaft eigentlich dem Explanans und nicht dem Explanandum zukommt. Wie Korsgaard jedoch im Rückgriff auf Platons Diskussion der Relation von Gerechtigkeit und der tugendhaften Seele anmerkt[265], ist durchaus ein Modell denkbar, in welchem einer Struktur ihr intrinsischer Wert durch eine Eigenschaft verliehen wird, ohne diesen dadurch zu unterminieren: Wenn man mit Platon argumentiere, dass die Tugend der Gerechtigkeit die Seele gut *mache*, sei nicht die Gerechtigkeit das eigentlich intrinsisch Gute, sondern die Gutheit der Seele resultiere aus der Verbindung der Seele und der Eigenschaft der Gerechtigkeit. Um also sowohl von der intrinsischen Normativität einer Struktur sprechen als auch diese begründen zu können, ohne dem intuitionistischen Einwand eine offene Flanke zu bieten, müsse die interne Struktur die Selbstzweckhaftigkeit der jeweiligen Entität be-

---

262 Vgl.: A. a. O., S. 111f.
263 Vgl.: G. E. Moore – The Conception of Intrinsic Value, in: Ders. – Philosophical Studies, London 1922, S. 245-275.
264 Falls auch dieser Wert begründet werden könnte, würde sich dieselbe Reflexionsfigur entsprechend wiederholen.
265 Vgl.: Korsgaard (1996a), S. 110. Zwar spielen diese beiden Kriterien bei den drei von Korsgaard formulierten Anforderungen an eine plausible Antwort auf die Frage nach der Rechtfertigung von moralischen Prinzipien keine Rolle, sind jedoch mit ihnen kompatibel.

5.7 PRAKTISCHE NÖTIGUNG, SELBST-KONSTITUTION UND HANDLUNG 125

dingen. Pointiert formuliert: Eine (realistische) Moraltheorie könne nur durch etwas begründet werden, *das aufgrund seines intrinsischen Werts einen Selbstzweck darstellt*.[266]

Korsgaard zufolge wird diese Anforderung durch gute Maximen erfüllt, da sie aufgrund ihrer Relation von Handlungsvollzug und Handlungszweck Zwecke darstellen, die in keiner instrumentellen Relation zu weiteren Zwecken stehen. Demnach sind Handlungen die letztgültigen unhintergehbaren Wertträger. Während man im Hinblick auf die grundsätzliche Differenzierung von Konstruktivismus und Realismus eine Entgegensetzung von durch Handlungen erzeugtem und an sich bestehendem Wert annimmt, wird diese Dichotomie in Korsgaards Modell unterlaufen: »Values are not discovered by intuition to be ›out there‹ in the world. Good maxims are normative entities, but they are also the products of our own legislative wills. In that sense, values are created by human beings. Of course we discover that the maxim is fit to be a law; but the maxim isn't a law until we will it, and in that sense create the resulting value. (...). The form of realism I am endorsing here is procedural rather than substantive realism: values are constructed by a procedure, the procedure of making laws for ourselves.«[267] In diesem Zitat findet man eine Beschreibung der für Korsgaards Ansatz spezifischen Synthese von voluntaristischen und realistischen Elementen: Innerhalb der Menge möglicher Maximen gibt es bestimmte Maximen, die allein aufgrund ihrer Form einen praktischen Wert besitzen und daher einen Selbstzweck darstellen (realistisches Element), doch müssen diese Maximen von Akteuren als Handlungsgrund affirmiert und somit als Gesetz des eigenen Handelns in Kraft gesetzt werden, damit sie praktische Autorität für die jeweils Handelnden besitzen (voluntaristisches Element).[268]

---

266 Vgl.: A. a. O., S. 111.
267 Vgl.: A. a. O., S. 112.
268 Diese Reflexionen Korsgaards sind insoweit nachvollziehbar, als beide Elemente für sich genommen die den jeweiligen Theorietypen eigenen Probleme mit sich bringen würden: Das realistische Element würde thetisch behaupten, dass Maximen mit einer bestimmten Struktur eine notwendige praktische bzw. moralische Normativität für uns als Akteure besitzen, doch würde es allein auf diese Behauptung hinauslaufen, ohne zeigen zu können, warum wir den Wert der Maximen nicht nur theoretisch anerkennen, sondern unseren eigenen Handlungen zugrunde legen sollen. Das voluntaristische Element hingegen würde implizieren, dass wir einer normativen Instanz praktische Autorität zuschreiben und ein für uns verbindliches Prinzip praktisch affirmieren müssen, doch bliebe ungeklärt, warum es ausgerechnet Maximen mit einer bestimmten Struktur sein sollten. Der entscheidende Gedanke in Bezug auf das voluntaristische Element besteht wohlgemerkt nicht darin, dass wir eine *uns vorgegebene* Menge an fertigen Maximen vor uns haben und dann, in methodischer Hinsicht betrachtet nach substantiell-realistischer Manier, eine uns wohlgefällige (und sei es eine konsistent anmutende) Maxime auswählen. Handlungen bzw. Maximen existieren nicht ohne uns, die Akteure, sie müssen aktiv gebildet

Zwei Aspekte gilt es im Folgenden zu klären: 1. Die formale Beschreibung der erforderlichen Gesetzesförmigkeit von guten Maximen als zweckdienliche Anordnung ihrer Elemente sowie die Auszeichnung dieser Maximen als intrinsisch normative Selbstzwecke geben noch keinen Aufschluss darüber, welche Maximen in konkreten Entscheidungssituationen für welche Akteure als Handlungsgründe fungieren sollen; 2. Die bisherige Charakterisierung von guten Maximen besitzt keine nachweislich moralischen Implikationen, sodass soweit offen bleibt, warum die Selbst-Konstitution des Akteurs auch durch moralische Gesetze bestimmt sein soll – dies ist jedoch eine der primären Pointen von Korsgaards Theorie. Von grundlegender Bedeutung ist daher, auf welche Weise man Korsgaard zufolge die Form einer Maxime und damit auch die entsprechenden Handlungen auf ihre Eignung zu einem Gesetz bzw. Handlungsgrund prüfen kann. Zur Debatte steht, wie *konkret* zu bestimmen ist, ob sich Maximen in funktionaler Hinsicht durch eine Relation von Handlungsvollzug (»act«) und Zweck (»end«) auszeichnen, sodass sie als Gesetz bzw. Handlungsgrund gewollt werden können. Korsgaards Theorie gibt darauf zwei Antworten.

Die *erste* Antwort bezieht sich auf die Prozedur, die jeder Akteur durchführen muss, um gute von schlechten Maximen unterscheiden zu können. Auch diese Prozedur ist, da für jeden Akteur gültig, von allgemein-formaler Natur. Es handelt sich dabei um den Test von Maximen. Die konkrete Gestalt des Maximentests spielt in Korsgaards Hauptwerken allerdings keine prominente Rolle, sondern wird z.B. in »Self-Constitution« nur am Rande erwähnt.[269] In Entsprechung zu ihrer Deutung des Kategorischen Imperativs und im Unterschied zu Kants Auffassung des Maximentests werden nicht Handlungsweisen, sondern spezifische Handlungen geprüft: »The categorical imperative test is directed to the quite particular action an agent proposes to perform, and it asks whether the maxim of *that* particular action, with all the relevant features of the action specified, has the *form* of a universal law.«[270] Angesichts der zwei von Kant selbst skizzierten Formen möglicher Widersprüche (Widerspruch im Denken bzw. im Wollen) und der verschiedenen Interpretationen in der diesbezüglichen Forschungsliteratur gilt es zu klären, welche Art von Wider-

---

und gewollt werden, um auf jeweils ihre Weise real zu sein. Damit aber schreiben wir uns selbst immer schon die letztgültige praktische Autorität zu, denn wenn Maximen die einzigen für uns strikt normativen Entitäten mit einem an sich bestehenden Wert darstellen und wir die Urheber von Maximen sind, sind wir die einzigen Gesetzgeber, die für uns selbst praktische Relevanz besitzen können.

269 Vgl.: Dies. (2009), S. 11 Anm. 17.
270 S.: A. a. O., S. 15.

5.7 PRAKTISCHE NÖTIGUNG, SELBST-KONSTITUTION UND HANDLUNG   127

spruch im Hintergrund des KI-Tests stehen muss, damit es sich um einen in praktischer Hinsicht aussagekräftigen Test handeln kann.

Dieses Problem adressiert Korsgaard bereits in einer ihrer frühen Publikationen und rekonstruiert den KI-Test als eine Analyse der jeweiligen Maximen im Hinblick auf genuin *praktische Widersprüchlichkeit* (»practical contradiction interpretation«).²⁷¹ Ein praktischer Widerspruch im Rahmen des Maximentests impliziert die Negation einer konkreten praktischen Sinnbedingung der Maxime: Um z.B. Kants Maxime des falschen Versprechens nach der Interpretation des praktischen Widerspruchs für falsch zu halten, muss man im Unterschied zur logischen Interpretation nicht voraussetzen, dass im Falle ihrer Universalisierung die Praxis des Versprechens verschwindet, sondern es ist hinreichend, dass diese Praxis *nicht mehr funktioniert*, d.h. ihren Zweck nicht mehr erfüllt.²⁷² Gute Maximen zeichnen sich nicht primär dadurch aus, dass sie (wie z.B. in der teleologischen Interpretation des Widerspruchs im Wollen) der Funktionalität von zentralen Elementen unserer sozialen Praxis nicht abträglich sind, sondern dass durch ihre praktische Affirmation *der Wille des Akteurs nicht ineffektiv wird*.²⁷³ Die Idee, dass Freiheit und Effektivität zwei zentrale Zwecke menschlicher Handlungsfähigkeit darstellen, wird in ihrem späteren Werk »Self-Constitution« wieder aufgegriffen. Dort identifiziert sie Autonomie und Effektivität als die beiden Hauptzwecke des Handelns, wobei dem Prinzip der Effektivität der hypothetische Imperativ und dem der Autonomie der Kategorische Imperativ entspreche: »The hypothetical imperative binds you because *what* you are determining yourself *to be* when you act is the

---

271 Vgl.: Dies. – Kant's formula of universal law, in: Pacific Philosophical Quarterly 66 (Vol. 1-2), S. 24-47.
272 Vgl.: A. a. O., S. 26. Im Fall des falschen Versprechens würde die soziale Praxis des Versprechens wahrscheinlich genau deswegen verschwinden, *weil* sie nicht funktioniert. Das von Korsgaard adressierte Beispiel des falschen Versprechens ist daher nicht optimal geeignet, um die von ihr intendierte Pointe ihres Konzepts des praktischen Widerspruchs zu verdeutlichen.
273 Vgl.: A. a. O., S. 25. Die Ineffektivität des Willens bzw. der Handlungsunfähigkeit liege allen Widersprüchen zugrunde, die im Kontext der kantischen Beispiele für Widersprüche im Wollen behandelt werden. Dabei geht Korsgaard in Übereinstimmung mit der teleologischen Interpretation der Widersprüche im Wollen davon aus, dass sich der Maximentest im Rekurs auf den Kategorischen Imperativ an bestimmten Zwecken orientieren muss, deren Verwirklichung im Falle der Universalisierung von schlechten Maximen tendenziell verhindert oder ganz unmöglich gemacht wird. Als grundlegende Zwecke von Akteuren nennt Korsgaard neben der Effektivität des Willens auch die Freiheit von Akteuren, zukünftige Zwecke zu wählen und erfolgreich zu verfolgen, wie es z.B. im Beispiel der wechselseitigen Hilfe thematisch wird.

cause of some end. The categorical imperative binds you because *what* you are determining to be *the cause of* some end is *yourself*.«[274]

Gemäß der *zweiten* Antwort müssen die Maximen vor dem Hintergrund der individuellen praktischen Identität des jeweils urteilenden Akteurs akzeptabel sein, d.h. die systematischen Implikationen einer Maxime müssen mit dem identitätstheoretischen Profil und der Einheit der handelnden Person hinreichend übereinstimmen.[275] Weder kann also allein im Ausgang von der Beschaffenheit von Maximen, noch ausschließlich unter Rekurs des Akteurs auf sich selbst darüber befunden werden, ob und inwiefern bestimmte Maximen für konkrete Handelnde gut sind.

---

274 S.: Dies. (2009), S. 81. Korsgaard interpretiert beide Imperative als eng zusammengehörige Strukturen, da sie nicht die Differenz von Hypothetizität und Kategorizität fokussiert, sondern das Verhältnis der Imperative aus handlungstheoretischer Perspektive beschreibt. Dem zufolge verweisen die Imperative aufeinander, da jede Bestimmung der Handlungsfähigkeit eines Akteurs zwei miteinander verbundene Aspekte umfassen müsse: 1. Jede Handlung sei auf einen Zweck hin ausgerichtet, der ein bestimmtes Mittel zu seiner Verwirklichung erfordere – der hypothetische Imperativ bestimme, als welche Kausalität bzw. *als welches Mittel* die Handlungsfähigkeit des Akteurs (d.h. der Akteur) fungieren muss, um einen bestimmten Zweck verfolgen zu können; 2. Der Prozess der Zweckverfolgung durch einen Akteur impliziere jedoch stets, dass dieser Vorgang als *Selbstbestimmung der eigenen Handlungsfähigkeit* verstanden werden muss. Der hypothetische Imperativ ist in dieser Perspektive verbindlich, insofern ein Zweck verfolgt werden soll, während der Kategorische Imperativ impliziert, dass nur eine autonome Handlung als zurechenbare Zweckverfolgung eines Akteurs verstanden werden kann. Auch wenn man hier nicht von einer strikten Zuordnung sprechen kann, bestehen grundlegende Entsprechungsverhältnisse zwischen dem kantischen Widerspruch im Denken und der Nicht-Befolgung des Kategorischen Imperativs sowie zwischen dem Widerspruch im Wollen und der Nicht-Befolgung des hypothetischen Imperativs. In ihrem Aufsatz »The Normativity of Instrumental Reason« vertritt Korsgaard zudem die Position, dass die Normativität der durch den hypothetischen Imperativ beschriebenen instrumentellen Rationalität unmittelbar von derjenigen des Kategorischen Imperativs abhänge. Andernfalls könne die Tatsache, dass die jeweils gewählten Zwecke die *Zwecke des Akteurs* seien, keinen signifikanten motivationspsychologischen Faktor darstellen: Nur dann, wenn der Akteur sich selbst als gesetzgebende praktische Autorität auffasse, könnten die von ihm selbst gewählten Zwecke für ihn verbindlich sein; vgl.: Dies. – The Normativity of Instrumental Reason, in: Dies. (2008), S. 27-68 (im Folgenden zitiert als »Instrumental Reason«). In diesem Sinne kann der hypothetische Imperativ mit Korsgaard als Aspekt des Kategorischen Imperativs verstanden werden, was jedoch nicht bedeutet, dass beide imperativischen Formen identisch sind. Broomes Kritik an Korsgaards Ansatz beruht hingegen auf einer Verkennung seines erstpersonal-motivationstheoretischen Charakters, der mit dem teleologischen Kontext verbunden ist; vgl.: Broome (2013), S. 129.
275 Vgl.: Korsgaard (2009), S. 23f.

Fazit
In Bezug auf den Maximentest bleibt festzuhalten, dass Korsgaards Fokussierung auf den zu vermeidenden praktischen Widerspruch eine Konzentration auf die Bedingungen impliziert, die Kants Widerspruch im Wollen zugrunde liegen: Nur diejenigen Handlungsgründe können sinnvollerweise gewollt werden, die als Grundlage von selbstbestimmten und effektiven Akten fungieren. Soweit kann der Maximentest zumindest allgemein darüber Aufschluss geben, welche Maximen auf keinen Fall zu wählen sind.[276] Ihrer *zweiten* Antwort zufolge ist entscheidend, ob Maximen bzw. Handlungen den übergeordneten Zweck von Handeln erfüllen, d.h. die psychische Integrität des Akteurs herstellen. Da dieser Aspekt von grundlegender Bedeutung für ein Verständnis von Korsgaards Modell ist, sind ihre damit verbundenen Überlegungen zur Relevanz praktischer Identitäten, der Integrität des Akteurs und der Rechtfertigung von moralischen Prinzipien eigens in dem nachfolgenden Abschnitt zu rekonstruieren.

5.7.4 *Die Normativität der praktischen Identitäten*

In Entsprechung zu ihrer praktisch-anthropologischen Begründung der postulierten Notwendigkeit der Autonomie des Menschen handelt es sich bei praktischen Identitäten um *psychologische* Konzepte. Dies wird deutlich, wenn man ihre Kerndefinition aus »Sources« betrachtet: »The conception of one's identity in question is not a theoretical one, a view about what as a matter of inescapable scientific facts you are. It is better understood as a description under which you find your life to be worth living and your actions to be worth undertaking.«[277] Praktische Identitäten sind Vorstellungen von bestimmten praktischen Rollen und Ideen, welche die eigene Person und das eigene Leben

---

276   Dies ermöglicht jedoch keine trennscharfe Unterscheidung von erlaubten und gebotenen Maximen. Im Rahmen von Korsgaards Ansatz ist das Fehlen dieser Differenz deswegen nachvollziehbar, weil die Notwendigkeit der Wahl von Handlungsgründen nicht in der Umsetzung des Sittengesetzes begründet ist, sondern allein durch die Aufgabe der Selbst-Konstitution besteht. Selbst-Konstitution erfordert auf der hier betrachteten Reflexionsebene in Korsgaards Modell allein Selbstgesetzgebung, d.h. die Wahl von Handlungsgründen, und Handlungsgründe zeichnen sich gemäß dem handlungstheoretisch gedeuteten Kategorischen Imperativ allein dadurch aus, dass sie vom Akteur als Gesetz seines eigenen Handelns gewollt werden können. Der oberste Zweck des Handelns besteht zwar in der Selbst-Konstitution des Akteurs, doch ist das Kriterium der Gesetzesförmigkeit von Maximen aufgrund von Korsgaards akteurrelativer Interpretation von Universalität im Vergleich zum transsubjektiv orientierten Universalitätskriterium Kants inhaltlich unterbestimmt.
277   S.: Dies. (1996a), S. 101.

für den Akteur sinnvoll und erstrebenswert erscheinen lassen.[278] Korsgaard versteht unter einer praktischen Identität demnach ein *handlungsleitendes Selbstbild*. Ihre handlungsleitende Funktion für den Akteur haben praktische Identitäten deshalb inne, weil sie als praktische Normen begriffen werden: Wenn ich mich mit der Identität eines Hochschullehrers identifiziere, verbinde ich mit dieser Rolle bestimmte Standards, die zu dieser Identität gehören: Ich sollte als Lehrer z. B. um eine transparente Darstellung der Lehrinhalte bemüht sein und die Fragen der Schüler möglichst verständlich und hilfreich beantworten sowie erbrachte Leistungen gerecht bewerten.[279] Praktische Identitäten fungieren in dieser Hinsicht als spezifische Kombinationen von praktischen Gründen und entsprechenden Handlungsregeln. Ich werde diese Formen von praktischer Identität im Folgenden *partikulare praktische Identitäten* nennen.[280] Eine grundsätzliche Eigenschaft partikularer praktischer Identitäten besteht darin, dass sie von Akteuren nicht nur affirmiert bzw. gewählt, sondern ebenso negiert und damit in praktisch-normativer Hinsicht »entmachtet« werden können. Diese Dynamik verdankt sich dem Umstand, dass unser Reflexions-

---

278 Es handelt sich dabei nicht um theoretische Ideen wie z.B. die Existenz Gottes oder diejenige von moralischen Werten unabhängig vom praktischen Selbstverhältnis der handelnden Person. Man könnte z.B. eine Weltanschauung haben, die zu bestimmten Aussagen über sich selbst und das eigene Leben Anlass gibt: »Mein Leben ist sinnlos, wenn es keinen Gott gibt«, »Wenn Du mich verlässt, bin ich nichts mehr wert« oder »Seitdem mein Kind auf der Welt ist, bin ich diejenige Person, die ich immer sein wollte«. All diese Aussagen beziehen sich zwar auf die eine oder andere Weise auf praktische Selbstverhältnisse des jeweils urteilenden Akteurs, doch implizieren sie zugleich einen Rekurs auf bestimmte Entitäten in der Welt, die als primäre Wertinstanz für die Akteure fungieren und somit einen zumindest quasi-realistischen Aspekt aufweisen. Dabei stehen hinter allen drei Beispielurteilen Konzepte der praktischen Identität im Sinne Korsgaards: Die Sinnlosigkeit des eigenen Lebens ohne Gott kann von jemandem konstatiert werden, der sich mit dem Wert einer religiösen Identität identifiziert (der Gläubige), die zweite Aussage verweist auf die Wertschätzung der romantischen Partnerschaft (der Partner), während die letzte Aussage vor dem Hintergrund der Wertschätzung des Elternseins verständlich wird (der Vater/die Mutter).

279 Zugleich weist Korsgaard zu Recht darauf hin, dass auch das Konzept einer wohlbestimmten praktischen Identität keineswegs stets nur eine einzige Form ihrer Verwirklichung impliziert. So kann man sich durchaus verschiedene Weisen vorstellen, ein guter Lehrer oder ein guter Arzt zu sein; vgl.: Dies. (2009), S. 21. Sicherlich ist es in den meisten Fällen möglich, auf plausible Weise für die Annahme bestimmter invarianter Eigenschaften guter Lehrer, guter Ärzte etc. zu argumentieren, doch gilt auch unter dieser Bedingung, dass immer noch eine recht weitreichende Interpretationsoffenheit zulässig sein kann.

280 Wenn Korsgaard in diesem Zusammenhang von einer »conception« einer praktischen Identität spricht, bringt sie damit zum Ausdruck, dass partikulare praktische Identitäten als Lösung des Problems des Handeln-Müssens fungieren; vgl.: A. a. O.

vermögen u.a. kontextsensitive Gewichtungsüberlegungen ermöglicht, sodass die praktische Relevanz bestimmter Identitätskonzepte ein grundsätzliches Varianzspektrum aufweist.[281] Die Rolle des Ehepartners oder die Identifikation mit dem Beruf kann über viele Jahre als Kern der eigenen Person verstanden werden, aufgrund bestimmter psychischer Prozesse jedoch langsam oder auch schlagartig an Relevanz verlieren.[282]

Da Akteure nach Korsgaard nicht nur eine, sondern stets mehrere, potentiell miteinander nur schwer kompatible Identitäten haben – denkbar wäre z.B. ein gewalttätiger Krimineller, der zugleich liebvoller Familienvater ist –, habe jeder Akteur nicht nur die mit seiner Autonomie einhergehende Aufgabe der freien Selbstbestimmung, sondern müsse zudem für eine grundlegende *Einheit seiner unterschiedlichen praktischen Identitäten* sorgen.[283] Im folgenden Exkurs wird kritisch rekonstruiert, welche formale Vorstellung von dieser Einheit des Akteurs bei Korsgaard maßgeblich ist, welche Gründe sie für das von ihr vertretene Einheitsmodell anführt und welche Fragen sich im Hinblick auf ihre diesbezüglichen Ausführungen ergeben.

Exkurs: *Das Konstitutionsmodell der Seele als Kriterium für den Akteurstatus*

Die psychische Integrität des Akteurs wird von Korsgaard allgemein als eine möglichst widerspruchsfreie Koexistenz der verschiedenen praktischen Identitäten verstanden. Ebenso wie im Falle der Maximen formuliert sie eine strukturelle Anforderung an die anzustrebende Einheit nach dem Vorbild des platonischen Seelenmodells. Sie begründet ihr Vorgehen mit dem Argument,

---

281 Vgl.: A. a. O.
282 Korsgaards Bestimmung des Begriffs der praktischen Identität als Selbstbeschreibung des Akteurs, unter der er sich sowohl als handelnde Person als auch hinsichtlich seiner Lebensgestaltung wertschätzen kann, legt die Annahme nahe, dass es sich bei praktischen Identitäten zumindest partiell um psychologische Bedingungen von Selbstachtung handelt. Die Tatsache, dass ich mich und mein Leben zumindest auf eine grundsätzliche Weise achten kann, ist ohne Zweifel in vielerlei Hinsicht wichtig. Angesichts der Möglichkeit eines Zusammenhangs von Selbst- und Fremdeinschätzung kann man z.B. dafür argumentieren, dass ein Akteur, der sich selbst permanent verachtet, in der Regel kaum zu einem moralisch richtigen Verhalten in der Lage sein dürfte. Allerdings scheint die Relevanz der Normativität partikularer praktischer Identitäten gewisse Grenzen zu besitzen: Auch wenn ich mich z.B. mit meinem Beruf des Feuerwehrmanns so stark identifiziere, dass das Feuerwehrmann-Sein mit allen seinen unterschiedlichen praktischen Implikationen einen, wenn nicht *den* zentralen Aspekt meines praktischen Selbstverhältnisses ausmacht, ist zumindest im Ausgang vom Begriff der partikularen praktischen Identität keineswegs klar, was eine Negation meiner Identität als Feuerwehrmann in *praktisch-normativer* Hinsicht bedeuten soll.
283 Vgl.: A. a. O., S. 18; Dies. (1996a), S. 120.

dass einzig das nach dem Bild einer gerechten Stadt konzipierte platonische Modell der Seele eine nachvollziehbare Zuschreibung von Handlungen möglich mache.[284] Im Mittelpunkt ihrer diesbezüglichen Überlegungen steht die Frage, wie die für menschliches Handeln zentralen Aspekte des Handlungsvermögens zueinander in Beziehung gesetzt werden müssen, damit in einer Rekonstruktion von selbstbestimmten Handlungen sowohl den blinden Leidenschaften als auch der rationalen Reflexionsfähigkeit eine nachvollziehbare Rolle zugeschrieben werden könne. Im Unterschied zu einer Theorie, die von einem Widerstreit bzw. Machtkampf von Vernunft und Triebkräften ausgehe und entweder ein vom Akteur unabhängiges Resultat dieses Widerstreits oder eine Identifikation des Akteurs mit einem dieser beiden Vermögen für seine Handlungen erforderliche mache, bestehe die Pointe des platonischen Konstitutionsmodells darin, dass sich der Akteur weder mit seinen spontanen Impulsen noch seiner Vernunft, sondern mit seiner Konstitution, d.h. der funktionalen Ordnung seiner verschiedenen Seelenvermögen identifiziere. Die spontan in unserem Bewusstsein auftauchenden konativen Impulse (»appetite«) werden von Korsgaard gemäß dem platonischen Seelenmodell als unverbindliche Handlungsmöglichkeiten interpretiert, die durch die Vernunft (»reason«) auf ihre Tauglichkeit als Handlungsgrund beurteilt und vom Willen (»spirit«) entweder in die Tat umgesetzt oder entsprechend dem Vernunfturteil abgelehnt und nicht adaptiert werden.[285] Einen entscheidenden Vorteil gegenüber alternativen Modellen sieht Korsgaard in der platonischen Verhältnisbestimmung von Akteur und Seelenvermögen: Während der Handelnde im Widerstreit-Modell unplausiblerweise als eine von Leidenschaften und Vernunft getrennte Entität begriffen würde, die sich mit einem dieser Aspekte identifizieren müsse, sei er gemäß dem Konstitutionsmodell nicht mit einem spezifischen Seelenteil, sondern mit der Ordnungsstruktur dieser Teile identisch. Da aufgrund der platonischen Ordnung der Seele alle ihre Teile eine bestimmte Funktion erfüllen, sei es im Unterschied zur Widerstreittheorie nicht nur ein Aspekt des Akteurs, der handele, sondern die ganze Person mit all ihren unterschiedlichen praktischen Vermögen.[286] Mit der Skizzierung des Konstitutionsmodells legt sich Korsgaard nicht nur auf ein in theoretischer Hinsicht relevantes Konzept der handelnden Person fest, sondern die platonische Konstitution der Seelenvermögen fungiert in ihrer Theorie als normatives Kriterium für die gerechtfertigte Zuschreibung von Handlungen. Das bedeutet, dass ein Akteur, dessen praktische Vermögen nicht

---

284 Vgl.: Dies. (2009), S. 135.
285 Vgl.: A. a. O., S. 141,147.
286 Vgl.: A. a. O., S. 134ff.

5.7 PRAKTISCHE NÖTIGUNG, SELBST-KONSTITUTION UND HANDLUNG

auf die beschriebene Weise organisiert sind, genau genommen gar kein Akteur im vollen Sinne ist, da ihm keine Handlungen zugeschrieben werden können, weil er nicht als vernünftig geordnete Einheit agiert.

Vor dem Hintergrund von Korsgaards Kritik am Widerstreitmodell erscheint das Konstitutionsmodell der praktischen Vermögen vergleichsweise plausibel. In Bezug auf die erste Variante dieses Ansatzes, nach der sich der Kampf von Leidenschaften und Vernunft unabhängig von Einwirkungen des Akteurs vollzieht, kann das Resultat des Widerstreits nicht dem Akteur, sondern vielmehr dem Zufall als einem freien Spiel der psychologischen Kräfte zugerechnet werden, während bei der zweiten Variante offen bleibt, was unter dem Akteur zu verstehen ist, der sich entweder mit seinen spontanen Impulsen oder der Vernunft identifiziert. Dennoch gilt es in diesem Zusammenhang auf zwei problematische Punkte von Korsgaards Vorschlag aufmerksam zu machen. *Erstens* kann aus ihrer berechtigten Kritik an der zweiten Variante des Widerstreitmodells durchaus gefolgert werden, dass es nicht sinnvoll ist, von einer Binnenstruktur des Akteurs auszugehen, die nicht immer schon eine Identifikation mit seiner praktischen Vernunft im Sinne eines grundsätzlichen Dezisions- bzw. Identifikationsvermögens impliziert. Mit ihrer Kritik an dieser Version des Widerstreitmodells ist die hinter diesem Ansatz stehende Idee keineswegs ad absurdum geführt, sondern allenfalls gezeigt, dass die Annahme einer Wahlmöglichkeit des Wahlvermögens unsinnig ist. *Zweitens* bleibt offen, warum dasselbe Argument nicht grundsätzlich auch gegen Korsgaards These angeführt werden kann, dass der Akteur sich mit seiner Konstitution identifiziere, denn auch hier müsste zuerst erläutert werden, um was für eine Entität es sich bei derjenigen Instanz handelt, die dazu fähig ist, sich unter Umständen *nicht* mit der Ordnungsstruktur ihrer praktischen Vermögen zu identifizieren. Insofern ihre allgemeinen Reflexionen über die Relation von praktischen Normen, Identifikationshandlungen und der Zuschreibung des Akteurstatus' konsistent sein sollen, muss sie auch für den Akt der Identifikation mit dem nach platonischem Muster konstituierten Handlungsvermögen voraussetzen, dass der Akteur immer schon zumindest grundsätzlich ein praktisch-vernünftiges Wesen ist.[287]

---

287 Allerdings ist die Situation noch komplizierter: Die Identifikation mit der Konstitution des Handlungsvermögens setzt nicht nur eine bloße Urteilshandlung voraus, sondern erfordert das, was Korsgaard als praktische Affirmation (»reflective endorsement«) bezeichnet und als solche über eine rationale Evaluation einer praktischen Autorität hinausgeht. Indem mit der platonischen Seelenkonstitution eine spezifische Rollenverteilung von triebhaftem Begehrungsvermögen, Vernunft und praktischem Umsetzungsvermögen gewählt wird, entscheidet sich die Person für eine für sie verbindliche binnendifferenzierte Normstruktur – auch wenn die akteurkonstitutive funktionale Ordnung

Korsgaards normative Auszeichnung des durch das Konstitutionsmodell beschriebenen Akteurstatus' ist nicht ohne weiteres nachvollziehbar, denn es ist unklar, warum dieser Akteurstatus unbedingt bewahrt werden sollte. Ein Verweis auf die intuitiv naheliegende Annahme der Wirklichkeit rationaler Handlungen reicht nicht aus, um Handlungen und Akteure als nicht nur faktisch vorhanden, sondern auch als wertvoll auszuweisen. Zwei Argumentationsstrategien sind hier denkbar: 1. Der Akteurstatus wird als intrinsisch wertvoll betrachtet; 2. Er soll deshalb erhalten werden, weil nur dann ein Adressat von moralischen Forderungen existiert. Beide Strategien können jedoch vor dem Hintergrund von Korsgaards Systematik nicht überzeugen. Zwar vertritt sie die These der intrinsischen Normativität von gesetzesförmigen Maximen, doch ist damit (abgesehen von der Angreifbarkeit dieser These) nicht gezeigt, dass deshalb auch der Akteurstatus diese Normativität besitzt, da die Maximen nicht nach klassisch-realistischer Manier unabhängig von dem sie konstruierenden Akteur als an sich praktisch-autoritative Entitäten existieren: Man soll sich nicht deswegen als rationaler Akteur auffassen können, um nach intrinsisch normativen Maximen handeln zu können. Im Hinblick auf die zugrunde liegende Theorie der Selbst-Konstitution des Akteurs könnte die intrinsische Normativität des Akteurstatus' auf den vorausgesetzten intrinsischen Wert der menschlichen Lebensform im Sinne der aristotelischen Teleologie zurückgeführt werden, doch auch hier stellt sich die Frage, warum mit der faktischen Gegebenheit einer Lebensform unmittelbar ein Grund für ihren intrinsischen Wert verbunden sein soll.

Die zweite Argumentationsmöglichkeit ist insofern defizitär, als eine Ableitung der Normativität des Akteurstatus' unter Rekurs auf die praktische Notwendigkeit moralischen Handelns im Kontext von Korsgaards Ansatz keine systematische Pointe besitzen kann, da moralische Verbindlichkeit durch handlungstheoretisch fundierte Anforderungen bedingt ist und nicht umgekehrt. Vielmehr würde die zweite Strategie eine Adaption des kantischen Vorgehens bedeuten, im Ausgang von den Forderungen eines moralischen Prinzips eine Transzendental-Anthropologie zu entwerfen, die auch das Konzept des autonomen Akteurs impliziert. Um diesen Weg einschlagen zu können, fehlt Korsgaards Modell jedoch ein entscheidendes Theoriemoment, nämlich die Eigenständigkeit von moralischer Normativität. Zugleich würde durch eine solche Weichenstellung ein Großteil ihrer Theorie überflüssig, denn ihr Ziel besteht nicht darin, von einem unhinterfragbaren moralischen Sollen

---

der praktischen Vermögen keine individuelle praktische Identität, sondern vielmehr deren handlungstheoretische Bedingung darstellt, fungiert sie ebenso wie eine solche Identität als praktische Autorität für den Akteur.

5.7 PRAKTISCHE NÖTIGUNG, SELBST-KONSTITUTION UND HANDLUNG

auszugehen, sondern sie will die Normativität eines solchen Sollens im Hinblick auf ihre praktische Funktionalität für reflexive Akteure rekonstruieren und dadurch rational nachvollziehbar machen. Anders formuliert: Es gibt kein im Menschen vorhandenes untrügliches Verpflichtungsgefühl, das besagt »Konstituiere Dich selbst!« Mit der Annahme eines solchen Phänomens wäre Korsgaard im Übrigen auch nicht geholfen, da im Falle eines Beginns bei einer vorausgesetzten Wahrheit einer praktischen Verpflichtung nicht nach konstitutivistischer Manier gezeigt werden könnte, dass diese Verpflichtung handlungskonstitutiv ist. Um die letztgenannte These zu begründen, muss allein bei der bloßen (nicht-moralischen) Handlungsnotwendigkeit angesetzt werden. Dann bleibt zwar in der Tat nur noch der Weg offen, das Phänomen der praktischen Nötigung auf Korsgaards Weise zu interpretieren, nämlich als handlungstheoretische Notwendigkeit, doch wird nicht mehr argumentativ eingelöst, dass diese Notwendigkeit an den Zweck der einheitlichen Selbst-Konstitution rückgebunden ist. Dafür müsste Korsgaard die Frage beantworten können, warum sich ein Akteur gemäß dem Konstitutionsmodell verstehen bzw. konstituieren sollte, was auf eine nicht handlungstheoretische, sondern geltungstheoretische Form praktischen Sollens verweist, wie es z.B. bei Kant der Fall ist.

Als zentrales Resultat der Analyse der von Korsgaard favorisierten platonischen Struktur der Einheit des Akteurs ist festzuhalten, dass sich diese Einheitsordnung im Vergleich zu den Varianten des Widerstreitmodells zwar durch den Vorzug auszeichnet, den verschiedenen Aspekten des menschlichen Handlungsvermögens eine begründete Berechtigung zuzuschreiben und damit der Idee der Zurechenbarkeit einer Handlung umsichtig zu entsprechen, zugleich jedoch nicht erklären kann, inwiefern sie zwingende normative Implikationen besitzen soll. Die Notwendigkeit von autonomen zurechenbaren Handlungen kann im Unterschied zu Kants Modell nicht aufgrund eines unbedingten praktischen Grundes angenommen werden, sodass theorieimmanent nicht gerechtfertigt wird, warum auch unabhängig davon die Existenz autonomer Handlungen zweifellos gesichert sein soll bzw. diese Handlungen als wertvoll betrachtet werden müssen. Zumindest liefert die reine Rekonstruktion der psychologischen bzw. verantwortungstheoretischen Funktionalität einer platonisch geordneten Seele keine hinreichend tragfähige Grundlage für eine normative Auszeichnung dieser Struktur.

Die systematische Leerstelle, die bei Korsgaard im Vergleich zu Kants Theorie besteht, soll offenbar durch folgende Annahmen gefüllt werden: 1. Autonome Handlungen existieren (empirische Prämisse); 2. Der Zweck autonomer Handlungen besteht in der vernunftgeleiteten Selbst-Konstitution als einheitliches

Aktzentrum (teleologisch-metaphysisch fundierte These); 3. Der Zweck von Handlungen ist gut (axiologische These im Anschluss an Aristoteles). Selbst dann, wenn man die beiden ersten Thesen fraglos akzeptierte, würde aus ihnen keinerlei Verbindlichkeit folgen, wenn man nicht die dritte These immer schon als wahr voraussetzte. Weder der Zweck der platonischen Form der Selbst-Konstitution noch dessen Wert sind jedoch strikt gerechtfertigt worden. Angesichts der konstitutivistischen Struktur von Korsgaards Theorie ist dies auch nicht möglich, da die oberste Form von Normativität durch den letztgültigen Handlungszweck bestimmt wird. Dem Konstitutionsmodell zufolge müssen Handlungsoptionen durch die Instanz der Vernunft beurteilt werden, da der Prozess der Selbst-Konstitution grundsätzlich ein rational bestimmtes Geschehen darstellen soll. Dies wiederum verdankt sich Korsgaards durch Kant geprägter Unterstellung, dass autonomes Handeln grundsätzlich vernünftiges Handeln sein muss. Während diese Annahme bei Kant u.a. in Rückbindung an das Phänomen der Achtung vor dem Sittengesetz verstanden werden muss, steht die Idee praktischer Autonomie bei Korsgaard allein in einem anthropologischen Kontext. Das Phänomen der praktischen Nötigung, das sie zu Beginn ihrer Theorie erläutert, wird dabei in Anlehnung an Kant interpretiert, obwohl de facto keine vergleichbaren praktisch-normativen Prämissen benannt werden.

Korsgaards Konzept praktischer Identitäten ist in erster Linie über die Bedeutung bestimmter Vorstellungen für den jeweiligen Akteur definiert und besitzt kein transsubjektiv verbindliches Korrektiv, das in Bezug auf die *Berechtigung* zur Identifikation mit einer bestimmten Rolle etc. relevant ist.[288] In diesem Zusammenhang ist die Frage zu beantworten, ob praktische Identitäten in Korsgaards Theorie grundsätzlich über partikulare Eigenschaften definiert werden, sodass die jeweiligen Akte des Sich-Identifizierens im Ausgang von empirischen (und somit im Kern kontingenten) Aspekten des Akteurs gerechtfertigt werden können, oder ob darüber hinaus auch eine Perspektive existiert, die *universelle* normative Momente der erstpersonalen praktischen Reflexion fokussiert. Ein damit verbundener Punkt wird von Korsgaard angesprochen, wenn sie auf die bereits zuvor erwähnte Konzeption des rationalen Akteurs rekurriert: Auch die Idee, dass ich eine rational handelnde Person bin, soll eine Form der praktischen Identität darstellen, mit der ich mich identifizieren

---

288 Wenn z.B. jemand der Ansicht ist, er sei ein großer Künstler, ist de facto jedoch in jeder denkbaren künstlerischen Hinsicht vollkommen unbegabt (unmusikalisch, farbenblind, haptisch unsensibel etc.) und hat zudem noch nie auch nur den Versuch unternommen, irgendetwas Künstlerisches hervorzubringen, spielt all dies keine Rolle für den subjektiv-psychologischen Wert, den diese praktische Identität für den Handelnden besitzt.

5.7 PRAKTISCHE NÖTIGUNG, SELBST-KONSTITUTION UND HANDLUNG

kann.[289] In »Self-Constitution« beschreibt Korsgaard zu Beginn ihres Kapitels über praktische Identitäten die reflexive Beschaffenheit menschlicher Akteure im Sinne eines *universalen Existenzials*: »We are self-conscious in a particular way: we are conscious of the grounds on which we act, and therefore we are in control of them. When you are aware that you are tempted, say, to do a certain action because you are experiencing a certain desire, you can step back from that connection and reflect on it. You can ask whether you should do an action because of that desire, or because of the features that make it desireable. And if you decide that you should not, then you can refrain.«[290] Jeder Mensch besitze Selbstbewusstsein und befinde sich demnach bewusst oder unbewusst in der Situation, Handlungsgründe und praktische Prinzipien seines Handelns wählen und verwirklichen zu müssen.

Korsgaards in »Sources« dargelegte Charakterisierung von praktischen Identitäten konzentriert sich auf die Frage nach ihrer handlungstheoretischen Funktion.[291] Ihre diesbezüglichen Überlegungen nehmen ihren Ausgang von einer kommunitaristischen Perspektive. Als Akteure, die unweigerlich in bestimmte soziale Strukturen hineingeboren werden, seien wir notgedrungen damit konfrontiert, bestimmte partikulare Identitäten anzunehmen bzw. uns zu ihnen in Beziehung zu setzen. Bestimmte Identitäten seien uns schlichtweg vorgegeben, so z.B. können wir uns nicht frei aussuchen, ob wir Sohn oder Tochter sein möchten – wir sind es einfach. Dies ändere jedoch nichts daran, dass auch unsere partiell biologisch festgelegte Stellung in der Familie ihrer Natur nach kontingent sei, denn es sei zumindest nicht logisch notwendig, dass ein Mann nicht auch, unter anderen biologischen Bedingungen, eine Frau hätte werden können. Das Merkmal der Kontingenz schreibt Korsgaard vielen weiteren praktischen Identitäten zu und lässt keinen Zweifel daran, dass die gegebenenfalls subjektiv verspürte Notwendigkeit dieser Identitäten keinerlei Relevanz für ihre reflektierte Beurteilung besitzt.[292] So unverbindlich die Vielzahl an möglichen partikularen Identitäten jedoch sein möge, so zwingend und unumgänglich anzuerkennen sei das Faktum, dass wir in praktischer Hinsicht auf die Wahl *irgendeiner* praktischen Identität angewiesen seien: »What is not contingent is that you must be governed by *some* conception of your practical identity. For unless you are committed to some conception of your practical identity, you will lose your grip on yourself as having any reason to do

---

289 Vgl.: Dies. (1996a), S. 121.
290 S.: Dies. (2009), S. 19.
291 Vgl.: Dies. (1996a), S. 120ff.
292 Vgl.: Dies. (2009), S. 23.

one thing rather than another – and with it, your grip on yourself as having any reason to live and act at all.«²⁹³

Die Rechtfertigung der prinzipiellen Notwendigkeit der Wahl von partikularen praktischen Identitäten könne jedoch nicht in einem bloßen Verweis auf weitere partikulare Identitäten bestehen, sondern basiere vielmehr auf dem umfassenderen Fundament der menschlichen Identität: »(...) *this* reason for conforming to your particular practical identities is not a reason that *springs from* one of those particular practical identities. It is a reason that springs from your humanity itself, from your identity simply as *a human being*, a reflective animal who needs reasons to act and live. And so it is a reason you have only if you treat your humanity as a practical, normative, form of identity, that is, if you value yourself as a human being.«²⁹⁴ *Erstens* müssen wir praktische Identitäten wählen, um überhaupt handlungsfähig zu sein, *zweitens* müssen wir unsere partikularen praktischen Identitäten aufgrund der Normativität unserer menschlichen Natur als für unser Handeln verbindlich ansehen.²⁹⁵ *Drittens* müssen wir uns darüber hinaus mit dem identifizieren, was Korsgaard in (problematischer) Anlehnung an Kant als »humanity«²⁹⁶ bezeichnet, d.h. mit unserer allgemeinen rationalen Natur, die wesentlich in eben diesem reflexiven Selbstverhältnis besteht. Im Hinblick auf die übergeordnete Frage nach der Verbindlichkeit von identitätstheoretisch begründeter praktischer Normativität ist festzuhalten, dass die allgemeine rationale Natur des Akteurs eine praktische Identität und die für ihn zentrale Norminstanz darstellt. Die reflexive Verfasstheit des Menschen fungiert als *nicht-partikulare*

---

293   S.: Dies. (1996a), S. 121.
294   S.: A. a. O.
295   Dementsprechend können sich die Gründe für die Wahl und diejenigen für die Verbindlichkeit der gewählten Identitäten unterscheiden: Erstere können verschiedenartige, rein subjektive Gründe sein, letztere müssen stets mit der postulierten Notwendigkeit der Normativität der rationalen Natur verbunden sein; vgl.: A. a. O.
296   Grundsätzlich versteht Korsgaard ihre auf der Normativität der Menschheit basierende Argumentation als Reformulierung des kantischen Ansatzes; vgl.: A. a. O., S. 122; vgl. dazu: S. J. Kerstein – Korsgaard's Kantian Arguments for the Value of Humanity, in: Canadian Journal of Philosophy Vol. 31, Vol. 1 (2001), S. 23-52. Vgl. weiterführend zu Korsgaards Rekurs auf Kants Menschheitsbegriff: S. Nyholm – Revisiting Kant's Universal Law and Humanity Formulas, Berlin/Boston 2015, S. 78ff.; J. Wuerth – Kant on Mind, Action & Ethics, Oxford 2014, 274ff.; Chr. Arroyo: Freedom and the Source of Value – Korsgaard and Wood on Kant's Formula of Humanity, in: Metaphilosophy 42/4 (2011), 353-359; M. C. Coleman – Korsgaard on Kant on the Value of Humanity, in: The Journal of Value Enquiry 40 (2006), 475-478; W. Nelson – Kant's Formula of Humanity, in: Mind (New Series) Vol. 117 Vol. 465 (2008), 85-106; M. T. Walker – Kant, Schopenhauer and Morality: Recovering the Categorical Imperative, New York 2012, 113.

5.7 PRAKTISCHE NÖTIGUNG, SELBST-KONSTITUTION UND HANDLUNG

praktische Identität, ohne die partikulare praktische Identitäten weder gewählt werden müssen noch verbindlich sein können.

Die postulierte Notwendigkeit der Wahl von praktischen Identitäten wird von Korsgaard als Erklärung dafür angeführt, warum nicht nur unsere Identifikation mit dem allgemeinen Menschsein, sondern auch die gewählten partikularen Identitäten für uns strikte Verbindlichkeit besitzen können: Auch wenn wir wissen, dass die jeweils gewählten praktischen Identitäten in ihrer Partikularität nicht notwendig sind, stellen sie den Ausdruck unserer praktischen Anerkennung der zugrunde liegenden Notwendigkeit unserer rationalen Selbstbestimmung dar. Somit haben wir Korsgaard zufolge die Aufgabe, aus kontingenten Verbindlichkeiten für uns absolut gültige Gesetze zu machen: »Making the contingent necessary is one of the tasks of human life and the ability to do it is arguably a mark of good human being. To do your job as if it were the most important thing in the world, love your spouse as if your marriage was made in heaven, treat your friends as if they were the most important people in the world – is to treat your contingent identities as the sources of absolute inviolable laws.«[297] Bei den hier erwähnten Notwendigkeiten handelt es sich de facto stets um »kontingente Notwendigkeiten«, und der über seine Natur aufgeklärte Akteur kann dies offenbar auch wissen.

Die These, dass partikulare praktische Identitäten eine notwendige Handlungsbedingung darstellen, kann eine gewisse empirische Plausibilität für sich beanspruchen: Angesichts der Komplexität des menschlichen Lebens stehen wir in zahllosen Situationen vor Entscheidungen, deren Vollzug spezifische Beurteilungskriterien erfordert. Wenn ich auf der Autobahn unterwegs zu einem wichtigen Familienfest bin und Zeuge eines Unfalls werde, bei dem ich möglicherweise helfend eingreifen könnte, stehe ich vor der Herausforderung,

---

[297] S.: Dies. (2009), S. 23. Die zitierte Passage liest sich so, als ob nicht nur unterschiedliche, sondern auch *unterschiedlich geartete* partikulare Identitäten gleichermaßen als unbedingt gültig aufgefasst werden sollen. Hier wird die Frage nach einer Form praktischer Normativität bedeutsam, die sich auf eine *hierarchische Ordnung von praktischen Identitäten* bezieht. Wenn ich z.B. Mutter und zugleich verantwortungsvolle Ärztin bin, muss ich im Zweifelsfall eine der mit diesen beiden Identitäten verbundenen Verbindlichkeiten der jeweils anderen unterordnen, um überhaupt handlungsfähig bleiben zu können. Es scheint hier unausweichlich zu sein, dass ich zumindest temporär bestimmte Pflichten als Mutter oder Ärztin verletzen muss. Die Idee eines obersten Ordnungsprinzips für die mit praktischen Identitäten verbundenen Verbindlichkeitsrelationen wird dementsprechend auch von Korsgaard thematisiert, wenn es um die Grenzen der eigenen Verstöße gegen diese Identitäten geht: »(...) we must commit ourselves to a kind of second-order-integrity, a commitment to not letting these problems get out of hand. We cannot make an exception ›just this once‹ every time, or we will lose our identities after all.« S.: Dies. (1996a), S. 103.

bestimmte Gewichtungsreflexionen zu vollziehen, d.h. ich muss vor dem Hintergrund einer komplexen empirischen Situation konkrete Werte gegeneinander abwägen und zudem mit Wahrscheinlichkeitsüberlegungen arbeiten. Kurz: Ich muss nicht nur *irgendwie* gesetzmäßig handeln, sondern ich muss in dieser ganz konkreten Situation das meiner persönlichen Ansicht nach Richtige tun. In der Tat scheint in diesem Falle nicht kontrovers zu sein, dass ich unter der Maßgabe einer sinnvollen und zielgerichteten Handlung über Handlungsgründe verfügen muss, die sich in Entsprechung zu meinen jeweiligen Zwecksetzungen auf diese spezielle Situation beziehen. Ebenfalls ist grundsätzlich als plausibel anzunehmen, dass eine situationsadäquate Wahl von Handlungsgründen anhand der Berücksichtigung bestimmter für mich autoritativer Normen vollzogen werden muss.

Korsgaard verdeutlicht die Rolle von praktischen Identitäten im Rahmen ihrer Handlungspsychologie u.a. in Anlehnung an Kants Systematik. Ihr diesbezüglicher Ansatz basiert auf der Annahme, dass menschliche Handlungen unter zwei strukturellen Voraussetzungen zustande kommen: Erstens muss der Akteur ein Prinzip (»principle«) für sein Handeln besitzen, das ihm erlaubt, die sich ihm in seinem Bewusstsein präsentierenden Impulse zu beurteilen – dies ist die *normative Handlungsvoraussetzung*; zweitens muss es für den Akteur einen Anreiz (»incentive«) geben, der ihn dazu bewegt, bestimmte Handlungen anderen vorzuziehen und sie zu vollziehen – der impulsgebende Anreiz stellt die *motivationspsychologische Handlungsvoraussetzung* dar.[298] Beide Voraussetzungen müssen im Falle der guten Handlung auf eine bestimmte Art und Weise aufeinander bezogen werden: Wenn, wie im Falle Kants, das Handlungsprinzip im Kategorischen Imperativ bestehe, müsse die Motivation (bei Kant: die Triebfeder) für die Ausführung einer moralisch richtigen Handlung allein in der Achtung für das Gesetz bestehen – dies sei die Pointe der kantischen Rede von einer Handlung aus Pflicht. Formal rekonstruiert, müsse sich bei einer moralischen Handlung das motivationspsychologische Moment unmittelbar aus dem normativen Moment ableiten bzw. mit ihm identisch sein. Die in Korsgaards Theorie über Kant hinaus zentrale These besteht nun darin, dass sowohl die Funktion des normativen Prinzips als auch die des motivationspsychologischen Anreizes von praktischen Identitäten übernommen wird: »I believe that our practical identities (...) are standing sources of incentives, as well as principles in terms of which we accept and reject proposed actions.«[299]

---

298 Vgl.: Dies. (2009), S. 22.
299 S.: A. a. O.

5.7 PRAKTISCHE NÖTIGUNG, SELBST-KONSTITUTION UND HANDLUNG

Angesichts der bisher skizzierten Theoriearchitektur drängt sich an dieser Stelle ein Einwand auf, der unmittelbar mit den methodischen Aspekten von Korsgaards Definition der Funktion praktischer Identitäten verbunden ist: Wenn wir mit Korsgaard davon ausgehen, dass praktische Identitäten notwendige Voraussetzungen für unsere Wahl von Handlungsgründen darstellen, dann ist zumindest prima facie unklar, wie man sich den *Prozess der begründeten Wahl von praktischen Identitäten* vorzustellen hat, ohne sich in zirkulären Reflexionen zu verfangen. Die Wahl von praktischen Identitäten scheint stets von bereits vorhandenen bzw. gewählten praktischen Identitäten ausgehen zu müssen, *insofern* ohne praktische Identität tatsächlich kein Handeln möglich ist. Auf der Ebene der partikularen praktischen Identitäten reproduziert sich demnach der Konstitutionszirkel, der bereits in Hinsicht auf das platonische Seelenmodell und die teleologische Selbstreferenz des Akteurs zu finden ist.

Korsgaard bezeichnet die primär relevanten Implikationen praktischer Identitätskonzepte mit dem Begriff »obligation«, d.h. partikulare praktische Identitäten stellen ihr zufolge die Grundlage von *Pflichten* dar.[300] Die mit partikularen praktischen Identitäten verbundenen Pflichten sind keine moralischen Pflichten, sondern sind angesichts der Tatsache, dass sie entweder bewusst vom Akteur gewählt wurden oder unabhängig davon ein zentrales Element seiner Persönlichkeit darstellen, zumindest in formaler Hinsicht als *prudentielle Sollensforderungen* zu verstehen. In welchem Sinne hier genau von prudentiellen Pflichten zu sprechen ist, wird im folgenden Unterkapitel eigens thematisiert, doch kann bereits an dieser Stelle im Anschluss an das zuvor Skizzierte zweierlei festgehalten werden: *Erstens* sollen partikulare praktische Identitäten trotz ihrer Kontingenz strikt verbindliche praktisch-normative Implikationen für den Akteur besitzen können, weshalb *zweitens* auch die durch sie fundierten Pflichten als unbedingte Sollensforderungen verstanden werden sollen. Bei der Analyse identitätsbasierter praktischer Forderungen stehen vor allem zwei miteinander verbundene Hinsichten im Mittelpunkt: Angesichts der bis zur Selbst-Konstitution reichenden normativen Selbstreferenz des Akteurs ist zu zeigen, inwiefern das Konzept der selbstgewählten partikularen praktischen Identitäten grundsätzlich zur Etablierung von praktischer Verbindlichkeit in der Lage sein kann. Im Hinblick auf den Verbindlichkeitsgrad identitätsbasierter Pflichten muss zudem geklärt werden, warum kontingente partikulare praktische Identitäten *unbedingte* Verbindlichkeit für den Akteur besitzen können sollen.

---

300 Vgl.: A. a. O., S. 23f.; Dies. (1996a), S. 101f., 120ff., 128ff.

5.7.5 Prudentielle Pflichten

Korsgaards These, dass partikulare praktische Identitäten die normativen Kriterien für die Wahl von Handlungsgründen darstellen, impliziert nicht nur die Annahme, dass diese Identitäten dem jeweiligen Akteur praktische Gründe vorschreiben, die für die Ausführung bestimmter Handlungen sprechen. Praktische Identitäten stellen auch normative Maßstäbe für die Zurückweisung von Handlungsimpulsen dar, wie Korsgaard in »Sources« ausführt: »It is the conceptions of ourselves that are most important to us that give rise to unconditional obligations. For to violate them is to lose your integrity and so your identity, and to no longer be who you are. That is, it is no longer be able to think of yourself and find your life to be worth living and your actions to be worth undertaking. It is to be for all practical purposes dead or worse than dead. When an action cannot be performed without loss of some fundamental part of one's identity, and an agent could just as well be dead, then the obligation not to do it is unconditional and complete. If reasons arise from reflective endorsement, then obligation arises from reflective *rejection*.«[301]

Demzufolge erzeugen wir die für uns unbedingt verbindlichen Pflichten durch unsere Abweisung von möglichen Handlungsgründen und den ihnen korrelierten Handlungsoptionen.[302] Dadurch tragen wir dem Umstand Rechnung, dass diese Impulse zu den partikularen praktischen Identitäten im Widerspruch stehen, über die wir uns vorzugsweise definieren. Streng genommen ist die Rede von *unbedingt* verbindlichen Pflichten nach Korsgaard allerdings überflüssig, da ihr Pflichtbegriff prinzipiell strikte praktische Normativität impliziert: »(...) all obligation is unconditional (...). An obligation always takes the form of a reaction against a thread of a loss of identity.«[303] Daher sei der Unterschied zwischen Pflichten, die sich aus unserer Kernidentität herleiten, und denen, die anderen Pflichten im Zweifelsfall unterzuordnen seien, nicht auf einen unabhängig bestimmbaren Verpflichtungsgrad, sondern die damit verbundenen Implikationen für die Stabilität der für den Akteur wichtigsten Aspekte seines praktischen Selbstverhältnisses zurückzuführen.[304] M.a.W.: Der Grad der praktisch-normativen Verbindlichkeit, der mit den praktischen Identitäten einhergeht, soll der im konkreten Fall bestehenden Bedeutung der Identitätskonzepte für den jeweiligen Akteur

---

301 S.: A. a. O., S. 102.
302 Diese Generierung von Pflichten stellt eine Implikation der praktischen Affirmation bestimmter Identitäten dar.
303 S.: A. a. O.
304 Korsgaard greift in diesem Zusammenhang auf die Kategorie der »Tiefe« einer Pflicht zurück: »Obligation is always unconditional, but it is only when it concerns really important matters that it is *deep*.« S.: A. a. O., S. 103. Da diese Charakterisierung nicht

entsprechen. Damit liegt in Übereinstimmung mit dem bereits zuvor erwähnten instrumentellen, da handlungsteleologisch bedingten Wert praktischer Gesetze ein funktionalistisches Modell praktischer Normen vor: Pflichten bestehen nicht an sich bzw. sind nur insofern normativ, als sie die Einheit unserer partikularen Identitäten schützen, d.h. eine handlungstheoretisch basierte Anforderung erfüllen.

Korsgaards Ansatz entspricht unter diesem Gesichtspunkt einer existentiell orientierten Theorie der *Normativität der Authentizität*.[305] Authentizität als das unverstellte Selbstsein, das darin besteht, den maßgeblichen eigenen praktischen Identitäten gemäß zu handeln und dadurch dem eigenen Wesenskern im eigenen Handeln Ausdruck zu verleihen, ist das Ideal, das hinter der Verbindlichkeit der tiefverwurzelten praktischen Selbstbilder steht. Soweit handelt es sich allein um eine erstpersonal fundierte psychologische Verbindlichkeit der praktischen Identitäten: Es ist *faktisch* der Fall, dass bestimmte unserer praktischen Identitäten für uns strikt verbindlich sind. Bei dieser Charakterisierung der Geltungsbedingungen von unbedingter praktischer

---

weiter spezifiziert wird, liegt eine Interpretation nahe, nach der die Tiefe einer Verpflichtung mit ihren psychologischen Implikationen für das Selbstbild des Akteurs korreliert ist.

[305] Hinsichtlich der Frage nach dem grundsätzlichen Profil der Theorie partikularer praktischer Identitäten ist bemerkenswert, dass der Begriff der »Bedrohung« auf der Ebene der Pflichtbestimmung eine systematisch relevante Funktion besitzt. Dies ist vor allem insofern erläuterungsbedürftig, als Bedrohungen zwar gemeinhin negativ konnotiert sind, im Kontext von Korsgaards Ansatz jedoch offen zu bleiben scheint, ob das Bedrohte – die jeweils im konkreten Fall gefährdete partikulare praktische Identität – in psychologischer oder moralischer Hinsicht gut oder schlecht ist. Da die Rede von einer Bedrohung von etwas Schlechtem zwar verständlich ist, zugleich jedoch ungewöhnlich anmutet, ist die Frage naheliegend, warum Pflichten stets aus Identitätsbedrohungen resultieren sollen. Offenbar muss die jeweils bedrohte Identität nicht positiv beurteilt werden, um sie als schützenswert und als legitimen Grund von sie bewahrenden Pflichten zu begreifen, da dies unterschiedslos auf jede Form von praktischer Identität zutreffen soll. Da die Verletzung identitätskonstitutiver Pflichten mit dem unter allen Umständen zu vermeidenden Tod des Akteurs verglichen wird, liegt die Annahme nahe, dass grundlegende Persönlichkeits- bzw. Identitätsänderungen von Akteuren ein primär negativ konnotiertes Phänomen darstellen. Die zuvor konstatierte Normativität der Authentizität scheint einen grundsätzlich *konservativen* Charakter aufzuweisen. Zum einen bleibt jedoch unklar, inwiefern diese Tendenz auch unabhängig von Korsgaards Prämissen anzunehmen ist; zum anderen ist fraglich, was die Idee der Verpflichtung als Abwehr von Bedrohungen der eigenen Identität vor dem Hintergrund des in der Geschichte der Religions- wie auch der Moralphilosophie einschlägigen Topos bedeutet, dass Menschen den Kern ihrer bisher für sie maßgeblichen praktischen Identität aufgrund einer Einsicht in höhere praktische Notwendigkeiten geändert haben. Zumindest in letztgenannter Hinsicht wirft Korsgaards Theorie mehr Fragen auf als sie beantwortet.

Verbindlichkeit wird nicht darauf reflektiert, wie Akteure ihre praktische Identität formen *sollten* – dies ist nach Korsgaard eine Frage, die nur unter Rekurs auf Konzepte der moralischen Verpflichtung zu diskutieren ist.[306] Ihre Beschreibung der hinter Verpflichtungsphänomenen stehenden Mechanismen der Affirmation und Negation sowohl von normativen Beurteilungsinstanzen als auch von spezifischen Forderungen stellt einen Beitrag zur deskriptiven Handlungspsychologie dar. Der Verweis auf die Folgen der praktischen Verleugnung der eigenen Kernidentität muss dabei insbesondere vor dem Hintergrund ihrer Voluntarismus-Rezeption und deren Konzept von praktischer Autorität interpretiert werden: Wir besitzen praktische Autorität über uns, weil wir dazu fähig sind, unsere Identitätsverletzungen mit *selbstreferentiellen negativen Sanktionen* zu vergelten.[307] Die Besonderheit dieser identitätspsychologisch bedingten Sanktionen besteht darin, dass sie nicht eigens von einem Gesetzgeber veranlasst werden müssen, sondern unmittelbare Resultate von Normverletzungen darstellen.

Die grundsätzliche Frage, inwiefern durch den Akteur gewählte praktische Identitäten als Fundamente von strikten Pflichten fungieren können, lässt sich jedoch bereits theorieimmanent nicht ohne weiteres beantworten. Dies wird besonders deutlich, wenn man die systematischen Implikationen der Definition von Pflichten als Abwehr von Identitätsbedrohung expliziert: Wenn meine praktische Identität die Pflicht impliziert, Bedrohungen meiner Identität abzuwenden, habe ich de facto stets die Aufgabe, zu verhindern, *dass ich mich selbst bedrohe*. Nicht nur basiert Korsgaards Theorie auf der Idee der Autonomie und impliziert selbstbezügliche Verpflichtungen und Sanktionen, sondern mit ihr ist auch die These verbunden, dass in erster Linie der Akteur selbst eine Gefahr für seine eigene praktische Identität darstellt, diese Identität jedoch auch ändern kann, wenn er nur will.[308] Ohne genauere Rekonstruktion dieser Art von praktischem Selbstbezug muss offen bleiben, wie ein Akteur sich selbst gegenüber strikte praktische Autorität besitzen können soll. Bei dem Konzept der selbstreferentiellen praktischen Autorität handelt es sich im Kontext von Pflichten nicht einfach um die motivationspsychologischen

---

306   Vgl.: A. a. O.
307   Streng genommen sind wir nicht nur zu diesen Sanktionen fähig, sondern aufgrund des postulierten Zusammenhangs von rationaler Natur, Notwendigkeit der Wahl von Handlungsgründen und der Wahl praktischer Identitäten auch dazu genötigt.
308   Eine Bedrohung der eigenen Identität geht stets von Handlungen des Akteurs aus, was insofern plausibel ist, als die Abwehr von Bedrohung als Aspekt des ständigen Kampfes um die eigene geordnete Akteuridentität verstanden wird. Andere Akteure können mich daher zwar auf verschiedene Art und Weise bedrohen, nicht jedoch meinen Identitätskern, da dieser nicht von Handlungen anderer Akteure abhängt.

5.7 PRAKTISCHE NÖTIGUNG, SELBST-KONSTITUTION UND HANDLUNG

Implikationen des teleologischen Handlungsmodells, sondern hier geht es vor allem um die von Korsgaard unterstellte Voraussetzung, dass die selbstgewählten partikularen praktischen Identitäten des Akteurs als mit *Sanktionsmacht ausgestattete autoritative Instanz* fungieren. Im folgenden Exkurs wird die Frage erörtert, inwiefern dieses Konzept haltbar ist.

Exkurs: *Das Problem der selbstreferentiellen praktischen Autorität*
In Korsgaards identitätsbasiertem Pflichtkonzept spitzt sich vor allem aufgrund der damit verbundenen Idee der selbstreferentiellen Sanktionen ein strukturelles Problem zu, das auch der von ihr adaptierten Idee der Autonomie als oberstes Handlungsprinzip zugrunde liegt: Wenn ich mir selbst gegenüber dadurch als verpflichtende Instanz fungieren können soll, dass ich mir zum einen die eigenen Gesetze der Wahl partikularer praktischer Identitäten und Handlungsgründe gebe und mich zum anderen über den Weg der Wahl der partikularen praktischen Identitäten selbst zu bestimmten Handlungen unter Androhung von Sanktionen verpflichte, bin ich zugleich der Gesetzgeber und der dem von mir erlassenen Gesetz gegenüber normativ Verbundene.[309] Im Sanktionsfall besteht in Korsgaards Theorie die seltsame Situation, dass der Sanktionierer zugleich der Sanktionierte ist: Der Akteur, der unter den Folgen seines praktischen Identitätskonflikts leiden muss, ist identisch mit dem, der nicht nur die für die jeweiligen Sanktionen ausschlaggebende praktische Identität gewählt hat, sondern diese Identität gewissermaßen auch *ist*, indem er sie in seinem Handeln verkörpert. Wenn er sich nicht mit der Rolle des mit Sanktionsmacht ausgestatteten Gesetzgebers identifizieren würde, gäbe es besagte Sanktionen überhaupt nicht.

Die Relation von Gesetzgeber und der durch das Gesetz gebundenen Partei vor dem Hintergrund selbstreferentieller praktischer Normativität wird sowohl bei Hobbes als auch Kant auf jeweils unterschiedliche, jedoch aufschlussreiche Weise thematisiert. Allerdings sind beide Lösungen nicht dazu geeignet, Korsgaards Theorie der selbstbezüglichen praktischen Autorität zu stützen, da sie eine von ihr abweichende Struktur aufweisen. Gerade deshalb

---

309 Cohen bringt die Ambivalenz der systematischen Situation in seiner Kritik an Korsgaard folgendermaßen auf den Punkt: »You might think that, if you make a law, then that law binds you, *because* you made it. For, if you will the law, then how can you deny that it binds you, without contradicting your own will? But you might also think the opposite. You might think that, if you are the author of the law, then it *cannot* bind you. For how can it have authority over you when you have authority over it? How can it bind you when you, the law*maker*, can change it, at will, whenever you like?« S.: G. A. Cohen – Reason, humanity, and the moral law, in: Korsgaard (1996a), S. 167-188, S. 167 (im Folgenden zitiert als Cohen 1996).

ist eine kurze Rekapitulation der jeweiligen Kernargumente hilfreich, um ein diesbezügliches Hautproblem von Korsgaards Modell zu identifizieren. Entgegen einem prima facie naheliegenden Eindruck muss Korsgaards Autoritätstheorie in Anlehnung primär an Hobbes und nicht an Kant interpretiert werden, was aufgrund der systematischen Rolle der Theorie praktischer Identitäten zu Schwierigkeiten führt.

In Hobbes' Theorie gibt es zwei Instanzen mit praktischer Autorität, den Bürger und den Souverän.[310] Dem Souverän ist vom Bürger die Macht zur Gesetzgebung verliehen worden, indem der Bürger seine ihm ursprünglich eigene praktische Autorität auf den Souverän überträgt. Wenn der Souverän Gesetze erlässt, ist Hobbes zufolge zwar der durch den Souverän repräsentierte Bürger, nicht jedoch der Souverän selbst durch diese Gesetze gebunden. Der Grund dafür ist der folgende: Der Souverän ist durch die von ihm selbst erlassenen Gesetze nicht gebunden, weil sie von ihm erlassen wurden und daher auch durch ihn wieder rückgängig gemacht werden können – die Gültigkeit der Gesetze untersteht vollkommen seinem Willen. Dagegen ist der Bürger zwar auf indirekte Weise auch der Autor der durch den Souverän erlassenen Gesetze, doch kann er die Gesetze nicht willkürlich für ungültig erklären und steht daher im Unterschied zum Souverän nicht über dem Gesetz, sondern ist durch die gültigen Gesetze verpflichtet.[311]

Mit Cohen muss man zwischen einem plausiblen und einem unplausiblen Aspekt der hobbesschen Argumentation differenzieren[312]: Während in der Tat fraglich ist, ob es sich bei der Bindung des Souveräns durch eigene *universell* gültige Gesetze angesichts seiner Befugnis zur Aufhebung dieser Gesetze um eine strikte Gebundenheit handelt, unterstehen ihnen auch der Souverän, *solange* er die Gesetze nicht aufgehoben hat.[313] Der im Hinblick auf Korsgaard entscheidende Punkt besteht darin, dass es sich stets um eine nur *bedingte* Geltung der eigenen Gesetze handeln kann, wobei die Bedingung darin besteht, dass die jeweiligen Gesetze vom Souverän (noch) nicht aufgehoben sind. Korsgaard adressiert diese Kritik mit dem Einwand, dass der Souverän *erstens* in der Tat durch seine eigenen Gesetze bis zu deren Aufhebung gebunden sei, und dass *zweitens* ein Aufhebungsprozess einen Gesinnungswandel des Gesetzgebers voraussetze, ein solcher sich jedoch keinesfalls vollkommen

---

310 Vgl. dazu: M. LeBuffe – Hobbes on the Origin of Obligation, in: British Journal for the History of Philosophy (11), Vol. 1, 2003, S. 15-39.
311 Der Bürger kann nur Einfluss auf das Erlassen von Gesetzen nehmen, indem er Einfluss auf den Souverän ausübt.
312 Vgl.: Cohen (1996), S. 167ff.
313 Im Falle von Gesetzen, die den Souverän explizit von ihrem Geltungsbereich ausschließen, erübrigt sich diese Diskussion.

umstandslos vollziehe.³¹⁴ Allein durch diese Verweise wird das Verbindlichkeitsproblem der Gesetze bzw. des Konzepts der Selbstgesetzgebung jedoch nicht gelöst. Korsgaards Ausgangspunkt bei der Entwicklung ihrer Theorie der praktischen Identitäten ist die mit der rationalen Natur des Menschen verbundene Autonomie im Anschluss an Kant. Ein kurzer Blick auf das kantische Konzept von nomothetischer Subjektivität soll im Folgenden verdeutlichen, inwiefern sich Korsgaards Verbindung von Autonomie und identitätsbedingter praktischer Verbindlichkeit von der kantischen Systematik unterscheidet. Vor diesem Hintergrund wird die zuvor erwähnte These nachvollziehbar, dass Korsgaards Ansatz eher an Hobbes als an Kant angelehnt ist.

Kant geht davon aus, dass der Akteur Maximen als seine subjektiven Handlungsgrundsätze wählen muss, wobei das diesbezüglich normative Kriterium, der Kategorische Imperativ, die Gesetzesförmigkeit von moralischen Maximen gebietet. Gesetzesförmigkeit im kantischen Sinne bedeutet Universalität im Sinne allgemeiner Verbindlichkeit, d.h. eine gesetzesförmige Maxime soll oder kann von allen Vernunftwesen als Grundlage ihres selbstbestimmten Handelns gedacht bzw. gewollt werden. Im Unterschied zu Korsgaards Ansatz gibt es bei Kant keine intermediären Strukturen wie praktische Identitäten, die eigens gewählt werden müssen, um zu der Wahl von Handlungsgründen fähig zu sein. Entscheidend ist der folgende Punkt: Kants Antwort auf die Frage nach dem letztgültigen praktisch-normativen Maßstab für den Akteur verweist auf eine Struktur, die zwar dem Begriff, nicht jedoch der Sache nach auch für Korsgaards Ansatz relevant ist. Es handelt sich bei dieser Struktur um die allgemeine menschliche *Vernunftnatur*.³¹⁵ Der letzte praktische Verpflichtungsgrund ist Kant zufolge ein Grund *apriori*, der auf die *reine Vernunft* zurückgeführt werden muss. Die »menschliche Vernunftnatur« ist hier nicht unsere anthropologische Verfasstheit, nach Gründen zu handeln, sondern das Prädikat »menschlich« ist an dieser Stelle nur deswegen adäquat, weil es sich um den menschlichen Zugriff auf eine an sich weder menschliche noch nicht-menschliche, sondern »reine« Vernunft handelt.³¹⁶ Die menschliche Natur ist in kantischer Perspektive zwar auf die reine Vernunft ausgerichtet, da sie für ihre theoretische wie praktische Normativität empfänglich ist und ihr daher auch auf eine grundsätzliche Art und Weise untersteht (»Du sollst, denn Du kannst«), doch gibt es keinen Anhaltspunkt in Kants Systematik, der die Behauptung rechtfertigen würde, dass die Verbindlichkeit praktischer

---

314 Vgl.: Korsgaard (1996a), S. 234.
315 Vgl.: Herman (1993), S. 238.
316 Vgl.: A. Hutter – Das Interesse der Vernunft, Hamburg 2003, S. 39f.; Bambauer (2011), S. 403ff.

bzw. moralischer Sollensforderungen auf die menschliche Natur *zurückgeführt* werden kann.[317] Das praktische Subjekt ist in kantischer Perspektive dahingehend selbstgesetzgebend, dass es seinen Willen gemäß selbstgewählter Maximen bestimmt, doch ist das Sittengesetz außerhalb seines Einflussbereichs. Indem der Akteur eine dem Kategorischen Imperativ gemäße Maxime will, weil sie sittengesetzlich geboten ist, *autorisiert* der Akteur den Kategorischen Imperativ und damit auch das Sittengesetz, d.h. er verleiht dem Sittengesetz auf eine durch die Maxime spezifizierte Weise praktische Autorität. Dieser Akt kommt jedoch der Anerkenntnis einer an sich bestehenden praktischen Verbindlichkeit und nicht der akteurbedingten Konstruktion dieser Verbindlichkeit gleich.[318]

Korsgaards Berufung auf Kant ist daher irreführend, wenn sie ausführt, dass der letzte Grund von praktischer Normativität in der menschlichen Natur bestehe. Exemplarisch für das hier vorherrschende Missverständnis ist die folgende Beiordnung von Kant zu Hume und Williams: »For Kant, like Hume and Williams, thinks that morality is grounded in human nature, and that moral properties are projections of human dispositions.«[319] Für ein umfassendes Verständnis menschlicher rationaler Vermögen ist keineswegs irrelevant, sondern essentiell, dass Menschen über Selbstbewusstsein verfügen, denn in der Tat zeigt die spezifische Form menschlicher Subjektivität mit dem als »ich« bezeichneten reflexiven Selbstverhältnis ein von seinen Impulsen unterschiedenes Aktzentrum an, das sich zumindest prinzipiell zu den Inhalten seines Bewusstseins verhalten kann. Dennoch wird durch eine Bestandsaufnahme und Funktionsanalyse der Elemente des Bewusstseins nicht das erfasst, was Kant unter reiner Vernunft versteht, da diese Vernunft eine apriorische und daher allein *transzendental-reflexiv zu erschließende Normstruktur* und keine vermögens- oder bewusstseinstheoretische Größe darstellt. Zwar soll der Akteur als autonomes vernunftbegabtes Wesen auch im Kontext der kantischen Systematik den sittengesetzlich gebotenen Maximen praktische Autorität zuschreiben, doch existiert in Form des akteurunabhängigen objektivistischen Vernunftbegriffs eine normative Instanz, welche die Willkürproblematik des hobbesschen Souveräns nicht entstehen lässt. Im Fall von Korsgaards Ansatz wird das letztgenannte Problem dadurch verschärft, dass der Akteur Souverän und Bürger in einer Person ist. Es ist richtig, dass auch der Souverän bis zur

---

317 Die praktische Normativität des Sittengesetzes ist nach Kant nur in dem Sinne durch die menschliche Natur bedingt, dass das infinitivische Sittengesetz für den Menschen aufgrund seiner Unvollkommenheit zum Kategorischen Imperativ wird. Das Sittengesetz gründet jedoch nicht im Menschen; vgl.: I. Kant – GMS AA IV, S. 411.
318 Vgl.: Illies (2003), S. 158 Anm. 17.
319 S.: Korsgaard (1996a), S. 90.

Aufhebung seiner Gesetze an sie gebunden ist, doch ändert das nichts an der prinzipiellen Akteurrelativität ihrer Geltung. Der zentrale Kritikpunkt an Korsgaards Konzept der selbstreferentiellen praktischen Normativität besteht demnach darin, dass die Gesetzgebung durch den Akteur grundsätzlich deshalb willkürlich ist, weil die jeweiligen Gesetze stets nur bedingt verbindlich sein können, da sie von seinen Entscheidungsakten abhängen.[320]

Die kritische Rekonstruktion von Korsgaards Theorie partikularer praktischer Identitäten verweist an verschiedenen Stellen auf den Ausgangspunkt ihres gesamten Modells, die reflexive menschliche Natur als den unhintergehbaren Grund aller Formen von praktischer Normativität. Während die reflexive Natur des Akteurs in Bezug auf seine Verbundenheit mit der Wahl seiner Handlungsgründe primär als praktisch-anthropologische Notwendigkeit begriffen werden muss, gewinnt sie im Rahmen der Theorie insofern an systematischer Relevanz, als Korsgaard zum einen die Identifikation mit

---

320 Die von ihrer Position aus finale Antwort auf diese Kritik besteht in dem Verweis darauf, dass in ihrem Modell insofern keine willkürliche Gesetzgebung möglich ist, da jeder Gesetzgebungsakt nur dann ein solcher sein kann, wenn die jeweils durch ihn etablierten Maximen gesetzesförmig bzw. subjektiv-universalisierbar sind. In ihrer Replik auf eine entsprechende Kritik Cohens unterstellt sie ihm die falsche Annahme, dass sie von einem an sich gesetzesunabhängigen Vorgang der Bestimmung von Handlungsgründen ausgehe, an die erst in einem gesonderten zweiten Schritt die universelle Gesetzesform herangetragen werden könne – oder dies eben ausbleibe; vgl.: A. a. O., S. 235. Dagegen verstehe sie die autonome Maximenwahl prinzipiell als einen Prozess, der die Gesetzesform von Maximen immer schon als Strukturmerkmal impliziere, sodass sich die Willkür praktischer Selbstbestimmungsakte einem Missverständnis verdanke. Allerdings kann Korsgaards Antwort den Einwand nicht entkräften: *Erstens* adressiert sie nur den allgemeinen formalen Aspekt von Maximen, der sich von der Annahme ableitet, dass praktische Selbstbestimmung eine Kausalität des Willens und diese Kausalität Gesetzesförmigkeit voraussetzt; *zweitens* impliziert der von Korsgaard adaptierte Begriff der Universalität nur einen Bezug auf den einzelnen Akteur, da der Kategorische Imperativ als moralneutrales Handlungsprinzip fungiert, darüber hinaus jedoch keine weiterführenden Restriktionen für Handlungen des Akteurs impliziert; *drittens* ist noch unklar, wieso der Akteur in seiner Wahl der praktischen Identitäten über die bloße Gesetzesförmigkeit seiner Maximen hinaus durch irgendeine weitere praktische Norm gebunden sein soll, da einem Gesinnungswandel und entsprechenden Identitätsänderungen nur psychologische Hindernisse im Weg stehen können. Korsgaards Einwand, dass der Akteur auch in ihrer Theorie seine Handlungsprinzipien nicht willkürlich wählen könne, ist nur auf eine triviale Weise zutreffend, da er im Grunde nichts anderes besagt, als dass die jeweiligen Gesetzgebungsakte durch die strukturellen Anforderungen an Gesetzgebungsakte beschränkt sind: Wenn Selbstgesetzgebung per definitionem die Wahl gesetzesförmiger Maximen bzw. Gründe bedeutet (darin besteht eine Pointe von Korsgaards handlungstheoretischer Interpretation des Kategorischen Imperativs), dann stellt die Wahl gesetzesförmiger Maximen deswegen keine Einschränkung möglicher Arten der praktischen Selbstbestimmung dar, weil keine Alternativen existieren.

dem rationalen Wesen des Menschen als Bedingung für die Wahl partikularer praktischer Identitäten und zum anderen die Identitätswahl als Ausdruck der Wertschätzung der eigenen rationalen Natur begreift. Doch auch die explizite Rückbindung der Verbindlichkeit partikularer praktischer Identitäten an die nicht-partikulare Identität der rationalen Natur kann den mit den spezifischen Identitäten verbundenen Relativismus nicht ausschließen.[321] Die bloße Tatsache, dass Akteure auf praktische Identitäten angewiesen sind und eine Einheit dieser Identitäten herstellen müssen, um als Autoren zurechenbarer Handlungen fungieren zu können, fundiert keine inhaltlich bestimmten Normen, die für jeden Akteur kategorisch verbindlich sind. Dieser Befund steht in Kontrast zu Korsgaards Bestrebung, durch die Beschreibung von Maximen als intrinsisch normativen Selbstzwecken eine verbindliche Wertstruktur zu etablieren, um die Grundlage für eine Rechtfertigung von kategorischen praktischen Geltungsansprüchen zu schaffen. Wie Korsgaard selbst anmerkt, ist die Beantwortung der Frage, ob eine Maxime für einen Akteur mit seiner individuellen Konfiguration partikularer praktischer Identitäten einen Handlungsgrund darstellen kann, durch seine subjektive praktische Normdisposition bedingt: »(...) whether a maxim can serve as a law (...) depends upon the way that we think of our identities.«[322]

Korsgaards übergeordnetes Ziel besteht darin, die Normativität praktischer Regeln als notwendige Implikationen von Handlungen zu rechtfertigen. Auch wenn einige dieser Regeln nicht strikt verbindlich sein müssen, so wie es z.B. im Falle von partikularen praktischen Identitäten ohne tiefgreifende Bedeutung für den Akteur der Fall ist, sollen moralische Prinzipien kategorisch und für alle Akteure gültig sein. Die Etablierung normativer Standards, die nicht nur die Wahl irgendwelcher, sondern bestimmter praktischer Identitäten und Handlungsgründe erforderlich macht, setzt im Kontext von Korsgaards Theorie voraus, dass sich jeder Akteur *auf eine bestimmte Weise* begreifen muss. Der in moraltheoretischer Hinsicht zentrale Aspekt von Korsgaards Argumentation setzt an diesem Punkt an, indem das rationale Wesen des Akteurs nicht nur als handlungstheoretische Notwendigkeit, sondern als *zu achtender Wertgrund* interpretiert wird. Die Notwendigkeit, die eigene rationale Natur unbedingt

---

321 Bratman verweist darüber hinaus auf die Möglichkeit des Konflikts von bestimmten partikularen Identitäten und der Anerkennung des unbedingten Werts der rationalen Natur, welche keine unmittelbare Konsistenz, jedoch eine Relativierung der Verbindlichkeit der rationalen Natur impliziert; vgl.: M. Bratman – The Sources of Normativity (Review), in: Philosophy and Phenomenological Research Vol. LVIII, Vol. 3 1998, S. 699-709, S. 704 Anm. 5.
322 S.: Korsgaard (1996a), S. 113.

wertzuschätzen, wird von Korsgaard im Rahmen der teleologischen Handlungsauffassung konstatiert: Jeder Akteur müsse seinem reflexiven Handlungsvermögen einen unbedingten Wert zuschreiben, sodass dieses Vermögen die unhintergehbare Quelle aller Wertzuschreibungsakte darstelle. Ihre weiterführende, auf die Rechtfertigung moralischer Normativität abzielende These lautet, dass die für den einzelnen Akteur aus praktisch-erstpersonaler Perspektive bestehende Notwendigkeit reflexiven Handelns die Verbindlichkeit moralischer Pflichten rechtfertigen kann. Im folgenden, die Analyse von Korsgaards Ansatz abschließenden Kapitel wird dieses Argument zum Gegenstand einer ausführlicheren Auseinandersetzung.

5.8 Der Wert der rationalen Natur und moralische Normativität

Die Probleme einer aussagekräftigen Definition des Begriffs der »rationalen Natur« sowie der präzisen Bestimmung der mit ihr verbundenen Form von Normativität kamen bereits im Kontext der Analyse des Phänomens der Nötigung (Kap. 5.7.1.), des handlungstheoretisch interpretierten Kategorischen Imperativs (Kap. 5.7.3.) sowie im Zusammenhang mit Korsgaards Theorie der partikularen praktischen Identitäten (Kap. 5.7.4.) im Rekurs auf die kantische Konzeption der »Menschheit« zur Sprache. Vor dem Hintergrund dieser Reflexionen gilt es folgende Punkte festzuhalten:

1. Im Rahmen der Analyse von Korsgaards Konzept der Nötigung zum Handeln tritt die mit der praktisch-anthropologischen Reflexivität des Menschen verbundene Normativität als faktische handlungstheoretische Notwendigkeit in Erscheinung;
2. die Notwendigkeit des Handelns wird als Notwendigkeit der Wahl von gesetzesförmigen Maximen rekonstruiert, da Maximen als Beschreibungen von Handlungsgründen fungieren und diese Gründe nur dann für den autonomen Akteur verbindlich sein können, wenn sie eine gesetzesartige Struktur aufweisen;
3. da wir nach Korsgaard praktische Identitäten zur Wahl von Handlungsgründen brauchen und die Identifizierung mit spezifischen Rollen die Identifizierung mit unserer rationalen Natur voraussetzt, soll die Anerkennung der praktischen Autorität spezifischer praktischer Identitäten auch die Wertschätzung unserer rationalen Natur ausdrücken.[323]

---

323 Korsgaards Formulierung, dass wir insofern zur Wahl praktischer Identitäten gezwungen sind, als wir uns mit unserer reflexiven Natur identifizieren, ist zwar im Rahmen ihrer Theorie betrachtet zutreffend, zugleich jedoch irreführend. Die Rede von menschlicher

Unter »rationaler Natur« wird im Zusammenhang der Theorie partikularer praktischer Identitäten im Unterschied zur kantischen Systematik nicht die Ausrichtung des menschlichen Reflexionsvermögens auf praktische Ideale einer reinen Vernunft begriffen, sondern vielmehr das praktische Reflexionsvermögen selbst. Der bei Korsgaard maßgebliche Zweck des praktischen Vermögens besteht nicht in der Verwirklichung von akteurneutral gültigen moralischen Gesetzen, sondern in der Selbst-Konstitution des Akteurs als eines rationalen einheitlichen Aktzentrums. Im Hinblick auf Korsgaards übergeordnetes Beweisziel bestehen zwei grundlegende Probleme, die die Durchführbarkeit einer belastbaren Rechtfertigung unter Rekurs auf die reflexive Handlungsfähigkeit fraglich erscheinen lassen:

1. Es bleibt bisher offen, welche Implikationen die postulierte notwendige Wertschätzung der eigenen Handlungsfähigkeit besitzt. Auch eine praktisch-anthropologische Notwendigkeit, die nur aus erstpersonaler Perspektive besteht, kann als kontingente faktische Gegebenheit verstanden werden: Jeder Akteur untersteht den Gesetzen seiner reflexiven Verfasstheit, doch ist zu begründen, warum allein daraus eine *unbedingte* Wertschätzung seines rationalen Wesens abzuleiten ist. Die motivationspsychologische Annahme, dass Akteure ihren jeweiligen Handlungszwecken einen bestimmten Wert zuschreiben müssen, ist im Kontext handlungsteleologischer Prämissen nachvollziehbar, doch fehlt an dieser Stelle ein zusätzlicher Argumentationsschritt, der nachweist, warum das reflexive Handlungsvermögen aus der Akteurperspektive nicht nur als zwar notwendiges, im Übrigen jedoch in axiologischer Hinsicht implikationsloses Mittel verstanden werden kann.[324] Eine Ablehnung der

---

Autonomie als einer möglichen praktischen Identität ist problematisch, da die rationale Natur aufgrund ihrer konstitutiven praktischen Relevanz für menschliches Handeln keine Möglichkeit, sondern eine Notwendigkeit darstellt. Es ist streng genommen unsinnig, davon zu sprechen, dass sich ein Akteur mit seinem Akteursein (seiner praktischen Autonomie) identifiziert, da dieser Prozess immer schon den Akteurstatus und damit verbundene Vermögen zu entsprechenden Identifikationsakten voraussetzen würde. Man kann zwar begrifflich zwischen partikularen und nicht-partikularen Identitäten differenzieren, doch zeichnet sich die nicht-partikulare Identität der Menschheit dadurch aus, dass man sich nicht mit ihr identifizieren kann, da der Begriff des Identifizierens ein von dem Identifikationsobjekt unterschiedenes Subjekt voraussetzt, *das* sich jeweils identifiziert – ein solches Subjekt gibt es auf der fundamentalen Reflexionsebene der Autonomie jedoch nicht. Dies bedeutet, dass die eigene rationale Natur im Unterschied zu herkömmlichen, d.h. optionalen Handlungszwecken streng genommen nicht gewählt werden kann; vgl.: Chr. Bambauer – Christine Korsgaard and the Normativity of Practical Identities, in: K. Bauer/C. Mieth/ S. Varga (ed.) – Here I stand I can do no other, Cham 2017, S. 61-85.

324 Hookway veranschaulicht die problematische normative Auszeichnung von psychologischen Notwendigkeiten mit dem Beispiel, dass auch dann, wenn ein Psychoanalytiker

5.8 DER WERT DER RATIONALEN NATUR UND MORALISCHE NORMATIVITÄT

praktischen Verbindlichkeit der eigenen rationalen Natur würde den Akteur zwar seines Handlungsvermögens berauben, was aus prudentieller Sicht nicht wünschenswert ist, doch ist damit noch nicht gezeigt, welcher Zusammenhang zu genuin moralischen Problemen besteht.

2. Auch wenn es gelänge, den notwendigen praktischen Wert der eigenen rationalen Natur für den einzelnen Akteur überzeugend nachzuweisen, muss darüber hinaus aufgewiesen werden, inwiefern daraus folgt, dass der sein eigenes reflexives Handlungsvermögen wertschätzende Akteur als Urheber bzw. Adressat von moralischen Forderungen begriffen werden muss. Im Rahmen von Korsgaards Systematik besteht keine Alternative zu der Strategie, moralische Verbindlichkeit allein unter Rekurs auf die grundlegende praktische Nötigung des reflexiven Handelns zu rechtfertigen, da sich andernfalls das Problem realistischer Normativitätsbegründungen stellen würde: Sobald praktischnormative Ansprüche nicht unmittelbar mit dem erstpersonalen Selbstverhältnis des Akteurs verbunden sind, sind zusätzliche Argumente notwendig, die die praktische Relevanz der (theoretischen) Geltungsansprüche aufzeigen. Falls diese Argumente selbst nicht als normative Implikate praktischer Selbstverhältnisse verstanden werden können, resultiert ein infiniter Regress. Die rationale Natur muss zudem nicht nur einen unbedingten Wert für den einzelnen Akteur besitzen, sondern diese Wertschätzung muss zugleich implizieren, dass der Akteur in der rationalen Natur anderer Akteure gründende Sollensansprüche als für sich kategorisch verbindlich auffassen muss. Letzteres gilt zumindest unter der Prämisse, dass moralische Forderungen mit den zentralen Interessen anderer Handelnder verbunden sind.

Im Folgenden wird zuerst Korsgaards Argument für die These analysiert, dass die eigene rationale Natur vom einzelnen Akteur als unbedingter Wert angesehen werden muss (Problempunkt 1). Es wird sich zeigen, dass zwei unterschiedliche Interpretationen dieser These möglich sind, die beide jeweils eigene problematische Implikationen für die Plausibilität von Korsgaards Ansatz besitzen. Dennoch wird eine Interpretationsperspektive aufgezeigt, der zufolge bestimmte Gründe für die Berechtigung der Annahme des unbedingten Werts der rationalen Natur des Akteurs sprechen. Diese Gründe

---

einem Patienten aufzeigen könnte, dass dieser bestimmte Vorstellungen aufgrund seiner individuellen psychologischen Beschaffenheit schlichtweg nicht verabschieden könne, keineswegs sinnvoll zu behaupten sei, dass die jeweiligen Vorstellungen deshalb auch gerechtfertigt wären; vgl.: Chr. Hookway – Modest Transcendental Arguments and Sceptical Doubts: A Reply to Hooker, in: R. Stern (ed.) – Transcendental Arguments. Problems and Prospects, Oxford 1999, S. 173-187, S. 178.

sind nur aus praktisch-erstpersonaler Perspektive gültig und bringen zugleich das Grundprinzip von Korsgaards Konstitutivismus zum Ausdruck.

5.8.1 Der Wert der rationalen Natur

Vor dem Hintergrund der von Korsgaard adaptierten Handlungsteleologie ist unter der rationalen Natur ein allgemeines praktisches Wertzuschreibungsvermögen zu verstehen, das immer dann in Anspruch genommen werden muss, wenn ein Akteur handelt, da Handeln stets unterschiedliche Formen von Wertzuschreibung impliziert. Als ein in praktischer Hinsicht unhintergehbares Vermögen fungiere die reflexive Handlungsfähigkeit als *selbstreferentielle Wertzuschreibungsinstanz*: Die praktische Anerkennung der eigenen Autonomie stelle die notwendige Bedingung für die Wertschätzung partikularer Zwecke und Handlungsgründe dar, welche ihrerseits die Wertschätzung der damit verbundenen partikularen Identitäten impliziere. Aus diesem Grund spricht Korsgaard davon, dass der Akteur seine rationale Natur wertschätzen muss, um die praktische Notwendigkeit der Wahl von praktischen Identitäten und Gründen zu verstehen und auch entsprechende Zweckverwirklichungen zu *wollen*: Wenn man keinen Wert darin sehe, als Mensch zu handeln und zu leben, besäßen alle weiteren möglichen Zwecke weder Wert noch Verbindlichkeit.

Die Behauptung der praktischen Unhintergehbarkeit der Verbindlichkeit der menschlichen Reflexivität für den Akteur ist in einem ersten Analyseschritt auf zweifache Weise interpretierbar: Die *geltungstheoretische Rekonstruktion* fokussiert die praktisch-logischen Implikationen erstpersonaler praktischer Rationalität, die dieses Konzept für einen rationalen Begriff von Akteur und Handlung besitzt; die *empirische Interpretation* hingegen befasst sich mit seiner Relevanz für eine in handlungspsychologischer Sicht plausible Theorie der handlungsfähigen Person. Die rationale Verfasstheit des Akteurs kann zwar unter beiden genannten Hinsichten als für ihn bestehende Notwendigkeit interpretiert werden, doch lassen Korsgaards Grundthesen, dass der Gegenstand der Ethik das Gute und nicht das Wahre sei, die menschliche Natur eine spezielle Form einer für den Menschen faktischen Normativität darstelle und der letzte Zweck des Handelns in der Selbst-Konstitution des Akteurs als eines geordneten Aktzentrums bestehe, ohne Zweifel eine empirische Interpretation der postulierten Unhintergehbarkeit der rationalen Natur als naheliegend erscheinen. Ein mit der Negation der Verbindlichkeit der rationalen Natur verbundener performativer Selbstwiderspruch ist nicht in Korsgaards Interesse, denn ihr Anliegen bezieht sich nicht auf den Nachweis von logischer Selbstwidersprüchlichkeit, die mit der Zurückweisung der eigenen rationalen Natur verbunden sein kann. Das Ergebnis der präsuppositionslogischen Reflexion auf die Negation des eigenen Akteurstatus' wäre im Kontext von Korsgaards

5.8 DER WERT DER RATIONALEN NATUR UND MORALISCHE NORMATIVITÄT

Beweisziel allerdings auch wenig hilfreich: Die Negation der eigenen Autonomie kann zwar als selbstwidersprüchlich aufgewiesen werden, doch resultiert aus dieser Selbstwidersprüchlichkeit nicht analytisch, dass wir zur Adaption bestimmter praktischer Identitäten psychologisch oder gar logisch genötigt sind. Stattdessen zeigt sich nur, dass der eigene Akteurstatus nicht sinnvoll bestritten werden kann. Doch selbst dann, wenn es möglich wäre, im Ausgang von dieser Erkenntnis aufzuzeigen, dass bestimmte praktische Identitäten von jedem Akteur aus logischen Gründen als autoritativ anzuerkennen sind, würde dies im Kontext von Korsgaards Theorie keine Rolle spielen, weil sie gar nicht bestrebt ist zu zeigen, wie und warum praktische Identitäten in einer konstitutiven Relation zu den Konsistenzbedingungen der Erhebung von Geltungsansprüchen stehen.[325]

Korsgaards Argumentation für die Notwendigkeit der praktischen Anerkennung des Werts der rationalen Natur ist dagegen in dem Sinne praktisch, dass sie diesen Wert im Hinblick auf seine Funktion für die empirische Handlungsfähigkeit fokussiert. Für sie ist am Phänomen der Negation der eigenen rationalen Natur zwar ebenso wie im skizzierten geltungstheoretischen Argument entscheidend, dass sich ein dergestalt agierender Akteur nicht damit identifizieren würde, ein Akteur zu sein. Allerdings ist eine solche Negation der Verbindlichkeit der rationalen Natur im Sinne Korsgaards dahingehend problematisch, dass der Akteur weder seine Handlungsgründe noch die dafür notwendigen normativen Prinzipien wählen kann, sich selbst damit also *handlungsunfähig* macht.[326] Menschen zeichneten sich jedoch vor

---

325 Vor dem Hintergrund ihrer Grundentscheidung, dass die Ethik mit dem Guten und nicht dem Wahren befasst ist, könnte die geltungstheoretische Präsuppositionsanalyse der Relevanz der Achtung der rationalen Natur ihrer Fundamentalkritik am Realismus eine Angriffsfläche bieten, da in diesem Fall eigens zu zeigen wäre, warum geltungstheoretische Konsistenzbedingungen mit dem Bereich des Moralischen verbunden sein und entsprechend motivieren können sollen.

326 In Absetzung von möglichen Fehldeutungen ist festzuhalten, dass Korsgaard nicht die These vertritt, dass ein Akteur, der sich nicht explizit und bewusst als absolutes Zentrum aller Wertsetzungen begreift, z.B. seinen linken Arm nicht mehr heben kann. Der Begriff der Handlungsunfähigkeit muss an dieser Stelle in psychologischer Hinsicht verstanden werden: Wenn man seine eigenen Willensimpulse und Entscheidungen nicht mehr als motivierend, d.h. praktisch-normativ im handlungstheoretischen Sinne auffasst, hat man schlichtweg keine motivierenden Gründe mehr, auf irgendeine Weise zu handeln. Da Korsgaard davon ausgeht, dass eine grundsätzliche Wertschätzung der eigenen Person als zwecksetzendes Wesen notwendig ist, um die eigenen praktischen Entscheidungen umsetzen zu wollen, impliziert ein grundsätzlicher Mangel an Selbstachtung die Unfähigkeit, die eigenen Zwecke zu verfolgen, weil es sich dann bei den eigenen Zwecken sozusagen auch um die Zwecke irgendeiner anderen Person handeln könnte, die dem Akteur vollkommen gleichgültig sind. Weder muss die unbedingte Wertschätzung der

allem durch ihr Handlungsvermögen aus, und an der Realität reflexiver Handlungen könne es keinen Zweifel geben: »(...) rational action exists, so we know it is possible. (...) I show you that rational action is possible only if human beings find their own humanity to be valuable. But rational action is possible, and we are the human beings in question. Therefore we find ourselves to be valuable. Therefore, of course, we are valuable.«[327]

Das Argument stellt eine Kombination von zwei Reflexionsschritten dar, wobei der erste Schritt eine deskriptive Rekonstruktion psychologischer Sachverhalte darstellt, während der zweite in einer mehrdeutigen Schlussfolgerung besteht: 1. Da es offenbar menschliche Handlungen gibt, diese Handlungen eine selektive Affirmation von Handlungsgründen und entsprechenden Zwecken implizieren und die praktische Normativität der gewählten Handlungsoptionen von der Wertschätzung der jeweils wählenden praktischen Instanz abhängt, ist es – unter der Annahme der Richtigkeit dieser Prämissen – folgerichtig, davon auszugehen, dass menschliche Akteure ihre rationale Natur wertschätzen; 2. Aufgrund der menschlichen Wertschätzung besitzt die rationale Natur den ihr zugeschriebenen Wert.

Im ersten Schritt wird eine handlungspsychologische Annahme formuliert, die als praktisch-axiologische Interpretation eines Aspekts der voluntaristischen Theorie praktischer Autorität verstanden werden muss: Damit bestimmte Gesetze für einen Akteur normativ verbindlich sein können, muss dieser Akteur dem Ursprung dieser Gesetze Autorität zuschreiben, d.h. ihn auf bestimmte Art und Weise wertschätzen. Im Falle des individuellen Akteurs stellen die im Bewusstsein des Akteurs vorhandenen Impulse die Grundlage möglicher Maximen, d.h. Handlungsgründe dar, und der Akteur muss entscheiden, welche Impulse er zu seinen praktischen Gründen machen will. Indem er bestimmte Impulse als Gründe wählt, zeichnet er sie in werttheoretischer Hinsicht aus – allerdings wäre es witzlos, wenn die Tatsache, dass *er selbst* bestimmte Impulse zu *seinen* Gründen macht, für die praktisch-rationale Struktur des Prozesses der Wahl praktischer Gründe in normativer Hinsicht ohne Bedeutung wäre. Das Modell der praktischen Transformation von Impulsen zu Zwecken impliziert die Vorstellung, dass der Prozess der subjektiven Affirmation mögliche Handlungsoptionen zu de facto verfolgten

---

    eigenen Handlungsfähigkeit noch deren Verachtung dem Akteur bewusst sein (vgl. dazu die Kritik an FitzPatrick auf den folgenden Seiten).

327   S.: A. a. O., S. 123f.

Zwecken macht, und die jeweils verfolgten Zwecke können nur dann Zwecke des Akteurs sein, wenn dieser sich selbst als praktische Autorität anerkennt.[328]

Die Kernthese, die im Rahmen der psychologischen Lesart resultiert, ist keinesfalls abwegig. Wenn man z.B. an die »divine command theory« denkt, würde auch dort gelten, dass von Gott erlassene Gesetze aus der Sicht eines Atheisten zumindest nicht deswegen verbindlich sind, weil sie von Gott stammen, und niemand könnte den Atheisten als immanent inkonsistent bezeichnen. Die Annahme, dass die Quelle von Forderungen und Gesetzen vom Adressaten dieser Forderungen wertgeschätzt werden muss, damit der Adressat einen praktischen Grund besitzt, ihnen Folge zu leisten, erscheint daher plausibel.[329] Damit ist weder bestimmt, aus welchen Gründen bestimmte Zwecke adaptiert werden oder werden sollten, noch ist gezeigt, dass die Wertschätzung des eigenen Handlungsvermögens praktisch unhintergehbar sein muss. Der erste Punkt betrifft die später zu diskutierende Frage nach moralischer Normativität und wird daher an dieser Stelle zurückgestellt. Der zweite Punkt ist allein von handlungspsychologischer Relevanz. Eine Verteidigung dieser These kann sich auf den Sachverhalt stützen, dass der Akteur seine rationale Natur nicht wählen kann, da diese sein praktisches Dezisionsvermögen darstellt. Wenn man also die zuvor

---

328   Wenn man gegen diese Annahme anführte, dass nicht die Tatsache der selbständigen Wahl der Zwecke, sondern andere Kriterien wie z.B. die Vernünftigkeit dieser Zwecke für ihre Verbindlichkeit verantwortlich seien, verfehlt man den zentralen Punkt, da auch das Kriterium der Vernünftigkeit vom Akteur als normativ anerkannt werden muss. Diese Idee steht auch hinter Korsgaards These, dass der hypothetische Imperativ nicht ohne Voraussetzung des Kategorischen Imperativs praktisch funktional sein kann und daher als ein Aspekt des Kategorischen Imperativs verstanden werden sollte: Jede Form der instrumentellen praktischen Rationalität verweist auf einen übergeordneten Zweck, doch wenn dieser auf einer Instanz basiert, die keine selbstreferentielle praktische Autorität besitzt, ist auch instrumentelle Rationalität (bzw. der hypothetische Imperativ) nicht verbindlich. Vgl.: Dies. – Instrumental Reason (2008), S. 64f.; Dies. (2009), S. 70. Korsgaards Modell der Wertzuschreibung soll im Übrigen nicht als metaphysische Theorie der Wertübertragung, sondern einzig als handlungstheoretische Erklärung des Phänomens der Möglichkeit von selbstbestimmter Zweckverfolgung verstanden werden; vgl.: Dies. – Motivation, Metaphysics, and the Value of the Self: A Reply to Ginsborg, Guyer, and Schneewind, in: Ethics 109 (1998), S. 49-66, S. 57, 63 f. Wie schon im Falle des Phänomens der praktischen Nötigung bestimmt sie die Bedeutung des Prinzips der akteurkonstituierten Wertzuschreibung allerdings primär negativ in Absetzung von Alternativen, sodass eine transparente positive Bestimmung als Desiderat bezeichnet werden muss; vgl. zur Problematik der Idee der unbedingten Verbindlichkeit bei Korsgaard und Kant: J. B. Schneewind – Korsgaard and the unconditional in morality, in: Ethics 109 (1998), S. 36-48.

329   Dabei geht es nicht um Argumente, die nach einem Ad hominem-Muster funktionieren, sondern gemeint ist hier, dass man z.B. Rationalität als solche schätzen muss, um rationale Argumente aufgrund ihrer Schlüssigkeit schätzen zu können.

erwähnte motivationspsychologische These akzeptiert, dass objektreferentielle Wertzuschreibungsakte durch selbstreferentielle Wertzuschreibungsakte bedingt sind, folgt daraus, dass die Wertschätzung des eigenen rationalen Wesens durch nichts bedingt ist, da letzteres den Grund aller bedingten Wertschätzungsakte darstellt. Dies impliziert nicht, dass diese Position bereits eine universale unbedingte Werthaftigkeit der rationalen Natur rechtfertigt, doch spricht für sie nicht zuletzt der empirische Befund, dass schwer depressive Menschen ihre eigenen Zwecke nicht mehr hinreichend wertschätzen, um zu einem entsprechenden Handeln motiviert zu sein. Wenn man sich selbst nicht achtet, ist es nur folgerichtig, dass man auch seine Zwecke, Interessen etc. – kurz: das eigene Leben nicht wertschätzt.

Die psychologische Rekonstruktion des unbedingten Werts der eigenen rationalen Handlungsfähigkeit ist besonders pointiert in FitzPatricks Auseinandersetzung mit Korsgaards Theorie kritisiert worden. Allerdings ist fraglich, ob sein Einwand Korsgaards These wirklich trifft. Ihm zufolge wäre ihr gesamter Ansatz höchst unplausibel, wenn er tatsächlich als psychologische Rekonstruktion bestimmter Handlungsbedingungen und Wertsetzungen verstanden würde, da die These der handlungsnotwendigen Wertschätzung der eigenen rationalen Natur an der psychologischen Realität menschlichen Handelns scheitern müsse: »(...) while it may be true of some agents that they regard themselves as the source of value, it is manifestly false of many of us if understood as a psychological claim about how we regard or see ourselves or how we must regard ourselves in order to exercise agency.«[330] Eine Schwierigkeit dieser Aussage besteht darin, dass sie die Annahme nahegelegt, Korsgaard würde behaupten, dass sich jeder Akteur de facto und bewusst als absolute Wertquelle ansehen würde bzw. müsste – dies ist jedoch nicht der Fall. Der Eindruck eines Missverständnisses von Korsgaards Argument verstärkt sich, wenn man den weiteren Verlauf von FitzPatricks Kritik betrachtet: »Rightly or wrongly, many people think that fidelity or piety (...) are important simply because God has decreed them so or that humane treatment of animals is important because their suffering is intrinsically bad. Even if these beliefs turn out to be false, it is incorrect to say straightforwardly of such people that they ›regard (themselves) as the source of (the) value‹ of fidelity or kindness, or ›see (themselves) as value-conferring‹ in relation to these ends; and it would be false to say that they must do these things in order to be able to view fidelity or kindness as ends worth promoting and thus solve their practical problem. (...). All they need for the purpose of solving the generic practical problem of

---

330   S.: W. J. FitzPatrick – The practical Turn in Ethical Theory: Korsgaard's Constructivism, Realism, and the Nature of Normativity, in: Ethics 115 (2005), S. 651-691, S. 667.

agency is *some* way of regarding some ends as worth pursuing, and thus some considerations as good reasons for acting, so that they can act on what they consider to be good reasons and thus exercise agency.«³³¹ FitzPatrick greift hier eine These an, die in dieser Form von Korsgaard nicht vertreten wird. Wie bereits unter Rekurs auf die »divine command theory« erläutert, spielt es für die generelle praktische Axiologie Korsgaards keine Rolle, ob ein Akteur die in Frage stehenden Forderungen Gott, seinem Nachbarn oder seiner eigenen Biologie zuschreibt – auch der von Fitzpatrick erwähnte intrinsische Wert der Vermeidung des Leids von Tieren ist *in praktisch-erstpersonaler Hinsicht* nicht existent, wenn er nicht als Handlungsgrund für den Akteur fungiert, d.h. wenn er von ihm nicht als wertvoll anerkannt wird. Die psychologische Interpretation von Korsgaards These impliziert bis zu diesem Punkt ihrer Rekonstruktion ontologische Neutralität – ob eine Wertzuschreibung durch den Akteur unabhängig von der praktisch-erstpersonalen Sicht korrekt ist oder nicht, wird bei Korsgaard nicht explizit thematisiert. Die Frage nach solch objektiven Werten wird jedoch in ihrer Realismuskritik als praktisch irrelevant beurteilt. Das fundamentale Missverständnis, das FitzPatricks Kritik an der psychologischen Interpretation von Korsgaards These des Werts der rationalen Natur zugrunde liegt, besteht darin, dass ihre Wertthese eine Bedingung des teleologischen Handlungsmodells, d.h. eine handlungstheoretische Bedingung für die Möglichkeit der Zweckverfolgung expliziert, während FitzPatrick den Wert der rationalen Natur als einen spezifischen Grund für die Verfolgung eines Zwecks aufzufassen scheint.³³² Die Gegenthese zu Korsgaards Ansatz kann nicht in dem Verweis darauf bestehen, dass Akteure nur *irgendeinen* Weg finden müssten, um zu handeln, da auf diese Weise nicht das Prinzip des »Wegfindens« thematisch wird. Der Wert der eigenen rationalen Natur wird von jedem Akteur unbedingt wertgeschätzt, *insofern er Zwecke verfolgt*, da sonst unverständlich wäre, warum er Zwecke bzw. Handlungsgründe auswählen und dadurch, dass es *seine* Zwecke sind, zum Handeln motiviert werden kann – ob er sich dessen bewusst ist oder nicht, spielt für die Validität dieser These schon aus methodischen Gründen keine Rolle.³³³

---

331 S.: A. a. O., S. 667f.
332 Vgl. kritisch dazu: Chr. Bambauer – Die Normativität der Menschheit. Zur Interpretation von Christine Korsgaards Theorie praktischer Normativität, in: Zeitschrift für philosophische Forschung 2/18 (Bd. 72), 205-230.
333 In der von FitzPatrick favorisierten Lesart von Korsgaards Argument für den Wert der rationalen Natur hängt die Plausibilität des Arguments nahezu vollständig von der Überzeugungskraft ihrer Widerlegung des Realismus ab, d.h. er versteht Korsgaards Wertthese als metaethisches Unternehmen. Daher bringt er auch hier wieder die Möglichkeit eines akteurneutralen Werts des Wohls von Tieren ins Spiel: »If (...) severe animal suffering

In der hier verteidigten Interpretation besitzt die Annahme des praktisch-erstpersonalen Werts der rationalen Natur als implizite Voraussetzung des Modells der Handlungsteleologie ebenso wie dieses Modell selbst eine *explanative* Funktion. Zugleich ist festzuhalten, dass Korsgaards reflexiver Rückschritt hinter die Handlungsteleologie ein spekulatives Moment aufweist, weil ihre Wertthese nicht falsifizierbar ist.[334] Da es sich nicht um ein geltungstheoretisches Argument handelt, gibt es auch keine Möglichkeit einer logischen Begründung. Eine grundsätzliche psychologische Plausibilität ist ihr

---

is intrinsically bad – bad in a way that is not derived from facts about the conditions of my exercise of agency – then my end of stopping a forest fire could be good quite apart from any value conferral on my part.« S.: A. a. O., S. 671. Diese Aussage besagt genau genommen Folgendes: Wenn Korsgaards These falsch ist, dann ist auch die Annahme von intrinsischen Werten möglich, die einem Akteur als Handlungszweck dienen können, zugleich jedoch nicht deswegen für den Akteur wertvoll sind, weil er ihnen Wert zuschreibt. Natürlich ist dies richtig, aber aufgrund der bei Korsgaard gar nicht anzutreffenden Prämissen wenig aussagekräftig. FitzPatricks im Übrigen instruktive Analyse von Korsgaards Ansatz impliziert an dieser Stelle wie schon in der Kritik der psychologischen Rekonstruktion eine Vorstellung, die im Kontext von Korsgaards Systematik keinen Sinn ergibt, nämlich die Annahme eines von einem Akteur verfolgten Zwecks, dessen Wert in keiner praktisch-konstitutiven Relation zum Handlungsvermögen des Akteurs steht. Da seine Korsgaard-Analyse von realistischen Intuitionen getragen ist, ist nicht nur dieser Punkt, sondern auch seine Kritik an Korsgaards Fokussierung motivierender Gründe nachvollziehbar (vgl.: A. a. O., S. 672), doch ändert all dies nichts an der Tatsache, dass FitzPatricks Einwände partiell nicht weniger Fragen aufwerfen als Korsgaards Theorie selbst.

334   Allerdings muss man auch in diesem Zusammenhang tatsächlich bestehende Probleme von Korsgaards Ansatz von denjenigen unterscheiden, die sich Fehldeutungen verdanken. Im Anschluss an das bereits angesprochene Beispiel FitzPatricks, dem zufolge die Vermeidung eines Waldbrandes auch unabhängig von Wertzuschreibungen des Akteurs gut sein könne, entwickelt er eine Kritik an der Plausibilität von Korsgaards Handlungspsychologie, die kein solcher Zweifelsfall zu sein scheint, sondern von einer drittpersonalen Perspektive aus formuliert ist und Korsgaards Modell dadurch unplausibel erscheinen lassen *muss*: »My end of taking piano lessons in order to develop musically (...) would indeed not matter if I were worthless and my welfare counted for nothing. But there is no similar intuitive pull to say anything parallel about any number of other ends I might pursue, as in the forest fire example.« S.: A. a. O., S. 671. Einmal mehr wird hier die Plausibilität von Korsgaards These an dem Gehalt unterschiedlicher Zwecke festgemacht und damit das aus den Augen verloren, worum es eigentlich geht, nämlich die allgemeine formale Bedeutung dessen, was die handlungspsychologischen Bedingungen dafür sind, dass etwas *mein Zweck* ist. FitzPatrick scheint implizit von einer strikten Differenzierung zwischen rechtfertigenden und motivierenden Gründen auszugehen, die bei Korsgaard jedoch schon zu Beginn von »Sources« im Rahmen der Skizzierung ihrer Plausibilitätskriterien für die Rechtfertigung von praktischer Normativität aufgegeben wurde.

5.8 DER WERT DER RATIONALEN NATUR UND MORALISCHE NORMATIVITÄT

zwar nicht abzusprechen, doch reicht diese nicht über die Grenzen einer derartigen Evidenz hinaus.[335]

Korsgaards Schlussfolgerung, dass unsere rationale Natur wertvoll sei, *weil wir sie wertschätzen*, ist ebenfalls erläuterungsbedürftig. Dementsprechend führt sie weiter aus: »Value, like freedom, is only directly accessible from within the standpoint of reflective consciousness. And I am now talking about it externally, for I am describing the nature of the consciousness that gives rise to the perception of value. From this external, third-person-perspective, all we can say is that when we are in the first-person-perspective we find ourselves to be valuable, rather than simply that we are valuable. There is nothing surprising in this. Trying to actually see the value of humanity from the third-person-perspective is like trying to see the colours someone sees by cracking open his skull. From outside, all we can say is why he sees them.«[336] Sie weist an dieser Stelle zwar zu Recht darauf hin, dass zu Werten ebenso wie zu anderen normativen Konzepten allein aus der Dritte-Person-Perspektive kein epistemologischer Zugang existiert, sondern dass diese Art von Phänomenen nur erstpersonal erschlossen werden kann. Damit allein ist freilich nicht gezeigt, dass die solcherart wahrgenommenen bzw. zugeschriebenen Werte einen Grad von Verbindlichkeit aufweisen, der sich von z.B. irrtümlichen Wertzuschreibungen unterscheidet, da auch im Irrtumsfall die gleichen subjektiv-phänomenalen Bedingungen gelten.

Wie schon die soeben erwähnte Kritik FitzPatricks setzt auch Gibbards Auseinandersetzung mit Korsgaards Ansatz bei der Frage nach ihrem Argument für die praktisch-konstruktivistische Werttheorie an. Sein Einwand bezieht sich jedoch direkt auf den Schluss von der subjektiven Wertschätzung auf die These des tatsächlichen Werts eines Gegenstands oder Sachverhalts: Von der in der Tat nachvollziehbaren Annahme, dass die Gegenstände unseres praktischen Strebens für uns im positiven Sinne bedeutsam sein müssten

---

335 Eine plausible Interpretation der psychologisch-intuitiven Begründung der Plausibilität des praktisch-erstpersonalen Werts der rationalen Natur kann auf das handlungstheoretische Konzept der Autonomie verweisen. In dieser Hinsicht impliziert die Idee der Selbstgesetzgebung die Auffassung, dass die Entscheidungen und Wahlakte des Akteurs einzig und allein deswegen für ihn verbindlich – sein *Gesetz* – sein können, weil er den Grund dieser Handlungen – den *Gesetzgeber* – darstellt. Auch die Verbindlichkeit eines göttlichen Gesetzes kann für den autonomen Akteur nur dann normative Kraft besitzen, wenn er entweder Gott oder dem Gehalt des von Gott erlassenen Gesetzes oder beidem praktische Autorität zuschreibt. Auch hier bleibt jedoch der zuvor genannte Punkt gültig, dass es sich um eine in explanativer Hinsicht nachvollziehbare Annahme handelt, aus der allein normativ nichts folgen kann.

336 S.: Korsgaard (1996a), S. 124.

und ihre Wichtigkeit an unsere Interessen, Bedürfnisse und Wünsche rückgebunden sei, könne man nicht auf die These schließen, dass der Wert unserer Zwecke von unseren konativen Dispositionen abhänge.[337] Dieses Argument ist zutreffend, doch scheint auch Gibbard die bei Korsgaard primär relevante handlungspsychologische Pointe zu verkennen. Korsgaard fragt »Warum sind die Gegenstände unserer Interessen für uns wertvoll?« und antwortet »Weil wir uns als Träger dieser Interessen immer schon als praktische Autorität begreifen«. Im Zentrum steht hier nicht die These, dass aller Objektwert von kontingenten, da rein subjektiven Begehrungen abhängt, sondern Korsgaard versucht, die Verbindlichkeit dieser Begehrungen *für uns* damit zu erklären, dass es *unsere* Begehrungen sind. Dies heißt jedoch nicht, dass Gibbards Kritik vollkommen an Korsgaards Theorie vorbeigeht, da die definitive Bedeutung ihrer These des realen Werts der rationalen Natur intransparent bleibt.

Im Ausgang von Korsgaards Argument für die Realität des Werts der menschlichen Natur könnte man – einer evtl. naheliegenden Interpretation zufolge – ein Kriterium für Realitäten konstruieren, die in praktischer Hinsicht anzunehmen sind: *Entität E ist real, wenn die Annahme ihrer Existenz aus praktisch-erstpersonaler Perspektive notwendig ist.* Im Hinblick auf dieses Kriterium müsste das Konzept der praktischen Notwendigkeit folgendermaßen definiert werden: *Annahme A ist aus praktisch-erstpersonaler Perspektive notwendig, wenn sie für die Wahl und die Verfolgung von Zwecken konstitutiv ist.* Allerdings scheint Korsgaard der Erläuterung eines rationalen Grundes für ihren Übergang von der praktisch-erstpersonalen Notwendigkeit der Wertschätzung der eigenen rationalen Natur zu der Behauptung der Realität dieses Werts keine besondere Relevanz zuzumessen, da sie in ihrer weiterführenden Begründung dieser Realität auf das Phänomen der sinnlichen Wahrnehmung verweist und dieses keines der beiden soeben genannten Kriterien erfüllt. In diesem Zusammenhang ist für ein Verständnis der zugrunde liegenden Systematik wenig hilfreich, wenn sie die Realität von Werten mit der Realität von Farben vergleicht: »If you think colours are unreal, go and look at a painting by Bellini or Olitski, and you will change your mind. If you think reasons and values are unreal, go and make a choice, and you will change your mind.«[338] Korsgaards Rede von dem tatsächlichen Wert der rationalen Natur mutet vor dem Hintergrund ihres Rekurses auf die subjektive Realität der sinnlichen Wahrnehmung als mehrdeutige Reformulierung ihrer ersten These der praktisch-erstpersonal notwendigen Wertschätzung an.

---

337   Vgl.: A. Gibbard – Morality as Consistency in Living: Korsgaard's Kantian Lectures, in : Ethics 110 (1999), S. 140-164, S. 147ff.
338   S.: Korsgaard (1996a), S. 124f.

5.8 DER WERT DER RATIONALEN NATUR UND MORALISCHE NORMATIVITÄT 163

Es ist unklar, was genau durch den Bezug auf die Kategorie der phänomenalen Eindrücklichkeit hinsichtlich der praktischen Geltung von Wertzuschreibungen gezeigt werden soll. Eine ernsthafte Hinterfragung der Existenz von Werten dürfte kaum als Zweifel am bloßen Bestehen des empirischen Faktums rekonstruiert werden, dass Menschen Werte zuschreiben. Auch scheint der Vergleich von Wert- und Farbwahrnehmung dahingehend problematisch zu sein, dass das Phänomen der wertkonstituierenden Handlung normative Implikationen besitzen soll, das Sehen von Farben jedoch nicht. Abgesehen von diesen primär methodischen Aspekten ist Korsgaards Parallelisierung von Farbwahrnehmung und Wertzuschreibung zumindest potentiell irreführend, weil ihr übergeordnetes Ziel in der Rechtfertigung eines universalistischen und kategorischen Moralprinzips besteht, der Bereich der sinnlichen Wahrnehmung jedoch nicht zufällig strikten Partikularisten wie z.B. Dancy dazu gedient hat, die radikale Kontextsensitivität und Varianz der Geltung von praktischen Gründen und Werten zu veranschaulichen.[339]

---

339 Vgl.: J. Dancy – Ethics without Principles, Oxford 2004, S. 74. Auch wenn alle diejenigen Akteure, die ein Bild von Bellini betrachten, darin übereinstimmen würden, dass sie Farben sehen, bliebe prinzipiell unklar, ob alle *dieselben* Farben wahrnehmen. Selbst dann, wenn alle Betrachter dieselben Farben sähen (dies ist freilich empirisch nicht verifizierbar und wird hier hypothetisch unterstellt), wäre es höchst unwahrscheinlich, dass dieselben Farben auch dieselbe (z.B. emotionale) Wirkung auf die unterschiedlichen Akteure ausübten. Zur Verteidigung Korsgaards könnte man darauf hinweisen, dass es gar nicht ihr Ziel sei, zu begründen, dass alle praktisch verantwortlichen Akteure stets dieselben Werturteile fällen sollten, sondern dass nur ganz bestimmte Wertzuschreibungen und damit verbundene normative Verbindlichkeiten für jeden Akteur relevant seien. Doch *erstens* findet sich auch dafür keine Parallele in diesem Beispiel und *zweitens* rückt Korsgaard das Gewahrsein von praktischer Verbindlichkeit entgegen ihrer eigentlichen Intention in die Nähe der epistemologischen Voraussetzungen des ontologischen Realismus. Farbwahrnehmung ist nicht aktive oder gar willkürliche Farb*zuschreibung*, sondern zumindest auch ein passiver Prozess, während Korsgaard zufolge eine der bewahrenswerten Pointen der voluntaristischen Normativitätsauffassung darin bestehen soll, dass Werte bzw. praktische Verbindlichkeiten eben *nicht* rezeptiv zur Kenntnis genommen, sondern im Kontext von Akten der Autoritätsverleihung stets durch den Akteur *zuerkannt* werden. Der systematische Grund für Korsgaard, Farbwahrnehmung und praktische Wertrelevanz zu vergleichen, mag in ihrem Bestreben liegen, die Gültigkeit der Dimension des subjektiven Bewusstseins gegenüber der Dominanz des naturwissenschaftlichen Weltbildes zu verteidigen, doch wirft ihr konkret gewähltes Beispiel mehr Fragen auf, als dass es dezidierte Wertskeptiker von der Geltung praktischer Werte überzeugen dürfte. Ihr eigentliches Kernargument für den Wert der Menschheit besteht nicht in dem Nachweis seiner Realität in einem ontologischen Sinne, sondern in dem Verweis auf dessen handlungstheoretische Relevanz als notwendige Bedingung des Handelns. Dennoch flankiert sie dieses Argument mit einer Reflexion, die sich auf unsere faktische Unterstellung der Realität der Gegenstände unserer Wertschätzung bezieht. Diese Zusatzüberlegung

Auch ihre Erläuterung des Zusammenhangs der Wertschätzung unserer partikularen Identitäten und der Wertschätzung unserer rationalen Natur kann diesbezügliche Zweifel nicht entkräften, da sie auch hier von der faktischen Notwendigkeit unserer reflexiven Verfasstheit ausgeht: »(...) in valuing ourselves as the bearers of contingent practical identities, knowing, as we do, that these identities are contingent, we are also valuing ourselves as rational beings. For by doing that we are endorsing a reason that arises from our rational nature – namely, our need to have reasons. (...) to endorse the reasons that arise from a certain practical identity just is to value yourself as the bearer of that form of identity. We owe it to ourselves, to our own humanity, to find some roles that we can fill with integrity and dedication.«[340] Die Wahl von praktischen Identitäten und die damit einhergehende Wertschätzung unserer rationalen Natur werden hier von Korsgaard als etwas charakterisiert, das wir uns selbst und unserer Natur gegenüber *schuldig* sind. Allerdings bleibt an dieser Stelle unklar, um welche Art der Schuldigkeit es sich hierbei handeln soll, und zwar in zweierlei Hinsicht: *Erstens* wird nicht spezifiziert, inwiefern man gegenüber seiner eigenen Natur etwas schuldig sein kann; *zweitens* ist ihre Rede, dass man auch sich selbst schulde, die eigene Natur über den Weg der Wahl von praktischen Identitäten zu achten, dahingehend problematisch, dass der Akteur sich nicht zuletzt über die Wahl dieser Identitäten selbst konstituieren soll und daher fraglich ist, warum er *vor* einer solchen Identifizierung etwas darstellt, dem gegenüber er in irgendeiner Weise verpflichtet sein kann.[341] Prima facie könnte der einzige naheliegende Verpflichtungsgrund die selbstkonstitutive *Form* menschlicher Lebewesen sein, doch würde es die gesamte Theoriearchitektur Korsgaards auf den Kopf stellen, wenn die Handlungstheorie auf einer metaphysisch fundierten und zudem evtl. moralisch konnotierten Wertidee basierte und handlungstheoretische Reflexionen nur deswegen eine praktisch-begründungstheoretische Relevanz besitzen könnten. Zugleich besteht kein Zweifel daran, dass die platonische Selbst-Konstitution als oberster Zweck des Handelns als ein nicht-moralisches Gut jedes rationalen Akteurs fungieren soll.

Um zu klären, inwiefern sich Korsgaards Theorie allein in einer elaborierten philosophischen Anthropologie und Handlungstheorie erschöpft oder ob sie

---

      stützt allerdings weder ihr Hauptargument, noch stellt sie für sich ein belastbares Argument dar.

340 S.: Dies. (2009), S. 24f.

341 Von Korsgaards Position aus würde die Rede eines Akteurzustandes vor der Wahl seiner selbst vermutlich als illegitime Reduktion einer Wesensbeschaffenheit auf temporale Sukzessionsrelationen kritisiert, doch ändert dies nichts daran, dass metaphysische Konzepte nicht als Substitut einer plausiblen Handlungstheorie fungieren können.

5.8 DER WERT DER RATIONALEN NATUR UND MORALISCHE NORMATIVITÄT 165

darüber hinaus die Gültigkeit bestimmter praktischer Prinzipien auf eine Weise rechtfertigen kann, die der Redewendung von einer Schuldigkeit gegenüber der eigenen Natur einen nachvollziehbaren Sinn verleiht, ist es hilfreich, sich ihren Aussagen über die von ihr angewandte Argumentationsmethode zuzuwenden. Angesichts vereinzelter Stellen in ihrem Werk, in denen sie sich selbstreflexiv über ihren methodischen Zugang zur Frage ihrer Rechtfertigung des Werts der rationalen Natur äußert, könnte man den Eindruck gewinnen, dass sie de facto doch auf eine geltungstheoretisch orientierte Argumentation abzielt. Dementsprechend finden sich vereinzelte Klassifikationen ihrer Theorie, denen zufolge die angewandte Argumentationsmethode als »transzendental« charakterisiert wird: »The argument (...) is (...) a transcendental argument. What it is really intended to show is this: that if you value anything at all, or, if you acknowledge the existence of any practical reasons, then you must value your humanity, as an end in itself.«[342] An anderer Stelle adressiert Korsgaard die Möglichkeit der Negation des Werts der eigenen Menschheit: »(...) that (die eigene rationale Natur, C.B.) is not merely a contingent conception of your identity, which you have constructed or chosen for yourself, or could conceivably reject (...). It is because we are such animals that our practical identities are normative for us, and, once you see this, you must take this more fundamental identity, being such an animal, to be normative as well. You must value your own humanity if you are to value anything at all.«[343] In beiden Zitaten scheinen klare Aussagen über die Struktur des Arguments und die Argumentationsziele getroffen zu werden, doch handelt es sich in beiden Fällen um mehrdeutige Thesen.

Der Begriff »transzendental« wird von Korsgaard auf eine Weise verwendet, die all diejenigen Argumentationsformen bezeichnet, welche auf Bedingungsanalysen basieren. Diese Bedingungsanalysen müssen offenbar keine spezifisch logische Natur aufweisen, um für Korsgaard als transzendental gelten zu können, denn, und dies ist der zweite Punkt, ihre Rekonstruktion der Grundstruktur ihres Ansatzes gibt keinen Anlass zu der Annahme, dass sie ihre Theorie als genuin präsuppositions*logischen* Ansatz versteht. Wenn sie

---

342 S.: Dies. (1996a), S. 125.
343 S.: A. a. O., S. 123. Wenn Korsgaard davon spricht, dass die unbedingte Normativität der menschlichen Natur dann für den Akteur auf konkrete Weise verbindlich wird, sobald er die bzw. ihre Argumentation für diese Verbindlichkeit verstanden hat, ist dies nicht so zu verstehen, als ob der durch das Argument angezeigte Sachverhalt nicht auch schon vorher bestanden hätte. Faktisch wird jeder Akteur immer schon durch die von Korsgaard postulierten psychologischen Mechanismen bestimmt, doch geschieht dies unbewusst, sodass diese Mechanismen zwar wirksam sind, nicht jedoch als den Akteur tatsächlich leitende praktische Normativität in Erscheinung treten können.

implizit andeutet, dass eine Zurückweisung der eigenen reflexiven Verfasstheit nicht opportun sei, lässt dies zwar einen gewissen Spielraum für eine geltungstheoretische Interpretation offen, doch wird er durch ihre unmittelbar darauf folgende Aussage restringiert, dass unsere *Seinsweise als reflexive Tiere* die Normativität unserer Natur impliziere. Wenn das Problem der Negation der eigenen rationalen Natur in ihrer transzendentallogischen Inkonsistenz bestünde, wären sowohl anthropologische Fakten als auch prozedural fundierte Wesensbestimmungen an dieser Stelle irrelevant und deren Erwähnung überflüssig. Auch wenn Korsgaard ihre These, dass die Wertschätzung der eigenen rationalen Natur bzw. Autonomie eine notwendige Bedingung für jegliche Form von Wertzuschreibungsakten darstellt, als transzendentale Reflexion bezeichnet, handelt es sich demnach nicht um eine präsuppositionslogische Analyse, sondern um eine Analyse von Präsuppositionen, und zwar von *psychologischen* Präsuppositionen.

Allerdings wäre es vorschnell, Korsgaard an dieser Stelle einen schlichten Sein-Sollen–Fehlschluss zu unterstellen, da ihr Ansatz nicht auf der problematischen Annahme beruht, dass praktische Normativität durch den bloßen Verweis auf ein biologisch bedingtes Faktum im Sinne des naturwissenschaftlichen Naturalismus zu rechtfertigen ist: »The fact of value isn't value itself – it is merely a fact. But it is a fact of life. In fact, it is *the* fact of life. It is the natural condition of living things to be valuers, and that is why value exists.«[344] In diesem Zitat zeigt sich einmal mehr, dass sie eine neoaristotelische Perspektive auf Mensch und Natur einnimmt, der zufolge im Unterschied zu einer durch die moderne Naturwissenschaft geprägten Ontologie keine strikte Sein-Sollen-Dichotomie existiert. Das hier angesprochene »Faktum des Lebens« muss zudem als *erstpersonales Faktum* verstanden werden, das von dem Akteur als Bestimmung seines Wesens für gut befunden werden muss. In dieser praktisch-erstpersonalen Hinsicht ist das Faktum des Lebens notwendigerweise ein wertvolles Faktum, ohne dass ein unzulässiger Schluss von einem bloßen Sein auf ein Sollen vollzogen wird. Doch warum genau kann hier von praktischer Normativität gesprochen werden?

Die entscheidende systematische Weichenstellung in Korsgaards Theorie besteht in der konstitutivistischen Annahme, dass die bisher als rein explanatives Unternehmen rekonstruierte Präsuppositionsanalyse der Handlungsteleologie, die zur These des unbedingten Werts der rationalen Natur geführt hat, *aufgrund ihrer explanativen Funktion* aus der Perspektive praktischer Erstpersonalität auch normative Implikationen besitzt: Weil das

---

344 S.: A. a. O., S. 161.

5.8 DER WERT DER RATIONALEN NATUR UND MORALISCHE NORMATIVITÄT 167

Handeln von Akteuren (ihre Wahl und ihr Anstreben von Zwecken) nur unter der Voraussetzung erklärbar ist, dass sie ihr Handlungsvermögen als unbedingt wertvolle praktische Autorität anerkennen, sind sie als Akteure auch dazu verpflichtet, ihre allgemeine Akteuridentität unbedingt wertzuschätzen. Das scheinbar bloß vorhandene Faktum der Handlung von Akteuren wird hier im Rekurs auf das Argument, dass zur Erklärung dieses Faktums immer schon auf Strukturen praktisch-erstpersonaler Normativität rekurriert werden muss, als normatives Faktum rekonstruiert.

Wenn die Erklärung eines Phänomens die Annahme der Normativität bestimmter Prinzipien oder Gesetze unerlässlich macht, ist darauf zu schließen, dass ohne diese Annahme das Phänomen nicht existieren könnte. Daher sind die explanativ relevanten Prinzipien *aus der Perspektive der zu erklärenden Entitäten* normativ verbindlich, insofern diese Entitäten existieren sollen bzw. *wollen*. Im Falle von z.B. physikalischen Objekten ist es natürlich fernliegend, von einer Normativität der physikalischen Gesetze in einem praktisch relevanten Sinne zu sprechen[345], doch handelt es sich im Falle des handelnden Menschen um ein selbstbewusstes Wesen mit einem psychischen Innenleben sowie, in Korsgaards Systematik, dem identitätskonstitutiven Vermögen der Autonomie. Wenn die unbedingte Wertschätzung der eigenen rationalen Natur für eine Erklärung von menschlichen Handlungen notwendig ist, ist diese Wertzuschreibung immer auch für die Erklärung der Existenz von Akteuren notwendig, und daher ist die Anerkennung des Werts der eigenen rationalen Natur aus der Akteurperspektive nicht nur faktisch notwendig, sondern auch normativ verbindlich, *insofern der Akteur existieren will*. Es bestehen daher sowohl praktisch-erstpersonale Gründe für die explanative Funktion als auch für die Normativität des unbedingten Werts der rationalen Natur. Die für Korsgaards Ansatz charakteristische Pointe muss darin gesehen werden, dass die explanative Funktion dieses Wertkonzepts normative Implikationen besitzt.

Trotz der Kompatibilität von Korsgaards Konstitutivismus und der Etablierung von praktisch-erstpersonaler Normativität bleibt eine Reihe von offenen Fragen und ungelösten Problemen, die sowohl im Rückblick auf die bisher rekonstruierte Theorie als auch im Ausblick auf das noch zu Leistende zu Tage

---

345 Dass die rein naturgesetzlich bestimmte Identität auch von z.B. physikalischen Strukturen eine Form von praktischer Normativität besitzt, wird jedem Laboranten deutlich, wenn er ein physikalisches Teilchen herstellen will. Der Laborant erlebt die zu beachtenden naturgesetzlichen Gegebenheiten als normativ, weil sie sein Handeln leiten müssen, *insofern* das Teilchen zustande kommen soll. Dennoch handelt es sich bei den Naturgesetzen *eigentlich* um rein deskriptive Gesetze, die beschreiben, wie die Natur des Teilchens *de facto funktioniert*.

treten: 1. Der Wert der rationalen Natur soll mit dem Zweck verbunden sein, dass sich der Akteur als einheitliches Aktzentrum konstituiert. Die Normativität des Akteurstatus' wurde jedoch bereits im Zusammenhang mit der Darstellung des Konstitutionsmodells des Akteurs als fraglich erwiesen, da unklar ist, warum das Akteursein verbindlich sein sollte. Zudem ist zu erläutern, inwiefern ein menschlicher »Nicht-Akteur« in einem praktischen Verhältnis zum Akteurstatus stehen kann und wie ein solches Verhältnis zu beschreiben wäre; 2. Selbst dann, wenn man die Normativität der rationalen Natur akzeptiert und den Wert des Akteurstatus' nicht hinterfragt, ist offen, *welche Art von Inkonsistenz* im Falle der Negation einer der akteurkonstitutiven Bedingungen resultiert. Im Hinblick auf den von Korsgaard benutzten Begriff der Schuldigkeit, die man als Akteur seiner Natur bzw. Person gegenüber haben soll, ist ungeklärt, was diese Redewendung im praktisch-anthropologischen Kontext bedeuten soll; 3. Zwar geht Korsgaard von einem aristotelischen Weltbild aus, doch argumentiert sie nirgendwo explizit für eine *geltungstheoretische* Überlegenheit des aristotelischen Standpunkts. Eine Rechtfertigung ihrer Position wird allerdings nicht dadurch obsolet, dass die von ihr vertretene Theorie auf der Inhaltsebene nicht auf Wahrheitsansprüche fokussiert ist: Selbst dann, wenn man mit Korsgaard das Gute und nicht das Wahre als Gegenstand der Ethik begreift, muss eigens nachgewiesen werden, dass die These »Der Gegenstand der Ethik ist das Gute« *wahr* ist. Andernfalls würde die These resultieren, dass auch die Implikationen einer plausiblen ethischen Theorie in erster Linie für den jeweils urteilenden Akteur oder alle Akteure *gut* sein müssen. Und in der Tat gibt es Anzeichen dafür, dass genau dies Korsgaards Position ist, wenn man sich ihre Kriterien für eine plausible Rechtfertigung von moralischer Normativität in Erinnerung ruft: Eine solche Rechtfertigung solle den Akteur auch dann noch zum moralischen Handeln *motivieren* können, wenn er die wahre Natur, d.h. die praktische Funktion von Moralität kenne; zudem soll sie einen direkten Bezug zu seiner eigenen praktischen Identität aufweisen. All dies bliebe vollkommen willkürlich, wenn damit nicht die Idee verbunden wäre, dass auch die reflektierte Erfassung der praktisch-kausalen Natur des Guten aus der Akteurperspektive einen *Ausdruck des Guten* darstellen soll.

Eine Erörterung dieser Problematik findet sich primär im Kontext von Korsgaards Diskussion der Ethik Humes, wo sie nicht substantiell über die beiden Argumente hinausgeht, dass erstens nichts gegen eine Wertschätzung der menschlichen Natur spreche und zweitens kein Beurteilungsstandpunkt außerhalb der menschlichen Natur möglich sei.[346] Keines dieser Argumente reicht jedoch aus, um ihren Zugang zur Moralphilosophie gegen die soeben

---

346 Vgl.: A. a. O., S. 62ff.

angedeutete Grundlagenkritik zu verteidigen. Die Interpretation der Notwendigkeit der freien Selbstbestimmung und der damit verbundenen Wahl von Handlungsprinzipien als natürliche Lebensform des Menschen kann nichts weiter leisten, als eben dies zu sein – eine *neoaristotelische Reformulierung der praktisch-erstpersonalen conditio humana*. Diese Situation kann zwar partiell erklären, warum Korsgaards Theorie in bestimmten Hinsichten diskussionswürdig anmutet, doch trägt sie nicht zur systematischen Transparenz ihrer Theorie im Hinblick auf die Rechtfertigung praktischer Prinzipien bei.

5.8.2 *Die Rechtfertigung moralischer Normen*

Der letzte Reflexionsschritt in Korsgaards Argument soll einen Übergang von der zuvor skizzierten handlungstheoretischen Notwendigkeit zu moralischer Verbindlichkeit leisten. Der Ansatzpunkt dieses Übergangs ist die These, dass jeder Akteur seine eigene rationale Natur wertschätzen muss, insofern er seinen selbstgewählten Handlungsgründen gemäß handelt. Die in diesem Zusammenhang zentrale Eigenschaft der rationalen Natur des Akteurs besteht darin, dass sie eine nicht-partikulare praktische Identität darstellt, da sie allen reflexiven Akteuren gemeinsam ist. Die rationale Natur ist eine *mit allen anderen Akteuren geteilte praktische Identität*.

Aus den beiden Annahmen, dass die rationale Natur *erstens* als praktisches Fundament für Handlungsgründe des individuellen Akteurs fungiert und *zweitens* eine allen Akteuren gemeinsame praktische Identität darstellt, folgert Korsgaard, dass für den einzelnen Akteur bestimmte Gründe normativ verbindlich sein müssen, die ebenso für alle anderen Akteure verbindlich sind: »(..) to value yourself just as a human being is to have moral identity (...). So this puts you in moral territory. Or at least, it does so if valuing humanity in your own person rationally requires valuing it in the persons of others.«[347] Korsgaards Deutung der rationalen Natur als Grund nicht nur der mit partikularen praktischen Identitäten zusammenhängenden Verbindlichkeiten des individuellen Akteurs, sondern von auch auf andere Akteure bezogenen

---

347 S.: A. a. O., S. 121. Wenn alle Akteure dieselbe rationale Natur als unhintergehbare gemeinsame praktische Identität besitzen und von dieser Identität praktische Forderungen ausgehen, handele es sich bei diesen Forderungen um moralische Ansprüche, da ihre Achtung bzw. Nicht-Achtung immer auch ein entsprechendes Verhalten zu fundamentalen Interessen anderer Akteure als praktisch-rationale Wesen darstelle. Die praktischen Gründe, die ihre Verbindlichkeit primär der Normativität der rationalen Natur verdanken, können deswegen als zentrale Interessen von Akteuren verstanden werden, weil es Gründe sind, deren Relevanz sich allein aus dem bloßen Menschsein ableitet. Die Missachtung der Normativität solcher Gründe würde Korsgaard zufolge daher nicht nur die Missachtung des Grundes der eigenen Identität, sondern auch derjenigen aller Akteure bedeuten.

moralischen Forderungen soll als Antwort auf den insbesondere im Kontext der Theorie der partikularen praktischen Identitäten präsenten Relativismus dienen: Im Unterschied zu den verschiedenen subjektiv-kontingenten Rollen, mit denen sich Akteure in ihrem Alltag identifizieren oder von denen sie sich zur Not auch trennen können, mache die universale praktische Identität des Menschseins die Identifikation mit einer besonderen praktischen Rolle erforderlich, die Korsgaard im Anschluss an die kantische Terminologie als »Bürger im Reich der Zwecke« bezeichnet.[348] In Entsprechung zu der unterstellten Wertschätzung selbstreferentieller praktischer Autorität als notwendiger Handlungsbedingung fungiere die moralische Identität *erstens* als Bedingung für die Möglichkeit der Wahl partikularer praktischer Identitäten, sodass in dieser Hinsicht – in einem gewissen Kontrast zu der angeblich strikten Verbindlichkeit auch partikularer praktischer Identitäten – einzig auf der moralischen Identität basierende Gründe über kategorische Geltung verfügen können.[349] Aufgrund ihrer universellen Bedingungsfunktion besitze die moralische Identität *zweitens* eine durch das Prinzip des verbotenen Widerspruchs bestimmte Konsistenzfunktion in Bezug auf partikulare praktische Identitäten: »Practical conceptions of your identity which are fundamentally inconsistent with the value of humanity must be given up.«[350]

Korsgaards Interpretation des kantischen »Reichs der Zwecke« zufolge steht jeder Akteur unter der Anforderung, die Zwecke, die andere Akteure unter Rekurs auf ihr bloßes Akteursein qua Menschsein verfolgen, als seine eigenen Handlungsgründe anzusehen – nicht nur missachtet er die Wertquelle aller Akteure, wenn er seiner eigenen Natur zuwider handelt, sondern er missachtet sie auch, wenn er die in der praktischen Reflexivität fundierten Gründe anderer Akteure nicht potentiell als seine eigenen Gründe versteht. Hinter der Auffassung, dass auf unsere menschliche Natur zurückgehende Gründe stets universal gültige Gründe sind, steht die Annahme, dass es streng genommen unsinnig sei, von akteurneutralen und akteurrelativen Gründen zu sprechen. Diese Differenzierung würde einen eigenen argumentativen Übergang von Akteurrelativität zu Akteurneutralität erforderlich machen, welcher mit der Idee der rationalen Natur als gemeinsamer Quelle von letztlich allen Gründen unvereinbar sei.

---

348 »To act morally is to act a certain way simply because you are human, to act as one who values her humanity should. Among the many things that you are, you are a member of the party of humanity, or a Citizen of the Kingdom of Ends.« S.: A. a. O., S. 129.
349 Vgl.: A. a. O., S. 125.
350 S.: A. a. O., S. 130.

5.8 DER WERT DER RATIONALEN NATUR UND MORALISCHE NORMATIVITÄT

Vielmehr müsse man sich die Gründe und Zwecke anderer Akteure als *mögliche* eigene Gründe, d.h. als im Bewusstsein präsente Handlungsimpulse vorstellen, die dann nach dem Prozess der reflexiven Beurteilung entweder tatsächlich zu eigenen Gründen bzw. zu einem autoritativen Gesetz des eigenen Handelns werden oder nicht: »(...) the reasons of others have something like the same standing with us as our own desires and impulses do. We do not seem to need to take the reasons of others into account. We seem to need a reason not to.«[351] Korsgaard versucht diesen Punkt zu veranschaulichen, indem sie die alltägliche Praxis rationaler menschlicher Interaktion analysiert. Damit begegnet sie einem Kritikpunkt, der gegen ihr Konzept der menschlichen Natur angeführt werden kann, nämlich dass dieses Konzept abstrakt und im Kern metaphysisch sei und daher über keine Anbindung an das von ihr wiederholt erwähnte menschliche Leben im konkreten Sinne verfüge. Im Kontext der Erläuterung der moralphilosophischen Pointe ihrer Theorie wechselt Korsgaard von handlungstheoretischen und motivationspsychologischen Reflexionen zu einer Phänomenologie der praktisch-rationalen Intersubjektivität. Das Ziel dieses Wechsels der Reflexionsebenen besteht darin, die zuvor nur theoretisch konstatierte allgemeine Verbindlichkeit der menschlichen Natur als existent zu erweisen und den Begriff der menschlichen Natur dadurch empirisch zu veranschaulichen. Darüber hinaus erfüllt der Rekurs auf die Empirie auch eine hermeneutische Funktion, indem er auf eine vergleichsweise unmittelbare Art und Weise verständlich machen soll, was mit der universellen Wertschätzung der rationalen Natur gemeint ist.

Konkret will Korsgaard zeigen, dass Akteure genauso wenig einen Grund dafür brauchen, die Gründe anderer Akteure als mögliche eigene Gründe zu verstehen, wie sie einen Grund dafür brauchen, dass die eigenen Handlungsimpulse als mögliche Gründe für ihr Handeln in Erscheinung treten. Zugleich soll vor diesem Hintergrund demonstriert werden, dass das Phänomen der moralischen Verpflichtung auf nichts anderem als dieser Grundlage beruht: »Suppose that we are strangers and that you are tormenting me, and suppose that I call upon you to *stop*. I say: ›How would you like it if someone did that to you?‹ And now you cannot proceed as you did before. Oh, you can proceed all right, but not just as you did before. For I have obligated you to stop.«[352] Der erste systematisch wichtige Aspekt dieses Beispiels besteht in der These, dass der Fremde nach dem an ihn gerichteten Appell nicht mehr so weitermachen kann wie vor dem Appell. Dieser Punkt kann leicht missverstanden werden: Es wird nicht behauptet, dass der Fremde aufgrund des Appells mit seinen

---

351 S.: A. a. O., S. 140f.
352 S.: A. a. O., S. 142f.

Handlungen plötzlich aufhören muss, sondern dass er, insofern er den Appell *als an ihn gerichteten Appell* verstanden hat[353], seine Handlungen nur im Widerstand gegen den gestellten Anspruch ausführen kann. Wenn zugestanden wird, dass der Fremde nach dem Appell an ihn aus seiner Akteurperspektive nur unter Ablehnung oder Ignorierung dieses Appells handeln kann, wird nach Korsgaard implizit konzediert, dass der Appell einen möglichen Handlungsgrund darstellt, der als solcher zumindest über die minimale normative Kraft verfügt, den Fremden zu einem gegen diesen Grund gerichteten Handeln zu zwingen: Er kann nicht genauso weitermachen wie zuvor, da er nun unter Berücksichtigung eines an ihn adressierten Anspruchs handeln muss.

Bei Korsgaards Beispiel handelt es sich um ein Gedankenexperiment, das in impliziter struktureller Parallele zu Kants Faktumslehre für die Plausibilität der Annahme eines erstpersonalen normativen Faktums sprechen soll: So wie Kant zufolge unvorstellbar ist, dass der vom Tod bedrohte Akteur nicht in Erwägung ziehen kann, trotz seiner Situation moralisch zu handeln, soll man sich nach Korsgaard nicht vorstellen können, dass der zum Aufhören aufgeforderte Fremde den an ihn gerichteten Appell nicht als möglichen Handlungsgrund verstehen kann. Korsgaards These kann aus phänomenologischer Sicht in der Tat nicht einfach bestritten werden. Es ist zwar keineswegs unmöglich, sich einen Fremden vorzustellen, der sehr wohl versteht, dass seine Handlung unerwünscht ist und ein anderer Akteur in diesem Sinne an ihn appelliert, den diese Situation aber dennoch völlig kalt lässt. Dieser Akteur würde den Appell prima facie deswegen nicht als möglichen Handlungsgrund betrachten, weil er keinerlei Achtung vor der anderen Person besitzt. De facto erscheint in einem solchen Fall die Annahme plausibel, dass sich der Appell für eine solche Person wie ein bloßes Geräusch anhört. Doch wäre damit die zentrale Voraussetzung nicht mehr gegeben, die nach Korsgaard für das Funktionieren ihres Beispiels notwendig ist.

Eine Person, die unfähig wäre, eine auf praktischen Gründen basierende zwischenmenschliche Interaktion zu vollziehen, welche einzig und allein voraussetzt, dass man Gründe und Zwecke anderer Akteure als solche identifizieren kann, wäre psychisch nicht gesund. Korsgaards These ist jedoch, dass es für einen normalen, d.h. rationalen Akteur unmöglich ist, einen Appell nicht als möglichen Handlungsgrund zu verstehen. Es handelt sich um eine psychologische Voraussetzung, die nicht strikt begründbar ist. Dennoch ist es keine

---

353 Dies ist eine notwendige Voraussetzung für die Plausibilität dieses Beispiels. Auch allen weiteren Beispielen Korsgaards liegt die Annahme zugrunde, dass die Nennung eines Grundes gegenüber einer anderen Partei nicht als bloßes Geräusch, sondern als sprachliche Äußerung verstanden werden muss; vgl.: A. a. O., S. 143.

5.8 DER WERT DER RATIONALEN NATUR UND MORALISCHE NORMATIVITÄT 173

gewagte oder gar abwegige These, auch von einem egoistischen und aggressiven Akteur anzunehmen, dass er die Aufforderung zur Unterlassung seines Verhaltens als möglichen Handlungsgrund versteht. Je nach seiner individuellen Persönlichkeit und seinen spezifischen eigenen Handlungsgründen wird der Fremde in Korsgaards Beispiel den Appell ignorieren oder erst nach einiger Zeit ernst nehmen, doch sofern er eine psychisch gesunde Person mit einem nur fragwürdigen Charakter ist, wird er eine an ihn gerichtete Aufforderung auch als eine solche verstehen können: »In hearing your words as *words*, I acknowledge that you are *someone*. In acknowledging that I can hear them, I acknowledge that I am *someone*. If I listen to the argument at all, I have already admitted that each of us is *someone*.«[354] Diese Annahme ist zumindest plausibel genug, um sie an dieser Stelle hypothetisch zu konzedieren.

Die in Bezug auf das Beispiel zentrale Frage ist durch die Akzeptanz dieser phänomenologischen Prämisse allerdings noch nicht geklärt, da zu zeigen bleibt, welche Relevanz der phänomenologische Befund für die Rechtfertigung von moralischer Normativität besitzt. Korsgaard bringt an dieser Stelle eine Argumentation ins Spiel, die schon bei Nagels Moralphilosophie eine wichtige Funktion besitzt: Indem der Fremde gefragt wird, ob er selbst es gut heißen könnte, wenn eine ihm fremde Person ihn bedrängen würde, soll er gedanklich zu einem imaginären Positionswechsel animiert werden. Insofern der Fremde sich tatsächlich vorstellt, an Stelle der gerade von ihm bedrängten Person zu sein, setzt er sich mit ihr – zumindest implizit – in der Hinsicht gleich, dass beide *jemand* sind, d.h. menschliche Akteure, die nach Gründen handeln. Jeder Akteur würde sich unweigerlich als dazu berechtigt ansehen, einem anderen Akteur einen nachvollziehbaren Grund für die Beendigung seines unerwünschten Handelns zu geben. Anders formuliert, würde ein Akteur sich zu Recht als jemand auffassen, der ein für den anderen Akteur verbindliches Gesetz darstellt, indem er für ihn aufgrund der allgemeinen Akteuridentität als eine mögliche praktische Autorität fungiert: »You make yourself an end for others; you make yourself a law to them. But if you are a law to others in so far as you are just human, just someone, then the humanity of others is also a law to you. By making you think these thoughts, I force you to acknowledge the value of my humanity and I obligate you to act in a way that respects it.«[355]

Wenn man das skizzierte Beispiel als plausibel auffasst, kann es zeigen, dass rationale Akteure üblicherweise andere Akteure als praktisch autoritative Instanzen ansehen. Zudem verdeutlicht es, was es genau heißt, dass es Gründe gibt, die allein aus der Perspektive der allgemeinen Akteuridentität bzw. aus

---

354 S.: A. a. O.
355 S.: A. a. O.

der Sicht des bloßen »Jemand-Seins« verbindlich sein können. Die Funktion dieses Beispiels (wie auch von Korsgaards weiteren Beispielen) erschöpft sich allerdings auch schon in der Veranschaulichung ihrer ursprünglichen These. Dies ist bereits durch den phänomenologischen Charakter ihrer Ausführungen vorgegeben, der keine über deskriptive Gehalte hinausgehenden Urteile zulässt. Zugleich soll ein *normatives Faktum* veranschaulicht werden, welches darin besteht, dass die für Menschen maßgebliche praktische Verbindlichkeit in ihrer *sozialen Natur* gründet.[356] So wie zuvor das Faktum der Wertschätzung der rationalen Natur als praktisch-erstpersonales Faktum zu verstehen war, ist auch das Faktum der Wertschätzung der sozialen Natur bzw. moralischen Identität als Tatsache zu rekonstruieren, dessen Normativität nur aus der Akteurperspektive nachvollziehbar ist, d.h. nur für Akteure existiert.

Die These der unbedingten praktischen Verbindlichkeit der sozialen Natur stellt den Kulminationspunkt von Korsgaards Moraltheorie dar; alle bisher skizzierten konzeptuellen und argumentativen Fäden laufen hier zusammen. Im Hinblick auf die persistente Frage nach der Art der hier postulierten praktischen Normativität gilt es festzuhalten, dass es sich bei der moralphilosophischen Pointe des Arguments um eine Implikation der vorgeordneten These des unbedingten Werts der rationalen Natur handelt: Akteur A muss die auf der Verbindlichkeit der allgemeinen praktischen Akteuridentität basierenden Gründe von Akteur B als mögliche eigene Gründe verstehen, weil die Gründe von Akteur A ebenfalls auf dieser umfassenden Akteuridentität beruhen. Die Verbindlichkeit der sozialen Natur ist durch die gemeinsame Quelle von praktischer Normativität fundiert, die Korsgaard als moralische Identität interpretiert. Dies impliziert, dass sich die auf die moralische Identität zurückführbare moralische Normativität von Handlungsgründen weder hinsichtlich ihrer Art noch ihres Verbindlichkeitsgrades von derjenigen der unbedingten Wertschätzung der rationalen Natur unterscheidet.

Um die Plausibilität von Korsgaards Rechtfertigung der Gültigkeit von moralischen Forderungen abschließend zu beurteilen, muss *erstens* die begründungstheoretische Tragweite der praktisch-anthropologischen Notwendigkeit der Wertschätzung der rationalen Natur bestimmt werden; vor diesem Hintergrund gilt es *zweitens* Korsgaards These der immer schon geteilten Gründe und der damit verbundenen Kritik an der Unterscheidung von akteurneutralen und akteurrelativen Gründen zu analysieren. *Drittens* ist zu prüfen, welche konkreten moralischen Forderungen aus ihrer Theorie folgen

---

356 Vgl.: A. a. O., S. 145.

würden, wenn man deren Gültigkeit hypothetisch unterstellt. Insbesondere in Bezug auf die Klärung des ersten Punkts ist es sinnvoll, Korsgaards Argument in Form einer Reihe von aufeinander aufbauenden Prämissen und Argumentationsschritten darzustellen. Die allgemeine Struktur des Arguments umfasst die folgenden Kernthesen:

I. Jeder Mensch muss aufgrund seiner rationalen Natur selbstbestimmt Handlungsgründe wählen, um handeln zu können. Durch die Wahl seiner Handlungsgründe konstituiert sich der Akteur kontinuierlich selbst.

II. Ein Akteur ist nur dann die Ursache von ihm zurechenbaren Handlungen (d. h. ein Akteur), wenn sein Handlungsvermögen nach dem Modell der platonischen Seelenordnung strukturiert ist.

III. Der letzte Zweck alles Handelns besteht in der Herstellung der psychischen Integrität des Akteurs. Die Integrität besteht in einer kohärenten Einheit all seiner partikularen Identitäten.

IV. Um Handlungsgründe wählen zu können, muss der Akteur eine für ihn verbindliche Identität wählen, die sich aus verschiedenen partikularen praktischen Identitäten zusammensetzt. Seine partikularen praktischen Identitäten dienen als normative Maßstäbe für die Wahl von Handlungsgründen in seinen verschiedenartigen Lebenssituationen.

V. Da die Wahl einer individuellen praktischen Identität eine implizite Anerkennung der Anforderung seiner rationalen Natur darstellt, drückt jeder Akteur mit der Anerkennung seiner individuellen praktischen Identität auch die Wertschätzung seiner rationalen Natur aus.

VI. Während die Wahl seiner partikularen Identitäten durch Kontingenz geprägt ist, sodass er zum Wechsel von spezifischen Identitäten in der Lage ist, ist seine allgemeine Akteuridentität unhintergehbar für ihn. Insofern ein Akteur handelt, muss er seine rationale Natur als unbedingt wertvoll ansehen.

VII. Aufgrund der Tatsache, dass jeder Akteur seine rationale Natur als absolute Wertquelle ansehen muss, teilen alle Akteure dieselbe grundlegende praktische Identität.

VIII. Die allen Akteuren gemeinsame praktische Identität stellt eine universale moralische Identität dar und fungiert daher als praktisches Fundament von moralischen Forderungen. Gründe, die auf diese universale Identität zurückführbar sind, gelten immer schon deswegen für alle Akteure in einem strikten Sinne, weil sie Akteure sind.

IX. Jeder Akteur ist daher aufgrund seiner rationalen Natur dazu verpflichtet, nur diejenigen Gründe als verbindlich anzusehen, die nicht im

Widerspruch zur seiner Natur und damit zu moralischen Forderungen als den zentralen Interessen anderer Akteure stehen.

X. Aufgrund der handlungskonstitutiven Funktion moralischer Prinzipien besteht für einen rationalen und moralisch responsiven Akteur kein Grund für moralische Skepsis.

Im Hinblick auf das erste Problem, die Bestimmung und Begründung der praktischen Verbindlichkeit der rationalen Natur als unhintergehbare Handlungsnotwendigkeit, geht aus der zuvor durchgeführten Analyse von Korsgaards Einführung dieses Konzepts im Kontext der praktischen Identitäten hervor, dass es sich um eine zwar anthropologische, jedoch praktisch-erstpersonale Notwendigkeit handelt. Obwohl Korsgaard in diesem Zusammenhang von einem Faktum des Lebens spricht, kann die mit der grundsätzlichen Handlungsnotwendigkeit verbundene praktische Normativität nicht einer gegebenen moralischen Tatsache im Sinne des Realismus gleichgestellt werden, da bei ersterer keine normative Kluft zu überbrücken ist – die allgemeine Handlungsnotwendigkeit ist keine mir als Akteur äußerlich gegenüberstehende Tatsache, die ich erst noch durch zusätzliche (theoretische) Argumentation zu *meiner* Angelegenheit machen müsste. Ich kann zwar die Handlung verweigern oder mich letztlich selber umbringen, doch ändert dies nichts daran, dass ich grundsätzlich mit der Notwendigkeit zu Handeln konfrontiert bin. Andernfalls müsste man davon sprechen, dass ich nie ein Akteur in dem Sinne war, den Korsgaard voraussetzt.

Die Situation wird komplexer, wenn man Korsgaards Konzept der Normativität über These I, ihre definitorischen Zusätze II und III sowie die Folgethesen IV bis VII hinaus analysiert, d.h. so, wie es in den letzten Schritten VIII, IX und X benutzt wird. In Entsprechung zu ihrer eigenen Methodenreflexion, der zufolge ihr Ansatz auf einer transzendentalen Analyse beruht, ist die in These VIII thematisierte Verbindlichkeit von durch die rationale Natur fundierten Gründen sowie ihre Interpretation als moralische Verbindlichkeit nicht mit der handlungstheoretischen Notwendigkeit identisch, die in These I fokussiert wird. Zudem gilt, dass die in These X anerkannte Verbindlichkeit weder mit derjenigen, die in These VIII thematisiert wird, noch mit der in These I beschriebenen Normativität unserer praktischen Natur gleichzusetzen ist. Zugleich wird in den Thesen VIII und IX aufgrund der konstitutivistischen Theoriearchitektur keine vollkommen andere Art der Verbindlichkeit, sondern sozusagen die normative Kehrseite der vormals rein deskriptiven Urteile adressiert. In den Urteilen VIII und IX werden praktische Anforderungen an den Akteur formuliert, die für diesen *insofern* gültig und bindend sind, als er ein durch die deskriptiven Thesen I bis VII charakterisiertes, d.h. autonomes und

5.8 DER WERT DER RATIONALEN NATUR UND MORALISCHE NORMATIVITÄT   177

zurechenbares Aktzentrum ist bzw. sein will. Wie bereits zuvor erwähnt, soll es sich dabei um rationale Anforderungen an den Akteur handeln. Dennoch steht fest, dass mit dem Prädikat »rational« keine logische Konsistenz gemeint ist. Die in diesem Zusammenhang zu vermeidende Inkonsistenz resultiert allein aus der Nicht-Achtung der eigenen sozialen Natur, die identisch ist mit der Nicht-Achtung der moralischen Identität und den damit verbundenen Forderungen. Korsgaard zufolge handelt ein Akteur dann rational, wenn er im Sinne der aristotelischen Teleologie seinem Wesen bzw. Zweck entsprechend agiert, d.h. danach strebt, sich als einheitliche Ursache von Handlungen selbst zu konstituieren. Die in diesem Zusammenhang maßgeblichen Rationalitätskriterien sind unmittelbar an anthropologische bzw. handlungstheoretische Prämissen gebunden, die in den Thesen I bis V formuliert werden. Bevor genauer auf These X und ihren Zusammenhang zu den vorhergehenden Urteilen eingegangen wird, gilt es, verschiedene Formen der Inkonsistenz in Korsgaards Theorie zu erläutern.

Der allgemeinen Struktur des Arguments zufolge kann der Akteur auf drei unterschiedliche Weisen inkonsistent handeln: a. Sein Handeln[357] kann im Widerspruch zu der fundamentalen Handlungsnotwendigkeit (Widerspruch zu These I) stehen, indem es die eigene allgemeine Akteuridentität nicht als verbindlich auffasst – dadurch würde jegliches Handeln unmöglich gemacht, da unter diesen Bedingungen keine Handlungsgründe gewählt würden; b. Sein Handlungsvermögen kann von der Struktur des platonischen Seelenmodells abweichen (Widerspruch zu These II), sodass dem Akteur seine Handlungen nicht in vollem Sinne zurechenbar sind und er kein vollwertiger Akteur ist; c. Die für ihn zentralen partikularen Identitäten können miteinander inkompatibel sein (Widerspruch zu These III) und seine Handlungen daher ebenfalls nicht als konsistent gelten. Auch wenn alle drei Formen praktischer Inkonsistenz zumindest partiell miteinander zusammenhängen[358], führen sie je für sich betrachtet zu unterschiedlichen Resultaten: Die Nicht-Anerkennung der Verbindlichkeit der rationalen Natur (Punkt a) führt zu Handlungsunfähigkeit, das ungeordnete Handlungsvermögen (Punkt b) führt zum Verlust des vollwertigen Akteurstatus', und eine inkonsistente Struktur der partikularen Identitäten (Punkt c) führt zu widersprüchlichem Handeln bzw.

---

357 In diesem Fall handelt es sich um eine spezielle Form von Unterlassungshandlung, weil gar nicht gehandelt wird.
358 Ein Beispiel für den Zusammenhang der unter Punkt a und Punkt c beschriebenen Widersprüchlichkeit besteht darin, dass man die partikulare Identität eines Massenmörders wählen würde, da diese Identität die Negation des Werts der rationalen Natur implizierte.

entsprechenden Entscheidungsproblemen.[359] Mit den drei zu vermeidenden Inkonsistenzen sind spezifische Implikationen für das Konzept des Akteurs sowie die Normativität praktischer Forderungen verbunden, die im Folgenden genauer erläutert werden.

Die Inkonsistenz der Missachtung des unbedingten Werts der rationalen Natur

Korsgaards Antwort auf die Frage nach dem allgemeinen Grund für die gebotene Vermeidung eines Widerspruchs zur eigenen rationalen Natur (These I/Punkt a) lautet, dass wir als Menschen nicht anders können, als unsere Natur unbedingt wertzuschätzen: »Does it really matter whether we act as our humanity requires, whether we find some ways of identifying ourselves and stand by them? (...) in this case you have no option but to say yes. Since you are a human being you must take something to be normative, that is, some conception of practical identity must be normative for you. If you had no normative conception of your identity, you could have no reasons for action, and because your consciousness is reflective, you could then not act at all.«[360] Eine Negation der eigenen rationalen Natur wäre gleichbedeutend mit einer Negation der eigenen Autonomie und würde daher eine prinzipielle Handlungsunfähigkeit im wörtlichen Sinne implizieren, da unter dieser Voraussetzung aus praktisch-erstpersonaler Sicht keine motivierenden Handlungsgründe und Zwecke existieren könnten. Man kann dies als *handlungstheoretisch bedingte Handlungsunfähigkeit* bezeichnen. Dagegen impliziert das Fehlen einer nach platonischem Vorbild geordneten Seele eine *teleologisch bedingte Handlungsunfähigkeit*, denn in diesem Fall würde man zwar die eigene Autonomie in rudimentärer Form als Wertquelle anerkennen, jedoch aufgrund der fehlenden strukturellen Einheit des eigenen Handlungsvermögens den Zweck von Handlungen, d.h. die Selbst-Konstitution als zurechnungsfähiger Akteur nicht erfüllen. Es wäre zwar möglich, Zwecke zu verfolgen, doch wären entsprechende Körperbewegungen und andere Handlungen nicht bzw. nur eingeschränkt als Ausdruck der ganzen Person rekonstruierbar. Auch die Inkonsistenz von partikularen praktischen Identitäten (These III/ Punkt c) resultiert aus der *teleologischen Dysfunktionalität* der Binnenstruktur des

---

359 Alle drei Formen praktischer Widersprüchlichkeit können von ihrem Konzept her als eigenständige Inkonsistenzen verstanden werden, auch wenn insbesondere die unter Punkt b und c angesprochenen praktischen Inkonsistenzen auf den Wert der rationalen Natur zurückzuführen sind. Sowohl zurechenbare Handlungen als auch miteinander konsistente partikulare praktische Identitäten sind nur unter der Voraussetzung einer grundsätzlichen Handlungsnotwendigkeit geboten.
360 S.: A. a. O., S. 123.

Akteurs, doch gibt es keinen Anlass zu der Annahme, dass ein inkonsistentes Set von partikularen Identitäten notwendigerweise eine grundsätzliche Handlungsunfähigkeit impliziert. Ein Akteur mit miteinander inkompatiblen partikularen praktischen Identitäten ist nur dann in bestimmten Situationen nicht in der Lage, konkrete Entscheidungen zu treffen, wenn er seine miteinander inkompatiblen Identitäten nicht hierarchisch ordnet.[361] Da von Korsgaard einerseits zugestanden wird, dass so gut wie jeder Mensch bis zu einem gewissen Grad über inkonsistente Identitätsaspekte verfügt, eine zu große identitätstheoretische Widersprüchlichkeit andererseits jedoch zur Auflösung der Persönlichkeit führen kann, scheint es keine generelle Antwort auf die Frage nach den Implikationen von problematischen Identitätskonstellationen zu geben.

Dies alles bedeutet allerdings nicht, dass ausnahmslos alle normativen Aspekte von Korsgaards Theorie auf den bisher skizzierten anthropologischen und handlungstheoretischen Prämissen beruhen. Vor allem zwei Punkte sind hier zu nennen, die zwar ebenfalls anthropologischer Natur sind, die bisher dargelegte Hauptstruktur des Modells jedoch durchbrechen. *Erstens* vertritt Korsgaard die Ansicht, dass moralische, also auf der strikten Verbindlichkeit der rationalen Natur beruhende Gründe nicht in allen Situationen eine strengere Normativität als nicht-moralische Gründe besitzen. Dies sei z.B. bei Gründen der Fall, die auf eine tiefgehende freundschaftliche oder romantische Beziehung zwischen zwei Personen zurückgehen.[362] In Analogie zu der moralischen Identität des Akteurs als Bürger im Reich der Zwecke müsse man solche interpersonalen Beziehungen als ein Reich der Zwecke von nur zwei Akteuren verstehen, sodass die auf diese Weise geteilte Identität praktische Verpflichtungen gegenüber der jeweils anderen Person fundieren könne, die genauso strikt verbindlich seien wie moralische Forderungen. Allerdings versteht Korsgaard die von zwei Personen geteilte und interpersonal konstituierte Verbindlichkeit nicht als normatives Derivat der moralischen Identität, sondern personale Beziehungen stellen für sie *unabhängige* Quellen von unbedingt gültigen Verpflichtungen dar. Damit existieren zwei gleichgeordnete praktische Autoritäten, die als Grund von strikten praktischen

---

361   Eine handlungstheoretisch bedingte Handlungsunfähigkeit entsteht selbst dann nicht, wenn der Akteur an einer partikularen praktischen Identität festhält, die im Widerspruch zu seiner moralischen Identität bzw. rationalen Natur steht. Dies wäre zwar in moralischer Hinsicht problematisch und würde schwerer wiegen als ein bloßer Widerspruch zwischen partikularen Identitäten, doch müsste man auch dies als eine Verfehlung der Einheit des Akteurs, nicht aber als Grund für eine umfassende Unfähigkeit zu handeln interpretieren.

362   Vgl.: A. a. O., S. 127.

Forderungen fungieren, sodass unlösbare Konflikte zwischen moralischen und interpersonalen Ansprüchen denkbar sind. *Zweitens* stellt die rationale Natur als normativ verstandene Bestimmung des menschlichen Wesens bei Korsgaard zwar im Prinzip den letztgültigen Werthorizont dar, doch zugleich argumentiert sie für die Zulässigkeit des Selbstmordes in Fällen, in denen der Akteur allein dadurch seine praktische Identität wahren kann. Zum einen könnten Krankheit und Schmerzen Gründe für die Selbstaufgabe darstellen, zum anderen jedoch auch Zustände der vollkommenen praktisch-normativen Skepsis, aus denen heraus man keinerlei Zwecksetzungen mehr tätigen könne.[363] Selbstmord sei nicht als Negation eines bestimmten Werts, sondern als Negation von Werthaftigkeit überhaupt zu deuten.[364] Im Kontrast zu der im Übrigen strikt interpretierten Verbindlichkeit der rationalen Natur, der jeder Akteur ein ihr entsprechendes Handeln schulde, könne man nicht davon sprechen, dass ein Selbstmord aufgrund von normativer Skepsis zu verurteilen sei: »It is hard to say of one who commits such suicide that he has done wrong, for he has violated no value in which he still believes.«[365] Weder die strikte Verbindlichkeit interpersonal fundierter Gründe noch die situationsbedingte Zulässigkeit des Selbstmords sind mit den systematischen Hauptlinien von Korsgaards Argument ohne weiteres in Einklang zu bringen.

Es ist unklar, warum auch partikular-interpersonal fundierte praktische Forderungen eine moralanaloge Verbindlichkeit besitzen sollen, da das Prinzip der kategorischen Verbindlichkeit im übrigen Argument stets unter Rekurs auf die Funktion des Erhalts der grundsätzlichen Handlungsfähigkeit gerechtfertigt wird.[366] Ein Zusammenhang von interpersonal begründeten Ansprüchen und Handlungsvermögen ist jedoch aus Korsgaards diesbezüglichen Ausführungen nicht ersichtlich: Es ist zwar nachvollziehbar, dass tiefgehende menschliche Beziehungen eine weitreichende Bedeutung für die beteiligten Personen besitzen, doch gilt dies nicht für die Behauptung, eine Missachtung von in solchen Beziehungen fundierten Gründen führe zu einer Form der handlungstheoretisch bedingten Handlungsunfähigkeit, wie dies im Falle der Negation der Verbindlichkeit der rationalen Natur angenommen wird. Dies liegt daran, dass der begründungstheoretische Kern von Korsgaards Argumentation für den praktisch-erstpersonalen Wert der rationalen Natur als Geltungsgrund kategorischer Forderungen nicht primär an das Konzept einer geteilten Identität rückgebunden ist, sondern an die Notwendigkeit der

---

363 Vgl.: A. a. O., S. 162ff.
364 Vgl.: A. a. O., S. 162.
365 S. A. a. O., S. 162f.
366 Vgl.: Bambauer (2017), S. 8off.

Vermeidung der handlungstheoretisch bedingten Handlungsunfähigkeit. Die Tatsache, dass unsere allgemeine Akteuridentität eine mit anderen Akteuren gemeinsame Identität und damit eine geteilte Quelle von praktischen Gründen darstellt, ist nicht für den Grad der Verbindlichkeit, sondern allein für die *Deutung* dieser Identität als nicht nur handlungstheoretisch zentrale, sondern auch moralisch relevante praktische Verfasstheit entscheidend.

Andernfalls würde die allgemeine systematische Pointe von Korsgaards Theorie aufgehoben, die darin besteht, moralische Normativität als funktionales Moment einer *handlungstheoretischen* Notwendigkeit zu begreifen und durch den Aufweis dieses Sachverhalts praktisch zu rechtfertigen. Wenn interpersonale Beziehungen eine eigenständige Quelle von unbedingt gültigen praktischen Gründen darstellen sollen und dies, wie es bei Korsgaard der Fall ist, damit begründet wird, dass zwei Personen dieselbe Identität teilen, wird die Rechtfertigungslast der Normativität dieser Gründe allein der geteilten Identität aufgebürdet. Wenn man also im Rahmen von Korsgaards Systematik an ihrer Theorie der moralanalogen Normativität von interpersonal fundierten Gründen festhalten will, kann man sich nicht auf die Normativität der menschlichen Natur beziehen, sondern muss ein eigenständiges Modell der besonderen Verbindlichkeit von Gründen entwickeln, dem zufolge diese Gründe allein deswegen strikt gültig sind, weil sie auf geteilte praktische Identitäten zurückgehen. Dies wäre eine Theorie der strikten Verbindlichkeit von *partikularen interpersonalen Identitäten*.

Eine weitere Konsequenz der Theorie der moralanalogen Verbindlichkeit von interpersonal fundierten Gründen besteht in der Möglichkeit eines Konflikts dieser Gründe mit moralischen Gründen. In dieser Hinsicht werden die problematischen Implikationen von strikt gültigen interpersonalen Gründen insofern deutlich, als die kategorische Verbindlichkeit moralischer Gründe infrage steht: Wenn es möglich ist, dass ich mit guten Gründen meiner allgemeinen moralischen Identität zuwider handeln kann, weil ich meiner partikularen interpersonalen Identität den praktischen Vorrang einräume, impliziert dies eine nur hypothetische Verbindlichkeit der rationalen Natur. Da Korsgaards Theorie der normativen Bindungskraft praktischer Identitäten auf der Annahme beruht, dass deren jeweiliger Grad von der Tiefe der persönlichen Identifizierung abhängt[367], ist auch die Frage nach dem Vorrang von moralischen oder nicht-moralischen Gründen nicht generell beantwortbar, sondern situativ bzw. individuell bedingt. Angesichts der Kontingenz der Wahl von sowohl individuellen als auch interpersonalen praktischen Identitäten resultiert allerdings eine Kontingenz der Gültigkeit von moralischen Forderungen, da

---

367 Vgl.: Korsgaard (1996a), S. 103.

deren Vorrangigkeit von der Tiefe der Identifikation des Akteurs mit seinen partikularen interpersonalen Identitäten abhängt. Korsgaards Annahme, dass es zu einem Konflikt von zwei gleichberechtigten, da jeweils unbedingt gültigen Forderungen kommen kann, lässt den unbedingten Charakter sowohl von moralischen als auch nicht-moralischen Ansprüchen fraglich erscheinen. Dies ist umso verwunderlicher, als, wie zuvor gezeigt, die strikte Verbindlichkeit von interpersonal fundierten Gründen nicht schlüssig aus Korsgaards handlungstheoretischer Normativitätstheorie hervorgeht.

Zweitens spielt die Frage nach dem Grad der Verbindlichkeit von moralischer Normativität auch im Kontext von Korsgaards Diskussion des Selbstmords eine wichtige Rolle, da ihre grundsätzliche These, Selbstmord könne in Ausnahmesituationen eine Rettung der eigenen praktischen Identität bedeuten, im Widerspruch zu ihrer Annahme steht, die Wahl und Strukturierung einer kohärenten praktischen Identität sei die Aufgabe jedes reflexiven Akteurs. Es sind Situationen denkbar, in denen ihre Rede von der Rettung der eigenen Identität im Sinne der eigenen Integrität eine gewisse Bedeutung besitzen kann – so z.B. dann, wenn man unter Androhung des Todes unschuldige Menschen erschießen soll und die Tötung von Unschuldigen einen Verlust jeglicher Selbstachtung implizieren würde. Indem man die identitätsbedrohende Tat nicht begeht, sondern den Tod vorzieht, ist man sozusagen mit einer intakten Identität gestorben. Zugleich ist Korsgaards Rechtfertigung des Selbstmords dahingehend irritierend, dass sie darauf verweist, der aus normativer Skepsis heraus handelnde Selbstmörder negiere keinen Wert, der für ihn bedeutsam sei. Dies trifft zwar aus unterschiedlichen Gründen sowohl auf den Mordverweigerer als auch auf den praktisch-normativen Skeptiker zu, doch scheint in beiden Fällen mit der Ablehnung des Prinzips der praktischen Autorität – der eigenen Autonomie als Bedingung jeglicher Wertzuschreibung – das Problem der selbstreferentiellen praktischen Normativität relevant zu werden, welches im Rahmen der vorliegenden Untersuchung insbesondere in Bezug auf die Theorie der partikularen praktischen Identitäten diskutiert wurde. Im Unterschied zur kantischen Theorie, der zufolge Selbstmord angesichts des unverfügbaren Werts der Vernunftnatur des Akteurs zumindest in der Regel untersagt ist, zeigt sich an dieser Stelle von Korsgaards Ansatz ein relativistisches Moment, dass sie an anderer Stelle mit Verweis auf die strikte Normativität der moralischen Identität zu vermeiden bestrebt ist.

Es ist jedoch möglich, Korsgaards Stellungnahme zum Selbstmord innerhalb ihrer Theorie partiell einen nachvollziehbaren Sinn abzugewinnen. Angesichts dessen, dass das allgemeine Profil ihrer Theorie primär durch psychologische Elemente geprägt ist, kann dafür argumentiert werden, dass, wenn das »Faktum des Lebens« für einen Akteur faktisch nicht mehr verbindlich erscheint, da er im herkömmlichen Sinne kein Akteur mehr ist (normative Skepsis) oder sein will (Rettung der Identität durch Selbstmord), für diesen Akteur kein Grund mehr besteht zu leben. Hier ist nun Folgendes zentral: Im Fall des normativen Skeptikers liegt keine Handlung vor, die nach konstitutivistischer Manier erst in explanativer Hinsicht über den Weg des Aufzeigens von impliziten handlungstheoretischen und motivationspsychologischen Voraussetzungen rekonstruiert und deren strukturelle Implikate dann für einen diese Handlung vollziehenden Akteur als normativ postuliert werden könnten. Das Vorliegen einer Handlung ist jedoch der Ansatzpunkt für Korsgaards Argument und auch für das Vorliegen von praktischer Normativität, da diese nur durch Handlungen konstituiert werden soll. Der normative Skeptiker handelt nicht und kann daher auch keiner praktischen Verbindlichkeit zuwider handeln, während der seine Identität rettende Selbstmörder zwar handelt, sein Handlungsvollzug in motivationspsychologischer Hinsicht jedoch selbstwidersprüchlich ist, da er seine Autonomie in Anspruch nehmen (wertschätzen) muss, um ihre Existenz zu tilgen. Die Rettung der eigenen Identität durch Selbstmord stellt für Korsgaards Theorie im Unterschied zum normativen Skeptiker allerdings einen problematischen Grenzfall dar, weil hier der eigenen Identität *erstens* ein höherer Wert zugemessen wird als ihrer sie rechtfertigenden Grundlage (der rationalen Natur) und *zweitens* nicht nur die rationale Natur, sondern natürlich auch diese Identität ausgelöscht und daher eben nicht wirklich gerettet wird.

Zusammenfassend ist festzuhalten, dass Korsgaards Position in Bezug auf Selbstmord die strikte Gültigkeit von moralischer Normativität zwar ebenso in Frage stellt wie dies im Falle ihrer Theorie der interpersonalen Verpflichtungen geschieht, doch kann zumindest der Selbstmord des normativen Skeptikers mit den systematischen Grundlagen ihres Ansatzes in Einklang gebracht werden, während dies auf die Idee von partikularen interpersonalen Identitäten mit moralanaloger Verbindlichkeit nicht zutrifft. Der letztgenannte Befund ist nun nicht einfach nur dahingehend bedeutsam, dass ein isolierbarer Fehler in der Theoriearchitektur identifiziert wurde, sondern das Bestehen einer vom Wert der rationalen Natur unabhängigen Quelle strikt verbindlicher Gründe besitzt nachtteilige Implikationen für die Plausibilität der Gesamttheorie, wenn man sich das laut Korsgaard mit ihr verbundene Ziel vor Augen führt: »The price of denying that humanity is of value is complete practical normative scepticism. The argument is, if successful, a reply to the *moral* sceptic, one who thinks that he can value something without acknowledging the force of moral obligation. But I have not shown that *complete* practical normative scepticism is impossible.«³⁶⁸ Sie beansprucht mit ihrer Theorie nicht, dem normativen Skeptiker einen Grund für die Wertschätzung seiner rationalen Natur liefern zu können, und dies ist auch folgerichtig. Sehr wohl soll ihr Ansatz jedoch den moralischen Skeptiker widerlegen, der die Verbindlichkeit moralischer Forderungen negiert. Dies wäre zwar – unter bestimmten Zugeständnissen – im Kontext von Korsgaards Modell möglich, insofern allein die rationale Natur als Fundament unbedingter praktischer Forderungen fokussiert wird, doch angesichts der Möglichkeit der kategorisch gebietenden praktischen Autorität von auch partikularen interpersonalen Identitäten kann argumentiert werden, dass sich ein Skeptiker, der unter moralischen Forderungen kategorische Ansprüche versteht, in seiner Skepsis bestätigt sehen kann.

Die Inkonsistenz der Missachtung des Zwecks der Einheit des Akteurs
Die praktische Normativität des Zwecks von Handlungen, der psychischen Einheit des Akteurs, leitet sich wie die Normativität aller anderen spezifischeren Strukturen in Korsgaards Theorie von dem Wert der rationalen Natur ab, doch ist die mit einer Negation dieses Zwecks verbundene teleologisch bedingte Handlungsunfähigkeit von anderer Qualität als die handlungstheoretisch bedingte Handlungsunfähigkeit. Die Einheit des Akteurs kann auf drei Weisen nicht gegeben sein: 1. Das Handlungsvermögen weist keine platonische Ordnung auf; 2. die partikularen Identitäten des Akteurs stehen in einem unvermittelbaren Widerspruch zueinander; 3. der Akteur kann – aus welchem Grund auch immer – auf eine Weise handeln, die in einem drastischen Widerspruch zu den für ihn zentralen partikularen Identitäten steht, was zur Folge hat, dass er jegliche Selbstachtung verliert und nicht mehr er selbst sein bzw. nicht mehr existieren will.

Die Möglichkeit, dass bestimmte ähnlich oder gleich wichtige partikulare Identitäten miteinander inkompatibel sind, führt zu einer innerlichen Zerrissenheit des Akteurs, welche keine grundsätzliche Handlungsunfähigkeit, wohl jedoch eine situative Entscheidungsunfähigkeit bewirkt. Ähnlich wie im Falle einer der rationalen Natur widersprechenden Identität muss der Akteur zumindest eine seiner Identitäten aufgeben, um dieses Problem zu lösen, und im Hinblick auf die Struktur von Korsgaards Theorie ist eine solche Problemlösung auch durchführbar. Im Unterschied dazu kann eine Handlung, die den notwendigen subjektiven Bedingungen der Selbstachtung widerspricht, durch keine Handlung in der Zukunft ungeschehen gemacht werden, d.h. der Akteur muss damit leben – oder sich für den Selbstmord entscheiden.³⁶⁹

---

368 S.: A. a. O., S. 163.
369 Diese Option kann, wie zuvor erwähnt, vor dem Hintergrund der normativen Skepsis mit Korsgaards Systematik vereinbart werden, weil ohne einen handelnden, d.h. sich selbst

Auf das Problem von dem Akteur nicht zurechenbaren Handlungen und der Unordnung seines Handlungsvermögens muss etwas ausführlicher reflektiert werden. Im Rahmen der Darstellung von Korsgaards vermögenstheoretischer Skizzierung der Einheit des Akteurs im Anschluss an Platon wurde bereits das mit der These der handlungskonstitutiven Einheit des Akteurs verbundene Problem des Verlusts dieser Einheit diskutiert. Im Ausgang von der Annahme, dass allein auf der Basis einer funktionalen Integrität des Akteurs zurechenbare Handlungen möglich sind, scheint es für eine Person, die ihre Einheit verloren hat, keinen Weg zurück zu dieser Einheit zu geben, weil dafür zurechenbare Handlungen auf der Basis dieser Einheit erforderlich sind. Da zudem unklar ist, warum die Akteurintegrität eine an sich anstrebenswerte Struktur darstellen soll, bleibt weitgehend offen, warum und in welcher Hinsicht die teleologisch bedingte Handlungsunfähigkeit problematisch ist.

Die fragliche Verbindlichkeit der Einheit des Akteurs als Zweck aller Handlungen wird insbesondere von Enoch in den Mittelpunkt seiner Kritik an Korsgaard gestellt.[370] Ihm zufolge kann man das Akteursein als Spiel mit bestimmten Regeln betrachten, deren Missachtung zwar zum Verlust des Akteurstatus' im Sinne Korsgaards führen würde, darüber hinaus jedoch keinerlei negative Implikationen besitze, die eine strikte Verbindlichkeit dieses Status' nachvollziehbar mache. Dem zufolge sei auch nicht einsichtig, warum ein Wiedergewinn der eigenen Integrität einem Quasi-Akteurstatus vorzuziehen sei. Um diese Problematik besser zu verstehen, ist ein Blick auf Korsgaards Theorie einer schlechten Handlung hilfreich, denn genauso, wie der Prozess der Zurückerlangung der eigenen Integrität Rätsel aufgibt, ist erläuterungsbedürftig, auf welche Weise man die Einheit des Handlungsvermögens verlieren kann. Zwei Aspekte sind in diesem Zusammenhang zu berücksichtigen: 1. Korsgaard zufolge kann man seine Integrität nicht in dem Sinne verlieren, dass die richtige (platonische) Konstitution des eigenen Handlungsvermögens in ontologischer Hinsicht verschwindet, sondern der Verlust von letzterer resultiert daraus, dass sich der Akteur nicht mit ihr identifiziert – anstatt aufgrund der vernünftigen Beurteilung seiner Impulse und Begehrungen handelt er ohne konstitutiven Einfluss der rationalen Reflexion auf der Basis des jeweils nächsten Handlungsanreizes, der sich ihm in seinem Bewusstsein präsentiert; 2. Handlungen, die nicht nach Maßgabe des Zwecks der eigenen Integrität, sondern unter Rekurs auf das falsche, präreflexive

---

affirmierenden Akteur auch keine handlungstheoretisch begründete Normativität für diesen Akteur besteht.

370 Vgl.: Vgl.: Enoch (2006), S. 190f. Seine in diesem einschlägigen Aufsatz artikulierte Kritik wird auch in seiner jüngeren Auseinandersetzung mit dem Konstitutivismus aufrechterhalten; vgl.: Ders. – Shmagency Revisited, in: M. Brady (ed.) – New Waves in Metaethics, New York 2011, S. 208-233 (im Folgenden zitiert als 2011a).

Gesetz der Orientierung an unmittelbaren Impulsen ausgeführt werden, sind schlechte Handlungen, weil sie teleologisch dysfunktional sind.³⁷¹ Aus beiden Punkten folgt, dass man sich nicht mit seiner vernünftig-autonomen Konstitution identifiziert, indem man stets spontan aufgrund kontingenter Impulse handelt und dadurch keine rationale Kontrolle über seine Handlungen besitzt. In diesem Fall handelt nicht der autonome Akteur, sondern die unreglementierten Impulse wirken durch den Akteur, der als Mittel zum Zweck ihrer ziellosen Selbstrealisierung fungiert und damit degradiert wird. Dies würde nichts anderes als eine Form des partikularistischen Wollens darstellen, das nach Korsgaard im Widerspruch zur Idee des eigenständigen Akteurs steht. Dennoch *identifiziert* sich der Akteur mit einem Gesetz und ist als Akteur, obzwar auf defizitäre Weise, auf indirekte Weise präsent und aktiv, indem er die Fremdbestimmung *geschehen lässt*. Wenn man demnach davon spricht, dass der Akteur sich durch ein Gesetz bestimmt, das seine Autonomie untergräbt, indem es als Ausdruck einer über die unreflektierte Affirmation spontaner Impulse vermittelten Heteronomie fungiert, benutzt man zwei unterschiedliche Konzepte von Autonomie: Die erste Bedeutung von Autonomie bezieht sich auf die Fähigkeit des Akteurs zur Identifizierung mit praktischen Gesetzen und Identitäten, die zweite Verständnisweise bezieht sich auf den Gehalt bzw. die expressive Funktion der jeweils gewählten Gesetze. So ist Person A, die beschließt, nur noch nach Befehlen von Person B zu handeln, im ersten Sinne autonom, da ihre Fremdbestimmung ihre freie Entscheidung ist und diese Entscheidung evtl. auch wieder selbstbestimmt zurückgenommen werden kann; sie ist nur im zweiten Sinne heteronom, weil die Gesetze ihres Handelns von einer nicht-vernünftigen praktischen Autorität konstituiert werden.

Im Gegensatz zu einer Interpretation von Korsgaards Theorie der zurechenbaren Handlungen, der zufolge eine strikte Dichotomie von Akteurstatus und seinem Verlust besteht, geht sie von verschiedenen Formen der Unordnung der Elemente des Handlungsvermögens aus, die mit unterschiedlichen Graden der Selbstbestimmtheit dieser Handlungen verbunden sind: »(...) to the extent that an agents' legislation fails to unify her, and render the autonomous and efficacious author of her movements, she is less of an agent, and to the extent that she is less of an agent, the source of her movements must be some force that is working in her or on her. (...): the extent to which one is unified, and so is an agent, is a matter of degree.«³⁷² Ein von der Idee der Ehre geleiteter Akteur wäre ihr zufolge in höherem Maße als selbstbestimmter Akteur an-

---

371 Vgl.: Korsgaard (2009), S. 161ff.
372 S.: A. a. O., S. 175.

5.8 DER WERT DER RATIONALEN NATUR UND MORALISCHE NORMATIVITÄT 187

zusehen als z.b. jemand, der alle seine Handlungsimpulse gleichermaßen als praktische Gründe auffasst, keinen seiner Gründe in einem tieferen Sinne reflektiert bejaht und die damit verbundenen Zwecke nur halbherzig oder gar nicht ausführt. Der geringste Grad von Handlung und Akteursein finde sich im allein durch seine zufälligen Impulse determinierten Akteur, bei welchem fraglich ist, inwiefern man überhaupt noch von einem Akteur sprechen kann. Da die Verantwortung für die Wahl von Handlungsgründen und partikularen praktischen Identitäten nicht von dem Gehalt der gewählten Gesetze, sondern von der Fähigkeit zur selbstbestimmten Wahl praktischer Normen abhänge, sei allerdings auch der allein durch seine Impulse bestimmte Akteur in demselben Maße für sein Handeln zur Rechenschaft zu ziehen wie derjenige, der dem platonischen Modell gemäß agiert.[373]

Vor dem Hintergrund der Gradualitätstheorie des Akteurstatus' sowie der Differenzierung des Begriffs der Autonomie wird ersichtlich, dass auch Akteure, deren Handlungsvermögen keine vollkommen rationale Ordnung aufweist, auf unterschiedliche Weise Adressaten von praktischen Forderungen sein können, da sie zwar als defizitäre Akteure, jedoch immer noch als für ihr Handeln verantwortliche Aktzentren aufgefasst werden müssen. Die Frage, wie ein Nicht-Akteur handeln können soll, ist damit zumindest auf allgemeine Weise beantwortet. Auf die nicht zuletzt von Enoch in aller Schärfe gestellte Frage nach dem normativen Grund für einen nicht-vollkommenen Akteur, seine Integrität im Sinne Platons anzustreben, trifft dies nicht zu.[374]

Enochs begründungstheoretische Anfrage an Korsgaards Theorie kann weder im Hinblick auf das Konzept der Einheit des Akteurs noch die Möglichkeit von praktischer Deliberation beantwortet werden. Dies ändert sich auch nicht dadurch, dass Korsgaard diese Frage selbst im Rahmen der Erläuterung von Formen des ungeordneten Handlungsvermögens behandelt. Die zwingende Normativität der rationalen Einheit des Akteurs wird von ihr im Rückgriff auf Platon damit beantwortet, dass der Akteur gar nichts anderes als seine vernünftige Konstitution wählen könne: Die Frage, warum die Identifikation des Akteurs mit der rationalen Konstitution seines Handlungsvermögens praktisch verbindlich sein soll, ist Korsgaard zufolge identisch mit der Frage nach der Normativität der deliberativen Reflexion[375] – immer dann,

---

373 Vgl.: A. a. O., S. 174.
374 Vgl.: Enoch (2006), S. 187; ders. (2011a), S. 217f.
375 Dieser Argumentationsstrang in Korsgaards Ansatz wird ebenso wie die aristotelische Rahmentheorie in Enochs kritischer Rekonstruktion vernachlässigt. Zwar differenziert er Korsgaards und Vellemans Formen des Konstitutivismus zu Recht, da der von Velleman postulierte Zweck des Handelns in der Etablierung eines rationalen Selbstverhältnisses besteht, welches zu einem rationalen Selbstverständnis führen soll, während Korsgaard

wenn der Akteur darüber reflektiert, was er in der (nahen oder fernen) Zukunft tun will, organisiere er seine unterschiedlichen praktischen Vermögen in Form einer funktionalen Einheit, die unter Rekurs auf einen als praktische Autorität aufgefassten Handlungsgrund einen Zweck verfolge.[376] Da er sich über den Weg der Deliberation vereinheitliche und Deliberation durch rationale Reflexion bestimmt sei, stelle das Moment der vernünftigen Ordnung des Handlungsvermögens das formale Prinzip der Deliberation dar. Vor diesem Hintergrund sei es unmöglich, dass eine derart strukturierte Prozedur ein Resultat zeitige, das den Grundlagen dieser Prozedur widerspreche. Deswegen müsse u.a. mit Kant festgehalten werden, dass eine Erklärung der Abweichung von praktisch gebotenen Gesetzen des Handelns nicht möglich sei.[377]

Durch diese zusätzlichen Ausführungen Korsgaards zur prinzipiellen Unwählbarkeit der vernünftigen Einheit des Akteurs wird zwar die praktische Rolle dieser Einheit genauer spezifiziert, doch verbleiben die normativen Implikationen dieser Einheit konsequenterweise im bereits zuvor abgesteckten Rahmen des Konstitutivismus: Wenn es freie rationale Handlungen gibt, dann sind die für eine Kausalerklärung dieser Handlungen und des sie ausführenden Akteurs notwendigen Gesetze auch normativ verbindlich, *insofern* diese Handlungen und der Akteur weiter bestehen sollen. Dies rechtfertigt

---

das einheitliche Akteursein selbst in den Mittelpunkt stellt. Zugleich kann Korsgaards Modell als Beitrag zu einer praktischen Theorie rationaler Selbstverständigung interpretiert werden, da der Prozess der Selbst-Konstitution untrennbar mit rationaler Deliberation verbunden ist. Die hier bestehenden Schnittstellen von ihrem und Vellemans Ansatz ergeben sich allerdings nur kontingenterweise, nämlich dann, wenn der Akteur bei Korsgaard eine reflektierte Handlung vollzieht, die mit dem Zweck der rationalen Selbstaufklärung zusammenhängt. Der nach seiner eigenen Einheit strebende Akteur ist jedoch nicht strikt dazu verpflichtet, den Zweck rationaler Selbstverständigung zu verfolgen. Enoch übersieht darüber hinaus einen systematischen Berührungspunkt von Korsgaards Argument für die strukturelle Verbindung von Akteureinheit und Deliberation mit seinem eigenen Ethikmodell, dem zufolge wir zur Annahme einer realistischen Auffassung von Gründen berechtigt sind, weil die Annahme von irreduziblen normativen Wahrheiten eine notwendige Bedingung rationaler Reflexion darstellt; vgl.: Enoch (2011b), S. 83f.

376 Vgl.: Korsgaard (2009), S. 179. Indem der rationale Akteur handelt, macht er sich selbst zum Mittel, welches er als zur erfolgreichen Verwirklichung seines Zwecks geeignet bzw. notwendig ansieht. In dieser Hinsicht setzt eine erfolgreiche Zweckverfolgung, d.h. die effektive Befolgung von hypothetischen Imperativen, nicht nur die Autonomie im Sinne der unbedingten Wertschätzung der selbstreferentiellen Gesetzgebung, sondern zudem die Einheit des Akteurs nach Maßgabe der vernunftbasierten Wahl von Handlungsoptionen voraus. Andernfalls wäre es schwierig, wenn nicht unmöglich, vor allem langfristige Ziele gegen widrige innerpsychische Impulse wie auch gegen problematische äußere Umstände im Blick zu behalten und schließlich zu verwirklichen.

377 Vgl.: A. a. O., S. 179f.

jedoch nicht, warum letzteres der Fall sein sollte.[378] Auch der Wert der rationalen praktischen Deliberation kann aus der Akteurperspektive genauso hinterfragt werden wie die Idee, dass die eigene rationale Einheit anzustreben sei.[379] Wenn man die postulierte Normativität der Einheit des Akteurs als übergeordneten Zweck alles Handelns zudem auf ihren praktischen Geltungsgrund zurückverfolgt – den Wert der rationalen Natur –, wird einmal mehr relevant, dass dieser Wert selbst immer schon vorausgesetzt wird und Korsgaard explizit festhält, die praktische Verbindlichkeit gegen einen praktischen normativen Skeptizismus argumentativ nicht verteidigen zu können.

Obwohl Enoch mit seiner Kritik an der fehlenden Normativität der Einheit des Akteurs einen wichtigen Punkt adressiert, ist zugunsten Korsgaards zu konstatieren, dass diese Kritik zumindest partiell von außen an die Theorie herangetragen wird. Zumindest muss man sie auf eine bestimmte Weise einordnen, da sie nur als externe Kritik nachvollziehbar ist, als immanenter Ansatz zur Aushebelung der Theorie von innen her jedoch nicht überzeugen kann.[380] Die Grundidee des Konstitutivismus besteht in der Rechtfertigung der Normativität praktischer Prinzipien als für Handlungsvollzüge konstitutive Strukturmomente. Dies bedeutet, dass es im Ausgang von dieser Prämisse – d.h. allein mit konstitutivistischen Mitteln – aus argumentationsmethodischen Gründen unmöglich ist, die deskriptiven Elemente eines solchen Ansatzes *unabhängig von der Voraussetzung ihrer deskriptiven Konstitutivität für den*

---

378 Vgl.: Enoch (2011a), S. 215f.
379 Korsgaards Argument, dass die eigene Einheit für den Akteur verbindlich sei, weil er sie aufgrund der Struktur der praktischen Deliberation notwendigerweise wählen müsse, wirft darüber hinaus die Frage auf, inwiefern ein Gesetz oder Prinzip normativ sein kann, wenn es unmöglich ist, ihm zuwider zu handeln. Dieses Argument wird von Korsgaard angeführt, sodass es sich hier auch um eine Frage der immanenten Konsistenz ihres Ansatzes handelt; vgl. z.B.: Korsgaard (2009), S. 61. Es ist ihr zufolge zwar unstrittig, dass Abweichungen vom Idealprofil des Akteurs existieren, doch wird nicht nur die Unerklärbarkeit dieser Abweichungen konzediert, sondern es wird im Hinblick auf die Gesamttheorie auch nicht begründet, warum diese Abweichungen in normativer Perspektive strikt zu vermeiden sind. Wenn der Akteur nicht anders kann, als das praktische Gute zu wählen, ist dieses Gute auch nach konstitutivistischem Muster aus seiner Sicht nicht als normativ verbindlich rekonstruierbar. Die Wahl der teleologisch bedingten Handlungsunfähigkeit ist offenbar keine reale Option, sondern dieser Zustand kann nur unfreiwillig in Kauf genommen werden, obwohl man zugleich angesichts der grundsätzlich unterstellten Autonomie für sein Bestehen verantwortlich ist. Der hier zentrale Punkt betrifft das Konzept des willentlichen Handelns, wobei unklar bleibt, inwiefern Abweichungen von der rational geordneten Handlungsfähigkeit als dem Akteur zurechenbare Akte verstanden werden können, wenn er sie dem Prinzip der rationalen Deliberation zufolge gar nicht vollziehen können dürfte.
380 Vgl. zu dieser Argumentationslinie: Ferrero (2009).

Handlungsvollzug als normativ verbindlich zu erweisen. Erst dann, wenn man zugesteht, dass die Einheit des Akteurs in kausaler Perspektive für Handlungen notwendig ist, kann theorieimmanent die Frage nach ihrer Verbindlichkeit gestellt werden. Unter diesem Gesichtspunkt könnte Enochs Forderung nach einer nachweisbaren Verbindlichkeit von Korsgaards Akteurbegriff mit dem Argument abgewiesen werden, dass der Nachweis einer strikten, d.h. logischen Verbindlichkeit von handlungstheoretischen Theoriemomenten unsinnig, da prinzipiell nicht erfüllbar ist. Weder Begriffsbestimmungen noch postulierte Kausalrelationen können in einem strengen Sinne notwendigerweise wahr und zugleich aussagekräftig sein.[381] Korsgaards Adaption des platonischen Seelenmodells wird von ihr gegen Alternativen verteidigt und ist im Übrigen angesichts des Kriteriums der Zurechenbarkeit von Handlungen keineswegs willkürlich gewählt.

Genau dieser Umstand, die Unmöglichkeit der strikten Begründbarkeit handlungstheoretischer Theorieelemente, kann jedoch mit gleichem Recht auch *gegen* Korsgaards Ansatz angeführt werden: Wenn die Gültigkeit praktischer Prinzipien ausschließlich oder primär von einer Theorie über Strukturen des Akteurs und der Handlung abhängt, trifft jede Kritik an den handlungstheoretischen Grundlagen immer auch die daran geknüpfte Theorie von praktischer Normativität. In einem alternativen nicht-konstitutivistischen Szenario wäre es möglich, auf der Ebene der Handlungstheorie diagnostizierte Unklarheiten als begriffliche oder empirische Probleme der Konzeption allein des Adressaten praktischer Ansprüche, nicht jedoch als Probleme dieser Ansprüche selbst zu verstehen, doch dieser Weg steht Korsgaard nicht offen. Eine von den handlungstheoretischen Elementen unabhängige Rechtfertigung des Werts des Akteurstatus' im Sinne Korsgaards ist aus argumentationsmethodischen Gründen nicht möglich, womit die Theorie eine signifikante Angriffsfläche bietet. Natürlich besteht in der handlungstheoretischen Fundierung praktisch-normativer Gehalte die primäre Pointe von Korsgaards Theorie, und die Forderung nach einer unabhängigen Begründung der Verbindlichkeit des Akteurstatus' würde in Korsgaards Perspektive von einer fehlgeleiteten realistischen Intuition zeugen. Der unbedingte Wert der rationalen Einheit der eigenen praktischen Vermögen ist jedoch nicht nur aus drittpersonaler, sondern auch aus der Akteurperspektive nicht hinreichend gerechtfertigt. Zwar ist es plausibel, die praktisch-anthropologische Handlungsnotwendigkeit als für jeden Akteur normativ zu verstehen, doch

---

381 Tautologien, analytische Urteile etc. sind notwendigerweise wahr, wenn man die jeweils vorausgesetzte Begriffsbedeutung akzeptiert. Sie stellen jedoch weder Argumente für die Akzeptanz dieser Bedeutungen dar, noch vermitteln sie Wissen über die Welt.

5.8 DER WERT DER RATIONALEN NATUR UND MORALISCHE NORMATIVITÄT

impliziert dieses Zugeständnis nicht notwendigerweise die Anerkennung der Verbindlichkeit speziell des platonischen Seelenmodells. Grundsätzlich würde für die Rekonstruktion autonomer Handlungen auch ein Akteurmodell ausreichen, demzufolge der Handelnde sein Handeln rational bestimmt, ohne dass seine Akte als Ausdruck der platonischen Person verstanden werden.

Die Negation der von Korsgaard geforderten Vernunfteinheit des Akteurs und des damit verbundenen Ideals einer harmonischen Ordnung seiner praktischen Vermögen kann stets nur zur teleologisch und nicht zur handlungstheoretisch bedingten Handlungsunfähigkeit führen. Die teleologisch bedingte Handlungsunfähigkeit besitzt verschiedene Formen, von denen zwar alle eine gewisse Instabilität und damit potentielle Dysfunktionalität des Akteurs implizieren, eine solche Dysfunktionalität jedoch ebenso wenig in einem geltungstheoretischen Sinne als strikt verboten erwiesen wird wie dies für die rationale Natur gilt: Die Missachtung der eigenen praktischen Einheit führt zu einem geringeren Grad des Akteurseins und nicht zur unwiderruflichen Aufhebung des Akteurstatus'. Angesichts der bedingten Zulässigkeit des Selbstmords sowie der konzedierten Unmöglichkeit der handlungsunabhängigen Rechtfertigung des Werts der rationalen Natur würde jedoch auch ein Zusammenhang von teleologisch und handlungstheoretisch bedingter Handlungsunfähigkeit kein strikt gültiges Argument für die Notwendigkeit der Einheit des Akteurs fundieren können.

Festzuhalten bleibt, dass die postulierte Notwendigkeit der rationalen Einheit des eigenen Handlungsvermögens insgesamt nicht hinreichend ausgewiesen wird, da ihre Missachtung in allen denkbaren Fällen zwar zu Einschränkungen des Handlungsvermögens führt, der Wert eines vollkommen funktionalen Handlungsvermögens allerdings primär unter Rekurs auf Plausibilitätsgründe vorausgesetzt wird und auch die rationale Natur als praktisch-axiologische Grundlage des Werts der Akteureinheit nicht in jeder Hinsicht normativ maßgeblich ist. Diese legitimen Kritikpunkte sind stets vor dem Hintergrund zu betrachten, dass Korsgaards Begriff von Rechtfertigung im Kontext konstitutivistischer Prämissen steht. Die Beurteilung der normativen Implikationen ihrer Theorie hängt daher vor allem davon ab, ob man unter der Begründung von moralischer Verbindlichkeit eine normative Interpretation von zuvor als in explanativer Hinsicht notwendig erwiesenen Elementen versteht, oder ob die normative Dimension praktischer Prinzipien vollkommen unabhängig von ihren handlungstheoretisch-kausalen Aspekten betrachtet wird. Die bisher herausgearbeiteten Probleme, die eine direkte Abhängigkeit der Geltung einer normativen Theorie praktischer Forderungen von einer zugrunde liegenden Handlungstheorie mit sich bringen, sprechen dafür, dass zumindest die in geltungstheoretischer Hinsicht zentralen Momente der normativen Theorie strikt von den empirischen oder begrifflichen Prämissen von Handlungstheorie und Anthropologie differenziert werden müssen. Dies gilt zumindest dann, wenn das Ziel in einer belastbaren Rechtfertigung von kategorischen praktischen Geltungsansprüchen besteht.

Tragweite und Grenze des Reflexivitätstests
Der eigentliche Abschluss des Arguments wird nicht durch die Thesen VIII bis IX, sondern durch die These X markiert. In den vorherigen Ausführungen wurde nachgezeichnet, dass und inwiefern die Urteile VIII bis IX eine von der Ausgangsthese I abweichende Form der Verbindlichkeit implizieren. Während in Urteil I von der bloßen Notwendigkeit zu Handeln als der Notwendigkeit der Wahl von Handlungsgründen die Rede ist, wird diese praktisch-anthropologische Normativität in den Thesen VIII bis IX von einer Form der Notwendigkeit abgelöst, die auf der erstgenannten Verbindlichkeit beruht, selbst jedoch über diese hinausgeht. Die Notwendigkeit, im Einklang mit den Basismechanismen des eigenen Handlungsvermögens zu agieren, basiert selbst nicht auf praktisch-anthropologischen Grundlagen, sondern verdankt sich im Prinzip einer darüber hinausgehenden Konsistenzanforderung, die unmittelbar aus dem praktischen Selbstverhältnis des Akteurs nicht nur als *irgendwie* Handelnder, sondern als immanent konsistent Handelnder resultiert. Korsgaard geht zwar davon aus, dass jede Wahl von Handlungsgründen (und ein entsprechendes Handeln) eine bestimmte identitätstheoretische Minimalkonsistenz bzw- kohärenz voraussetzt, doch sind durchaus Handlungen denkbar, die nicht mit den praktisch-axiologischen Implikationen der »Menschheit« kompatibel sind. Streng genommen liefert sie kein eigenständiges Argument für die Verbindlichkeit dieser Konsistenzanforderung, sondern die Anerkennung dieser Maßgabe durch den Akteur muss als Aspekt des in der Theorie immer schon vorausgesetzten Konzepts des Handelnden als rational und moralisch sensitiv rekonstruiert werden.[382] In der das Argument abschließenden These X geht der reflektierende Akteur noch einen Schritt über die beiden zuvor genannten Formen der Verbindlichkeit hinaus, indem er nach ihrer Plausibilität fragt. In These X nimmt man, zusammenfassend rekonstruiert, zu folgender Frage Stellung: Ist es gut, dass ich Handlungsgründe

---

382 Das allgemeine Argument für die Notwendigkeit der Anerkennung des Werts der eigenen rationalen Natur besteht zwar darin, dass man ohne diese Anerkennung nicht handeln kann, jedoch geht auch Korsgaard nicht davon aus, dass jede diesbezüglich inkonsistente Handlung einen Verlust der Handlungsfähigkeit mit sich bringt. Gewissermaßen würde eine solche fiktive Situation das Problem des unmoralischen Handelns eindämmen, da unmoralisches (immanent widersprüchliches) Handeln stets Handlungsunfähigkeit mit sich brächte. Offenbar ist dies nicht der Fall.

5.8 DER WERT DER RATIONALEN NATUR UND MORALISCHE NORMATIVITÄT 193

wählen sollte, die im Einklang mit den Implikationen meines Handlungsvermögens stehen? Diese Frage kann man auch auf andere Weise formulieren, sodass die konstitutivistische Struktur der zugrunde liegenden Theorie besser deutlich wird: Ist es gut, dass ich nur unter Berücksichtigung von moralischen Prinzipien ein Akteur im vollen Sinne bin und handeln kann? Wenn man den systematischen Schwerpunkt verlagert, resultiert schließlich folgende Kernfrage: *Will ich weiterhin moralisch handeln, wenn ich weiß, dass Sinn und Funktion von moralischen Prinzipien in der Ermöglichung meines Handelns bestehen?*

Entgegen der zumindest impliziten Suggestion Korsgaards ist diese Frage keineswegs nur auf eine Weise interpretierbar. Die von ihr nahegelegte Verständnisweise zielt auf das Verhältnis der Relation von moralischer Normativität und Handlung ab, nicht jedoch auf dasjenige von Moral an sich. Offenbar geht sie davon aus, dass man als psychisch gesunder und rationaler Handelnder keinen Grund dazu hat, die Verbindlichkeit von Moral skeptisch zu hinterfragen, da bzw. *insofern* man keinen Grund dazu besitzt, den Wert des eigenen Handelns anzuzweifeln. Die konstitutivistische Struktur ihrer Theorie impliziert allerdings notwendigerweise eine funktionalistische Auffassung von Moral, da moralische Normativität aus der Akteurperspektive allein aufgrund ihrer Handlungskonstitutivität anzuerkennen sei, d.h. Moral besitzt keinen unbedingten Wert an sich, sondern dieser Wert hängt vollkommen von dem Wert des durch sie ermöglichten Handelns ab.[383] Vor dem Hintergrund eines Primats des guten Lebens mag eine solche Perspektive auf Moral problemlos akzeptabel erscheinen, doch stellt sich dies unter anderen Vorzeichen keineswegs so dar. Wenn Korsgaard in ihrer Skizzierung der zu erfüllenden Anforderungen an eine Rechtfertigung der Normativität von moralischen Prinzipien konstatiert, dass eine solche Rechtfertigung die Motivationskraft moralischer Prinzipien nicht unterminieren dürfe (Kriterium der normativen Adäquatheit), lassen sich demnach zwei grundlegend voneinander verschiedene Szenarien ansetzen, unter denen die ausschlaggebende Frage nach der Motivationskraft beantwortet werden kann: Im *ersten* Szenario akzeptiert der Akteur einen funktionalistischen Zugang zu Moral als zumindest hinreichend plausibel. In diesem Fall ist entsprechend denkbar, wenn auch keineswegs zwingend, dass ein solcher Akteur auch nach der Einsicht in die »wahre Natur des Moralischen« zum moralischen Handeln

---

383 Ein handlungsunabhängiger Wert von Moral wird weder von Korsgaard direkt noch durch ihre Theorie kategorisch ausgeschlossen, doch stellt ihr konstitutivistischer Ansatz keine theoretischen Mittel bereit, um einen solchen Wert auf irgendeine belastbare Art und Weise zu begründen.

motiviert ist bzw. bleibt. Grundsätzlich kann man konzedieren, dass sicherlich viele Akteure nach wie vor moralisch handeln wollen würden, doch besitzt diese Einschätzung keine objektive Relevanz. Korsgaards Kriterium der normativen Adäquatheit ist im Unterschied zu demjenigen der explanativen Adäquatheit subjektiv, sodass auch unter der Voraussetzung der Akzeptanz einer bestimmten handlungstheoretischen Funktion von Moral allenfalls unverbindliche Spekulationen, nicht jedoch anthropologisch belastbare Aussagen möglich sind. Im *zweiten* Szenario wird ein funktionalistischer Zugang zum Moralischen ausgeschlossen oder zumindest als problematisch beurteilt. Unter diesen Bedingungen ist es sehr unwahrscheinlich, dass das Kriterium der normativen Adäquatheit als erfüllt gelten kann, da bereits eine entscheidende Grundvoraussetzung Korsgaards nicht erfüllt wird. Die Einsicht in die Natur von Moral hätte vermutlich einen ernüchternden und desillusionierenden Effekt auf den Akteur, und dies gilt vollkommen unabhängig davon, ob dieser seine Handlungen und seine allgemeine Akteuridentität wertschätzt oder nicht.

Der von Korsgaard präsupponierte moraltheoretische Funktionalismus ist dabei als ambivalent zu beurteilen: Einerseits werden einige Akteure ihre Achtung vor der Moral verlieren, wenn sie meinen erkannt zu haben, dass sich moralische Normativität allein ihrer handlungstheoretischen Funktion verdankt; andererseits könnten z.B. moderate Skeptiker aufgrund ihrer Einsicht in die Funktion von Moral durch moralische Sollensforderungen zu einem entsprechenden Handeln motiviert werden, auch wenn sie der Moral keinen intrinsischen Wert zuschreiben, jedoch ihre Handlungsfähigkeit wertschätzen. Eine simple Antwort auf die Frage, ob Akteure in Korsgaards Theorie das Kriterium der normativen Adäquatheit erfüllt sehen, kann daher nicht gegeben werden. Im Hinblick auf die Bestimmung der bei Urteil X involvierten Form von Normativität lässt sich festhalten, dass es sich im Unterschied zu These I nicht um bloß praktisch-anthropologische und im Unterschied zu den Thesen VIII-IX nicht allein um deliberativ-rationale Verbindlichkeit handelt. Eine positive Kategorisierung der hier relevanten Form von Normativität ist aufgrund der Möglichkeit der unterschiedlichen Zugänge zu Moral zumindest nicht ohne bestimmte Differenzierungen möglich, und sobald die Notwendigkeit dieser Differenzierungen zugestanden wird, kann Korsgaards Kriterium der normativen Adäquatheit nicht mehr als grundsätzlich erfüllt gelten. Ihre Annahme, dass die meisten Akteure die Handlungskonstitutivität von Moral als Grund für eine Wertschätzung des Moralischen ansehen, ist durchaus nachvollziehbar, doch weit davon entfernt, strikt verbindlich zu sein. Es bleibt die offene Frage, warum sich Korsgaard am Ende ihrer Argumentation vollkommen darauf verlässt, dass rationale Akteure den Wert des Moralischen unter Rekurs auf dessen Funktion bestimmen. Zum einen ist diese Situation schlichtweg nicht gegeben, zum anderen gilt selbst unter der Voraussetzung ihrer Gegebenheit, dass ein beträchtliches Varianzspektrum möglich ist, was die konkrete Beurteilung der jeweils unterstellten Funktion der Moral anbetrifft. Zusammenfassend lässt sich daher konstatieren, dass These X in bestimmten Hinsichten durchaus haltbar ist, zugleich jedoch nicht in dem Maße, das ihr von Korsgaard offenbar zugetraut wird.

Moralische Identität, die Verbindlichkeit geteilter Gründe und moralische Güter

Die ausführliche Darlegung der begründungstheoretischen Tragweite der These des unbedingten Werts der rationalen Natur hat u.a. eine strukturbedingte Grenze von Korsgaards konstitutivistischem Ansatz aufgezeigt, wie sie vor allem im Kontext der Diskussion des Selbstmords zutage tritt: Die postulierte Verbindlichkeit handlungstheoretischer Annahmen sowie praktischer Normen ist in dem Sinne unmittelbar an das Phänomen der Handlung gebunden, dass sie ohne die mit Handlungen assoziierte unbedingte Wertschätzung der eigenen rationalen Natur nicht existiert. Daher kann gegenüber einer Person, die ihre eigene reflexive Natur nicht wertschätzt, auch nicht überzeugend argumentiert werden, dass diese Person es ihrer Natur schuldig sei, zu handeln bzw. auf eine bestimmte Weise zu handeln. Dies gilt, da das Kriterium für eine überzeugende Argumentation durch den faktisch bestehenden motivationspsychologischen Zustand des Adressaten des Arguments bedingt ist – ganz in Entsprechung zu Korsgaards eigenen Kriterien für eine plausible Beantwortung der normativen Frage.

Sobald jedoch ein autonomer Akteur existiert, der nach selbstgewählten Handlungsgründen handelt, geht Korsgaard sowohl von bestimmten, in handlungstheoretischer Sicht notwendigen Annahmen als auch von damit verbundenen notwendigen normativen Implikationen aus. Die in diesem Zusammenhang wichtigste handlungstheoretische Implikation soll darin bestehen, dass der einzelne Handelnde aus seiner erstpersonalen Sicht seine rationale Natur unbedingt wertschätzen muss, damit die von ihm gewählten praktischen Gründe, Zwecke etc. für ihn tatsächlich verbindlich sein können.[384] In Bezug auf den individuellen Akteur ist dies eine motivationspsychologische Annahme, die eine explanative Funktion erfüllen, und zwar die Möglichkeit von autonomem Handeln erklären soll. Sie besitzt eine normative Implikation, die dann deutlich würde, wenn der Akteur seinen eigenen Akteurstatus als

---

384 Genau genommen impliziert bereits der Akt der Zwecksetzung die Wertschätzung des eigenen Handlungsvermögens.

Zweck seines Handelns anstreben wollte. Seine Frage müsste lauten: »Welche Bedingungen muss ich erfüllen, um handeln zu können?« Die Antwort lautet: »Um handeln zu können, musst Du Dein Handlungsvermögen unbedingt wertschätzen.« Anders formuliert, erfordert der Vollzug von Handlungen eine Identifikation mit der eigenen allgemeinen Akteuridentität.

Die Identifikation mit der eigenen rationalen Natur soll nach Korsgaard stets auch die Identifikation mit der eigenen sozialen Natur implizieren, da jeder Akteur dieselbe rationale Natur wertschätzen muss, um handlungsfähig bzw. ein Akteur sein zu können. Die allgemeine Akteuridentität sei eine moralische Identität und die auf die rationale Natur zurückgehenden praktischen Gründe seien moralische Gründe, da sie aufgrund des Fundaments ihrer Verbindlichkeit als für alle Akteure einsichtig und daher auch normativ verstanden werden müssten.[385] Wie zuvor dargelegt, veranschaulicht Korsgaard das Phänomen der Normativität geteilter bzw. öffentlicher Gründe anhand der Diskussion von Beispielen dafür, dass rationale Akteure in der zwischenmenschlichen Interaktion die von einer anderen Person vorgebrachten Gründe unweigerlich als mögliche eigene Handlungsgründe auffassen.[386] Diese Annahme ist in ihrer bei Korsgaard skizzierten Form hinreichend plausibel, um sie zumindest hypothetisch zu akzeptieren. Die Grundidee, die hinter dem Übergang von der Notwendigkeit der Vermeidung von handlungstheoretisch bedingter Handlungsunfähigkeit zu der Verbindlichkeit von moralischer Identität und entsprechender praktischer Gesetze steht, drückt sich direkt im Begriff der allgemeinen Akteuridentität aus: Indem alle Akteure aufgrund ihrer Wertschätzung der rationalen Natur dasselbe Fundament von Gründen als praktische Autorität anerkennen, besitzen sie unter diesem Gesichtspunkt alle dieselbe Identität und fungieren daher als *ein einziger Akteur*. Angesichts dieser Rekonstruktion der moralischen Gemeinschaft ist auch Korsgaards These verständlich, dass z.B. ein Appell, der von Akteur A an Akteur B gerichtet ist, für Akteur B genau denselben Status von möglichen Handlungsgründen besitzt

---

385 Vgl.: Dies. (1996a), S. 136.
386 Diesbezüglich wendet Geuss ein, dass es sich bei Korsgaards geteilten Gründen stets nur um möglicherweise für Akteur A normative Gründe handele und nicht einsichtig sei, warum man sich notwendigerweise als Mitglied des gemeinsamen Reichs der Zwecke verstehen müsse; vgl.: R. Geuss – Morality and Identity, in: Korsgaard (1996a), S. 189-199, S. 198 (im Folgenden zitiert als Geuss 1996). Von Korsgaards Grundidee her betrachtet ist dieser Einwand nicht schlagend, da jeder Akteur aufgrund seiner partikularen Identitäten die rationale Natur immer schon anerkannt hat und damit Teil der gemeinsamen rationalen Menschheit ist. Eine andere Frage ist natürlich, inwiefern die geteilten Gründe selbst notwendig verbindlich sind.

wie ein Impuls, der nur in seinem privaten Bewusstsein präsent ist.[387] Es besteht schlichtweg kein kategorialer Unterschied zwischen dem privaten und dem geteilten bzw. öffentlichen Raum der Gründe, wenn allein die rationale Natur von Akteuren fokussiert wird.

Im Folgenden ist zu klären, was genau durch die These der moralischen Identität vor dem Hintergrund der konstitutivistisch beschränkten Normativität der Wertschätzung der rationalen Natur des einzelnen Akteurs gezeigt werden kann. Drei Fragen müssen in diesem Zusammenhang beantwortet werden: 1. Wie verbindlich sind öffentliche Gründe? 2. Inwiefern müssen öffentliche Gründe als moralische Gründe begriffen werden? 3. Folgt aus der moralischen Identität die normative Auszeichnung spezifischer moralischer Güter?

Ad 1.: Wie verbindlich sind öffentliche Gründe?
Der Grad der Verbindlichkeit von öffentlichen Gründen unterscheidet sich nicht von dem, der Gründen zukommt, die auf die rationale Natur zurückgehen. Dies gilt, weil die moralische Identität eine praktische Implikation der mit der rationalen Natur verbundenen Akteuridentität darstellt: Jeder Grund, der für einen Akteur *als Akteur* verbindlich ist, muss für alle Akteure in dem Sinne verbindlich sein, dass sie ihm nicht zuwider handeln sollen – andernfalls würden sie sich im Widerspruch zum praktischen Fundament ihres eigenen Handelns bzw. ihrer zentralen praktischen Identität befinden. In diesem Zusammenhang muss in Absetzung von der von Geuss vorgebrachten Kritik[388] festgehalten werden, dass dies keine grundsätzliche Verpflichtung zur Akzeptanz all derjenigen Gründe anderer Akteure bedeutet, die man aus der Sicht dieser Akteure nachvollziehen kann. Es geht nicht darum, sich in eine andere individuelle Person hineinzuversetzen und unter der Voraussetzung der Normativität ihrer partikularen praktischen Identitäten z.B. kriminelle Taten zu verstehen. Abgesehen von dem Problem einer radikalen Psychologisierung praktischer Gründe wäre es methodisch abwegig, die bloße Nachvollziehbarkeit der Gründe anderer Personen als hinreichend für deren Berechtigung bzw. Normativität aufzufassen. Korsgaards These der sozialen Natur des Menschen als praktisch-erstpersonal normatives Phänomen besagt nur, dass wir Gründe

---

387 In diesem Zusammenhang konstatiert Gert, dass man unter den von Korsgaard skizzierten Bedingungen auch unmittelbaren Zugang zu den Impulsen und nicht nur den Gründen, d.h. den schon affirmierten Impulsen anderer Akteure Zugang haben müsste; vgl.: Gert (2002), S. 310 Anm. 19. Diese Unklarheit ist auf die begriffliche Konfusion zurückzuführen, die schon in Bezug auf das Verhältnis von Impuls, reflektierter Affirmation des Impulses und dem Status eines praktischen Grundes besteht.

388 Vgl.: Geuss (1996), S. 197f.

anderer Akteure stets als solche wahrnehmen und dies bedeutet, dass sie in formaler Hinsicht mögliche eigene Handlungsgründe darstellen. In vielen Fällen ist es nach Korsgaard in moralischer Hinsicht unproblematisch, die Wünsche, Appelle oder Argumente anderer Akteure nach eigener rationaler Prüfung abzulehnen, d.h. als zwar mögliche, jedoch für uns nicht tatsächlich handlungsleitende Gründe zu betrachten. Wenn es sich, wie bei schwerwiegenden kriminellen Taten, um Gründe handele, die im Widerspruch zur moralischen Identität aller Akteure stehen, sei jeder Akteur vielmehr dazu verpflichtet, diese Gründe abzulehnen.[389]

Da die moralische Identität nichts anderes als eine konsequent interpretierte allgemeine Akteuridentität darstellt, mutet der argumentative Übergang zwischen beiden Identitäten organisch an. Allerdings bedeutet der nahtlose Übergang von handlungstheoretischer zu moralischer Verbindlichkeit, dass moralische Forderungen genau denselben Bedingungen unterworfen sind wie ihre handlungstheoretischen Grundlagen: Wie im Fall der rationalen Natur gilt in Bezug auf die Verbindlichkeit der moralischen Identität, dass sie *erstens* aufgrund der nach Korsgaard situativ bedingten Zulässigkeit des Selbstmords und der praktischen Autorität partikularer interpersonaler Identitäten kein uneingeschränktes Fundament kategorischer praktischer Forderungen darstellen kann[390] und *zweitens* als Ausdruck der konstitutivistisch verstandenen Voraussetzung der unbedingten Normativität der menschlichen Natur aufzufassen ist. Es wurde bereits an früherer Stelle gezeigt, dass beide Punkte angesichts von Korsgaards Begründungsziel in struktureller Perspektive problematisch sind. Dies gilt vor allem in zweierlei Hinsicht: Zum einen besteht der von Korsgaard explizit mit der Etablierung von moralischer Normativität verbundene Anspruch darin, den im Kontext von partikularen praktischen Identitäten gegebenen Relativismus zu bändigen, da ihr bewusst ist, dass andernfalls eine Theorie der unrestringierten Wahl von rein subjektiv verbindlichen normativen Standards resultiert – dies ist das theorieimmanente Problem; zum anderen ist fraglich, inwiefern ein Begriff von moralischer Verbindlichkeit, dem zufolge moralische Forderungen im Zweifelsfall hinter persönlichen

---

389   Vgl.: Korsgaard (1996a), S. 130.
390   Vgl. in diesem Kontext: M. LeBar – Korsgaard, Wittgenstein and the Mafioso, in: Sothern Journal of Philosophy 39 (2001), S. 261-271. Wenn LeBar konstatiert, dass der moralische Relativismus Korsgaards vor allem an ihrer Konzeption der geteilten Gründe festzumachen sei (S. 269), verkennt er den Sachverhalt, dass kategorische praktische Verbindlichkeit schon aufgrund der grundlegenden Theoriestruktur nicht möglich ist. Zwar kann sich auch ein Mafioso nach Korsgaard auf seine für ihn notwendige praktische Identität berufen, doch ist auch diese Identität nur durch die unzureichend spezifizierte und zudem ohnehin nicht als kategorisch ausgewiesene rationale Natur begründet. Vgl. darüber hinaus zu Konfliktmöglichkeiten von moralischen und interpersonal basierten Gründen: Korsgaard (1996a), S. 128.

Interessen zurückstehen müssen, hinreichend aussagekräftig ist, um den Bereich des Moralischen von nicht-moralischen Forderungen abzugrenzen. Anders jedoch als z.B. bei Williams werden im Falle der auf partikularen interpersonalen Identitäten basierenden Gründe nicht-moralische Gründe nicht strikt von moralischen Gründen abgegrenzt, sondern vielmehr umgekehrt diesen in struktureller Hinsicht partiell angeglichen, indem auch hier von einer geteilten Identität bzw. einem Königreich von zwei Akteuren gesprochen wird. Korsgaards These, dass eine Koexistenz von mehreren Fundamenten kategorischer Forderungen möglich sei, wirft die von ihr unbeantwortete Frage auf, was kategorische Gültigkeit in diesem Zusammenhang jeweils konkret bedeuten soll.

Ad 2.: Inwiefern müssen öffentliche Gründe als moralische Gründe begriffen werden?
Zu Beginn dieses Kapitels wurde Korsgaards Interpretation von öffentlichen Gründen als moralischen Gründe folgendermaßen rekonstruiert: Da sich moralische Gründe, einer verbreiteten Ansicht folgend, auf zentrale Interessen von Akteuren beziehen, und da Korsgaards öffentliche Gründe über deren normative Rückbindung an die rationale Natur des Menschen definiert sind, ist es zulässig, angesichts des generellen Bezugs von zentralen Akteurinteressen und der rationalen Natur von Akteuren öffentliche Gründe als moralische Gründe zu bezeichnen. Diese Position ist prima facie einsichtig und auch naheliegend, wenn man berücksichtigt, welche Bedeutung Korsgaard ihrer Interpretation von auf die allgemeine Akteuridentität zurückgehenden Gründen als »shared reasons« beimisst, da miteinander geteilte Gründe zumindest moralisch relevant sein *können*.

Korsgaard entwickelt ihre Theorie der öffentlichen Gründe u.a. in pointierter Auseinandersetzung mit dem Ansatz Gewirths. Sie sieht es als ein Kernproblem dieser Theorie an, dass man ihr zufolge zuerst nur private (akteurrelative) Gründe für die Wertschätzung des eigenen Handlungsvermögens haben könne, die dann in einem weiteren Argumentationsschritt zu der Einsicht führen sollen, dass sich jeder Akteur als zur unbedingten Wertschätzung seines Handlungsvermögens berechtigt ansehen müsse. Das Resultat dieses Arguments könne jedoch nur darin bestehen, dass jeder Akteur sein eigenes Handlungsvermögen, nicht aber dasjenige der anderen Akteure achten solle, sodass auf dieser Basis keine moralischen Pflichten begründbar seien. Gewirth rekonstruiere moralische Normativität als über logische Konsistenz vermittelte prudentielle Normativität, während nach ihrem Ansatz jeder moralische Grund unmittelbar mit der Natur aller anderen Akteure verbunden sei.[391]

---

[391] Vgl.: A. a. O., S. 134.

Im Hintergrund von Korsgaards Kritik steht ein bestimmtes Konzept von Moral, das sie weder explizit darlegt noch weiterführend begründet. Dennoch wird der systematische Kern dieser Moralauffassung im Rahmen der skizzierten Kritik an Gewirth zumindest in seinen Grundsätzen deutlich: Moralische Gründe dürfen nicht durch ein weiteres normatives Element intersubjektiv vermittelt werden, da dann nicht mehr die genuin moralische Verbindlichkeit, sondern andere, z.B. logische und/oder prudentielle Formen der Normativität im Mittelpunkt von Prozessen der Anerkennung von moralischen Gründen stehen. Der Wahrheitsgehalt ihres Einwands gegen Gewirth soll hier nicht weiter analysiert werden[392], doch gilt es angesichts dieser Kritik zu erläutern, inwiefern die ihr zugrunde liegenden Kriterien von Korsgaards eigenem Ansatz erfüllt werden, da auch ihrem Argument zufolge die Achtung der Interessen anderer Akteure als durch die Wertschätzung der eigenen Natur durch den einzelnen Akteur vermittelt rekonstruiert werden kann. De facto wäre eine solche Interpretation jedoch verfehlt, denn es handelt sich nicht um eine logische Vermittlung zweier verschiedener Handlungsgründe, sondern um ein und dieselben Gründe, die für Akteure verbindlich sind, wenn sie aus moralischen Gründen handeln. Die intersubjektive Verbindlichkeit von durch die rationale Natur fundierten Gründen ist aufgrund von Korsgaards handlungstheoretischen Prämissen immer schon gegeben, was dazu führt, dass das Prudentielle[393] immer schon partiell identisch mit dem moralisch Gebotenen ist.

Im Hinblick auf den letztgenannten Punkt ist allerdings fraglich, inwiefern es wirklich zutrifft, dass moralische Gründe in Korsgaards Ansatz darüber definiert sind, dass sie einen Bezug auf zentrale Interessen anderer Akteure besitzen. Tatsächlich beziehen sich moralische Gründe streng genommen nicht auf Interessen anderer Akteure, weil es unter dem Gesichtspunkt der praktischen Identität auf der Reflexionsebene der rationalen Natur keinen

---

392   Vgl. zu Beylevelds Kritik sowohl an Korsgaards Gewirth-Interpretation als auch ihrer eigenen Theorie der geteilten Gründe: D. Beyleveld – Korsgaard v. Gewirth on Universalisation: Why Gewirthians are Kantians and Kantians Ought to be Gewirthians, in: Journal of Moral Philosophy 2013, S. 1-24.

393   Der Genauigkeit halber sei an dieser Stelle angemerkt, dass diskutiert werden kann, ob und inwiefern die Schätzung des eigenen Handlungsvermögens einen prudentiellen Akt darstellt, da auch konsistent möglich ist, besagte Wertschätzung als in prudentieller Hinsicht neutral anzusehen, weil durch sie der Bereich des Prudentiellen sozusagen ursprünglich konstituiert wird. Dementsprechend könnte man argumentieren, dass zwar alles dasjenige, was dem Erhalt des eigenen Handlungsvermögens dienlich ist, zu Recht prudentiell genannt werden kann, nicht jedoch die Wertschätzung des Handlungsvermögens selbst, da diese Wertschätzung den praktischen Kern der handelnden Person konstituiert und ohne diesen Kern nichts existiert, demgegenüber man sich in selbstinteressierter Hinsicht klug oder unklug verhalten kann.

5.8 DER WERT DER RATIONALEN NATUR UND MORALISCHE NORMATIVITÄT

Unterschied zwischen einzelnen Akteuren gibt – genau deswegen ist keine Vermittlung zwischen den Gründen verschiedener Personen notwendig.[394] Die moralisch relevanten Interessen von Person A sind immer schon die moralisch relevanten Interessen von Person B – andernfalls wären sie nach Korsgaard nicht *moralisch* relevant, da sie kein gemeinsames Verbindlichkeitsfundament besäßen. Durch diese Konstruktion der Theorie wird zwar eine Vermittlung von Gründen verschiedener Personen überflüssig, doch ist der Wegfall dieser Vermittlungsnotwendigkeit das Resultat einer übergeordneten Verhältnisbestimmung von Prudentialität und Moralität, die keinesfalls selbstverständlich, sondern vielmehr erläuterungsbedürftig ist. Moralische Gründe sind zwar identisch mit Gründen, die auf die rationale Natur des Akteurs zurückzuführen sind, doch sind sie nur deswegen für jeden Akteur verbindlich, weil sie für jeden einzelnen Akteur handlungskonstitutiv sein sollen. In Korsgaards Systematik ist kein eigener argumentativer Schritt notwendig, um die Verbindlichkeit von moralischer Normativität zu erweisen, doch ist dies nur deswegen der Fall, weil sie an grundlegendere handlungstheoretische Notwendigkeiten geknüpft ist: Die profilkonstitutive Eigenschaft von moralischen Gründen liegt darin, dass sie von allen Akteuren geteilt werden, doch diese Eigenschaft ist nicht dafür verantwortlich, dass sie unbedingt von allen Akteuren als normativ angesehen werden müssen – ihre praktische Notwendigkeit leitet sich einzig und allein von der handlungstheoretischen Notwendigkeit ab, die der rationalen Natur aus der individuellen Akteurperspektive zukommt.[395] Dies ist freilich keine Überraschung, sondern bereits der Grundidee von Korsgaards Konstitutivismus implizit. Wenn moralische Normativität über ihre handlungstheoretische Funktionalität bestimmt wird, kann Moralität für den Akteur stets nur einen instrumentellen Wert besitzen. Daher kann es auch kein striktes konstitutivistisches Argument gegen den Selbstmord bzw. für den Wert des Handelnden unabhängig von seinem immer schon vorauszusetzenden faktischen Dasein bzw. Handeln geben. Der instrumentelle Wert des Moralischen wiederum muss als notwendige Folge von Korsgaards Prämisse verstanden werden, dass sich Ethik nicht mit dem Wahren, sondern dem Guten beschäftigt: Das Gute stellt hier ein praktisches Ziel dar, welches als gegeben und als gut vorausgesetzt wird (die Selbst-Konstitution des Akteurs), und das moralisch Gebotene kann nur noch als Implikation verstanden werden, die

---

394　Vgl.: LeBar (2001), S. 270 Anm. 14.
395　Es geht also nicht um die faktische Teilung von Gründen, die diese Gründe strikt verbindlich machen, sondern die faktische Teilung bestimmter Gründe verdankt sich umgekehrt der Handlungskonstitutivität dieser Gründe.

durch dieses übergeordnete Gute gerechtfertigt wird, insofern es denselben Verbindlichkeitsgrad wie das Gute besitzen soll.

Öffentliche Gründe können demnach zwar als moralisch relevant bezeichnet werden, doch handelt es sich um einen Moralbegriff, der in der antiken Tradition gründet. Zwar kann auch unter Voraussetzung dieses Moralbegriffs durchaus für anspruchsvolle Formen von moralischer Verbindlichkeit argumentiert werden, doch besitzen Theorien dieses Typs darin eine strukturbedingte Grenze, dass die prudentielle Reflexionshinsicht im Kontext von normativ konnotierten anthropologischen Prämissen steht. Warum das, was natürlicherweise das Prudentielle für den Akteur ausmacht, gut sein soll, ist in dieser Hinsicht keine sinnvolle Frage. Dementsprechend ist es auch nur konsequent, das Moralische als das intersubjektiv konstituierte Gute zu begreifen. Warum jedoch die von Korsgaard favorisierte Verbindung von prudentiellem Handeln und moralischer Normativität vor einem naturteleologischen Hintergrund alternativen Konzepten von Moral vorzuziehen ist, wird von ihr nicht explizit thematisiert, sondern implizit vorausgesetzt.[396]

Ad 3.: Folgt aus der moralischen Identität die normative Auszeichnung spezifischer moralischer Güter?

Korsgaards Theorie fokussiert allgemeine handlungstheoretische Strukturen und die ihnen korrespondierenden praktischen Forderungen, beinhaltet jedoch keine Theorie moralischer Güter. Diese müssen indirekt aus Korsgaards Bestimmung der rationalen Natur erschlossen werden: Angesichts des Umstandes, dass moralische Gründe auf die rationale Natur zurückzuführen sind, müssen diejenigen Güter als moralisch verbindlich angesehen werden, die unmittelbar mit der unbedingten Wertschätzung der rationalen Natur verbunden sind. Genauer gesagt, muss es sich bei moralischen Gütern um allgemein notwendige Implikationen der Handlungsfähigkeit handeln, da die rationale Natur aus praktisch-erstpersonaler Perspektive nichts weiter fordert als autonomes Handeln und moralische Forderungen als Implikate dieses Handelns rekonstruiert werden. Eine präzise Bestimmung dieser Güter wird dadurch erschwert, dass auch moralische Forderungen nur in dem Sinne spezifiziert werden, dass ihr allgemeines formales Prinzip in der Konsistenz der Wahl der eigenen Handlungsgründe und praktischen Identitäten mit der rationalen Natur steht. Eine explizite Behandlung besonders wichtiger moralischer Forderungen sucht man bei Korsgaard vergeblich.

---

396 Korsgaards Moralkonzeption resultiert nicht allein aus ihrer Kritik am Realismus, da nicht jede anti-realistische Position ein teleologisches Konzept von Akteur und Welt impliziert.

In Hinblick auf die beiden zentralen Eigenschaften von Handlungen, Autonomie und Effektivität, liegt es evtl. nahe, eine Theorie der moralischen Güter unter Rekurs auf diese Handlungsprädikate zu entwickeln. Folgende Argumentation wäre hier denkbar: Wenn 1. moralische Gründe auf die rationale Natur zurückgehen, 2. die rationale Natur sich in der unbedingten Handlungsnotwendigkeit für jeden Akteur ausdrückt und 3. Handlungen sich durch Autonomie und Effektivität auszeichnen, dann müssen sich moralische Forderungen auf die Herstellung und/oder Bewahrung von autonomem und effektivem Handeln beziehen, sodass Autonomie und Effektivität des Handelns der Status von moralischen Gütern zugeschrieben werden kann. Eine solche Argumentation wäre jedoch unplausibel und folgt zudem nicht aus Korsgaards Systematik. An dieser Stelle der Überlegung wird deutlich, dass der Begriff der moralischen Güter im Rahmen von Korsgaards Theorie nicht das bezeichnen kann, was üblicherweise darunter verstanden wird: Während bei der Bestimmung von moralisch relevanten Gütern üblicherweise von allgemeinen menschlichen Grundbedürfnissen ausgegangen werden kann, die als notwendige Zwecke des als moralisch wertvoll betrachteten Akteurs die Grundlage von moralischen Ansprüchen dieses Akteurs darstellen, steht Korsgaard dieser Argumentationsweg nicht offen. Die Grundlage ihrer Theorie ist nicht der an sich moralisch wertvolle Akteur, sondern nur der Akteur, dem seine praktische Selbsterhaltung als autonom Handelnder aufgegeben ist. Die Notwendigkeit, unter der dieser Akteur steht, ist keine moralische Notwendigkeit, sondern allein die unterstellte anthropologische Notwendigkeit der kontinuierlichen Verwirklichung seines Wesens durch Akte der Selbst-Konstitution.

Damit sich der Akteur auf die richtige Art und Weise selbst konstituieren kann, müssen seine Handlungen zwar autonom und effektiv sein, doch stellt sich hier das Problem, inwiefern es sinnvoll sein kann, die Beförderung der Autonomie und Effektivität des eigenen Handelns von anderen Akteuren einzufordern. Im Falle der Effektivität des Handelns ist ihr Verständnis als moralisches Gut erläuterungsbedürftig, da der einzelne Akteur allein für seine erfolgreiche Befolgung eines hypothetischen Imperativs verantwortlich ist – man könnte allenfalls dafür argumentieren, dass er einen Anspruch auf die Bedingungen der von ihm abhängigen Effektivität seines Handelns erheben kann. Was genau die Bedingungen der Effektivität des Handelns außer der vom Akteur selbst zu meisternden Umsetzung von selbstgewählten hypothetischen Imperativen sind, wird von Korsgaard jedoch nicht diskutiert. In Bezug auf die Autonomie scheint die Lage noch komplizierter zu sein, da Korsgaard darunter das oberste handlungstheoretische Prinzip des Akteurs versteht und nicht etwa eine Form der äußeren Freiheit, die man über den Weg der Einhaltung von moralischen Forderungen befördern kann. Autonomie als innerpsychische Fähigkeit zur Selbstbestimmung kann dagegen nicht moralisch gefordert werden, doch im Unterschied zur Effektivität ist auch die Annahme einer Einforderung der Bedingungen dieser Art von Autonomie nicht sinnvoll, da es sich dabei kaum um von anderen Akteuren abhängige äußere Gegebenheiten handeln kann. Als notwendiges Strukturmerkmal des autonomen Akteurs und damit auch als zentrale Bedingung der Autonomie fungiert nach Korsgaard die rationale Konstitution seines Handlungsvermögens, doch bleibt in ihrem Modell nicht nur offen, inwiefern Akteur A durch sein eigenes Handeln z.B. von einer vollkommen ungeordneten Seele zur rationalen Konstitution kommen soll, sondern es ist darüber hinaus mehr als fragwürdig, wie die Akteure B,C und D etc. einen praktischen Einfluss auf die Struktur des Handlungsvermögens von Akteur A ausüben sollen. Da die Erhebung von moralischen Geltungsansprüchen nur dann sinnvoll ist, wenn diese prinzipiell erfüllbar sind, kommt auch die Autonomie im Sinne Korsgaards nicht als intersubjektiv adressierbares Gut in Frage. Im Unterschied dazu könnte man im Hinblick auf Effektivität und Autonomie höchstens von *prudentiellen Gütern* sprechen, die in der rationalen Natur gründen.

Es erscheint prima facie vielversprechender zu sein, moralische Güter direkt mit der moralischen Identität jedes Akteurs als Bürger des Reichs der Zwecke zu verbinden und die Frage zu beantworten, was genau jedem Akteur im Ausgang von der moralischen Identität geboten wird. Der zentrale normative Kern dieser Identität kann als praktischer Imperativ formuliert werden: »Handle so, dass Deine Handlungsgründe und praktischen Identitäten stets mit der rationalen Natur menschlicher Akteure vereinbar sind!« An vereinzelten Stellen ihres Werks diskutiert Korsgaard Beispiele für moralisch nicht zulässige Maximen und partikulare praktische Identitäten, bei denen der Grund für die moralische Defizienz der jeweils normativen Strukturen meist darin besteht, dass das Leben von Akteuren in Gefahr wäre, wenn sie aufgrund der Maximen bzw. Identitäten handelten.[397] Zwar können diese Beispiele als Anhaltspunkte für die Annahme dienen, dass das Leben von Akteuren und die damit verbundenen Grundbedürfnisse sozusagen »natürlicherweise« von allen Akteuren als prudentielles Gut angesehen werden und daher auch moralisch geboten sind. Man kann jedoch nicht davon sprechen, dass eine solche Annahme nachweisbar durch Korsgaards Theorie gedeckt wird: Ihre Reflexionen zum Selbstmord zeigen, dass Leben keineswegs ein absoluter Wert ist, und auch unabhängig davon ist fraglich, inwiefern die fundamentale Aufgabe des Akteurs, die Selbst-Konstitution als rationales einheitliches Aktzentrum, einen Beitrag zur Lösung von genuin normativen Problemen leisten kann, die die

---

397 Vgl.: Korsgaard (2009), S. 15; Dies. (1996a), S. 108.

Begründung des Werts der menschlichen Natur außerhalb vom aristotelischen Kontext betreffen.

Zwar wurde wiederholt betont, dass Korsgaards Ethik auf anthropologischen Prämissen beruht, doch sind diese Prämissen nicht nur primär praktisch-erstpersonaler Natur, sondern zudem auch weitgehend formal. Das Prinzip der Selbstgesetzgebung, die Notwendigkeit der Selbst-Konstitution, die Wahl von miteinander vereinbaren praktischen Identitäten und die Anforderung der Konsistenz dieser Identitäten mit der rationalen Natur müssen von den miteinander interagierenden Akteuren mit Inhalt gefüllt werden. Eine substantielle Anthropologie ist zwar für die Globalstruktur von Korsgaards Ansatz nicht notwendig, doch ist die Unterbestimmtheit des Begriffs der rationalen Natur insofern nachteilig, als das zentrale Kriterium der praktisch-anthropologischen Konsistenz unscharf bleibt. Die Bestimmung der rationalen Natur als Notwendigkeit der autonomen Wahl von Handlungsgründen stellt in formaler Hinsicht zugleich die Definition des Begriffs der moralischen bzw. sozialen Natur dar, da die moralische Identität der allgemeinen Akteuridentität substantiell nichts hinzufügt, sondern sie nur anders interpretiert. Dies gilt, weil die Deutung meiner Handlungsnotwendigkeit als Handlungsnotwendigkeit aller Akteure an der Leere dieser Notwendigkeit solange nichts ändert, bis partikulare praktische Identitäten als spezifische praktische Normen ins Spiel kommen. Doch auch partikulare praktische Identitäten von mir oder anderen Akteuren stellen keine inhaltliche Bestimmung der rationalen Natur dar, sondern müssen vielmehr auf ihre Konsistenz mit dieser Natur geprüft werden. Damit ist das Problem der mangelnden Aussagekraft des Begriffs der rationalen Natur jedoch nicht gelöst, sondern tritt umso mehr als ein solches in Erscheinung.

In diesem Zusammenhang könnte man versuchen, moralische Güter zu bestimmen, indem man auf die praktisch-erstpersonalen Bedingungen der moralischen Identität reflektiert. Doch die moralische Identität kann keine anderen Bedingungen besitzen als die allgemeinen handlungstheoretischen Voraussetzungen, die für Handeln als solches erforderlich sind – genau darin besteht ja die Grundthese Korsgaards: Insofern jemand handelt, besitzt er immer schon eine moralische Identität. Eine alternative Möglichkeit besteht darin, die moralische Identität selbst als das zentrale moralische Gut anzusehen, doch ist man nach Korsgaard nicht *moralisch* dazu verpflichtet, eine moralische Identität zu besitzen bzw. als praktische Autorität anzuerkennen – auch hier besteht allein eine handlungstheoretische Notwendigkeit.

Die Schwierigkeiten, aus Korsgaards Ansatz eine inhaltlich spezifizierte Theorie moralischer Güter abzuleiten, lassen sich zusammenfassend unter Rekurs auf die Struktur ihres Modells erklären. Zwei Punkte sind in diesem

Zusammenhang von entscheidender Relevanz: 1. Wenn die Verbindlichkeit von moralischen Forderungen stets von handlungstheoretischer Notwendigkeit abhängig ist, zielt die Erfüllung dieser moralischen Forderungen immer nur auf eine Konsistenz zu den ihr vorgeordneten handlungstheoretischen Notwendigkeiten ab. Moralische Güter können somit stets nur für alle Akteure wertvolle prudentielle Güter sein, womit das Moralische als Aspekt des Prudentiellen rekonstruiert wird; 2. Da Korsgaard bewusst keine substantielle Konzeption von Moral vertritt, sondern im Anschluss an Kant nur ein formales Prinzip zur Auffindung von moralischen Handlungsgründen verteidigt, impliziert dies, dass – in dem von der moralischen Identität abgesteckten Rahmen – jeder Akteur weitgehend selbst darüber entscheiden muss, welche moralischen Güter für ihn primär relevant sind und welche nicht. Zwar wird die rationale Natur als nicht-partikulare Identität begriffen, sodass hier das Kontingenzmoment der subjektiven Wahl wegfällt, doch hat die Definition dieses Konzepts als reflexive Handlungsnotwendigkeit zur Folge, dass das Kriterium der Konsistenz mit der rationalen Natur unterbestimmt bleibt. Bei dem Versuch der Ableitung konkreter moralischer Güter von der moralischen Identität wird deutlich, dass diese Identität genauso formal ist wie die rationale Natur des individuellen Akteurs. Auf eine grundsätzliche Weise fragwürdig wird die Möglichkeit von moralischen Gütern angesichts der moralanalogen Verbindlichkeit von partikularen interpersonalen Identitäten, die moralische Beurteilungshinsichten im Zweifelsfall in die zweite Reihe verweisen können. Selbst dann, wenn Korsgaard bestimmte moralische Güter benennen würde, wären diese stets nur als bedingt gültig zu verstehen.

5.9 Fazit: Die praktische Notwendigkeit des Guten als Normativität der rationalen Natur

Korsgaards Theorie stellt eine praktische Ethikbegründung im unmittelbaren Sinne dar, indem sie die Verbindlichkeit moralischer Forderungen nicht nur aus der Perspektive praktischer Erstpersonalität, sondern als eine zentrale Bedingung von Handlungen zu begründen versucht. Die Annahme der psychischen Einheit des Akteurs als letzter Zweck alles Handelns und die Notwendigkeit der Normativität von moralischen Gesetzen zur Erfüllung dieses Zwecks implizieren zum einen die zentrale Relevanz der Akteurperspektive und ihrer teleologischen Rekonstruktion, zum anderen eine bestimmte Auffassung von Moralität und der Rechtfertigung ihrer Verbindlichkeit. Korsgaards Beschreibung des Phänomens der praktischen Nötigung zu handeln als ursprüngliches praktisches Faktum der rational-erstpersonalen Praxis basiert zu

Recht auf der Annahme, dass eine drittpersonale Perspektive auf Handlungen sowohl die Strukturbedingungen praktischer Realitäten als auch deren eigentümliche Form von Normativität nicht erfassen kann. Konsequenterweise kann man ihre diesbezüglichen Ausführungen dahingehend interpretieren, dass die durch die reflexive Beschaffenheit menschlicher Akteure bedingte Notwendigkeit der Wahl von Handlungsgründen und der damit verbundenen Erfüllung der Aufgabe der Selbstbestimmung im identitätstheoretischen Sinne keine dem Handelnden äußerliche und daher optionale Aufgabe darstellt. Vielmehr wäre es zutreffend zu sagen, dass der Akteur nicht unter dieser Notwendigkeit steht, sondern sie gewissermaßen selbst *ist*. In dieser Hinsicht kann Korsgaards Rede von der Notwendigkeit der Selbst-Konstitution des Akteurs ein gewisser Sinn zugeschrieben werden, *insofern* man ihre Thesen teilt, dass die Wahl von Handlungsgründen *erstens* als Ausdruck der ganzen Person und *zweitens* zugleich auch als Wahl der eigenen praktischen Identität verstanden werden muss.

Beide Annahmen sind jedoch weder selbstverständlich, noch werden sie von Korsgaard explizit gerechtfertigt. In Bezug auf die *erste Prämisse* ist die aristokratische Ordnung der praktischen Vermögen des Akteurs von Bedeutung, die Korsgaard als Kriterium für die vollständige Zurechenbarkeit (nicht jedoch Verantwortbarkeit) von Handlungen ansetzt: Nicht nur müsse sich der Akteur selbst die Gesetze seines Handelns geben, sondern er solle dies auf eine Weise tun, die durch eine rationale Beurteilung möglicher Handlungsgründe bestimmt ist, da er nur dann als einheitlicher Akteur fungieren könne. Diese These kann zwar als nachvollziehbare *Beschreibung* eines rationalen autonomen Akteurs verteidigt werden, doch bleibt Korsgaard eine überzeugende Antwort auf die weiterführende Frage nach ihren genuin normativen Implikationen[398] schuldig. Aufgrund der konstitutivistischen Struktur ihrer Theorie ist es nicht möglich, von einer moralischen Notwendigkeit der Annahme eines rational geordneten Handlungsvermögens auszugehen, da moralische Verbindlichkeit erst durch die Handlungstheorie gerechtfertigt werden soll. Eine logische Notwendigkeit scheidet ebenfalls aus, da handlungstheoretische Thesen prinzipiell nicht logisch notwendig sein können und Korsgaard zudem gar nicht an der logischen Rechtfertigung von Urteilen *über* unsere Handlungsfähigkeit interessiert ist. Als letzte Option bleibt die Annahme, dass es sich bei der platonischen Einheit des Akteurs um eine empirische Notwendigkeit handelt. De facto läuft Korsgaards Adaption

---

398 An dieser Stelle ist mit dem Prädikat »normativ« sowohl die bei Korsgaard selbst fokussierte Motivationskraft von Urteilen, Überzeugungen etc. als auch das geltungstheoretisch verfasste Sollen bezeichnet.

des platonischen Seelenmodells zumindest implizit auf diese Behauptung hinaus, allerdings nur in praktisch-erstpersonaler Perspektive: Da sich das selbstbestimmte Handeln eines reflexiven Akteurs am plausibelsten durch das rationale Konstitutionsmodell *erklären* lässt, stellt eine entsprechende Einheit des Akteurs den anzustrebenden Zweck seines Handelns dar. Doch auch unter der Voraussetzung, dass das Konstitutionsmodell rationales bzw. autonomes Handeln in der Tat am besten erklären kann, ist damit nicht gezeigt, dass die nach dieser Beschreibung als faktisch vorliegend konzedierte Struktur des Handlungsvermögens für den Akteur praktisch verbindlich ist. Der Primat des explanativen Potentials praktischer Begriffe gilt auch für Korsgaards Interpretation des kantischen Modells des autonomen Akteurs – nur vor dem Hintergrund der konstitutivistischen Systematik kann man verstehen, warum sie den Kategorischen Imperativ als nur für den einzelnen Akteur universell gültig begreift: Um Handlungen einem rationalen Akteur zuschreiben zu können, muss man in dieser Sicht zwar davon ausgehen, dass sie allein durch das Prinzip des Willens des Akteurs, d.h. der Selbstgesetzgebung bestimmt werden, doch die weitergehende Annahme, dass es sich bei diesem Prinzip um ein moralisches handelt, ist in explanativer Perspektive an dieser Stelle der Theorie nicht notwendig. Innerhalb von Korsgaards Theorie betrachtet ist ihr Vorgehen folgerichtig, da moralisch normative Strukturen stets ein *Resultat der praktisch-erstpersonalen Reflexion auf die zur Erklärung von Handlungen notwendigen Annahmen* und nicht selbst eine dieser Annahmen darstellen. Es wäre demnach inkonsequent, wenn Korsgaard die kantische Variante des Kategorischen Imperativs übernehmen würde.

Die kritische Analyse der normativen Auszeichnung der platonischen Einheit des Akteurs verweist auf die *zweite Prämisse*, der zufolge der Akteur mit der praktischen Affirmation von partikularen praktischen Identitäten die für ihn verbindlichen normativen Standards wählt und sich damit auch als individueller Akteur konstituiert. Ebenso wie im Fall des platonischen Seelenmodells kann man in Bezug auf die Theorie partikularer praktischer Identitäten zugestehen, dass sie eine keineswegs abwegige Möglichkeit darstellt, die Verbindlichkeit spezifischer praktischer Normkonstellationen zu beschreiben, die für den Akteur im Alltag essentiell sind. Auch ist es in motivationspsychologischer Hinsicht plausibel, das handlungstheoretische Konzept des autonomen Akteurs so zu interpretieren, dass Selbstgesetzgebung die unbedingte Wertschätzung des gesetzgebenden Selbst voraussetzt, damit die durch dieses Selbst gewählten Handlungsgründe und Zwecke für den Akteur überhaupt motivierend bzw. gültig sein können. Es ist daher gerechtfertigterweise möglich, mit Korsgaard die Wertschätzung des eigenen Handlungsvermögens allein als handlungspsychologische These zu vertreten. Die primären systematischen

5.9 FAZIT: DIE PRAKTISCHE NOTWENDIGKEIT DES GUTEN

Probleme ihrer Theorie treten jedoch dann zutage, wenn die normativen bzw. moralischen Implikationen berücksichtig werden, die Korsgaard diesen psychologischen bzw. anthropologischen Grundlagen zuschreibt.

Die subjektive Willkür bei der Wahl partikularer praktischer Identitäten wäre ohne zusätzliche normative Restriktionsinstanz allein durch eine auf die Entscheidungsfähigkeit bezogene Konsistenz beschränkt, was einen weitgehenden Relativismus der für Akteure verbindlichen praktischen Normen implizieren würde. Korsgaard argumentiert nun für das Bestehen einer Beschränkung dieser Willkür aufgrund der transsubjektiv autoritativen Instanz der rationalen Natur, die zugleich die Grundlage der allen Akteuren gemeinsamen moralischen Identität darstellen soll: Der einzelne Akteur dürfe keine praktischen Identitäten wählen, die im Widerspruch zu seiner rationalen Natur stehen, weil er dadurch das Wertfundament seiner eigenen Gründe und somit sich gewissermaßen selbst negieren würde – da die rationale Natur darüber hinaus die praktische Basis der Handlungsgründe aller Akteure bilde, bestehe im Unterschied zu den mit partikularen praktischen Identitäten verbundenen kontingenten Pflichten eine moralische Verpflichtung zur Konsistenz mit der eigenen sozialen Natur.

Korsgaard geht hier von einem Prinzip der Vermeidung von praktischen Widersprüchen aus, wobei sie unter einem solchen Widerspruch allgemein die praktische Affirmation von Handlungsgründen bzw. praktischen Identitäten versteht, die den Wert des eigenen Handlungsvermögens negieren. Eine solche Negation kann zu einer handlungstheoretisch oder teleologisch bedingten Handlungsunfähigkeit führen. In beiden Fällen wird entweder direkt oder indirekt entgegen der eigenen Natur gehandelt, die darin bestehen soll, nach der Verwirklichung seiner selbst als autonome und damit immer auch moralische Person zu streben. Wenn man nun fragt, worin denn genau die rationale Natur über die Selbst-Konstitution hinaus bestehen soll und welche maßgeblichen moralischen Zwecke bei der Wahl der partikularen praktischen Identitäten zu berücksichtigen sind, kann dies auf dem Boden von Korsgaards Theorie nicht konkret beantwortet werden. Im Unterschied z.B. zum kantischen Begriff der Menschheit gibt es keine der empirischen Reflexionsfähigkeit übergeordnete Idee einer reinen Vernunft, auf welche die praktische Vernunfttätigkeit ausgerichtet sein sollte. Die Selbst-Konstitution des Akteurs hat keinen Zweck außer der eigenen Selbsterhaltung, und da moralische Normativität vollständig durch diesen handlungsteleologischen Rahmen bedingt ist, kann auch sie keinen anderen Zweck besitzen und muss zugleich als Epiphänomen der Selbst-Konstitution begriffen werden. Dies gilt, weil moralische Gründe nicht deswegen strikt verbindlich sein sollen, weil es moralische (geteilte), sondern weil es durch die rationale Natur fundierte Gründe sind. Gründe, die zwar von allen Menschen geteilt würden, aber keinen handlungskonstitutiven Status besäßen, wären demnach nicht strikt verbindlich. Gerade in diesem Zusammenhang ist es unverständlich, dass Korsgaard mit der These der moralanalogen Normativität partikularer interpersonaler Identitäten implizit voraussetzt, dass die bloße Gemeinsamkeit einer praktischen Identität zweier Akteure die damit verbundenen Gründe in normativer Hinsicht über moralische Gründe stellen könne.

Doch auch dann, wenn man über bestimmte handlungstheoretische Details sowie die Fraglichkeit der These der Selbst-Konstitution als Zweck des Handelns und auch die systemsprengende Theorie der strikten Verbindlichkeit interpersonal fundierter Gründe hinwegsieht, bleibt in begründungstheoretischer Hinsicht insbesondere ein Hauptproblem von Korsgaards Theorie bestehen, das unmittelbar mit ihrem konstitutivistischen Profil zusammenhängt: Es wird nicht gerechtfertigt, warum Selbst-Konstitution als postulierter Zweck des Handelns aus praktisch-erstpersonaler Sicht normativ verbindlich sein muss. Dies kann im Kontext von Korsgaards Ansatz auch gar nicht geleistet werden, weil der Zweck der Selbst-Konstitution den normativen Rahmen jeder möglichen Rechtfertigung darstellt – dies ist die Pointe von Korsgaards Variante des Konstitutivismus. In formaler Hinsicht ist entscheidend, dass es sich auch um jeden anderen Zweck handeln könnte – sobald man von einem obersten Zweck des Handelns ausgeht, kann dieser innerhalb der konstitutivistischen Systematik zwar erläutert, jedoch nicht ohne fehlerhaften Zirkel als gültig rekonstruiert werden. Nun könnte man unter Rekurs auf den Sachverhalt, dass gezeigt werden kann, warum z.B. die Negation der Gültigkeit bestimmter Grundelemente der Vernunft[399] einen notwendigen performativen Selbstwiderspruch impliziert, von der Annahme ausgehen, dass auch der Selbstzweck der Selbst-Konstitution auf eine ähnliche Weise rational zu rechtfertigen ist. Dies ist jedoch deshalb nicht der Fall, da die Selbst-Konstitution des Akteurs Korsgaards metaphysische Deutung der sich im Phänomen der praktischen Nötigung manifestierenden Handlungsnotwendigkeit und damit letztlich der praktischen Normativität der rationalen Natur darstellt – dies ist eine rein *faktische* Notwendigkeit, die im konstitutivistischen Rahmen erst dann für den Akteur normativ werden kann, wenn dieser seine faktisch bestehende Identitätsstruktur und die damit verbundenen praktischen Normen als etwas Gutes ansieht, d.h. *will*. Eine rationale Rechtfertigung erfordert jedoch ein Argument dafür, warum der Akteur die Selbst-Konstitution *wollen soll*. Genauer: Sie verlangt nach einem Grund, warum man den Zweck der (platonischen)

---

399 Dies ist eine abkürzende Redeweise für transzendentallogische Widerlegungen eines radikalen Wahrheitsskeptizismus.

5.9 FAZIT: DIE PRAKTISCHE NOTWENDIGKEIT DES GUTEN

Selbst-Konstitution als für sich verbindlich ansehen sollte, *auch wenn man ihn nicht immer schon verfolgt*. Eine solche Frage weist jedoch über die Grenzen der konstitutivistischen Reflexion hinaus.

Freilich ist in diesem Zusammenhang zu beachten, was Korsgaard unter einer praktischen Rechtfertigung versteht. Man könnte einwenden, dass die soeben skizzierte Kritik rein extern, damit jedoch die immanente Konsistenz der Theorie nicht in Frage gestellt worden sei. Dieser Einwand ist dahingehend berechtigt, dass Korsgaard nicht den Anspruch erhebt, eine im logischen Sinne zwingende Begründung praktischer Verbindlichkeit zu leisten. Doch auch unter Berücksichtigung dieses Sachverhalts stellt die Rechtfertigung der Selbst-Konstitution keine von außen auf Korsgaards Modell bezogene Forderung dar, sondern macht vielmehr den Kern dessen aus, was sie den Reflexivitätstest nennt. Danach muss ein Akteur auch dann noch zum moralischen Handeln motiviert sein, wenn er die wahre Natur des Moralischen kennt. Da Korsgaard in diesem Zusammenhang unter der wahren Natur des Moralischen die kausale Erklärung moralischer Phänomene versteht, müsste jeder Akteur an seinen moralischen Gründen festhalten, wenn er wüsste, dass der einzige Zweck des Moralischen in seiner Selbst-Konstitution besteht. Es ist nun jedoch keineswegs evident, warum ein Akteur diese Erklärung prinzipiell als plausibleren Motivationsgrund ansehen sollte als z.B. den von Korsgaard als praktisch inadäquat abgelehnten Grund, dass man durch die Befolgung moralischer Gesetze ein rationaler Akteur werde.

Korsgaards Ansatz kann die normative Frage, die Frage nach der Rechtfertigung von moralischer Normativität, nur in dem Sinne beantworten, dass sie einen Vorschlag zur Erklärung der faktisch bestehenden normativen Kraft moralischer Prinzipien unterbreitet. Vor dem Hintergrund ihrer Prämisse, dass die eigene Natur des Menschen für ihn ein Gut darstellt, und der zusätzlichen Annahme, dass moralische Normativität eine Bedingung der Verwirklichung dieser Natur ist, kann die Verbindlichkeit moralischer Forderungen auch in einem normativen Sinne verstanden werden. Sobald man diese beiden Prämissen jedoch hinterfragt, bleiben nur noch die deskriptiv-explanativen Aspekte des Ansatzes übrig, die durchaus als konstruktive Beiträge zu einer praktischen Anthropologie und einer binnendifferenzierten Handlungstheorie verstanden werden können, allerdings nicht begründen, warum jeder Akteur die Verbindlichkeit moralischer Prinzipien anerkennen sollte. Es entbehrt nicht einer gewissen Ironie, dass Korsgaards Modell als hypothetischer Imperativ reformuliert werden kann (»Wenn Du Deine Natur verwirklichen willst, musst Du moralisch sein«), der auf einen Kategorischen Imperativ verweist (»Verwirkliche Deine Natur!«), welcher innerhalb des systematischen Rahmens der Theorie nicht zu rechtfertigen ist.

KAPITEL 6

Gewirths Argument der generischen Konsistenz

Gewirths Argument der generischen Konsistenz hat die rationale Begründung universell verbindlicher Moralansprüche zum Ziel: »My main thesis is that every agent, by the fact of engaging in action, is logically committed to the acceptance of certain evaluative and deontic judgments and ultimately of a supreme moral principle.«[400] Gewirth vertritt die These, dass der Begriff der freien Handlung als moralneutraler Ausgangspunkt für die Rechtfertigung unbedingt verbindlicher moralischer Gehalte fungiert und sieht darin auch den originellen Aspekt seines Ansatzes: »The chief novelty is the logical derivation of a substantial normative moral principle from the nature of human action.«[401] Er hebt dabei insbesondere den antirelativistischen Zug seiner Theorie hervor – jeder Akteur *als Akteur* stehe unabhängig von individuellen Parametern unter bestimmten moralischen Anforderungen, könne zugleich aber auch gewisse Rechte für sich beanspruchen. Diese moralischen Rechte seien für alle Akteure identisch; Gewirths Theorie wird demnach sowohl geltungsmodal wie inhaltlich von einem antirelativistischen bzw. generalistischen Anliegen getragen. Auch wenn der historische Bezugspunkt der Theorie unzweifelhaft Kant ist, geht sie trotz ihrer Affinität zu transzendentalen Argumentationsfiguren einen partiell von Kant abweichenden Weg, indem sie weder bei Phänomenen wie dem moralischen Verpflichtungsgefühl ansetzt, noch auch nur entfernt vergleichbar komplexe epistemologische und transzendental-anthropologische Reflexionen anstellt.

Die methodische Pointe von Gewirths Theorie besteht vielmehr darin, bei der bloßen Existenz von Handlungen anzusetzen und sich auf diese Weise durch möglichst wenige metaphysische Voraussetzungen zu belasten. Dementsprechend muss Gewirth im Unterschied zu Kant nachweisen, wie man von einem solcherart reduzierten Anfangspunkt zu moralisch-normativ gehaltvollen Urteilen kommen können soll. Zugleich ermöglicht diese Argumentationsstrategie zumindest prima facie die Vermeidung klassischer Probleme des orthodoxen Kantianismus allein schon dadurch, dass beansprucht wird, den Begründungsansatz von einem moralneutralen

---

400 S.: Gewirth (1978), S. X.
401 S.: A. a. O.

Standpunkt aus zu entwickeln, sodass einerseits keine spezifische Moralphänomenologie unterstellt werden, sich andererseits aber auch der rationale Amoralist angesprochen fühlen muss. Wie aus dem obigen Zitat ersichtlich, versteht Gewirth unter der Rechtfertigung moralischer Normativität im Unterschied zu Korsgaard den Nachweis einer *logischen Notwendigkeit des Führwahrhaltens von Urteilen*, die sich auf axiologische bzw. deontologische Sachverhalte beziehen. Motivierende Gründe spielen in diesem Rahmen keine Rolle. Auch wäre es verfehlt, sein Argument als Variante einer sprach- bzw. transzendentalpragmatischen Ethikbegründung zu interpretieren, da nicht propositionale Implikate der faktischen Erhebung von Geltungsansprüchen in einem Diskurs, sondern einzig praktisch-erstpersonal notwendige Urteile im Fokus der Theorie stehen.[402]

6.1 »Action«, »Agency« und der moralneutrale Ausgangspunkt

Gewirths Ethikbegründung basiert auf dem Begriff der freien intentionalen Handlung, der Voraussetzung des Zweckbezugs des Handelns sowie dem Konzept der Handlungsfähigkeit. Ich werde im Folgenden zuerst auf die Kernaspekte von Gewirths teleologischem Handlungsbegriff eingehen (vgl. Kap. 6.1.1.), um anschließend den Begriff der Handlungsfähigkeit zu analysieren (vgl. Kap. 6.1.2.).

6.1.1 »Action«: Die freie zweckgerichtete Handlung

Der Ausgangspunkt der Theorie liest sich klassisch-teleologisch: »(....) ›I do X for purpose E‹.«[403] Eine Handlung ist Gewirth zufolge ein a) aus freiem Willen vollzogenes und b) auf einen Zweck ausgerichtetes Verhalten. Freiwilligkeit (»voluntariness«) und Zielgerichtetheit (»purposiveness«) werden dabei als »generische Eigenschaften« von Handlungen[404] bezeichnet. Der Terminus »generisch« klassifiziert diejenigen Eigenschaften von Handlungen, die diese als eigene Gattung von Ereignissen ausweist.[405] Gewirths zusammenfassende Charakterisierung der generischen Handlungsprädikate ordnet dem Aspekt der »voluntariness« sowohl eine kausal-initiative als auch prozesskontrollierende Funktion zu, während »purposiveness« die Ausrichtung der Handlungskontrolle bezeichnet: »Voluntariness refers to the means, purposiveness to the

---

402 Vgl.: Steigleder (1999), S. 33.
403 S.: Gewirth (1978), S. 49.
404 Vgl.: A. a. O., S. 25.
405 Vgl.: A. a. O.

end; voluntariness comprises the agent's causation of his action, whereas purposiveness comprises the object or goal of the action in the sense of the good he wants to achieve or have through this causation. Thus voluntariness is a matter of initiation or control while purposiveness is at least in part a matter of consumption.«[406] Die Freiheits- und die Teleologiethese verweisen dabei insofern implizit aufeinander, als es mit Gewirth sinnvoll ist, im Kontext der Rede von der handelnden Zweckverfolgung eines Akteurs eine grundsätzliche *Freiheit der Zweckwahl* sowie der *Freiheit zur Zweckverfolgung*[407] anzunehmen: »By an action's being voluntary or free I mean that its performance is under the agent's control in that he unforcedly chooses to act as he does, knowing the relevant proximate circumstances of his action.«[408] Gewirths Bezeichnung von Freiwilligkeit und Zweckgerichtetheit als generische Handlungseigenschaften ist insofern nachvollziehbar, als unter der Voraussetzung des teleologischen Handlungsmodells keine Handlung vorstellbar ist, die nicht aus freiem Willen

---

406 S.: A. a. O., S. 41.
407 In diesem Zusammenhang ist das Verhältnis von intentionalen und teleologischen Momenten des Handlungsbegriffs zu berücksichtigen: Ein Akteur kann durchaus verschiedene, auch sich wechselseitig ausschließende Dinge, Handlungen etc. wollen, er kann aber nicht direkt miteinander konfligierende Handlungsabsichten haben, wie Mele plausibel veranschaulicht hat; vgl.: A. Mele – Effective Intentions, Oxford 2009, S. 7. In Meles Systematik wird ein Willenskonflikt durch die Bildung einer Intention aufgelöst, weil aus mehreren Optionen eine einzige favorisiert und im Falle eines Handlungsvollzugs entsprechend umgesetzt wird. Gewirth hingegen definiert Intention und Zweck beide als »desired content of an action« (s.: Gewirth (1978), S. 38, vgl. zudem S. 27). Diese vermeintliche begriffliche Ungenauigkeit stellt für Gewirths Handlungsrekonstruktion jedoch kein Problem dar, da sich sein Argument der generischen Konsistenz, wie noch genauer zu erläutern ist, ausschließlich auf *tatsächlich* vollzogene Handlungen bezieht. Die Überlegungen Meles fokussieren Handlungen in der Planungsphase und betonen die Notwendigkeit, sich beim Übergang von der Planungsphase zur Ausführung der Handlung für eine bestimmte Handlungsintention zum Zwecke der selektiven Restriktion des Bereichs des Gewollten zu entscheiden. Verschiedene, sich gegebenenfalls widersprechende Wollensgehalte sind solange möglich, als der Akteur noch rein gedanklich operiert – sobald jedoch konkret gehandelt werden soll, muss eine entsprechend konkrete sowie umsetzbare Intention vorliegen. Daher sind im Falle des von Gewirth adressierten tatsächlichen Handelns Intention und Zweck de facto dahingehend identisch, dass sie sich auf genau denselben Inhalt beziehen. Gewirth verwendet nicht nur »purpose« und »intention«, sondern auch »wanting« partiell synonym. Vgl. z. B. seine Differenzierung zwischen einem neigungs- und einem intentionsbasierten Wollen: »It is important to remember that ›wanting‹ has not only an inclinational or hedonic sense, but also an intentional sense. (...); (...) in the intentional sense, to want to do X is simply to intend to do X, (...).«; S.: A. a. O., S. 39; vgl. darüber hinaus: Ders. – The Normative Structure of Action, in: Review of Metaphysics 25 (1971), S. 238-261, bes. S. 239ff.
408 S.: Ders. (1978), S. 27.

und/oder ohne Zweckbezug vollzogen wird.[409] Dennoch sind weder die Voraussetzung praktischer Freiheit noch die Annahme des teleologischen Handlungsmodells selbstverständlich. Im Folgenden wird zuerst erläutert, welche Gründe Gewirth gegen eine starke Form des Determinismus anführt; anschließend wird die Plausibilität der Handlungsteleologie analysiert.

Gewirth beruft sich in seiner Verteidigung gegen den starken Determinismus vor allem auf vier Argumente: 1. Die Wahrheit der starken Determinismus-These sei nicht bewiesen[410]; 2. Vor dem Hintergrund des Determinismus könne nicht mehr zwischen erzwungener und frei-deliberativer Wahl sowie dem Ausbleiben eines Wahlakts differenziert werden; 3. Die Determinismus-These könne nicht wahr sein, da sie die Bedingungen für wahre (oder falsche) Urteile negiere – ihre Vertreter müssten sich selbst als machtlose Befehlsempfänger kontingenter Kausalprozesse betrachten, die keine rationalen Geltungsansprüche erheben könnten; 4. In deterministischer Sicht werde der Unterschied von logischem Grund und natürlicher Ursache eliminiert.[411] Die ersten beiden Argumente sind nicht überzeugend[412], die beiden anderen Argumente unterscheiden sich in logischer Hinsicht kaum, weshalb ich sie als zwei Formulierungen eines einzigen Arguments verstehe. Das in zwei Versionen vorliegende sinnlogische Argument gegen den starken Determinismus macht

---

409 Daher geht Helds empirische Prüfung der Handlungsteleologie an deren Systematik vorbei; vgl.: V. Held – The Normative import of Action, in: M. Boylan (ed.) – Gewirth. Critical Essays on Action, Rationality, and Community, Oxford 1999, S. 13-27.
410 Vgl. dazu auch: Beyleveld (1991), S. 68.
411 Vgl.: Gewirth (1978), S. 36.
412 In der Tat ist die Wahrheit des starken Determinismus nicht bewiesen und es ist daher auch vollkommen legitim, sie nur als hypothetisch gegeben zu betrachten. Die Nicht-Bewiesenheit des starken Determinismus impliziert jedoch nicht die Wahrheit des Nicht-Determinismus. Der zweite Einwand kann im Lichte der Kritikpunkte 3 und 4 gelesen werden, was ihn mit der noch zu erörternden geltungstheoretischen Pointe der m.E. interessanteren Argumentationsstrategien verbindet; zudem besteht die Möglichkeit, ihn als eher phänomenologisch basierte Aussage aufzufassen, da Gewirth sein hier angesetztes Beurteilungskriterium nicht expliziert. Die phänomenologische Lesart liefert jedoch kein überzeugendes antideterministisches Argument, da sie sich den Vorwurf einer petitio principii gefallen lassen muss: Das Verschwinden der Phänomendifferenz von frei gewählten und erzwungenen Handlungen kann nur dann als problematisch gelten, wenn dem Phänomenologischen zuvor normative Implikationen zugeschrieben werden – nur dann, wenn es aus bestimmten Gründen wertvoll oder anderweitig erforderlich ist, dass wir von freien Handlungen und damit verbundenen Phänomenen bzw. Strukturen ausgehen, stellt die Nicht-Existenz freier Handlungen ein Problem dar. Der bloße Verweis auf die Empirie bedeutet jedoch, dass der Wert oder die Notwendigkeit der Existenz freier Handlungen gar nicht in Frage steht, sondern nur adäquat begrifflich rekonstruiert werden soll.

folgenden Punkt geltend: Wenn der Prozess des Fürwahrhaltens eines Urteils nicht auf rationale Reflexion, sondern *stattdessen* auf logisch vollkommen unverbindliche, da schlichtweg zufällige Kausalereignisse zurückgeführt wird, dann kommt dies implizit einer Verabschiedung der Idee von wahren und falschen Urteilen gleich, und da diese Verabschiedung zugleich berechtigt sein soll, liegt ein selbstwidersprüchlicher Wahrheitsanspruch vor. Die Pointe von Wissenschaft und rationalem Diskurs besteht in der sinnlogischen Voraussetzung, dass Theorien wahr oder falsch sein können und dass man sie mittels vernünftiger Argumentation auf ihre rationale Plausibilität hin beurteilen kann. Aus der Sicht des starken Determinismus gibt es nur Ursachen und Wirkungen, aber keine Gründe oder rationalen Argumente, die *aufgrund ihrer rationalen Eigenschaften* einen Einfluss auf das menschliche Verhalten ausüben können, *der den Gesetzen der Logik entspricht* – ob jemand durch einen kratzenden Hals zum Husten gezwungen ist oder ob er aufgrund entsprechender kausaler Bedingungen gezwungen ist, eine Theorie für wahr zu halten, ist einerlei – beide Vorgänge sind gleich determiniert, beide Vorgänge sind weder wahr noch falsch, sondern einfach nur zufällig vorhanden. Wenn der starke Determinismus also »wahr« sein soll, *muss* er weder wahr noch falsch sein, denn genau das ist die durch ihn transportierte Kernaussage. Sicherlich ist mit der Skizzierung dieses anti-deterministischen Arguments der komplexe zeitgenössische Diskurs dieser Problematik keinesfalls hinreichend adressiert, doch führt Gewirth an dieser Stelle das m.E. stärkste Gegenargument an, welches im diesbezüglichen Diskurs präsent ist.[413]

---

413 Eine ebenfalls mit dem Handlungsbegriff verbundene, über die Determinismus-Problematik hinausgehende Frage ist diejenige nach der Existenz der *Urheber von Handlungen*: Ist es konsistent denkbar, dass wir *keine* Akteure sind bzw. dass unsere autophänomenologische Wahrnehmung uns permanent täuscht? Gewirth argumentiert gegen den starken Determinismus nicht mit dem Verweis darauf, dass dem Determinismus zufolge Handlungen oder Akteure als solche unmöglich wären. Die hier vorliegende Situation stellt sich komplizierter dar als diejenige, die den Kontext der Zurückweisung des starken Determinismus bildet, da die Möglichkeit bestehen könnte, dass wir aus anderen als deterministischen Gründen in Wirklichkeit keine Akteure sind. Bewusstsein als solches kann keine Illusion sein, weil Illusionen Bewusstseinsphänomene sind, daher *muss* es in demjenigen Sinne Bewusstsein geben, dass das Bewusstsein von Bewusstsein kein Irrtum sein kann. Kann man ähnlich überzeugend argumentieren, dass das Akteurbewusstsein keine Illusion sein *kann*? Gewirth verweist diesbezüglich zum einen auf die Selbst-Evidenz der Akteuridentität, führt jedoch zum anderen auch das Argument an, dass selbst Unterlassungen insofern Formen von Handeln darstellen, als sie eine frei gewählte Verhaltensform sind; vgl.: Gewirth – Replies to my Critics, in: E. Regis Jr. (ed.) – Gewirth's Rational Rationalism. Critical Essays with a Reply by Alan Gewirth, Chicago 1984, S. 192-257, S. 191f. Auch Beyleveld sieht die Evidenz des Akteurbewusstseins als Argument an, beansprucht dafür jedoch keine kategorische Verbindlichkeit; vgl.: Beyleveld

In Bezug auf das teleologische Handlungsmodell ist festzuhalten, dass es sich nicht um eine logische, sondern um eine psychologische Theorie handelt, wie auch von Gewirth berücksichtigt wird: »The doctrine that every agent acts for ends or purposes that seem to him to be good has behind it a long tradition in philosophical psychology.«[414] Er schließt sich der im Zitat adressierten teleologischen Tradition unmittelbar an, ohne seinen Standpunkt explizit gegen alternative, insbesondere kausalistische Optionen abzusetzen. Dies ist kein Versäumnis, sondern vielmehr berechtigt, da das teleologische Handlungsmodell in Gewirths Argument nicht aus drittpersonaler Perspektive als explanative Theorie fungiert. Nur in diesem Verständnis müsste es gegen den handlungstheoretischen Kausalismus verteidigt werden, wie es z.B. von Sehon[415] unternommen wird. Stattdessen wird der teleologische Ausgangspunkt aus erstpersonaler Sicht reformuliert, und aus der Sicht des Akteurs, der gemäß seinen reflektierten Präferenzen Zwecke wählt und verfolgt, stellt sich nicht das Problem, ob seine Handlungen aus der Beobachterperspektive auch ohne den Rekurs auf Zwecksetzungen erklärt werden können. Zudem gilt es, die sinnlogische Pointe von Gewirths Adaption des teleologischen Handlungsmodells zu berücksichtigen, die unmittelbar mit der Reflexion auf Fragen der normativen Moraltheorie verbunden ist: Wenn die *Möglichkeit* der Berechtigung von moralischen Forderungen in Erwägung gezogen wird und wenn diese Forderungen weiterhin als gebotene Zwecke verstanden werden können, dann muss man konsequenterweise von der Existenz von Akteuren ausgehen, die über praktische Freiheit verfügen und die jeweils gebotenen Zwecke auch verfolgen können.[416] Sowohl die Freiwilligkeit als auch die grund-

---

(1991), S. 118. Es ist zuzugeben, dass sich die Selbstwahrnehmung als handelnde Person geradezu aufdrängt und ihre Zurückweisung unmöglich erscheint. Allerdings hilft auch ein gerechtfertigtes, da subjektiv notwendiges Vertrauen in Bewusstseinsphänomene nicht weiter, wenn es um die Hinterfragung eben dieser phänomenologischen Sachverhalte geht. In psychologischer Perspektive gelten Personen als krank, wenn sie sich nicht als Akteure verstehen, und kaum jemand würde bestreiten, dass er natürlich auch ein Akteur ist. Dennoch wird von Gewirth kein *logisch* zwingendes Argument dafür vorgelegt, warum unser Akteurbewusstsein notwendigerweise verlässlich ist.

414 S.: Gewirth (1978), S. 49.
415 Vgl.: Sehon (2005).
416 Dementsprechend führt Steigleder zur Struktur von Gewirths Handlungsbegriffs aus: »Es gilt (...) zu berücksichtigen, daß der hier vorausgesetzte Handlungsbegriff eine Sinnbedingung von Normen ist. Wenn es keine Handlungsfähigkeit im Sinne dieses Handlungsbegriffs gäbe, dann wäre jedes praktische Gebot oder Verbot im strengen Verstande *gegenstandslos*.« S.: Steigleder (1999), S. 30. Illies argumentiert mit einem retorsiven Argument dafür, dass es unmöglich sei, die handlungsteleologischen Voraussetzungen konsistent zu bestreiten: »Even a sceptic (...) fulfils the criteria of having a positive pro-attitude to the end of his action; namely, his rational engagement. He has revealed a

sätzliche Zweckgerichtetheit des Handelns lassen sich demnach in der von Gewirth unterstellten Form vertreten. Dies gilt zumindest unter der Voraussetzung, dass der Sinn moralischer Forderungen nicht ausgeschlossen, d.h. als möglich unterstellt werden kann.

Die Annahme von freien und zweckgerichteten Handlungen als praktisch notwendige Voraussetzung der Möglichkeit von normativen Moraltheorien verweist auf zwei grundlegende Fragen: *Erstens* muss geklärt werden, ob Gewirths Handlungsbegriff implizite moralische Eigenschaften besitzt; *zweitens* muss zugleich transparent gemacht werden, was Gewirth unter Moral versteht und warum. Die methodische Relevanz des ersten Punkts besteht darin, dass die Ableitung moralischer Gehalte aus einem bereits moralisch konnotierten Handlungsbegriff offenbar in einem unzulässigen Sinne zirkulär wäre. Im Hinblick auf die Beantwortung der zweiten Frage muss daher sichergestellt werden, dass der *Begriff* der Moral bei Gewirth nicht auf eine Weise aus dem Handlungsbegriff gewonnen wird, die mit eben diesem Problem belastet ist. Diese Überlegung führt zu einer weiteren Problematik, nämlich der Verbindlichkeit des Gehalts des Moralbegriffs. Da Gewirth die Begründung einer Ethik des kantischen, d.h. kognitivistisch-universalistischen Typs anstrebt, muss der Zusammenhang von Moral und Vernunft geklärt werden. Angesichts des skizzierten Handlungsbegriffs drängen sich weitere Fragen auf: Warum sollen Handlungen genau die beiden genannten generischen Eigenschaften der Freiwilligkeit und des Zweckbezugs besitzen und keine anderen? Könnte man nicht mit Tapio Puolimatka argumentieren, dass es viele alternative Handlungsbegriffe gibt, die von Gewirth keineswegs ausgeschlossen werden, somit stets als Konkurrenzbegriffe im Hintergrund stehen?[417] Wie im folgenden Exkurs zu zeigen ist, werden diese Fragen von Gewirth mit einem Argument

---

selective attention towards an end in his action since he argues rather than being mute or doing something else. Further, he is directed towards making a (sceptical) contribution as an aim and, also, expresses his active interest in achieving this aim. Thus, all criteria for an implicit positive evaluation are met (...) and, therefore, this restricted normative judgement from the I-perspective cannot be denied consistently by any agent.« S.: Illies (2003), S. 117. Nun ist freilich zu konzedieren, dass all dies *insofern* plausibel erscheint, als man zur Rekonstruktion von Handlungen immer schon auf die teleologischen Termini (pro-attitude, active interest etc.) zurückgreift – doch damit kann nicht die Berechtigung dieser Rekonstruktionsbegriffe erwiesen werden, da diese ja schon vorausgesetzt wird. M. a.W.: Durch den Aufweis, dass man auch skeptische Einwände gegen die Handlungsteleologie teleologisch reformulieren *kann*, ist noch nicht gezeigt, dass die teleologische Perspektive alternativlos ist und skeptische Einwände daher de facto logisch selbstwidersprüchlich *sind*.

417 Vgl.: T. Puolimatka – Moral Realism and Justification, Helsinki 1989, S. 32ff.

beantwortet, das einmal mehr auf die Relevanz des praktischen Charakters seiner Theorie rekurriert.

Exkurs: *Handlung, Moral, Vernunft*
Gewirths Theorie zeugt von einem ausgeprägten Problembewusstsein, was die argumentationstheoretischen Rahmenbedingungen anbetrifft: »It is possible for a proposition or principle to be necessarily true only within the context of a system of arbitrary definitions and axioms from which it can be shown to follow by rigorous deductive reasoning, so that to affirm the premises and to deny the conclusion is to incur self-contradiction. But the premises need not themselves be necessarily true.«[418] Da zudem eine rein formale Schlüssigkeit nicht ausreiche, müsse ein überzeugendes Argument auch eine notwendige materiale Komponente besitzen – diese notwendige materiale Komponente wäre nun aber nichts anderes als der Gegenstand der Moral (»subject matter of morality«[419]). Zugespitzt bedeutet dies, dass das Projekt der Ethikbegründung unmittelbar mit der *Bildung des Gehalts von Moral* verbunden ist. Gewirths Anspruch erschöpft sich nicht darin, eine bestimmte Auffassung von Moral vorauszusetzen, sondern der notwendige Gehalt von Moral soll aus dem Begriff der Handlung bzw. seinen generischen Eigenschaften gewonnen werden. Gewirth argumentiert für diesen letztgenannten Schritt mit Rekurs auf den Gegenstandsbereich normativer moralischer Aussagen: Alle moralischen Vorschriften bezögen sich auf das menschliche Handeln, daher sei es nur konsequent, Moralität und Handlung als inferentiell verbunden zu betrachten.[420]

Der Blick auf Gewirths formale Methodenreflexion zeigt zweierlei: Zum einen ist er in seinen Metareflexionen immanent konsistent, denn die Nachzeichnung seiner eigenen Vorgehensweise verweist auf die Gewinnung moralischer Inhalte unter Bezug auf den Handlungsbegriff; zum anderen wird durch die Frage nach dem konkreten Inhalt der Moral noch nicht die Frage nach der Rechtfertigung des *Begriffs* von Moral beantwortet – vielmehr setzt jede Rede von moralischen Inhalten ein spezifisches, d. h. formal-*deskriptives* Moralkonzept voraus, das den Bereich des Moralischen vom Nicht-Moralischen trennt und somit eingrenzt.[421] Nicht zuletzt Gewirths eigene, für sein gesamtes

---

418 Vgl.: Gewirth (1978), S. 24.
419 S.: A. a. O., S. 24f.
420 Vgl.: A. a. O. (1978), S. 25. Ähnlich argumentiert auch Scarano; vgl.: Scarano (2001), S. 134f.; vgl. zudem: Beyleveld 1991, S. 68.
421 Vgl.: Gewirth (1978), S. 9; vgl. darüber hinaus grundsätzlich zu dieser Problematik: Tugendhat (1993), S. 26f.

6.1 »ACTION«, »AGENCY« UND DER MORALNEUTRALE AUSGANGSPUNKT 221

Projekt zentrale These der Moralneutralität des Handlungsbegriffs setzt einen scharf umrissenen Moralbegriff voraus.

Gewirth bestimmt die allgemeinen formalen Eigenschaften moralischer Forderungen über den Weg der Identifizierung eines kleinsten gemeinsamen Nenners in Bezug auf die bestehende Varietät von Moralauffassungen. Der von ihm skizzierte Moralbegriff besitzt eindeutig ein kantisches Profil – moralische Forderungen seien universalistisch, kategorisch verbindlich und könnten nicht von nicht-moralischen Forderungen außer Kraft gesetzt werden.[422] Sein Begriff von Moral ist aufgrund der Berücksichtigung der philosophischen Tradition samt der dort sedimentierten Erfahrungen zumindest partiell empirisch geprägt. Die Tatsache, dass Moralbegriffe einen Bezug zur Empirie haben müssen, muss man als selbstverständlich und unproblematisch voraussetzen – virulent wird dieses Faktum erst, wenn ein maximaler Begründungsanspruch vertreten wird, der durch eine logisch zwingende Ableitung von notwendigerweise gültigen Prämissen eingelöst werden soll.

Ein in diesem Kontext von Singer erhobener Kritikpunkt besteht darin, dass mit der Voraussetzung eines universalistischen Moralbegriffs das gesamte Argument Gewirths schon systematisch vorbereitet sei.[423] Die Vorentscheidung für einen universalistisch-rationalistischen Moralbegriff sei direkt für die logische Struktur von Gewirths Argument relevant, sodass die Plausibilität seines Begründungsmodells unzulässigerweise von einer selbst nicht hinreichend gerechtfertigten begrifflichen Weichenstellung gestützt werde. Gewirth scheint an dieser Stelle vor dem umfassenderen Problem der methodisch korrekten Gewinnung und Rechtfertigung eines verbindlichen Moralbegriffs zu stehen: Auf der einen Seite braucht er einen *deskriptiven Begriff des Moralischen* zur Etablierung der Differenz von moralischen und nicht-moralischen Gehalten, auf der anderen Seite kann er diesen vorgeordneten Moralbegriff im Unterschied zu dem *normativen Gehalt des Moralprinzips* nicht von dem Handlungsbegriff deduzieren. Vielmehr geht er umgekehrt

---

422 »(...), from among the diverse meanings of ›morality‹ and ›moral‹ a certain core meaning may be elicited. According to this, a morality is a set of categorically obligatory requirements for action that are addressed at least in part to every actual or prospective agent, and that are concerned with furthering the interests, especially the most important interests, of persons or recipients other than or in addition to the agent or the speaker. The requirements are categorically obligatory in that compliance with them is mandatory for the conduct of every person to whom they are addressed (...). Thus, although one moral requirement may be overridden by another, it may not be overridden by any nonmoral requirement, (...).« S.: Gewirth (1978), S. 1; vgl. ebenfalls: Ders. – Foreword, in: Beyleveld (1991), S. vii-xvii, S. viii.

423 Vgl.: M. Singer – Gewirth's Ethical Monism, in: E. Regis Jr. (ed.) – Gewirth's Ethical Rationalism: Critical Essays with Reply by Alan Gewirth, Chicago 1984, S. 23-38, S. 26.

vor, wenn er explizit festhält, dass sich die Eigenschaften der Freiheit und des Zweckbezugs dem Erfordernis *allgemeiner* moralischer Vorschriften jeglicher Art verdanken.[424] Dem Vorwurf der Willkür seines Handlungsbegriffs wird mit der These begegnet, dass sich die Annahme der generischen Eigenschaften der Handlung generellen Erfordernissen moralischer Vorschriften verdanke: Freiheit und Zweckbezug von Handlungen sind in dieser Sicht notwendig, damit praktischer Normativität als solcher durch Akteure überhaupt sinnvoll (sprich: handelnd) Rechnung getragen werden kann.[425] In Ergänzung zu den zuvor erwähnten Eigenschaften des Moralischen, die Gewirth als Kernidee der verschiedenen existenten Moralvorstellungen bezeichnet, spezifiziert er den funktionalen Leistungsbereich moralischer Vorschriften: Moralische Gründe seien universell sowie kategorisch gültig und gegenüber nicht-moralischen Gründen prinzipiell vorrangig; ihre Funktion bestehe darin, das Handeln von Akteuren leiten zu können.[426]

Eine pragmatische Verteidigungsmöglichkeit für Vertreter einer rationalen Ethik mit kategorischer Verbindlichkeit besteht in dem Verweis auf ein diskurstheoretisches Kriterium praktischer Rationalität: Wenn wir sinnvoll und vernünftig über moralische Fragen diskutieren wollen, dann müssen wir zumindest einen Minimalzusammenhang von Moral und Vernunft unterstellen. Offenbar ist mit einem solchen Schritt das Problem jedoch nicht gelöst, denn man kann an dieser Stelle von Gewirths Argument ohne Selbstwiderspruch die Prämisse des ratiomorphen Charakters von Moral bestreiten und darüber hinaus sogar einen rationalen Charakter von Moral konzedieren, zugleich aber eine divergente Auffassung von (praktischer) Vernunft zugrunde legen, die z.B. eher für einen moralischen Partikularismus spricht.

---

424 Vgl.: Gewirth (1978), S. 356.
425 Gewirths Handlungsbegriff ist nicht rein empirisch-phänomenologisch, d. h. induktiv, sondern in einem zweiten Schritt praktisch-deduktiv konstruiert, sodass eine Kritik am Handlungskonzept zugleich auch eine Kritik am vorausgesetzten Moralbegriff darstellt.
426 »Amid the immense variety of such precepts, they have in common that the intention of the persons who set them forth is to guide, advise or urge the persons to whom they are directed so that the latter persons will more or less reflectively fashion their behavior along the lines indicated in the precepts.« S.: A. a. O., S. 26. Wie Beyleveld richtig bemerkt, ist die logische Struktur von Gewirths Argument unabhängig von einem inhaltlich spezifizierten Moralbegriff, und auch die angeführten formalen Prädikate haben keinen Einfluss auf das Argument der generischen Konsistenz. Der Ausschluss bestimmter Vorstellungen des Moralischen könne daher die Stringenz der logischen Inferenzen nicht beeinträchtigen; vgl.: Beyleveld (1991), S. 305; vgl. ebenfalls: Gewirth (1984), S. 200f. Man kann darüber hinaus im Hinblick auf die prinzipielle Unmöglichkeit der zwingenden Begründung eines einzigen wahren Moralbegriffs darauf verweisen, dass eine solche Forderung schlichtweg unsinnig wäre.

Diese Überlegungen führen zu der Frage nach der Bestimmung von Vernunft und ihrer Relation zur Moral. Gewirths Charakterisierung von Vernunft beschränkt sich in »Reason and Morality« auf den Verweis, dass er darunter Deduktion, Induktion und begriffliche Implikation versteht sowie das Kriterium für eine strenge Begründung eines Urteils X dann erfüllt sieht, wenn die Annahme von Non-X zu einem logisch notwendigen Selbstwiderspruch führt. In seinem Aufsatz »The Future of Ethics: The Moral Powers of Reason«[427] differenziert er darüber hinaus zwischen einem substantivistischen und einem prozeduralen Rationalismus und spricht sich selbst für eine Form der prozeduralen Variante aus, da diese im Unterschied zur alternativen Position moralisch neutral sei.[428] Mit Steigleder[429] ist hier kein Grund zur Kritik vorhanden, da die von Gewirth adaptierten Komponenten vernünftiger Überlegung denkbar formal und minimalistisch sind.

Ein von diskursethischer Seite aus erhobener Zweifel an Gewirths Ausgangspunkt seiner Begründungstheorie bezieht sich darauf, dass nur der einzelne Handelnde bzw. die Handlung eines einzelnen Akteurs fokussiert wird. Mit Ott ist entsprechend festzuhalten, dass Gewirth offenbar davon ausgeht, ein einzelner Akteur sei dazu in der Lage, rational strikt begründete Geltungsansprüche zu bestimmen: »Man kann (...) folgern, wenn etwas notwendig wahr für einen Handelnden qua Handelnden ist, ist es notwendig wahr für jeden Handelnden als solchen, sprich: notwendig wahr für alle Handelnden als solche. Ein springender Punkt der Ethik Gewirth' wäre demnach die Annahme, daß man monologisch beurteilen können muß, daß Überzeugungen, die sich auf notwendige Güter beziehen, strikt zureichend begründet sind. Dies führt in die Problematik subjektiver Gewißheit.«[430] Wie Gewirth selber anmerkt, scheint der subjektiv-prudentielle Charakter der aus der dialektischen Reflexionsperspektive resultierenden praktischen Normativität nicht unmittelbar für eine strikte Verbindlichkeit der damit verbundenen Anspruchsgeltung zu sprechen.[431]

Allerdings wirft Otts Zitat die Frage auf, wie genau die Problematik der subjektiven Gewissheit im Kontext von Überlegungen relevant werden soll, die sich auf allgemeine Implikationen eines formalen Handlungsbegriffs beziehen. Gewirths Bestimmung von generischen Handlungseigenschaften und, an späterer Stelle seines Arguments, darauf basierenden notwendigen Gütern

---

427 Vgl.: Ders. – The Future of Ethics: The Moral Powers of Reason, in: Nous 15 (March 1981), 15-30.
428 Vgl.: A. a. O., S. 19.
429 Vgl.: Steigleder (1999), S. 32.
430 S.: Ott (2001), S. 148.
431 Vgl.: Gewirth (1978), S. 71.

ist keine Angelegenheit des subjektiven Schätzens. Natürlich ist sein Handlungsbegriff nicht alternativlos, doch hat dies weniger mit Gewissheit, sondern vielmehr mit der Frage zu tun, welche Argumente dafür sprechen, dass Freiheit und Zweckgerichtetheit *nicht* als notwendige Handlungseigenschaften betrachtet werden müssen. Die von Ott angedeutete diskursethische Alternative zu der Bestimmung der generischen Handlungseigenschaften ist insofern wenig überzeugend, als nicht deutlich wird, inwiefern durch eine größere Zahl von ebenfalls fallıblen Mitdiskutanten ein nennenswerter systematischer Vorteil erzielt werden kann. Zum einen wird das von Ott angeführte Problem der subjektiven Gewissheit nicht dadurch gelöst, dass man die individuelle durch eine kollektive Gewissheit ersetzt, zum anderen beruht Gewirths Argumentation für die gewählten generischen Handlungseigenschaften nicht auf subjektiver Einschätzung.[432]

Fazit
Zusammenfassend ist Gewirth in Bezug auf das Problem eines rational belastbaren Moralbegriffs zu konzedieren, dass er einen konstruktiven Lösungsvorschlag unterbreitet. Seine Deduktion des Handlungsbegriffs von einem allgemeinen Konzept moralischer Forderungen besitzt eine methodische Pointe, die den Vorwurf der Willkür weitgehend zurückweisen kann. Mit Singer und Puolimatka ist festzuhalten, dass Gewirths in formaler Hinsicht an Kant angelehnter Moralbegriff nicht alternativlos ist – dies trifft jedoch prinzipiell auf jeden Moralbegriff zu. Das von Ott adressierte Problem der subjektiven Gewissheit ist nicht abzustreiten, doch ist es erstens nicht spezifisch für Gewirths Theorie und zweitens kann es auch durch die diskursethische Strategie nicht behoben werden.

6.1.2 *»Agency«: Rationale Handlungsfähigkeit als autonomes Können*
Der Begriff der Handlung verweist über sich hinaus, wenn er als eine Aktualisierung der allgemeinen menschlichen *Fähigkeit zum Handeln* (»agency«) verstanden wird. Gewirth geht von einer grundsätzlichen

---
432 Vgl. dazu auch: Ott (2001), S. 146. Daneben gibt es noch eine weitere Möglichkeit, den skizzierten diskursethischen Einwand zu verstehen – demnach sei es von Grund auf falsch, den Begriff der Handlung ohne immer schon mitgedachte Intersubjektivität zu rekonstruieren. Es ist hier allerdings klärungsbedürftig, inwiefern Intersubjektivität für die generischen Eigenschaften von Handlungen konstitutiv sein soll. Es ist unklar, wie es möglich sein soll, diese Annahme konkret gegen Gewirths Zugang zur freien zweckgerichteten Handlung zu wenden. Der diskursethisch motivierte Einwand unterstellt eine Irreduzibilität von Intersubjektivität, die zum einen ihrerseits zu rechtfertigen und deren handlungstheoretische Relevanz zum anderen eigens aufzuzeigen ist.

6.1 »ACTION«, »AGENCY« UND DER MORALNEUTRALE AUSGANGSPUNKT

Disposition zum freien Handeln aus, die er als unabweisbar existent unterstellt.[433] Es handelt sich hierbei in erster Linie um eine vermögenstheoretische Prämisse, die durch einen gemeinhin als unproblematisch eingestuften präsuppositionsreflexiven Schluss begründet ist: Wenn Menschen bestimmte empirische Fertigkeiten aufweisen, die mit einer gewissen Regelhaftigkeit auftreten oder spontan aktualisiert werden können, ist der Schluss naheliegend, dass eine prinzipielle Fähigkeit zum Vollzug dieser Vermögen besteht.

Gewirths Konzept von Handlungsfähigkeit ist nicht in dem Sinne kantisch, dass er eine strukturell ähnliche Analyse von Handlungsvermögen vorlegt[434], jedoch dahingehend, dass diese Idee für rationale Selbstbestimmung steht[435] und ihre Plausibilität durch die Zurückweisung des starken Determinismus verdeutlicht werden soll.[436] Steigleder betont zu Recht, dass Gewirths Handlungsbegriff als unhintergehbare Sinnbedingung für praktische Normativität fungiere[437], doch muss zugleich berücksichtigt werden, dass nicht nur die mit Handlungen verbundene Zweckgerichtetheit, sondern auch die praktische Freiheit des Akteurs als empirisches Konzept zu verstehen ist. Die kantische Idee der Autonomie fungiert zwar als grundsätzliche Voraussetzung für die Annahme freier Handlungen, jedoch ist damit noch nicht geklärt, was unter freien Handlungen im empirischen Sinne zu verstehen ist. Daher stellt Gewirth bestimmte Kriterien für freie Handlungsvollzüge auf: Ein freies Handeln ist demnach nur dann konstatierbar, wenn a) Kontrolle und Wahl des Verhaltens entweder aktual vorliegen bzw. b) wenn sie dispositional existieren oder c) wenn sie indirekt dispositional gegeben sind.[438] In diesem Zusammenhang widmet sich Gewirth dem Problem der »forced choice«[439] und gesteht zu, dass durchaus Fälle vorstellbar seien, in denen aufgrund des z. B. von einer anderen Person willentlich beschnittenen Wahlbereichs nur vom Akteur negativ bewertete Handlungsoptionen zur Verfügung stehen (»Leben oder Geld!«). Eine unfreie Handlung zeichne sich durch Erzwungenheit, Unerwünschtheit sowie

---

433   Vgl.: Steigleder (1999), S. 29.
434   Seine diesbezüglichen Ausführungen sind zwar zum Teil detailliert, doch operiert er nicht mit klassischen kantischen Begriffen. Dies zeigt sich z. B. daran, dass er normalerweise nicht von einem Willen, sondern von einem (von Daveney inspiriertem) »wanting« spricht; vgl. zu Daveneys Einfluss auf Gewirth: A. a. O., S. 38 Anm. 1.
435   »Das *konstitutive Gut der Freiheit* bezeichnet das Vermögen, sich zu und in seinen Handlungen selbst zu bestimmen und diese zu kontrollieren.« S.: A. a. O., S. 52.
436   Freilich weist Kant den starken Determinismus mit einer anderen Strategie als Gewirth zurück, indem er seine Doppelaspektlehre entwirft und damit den Geltungsraum von auf Naturphänomene bezogenen Aussagen entsprechend begrenzt.
437   Vgl.: A. a. O., S. 30.
438   Vgl.: Gewirth (1978), S. 32.
439   Vgl.: A. a. O., S. 32 ff.

eine damit verbundene Bedrohung aus. Dies bedeutet, dass eine positive Evaluation eines der möglichen Zwecke nicht mit jeder Handlungssituation gegeben ist, weshalb Steigleder anmerkt, dass Gewirths werttheoretisch qualifizierte Version der Handlungsteleologie besagte Extremfälle bewusst (und auch zu Recht) ausschließt.[440]

Neben der freiheitstheoretischen Komponente der Handlungsfähigkeit gibt es den dispositionstheoretischen Aspekt, d.h. Gewirths Annahme, dass freies Handeln in einem *Können* bzw. *Anders-Können*[441] fundiert ist. Der freiheitstheoretische Aspekt bezieht sich auf den Begriff der Disposition, ist jedoch nicht mit ihm identisch, da ein unfreies Können widerspruchsfrei denkbar ist. Mit Illies muss auf den mit der Vorstellung eines dispositional bedingten Anders-Könnens verbundenen logischen Problembereich verwiesen[442] und entsprechend rekonstruiert werden, welche logischen und begrifflichen Unklarheiten mit der dispositionalen Handlungsauffassung verbunden sind. Das Problem einer begrifflich transparenten sowie modallogisch haltbaren Rekonstruktion des Begriffs der Disposition zum Handeln ist auch über Gewirth hinaus relevant, da kaum eine handlungstheoretisch fundierte Ethik oder Ethikbegründung ganz ohne eine zumindest ähnliche Konzeption arbeitet, insofern sie von freien zurechenbaren Handlungen ausgeht.

Gewirth ist offenbar Inkompatibilist, anders ist seine Konzentration auf die Abwehr des Determinismus nicht verständlich.[443] Zugleich schließt er sich mit seinem Modell der Wahlfreiheit im Sinne des »Anders-handeln-Könnens« implizit der philosophischen Tradition von Augustinus über Hume und Moore bis Tugendhat an. In Entsprechung zu seinem Ausgangspunkt der freien intentionalen Handlung spricht Gewirth von der freien und aufgeklärten Wahl als der notwendigen wie hinreichenden Bedingung für diese Form des Verhaltens: »(...), the person must control his behavior by his own unforced and informed choice. This does not mean that whenever he chooses to do some-

---

440 Vgl.: Steigleder (1999), S. 30 und 60f.
441 Vgl. dazu: G. Keil – Willensfreiheit, Berlin 2007, S. 153. Keil versteht unter dem bloßen Können bereits ein So-oder-Anderskönnen; vgl. kritisch dazu: J. Schälike – Spuren und Spielräume des Willens, Paderborn 2010, S. 21.
442 Vgl.: Illies (2003), S. 95.
443 Je nach Struktur des Begriffs der moralischen Verantwortung und weiterer konzeptueller bzw. metaphysischer Vorannahmen ist es möglich, ontologischen Determinismus mit einem konditionalanalytisch fundierten Begriff von Handlungs- und auch Willensfreiheit zu kombinieren. Allerdings ist an dieser Stelle nicht entscheidend, ob Gewirths Inkompatibilismus für seine Zwecke systematisch zwingend ist, denn dies wäre ein Nebenschauplatz einer allgemeineren Diskussion, die mit der argumentativen Plausibilität seines Modells nur peripher verbunden ist.

thing he does it, for he may be unable to do it. It means rather that when his behavior is voluntary or free, his unforced and informed choice is the necessary and sufficient condition of the behavior.«[444] Zum einen müssen verschiedene Handlungsoptionen bestehen, zum anderen wird die freie und reflektierte Entscheidung des Akteurs für eine der Alternativen als kausale Primärbedingung für das Zustandekommen der jeweiligen Handlung genannt: »(...) if the agent had chosen not to perform the action he would not have performed it.«[445] Demnach gilt: *Wenn Akteur A den aus der Zweckmenge Z frei und reflektiert gewählten Zweck E mittels Handlung X verfolgen wollte, dann würde er Handlung X vollziehen.*

Die Annahme von alternativen Handlungsmöglichkeiten wurde in der philosophischen Tradition vor allem seit Aristoteles[446] als notwendige Bedingung für moralische Verantwortlichkeit erachtet, und in dieser Hinsicht sind auch viele heutige Theoretiker Aristoteliker. Ist auch Gewirths Favorisierung des »Principle of alternative possibilities« (PAP) moralisch motiviert und würde dies nicht seinem eigens aufgestellten Kriterium der Moralneutralität des Ausgangspunktes widersprechen? Seine Abwehr des starken Determinismus wird nicht damit begründet, dass in einem deterministischen Universum moralisch zurechenbares Verhalten nicht mehr möglich sei, sondern er zeigt die sinnlogische Unmöglichkeit bzw. Selbstwidersprüchlichkeit dieser Position auf und benötigt dazu keine moralischen Prämissen.[447] Insofern Gewirths gesamtes Begründungsvorhaben als logisch schlüssig bzw. von einem rationalen Akteur zwingend anzuerkennen betrachtet wird, sind die Moralprinzipien dem Handlungsbegriff implizit, sodass man mit der Handlungstheorie notwendigerweise auch die Moraltheorie akzeptieren müsste. Dies ändert jedoch nichts daran, dass allein die moralisch indifferente Handlungstheorie am Anfang dieser Reflexionskette steht und keine moralische Prämisse als wahr vorausgesetzt werden muss, um den benannten Ausgangspunkt zu verstehen, zu affirmieren oder argumentativ zu verteidigen. Die einzige Voraussetzung besteht in der Möglichkeit des Sinns moralischer Forderungen und der teleologischen Rekonstruktion von Handlungen. Gewirths Verständnis von Handlung und Handlungsfreiheit impliziert das PAP demnach auf unproblematische Weise:

---

444   Vgl.: Gewirth (1978), S. 31. Auch für eine eingeschränkte Form der Wahlhandlung wird das Kriterium möglicher Alternativen festgesetzt.
445   S.: A. a. O., S. 32.
446   Vgl.: Aristoteles – EN III 1, 1109b30.
447   Freilich sind seine Ausführungen auch von dem Interesse getragen, den Sinn moralischer Forderungen zu sichern, indem die Vorstellung von dafür empfänglichen Adressaten plausibel gemacht wird; vgl.: Illies (2003), S. 95. Diesem Interesse wird von Gewirth jedoch kein argumentativ relevanter Status zugeschrieben.

Die Entscheidung für das PAP stellt keine moralisch relevante Entscheidung dar, da es mit allen denkbaren Moraltheorien kompatibel ist. Zudem ist es selbst kein moralisches, sondern ein handlungstheoretisches Theorieelement.

Einmal mehr ist es Aristoteles, der daran erinnert, dass die Begriffe der Fähigkeit und des Könnens verschiedene Vorstellungen bezeichnen[448] und dementsprechend genauer bestimmt werden müssen. Für ein präziseres Verständnis der Handlungsfähigkeit im Sinne Gewirths ist nun zwar z. B. nicht entscheidend, welche Detailprobleme der Kausalrekonstruktion in Bezug auf empirische Handlungen etc. existieren könnten, doch entzieht sich Gewirths Konzept der »agency« nicht jeder weiteren kritischen Analyse, nur weil es im Kontext sinnlogischer Bedingungsanalysen steht. Unabhängig davon scheint es hinsichtlich seiner Bedeutung einem reflektierten Alltagsverständnis zugänglich zu sein, doch ist es genau dieser am Alltagsverständnis orientierte Begriff von Disposition bzw. Können, der modallogische Fragen aufwirft. Gewirths Auffassung von Handlungsfähigkeit stellt sich sinngemäß als konditionaltheoretische Interpretation des PAP dar und lässt sich am treffendsten folgendermaßen rekonstruieren:

PAP (K)
Akteur A kann genau dann sowohl Handlung X als auch Handlung Non-X wählen,
(a) Wenn A wollen würde, dass X, dann X aktualisiert würde, und
(b) wenn A wollen würde, dass Non-X, dann Non-X aktualisiert würde.[449]

Alle bei der Analyse von Handlungsbedingungen wichtigen Parameter wie z. B. die doxastischen Kontexte bleiben bei dieser Form der konditionalanalytischen Rekonstruktion invariant, allein die Zielrichtung des Willens wird als modifizierbar gedacht. Handlungsalternative X oder Non-X bezeichnet hier wohlgemerkt jeweils intentionales Handeln, sodass mögliche Unsinnigkeiten in der formalen Analyse ausgeschlossen sind.[450] Zudem sind im Falle Gewirths zwei weitere Aspekte zu beachten: Normalerweise muss zwischen einer konkret aktualisierbaren Fähigkeit und einer allgemeinen Fähigkeit zur Ausführung einer Handlung differenziert werden. Der Satz »Ich kann Englisch sprechen« bezieht sich sowohl auf die grundsätzliche Fähigkeit (z. B. »Ich habe 10 Jahre Englisch in der Schule gehabt und bin deswegen des Englischen

---

448 Vgl.: Aristoteles – Met. IX 1,1046a4.
449 Vgl. zu dem Grundmuster dieses Schemas unabhängig von Gewirth: G. Seebaß – Die konditionale Analyse des praktischen Könnens, in: Ders. – Handlung und Freiheit. Philosophische Aufsätze. Tübingen 2006, S. 169-190, S. 174.
450 Vgl. dazu: Schälike (2010), S. 25.

mächtig«), als auch auf die in einer spezifischen Situation gegebene Möglichkeit (»Ich kann den Kellner jetzt auf Englisch nach einem Kaffee fragen, da mir gerade die passenden Wörter eingefallen sind«). Im Falle des Vollzugs von Einzelhandlungen wäre demnach ein enger[451], bei dem Vollzug einer Form von Handlung ein entsprechend weiter Fähigkeitsbegriff zu benutzen. Hinsichtlich der konkreten Gestalt von Gewirths Theorie gilt allerdings, dass sich diese im Übrigen rein formal plausible Differenzierung des Dispositionskonzepts insofern nicht praktisch auswirkt, als es in Gewirths Kontext an dieser Stelle der Argumentation nicht primär um eine Disposition zur Ausführung einer bestimmten Handlung oder eines Handlungstyps etc. geht, sondern die Disposition zum Handeln als solche thematisch wird. Nicht die punktuelle Aktualisierung z. B. des Englisch-Könnens, sondern der Handlungsvollzug überhaupt bzw. die *Aktualisierung des Akteurseins* stellt hier bei Gewirth die Handlung dar – vollkommen unabhängig vom jeweiligen Handlungsgehalt.[452] Hinsichtlich der meist im dispositionslogischen Diskurs diskutierten praktischen Vermögen[453] bezeichnet Handlungsfähigkeit im Sinne Gewirths somit eine *Meta-Fähigkeit*, die zu der allgemeinen (»Ich kann Englisch sprechen«) und konkreten Fähigkeit (»Ich kann jetzt Englisch sprechen«) hinzukommt.

PAP (K) ist zwar, wie bereits kurz angedeutet, von einem alltagsphänomenologischen bzw.- psychologischen Standpunkt anschlussfähig, doch bezieht Gewirth damit zugleich eine umstrittene Position. Das PAP wird spätestens seit Frankfurts einflussreicher Kritik[454] als nicht notwendigerweise mit

---

451 Der enge, an eine aktuell vorliegende Situation gebundene Begriff von Fähigkeit setzt im Unterschied zum weiten Konzept meist auch gegebene Gelegenheiten voraus – ich kann z. B. nicht Tennis spielen ohne die dazu notwendigen Mittel und Umstände. Allerdings ist dies nicht in allen Fällen so eindeutig – beispielsweise kann man Englisch sprechen, auch wenn gerade niemand in der Nähe ist, der mit einem auf Englisch sprechen würde. Die Definition von »Englisch sprechen« entscheidet hier darüber, ob der enge Fähigkeitsbegriff die Gelegenheit impliziert bzw. ob es überhaupt sinnvoll ist, von einer Gelegenheit im Sinne von Umständen zu sprechen.

452 Natürlich spielen bestimmte Formen der Handlung auch bei Gewirth eine besondere Rolle, z. B. Wertschätzungsakte. Genauer besehen, handelt es sich dabei jedoch gar nicht um eine besondere Handlungsform, sondern vielmehr um einen (konstitutiven) Aspekt der vorausgesetzten Handlungsteleologie, der somit jeder Handlung als Handlung zukommen soll. Auch innerhalb der Menge der Wertschätzungsakte existieren (später noch zu erörternde) qualitative Unterschiede, doch sind diese modaler, nicht struktureller Natur.

453 Wenn die rein naturgesetzlich bestimmten Dispositionen (also Eigenschaften) von Gegenständen analysiert werden, ist besagtes Spezifikum der Handlungsfähigkeit von Akteuren irrelevant.

454 Vgl.: H. Frankfurt – Alternate Possibilities and Moral Responsibility, in: G. Watson (ed.) – Free Will. Second Edition, Oxford 2003, S. 167-176.

moralischer Verantwortlichkeit verbunden angesehen, doch dieser Umstand ist insofern nicht der entscheidende Punkt, als Gewirths Favorisierung von PAP mit seinem sinnlogischen antideterministischen Argument zusammenhängt.[455] Gewirths Grundkonzept der allgemeinen Handlungsdisposition kann vielmehr durch bestimmte modallogische Argumente in Frage gestellt werden, die die Rede von einer grundsätzlich zurechenbaren Disposition problematisieren. Die hier relevante Frage lautet: *Ist es möglich, dass der Schluss von dem punktuellen Vorliegen einer Handlung auf das dauerhafte Bestehen eines sie ermöglichenden Vermögens gar nicht rational gerechtfertigt ist?*

Die Analyse des Begriffs der Disposition ist nicht primär im Bereich der praktischen Philosophie angesiedelt, sondern die logische Rekonstruktion praktischer Fähigkeiten ist vielmehr eine spezielle Modifikation der formalen Darstellung dispositionaler Eigenschaften von Objekten anhand der Bestimmung kontrafaktischer Konditionale. Um von einem allgemeinen konditionalanalytischen Dispositionsschema zu einer entsprechenden Rekonstruktion praktischer Fähigkeiten zu kommen, muss man jedoch nur einige Variablen entsprechend bestimmen, die globale Struktur ist invariant – daher ist es naheliegend, dass kritische Fragen an das allgemeine Dispositionsschema auch für die Analyse des praktischen bzw. auch moralischen Könnens von unmittelbarer Bedeutung sein können. Die allgemeine Konditionalanalyse arbeitet mit folgender theoretischer Auffassung von Disposition[456]:

AK (T)
Gegenstand G ist zu dem Zeitpunkt t genau dann disponiert, auf einen Stimulus S die Reaktion R zu zeigen, wenn gilt: Wenn Stimulus S zu t aufträte, zeigte G die Reaktion R.

Die in dieser Form zugeschriebenen Dispositionen werden kausal durch intrinsische Eigenschaften des jeweiligen Gegenstands (bzw. Subjekts) bestimmt[457], sodass im Falle fraglicher Zuschreibungen stets geprüft werden muss, inwiefern die zur Debatte stehenden Fähigkeiten nicht auch oder sogar

---

455 Dieses Argument wiederum hängt logisch nicht von einer impliziten Vorentscheidung für das PAP ab, sondern setzt überhaupt keine spezifische Auffassung von Freiheit voraus, da es nur auf allgemein verbindliche Bedingungen von rational qualifizierbaren Urteilen verweist und diese Freiheitsform (Urteilsfreiheit) als notwendig anzunehmen rechtfertigt.

456 Ich verwende hier eine leicht modifizierte Version der Darstellung der K-Analyse von Schälike; vgl.: Schälike (2010), S. 33.

457 Vgl.: M. Smith – Rational Capacities, or: How to Distinguish Recklessness, Weakness, and Compulsion, in: Ders. – Ethics and the Apriori. Selected Essays on Moral Psychology and Meta-Ethics, Cambridge 2004, S. 114-135, S. 120ff.; D. Lewis – Finkish Dispositions, in: The Philosophical Quarterly 47 (1997), S. 143-158, S. 149.

primär mit extrinsischen Merkmalen verbunden sind. Bei Gewirth finden sich keine expliziten Reflexionen zu der Frage, wie genau die Handlungsdisposition akteurintern kausal vernetzt ist bzw. auf welcher Art von Eigenschaften sie basieren soll. Vielmehr benutzt er den Dispositionsbegriff auch im Plural, um den Akteur zu beschreiben, wenn er die Person als »organized system of dispositions«[458] skizziert, in dem die handlungskausal relevanten Gründe mit anderen Wünschen, Begehrungen etc. und Entscheidungen der Person auf kohärente Weise verbunden sind. In Form einer prädikativen Verwendung ist z. B. auch in Bezug auf Freiwilligkeit und Zweckhaftigkeit von Dispositionen die Rede[459], sodass sich die logische Analyse der Dispositionsterminologie für weitere Strukturmomente des gesamten Ansatzes als folgenreich erweisen könnte. Doch worin genau könnten die logischen Probleme einer im Übrigen so einleuchtenden Annahme von einer je nach Antezedensbedingungen (Gegenstand) bzw. Willensentschluss (Akteur) aktualisierten Fähigkeit bestehen?

Im Ausgang insbesondere von David Lewis[460] sind die zuvor skizzierten konditionalen Schemata für Dispositionen AK (T) und damit auch PAP (K) unzureichend, da sie ein spezifisches Problem nicht berücksichtigen, welches mit den mit Dispositionen verbundenen Kausalprozessen zusammenhängt. Die bezüglich AK (T) kritischen Überlegungen setzen bei der Frage an, wie genau man sich die zwischen S und R bestehende Kausalrelation zu denken hat bzw. widerspruchsfrei *denken könnte*. Folgendes ist zu berücksichtigen: Ein Gegenstand G besitzt die Disposition (Dg), die Reaktion R im Falle der Gegebenheit von Stimulus S zu zeigen. Nun verhält es sich aufgrund der in AK (T) unbestimmten Kausalrelationen zwischen (Dg) und S aber so, dass das Auftreten des Stimulus S das Verschwinden von (Dg) verursachen kann – eine eigentlich (d.h. *vor* der empirischen Kausalwirkung von S) vorhandene Disposition wird durch S eliminiert. Wenn der Verlust von (Dg) zu dem Zeitpunkt t(S) geschieht und t(S) noch vor der Verursachung der nach AK (T) mit S kausal verbundenen Reaktion R liegt, dann wird R ausbleiben. D. h. aber, die gesamte Disposition wäre nicht als solche identifizierbar, da ihre Existenzbedingungen nicht erfüllt zu sein scheinen – obwohl man G die Disposition (Dg) *bis t(S)* einwandfrei hätte zuschreiben können. In diesem Fall verfügte G über die Disposition (Dg) zu allen Zeiten und Umständen bis auf t(S), wobei t(S) für einen bestimmten Zeitpunkt, aber auch ein situativ bestimmbares Zeitintervall steht. Sobald man also die Struktur der Kausalrelation von (Dg) und S auf

---

458 Vgl.: Gewirth (1978), S. 31.
459 Vgl.: A. a. O., S. 38.
460 Vgl.: Lewis (1997).

eine bestimmte Weise variiert – dies wird durch AK(T) durchaus erlaubt – und sich die kausalen Eigenschaften von S nicht nur auf R, sondern auch auf (Dg) beziehen, *ist AK(T) wahr, obwohl der Ereignisverlauf AK(T) nicht entspricht.* In diesem Beispiel besitzt der Gegenstand G gemäß der Formel AK (T) die Disposition (Dg) nicht, weil der Stimulus S nicht die Reaktion R bewirkt hat. Umgekehrt kann man sich konsistent vorstellen, dass Stimulus S die Existenz einer Disposition bewirkt, die vorher – vor t(S) – gar nicht durch die intrinsischen Eigenschaften von G kausal bedingt wurde, demnach G zumindest nicht permanent zugehörig war. In diesem Fall würde S die Reaktion R bewirken, obwohl (Dg) nur zu dem Zeitpunkt t(S), also »uneigentlich« vorhanden war. Wenn das alleinige Kriterium für die Zuschreibung von (Dg) an den Prozessen zwischen S und R zu dem Zeitpunkt t(S) ansetzt und darüber hinaus keinerlei Restriktionen bezüglich der möglichen Kausalrelationen zwischen S und (Dg) benannt werden, ergibt sich folgende, bizarr anmutende Situation: »Das *Analysandum* ist wahr, das *Analysans* aber offenbar falsch.«[461]

Dem zufolge ist es möglich, dass die Wahrheit von AK(T) weder eine notwendige, noch eine hinreichende Bedingung für (Dg) darstellt[462]: Ein Zauberer bewirkt bei einem an sich zerbrechlichen Glas immer dann einen Unzerbrechlichkeitszauber, wenn das Glas von einem Schlag getroffen wird, der das Glas ohne diesen Zauber zerbrechen ließe. Auch wenn das Glas also zu allen anderen Zeitpunkten ohne Schlageinwirkung zerbrechen würde, zerbricht es aufgrund des kausal an den Schlag gekoppelten Zaubers de faco nie. Aufgrund des Unzerbrechlichkeitszaubers handelt es sich bei der Zerbrechlichkeit um eine »scheue« Eigenschaft des Glases – es ist solange zerbrechlich, bis es von einem Schlag getroffen wird, danach ist es wieder zerbrechlich. Damit ändert sich jedoch der Status von AK(T), denn der Teilsatz »Wenn Stimulus S zu t aufträte, zeigte G die Reaktion R« ist nun keine *notwendige* Bedingung mehr für eine gerechtfertigte Zuschreibung von (Dg). Eine Variation dieses Beispiels besteht darin, dass der Zauberer das Glas permanent mit dem Unzerbrechlichkeitszauber belegt, diesen Zauber jedoch stets bei einem das Glas treffenden Schlag aufhebt; das Glas würde bei jedem Schlag – also zu t(S) – zerbrechen, ohne jedoch im herkömmlichen Sinne zerbrechlich zu sein. Hier läge der Fall vor, dass die Wahrheit von AK(T) keine *hinreichende* Bedingung für die Annahme von (Dg) ist.[463]

---

461 S.: Schälike (2010), S. 34; vgl. dazu: C. B. Martin – Dispositions and Conditionals, in: The Philosophical Quarterly 44 (1994), S. 1-8, S. 3.

462 Vgl. zum folgenden Beispiel: K. Vihvelin – Free Will Demystified: A Dispositional Account, in: Philosophical Topics 32 (2004), S. 427-450, S. 435; Lewis (1997), S. 147.

463 Vgl. dazu: Martin (1994), S. 2.

6.1 »ACTION«, »AGENCY« UND DER MORALNEUTRALE AUSGANGSPUNKT

Für eine adäquate Rekonstruktion der für Dispositionen relevanten kontrafaktischen Bedingungsrelationen hat sich der Zeitpunkt ihres Bestehens in Bezug zu ihrer spezifischen Kausalfunktion als entscheidend erwiesen. Das mit AK(T) verbundene Problem resultiert aus einer unzureichenden Berücksichtigung der Tatsache, dass sich Dispositionen auf komplexe und instabile Weise verhalten können, sie können schlagartig entstehen bzw. verschwinden und zudem in eigentümliche kausale Relationen eingebunden sein. Dementsprechend muss AK(T) dahingehend modifiziert werden, dass das Schema von folgender Definition des Besitzes von intrinsischen Eigenschaften ausgeht: »Eine intrinsische Eigenschaft zu besitzen, welche eine Fähigkeit konstituiert, heißt, das für die Fähigkeit definitorische Ereignis zu verursachen, sofern die definitorischen Umstände eintreten, *und sofern diese Eigenschaft lange genug bestehen bleibt, um ihre kausale Rolle zu entfalten.*«[464] Falls man diese Position teilt, muss man AK(T) folgendermaßen umformulieren:[465]

AK (T)'
Gegenstand G ist zum Zeitpunkt t genau dann disponiert, auf einen Stimulus S die Reaktion R zu zeigen, wenn gilt: Wenn Stimulus S zu t aufträte *und wenn G über die für (Dg) kausal hinreichenden Eigenschaften bis zu einem späteren Zeitpunkt t' verfügte*, zeigte G die Reaktion R.

Mit dieser revidierten Definition ist das rein formale Rekonstruktionsproblem zumindest weitgehend gelöst[466], doch innerhalb des für uns hier relevanten Kontexts – der Analyse des Konzepts der Handlungsfähigkeit in Hinsicht auf Gewirth – ist nicht die allein formale Perspektive interessant. Die hier nur kurz skizzierte Diskussion um Struktur und Bedingungen von Dispositionen verweist auf einen vorausgesetzten Begriff des Besitzes von Dispositionen, der impliziert, dass es für eine Zuschreibung von Fähigkeiten nicht ausreicht, diese nur für Zeitpunkt t'(S) bzw. Intervall t(S)-t'(S) zu besitzen. Ein solcher Dispositionsbegriff ist zwar nachvollziehbar, jedoch nicht zwingend. Diese These kann anhand der Betrachtung einer auf einfache praktische Fähigkeiten bezogenen Exemplifizierung der dispositionslogischen Problematik gestützt werden. Watson argumentiert für ein nur über punktuelle Willenskontrolle definiertes Dispositionskonzept im Kontext des folgenden Beispiels: Ein Akteur kann seine Hand nicht bewegen bzw. ist gelähmt, da die dafür kausal notwendigen Nervenverbindungen durchtrennt sind – dies allerdings stets nur

---

464 S.: Schälike (2010), S. 38.
465 Vgl.: Lewis (1997), S. 157; vgl.: Vihvelin (2004), S. 438; vgl.: Schälike (2010), S. 38.
466 Vgl. zu einer Verfeinerung des Schemas: Lewis (1997), S. 156.

bis zu seiner Willensentscheidung (Stimulus S), die Hand zu bewegen, denn immer dann, zu t(S), bewirkt ein Zauberer, dass die Nervenverbindungen zusammenwachsen (N) und er seine Hand bewegen kann (dies wäre Reaktion R). Hier geht es um die Kriterien einer gerechtfertigten Zuschreibung der Eigenschaft des Gelähmtseins, wobei die im Hintergrund stehende Frage auch den Begriff der Aktualisierung betrifft: Ist es sinnvoll, von Dispositionen zu sprechen, die allein in Abhängigkeit von ihren Aktualisierungen bestehen sollen? So einleuchtend der mit AK(T) bzw. AK(T)' verbundene Dispositionsbegriff einerseits sein mag, so durchdacht ist andererseits Watsons Argumentation für seine alternative Auffassung im Kontext dieses Beispiels: »My claim is that the notion of paralysis cannot be understood independently of what reliably depends on the will. Although my moving my hand is causally dependent on N, where the presence of N is reliably ensured by my willing to move my hand, its absence is not a necessary condition of my ability. What is a necessary condition is that N depends on my will.«[467] Hier liegt der seltsame Fall vor, dass der Akteur seine Hand immer heben kann, wenn er will, und dennoch in dem Sinne gelähmt ist, dass er abgesehen von den Willensakten seine Hand nicht kontrollieren könnte. Watsons Argumentation ist jedoch stichhaltig und zudem nur partiell kontraintuitiv, obwohl es in seinem Modell von Dispositionsbesitz keine Aktualisierung von Handlungsmöglichkeiten gibt, die auch unabhängig von eben dieser Aktualisierung existieren. Vielmehr verfügt der Akteur in diesem Beispiel zwar über praktische Willensfreiheit und Handlungsfähigkeit, aber über kein permanentes Handlungsvermögen in demjenigen Sinne, dass er außerhalb von konkreten Willensakten seine Hand bewegen kann. Insofern man von der m. E. plausiblen These ausgeht, dass Dispositionen einem Gegenstand/einem Akteur aufgrund intrinsischer Eigenschaften zugeschrieben werden, könnte man einwenden, dass der Akteur hier *keine* Disposition zur Handbewegung besitzt, weil er sie stets punktuell neu erwerben muss. Allenfalls dann wäre eine Rede von einer vorhandenen Fähigkeit gerechtfertigt, wenn der Akteur eine Disposition zum willentlich kontrollierbaren Erwerb der Handlungsdisposition besäße; die Disposition zur willentlichen Handbewegung wäre demnach »scheu«, nicht aber die Disposition zur Aktualisierung der »scheuen« Disposition. Zugleich bestünde jedoch immer noch das Problem, dass der dafür notwendige Zauberer kaum sinnvoll als Element der internen Kausalstruktur des Akteurs verstanden werden könnte,

---

467 S: G. Watson – Free Action and Free Will, in: Ders. – Action and Answerability. Selected Essays, Oxford 2004, S. 161-196, S. 180f.

sodass die Disposition zur Handlung nicht allein unter Rekurs auf die intrinsischen Eigenschaften des Akteurs erklärbar ist.[468]

In Bezug auf die Rolle der Handlungsfähigkeit bei Gewirth sind nun in erster Linie folgende Fragen zu klären: 1. Handelt es sich Gewirth zufolge um einen Akteur, wenn sich sein Akteursein allein auf empirisch-konkrete Willensakte beschränkt?; 2. Ist die bei Gewirth thematische Meta-Fähigkeit zum Handeln durch die mit dem Dispositionsbegriff verbundenen Unklarheiten belastet?

Ad 1. Die Kurzanalyse des Beispiels der nur temporär gelähmten Hand[469] zeigt, dass Watsons Primärkriterium einer hinreichenden Willenskausalität kompatibel ist mit der Zuschreibung einer bestimmten, zeitlich eingeschränkten Form von Handlungsfähigkeit. Freilich ist dieser Dispositionsbegriff ungewöhnlich und scheint zumindest in theoretischer Perspektive nicht den Sinn zu besitzen, der eigentlich bei der Etablierung des Begriffs praktischer Fähigkeiten ursprünglich im Hintergrund steht, nämlich die Bezeichnung einer Potentialität, die auch im Falle ihrer Nicht-Aktualisierung existent ist. Praktisch leistet er prima facie jedoch alles das, was man an Anforderungen an einen zu Recht so bezeichneten Akteur auch bei Gewirth findet: Die handelnde Person kann sich immer dann frei Zwecke setzen und diese Zwecke mittel- oder unmittelbar durch freie intentionale Handlungen verfolgen bzw. verwirklichen, *wenn sie es will*.[470] Aber würde auch Gewirths Argument der generischen Konsistenz von Lewis' oder Watsons Auffassung von Disposition getragen werden können? Die Antwort auf diese Frage kann nur gegeben werden, wenn man die bisher auf Einzelhandlungen bezogenen Argumente gegen die Notwendigkeit der Annahme von nicht-aktualisierten Dispositionen auf die bei Gewirth zentrale Meta-Fähigkeit zum Handeln überträgt.

Ad 2. Gewirth trifft eine systematisch wichtige Unterscheidung innerhalb seines Konzepts der Handlungsfähigkeit, welche zusätzliches Licht auf sein Verhältnis zum bisher umrissenen Diskurs um den Dispositionsbegriff wirft: Zum einen geht er von einer *konkreten, situativ relevanten Handlungsfähigkeit*

---

468 Vgl.: Schälike (2010), S. 37.
469 Wie bereits angedeutet wurde, ist es ebenfalls plausibel, hier ganz auf den Begriff der Lähmung zu verzichten, wenn man sie über den Mangel an entsprechender Willenskausalität definiert.
470 Vgl. dazu Gewirths Ausführungen zu freien Handlungen, wo einzig die intentionalkausale Kontrolle der Handlungen durch den Akteur genannt wird: Gewirth (1978), S. 27. Die rational reflektierte Wahl sei die notwendige und hinreichende Bedingung für die Unterstellung freier Akte; vgl.: A.a.O., S. 31.

aus, die den Akteur dazu befähigt, spezifische Einzelhandlungen zu vollziehen – wie z. B. die in Watsons Beispiel thematisierte Bewegung der Hand; ich nenne diese Art von Handlungsvermögen im Folgenden (Hk). Zum anderen postuliert er eine der konkreten Handlungsfähigkeit dispositionslogisch noch vorgeordnete *allgemeine Disposition zum Handeln*, welche das Fundament von (Hk) ausmacht und für die Kontrolle und Steuerung verschiedener Einzelhandlungen notwendig ist; diese dispositionelle Fähigkeit nenne ich (Hd).[471] Der dispositionslogische Primat von (Hd) muss mit Steigleder als praktisch begründet rekonstruiert werden: »Da (...) der Handelnde sich nicht nur als aktuell Handelnder oder Handlungsfähiger sieht, ist es grundsätzlich möglich, innerhalb des konstitutiven Gutes der Freiheit (aus der Perspektive des Handelnden) eine Rangordnung aufzustellen, die gewissermaßen mit einer Abstufung der Notwendigkeit zusammenhängt: Das dispositionell-allgemeine Vermögen der Freiheit rangiert im Grundsatz vor dem Vermögen, sich in diesem oder jenem Fall zum Handelnden zu bestimmen und sein Handeln zu kontrollieren.«[472]

Aufgrund der allgemeinen Handlungsdisposition (Hd) ist ein Akteur stets ein (potentiell) Handelnder, aufgrund der konkreten Handlungsdisposition (Hk) ist ein Akteur manchmal zudem ein aktuell Handelnder. (Hd) bezeichnet das identitätskonstitutive Merkmal des Akteurs, welches Gewirth als für jeden Handelnden unabdingbar ansieht, während (Hk) zwar als induktiv-epistemologisches Moment der Rechtfertigung der Annahme von (Hd) fungiert, nicht jedoch notwendig vorausgesetzt werden muss, damit ein Akteur ein solcher ist und bleibt. Vor dem Hintergrund der kontroversen Diskussion um eine plausible Dispositionsauffassung vertritt Gewirth somit einen inklusivistischen Dispositionsbegriff, der die Idee der Fähigkeit sowohl dispositionell als auch aktuell bestimmt.[473] (Hd) bezeichnet dabei nicht nur in irgendeiner spezifischen Hinsicht *mehr* als »Ich kann (grundsätzlich oder aktuell) die Tätigkeit des Typs X ausüben« – diese Fähigkeit kann vielmehr nur auf einer kategorial anderen Reflexionsebene erfasst werden, sie stellt die notwendige Bedingung für grundsätzlich gegebene wie für konkrete Dispositionen dar.

Dies bedeutet, dass (Hd) nicht sinnvoll nach dem Muster einer konditionalanalytischen Dispositionsrekonstruktion kritisiert werden kann: Wenn man

---

471 Vgl.: A. a. O., S. 52.
472 S.: Steigleder (1999), S. 52.
473 Diese Position steht in großer Nähe zu dem klassisch-aristotelischen Konzept, kombiniert mit dem systematisch untergeordneten Möglichkeitskonzept der Megariker (letzteres wiederum ist auch für Watson maßgeblich, freilich aus anderen als im megarischen Kontext relevanten Gründen).

z. B. annimmt, dass (Hd) stets nur dann existiert, wenn der Akteur (Hk) aktualisiert, bedeutet dies, dass der Akteur immer nur während des Aktivitätsintervalls t(S)-t'(S) ein Akteur *ist*. Vorher und nachher wäre er im Falle von (Hk) kein Akteur, also auch und gerade kein *potentieller Handelnder* in einem nachvollziehbaren Sinn. Hier besteht ein entscheidender Unterschied zu den Beispielen der Beherrschung einer Sprache oder der Handbewegung, denn es ist nicht sinnvoll, von der Willkürlichkeit des Akteurseins auszugehen – eine solche Willkürlichkeit würde immer schon den Akteurstatus im Sinne der Meta-Fähigkeit (Hd) voraussetzen.[474] Das bei Gewirth zentrale Handlungsvermögen ist eine notwendige praktische Bedingung für alle Formen der praktischen dispositionslogischen Reflexion. Die *Fähigkeit, zu etwas fähig zu sein*, ist dispositionsanalytisch unhintergehbar.

Fazit
Gewirths Begriff der Handlungsfähigkeit ist nicht durch die Schwierigkeiten belastet, die mit dem Problem der scheuen Dispositionen verbunden sind. Dies liegt primär daran, dass dieses Problem in einem hier relevanten praktischen Sinne nur dann entstehen kann, wenn die von Gewirth fokussierte dispositionelle Handlungsfähigkeit immer schon gegeben ist. Akteure können Dispositionen und auch scheue Dispositionen besitzen, doch kann es sich bei der Disposition zu handeln nicht um eine scheue Disposition handeln. Im Unterschied zu dem genannten Beispiel von Watson gibt es im praktisch-realen Kontext keine sinnvollerweise unterstellbare interne oder externe Macht, die eine scheue Disposition zu handeln »aktivieren« könnte. Dies müsste daher von dem Akteur selbst ausgehen – wofür immer schon die Existenz eines solchen zu unterstellen ist.

Die folgenden Ausführungen sind der Analyse der systematischen Funktion des Konzepts der Handlungsfähigkeit sowie der kritischen Rekonstruktion der These gewidmet, dass Normativität prinzipiell eine intrinsische Eigenschaft von Handlungen ist, da jede Handlung um eines subjektiv wertgeschätzten Zweckes Willen vollzogen wird. Im Kontext seiner teleologischen

---

474 Natürlich bestünde hier die Möglichkeit zu Gedankenexperimenten, etwa zur Imaginierung eines Falles, in dem das Akteursein einer Person extern und willkürlich durch eine spezielle Maschine per Knopfdruck an- und ausgeschaltet werden kann. Allerdings wäre dies die Antwort auf eine Frage, die gar nicht gestellt wurde, nämlich die Frage nach der Möglichkeit eines willentlichen Verfügens von Person bzw. Ursache A über das Vermögen zur willentlichen Verfügung von Person B über sich selbst. Im handlungstheoretischen Kontext geht es um die Frage, ob man sich den Akteurstatus selber verleihen kann, ohne ihn auf grundlegende Art und Weise schon zuvor zu besitzen.

Handlungstheorie entwickelt Gewirth eine Argumentation, die über die bisher skizzierte Rechtfertigung eines grundsätzlichen Handeln-Könnens hinaus geht, indem er von der konativen Affirmation der jeweiligen Zwecke auf einen präsuppositionslogisch begründeten Wert des Handlungsvermögens schließt.

6.2   Die intrinsische Normativität der Handlung

Gewirth zufolge gründet moralische Verbindlichkeit u.a. in der Wertschätzung der eigenen Handlungsfähigkeit durch den Akteur, die als die für jede Handlung notwendige Voraussetzung verstanden wird. Der Ausgangspunkt seines Arguments besteht in der Tatsache, dass Akteure handeln. Handeln wird von Gewirth, wie zuvor erwähnt, gemäß dem teleologischen Handlungsmodell als das Verfolgen eines Zwecks verstanden: »(....) ›I do X for purpose E‹.«[475] Der zweckgerichtete Handlungsvollzug wird hier aus *erstpersonaler Perspektive* beschrieben, und der praktische Standpunkt des Akteurs wird für das gesamte Argument Gewirths maßgeblich sein. Im Hinblick auf die generischen Eigenschaften der Handlung soll mit diesem Urteil prinzipiell feststehen, dass »E« dem Akteur gut im Sinne von erstrebenswert erscheint – hinter der teleologischen Handlungsrekonstruktion steht die Prämisse, dass Handeln immer schon Zweckaffirmation durch den Akteur bedeutet: »He regards this goal as worth aiming at or pursuing; for if he did not so regard it he would not unforcedly choose to move from quiesence or nonaction to action with a view to achieving the goal.«[476] Die Art des Zwecks und sowohl der normative Grund als auch die Motivation für sein Anstreben sind hier genauso irrelevant wie mögliche Selbstaussagen des Akteurs, die gegebenenfalls jegliche Wertschätzung des Handlungszwecks bestreiten, denn bereits der Handlungsvollzug als solcher wird von Gewirth als praktische Stellungnahme verstanden, die einen zwar impliziten, jedoch rekonstruierbaren propositionalen Gehalt aufweist. Der Zweck ist in dieser Sicht notwendigerweise der Gegenstand einer »pro-attitude« bzw. eines Begehrens (»desire«), und nur aufgrund dieser Affirmation des Zwecks sei die Motivation zur entsprechenden Handlung nachvollziehbar: »(...) since it is admittedly some desire, at least in the intentional sense of wanting, that provide one's purpose in acting, it follows that an agent acts for a purpose that constitutes his reason for acting and that seems to him to be good on some criterion he implicitly accepts insofar as

---

475   S.: Gewirth (1978), S. 49.
476   S.: A.a.O.

he has that purpose.«[477] Der hier von Gewirth angesprochene intentionale Sinn des Wollens ist von einem neigungsbasierten Verständnis zu unterscheiden, da nicht jeder Wollensakt als Ausdruck von Wünschen oder anderen hedonistischen Impulsen verstanden werden darf. Die Tatsache, dass Akteur A einen Zweck verfolgt, zeuge zwar davon, dass er diesen Zweck ausgewählt und affirmiert bzw. zu seinem Zweck gemacht habe sowie ein Interesse an der erfolgreichen Verwirklichung dieses Zwecks besitze, doch impliziere dies nicht, dass der Grund für seine praktische Präferenz auf eine persönliche Inklination zurückzuführen sei.[478] Der selektierte und affirmierte Zweck bilde demnach den Handlungsgrund des Akteurs und dies könne nicht ohne ein voluntativ-konatives Moment seitens des Handelnden geschehen.

Exkurs: *Psychologismus und Anti-Psychologismus in der Theorie der Gründe*

Der Psychologismus in der Theorie der Gründe, so wie er sich z. B. in unterschiedlichen Formen bei Aristoteles, Hume, Kant, Davidson oder eben auch Gewirth findet, ist sicherlich eine der vorherrschenden Theorien, was den motivationstheoretischen Aspekt von Gründen anbetrifft. Zudem muss man konzedieren, dass er, zumindest in intuitiver Perspektive, attraktiv ist: Es erscheint unmittelbar überzeugend, neben einem rational-kognitiven Moment ein im weitesten Sinne emotionales Moment anzunehmen, ohne welches Handlungen als Akte des Strebens unmöglich sind. Auch Davidson geht davon aus, dass jeder Handlungsgrund ein voluntatives Moment (»pro-attitude«) und ein kognitives Moment (»belief«) aufweisen muss.[479] Sehon dagegen vertritt die Auffassung, dass das voluntative Moment zwar zu Handlungsgründen beitragen kann, jedoch nicht in allen Fällen notwendig ist, um von solchen zu sprechen.[480] Schueler[481] und die Anhänger des »pure cognitivism« Dancys halten eine radikal anti-psychologische Theorie der Gründe für richtig – ihnen

---

477 S.: A.a.O., S. 50.
478 Vgl. dazu seine Differenzierung zwischen einem neigungs- und einem intentionsbasierten Wollen: »It is important to remember that ›wanting‹ has not only an inclinational or hedonic sense, but also an intentional sense. (…); (…) in the intentional sense, to want to do X is simply to intend to do X, (…).«, s.: A. a. O., S. 39; vgl. darüber hinaus: Ders. (1971), bes. S. 239ff.
479 Vgl.: Davidson (1980), S. 5. Das voluntative Moment Davidsons wird dabei als ein *motivierender Grund*, das kognitive Moment als ein *normativer Grund* verstanden, sodass sich die Frage aufdrängt, wie sich beide Momente zueinander verhalten.
480 Vgl.: Sehon (2005), S. 148.
481 Vgl.: F. Schueler – Reasons and Purposes. Human Rationality and the Teleological Explanation of Action, Oxford 2003, S. 112.

zufolge spielen Begehrungen, Wünsche etc. überhaupt keine relevante Rolle.[482] Dancys Argumentation basiert auf einem assertorischen, durch postulierte Selbstevidenz gestützten Urteil, welches im Anschluss an den Ansatz Nagels gegen die starke Variante des Psychologismus bei Hume gewendet ist. Er vertritt die These, dass affektive psychologische Zustände weder selbst eigenständige Handlungsgründe darstellen, noch bestehende Gründe signifikant verstärken können: »Desires are held for reasons, which they can transmit but to which they cannot add. Therefore a desire for which there is no reason cannot create a reason to do what would subserve it.«[483] Nicht nur weist Gewirths Handlungsbegriff eine konative und eine kognitive Komponente auf, sondern seinem Konzept zufolge werden Handlungszwecke (und damit allgemein auch Handlungsgründe) zumindest durch irgendeine Form von affektiver Affirmation oder Begehrung mitkonstituiert.[484]

Eine zentrale interpretatorische Schwierigkeit im Kontext von Dancys Theorie der Gründe besteht bezüglich der Frage, was es bedeuten soll, dass es einen Grund für eine Handlung *gibt*, da diese allgemeine Redeweise nicht zwischen subjektiven und objektiven Gründen differenziert. Dieses Problem kann anhand einer kurzen Betrachtung eines von Dancys Beispielen verdeutlicht werden, die er für die Plausibilität seiner Position anführt: Wenn ein Akteur auf eine unmoralische Weise handeln würde, die das Ende seiner Ehe und Karriere mit sich brächte, dann gäbe es schlichtweg keinen Ansatzpunkt dafür davon zu sprechen, dass für besagte Handlung ein *Grund* bestanden hätte – auch wenn diese Handlung aus einem Begehren heraus geschehen wäre, das ihn offenbar hinreichend zu ihrem Vollzug hat bzw. hätte motivieren können.[485] Wenn es keinen Grund zu einer unvernünftigen Handlung gebe,

---

482   Dancys anti-psychologischer reiner Kognitivismus stellt insofern eine andere Alternative zur Handlungsteleologie als Davidsons Kausalismus dar, als Dancy zum einen eine nonkausalistische Position vertritt und zum anderen nicht der Frage nach der besten Handlungserklärung, sondern derjenigen nach den besten Bausteinen einer solchen nachgeht. Selbst dann, wenn man also Gewirths Handlungstheorie für überzeugender als z. B. die kausalistische Alternative hält, ist die Psychologismus-Problematik weder gelöst noch als irrelevant erwiesen.
483   S.: J. Dancy – Practical Reality, Oxford 2000, S. 39.
484   Das heißt wohlgemerkt nicht, dass Gewirth eine an Humes Auffassung angelehnte Theorie der Gründe vertritt – davon ist Gewirth als Externalist eindeutig entfernt –, sondern nur, dass ein psychologischer Zustand eine konstitutive Rolle bei dem Zustandekommen von praktischen Gründen spielt: »«(...), the primary, although by no means the only, basis of judging something to be good is precisely the connection with one's pro-attitude or positive interest or desire whereby one regards the object as worthy of pursuit.« Vgl.: Gewirth (1978), S. 50.
485   Vgl.: Dancy (2000), S. 37.

6.2 DIE INTRINSISCHE NORMATIVITÄT DER HANDLUNG

so könne auch das Begehren oder Wünschen dieser Handlung keinen entsprechenden Handlungsgrund darstellen, generieren oder zu einem solchen beitragen.[486] Ein rationales Argument für eine anti-psychologische Theorie stellt dieses Beispiel allerdings nicht dar, sondern allenfalls ihre Illustrierung.

Gewirths Ansatz wird durch den Anti-Psychologismus in keiner Weise herausgefordert, und zwar aus zwei Gründen: *Erstens* ist Dancys Beispiel nicht plausibel – mit Mele[487] kann man darauf verweisen, dass es starke Gegenbeispiele gibt, und mit Sehon ist es weitaus einleuchtender, gerade in dem von Dancy erwähnten Beispiel das Begehren einer unter vielen Gesichtspunkten unvernünftigen Handlung sehr wohl als einen Handlungsgrund zu betrachten.[488] *Zweitens* gehen Dancy und Schueler davon aus, dass einzig Tatsachen und bestimmte Zustände der Welt als Handlungsgründe fungieren können[489], doch wird dabei der bei Gewirth fokussierte Aspekt der motivationspsychologischen Dimension aus dem Blick verloren. Aus praktisch-erstpersonaler Perspektive muss eine bestimmte Tatsache durch den Akteur in irgendeiner Hinsicht wertgeschätzt werden, damit ein Einfluss dieser Tatsache auf sein Handeln nachvollziehbar ist. Das bloße Vorliegen eines Zustands der Welt oder auch von anderen Akteuren liefert einem Akteur in dieser praktischen Hinsicht keinerlei Grund, auf eine bestimmte Weise zu handeln. Der reine Kognitivismus kann die Handlungsteleologie daher nicht unterminieren, sondern stellt nur eine mögliche, nicht jedoch zwingende theoretische Option dar, die auf einer angreifbaren Definition dessen beruht, was es heißt, nach Gründen zu handeln.

Im Folgenden gilt es, im Ausgang von dem Urteil »I do X for purpose E« zu rekonstruieren, wie der erste Schritt des Arguments der generischen Konsistenz

---

486 Vgl. dazu in demselben Sinne: J. Raz – The Morality of Freedom, Oxford 1986, S. 141.
487 Vgl.: A. Mele – Motivation and Agency, Oxford 2003, S. 82. Mele rekurriert auf das Beispiel, dass wenn eine fröhliche Person ihrem emotionalen Zustand Ausdruck verleihen will, indem sie ein heiteres Lied singt, dieses emotionale Bedürfnis sehr wohl als Grund für ihre Handlung verstanden werden kann bzw. sollte.
488 Vgl.: Sehon (2005), S. 150f. Dabei existieren durchaus gewisse Übereinstimmungen zwischen Dancy und Gewirth, wenn Dancy z. B. auch irreflexive Handlungen aus Neigung auf Gründe (»inconclusive reasons«) zurückführt und damit implizit Gewirths These zustimmt, dass *jeder* Handlung bestimmte Gründe zugrunde liegen. Vgl.: Dancy (2000), S. 36; Gewirth (1978), S. 40. Auch Gewirth zufolge wäre es zulässig, auch dann von einem existenten Handlungsgrund zu sprechen, wenn eine Handlung durch moralische, prudentielle, strategische etc. Argumente als falsch bzw. schlecht disqualifiziert würde und nur ein dem entgegengesetztes Wollen bzw. Begehren (Gewirths »pro-attitude«) dafür spräche; vgl.: A. a. O., S. 50.
489 Vgl.: Dancy (2000), S. 100; Schueler (2003), S. 112.

zu verstehen ist und inwiefern er kritischen Einwänden standhalten kann. Gewirth fasst die grundlegenden handlungsteleologisch fundierten Annahmen seines Ansatzes folgendermaßen zusammen: »First, every agent implicitly makes evaluative judgments about the goodness of his purposes and hence about the necessary goodness of the freedom and well-being that are necessary conditions of his acting to achieve his purposes.«[490] Diese Ausführungen umfassen die folgenden Einzelthesen:

(I)   Ich vollziehe Handlung H, weil ich Zweck Z verwirklichen will
(II) Da ich Zweck Z will, stellt Z *für mich* ein Gut dar
(III) Die erfolgreiche Verwirklichung von Z stellt *für mich* ein Gut dar
(IV) Mein Handlungsvermögen stellt *für mich* notwendigerweise ein Gut dar
(V)   Meine Freiheit und mein Wohlergehen als notwendige Bedingungen meines Handlungsvermögens stellen *für mich* notwendige Güter dar

Gewirth zufolge schätzt jeder rationale, d.h. konsistent urteilende Handelnde mit jeder Handlung sowohl seine Handlungsfähigkeit als auch die Bedingungen dieses Vermögens, und dies mit einer spezifischen Form von Notwendigkeit. Da Handlungsfähigkeit als notwendige Voraussetzung von Handlung fungiert, wird ein praktischer *Werttransfer vom Handlungszweck auf seine Voraussetzungen* angenommen: Weil ich die von mir angestrebten Zwecke als *meine* Zwecke wertschätze, muss ich aus Gründen der praktischen Konsistenz auch das für die Zweckverfolgung notwendig vorauszusetzende Vermögen wertschätzen, nämlich meine Handlungsfähigkeit. Da meine Handlungsfähigkeit nur dann gegeben ist, wenn ich freie und zweckgerichtete Handlungen vollziehen kann, muss ich meine Freiheit und die Bedingungen meiner erfolgreichen Zweckverfolgung wertschätzen. Die Bedingungen von zweckgerichtetem Handeln werden von Gewirth unter dem Begriff des Wohlergehens (»well-being«) subsumiert, wobei er darunter konkrete innere und äußere empirische Handlungsbedingungen des Akteurs versteht, die aus praktisch-erstpersonaler Sicht in unterschiedlichem Maße notwendig sind, um die Möglichkeit von Handlungen zu gewährleisten.[491]

Sowohl die Notwendigkeit der Gutheit des Handlungszwecks als auch derjenigen ihrer Bedingungen, die in den Thesen (I) bis (V) benannt werden, ist Gewirth zufolge *dialektischer* Natur. Dialektisch notwendig sind Aussagen, die allein aus der Akteurperspektive rational zwingend sind, d.h. deren Negation

---

490   Vgl.: Gewirth (1978), S. 48.
491   Vgl.: A. a. O., S. 60f.

aus der Sicht des Handelnden zu einem notwendigen Selbstwiderspruch führen.[492] Dabei handelt es sich um Urteile, die von allen Handelnden unabhängig von persönlichen Präferenzen, Charakterstrukturen etc. affirmiert werden müssen, sodass man hier von einer allgemein verbindlichen und daher *praktischen Urteilsnotwendigkeit* sprechen kann, die aus der strikten Verbindlichkeit der generischen Eigenschaften der Handlung für den Akteur resultieren soll. Der in diesem Sinne dialektische Charakter der Urteilsnotwendigkeit impliziert die Bedingtheit der entsprechenden Notwendigkeit durch die Einnahme der Akteurposition: Die Extension des Geltungsbereichs dialektischer Notwendigkeit wird durch die Extension des Geltungsbereichs derjenigen Urteile bestimmt, die strukturell mit der konsistenten Selbstauffassung des Handelnden als Akteur verbunden sind.

Die von Gewirth konstatierten generischen Eigenschaften der Handlung sowie die dialektisch notwendigen Urteile sind primär von implikationslogischer Relevanz, d.h. sie setzen prinzipiell etwas voraus, dessen Implikate sie sein müssen. Doch setzen sie nicht nur irgendetwas voraus, sondern die faktische Struktur von Handlung, wie sie in unserer Welt empirisch gegeben ist.[493] Dialektische Notwendigkeit in Gewirths Theorie ist somit modallogisch nur eingeschränkt verbindlich: Sie ist nicht in allen möglichen Welten (a) und zudem nur unter der Voraussetzung der Verbindlichkeit des erstpersonalen Standpunkts des Akteurs (b) gültig. Was bedeuten diese beiden Beschränkungen für Gewirths Projekt?

Ad a. In einer möglichen Welt, in der z. B. die unterstellte Handlungsteleologie nicht plausibel zu verteidigen wäre, könnten die grundlegenden Bedingungen für Gewirths Theorie nicht erfüllt werden, sodass die gesamte damit verbundene Argumentation keinen Anhaltspunkt besäße. Dieser Sachverhalt stellt insofern kein grundsätzliches Problem für eine Ethikbegründung in universalistischer Absicht dar, als man an dem Erweis einer bestimmten Form von moralischer Verbindlichkeit in unserer Welt interessiert ist – ob moralische Verbindlichkeit in allen möglichen Welten gelten muss, ist zum einen eine offene, zum anderen jedoch auch eine unklare Frage, da es kaum sinnvoll wäre, besagte Verbindlichkeit für mögliche Welten einzufordern, wenn es in ihnen z. B. gar keine moralisch relevanten Subjekte gibt oder der

---

492 Vgl.: A. a. O., S. 43f.
493 Vgl.: A. a. O., S. 22. Erinnert sei daran, dass die faktische Struktur der Handlung nicht allein als bloße empirische Generalisation zu verstehen ist, sondern als von maßgeblichen Aspekten des Begriffs moralischer Forderungen abgeleitete Vorstellung von Handlungseigenschaften, die diesen Aspekten Rechnung trägt.

Begriff der Moral stark von in der faktischen Welt verbreiteten Auffassungen abweichen würde.[494] Eine andere Dimension der modallogischen Frage betrifft möglicherweise bestehende Bedingungen der Handlungsteleologie in anderen Welten, die von den uns bekannten Strukturen in z. B. motivationspsychologischen Hinsichten abweichen. In Parallele zu Keils Zurückweisung von umfassenden modallogischen Reflexionen im Kontext der Frage nach einem belastbaren Kriterium für naturalistische Erklärungen sehe ich auch hier keinen Grund, sich dieses Problems anzunehmen, da überhaupt nicht klar ist, worin durch entsprechend spekulative Annahmen ein thematisch relevanter Erkenntnisgewinn bestehen sollte.[495] Vielmehr ist mit Steigleder zu betonen, dass gerade die modallogische Beschränktheit Kennzeichen des praktischen Begründungsansatzes Gewirths ist, der durch die Abkehr von der Idee der Richtigkeit in allen möglichen Welten versucht, spezifisch praktische Dimensionen der Rechtfertigung des Sittlichen in den Blick zu nehmen.[496]

Ad b. Dialektische Notwendigkeit ist unmittelbar über Akteurrelativität definiert und kann somit nur aus eben dieser Perspektive behauptet werden. Diese These ist im Vergleich z. B. mit einem klassischen moralischen Realismus ein vermeintlich defensiver Aspekt der Theorie, jedoch bedeutet er innerhalb der vorausgesetzten Systematik keine Einschränkung oder Zurücknahme der Möglichkeit der Etablierung von kategorischer Verbindlichkeit, da

---

494 Wenn Kant die Geltung des Sittengesetzes für alle Vernunftwesen postuliert, dann gilt entsprechend, dass sie nur in all denjenigen möglichen Welten verbindlich sein soll, in denen Vernunftwesen mit den entsprechenden Eigenschaften und Fähigkeiten existieren. Diese Perspektive scheint mir jedoch nicht auf spezielle Ethikmodelle beschränkt zu sein, sondern auch ein Utilitarist oder Humeaner hätte keine rationale Veranlassung für eine stärkere These in entsprechend modifizierter Version.

495 Vgl.: Keil (2000), S. 192f. Die modallogische Restriktion handlungstheoretischer Begründungsansätze ist darüber hinaus nicht mit einer relativistischen Wertbegründung verbunden: Wenn Kant in der ersten Kritik durch transzendentale Reflexion zu dem Schluss kommt, dass sich für das Subjekt alle Erfahrung in Raum und Zeit ereignen muss, da Raum und Zeit apriorische, erfahrungskonstitutive Anschauungsformen sind, dann ist diese Erkenntnis keineswegs in einem geltungsrelativistischen Sinne bedingt, obwohl sie ursprünglich auf einen kontingenten subjektiven Sachverhalt Bezug nimmt, nämlich auf das Faktum der Erfahrung. Falls man Kant zugesteht, dass seine Argumentation zutreffend ist, dann sind die subjektiven Anschauungskategorien zwar nur für die Erfahrung und nicht für andere Phänomene vorauszusetzen, jedoch ausnahmslos für *jede* Erfahrung. Allerdings wären Kants Überlegungen keineswegs zwingend für die Erfahrung in allen möglichen Welten, sondern nur für die uns bekannte Form von Erfahrung in unserer Welt. Zugleich würden wir Formen von Erfahrung, die unserem Begriff von Erfahrung nicht entsprechen, konsequenterweise gar nicht als solche (an)erkennen.

496 Vgl.: Steigleder (1999), S. 26.

die methodische Pointe von Gewirths Reflexionen u.a. in der Betonung der prinzipiellen praktischen Unhintergehbarkeit des Akteurstandpunkts besteht. Die nur subjektiv-relative Verbindlichkeit von Zwecken ist zwar nicht das anvisierte Ziel des Begründungsansatzes, wohl jedoch ein Kohärenzmoment des sich entfaltenden Grundgedankens. Zu berücksichtigen ist hier, dass Gewirths Argument bei einem *nicht-partikularen* Begriff der Handlung und des Akteurs ansetzt, weshalb mit dem Begriff der »Akteurrelativität« kein Geltungsrelativismus assoziiert werden darf. Vielmehr geht es um allgemeine Eigenschaften des Handlungs- und Akteurbegriffs, demnach um generelle Implikationen, die auch bei allen einzelnen rationalen Handlungen und Akteuren notwendig (wenn auch meist implizit) präsent sind.

Regis hat in diesem Kontext darauf aufmerksam gemacht, dass es sich offenbar um eine besondere Wahrheitskonzeption handele, die bei Gewirth eine argumentativ tragende Rolle spiele: »Within the dialectically necessary method, a claim is backed not by evidence but by need, and what warrants claims is not reason but conation.«[497] Die (assertorische) Wahrheit von Urteilen könne nicht als Funktion von (notwendigen) Bedürfnissen aufgefasst werden – dies sei jedoch bei Gewirths konativer Theorie der Wahrheit[498] der Fall. In seiner Metakritik von Regis weist Beyleveld darauf hin, dass Gewirths Ansatz sehr wohl an zentralen Stellen des Arguments auf assertorische Urteile Bezug nehme und im Übrigen auch nur anerkannte deduktive und induktive Schlussverfahren anwende.[499] Dies ist zwar zutreffend, doch wird damit die Idee der geltungstheoretischen Bedeutung des Konativen als genuin praktischer Verbindlichkeitsgrund vorschnell disqualifiziert. Wenn man Gewirths Ausführungen zur Relation von Konativem und der Wahrheit praktischer Urteile betrachtet, ist zu erwägen, ob Regis mit der Idee der konativen Wahrheit nicht doch einen wichtigen Aspekt der handlungsreflexiven Ethikbegründung trifft: »The truths attained by the dialectically necessary method are relative to the conative standpoint of the agent. [...]. Certain value judgements and right claims made by agents are true when they are viewed from within the conative standpoint agents must adopt (...). [...]. (...) the truths in question are relational; they are propounded as relative to the agent's standpoint, not as true *tout court*.«[500] Der konative Standpunkt des Akteurs wird hier explizit als konstitutive Bedingung der Wahrheit der damit verbundenen praktischen

---

497 S.: E. Regis Jr. – Gewirth on Rights, in: Journal of Philosophy 78 (1981), S. 786-794, S.794.
498 Vgl. zu diesem Ausdruck: Beyleveld (1991), S. 114.
499 Vgl.: A. a. O., S. 115.
500 S.: A. Gewirth – Why Agents Must Claim Rights: A Reply, in: Journal of Philosophy 79 (1982), S. 403-410, S. 407.

Urteile für den Akteur benannt. Dennoch ist Regis' oben skizzierte These insofern falsch, als sie Gewirth unterstellt, das konative Moment von der vernünftigen Reflexion zu trennen.

Die konativ bedingte Verbindlichkeit bei Gewirth gründet in nichts anderem als in der systematischen Relation von Zwecksetzung und ihrer unhintergehbaren Bedingung, dem Handlungsvermögen, aus der Sicht des Handelnden. Da die erstpersonal-praktische Perspektive (die allgemeine Akteuridentität) den logischen Rahmen der Urteile von Gewirths Argument darstellt, ist praktisch-objektive Geltung gleichbedeutend mit *logisch notwendigem Fürwahrhalten* aus der Akteurperspektive. Gegen Regis ist festzuhalten, dass Akteurrelativität hier nicht apriori mit der Möglichkeit von objektiven Wahrheiten konfligiert. Vielmehr gilt umgekehrt, dass sich die geltungstheoretisch relevanten Aspekte des mit der Akteurperspektive verbundenen Konativen dadurch auszeichnen, aufgrund ihrer logischen, d.h. nicht-partikularen Verbindlichkeit die ihnen zugeschriebene systematische Relevanz zu besitzen. Gewirth ist an der normativen Auszeichnung bestimmter anzustrebender Zwecke interessiert und rekurriert in diesem Kontext auf konative Elemente, doch sind diese Elemente nicht aufgrund ihres konativen Charakters, sondern wegen ihrer Konstitutivität für die Rekonstruktion des Begriffs von praktischer Erstpersonalität zentral.

Wenn dialektisch notwendige Urteile nur in unserer Welt und nur aus erstpersonal-praktischer Perspektive strikt verbindlich sein sollen, bedeutet dies weder eine modallogisch noch durch den Akteurstandpunkt bedingte Relativierung der Verbindlichkeit dieser Urteile, da sowohl Weltbezug als auch Akteurrelativität als notwendige Eigenschaften der praktischen Reflexionsperspektive vorauszusetzen sind. Dialektisch notwendige Urteile sind daher für real existierende rationale Akteure ohne Abstriche strikt gültig.

Es gilt nun zu prüfen, inwiefern die ersten fünf Thesen von Gewirths Argumentationssequenz im dialektischen Sinne, d.h. aus der Akteurperspektive notwendig sind. In diesem Zusammenhang ist zu bestimmen, ob eine Negation dieser Urteile tatsächlich stets zu einem notwendigen logischen Selbstwiderspruch führt, wie es das Konzept der dialektischen Notwendigkeit impliziert. Zuerst muss die systematische Relation der Thesen (I), (II) und (III) betrachtet werden:

(I) Ich vollziehe Handlung H, weil ich Zweck Z verwirklichen will
(II) Da ich Zweck Z will, stellt Z *für mich* ein Gut dar
(III) Die erfolgreiche Verwirklichung von Z stellt *für mich* ein Gut dar

Vorausgesetzt sei an dieser Stelle, dass der Übergang von (II) zu (III) als plausibel konzediert werden kann, da es nur schwer zu begründen sein dürfte, warum eine de facto vollzogene Zweckverfolgung nicht auch eine entsprechende Erfolgsabsicht impliziert. Auch wenn eine Handlung vollzogen wird, deren Zweck nicht verwirklicht werden soll, sondern wenn man versucht, mit der Handlung von einem anderen, eigentlichen Handlungsziel abzulenken, ist die Annahme plausibel, dass man immer noch am Erfolg seiner eigentlichen Zweckverfolgung interessiert ist. Dies gilt auch für Fälle des absichtlichen Scheiterns, denn man muss auch erfolgreich scheitern wollen. Der Übergang von (II) zu (III) kann unter diesem Gesichtspunkt als für den Akteur praktisch notwendig bezeichnet werden. Komplexer ist die Situation in Bezug auf den Übergang von (I) zu (II), da These (II) die praktisch-axiologische Interpretation von These (I) darstellt, sodass Thesen (I) und (II) nichts anderes beschreiben als das teleologische Handlungsmodell. Beide Urteile sind daher als *Ausdruck der teleologischen Handlungsauffassung* zu verstehen, da sie die beiden Kernelemente der Zweckgerichtetheit sowie der Wertschätzung des Zwecks enthalten.

Das Urteil (II) »Da ich Zweck Z will, stellt Z *für mich* ein Gut dar« ist nur unter der Voraussetzung des teleologischen Handlungsbegriffs notwendig, der praktisch-werttheoretisch rekonstruiert wird. Nun scheint jedoch die Affirmation von (I) bei gleichzeitiger Negation von (II) nicht zu einem notwendigen *logischen* Selbstwiderspruch zu führen, da (II) nur die motivations-*psychologische* Implikation von (I) artikuliert. Angesichts der intuitiven Plausibilität von (II) mag ihre Negation problematisch anmuten, doch muss man genau bestimmen, warum sich dies so verhält. Ein logisches Problem besteht zumindest nicht, und es bleibt offen, warum durch die Negation von (II) ein Selbstwiderspruch resultieren sollte, *insofern* man nicht immer schon ihre *normative* Wahrheit unterstellt. Bereits früher in dieser Studie wurde unter Rekurs auf eine Äußerung Gewirths darauf aufmerksam gemacht, dass es sich bei der handlungsteleologischen Voraussetzung um eine plausible, jedoch nicht logisch unumgängliche Vorannahme handelt. Die dialektische Notwendigkeit von (II) ist nicht schon prinzipiell mit der Einnahme des erstpersonalen Standpunkts gegeben, sondern hängt von einer bestimmten Interpretation dessen ab, was es heißt zu handeln bzw. den praktischen Standpunkt einzunehmen. Dasselbe gilt für (I): Zwar kann argumentiert werden, dass mit der kausalistischen Theorie eine alternative Option existiert, die einen belastbaren Begriff des Akteurs und der Handlung zu verfehlen scheint, doch ändert dies nichts daran, dass eine nicht-teleologische Handlungsrekonstruktion nicht unmittelbar praktisch-logisch unmöglich ist. Dialektisch-notwendige Widersprüchlichkeit und konzeptuelle Unangemessenheit sind nicht identisch.

Das Problem, das bei einer Negation von (I) und (II) konfrontiert werden muss, scheint auch nicht darin zu bestehen, dass man ein analytisches Urteil negiert: Während das Urteil »Manche Junggesellen sind verheiratet« aufgrund der alternativlosen Bedeutung des Begriffs »Junggeselle« direkt widersprüchlich ist, trifft dies auf ein Urteil wie z. B. »Manche Handlungen sind nicht zielgerichtet« nicht selbstverständlich zu. Zumindest ist es nicht zwingend, das Urteil »Handlungen sind zweckgerichtet« als analytisches Urteil zu interpretieren. Auch dann, wenn es sich bei (I) und auch (II) um analytische Urteile handelte, würde ihre Negation keinen dialektischen Widerspruch implizieren, sondern einen rein begrifflichen Widerspruch. Dieser wäre notwendig, nicht aber dialektisch. Die teleologische Handlungsauffassung besitzt eine starke intuitive Überzeugungskraft, doch müsste eigens erwiesen werden, warum Handlungen aus praktisch-erstpersonaler Sicht *prinzipiell* nicht ohne normativ konnotierten Zweckbezug rekonstruiert werden *können*. Um dies zu demonstrieren, müsste das logische Prinzip benannt werden, das im Fall der erstpersonalen Negation des teleologischen Handlungsbegriffs verletzt wird. Da die Plausibilität eines Handlungsbegriffs, also eines auf die Empirie bezogenen Konzepts zur Debatte steht, ist ein Nachweis der logischen Verbindlichkeit eines solchen Begriffs allerdings bereits aus methodischen Gründen problematisch.

In makrostruktureller Sicht ist dieser Befund deswegen nicht überraschend, weil mit der teleologischen Handlungsauffassung der letztgültige normative Rahmen der Theorie in Kraft gesetzt wird. Daraus folgt, dass die Verbindlichkeit dieses Rahmens selbst nicht ohne weiteres mit den theoretischen Mitteln begründet werden kann, die durch ihn selbst erst autoritativ werden. Das teleologische Handlungsmodell ist implizit auch ein *teleologisches Akteurmodell*, und alle Thesen Gewirths, die unmittelbar mit einer dialektischen Widersprüchlichkeit von Urteilen verbunden sind, müssen sich auf dieses Akteurmodell als immer schon präsupponiertes Fundament beziehen, da dialektische Notwendigkeit die logische Konsistenz von Urteilen erfordert, die aus praktisch-erstpersonaler Perspektive als gültig anzuerkennen sind.[501] Prima facie stellt die Tatsache, dass die Thesen (I) und (II) nicht dialektisch notwendig sind, kein schwerwiegendes Problem für die Plausibilität von Gewirths

---

501 Diesem Kritikpunkt kann auch nicht mit dem Argument begegnet werden, dass die Plausibilität der Handlungsteleologie bei Gewirth von einem formalen Moralkonzept deduziert wird, denn dieses Moralkonzept wird selbst immer schon teleologisch gedeutet, wenn man davon ausgeht, dass moralische Forderungen als gebotene Zwecke zu verstehen sind.

Ansatz dar, weil der teleologische Ausgangspunkt auch durch nicht-logische Argumente gestützt wird. Gegebenenfalls ist es in dieser Hinsicht naheliegend, die Beweislast eher bei den Kritikern als den Befürwortern dieses Handlungsmodells zu verorten. Zugleich muss festgehalten werden, dass eine Deutung des teleologischen Anfangsurteils (I) »Ich vollziehe Handlung H, weil ich Zweck Z verwirklichen will« als nur empirisch plausibel und nicht dialektisch bzw. logisch notwendig die von Gewirth konstatierte systematische Pointe bestreitet. *Alle* Urteile, die in Gewirths Argumentationssequenz genannt werden, müssen dialektisch notwendig sein, sodass bloß intuitive bzw. empirische Plausibilität nicht ausreicht, um eine Aussage als praktisch begründet zu qualifizieren.[502] Da Gewirths Theorie schon im Rahmen der allgemeinen systematischen Vorüberlegungen von einem weitreichenden Problembewusstsein hinsichtlich der systematischen Implikationen des Anfangspunktes seines Arguments zeugt, ist fraglich, warum das teleologische Basisurteil als aus der Akteurperspektive logisch notwendig interpretiert wird, obwohl es sich um eine psychologische These handelt. Hier liegt die Vermutung nahe, dass Gewirth implizit den Kern der teleologischen Handlungstheorie mit dem Prinzip der instrumentellen Rationalität identifiziert und letzteres als dialektisch notwendig ansieht. Allerdings ist das Prinzip der instrumentellen Rationalität nicht für jeden Akteur, sondern allein für den rationalen Akteur strikt verbindlich. Zudem setzt es die psychologische Pointe der teleologischen Handlungstheorie implizit voraus, da auch ein rational gewähltes Mittel für den Akteur einen bestimmten Wert besitzen muss, *insofern* er es will und entsprechend tätig wird. Die Vermischung beider Ansätze in Form einer Interpretation psychologischer Sachverhalte als logische Notwendigkeiten kann zu einer Reihe von Missverständnissen führen. Im folgenden Exkurs wird in der gebotenen Kürze zusammengefasst, welche systematischen Relationen zwischen teleologischer Handlungstheorie und dem Prinzip der instrumentellen Rationalität bestehen und wie sich in diesem Kontext psychologische und logische Verbindlichkeit zueinander verhalten.

Exkurs: *Handlungsteleologie, instrumentelle Rationalität und dialektische Notwendigkeit*

Damit ein Akteur handeln kann, muss er zum Handeln motiviert sein. Ein Akteur gilt üblicherweise als zum Handeln motiviert, wenn er eine Bedingung erfüllt: Er muss irgendetwas wollen. Er muss Dinge haben, Tätigkeiten

---

[502] Hier hilft es auch nicht, wenn ein weitgehender Konsens in Bezug auf die jeweils zur Debatte stehenden Urteile besteht, denn auch ein solcher Konsens kann erstpersonal fundierte praktisch-logische Notwendigkeit nicht ersetzen.

ausüben, erfolgreich oder beliebt sein wollen. In psychologischer Hinsicht ist es plausibel anzunehmen, dass Akteure nur dann etwas wollen bzw. auch handelnd anstreben, wenn sie das Angestrebte, ihren Zweck, aus irgendeinem Grund wertschätzen. Handlungen werden daher mittels der Annahme erklärt, dass Akteure Zwecke verfolgen, denn Zwecke sind, möglichst prägnant rekonstruiert, nichts anderes als angestrebte Werte. Der Akteur weiß, dass die von ihm verfolgten Zwecke nicht allein schon deswegen die Zwecke aller anderen Akteure sind, weil *er* sie verfolgt. Seine Zwecke sind aus seiner Sicht wertvoll für ihn selbst, da sie sonst als seine Zwecke nicht existieren würden, sondern nur neutrale Handlungsoptionen darstellten. Dies ist die introspektiv basierte, d.h. motivationspsychologische Erklärung menschlichen Handelns.

Wenn der Akteur effektiv bzw. rational handeln, also seine Zwecke tatsächlich erreichen will, muss er wissen, welche Mittel zur Erreichung seiner Zwecke in der realen Welt dienlich sind. Insofern der Akteur rational ist, um die Mittel zur Erreichung seines Zwecks weiß und diesen Zweck tatsächlich handelnd verfolgt, handelte er praktisch irrational, wenn er nicht die notwendigen Mittel zur Verwirklichung seines Zwecks ergreifen würde, weil er nicht den Zweck wollen kann, ohne auch die dafür notwendigen Mittel zu wollen. Dies liegt daran, dass das adäquate Mittel immer ein Aspekt des Zwecks selbst ist, nämlich die Bedingung seiner Verwirklichung. Wenn man den Zweck bejaht, das adäquate Mittel jedoch negiert, lehnt man die reale Existenzbedingung des Zwecks ab. Das Prinzip der instrumentellen Rationalität – »wer den Zweck will, will auch die Mittel« – ist eine Verbindung des Prinzips der logischen Konsistenz mit der psychologischen Handlungsteleologie. Das instrumentelle Strukturmoment stammt aus der Handlungsteleologie (Konzepte des Zwecks und des zweckdienlichen Mittels), das rationale aus der Logik (Konsistenzanforderung an die Konfiguration von Zweck und Mittel). Weder kann das rationale Moment von dem teleologischen, noch kann das teleologische von dem rationalen Moment abgeleitet werden.

Dies hat zwei Konsequenzen: 1. Eine Bestreitung des Prinzips der Handlungsteleologie – »ich handle, um Zweck Z zu verfolgen, weil ich Zweck Z hinreichend wertschätze« – führt nicht zu einem logischen (Selbst-)Widerspruch. Ein Akteur, der die Bedingungen der Handlungsteleologie nicht erfüllt, ist entweder gar kein Akteur oder psychisch krank, nicht aber in einem logischen Sinne irrational[503]; 2. Der logische Widerspruch, der bei der

---

503 Konkret würde eine solche Negation z.B. auf folgende Urteile hinauslaufen: »Ich will keine Zwecke verfolgen«, »Ich vollziehe Handlung H, um Zweck Z zu verfolgen, weil ich Zweck Z *nicht* hinreichend wertschätze«. Im ersten Fall kann man kaum von einem Akteur sprechen, da keine Zweckverfolgung und somit keine Handlung vorliegt; im zweiten Fall

Negation des Prinzips der instrumentellen Rationalität entsteht, ist durch das logisch-formale und nicht das teleologische Moment dieses Prinzips bedingt. Das Prinzip der instrumentellen Rationalität verweist allein in konzeptueller Hinsicht auf die Handlungsteleologie, weil es auf die Termini von Zweck und Mittel rekurriert. Es ist deswegen gültig, weil es eine explanativ sinnvolle Annahme darstellt, die das Handeln von *rationalen* Akteuren erklärt, d.h. es ermöglicht die Beurteilung von Handlungen als rational oder irrational. Dabei wird immer schon die Gültigkeit der Handlungsteleologie präsupponiert und diese wird dadurch keinesfalls in irgendeinem logischen Sinne begründet.[504]

An dieser Stelle der Untersuchung bleibt zu konstatieren, dass Gewirths teleologisches Ausgangsurteil (I) »Ich vollziehe Handlung H, weil ich Zweck Z verwirklichen will« als Handlungsbeschreibung nachvollziehbar, allein deswegen jedoch nicht dialektisch notwendig ist. Dieses Resultat ist nicht nur mit der hinter den dialektisch notwendigen Urteilen stehenden Reflexionsmethode kompatibel, sondern folgt aus ihr: Wenn dialektisch notwendige Urteile für den rationalen Akteur *aufgrund seines Akteurseins* verbindlich sein sollen und Urteil (I) *definiert*, was unter einem Akteur zu verstehen ist, wird in Urteil (I) das übergeordnete normative Prinzip für dialektische Notwendigkeit formuliert. Wenn Urteil (I) jedoch selbst dialektisch notwendig sein soll, müsste der in Urteil (I) bestimmte Maßstab für dialektische Notwendigkeit selbst als dialektisch notwendig erwiesen werden: Eine Interpretation von Urteil (I) als dialektisch notwendige Aussage implizierte nicht nur die Behauptung, dass Akteure sich subjektiv-notwendig als Fundament von strikten praktischen Forderungen begreifen, sondern dass sie dies auch in logischer Hinsicht *zu Recht* tun.[505] Die Negation von Urteil (I) müsste zu einem logischen

---

kann man von einem gestörten praktischen Motivationsmechanismus ausgehen, der eine nachvollziehbare Handlungserklärung unmöglich macht.

504 Zudem ist das Prinzip der instrumentellen Rationalität ohne Zusatzannahmen in gewissem Sinne tautologisch, da das richtige Mittel zum Zweck einen Aspekt des Zwecks darstellt: Wer den Zweck will, will die Verwirklichung des Zwecks, also seine Bedingungen – was soll das Wollen eines Zwecks anderes bedeuten als seine Verwirklichung? Der Einwand, das adäquate Mittel sei nicht identisch mit dem Zweck bzw. seinen Existenzbedingungen, da z.B. im Fall mehrerer notwendiger Mittel der Zweck auch durch die Erfüllung *einer* dieser Bedingungen noch nicht erreicht sei, bezieht sich auf ein anderes Prinzip, das es aus guten Gründen nicht gibt: Wer den Zweck will, setzt auch alle Mittel erfolgreich sein und verwirklicht den Zweck notwendigerweise.

505 Damit ist nicht gemeint, dass Akteure der Ansicht sein müssen, ihre einzelnen Handlungen seien berechtigt. Vielmehr geht es um die These, dass das eigene Handeln als solches gerechtfertigt ist, d.h. es muss aus der Akteurperspektive zwingend wahr sein, dass man überhaupt handelt. Diese Forderung mag seltsam, überflüssig oder sonstwie fremdartig anmuten, doch sollte im Verlauf des weiteren Gedankengangs der Studie

Selbstwiderspruch führen, d.h. ein valides logisches Gesetz verletzen. Es ist aber soweit unklar, warum dies der Fall sein sollte, da die Verbindlichkeit von dialektischer Notwendigkeit an die psychologischen Implikationen der Handlungsteleologie rückgebunden wird: Meine Negation des Werts meines Zwecks Z führt nicht zu einem logischen Widerspruch, sondern allein zu einer motivationspsychologisch bzw. handlungstheoretisch unplausiblen Aussage.

Zwischenfazit
Wie im Laufe der Untersuchung genauer zu zeigen sein wird, besitzt die Frage nach der Berechtigung von Urteil (I) eine zentrale Bedeutung für eine Verteidigung von Gewirths Theorie. An dieser Stelle kann und soll noch nicht auf alle diesbezüglich relevanten Implikationen referiert werden, da dazu ein umfassenderes Verständnis der Globalstruktur dieser Theorie notwendig ist, welches es noch zu erarbeiten gilt. Festzuhalten bleibt, dass der in Urteil (I) ausgesagte Kerngehalt der teleologischen Handlungstheorie weder als an sich (assertorisch) noch als aus der Akteurperspektive (dialektisch) logisch notwendig erwiesen wurde und Gewirths Argumentationssequenz daher *nicht* auf einem dialektisch notwendigen Urteil beruht. Da alle weiteren Schritte von Gewirths Argument auf der These der dialektisch notwendigen Wertschätzung der eigenen Handlungszwecke beruhen, sind alle im Folgenden analysierten Urteile grundsätzlich von dem hier attestierten Begründungsdefizit betroffen. Dementsprechend wird immer wieder in verschiedener Form auf diesen Punkt zurückzukommen sein. Zugleich wird durch diesen Umstand nicht obsolet, Gewirths Theorie gegen unrechtmäßige Kritik zu verteidigen. Darüber hinaus impliziert die defizitäre fundamentaltheoretische Normativitätsbegründung zu Beginn des Arguments weder, dass Gewirths übrigen Reflexionsschritte ebenfalls fehlerhaft sind, noch ist damit gesagt, dass es nicht eine überzeugendere Rechtfertigung dieser ersten Urteile geben kann.

Die weiterführende These in Gewirths Argumentation – (IV) »Mein Handlungsvermögen stellt *für mich* notwendigerweise ein Gut dar« – verlangt ebenfalls nach einer ausführlicheren Analyse. Gewirth vertritt in detaillierter Rekonstruktion drei Thesen, die sich auf den Akteur und seine praktische Wertschätzung seines Handlungsvermögens beziehen[506]:

---

deutlich werden, welche systematische Bedeutung ihr im Ausgang von der Theoriearchitektur von Gewirths Ansatz zukommt.
506 Vgl. zu dieser Dreiteilung.: Illies (2003), S. 102ff.

6.2 DIE INTRINSISCHE NORMATIVITÄT DER HANDLUNG

(IVa) Jede *meiner* Handlungen impliziert zum Zeitpunkt ihres Vollzugs *meine* notwendige Wertschätzung *meines* Handlungsvermögens

(IVb) Ich muss *mein* Handlungsvermögen prinzipiell unbedingt wertschätzen

(IVb) Ich muss *mein* Handlungsvermögen und dessen Bedingungen Freiheit und Wohlergehen prinzipiell unbedingt wertschätzen

Diese drei Thesen beschreiben die argumentative Herleitung der zentralen These Gewirths, dass jeder Akteur im Vollzug seiner Handlungen nicht nur die anvisierten Zwecke, sondern zudem die generischen Eigenschaften seiner Handlungen, nämlich Freiheit und Zweckgerichtetheit, wertschätzen muss. Dadurch bekommen diese Eigenschaften aus praktisch-erstpersonaler Sicht den Status von *generischen Gütern*, d.h. Gütern, die jedem Handlungsvollzug implizit sind und auf die der Akteur daher auch angewiesen ist, insofern er handeln will.[507] Während Gewirth im bisher rekonstruierten Argumentationsverlauf nur behauptete, dass wir als Handelnde in unserer Handlung den jeweiligen Handlungszweck wertschätzen, findet in (IVa) ein Perspektivenwechsel vom Zweck der Handlung hin zu dessen Voraussetzung statt. Die Wertschätzung der Handlungszwecke wird zwar stets durch das Handlungsvermögen ermöglicht, das in diesem Kontext als Wertschätzungsvermögen fungiert, doch verläuft Gewirths Argumentation genau umgekehrt, indem sie von einer Übertragung des Werts der jeweils angestrebten Zwecke auf die für dieses Anstreben vorauszusetzende praktische Freiheit ausgeht. Es soll jedoch nicht der (üblicherweise kontingente und relative) Wert des jeweils angestrebten Zwecks auf das Handlungsvermögen transferiert werden, sondern Gewirth vertritt die These, dass jeder rationale Akteur, der faktisch selbstgewählte Zwecke verfolgt, sein Handlungsvermögen *notwendig* (wenn auch meist implizit) wertschätzt. Als erste Variante dieser Behauptung muss die zeitlich begrenzte bzw. punktuelle Wertschätzung des Handlungsvermögens in den Blick genommen werden. Zu klären sind hier dementsprechend folgende Fragen: a) Wie genau charakterisiert Gewirth die allgemeine These des Werttransfers und wie rechtfertigt er sie? b) Ist Gewirths Rechtfertigung von (IVa) stichhaltig?

Ad a. Gewirth weist zu Recht darauf hin, dass in seiner Theorie faktisch existente Urteile und Intentionen von Akteuren keine begründungstheoretische Relevanz besitzen können. Abgesehen davon ist es nicht sein Ziel, zwingende Aussagen über vorliegende Überzeugungen oder Wissensgehalte

---

[507] Vgl.: Gewirth (1978), S. 52 und 59f.

konkreter Akteure zu treffen.[508] Er vertritt ebenfalls nicht die These, jeder rationale Akteur würde automatisch jedes Mittel wertschätzen, das zur Erreichung eines wertgeschätzten Handlungszwecks notwendig sei – dies würde bedeuten, dass der propositionale Gehalt mentaler Akte unmittelbar durch instrumentelle Logik bestimmt würde, was nachweislich falsch ist.[509] Zugleich geht er von dem Konzept eines minimal rationalen Akteurs aus, der insofern konsistent agiert, als er zumindest diejenigen Mittel akzeptiert, deren Ablehnung zu einer selbstwidersprüchlichen Zweckverfolgung, d.h. zu praktischer Irrationalität führen würde. Wenn demnach ein Mittel in einer direkten Relation zu einem Zweck stehe und man von einem rationalen Akteur ausgehe, müsse dieser die für die erfolgreiche Zweckverfolgung jeweils notwendigen Mittel ebenfalls wertschätzen – andernfalls wäre er nicht rational, da er die Logik instrumentell-praktischer Schlüsse nicht als verbindlich ansehen würde. Im Falle des Akteurs gilt demnach, dass ein rational Handelnder im Zuge seiner Zweckverfolgung nur dann rational agiert, wenn er nicht nur die Zwecke, sondern auch das für die Zweckverfolgung notwendige Mittel will, d.h. seine Handlungsfähigkeit wertschätzt. Gewirth nimmt für seine allgemeine These des Werttransfers von Zwecken auf das Handlungsvermögen demnach einzig das Prinzip der instrumentellen Rationalität in Anspruch.

---

508 Vgl.: Steigleder (1999), S. 43.
509 Gewirth behauptet nicht, dass, wenn Proposition p Proposition q enthält, auch der Glaube an die Wahrheit von p den Glauben an die Wahrheit von q impliziert – dasselbe trifft auch auf entsprechende Überzeugungen zu, die sich auf Zweck-Mittel-Relationen beziehen; vgl.: Gewirth (1978), S. 45f. Dieser nicht zuletzt seit Harman verstärkt fokussierten Differenzierung von propositionaler logischer Implikation (»logic«) einerseits und der systematischen Relation deliberativer Akte (»reasoning«) andererseits ist sich Gewirth demnach sehr wohl bewusst; vgl. dazu: G. Harman – Change in View, Cambridge 1986. Zugleich sind beide Bereiche insofern eng miteinander verbunden, als sich das Konzept des rationalen Akteurs und der Rationalität seiner deliberativen Akte zumindest grundsätzlich an fundamentalen logisch-propositionalen Strukturen orientiert: Auch ein rein prudentiell agierender Handelnder wird kaum sinnvoll als rationaler Akteur wahrgenommen, wenn er aufgrund von selbstwidersprüchlichen Urteilen und Handlungen stets seine eigenen Zwecke verfehlt. Da jedoch keine logisch notwendigen Inferenzrelationen von logisch-propositionalen Implikationen und den mentalen Akten eines Akteurs nach dem Muster einer Bisubjunktion bestehen, kann prinzipiell nicht vom propositionalen Gehalt mentaler Akte auf die Wahrheit oder Falschheit der Propositionen selbst geschlossen werden. Auch wenn ein realitätsnahes Konzept des rationalen Akteurs sicherlich keine vollkommen widerspruchsfreie Überzeugungs- und Intentionsmenge präsupponieren muss bzw. sollte, kann man als Grenzwert praktischer Irrationalität mit Broome die Interpretationsmöglichkeit von Akteuren ansetzen: »A person whose attitudes violate too many rules of rationality cannot be interpreted as having attitudes at all.« S.: Broome (2013), S. 136.

6.2 DIE INTRINSISCHE NORMATIVITÄT DER HANDLUNG 255

Ad b. Der These des notwendigen Werttransfers steht vor allem der folgende Einwand entgegen: Man kann Gewirths Rekurs auf den Zweck-Mittel-Werttransfer mit dem Argument infrage stellen, dass die Wertschätzung der Handlungsfähigkeit bzw. Freiheit insofern nicht mit derjenigen eines herkömmlichen Zwecks vergleichbar ist, als die praktisch zu präsupponierende Freiheit nicht im klassischen Sinne angestrebt bzw. wertgeschätzt werden kann. Vielmehr ist fraglich, ob das Handlungsvermögen überhaupt als ein auch nur potentiell anstrebbarer Zweck fungiert. Das Handlungsvermögen kann in dieser Sicht aus demselben Grund nicht als herkömmlicher Zweck fungieren, aus dem in Kants praktischer Philosophie die Autonomie und der Selbstzweck der Menschheit nicht klassisch-teleologisch reifiziert werden kann: Jede zurechenbare Handlung setzt die Autonomie des Akteurs immer schon voraus, sodass letztere nicht von einem Standpunkt außerhalb ihrer angestrebt werden kann. Dies heißt jedoch, dass weder das Handlungsvermögen noch die kantische Autonomie den Gegenstand einer freien Wahl darstellt. Vielmehr kann man hier von einer schlichtweg gegebenen, da notwendigen Voraussetzung sprechen, deren Affirmation aus Zwang geschieht – andernfalls wäre sie nicht notwendig. Insofern man nun die These vertritt, dass die Rede von einem Gut und das Prinzip der Wertzuschreibung eine grundsätzliche Wahlfreiheit des rationalen Akteurs voraussetzen, kann man Gewirths These, dass jeder Akteur in seinen Akten der Zweckverfolgung immer auch sein Handlungsvermögen wertschätzt, als unklar bzw. falsch kritisieren.

In diesem Sinne argumentiert Bittner[510]: Etwas sei nur dann ein Gut, wenn es handelnd angestrebt werde. Daher könne das Handlungsvermögen im Grunde auch durchaus nur als zufällig vorliegender bzw. geradezu neutraler Faktor betrachtet werden; es sei vollkommen unklar, ob man diese Bedingung auch unter anderen Umständen ebenfalls wertschätzen würde. Zudem scheine der Akteur bei Gewirth deswegen etwas für ein Gut zu halten, weil er es anstrebt. Mit Steigleder und gegen Bittner muss man dagegen festhalten, dass Gewirth zufolge dann etwas ein akteurrelatives Gut

---

510 Vgl.: R. Bittner – Moralisches Gebot oder Autonomie, Freiburg/München 1983, S. 52f. Bittners weiterführende Reflexion, dass entsprechend evaluierte Bedingungen unter anderen Umständen vielleicht nicht immer positiv geschätzt werden müssten, ist darüber hinaus erstens richtig, zweitens für Gewirth grundsätzlich unproblematisch (es kommt hier auf die *konkret* adressierten Bedingungen an) und drittens im Falle der Handlungsfähigkeit schlichtweg witzlos, da keine Umstände denkbar sind, in denen Handlungen ohne Inanspruchnahme des Handlungsvermögens möglich sein können – die Kontextinvarianz der Notwendigkeit der Wertschätzung praktischer Freiheit ist ja gerade eine zentrale systematische Pointe von Gewirths Argumentation.

ist, wenn und nicht weil es vom Akteur wertgeschätzt wird[511] – nur dann ist auch eine entsprechende Handlung sinnvoll rekonstruierbar, da die Wertschätzung der Handlung vorausgehen muss. Natürlich trifft auch zu, dass man etwas wertschätzt, weil man es handelnd verfolgt, aber dies gilt nur deshalb, weil Handeln das praktisch-evaluative Moment immer schon impliziert. Zudem bezieht sich Gewirths Argumentation (seine Thesen (I), (II) und (III)) auf *wirkliche* und nicht nur mögliche Handlungen. Bittners Einwand kann im Szenario möglicher Handlungsziele relevant werden, da wirkliche Handlungszwecke bereits ein situativ kontextualisiertes Präferenzurteil voraussetzen, welches immer auch die jeweils notwendigen Mittel als Gegenstand eines positiven Interesses des Akteurs ausweist: Wenn ich nur an ein von mir wertgeschätztes Handlungsziel denke, impliziert dies prinzipiell keine Wertschätzung eines dafür notwendigen Mittels, doch wenn ich ein Ziel handelnd verfolge, muss ich als minimal rationaler Akteur alle für die Verwirklichung des Zwecks notwendigen Mittel zumindest instrumentell schätzen.[512] Innerhalb der Systematik Gewirths gibt es zumindest in dieser Hinsicht keinen Grund für die Annahme, dass nicht auch bereits vorliegende Bedingungen, Umstände etc. von Handlungen vom Akteur als Güter angesehen werden können. Der Einwand, dass der Werttransfer bestenfalls für zukünftig zu realisierende Zwecke, nicht aber für bereits bestehende Handlungsbedingungen plausibel sei, ist daher nicht überzeugend.

Etwas schwieriger gestaltet sich die Diskussion des Kritikpunkts, der von Werner vorgebracht wurde, da er mit dem Einwand Bittners zwar Überschneidungspunkte aufweist, aber dennoch eine andere Stoßrichtung besitzt.[513] Dieses Argument gegen Gewirths Werttransfer zielt nicht auf die temporale Dimension von Wertschätzungen ab, sondern thematisiert die bereits zuvor erwähnte Problematik einer Rede von etwas, das für den Akteur gut sein soll, aber prinzipiell nicht frei gewählt werden kann: Gewirth zufolge muss man zur Kenntnis nehmen, dass das Handlungsvermögen für jeden Akteur ein unbedingtes Gut darstellt, gerade *weil* es sich in praktisch-rationaler Perspektive als unumgänglich für die Handlung erweist, doch zugleich ist hier eine selektive Affirmation eines Handlungszwecks nicht möglich. Im Unterschied

---

511 Vgl.: Steigleder (1999), S. 47.
512 Vgl.: A.a.O., S. 46 u. 49.
513 Werner unterstellt Steigleder im Übrigen ein Missverständnis von Bittners Kritik; vgl.: M. H. Werner – Minimalistische Handlungstheorie – gescheiterte Ethikbegründung: Ein Blick auf Alan Gewirth, in: H. Burckhart/H. Gronke (Hrsg.) – Philosophieren aus dem Diskurs: Beiträge zur Diskurspragmatik, Würzburg 2003, S. 308-328, S. 317. Da ich im Folgenden eigens auf Werners Deutung der Problematik eingehen werde, lasse ich diesen Streitpunkt an dieser Stelle offen.

6.2 DIE INTRINSISCHE NORMATIVITÄT DER HANDLUNG

zu Bittners Kritikpunkt ist nicht entscheidend, ob das Objekt der potentiellen Wertschätzung in der Vergangenheit oder der Zukunft liegt, sondern Werners Punkt zielt auf die freiheitstheoretischen Bedingungen von praktischen Werturteilen ab. Die kritische Anfrage, ob etwas notwendig zu Affirmierendes ein akteurrelatives Gut sein kann bzw. muss, bezieht sich daher auch auf mögliche notwendige Zwecke, die eine klassisch-teleologische Objektivierung und eine entsprechende temporale Fixierung in der Zukunft zulassen. Werner zufolge muss man einen klaren Unterschied zwischen bloß vorliegenden Handlungsbedingungen und Handlungsmitteln treffen – nicht jede Handlungsbedingung werde zu einem affirmierten Handlungsmittel, auch wenn sie als Voraussetzung von wirklichen Handlungen fungiert.[514]

Während man die Handlungsmittel als Mittel zur erfolgreichen Zweckverfolgung bereits in einem minimalen Sinne praktisch adaptiert habe, treffe dies auf unabänderlich vorliegende Bedingungen der Handlung nicht zu: »Voraussetzungen der Zielerreichung, die einfach vorliegen, ohne daß der Handelnde sich dafür oder dagegen entscheiden könnte, *können* positiv gewertet werden, *müssen* dies aber nicht. Die Tatsache, daß die Implikation »Wer den Zweck will, muß auch die Mittel wollen« zwingend ist, die Implikation »Wer den Zweck will, muß auch die Voraussetzungen seiner Realisierung wollen« hingegen *nicht* zwingend ist, liegt darin begründet, daß der Handelnde die Mittel wählen kann, die Voraussetzungen aber häufig nur in eingeschränktem Maß – und in vielen Fällen überhaupt nicht. Man kann daher sagen: *Gerade weil und insofern* Handlungsfähigkeit für Handelnde *unhintergehbar* ist, kann sie *nicht* durch eine ‚instrumentalistische' Begründung (analog dem Satz »Wer den Zweck will ...«) als ein notwendiges *Gut* ausgewiesen werden. Der Versuch muß scheitern, weil der evaluative Transfer von den Zwecken auf die Mittel nur in Bezug auf *Wählbares* – mit anderen Worten: *Nicht-Unhintergehbares* – berechtigt ist.«[515]

---

514 Er diskutiert verschiedene Beispiele, die seine Kritik an Gewirth empirisch stützen sollen. Eines sei hier exemplarisch diskutiert: Nur, weil ein körperlich eingeschränkter Akteur an den Paralympics teilnehmen will und dieses Ziel nur deswegen wirklich verfolgen kann, da er Jahre zuvor einen Unfall hatte, könne man nicht sagen, dass er diesen Unfall und seine Folgen wertschätzen müsse, obwohl seine Einschränkung eine notwendige Bedingung seiner aktuellen Zielverfolgung darstelle: vgl.: A. a. O. Dies ist richtig – allerdings trifft auch diese Argumentationsrichtung nicht den bei Gewirth adressierten Punkt. Es ist unerheblich, ob man sich von einem fiktiven abstrakten Standpunkt aus gezielt negativ konnotierte Einschränkungen wünschen können soll. Dies tangiert nicht die Plausibilität der Argumentation, dass jeder Akteur logisch zur Wertschätzung seiner Handlungsfähigkeit genötigt ist. Mit empirischen Beispielen kommt man an dieser Stelle prinzipiell nicht weiter, da immer schon eine bestimmte begriffliche Prämisse bezüglich der Relation von Wertzuschreibung und praktischer Freiheit in Anspruch genommen wird.

515 S.: A. a. O., S. 318f.

Werner bezeichnet das Handlungsvermögen als universelles Mittel[516], doch besteht das Problem ja gerade darin, dass es Werner zufolge kein (wählbares) Mittel, sondern vielmehr eine nicht-optionale Handlungsvoraussetzung darstellt.

Bei genauerer Betrachtung ist diese Kritik allerdings nicht haltbar. Allgemein ausgedrückt, muss im Ausgang von Werners These der grundsätzlichen Neutralität des Handlungsvermögens als notwendiger Voraussetzung von Handlungen offen bleiben, wie man Handlungen als Handlungen eines autonomen Akteurs rational erklären können soll. Das prinzipielle Problem von Werners Position besteht darin, dass er die Wahl einzelner Zwecke und die Wertschätzung des eigenen Handlungsvermögens abstrakt voneinander trennt und damit einen tieferreichenden systematischen Zusammenhang beider Momente verkennt. Entgegen Werners Position ist die Wahl von Handlungszwecken nichts anderes als die konkrete Manifestation praktischer Wahlfreiheit, doch ist diese Wahlfreiheit selbst nicht wählbar, sodass in dieser Hinsicht die vermeintlich freien Wertzuschreibungen im Prozess der Zweckwahl im Kern *auch* den Ausdruck einer grundlegenderen praktischen Notwendigkeit darstellen. Damit ist nicht die in diesem Kontext mögliche These adressiert, dass Freiheit als immer schon vorausgesetztes Wertfundament für die Handlungszwecke dient[517], sondern hier ist relevant, dass die Zweckwahl als solche in einem Sinne notwendig ist, der von Werner als Argument gegen den Wert des Handlungsvermögens angeführt wird, nämlich unbedingt.[518]

Im Unterschied zu der bei Korsgaard relevanten Rekonstruktion dieses Modells, der zufolge die notwendige Wertschätzung der eigenen rationalen Natur eine handlungspsychologische Implikation der autonomen Zweckverfolgung darstellt, muss im Kontext von Gewirths Ansatz nach den *erstpersonal-urteilslogischen Implikationen* gefragt werden. Es geht daher nicht darum zu zeigen, welche Motivationsstrukturen für die praktisch-erstpersonale Kausalrekonstruktion von Handeln angenommen werden müssen, sondern

---

516 Vgl.: A. a. O., S. 316.
517 Der Wert der Handlungszwecke wird in Gewirths Argumentation (wie zuvor erwähnt) nicht von dem vorausgesetzten Wert der Freiheit abgeleitet, sodass keine zirkuläre Struktur vorliegt; vgl. zu diesem möglichen Missverständnis die klärenden Reflexionen bei Illies; vgl.: Illies (2003), S. 103f.
518 Vgl. dazu Illies' Ausführungen: »It is no valid objection that the agent had no choice but to do something and that in many situations even his passivity could rightly be considered as a kind of acting. Evaluations and necessity are not mutually exclusive. This is also true for the more substantial argument (...); namely, that every agent must see a value for him in his freedom to perform the action he is performing. He has affirmed the practical realization of this freedom (or self-determination) by having performed it. Thus, Gewirth's conclusion about the evaluation of freedom seems valid.« S.: A. a. O., S. 117.

es müssen die Urteile bestimmt werden, die ein rationaler Akteur zumindest implizit für wahr hält, insofern er tatsächlich handelt. Das Ausgangsurteil, das Akteur A gemäß der Handlungsteleologie für wahr hält, lautet »Ich vollziehe Handlung H, weil ich Zweck Z verwirklichen will«. Indem konzediert wird, dass Akteur A durch *seine Selektion und Affirmation* eine zuvor nur mögliche Handlungsoption zu *seinem* Zweck macht und sich allein durch diesen Prozess zur tatsächlichen Zweckverfolgung berechtigt begreift (»*weil ich* Zweck Z verwirklichen *will*«), setzt er implizit voraus, dass seine sich in der Zweckwahl vollziehende *Bestimmung seines Handlungsvermögens* ein hinreichender Geltungsgrund dafür ist, seiner Zweckwahl entsprechend zu handeln. Er hält demnach das Urteil G »*Meine Wahl* eines Zwecks ist ein *hinreichender Grund* für meine Verfolgung von Zweck Z« für wahr. Indem Akteur A einen Zweck wählt und aufgrund seiner Wahl handelnd verfolgt, muss er sein Handlungsvermögen konsistenterweise als wertvoll begreifen, da seine Zweckwahl andernfalls für ihn keinen Rechtfertigungsgrund für die Zweckverfolgung darstellen könnte.

Wenn Akteur A Urteil G nicht für wahr hielte, bliebe dagegen unklar, welchen Gehalt das teleologische Handlungsmodell noch besitzen sollte, da das gerichtete Wollen von Akteur A über keinerlei Verbindlichkeit im Sinne der selektiven Affirmation und der damit verbundenen normativen Auszeichnung mehr verfügte. Die kontingenten Zwecke anderer Personen müssten Akteur A genauso erstrebenswert oder uninteressant erscheinen wie die eigenen Zwecke, wenn es autoritätstheoretisch irrelevant ist, dass der jeweils angestrebte Zweck *von mir nach meinen Maßstäben* ausgewählt wurde. »Weil ich Zweck Z verwirklichen will« hätte keinerlei Bedeutung mehr, weil das gerichtete Wollen von Akteur A für ihn nur dann praktisch aussagekräftig sein kann, insofern er seinem eigenen Wollen werttheoretische Relevanz zuschreibt. Seine Negation von Urteil G würde darauf hinauslaufen, dass er gar keine rational nachvollziehbare Wahl von Zwecken mehr treffen könnte: G würde zum unsinnigen Urteil G' »Ich vollziehe Handlung H, weil Handlungsoptionen bestehen«. In motivationspsychologischer Hinsicht würde eine Person, die G negiert und G' für wahr hält, zu einer handlungsunfähigen und evtl. depressiven Person, da all ihre früheren Zwecke aufgrund ihres Mangels an Selbstschätzung zu bloßen unpersönlichen Handlungsoptionen verblasst sind – dies ist die plausible Pointe der Rekonstruktion der Handlungsteleologie bei Korsgaard. Vor diesem Hintergrund bliebe unter Rekurs auf G' demnach offen, wie und warum ein Akteur überhaupt handeln können sollte, weil unklar wäre, was genau ihn zum Handeln motiviert.

Während eine Auffassung des eigenen Handlungsvermögens als nur vorliegende, d.h. neutrale Voraussetzung in Korsgaards psychologischer Sichtweise dem Akteur die notwendige praktische Motivationsgrundlage entzieht, kann im Kontext von Gewirths Systematik nicht nachvollziehbar rekonstruiert werden, inwiefern ein Akteur einen seiner Zwecke als für ihn gültig bzw. *rational autoritativ* ansehen sollte.[519] Man könnte nun von Werners Perspektive aus erwidern, dass er eine optionale Wertschätzung des Handlungsvermögens nicht ausschließe, sondern nur deren Notwendigkeitscharakter bestreite. Ein solcher Einwand würde allerdings übersehen, dass die Einstellung eines Akteurs zu seinem eigenen Handlungsvermögen niemals neutral sein kann, weil er dann auch zu seinen gemäß seinem Handlungsvermögen gewählten Zwecken ein neutrales Verhältnis besitzen müsste, was dem Begriff des *Zwecks eines Akteurs* widerspricht. Unter der Voraussetzung, dass das teleologische Handlungsmodell eine hinreichend belastbare erstpersonale Beschreibung menschlichen Handelns[520] darstellt, ist die Kritik an dem Konzept notwendiger Wertzuschreibungen daher insgesamt nicht überzeugend.

Eine Bestreitung der These des Werttransfers von Gewirths Theorie kann jedoch auch an anderer Stelle ansetzen, und zwar an dem Prinzip der instrumentellen Rationalität selbst.

---

[519] Zur Verdeutlichung dieses Punkts kann man Werners Argumentationsstrategie in theoretischer Hinsicht aufgreifen und entsprechende Konsequenzen aufzeigen. Unter der Prämisse der Inkompatibilität von Notwendigkeit und Wertschätzung bliebe rätselhaft, warum man als rationaler Akteur im Bereich der theoretischen Reflexion z. B. die logisch erwiesene *notwendige* Falschheit eines Arguments oder Urteils als rationalen Grund ansehen könnte, der zur einer entsprechenden Änderung des eigenen Urteilens bzw. Handelns Anlass gibt. Die Einsicht in logische Notwendigkeiten steht dem Akteur auch hier nicht frei – *ich kann nicht willkürlich entscheiden, was mir logisch zwingend erscheint und was nicht* – und dennoch scheint für einen rationalen Akteur gerade in diesem rationalen Nötigungsmoment ein der Kontingenz überlegenes Wertmoment zu liegen – und dies zu Recht. Der hier entscheidende Punkt ist keine empirische Tatsache, sondern betrifft die praktischen Geltungsbedingungen der Kritik: Wenn Werners Einwand logisch notwendig wahr sein soll, kann er nicht aufgrund der damit verbundenen rationalen Nötigung (d.h. aus den *richtigen* Gründen) von dem Akteur akzeptiert werden, da er inhaltlich eine berechtigte Anerkennung aus rationalem Zwang und auch die Berechtigung einer entsprechenden Handlung, d.h. der rationalen Affirmation negiert. Die Kritik am Konzept einer notwendigen Wertschätzung und damit an notwendigen Zwecken ist in praktischer Hinsicht *urteilsteleologisch dysfunktional*.

[520] An dieser Stelle ist allein eine normativitätslogische Präsuppositionsreflexion auf den Begriff der Autonomie relevant, nicht jedoch das zuvor herausgearbeitete Problem, dass Gewirth von einer logischen Deutung der Handlungsteleologie ausgeht.

Exkurs: *Raz' Kritik an der instrumentellen Vernunft*

Raz argumentiert in seinem einflussreichen Aufsatz über den Mythos der instrumentellen Rationalität[521] dafür, dass unsere übergeordneten Handlungszwecke zwar dafür relevant sind, bestimmte Handlungsoptionen für rational zu halten, doch nicht unbedingt dergestalt, dass wir immer die Mittel zur Verwirklichung dieser Zwecke ergreifen müssen. In Übereinstimmung mit der im Übrigen weit verbreiteten Ansicht konstatiert auch Raz, dass es sich um eine in bestimmtem Sinne irrationale Handlung handelt, wenn man nicht die Mittel zu den anvisierten und wertgeschätzten Zielen ergreift. D. h. positiv formuliert im Anschluss an Mackie: »›If you want X, do Y‹ (or ›You ought to do Y‹) will be a hypothetical imperative if it is based on the supposed fact that Y is, in the circumstances, the only (or the best) available means to X, that is, on a causal relation between Y and X. The reason for doing Y lies in its causal connection with the desired end«.[522] In einem solchen Fall gilt es zu bestimmen, ob man entweder keine Einsicht in die notwendigen Mittel hat oder das unterstellte Ziel nicht wirklich erreichen will. Inwiefern könnte es nun aber nachvollziehbar sein, dass eine Missachtung instrumenteller Vernunft irrational ist, zugleich jedoch keine Gründe für den zielverfolgenden Akteur vorliegen, die für seine Zwecke notwendigen Mittel zu ergreifen?

Mit Verweis auf ähnliche Überlegungen von Broome und Wallace hält Raz in einem ersten Schritt fest, dass nicht alle rationalen Anforderungen darauf hinauslaufen, Akteuren Gründe für das Fürwahrhalten von bestimmten Urteilen oder für den Vollzug bestimmter Handlungen zu liefern.[523] In einem weiteren Schritt bestimmt Raz im Anschluss an Wallace die mit der Negation des Prinzips der instrumentellen Vernunft verbundene Irrationalität als sich widersprechende bzw. miteinander konfligierende Überzeugungen oder Absichten. Allerdings ist Raz nicht von Wallaces Diagnose überzeugt, dass instrumentelle Irrationalität zu einer inkohärenten Überzeugungsmenge führt. Wenn man ein zum anvisierten Zweck Z notwendiges Mittel M nicht ergreift, aber dennoch die Überzeugung besitzt, dass Z unter diesen Bedingungen verwirklicht werden kann, dann ist die letztgenannte Überzeugung offenbar falsch. Raz rekonstruiert das hier vorliegende Problem, indem er das Haben der falschen Überzeugung als »unerwünscht« bezeichnet. Im Hinblick auf die übergeordnete Problematik ist daher die Frage zu beantworten, inwiefern diese

---

521   Vgl.: J. Raz – Der Mythos der instrumentellen Rationalität, in: Chr. Halbig/T. Henning (Hrsg.) – Die neue Kritik der instrumentellen Vernunft, Frankfurt 2012, S. 363-402.
522   S.: J. Mackie – Ethics. Inventing Right and Wrong, London 1990, S. 27f.
523   Vgl.: Raz (2012), S. 376.

Unerwünschtheit beantworten kann, warum das Prinzip der instrumentellen Rationalität allgemein als gültig und normativ verstanden wird.

Nun bezieht sich Raz bei seinen diesbezüglichen Überlegungen nicht einfach auf die Resultate der entsprechend inkonsistenten Deliberation, d.h. auf sich widersprechende Urteile, sondern rekurriert auf einen Ansatz von Bratman, der nicht die Produkte instrumenteller Irrationalität, sondern die Prozesse fokussiert, die zu dieser Irrationalität führen. Eine Beurteilung von Absichten und Handlungen eines irrationalen Akteurs setzt demnach bei konkret vorliegenden Deliberationshandlungen vor dem Hintergrund von damit verbundenen Einstellungen an. Gemessen an den jeweils normativ verbindlichen Maßstäben handelt es sich bei instrumentell irrationalem Verhalten Raz zufolge um eine Form der Fehlfunktion, d.h. man kann hier von instrumenteller Dysfunktionalität sprechen. Diese Dysfunktionalität soll dabei nicht identisch sein mit der Negation eines Grundes oder eines gültigen Prinzips, sondern bezieht sich vielmehr auf subjektive Fähigkeiten, nicht entsprechend den jeweils für gültig befundenen rationalen Urteilen agieren zu können.[524]

Raz' Überlegungen weichen methodisch von Gewirths Ansatz auf grundsätzliche Weise ab: Gewirth fokussiert nicht den Prozess des Zustandekommens von instrumentell irrationalen Urteilen aus drittpersonaler Perspektive, sondern den Grund dafür, warum bestimmte Urteile aus erstpersonaler Perspektive notwendigerweise logisch widersprüchlich sein müssen; deswegen spielen die Kategorien des Erwünschtseins oder des Funktionierens für ihn auch keine argumentativ relevante Rolle. Die Frage, welche Prozesse beim individuellen Überlegen eine Rolle dafür spielen, ob man de facto den Standards der instrumentellen Rationalität genügt oder nicht, ist für die Gültigkeit der zugrunde gelegten rationalen Norm nicht relevant. Zudem geht Gewirth im Rahmen seiner dialektischen Perspektive im Zusammenhang mit dem teleologischen Handlungsmodell zwar nicht von der notwendigen Verbindlichkeit der jeweils angestrebten Einzelzwecke aus, wohl jedoch von der Notwendigkeit des universellen Mittels, der Handlungsfähigkeit. Gewirth blendet also die Frage nach einem spezifizierten Mittel zur Erreichung eines individuierten Handlungszwecks methodisch aus und thematisiert die Verbindlichkeit der instrumentellen Rationalität nicht in primär formaler Hinsicht, sondern stets im übergeordneten Zusammenhang der praktischen Logik wirklicher Strebensakte.

Dagegen koppelt Raz die Frage nach der Verbindlichkeit instrumenteller Rationalität von derjenigen nach deren eigener (externer) Gültigkeitsbedingung ab, wenn er zum Schluss kommt, dass rationale Normativität nicht

---

524 Vgl.: A. a. O., S. 382.

immer mit der Verbindlichkeit von Gründen zusammenhängen muss. Er setzt voraus, dass die jeweils zu verfolgenden Zwecke selbst nicht notwendig sind, sodass für den Akteur keine an sich bestehende Verbindlichkeit zur Zweckverfolgung besteht. Das nach Raz schließlich primär Problematische an der instrumentellen Dysfunktionalität ist die Ineffektivität des Handelns bzw. des Handelnden. Eine Rechtfertigungsmöglichkeit der Normativität des Prinzips der instrumentellen Rationalität besteht dementsprechend darin, dessen Verbindung zum Konzept des effektiv handelnden Akteurs aufzuweisen.

Eine solche Vorgehensweise erinnert in formaler Hinsicht an Gewirths Strategie, das Kriterium der generischen Konsistenz an die Akteuridentität rückzubinden, wodurch die performative Pointe einer Verletzung des Kriteriums zusätzlich gestärkt wird. Doch gerade in dieser Hinsicht stellt sich folgende Frage: Was genau ist an der Idee des effektiv Handelnden wertvoll bzw. normativ? Bei dieser Frage geht es nicht um logisch notwendige Voraussetzungen des Handelns, denn Raz' von Bratman übernommene Idee von instrumenteller Irrationalität als einer Form der deliberativen Fehlfunktion hat zumindest im Kontext von Raz' Theorie keine transzendental-praktische Relevanz. Dennoch rekonstruiert Raz die Effektivität des Handelns, also dessen instrumentelle Funktionalität, als ein für den Wert des Akteurseins kontributives Moment: »Ein effektiv Handelnder zu sein ist kein Gut, das unabhängig von dem Gut wäre, ein Handelnder zu sein. (...). Ein rational Handelnder zu sein (also ein Handelnder, der für Gründe empfänglich ist), ist ein fundamentaler Aspekt des Personseins, und der Wert des Ersteren ist Teil des Werts von Personen.«[525] Die aus dem bisher Skizzierten entwickelte Kernproblematik besteht im Anschluss an Raz in Folgendem: Wenn instrumentelle Irrationalität zumindest *auch* in einer entsprechenden Dysfunktionalität des Akteurs besteht und diese Dysfunktionalität als ein Abweichen von rationalen deliberativen Standards bezeichnet werden kann, wieso sollte man nicht davon sprechen, dass die Verbindlichkeit der deliberativen Standards dem Akteur einen Grund dafür liefert, sein Verhalten zu ändern?[526] Raz' Antwort ist einfach, aber nicht ohne weiteres einsichtig: Allgemein resultierten keine Gründe für den Akteur, wenn er sich in Widersprüche verstrickt, d.h. auch keine Gründe für die Vermeidung von Widersprüchen.[527]

---

525 Vgl.: A. a. O., S. 386.
526 Diese Veränderung könnte sowohl darin bestehen, dass man ein einem Mittel gemäßes Ziel auswählt als auch darin, dass man ein einem gewählten Zweck gemäßes Mittel anstrebt. Grundsätzlich geht es um die Korrektur von instrumenteller Irrationalität.
527 Raz geht allerdings auch davon aus, dass die jeweils kontradiktorischen Überzeugungen meist nicht hinreichend genau bestimmbar seien: »(...) aus dem bloßen Wissen, dass eine Menge von Überzeugungen einen Widerspruch enthält, folgt nichts in Bezug auf die

Raz' These, dass wir keinen exponierten Grund dafür haben, in unserer Deliberation auf die Vermeidung von Widersprüchen zu achten, konfligiert nur in oberflächlicher Betrachtung mit Gewirths Position. Während Gewirth dafür argumentiert, dass die eigene Handlungsfähigkeit aus erstpersonaler Sicht logisch notwendig wertzuschätzen ist, somit also einen praktisch notwendigen Zweck darstellt, besagt Raz' Überlegung nichts dem Widersprechendes, wenn er behauptet, dass für den Akteur kein Grund für eine Vermeidung von logischen Inkonsistenzen oder Inkohärenzen existiert. Dies gilt, weil Gewirth die Geltungsaspekte von erstpersonal verbindlichen Urteilen, Raz dagegen die psychologische Dimension rationaler Entscheidungsfindung fokussiert. Gewirths Theorie wird daher auch durch Raz' Kritik an der Gültigkeit der instrumentellen Rationalität nicht getroffen.

These (IVa) »Jede *meiner* Handlungen impliziert zum Zeitpunkt ihres Vollzugs *meine* notwendige Wertschätzung *meines* Handlungsvermögens« hat sich rückblickend als haltbar erwiesen, insofern man das teleologische Handlungsmodell adaptiert. Zu erinnern ist an dieser Stelle daran, dass die teleologische Ausgangsthese (I) »Ich vollziehe Handlung H, weil ich Zweck Z verwirklichen will« nicht in einem dialektischen Sinne notwendig ist, da die Negation der Handlungsteleologie keinen logischen Selbstwiderspruch des Akteurs impliziert. Die Handlungsteleologie ist zwar plausibel, weil sie eine in verschiedener Hinsicht nachvollziehbare erstpersonale Handlungsrekonstruktion darstellt, doch wird an späterer Stelle ausführlicher zu klären sein, was die von Gewirth abweichende Rekonstruktion von (I) für seine Gesamttheorie bedeutet.

Eine Akzeptanz von (IVa) impliziert die Anerkennung der mit jedem einzelnen Handlungsvollzug gegebenen Notwendigkeit für den rationalen Akteur, sein Handlungsvermögen unbedingt wertzuschätzen. Zu prüfen ist nun, inwiefern auch These (IVb) »Ich muss *mein* Handlungsvermögen prinzipiell unbedingt wertschätzen« überzeugend ist, welche besagt, dass die Handlungsfähigkeit des Akteurs für ihn einen *generellen* unbedingten Wert darstellt. Gewirth bringt zwei Hauptargumente für die in (IVb) formulierte generelle Notwendigkeit der Wertschätzung praktischer Freiheit vor: (a) Die wertgeschätzte Freiheit erstrecke sich über den gegenwärtigen Zeitpunkt der

---

Frage, was wir tun oder glauben sollten. (...). Auch wenn uns eine Irrationalität in Zweck-Mittel-Schlüssen also in Widersprüche verstricken kann, heißt das nicht, dass wir Grund haben, etwas dagegen zu tun. Speziell haben wir keinen Grund, instrumentelle Absichten auszubilden oder die Implikationen unserer Überzeugungen zu glauben, nur um Widersprüche zu vermeiden.« S.: A. a. O, S. 389.

6.2 DIE INTRINSISCHE NORMATIVITÄT DER HANDLUNG

Handlung hinaus, sie sei eine »longer-range ability to exercise (...) control«[528]; zudem (b) werde sie von Akteuren nicht nur als instrumentell, sondern als auch intrinsisch gut angesehen, weil sie ein essentielles Merkmal jeder Handlung und des Vermögens zu handeln darstellt[529]. Ich werde im Folgenden zuerst beide Argumente diskutieren und im Anschluss daran auf die Frage eingehen, was die Resultate dieser Analyse für die Plausibilität der Begründungssequenz Gewirths zu bedeuten haben.

Ad a. Sicherlich beziehen sich viele Handlungen nicht nur auf die unmittelbare Zukunft, sondern auch auf zeitlich weit entfernte Zwecke. Begrifflich notwendig scheint die punktuelle Wertschätzung des Handlungsvermögens bisher jedoch keinesfalls mit einer generellen, auf die Zukunft überhaupt ausgerichteten Wertschätzung verbunden zu sein: Aufgrund der engen strukturellen Anbindung der Wertschätzung praktischer Freiheit an einzelne Handlungsvollzüge folgt nur die dialektische Notwendigkeit derjenigen Wertschätzung, welche sich stets auf ihren Vollzug und nicht ohne Weiteres auf ihren Inhalt ohne direkten Handlungsbezug bezieht.[530] Gewirths Verweis darauf, dass wir uns nicht nur als aktuelle, sondern auch als prospektive Akteure verstehen,[531] ist dabei keineswegs irrelevant, und auch die Tatsache, dass wir nicht nur Freiheit, sondern auch die generische Handlungseigenschaft der Zweckgerichtetheit als notwendiges Gut ansehen[532], zeigt an, dass es plausible Argumentationsansätze dafür gibt, von Implikationen unserer Wertschätzung des Handlungsvermögens auszugehen, die über den kurzen Zeitpunkt der Einzelhandlung hinausreichen. Die Verwirklichung von Zwecken beinhaltet ohne Zweifel einen grundsätzlichen Bezug zur Zukunft – dennoch besteht eine Differenz von Zukunftsbezug und strikter Allgemeinheit im Sinne von Zeitunabhängigkeit, da Zweckverfolgungen zwar über das bloße »Jetzt« hinausweisen, zugleich jedoch immer noch durch den Zeitpunkt der Zweckverwirklichung zeitlich beschränkt sind.[533]

In Bezug auf die Zeitgebundenheit der Wertschätzungsakte konstatiert Illies: »The (contingent) evaluation of the end E of some action has no logical bearing on future ends I might have, and neither does the evaluation of the

---

528   S.: Gewirth (1978), S. 52.
529   Vgl.: A. a. O., S. 53.
530   Diesbezüglich stimme ich mit Illies überein; vgl.: Illies (2003), S. 118f. Allerdings ändert diese Übereinstimmung nichts daran, dass ich besagten Punkt im Unterschied zu Illies nicht als schwerwiegenden Kritikpunkt an Gewirth rekonstruiere.
531   Vgl.: Gewirth (1978), S. 62.
532   Vgl.: A. a. O., S. 53.
533   Vgl.: Illies (2003), S. 120.

present freedom have a logical bearing on my future freedom. Gewirth seems to assume that this alleged timelessness is a straight consequence of the fact that we necessarily make value judgements. But this is wrong.«[534] Illies schreibt Gewirth mit der These der Zeitlosigkeit des Werts der Freiheit eine Behauptung zu, die Gewirth in dieser Form nicht explizit in Anspruch nimmt, von Illies selbst jedoch als eine notwendige Voraussetzung für eine belastbare Ethikbegründung angesehen wird. Gewirth ist im Kontext seines Ziels der Etablierung von universeller praktischer Verbindlichkeit von handlungskonstitutiven Werten jedoch nicht auf die Idee zeitloser Werte angewiesen. Wichtig ist hier der folgende Punkt: Es ist zuzugestehen, dass *immer* dann, wenn ein Akteur handelt, er seine praktische Freiheit notwendigerweise wertschätzen muss. Dies ist freilich nicht der Fall, wenn er in bestimmten konkreten Situationen nicht handelt – allerdings ist es durchaus schwierig zu bestimmen, inwiefern es für einen Akteur in einem strengen Sinne möglich ist, überhaupt nicht zu handeln: »Since I have no choice but to act so long as I exist, and since whatever I do I thereby evaluate these conditions, the generality of this evaluation seems to follow.«[535]

Darüber hinaus ist jedoch im Hinblick auf das teleologische Ausgangsurteil (I) »Ich vollziehe Handlung H, weil ich Zweck Z verwirklichen will« zu beachten, dass sich der in diesem Urteil charakterisierte Akteur nicht nur durch sein punktuelles Handlungsvermögen (Hk), sondern ebenso durch seine grundsätzliche Disposition zum Handeln (Hd) auszeichnet. These (I) sagt demnach zweierlei über den Akteur aus: *Erstens* muss jeder Handlungsvollzug als das Anstreben selbstgewählter Zwecke verstanden werden, *zweitens* muss sich der Akteur selbst als Zwecke verfolgendes Wesen begreifen. Das dispositionelle Handlungsvermögen als praktisch-logischer Zentralaspekt jedes Handelnden weist ihn als jemanden aus, der kontinuierlich über den Jetzt-Zustand hinaus denkt, strebt, und plant – er ist nicht nur ein aktuell, sondern auch ein *prospektiv* Handelnder.[536] Illies' Kritik, dass die punktuelle Wertschätzung des eigenen Handlungsvermögens keine logischen Implikationen für seine zukünftige Wertschätzung besitzt, konzentriert sich allein auf den Zweckbegriff und verliert dadurch aus dem Blick, dass jede Wertschätzung selbstgewählter Zwecke aus der Sicht des Handelnden eine Wertschätzung

---

534 S.: A. a. O., S. 119.
535 S.: A. a. O., S. 118. Es ist in begründungstheoretischer Hinsicht nicht relevant, dass ein Akteur z. B. im Schlaf in seiner Handlungsfähigkeit keinen Wert sehen kann und dieser Wert dann – in dialektischer Perspektive – auch nicht existiert bzw. gültig ist. Problematisch wäre es nur, wenn dies bei einem rationalen und vollbewussten Akteur nicht der Fall sein müsste – dies aber kann von Gewirth plausibel ausgeschlossen werden.
536 Vgl.: Gewirth (1978), S. 111f.

nicht nur der aktuellen, sondern auch der dispositionellen Handlungsfähigkeit darstellt. Der Begriff des prospektiven Akteurs ist dahingehend missverständlich, dass er sich nur auf die jeweils mit der Verfolgung von einzelnen Zwecken verbundene Zeitdauer zu beziehen scheint – wenn man ihn allein oder primär auf diese Weise versteht, ist Gewirths These des generellen erstpersonalen Werts der Handlungsfähigkeit in der Tat wenig überzeugend. Sobald man das Prädikat »prospektiv« jedoch im Hinblick darauf interpretiert, dass der Akteur sich nicht nur akzidentell, sondern substantiell als auf die Wahl und Verwirklichung selbstgewählter Zwecke ausgerichtet versteht, gewinnt das Argument, das bereits die Plausibilität von These (IVa) zeigen konnte, auch für (IVb) eine grundlegende Bedeutung: Das in jeder einzelnen Zweckwahl vom Akteur für wahr gehaltene Urteil »Meine Wahl eines Zwecks ist ein *hinreichender Grund* für meine Verfolgung von Zweck Z« muss im Hinblick auf das dispositionelle Vermögen (Hd) verstanden werden als das Urteil »*Mein Wählen* von Zwecken ist ein *hinreichender Grund* für die Verfolgung meiner Zwecke Z, Z^1, Z^2 etc.«. Das Wählen von Zwecken ist nun nichts anderes als die Verwirklichung des eigenen Akteurseins, und da das eigene Akteursein für den Zwecke verfolgenden Akteur rationalerweise als nicht sinnvoll hinterfragbares praktisches Geltungsfundament fungiert, ist Gewirths These des generellen erstpersonalen Werts des Handlungsvermögens berechtigt.

Ad b. Gewirths weiteres Argument für die Universalität des Werts der Freiheit nimmt direkten Bezug auf die Struktur von Handlungen – der Umstand, dass Freiheit ein notwendiges Merkmal praktischer Fähigkeiten und deren Verwirklichung ist, soll dafür verantwortlich sein, dass Akteure sie notwendig als auch intrinsisches Gut betrachten. Das wiederum zeige sich darin, dass sich Handelnde gegen eine z. B. gewalttätige Einschränkung ihrer Freiheit wehren.[537] Dieser Verweis auf einen unterstellten (wenngleich keinesfalls unplausiblen) empirischen Sachverhalt kann allerdings nicht mehr als eben ein solcher Verweis sein. Als einzelnes Argument, isoliert von den übrigen Thesen, stellt er keine Grundlage für weiterführende Schlüsse dar, denn Gewirth müsste zeigen, dass sich die Mehrzahl der Akteure *zu Recht* – also aufgrund der unterstellten Notwendigkeit – gegen die Freiheitseinschränkung wehrt, doch dann bestünde die systematische Pointe nicht im konstatierten Verhalten, sondern in dessen Rechtfertigung, sodass in diesem Fall das Verhalten seinerseits keine Begründungsfunktion innehaben könnte.

Die These, dass Freiheit als universeller Wert geschätzt wird, weil sie ein zentrales intrinsisches Merkmal von Handlungen darstellt, wird von Beyleveld

---

537 Vgl.: A.a.O., S. 52f.

zurückgewiesen: Allein die transzendental-praktische Bedeutung der generischen Eigenschaften der Handlung für die teleologisch vermittelte Verwirklichung der Akteuridentität begründe den unbedingten praktischen Wert der Freiheit für den Akteur. Aufgrund ihrer Einbettung in praktische Zweckbezüge und des damit verbundenen Werttransfers vom Zweck auf die Freiheit als Kernbedingung der Zwecksetzung und – verfolgung könne nur eine extrinsische Werthaftigkeit der Freiheit gezeigt werden.[538] Dieser Einwand ist zwar unter der Voraussetzung nachvollziehbar, dass man strikt zwischen Zweck und Mittel differenziert, doch ist eine solche Differenzierung, wie zuvor geltend gemacht wurde, angesichts der Untrennbarkeit von Zweckwahl und Wertschätzung des Handlungsvermögens fraglich. Zugleich ist diese Problematik nicht entscheidend für die Plausibilität von (IVb), da der universelle Wert der eigenen Handlungsfähigkeit bereits im Rekurs auf den Begriff des prospektiven Akteurs gerechtfertigt werden kann. These (IVb) wird erst dann nachvollziehbar, wenn man sich der genaueren Interpretation des teleologischen Ausgangsurteils (I) widmet und sie unter Berücksichtigung der wechselseitigen Verwiesenheit der beiden Aspekte des Handlungsvermögens (Hk) und (Hd) versteht. Sie ist insofern haltbar, als ihre Negation die Negation von (IVa) implizieren würde, welche die erstpersonal-praktische Irrelevanz des handlungsteleologischen Modells zur Folge hätte.[539] Die teleologische Beschreibung der Handlung ist jedoch der allgemeine systematische Kontext des Arguments, der im Ausgang von durch die Annahme der Verbindlichkeit dieses Kontextes bedingten Urteilen nicht konsistent hinterfragt werden kann. Es bestehen daher überzeugende Gründe für die These, dass der Vollzug einzelner Handlungen nicht nur eine punktuelle, sondern auch eine prinzipielle unbedingte Wertschätzung des Handlungsvermögens des Akteurs impliziert.

Während für die Gültigkeit der Thesen (IVa) und (IVb) ausführlicher argumentiert werden musste, gilt dies nicht für These (IVc) »Ich muss *mein* Handlungsvermögen und dessen Bedingungen Freiheit und Wohlergehen prinzipiell unbedingt wertschätzen«. Die Annahme der prinzipiellen unbedingten Wertschätzung des eigenen Handlungsvermögens wurde bereits zuvor gerechtfertigt und der darüber hinausgehende Gehalt des Urteils erschöpft sich darin, mit Freiheit und Wohlergehen die von den generischen Handlungseigenschaften abgeleiteten notwendigen Voraussetzungen von

---

538 Vgl.: Beyleveld (1991), S. 27, 77.
539 Dies gilt deshalb, weil (Hk) nicht sinnvoll ohne unmittelbaren Bezug auf (Hd) denkbar ist und eine Negation von (Hd) der Negation des Akteurstatus' gleichkommt.

Handlungen zu benennen. Diese Voraussetzungen werden von Gewirth als »generic goods«[540], d.h. als *handlungskonstitutive Güter* bezeichnet, da sich kein rationaler Akteur als zu einer Handlung fähig ansehen kann, ohne seine freiwillig selektierten und affirmierten Zwecke anstreben zu können. Der von Gewirth unterstellte Zusammenhang von generischen Handlungseigenschaften und handlungskonstitutiven Gütern ist nachvollziehbar, da eine Handlung die Wertschätzung der eigenen praktischen Freiheit und die Gegebenheit bestimmter empirischer Bedingungen erfordert. Zudem wurde mit der Anerkennung der Gültigkeit von These (III) »Die erfolgreiche Verwirklichung von Z stellt *für mich* ein Gut dar« konzediert, dass es unter dem Gesichtspunkt praktischer Konsistenz sinnvoll ist, mit der bewussten und freien Wahl eines Zwecks immer auch eine Erfolgsabsicht zu unterstellen. Das Wohlergehen als Voraussetzung der Möglichkeit des erfolgreichen Handelns erfordert dementsprechend, dass der Akteur mit den sogenannten »basic goods« die absolut notwendigen Bedingungen seines Handelns wertschätzen muss, darüber hinaus jedoch auch auf weitere Bedingungen angewiesen ist, um bereits für ihn bestehende Güter (»non-subtractive goods«) erhalten und weitere Güter (»additive goods«) hinzugewinnen zu können. Während die Elementargüter für alle Akteure verbindlich und daher auch konkret bestimmbar sind, da sie die unhintergehbaren Voraussetzungen von Handeln überhaupt ausmachen, gilt dies nicht für die beiden anderen Güterarten, da hier Faktoren der individuellen Gewichtung eine zentrale Rolle spielen. Insofern in moralischer Hinsicht allein die zentralen Interessen von Akteuren von Bedeutung sind und diese im Kontext von Gewirths Ansatz mit denjenigen Handlungsvoraussetzungen identifiziert werden, die ein rationaler Akteur als für seine Zweckverfolgung unabdingbar ansieht, spielen die für jeden Akteur elementaren Güter eine besonders zu berücksichtigende Rolle. Festzuhalten bleibt in diesem Zusammenhang, dass man in Bezug auf die Frage, was genau zu den Elementargütern zu zählen ist, partiell unterschiedliche Auffassungen vertreten kann. Dies ändert nichts daran, dass sich das Urteil (IVc) folgerichtig aus den Urteilen (I) bis (IVb) ergibt.

Fazit
Die kritische Analyse des Anfangsurteils des Arguments der generischen Konsistenz zeigt, dass die teleologische Handlungsbeschreibung zwar eine Form praktischer Normativität impliziert, diese jedoch rein psychologischer Natur ist: Die These der notwendigen Wertschätzung der eigenen Handlungszwecke ist eine intuitiv nachvollziehbare motivationspsychologische Annahme, doch

---
540 Vgl.: Gewirth (1978), S. 52.

führt ihre Negation, entgegen Gewirths Behauptung, nicht zu einem logischen Selbstwiderspruch des Akteurs. Bei Urteil (I) »Ich vollziehe Handlung H, weil ich Zweck Z verwirklichen will« handelt es sich nicht um ein Urteil, dass aus der Akteurperspektive aus logischen Gründen wahr sein muss bzw. dialektisch notwendig ist. Dieser Sachverhalt muss bei der Rekonstruktion aller folgenden Argumentationsschritte berücksichtigt werden. Dementsprechend kann Gewirths Anschlussthese von dem unbedingten Wert des eigenen Handlungsvermögens als Resultat des Werttransfers vom angestrebten Zweck auf das dafür notwendige Mittel zwar gegen Einwände verteidigt werden, doch ist auch dieser Wert nur unter den genannten Vorbehalten strikt verbindlich.

Die These, dass die dialektische Notwendigkeit der Wertschätzung des jeweils eigenen Handlungsvermögens für alle Handlungssubjekte bestehen soll, ist von derjenigen Behauptung zu unterscheiden, dass nicht nur alle Akteure ihre eigene praktische Fähigkeit, sondern auch diejenige *aller anderen Akteure* unbedingt schätzen sollen. Gewirth spricht in diesem Kontext nicht nur von dialektisch notwendigen praktischen Werturteilen, die auf die generischen Eigenschaften der Freiheit und des Wohlergehens zurückzuführen sind, sondern darüber hinaus von »generic rights«[541], also von praktischen Rechtsansprüchen auf die Verfügung über die generischen Handlungseigenschaften. Was Gewirth zufolge unter »Rechten« zu begreifen ist und wie die von ihm skizzierten moralisch relevanten Rechtsansprüche genauer rekonstruiert werden müssen, wird im folgenden Abschnitt erläutert.

6.3 Vom notwendigen Wert zum prudentiellen Recht

Gewirth versteht unter »Recht« in Hinsicht auf die naheliegende Assoziation mit Fragen der Legalität im juristischen Sinne etwas Besonderes, und zwar sind Rechte im Kern nichts anderes als rechtmäßig erhobene, d.h. *rational gerechtfertigte praktische Sollensansprüche*. Gewirth zufolge besitzt jeder einzelne Akteur ein Recht (einen gerechtfertigten Anspruch) auf seine Freiheit und sein Wohlergehen, weil er ein zielverfolgender Handelnder und als solcher notwendig auf sein Handlungsvermögen angewiesen ist: »Since the agent regards as necessary goods the freedom and well-being that constitute the generic features of his successful action, he logically must also hold that he has rights to these generic features, and he implicitly makes a corresponding right-claim.«[542] Da Freiheit und Wohlergehen notwendige Güter für jeden

---

541 Vgl.: A. a. O., S. 64.
542 Vgl.: A. a. O., S. 63.

Handelnden darstellen, sei jeder Akteur berechtigt, einen Anspruch auf die generischen Eigenschaften von Handlung zu erheben. Dieser Schritt von der notwendigen Wertschätzung zum Rechtsanspruch muss im Folgenden genauer rekonstruiert werden – wenn der Übergang von evaluativen zu deontischen Strukturen auf subjektiver Ebene nicht plausibel gemacht werden kann, dann erübrigen sich auch komplexere Anschlussüberlegungen. Im Rahmen der kritischen Rekonstruktion des prudentiellen Rechts des Akteurs auf seine handlungskonstitutiven Güter sind die folgenden Thesen zu berücksichtigen, die ein rationaler Akteur nach Gewirth für wahr halten soll:

(V)   Meine Freiheit und mein Wohlergehen sind notwendige Güter für mich
(VI) Ich will meine Freiheit und mein Wohlergehen unbedingt und ausnahmslos
(VII) Meine Freiheit und mein Wohlergehen können von anderen Akteuren beeinträchtigt werden
(VIII) Ich will unter keinen Umständen, dass meine Freiheit und mein Wohlergehen beeinträchtigt werden
(IX) Jeder Akteur ist dazu verpflichtet, meine Handlungsfähigkeit und meine handlungskonstitutiven Güter nicht zu beeinträchtigen
(X)   Ich habe ein Recht auf meine Freiheit und mein Wohlergehen als meine handlungskonstitutiven Güter

These (V) wurde bereits in Form von Urteil (IVc) als Implikation der ihr vorausgehenden Argumentationssequenz rekonstruiert. These (VI) muss von einem rationalen Akteur für wahr gehalten werden, da er *als Akteur* die notwendigen Bedingungen seines Handelns als gut bzw. Gut zu betrachten hat. Wenn der Akteur die unhintergehbaren Voraussetzungen seines Handelns, d.h. der Verwirklichung seines Akteurseins nicht unbedingt will, ist er in einem praktisch-logischen Sinne, d.h. nach Gewirth dialektisch inkonsistent. Es handelt sich dabei um eine unmittelbar notwendige, da rein immanente Widersprüchlichkeit, die allein aus den Urteilen folgt, die der Akteur in Bezug auf sich selbst affirmiert. Da die Annahmen, die der Akteur mit seiner Negation von These (VI) bestreiten würde, allein Implikate des teleologischen Ausgangspunktes darstellen, dieser Ausgangspunkt jedoch durch das Urteil beschrieben wird, das den Akteur erst als solchen ausweist, führt eine Negation von These (VI) notwendigerweise zu einem Selbstwiderspruch. Der Akteur muss demnach aus notwendigen, da mit der rationalen Struktur seines praktischen Selbstverhältnisses verbundenen Gründen die für ihn als Akteur konstitutiven Voraussetzungen als Güter ansehen und bewahren wollen.

In These (VII) wird die empirische Tatsache berücksichtigt, dass andere Akteure existieren, die durch ihr Handeln die notwendigen Handlungsbedingungen des Akteurs negieren können. Durch den Einbezug praktischer Intersubjektivität kommt ein qualitativ neuartiges, dynamisches Element in Gewirths Argument, da die faktische Möglichkeit der Bedrohung der handlungskonstitutiven Güter des Akteurs den Fokus auf den normativen Gehalt der praktischen Implikate des teleologischen Handlungsmodells richtet. Dies wird in These (IX) deutlich, wenn Gewirth aus den Thesen (VII) und (VIII) folgert, dass sich jeder Akteur zu einem Urteil berechtigt ansehen muss, dem zufolge er alle anderen Akteure als ihm gegenüber verpflichtet begreift. Von These (VIII) zur These (IX) findet ein Wechsel von praktisch-axiologischen Aussagen zu deontologischen Urteilen statt, indem die für den Akteur praktisch verbindliche Notwendigkeit seiner Angewiesenheit auf die unhintergehbaren Bedingungen seiner Zweckverfolgung in Bezug auf andere Akteure als strikt gültige Verbote bzw. negative Pflichten geltend gemacht wird. In der Anschlussthese (X) »Ich habe ein Recht auf meine Freiheit und mein Wohlergehen als meine handlungskonstitutiven Güter« wird vor dem Hintergrund der präsupponierten Rechte-Pflichten-Symmetrie die zu der Verpflichtungsthese gehörige Rechtsthese aus der Sicht des potentiell bedrohten Akteurs formuliert – die Thesen (IX) und (X) gehören daher untrennbar zusammen.

Dieser Schritt von der unbedingten Wertschätzung zum Rechtsanspruch stellt neben der These der unbedingten Wertschätzung der eigenen Handlungsfähigkeit (IVa-c) eine weitere umstrittene Gelenkstelle von Gewirths Argumentation dar – wenn der Übergang von evaluativen zu deontischen Strukturen nicht plausibel gemacht werden kann, dann erübrigen sich auch Anschlussüberlegungen, die ein universelles Moralprinzip betreffen. Der entscheidende Unterschied zwischen der dialektisch begründeten Wertschätzung der handlungskonstitutiven Güter (Freiheit und Wohlergehen) und der Erhebung eines Anspruchs auf den Besitz dieser Güter besteht in erster Line darin, dass der »generic right-claim«[543] eine explizite Sollensforderung darstellt: Der Akteur *soll* frei handeln können und ihm *soll* es gut gehen, und daher *sollen* auch andere Akteure Handlungen unterlassen, die mit diesen strikten Forderungen konfligieren. Da es selbstwidersprüchlich wäre, wenn der Akteur selbst nicht nach Kräften dafür sorgen würde, dass sein Handlungsvermögen existiert und erhalten bleibt, ist er aus logischen Gründen dazu

---

543 »(...) the right claim is an explicit or implicit demand made on all other persons that they at least refrain from interfering with the agent's having freedom and well-being.« S.: A. a. O., S. 66.

6.3 VOM NOTWENDIGEN WERT ZUM PRUDENTIELLEN RECHT

verpflichtet, dieselbe Sollensforderung, die er an andere stellt, auch auf sich zu beziehen – auch er selbst soll sein Handlungsvermögen achten und erhalten.[544]

Die skizzierten Rechte, die der Akteur für sich beansprucht, sind wohlgemerkt »prudential rights«, d. h. sie sind nicht nur nicht juristisch, sondern darüber hinaus auch nicht moralisch konnotiert.[545] Der zureichende Grund für den Rechtsanspruch auf die eigene Freiheit und das Wohlergehen ist Gewirth zufolge der Besitz von Handlungsfähigkeit, weshalb er diesen Aspekt seines Modells als »Argument from the Sufficiency of Agency« (ASA) bezeichnet.[546] In begründungstheoretischer Hinsicht ist entscheidend, dass der prudentielle Charakter der Rechte direkt aus ihrer dialektischen Notwendigkeit resultiert: »Calling it ›prudential‹ signifies ›generally‹ that the claim to having this right is dialectically necessary, but need not be claimed for ›moral‹ (other-regarding) reasons.«[547] Die dialektisch begründeten Rechte des Akteurs sind demnach zwar praktische, jedoch an dieser Stelle des Reflexionsgangs noch moralisch indifferente Geltungsansprüche, da es sich um logische Implikationen eines rein prudentiellen Selbstverhältnisses handelt, welches seinerseits durch die generischen Eigenschaften der Handlung fundiert ist.

Im Folgenden werden vier unterschiedliche Arten der Kritik an Gewirths Konzept der prudentiellen Rechte behandelt, und es wird dafür argumentiert, dass keine dieser Kritiken hinreichend überzeugend ist. Die erste Form der Kritik bezieht sich auf die Tatsache, dass Gewirth eine Rechtfertigung von Rechtsansprüchen unternimmt, die keinen Bezug auf kulturelle und historisch gewachsene Intersubjektivität besitzt (a). Zweitens wird der von These (VIII) zu These (IX) vollzogene Übergang von Wertthesen zu Sollensforderungen als Sein-Sollen-Fehlschluss abgelehnt (b). Drittens kann gegen Gewirth in sprachanalytischer Hinsicht geltend gemacht werden, dass er einen nicht begründeten Schluss von einem Wertbegriff auf ein normatives Konzept zieht (c). Schließlich ist fraglich, inwiefern die monologische Rechtfertigung der prudentiellen Rechte hinsichtlich des ihnen zugeschriebenen strikten Geltungscharakters haltbar ist (d).

---

544 Vgl. dazu die Kritik von Nielsen in: K. Nielsen – Against Ethical Rationalism, in: E. Regis (1984), S. 59-83, S. 79. Vgl. zu der m.E. überzeugenden Metakritik Nielsens: Beyleveld (1991), S.163ff.
545 Vgl.: Gewirth (1978), S. 71.
546 Vgl.: A. a. O., S. 110.
547 S.: Beyleveld (1991), S. 289.

a. Rechte, Sozialität und Intersubjektivität

In exemplarischer und klar formulierter Form findet man diesen Typ von Kritik bei MacIntyre, der den Ansatz von Gewirth als Musterexemplar eines gescheiterten rationalistischen Begründungsversuchs von Moral im Gefolge Kants versteht. Gewirths These der dialektischen Notwendigkeit des Rechts auf die notwendigen Güter der Freiheit und des Wohlergehens ist ihm zufolge durch ein grundlegendes Problem belastet: »(...) der Einwand, dem Gewirth sich stellen muß, lautet, daß die Formen menschlichen Verhaltens, die die Vorstellung eines Grundes für einen Anspruch voraussetzen, wie etwa die Vorstellung eines Rechts, immer einen sehr spezifischen und gesellschaftlich lokalen Charakter haben, und daß die Existenz bestimmter Arten sozialer Institutionen oder Gewohnheiten eine notwendige Bedingung für die Vorstellung eines Anspruchs auf den Besitz eines Rechtes als verstandesmäßig faßbare Art menschlicher Leistung ist. (...). Wenn eine solche soziale Form fehlt, wäre das Geltendmachen eines Anspruchs auf ein Recht so, als würde man mit einem Scheck in einem Gesellschaftssystem bezahlen wollen, das kein Geld kennt. So hat Gewirth in seine Beweisführung unzulässigerweise einen Begriff eingeschmuggelt, der in keiner Weise zu den Grundeigenschaften eines rational Handelnden gehört, was aber der Fall sein muß, wenn die Beweisführung mit Erfolg abgeschlossen werden soll.«[548] Man beachte die Begriffe, die MacIntyre hier benutzt – »Vorstellung eines Grundes für einen Anspruch«, »Vorstellung eines Rechts« und »Geltendmachen eines Anspruchs« sind durchweg Termini, die sich auf psychische Zustände von Subjekten beziehen. Dagegen ist im skizzierten Abschnitt von logischen Schlussformen, begrifflichen Implikationen oder anderen genuin geltungstheoretischen Belangen nicht die Rede.[549] Um MacIntyres Beispiel zu bemühen: Es geht nicht darum, ob man faktisch mit Geld bezahlen kann, sondern ob man *begründeterweise den Anspruch erheben sollte*, mit Geld bezahlen zu können. Die Tatsache, dass MacIntyre den Geldschein-Vergleich erwähnt, zeugt von einem Missverständnis der Position Gewirths, denn irgendwo mit Geld bezahlen zu können, ist offenbar keine akteurkonstitutive Eigenschaft oder Fähigkeit. Auch abgesehen davon ist die MacIntyres Beispiel zugrunde liegende Auffassung von Gültigkeitsbedingungen wenn nicht verfehlt, so doch zumindest intransparent. Man sollte z. B. auch nicht an der Richtigkeit der mathematischen Aussage »2+2=4«

---

548 S.: A. MacIntyre – Der Verlust der Tugend, Frankfurt 1997, S. 96.
549 MacIntyre macht in seiner kurzen Gewirthanalyse nur an einer Stelle (S. 95) darauf aufmerksam, dass der Schluss von Werteinsichten auf Rechtsansprüche eigens begründet werden muss, was zwar zutreffend ist, die zugleich bestehenden Defizite seiner Kritik jedoch nicht ausgleichen kann.

zweifeln, wenn man im Urwald auf Eingeborene trifft, die keine Mathematik kennen. Dabei ist der hier vielleicht naheliegende Einwand, mathematische Wahrheiten und Rechte seien zwei vollkommen verschiedene Dinge, deswegen nicht adäquat, weil der von Gewirth unterstellte Geltungsanspruch der prudentiellen Rechte demjenigen mathematischer Richtigkeit hinsichtlich seiner Verbindlichkeit mindestens gleichgestellt ist, da sich der Anspruch aus den generischen Handlungseigenschaften ableiten soll. Insofern man Gewirths Argumentation bis zu diesem Punkt akzeptiert, muss man sogar konstatieren, dass prudentielle Rechte eine strengere Verbindlichkeit als mathematische Richtigkeit besitzen, weil letztere keineswegs für die eigene Akteuridentität konstitutiv ist. Wenn man die These für zutreffend hielte, dass die Verbindlichkeit moralischer Rechte tatsächlich von ihrer öffentlich-sozialen Anerkennung konstituiert wird, würden sich moralische Ansprüche im Grunde hinsichtlich ihrer Geltung nicht mehr kategorial von positivistisch »begründeten« Rechten unterscheiden. Natürlich *kann* man diese Position vertreten, sie ist jedoch weit von Gewirths Systematik entfernt.

b. Der Übergang von Sein zu Sollen
Ein grundlegendes Problem, das zu einer genaueren Analyse des Begriffs von »Recht« bei Gewirth führen muss, besteht darin, dass die den notwendigen Gütern zugrunde liegende evaluative Reflexionsebene das begründungstheoretische Fundament der soeben erwähnten Rechtsansprüche ausmacht. Wenn demnach dialektisch notwendige Rechtsansprüche geltend gemacht werden sollen, muss – im Kontext der Überlegungen Gewirths – eine entsprechend verbindliche praktisch-axiologische Grundlage dafür vorhanden sein, damit darauf aufbauende deontische Sollensansprüche als strikte gerechtfertigte Ansprüche und nicht nur als sowohl ihrem Gehalt als auch ihrem Verbindlichkeitsgrad nach kontingente Forderungen oder gar Wünsche gelten können. In einem ersten Schritt ist dementsprechend festzuhalten, dass sich die nach dialektischer Notwendigkeit erhobenen prudentiellen Rechtsansprüche von bloßen Forderungen hinsichtlich ihres allgemeinen Begründungsgrades unterscheiden – sind Freiheit und Wohlergehen Gewirth zufolge doch unhintergehbare Güter, ohne die Akteure nicht agieren können. In Absetzung z. B. von Williams[550], Hudson[551] und Narveson[552] muss einmal mehr betont werden, dass es hier nicht einfach um prudentielle Impulse

---

550 Vgl.: Williams (2011), S. 62.
551 Vgl.: W. D. Hudson – The Is-Ought-Problem resolved?, in: E. Regis (1984), S. 108-127, S. 127.
552 Vgl.: J. Narveson – Gewirth's Reason and Morality – A Study of the Hazards of Universalizability in Ethics, in: Dialogue (19, 1980), S. 651-674, S. 660.

irgendwelcher Art geht, die im Kontext von Gewirth relevant sind: »Each agent, at the present stage of the argument, proceeds from within his own standpoint in this context. Since this standpoint is decisive for him as an agent, he regards as his entitlement or due whatever is required for his being an agent. Thus he holds that he is entitled to freedom and well-being because of the genuine necessity, generality, and fundamental character of the justifying reasons on which his claim is based.«[553]

Das Urteil »Ich habe ein Recht auf mein Handlungsvermögen und seine Bedingungen, *weil* ich ein zielverfolgender Handelnder *bin*« scheint geradezu die Frage zu provozieren, warum man ein Recht darauf haben sollte, ein Handelnder zu sein, nur weil dies *faktisch* der Fall ist. Folgt daraus, dass man als Akteur *de facto* Zwecke verfolgt, unmittelbar ein rational fundierter *Anspruch* des Akteurs auf diese Zweckverfolgung? Gewirths Ausgangspunkt, die Handlung, soll in der Lage dazu sein, die gesamte Folgeargumentation zu tragen, ohne einen Sein-Sollen-Fehlschluss zu implizieren. Die Handlung übernimmt in seiner Theorie die Funktion eines normativen Faktums, das Mackie zufolge als schlichtweg »seltsam« gelten soll.[554] »Faktum« muss hier allerdings als *erstpersonaler Akt* verstanden werden. Die Handlung als solche ist zwar auch in dem üblichen Verständnis ein Faktum, also nicht nur eine Tat*sache*, sondern auch eine Tat*sache* im Sinne eines gegebenen Sachverhalts in drittpersonaler Sicht. Im Unterschied jedoch zu rein naturwissenschaftlich beschreibbaren Tatsachen wie dem Herunterrollen eines Steins an einem Abhang sind in Bezug auf Handlungen eine Außen- und eine Innenperspektive möglich. Aus der Außenperspektive kann eine Handlung kausal erklärt, aus der Innenperspektive dagegen rational verstanden werden. Eine Handlung ist demnach ein kausales und ein praktisch-erstpersonales Faktum zugleich.

Nur der letztgenannte Aspekt steht bei Gewirth im Fokus, wenn er zur Handlung ausführt, »that the *factual world* of human action is ›loaded with values‹ for every agent; (...).«[555] Handlung ist in diesem Zusammenhang nicht in dem Sinne ein normatives Faktum, wie es im klassischen Wertrealismus gedacht wird; sie ist kein von ihrem genetischen Ursprung isoliert beschreibbares Objekt, das als solches intrinsischen Wert besitzt und dem Akteur schlichtweg (vor-)gegeben ist. Vielmehr sollen sich Wert und Normativität der Handlung für den Akteur aus ihren praktischen Konstitutionsfunktionen erschließen, die er als notwendige Bedingungen für seine Handlungen anzuerkennen genötigt ist: Die Welt ist voller Werte für den Akteur und das einzig und allein aus der Sicht

---

553 S.: Gewirth (1978), S. 73.
554 Vgl.: Mackie (1990), S. 38.
555 S.: Gewirth (1984), S. 224.

des Akteurs. Im Rekurs auf Mackie muss man festhalten, dass die Normativität von Handlungen insofern nicht seltsam ist, als es weder um axiologisch oder normativ aufgeladene Gegenstände der Naturwissenschaften, noch um an sich existierende ideale Entitäten im Sinne Platons geht.[556]

Hudson[557] hat in diesem Zusammenhang die Frage aufgeworfen, ob hier nicht mindestens zwei Dinge irreführend konzipiert sind: Erstens (1) sei es fraglich, warum der Akteur sich als Akteur unbedingt affirmieren und sogar einen Rechtsanspruch auf sein Handlungsvermögen erheben müsse; zweitens (2) sei problematisch, von dieser (fraglichen) faktischen Schätzung der Handlungszwecke auf normativ verbindliche Gehalte zu schließen – praktische Normativität werde hier eindeutig auf Deskriptivität zurückgeführt, was offenbar logisch unzulässig sei.

Ad 1. Hudson rekonstruiert Gewirth insofern zutreffend, als er unterstellt, dass die Wertschätzung der eigenen Akteuridentität logisch notwendig sein soll. Dennoch formuliert er nachfolgend eine Frage, die von einer anderen epistemischen Situation auszugehen scheint: »(...) why should it be thought self-evidently true that an agent must think it is good for him to be what he is, as Gewirth seems to assume?«[558] Weiter fragt er: »What, after all, could be the point of discovering that what you ought to do is make sure of being what you are?«[559] Die erste Frage adressiert Gewirths These der logisch notwendigen Wertschätzung der eigenen Handlungsfähigkeit (axiologisches Moment), die zweite richtet sich auf die These, dass man als Akteur ein begründetes Recht auf seine Handlungsfähigkeit geltend machen kann (deontologisches Moment). Im Hinblick auf Hudsons erste Frage muss auf die Tatsache verwiesen werden, dass die dialektische Notwendigkeit der unbedingten Wertschätzung des eigenen Handlungsvermögens allein schon deshalb nicht unter Rekurs auf eine unterstellte phänomenologische Selbstevidenz gezeigt werden soll, weil die Negation eines phänomenologisch fundierten Urteils prinzipiell nicht logisch selbstwidersprüchlich sein kann. Die zweite Frage wäre prima facie vielmehr an Korsgaard als an Gewirth zu richten, da zwar bei Korsgaard im Mittelpunkt steht, die Selbsterhaltung als menschlicher Akteur als obersten Zweck aller Handlungen zu betrachten, bei Gewirth jedoch eine ganz andere Art von Wissen um praktisch-rationale Normativität zentral ist. Hudsons

---

556 Damit zusammenhängend kann Gewirths Theorie als Widerlegungsversuch von Mackies weiterführender methodischer These verstanden werden, dass mit logischen Argumenten nichts ethisch Relevantes begründet werden könne. Vgl.: Mackie (1990), S. 38f.
557 Vgl.: Hudson (1984), S. 122 ff.
558 S.: A. a. O., S. 125.
559 S.: A. a. O.

Kritik scheint jedoch auf einen spezifischeren Punkt abzuzielen: »There is no point in claiming a right to certain capabilities, if the claimant has to possess these capabilities in order to make the claim.«[560] Diese These scheint sich einem Missverständnis zu verdanken, denn es steht nicht zur Debatte, ob der Akteur zum Zeitpunkt t das Recht darauf einfordern soll, in der Lage zu sein (nicht daran gehindert zu werden), diesen Akt zum Zeitpunkt t vollziehen zu können – offenbar soll dies ja schon geschehen sein. Vielmehr geht es um den Aufweis einer *generellen* Berechtigung des Akteurs zu Erhebung dieses Anspruchs, der sich primär, aber nicht nur auf die Zukunft bezieht.[561] *Insofern* man Gewirth bezüglich des unterstellten Zusammenhangs von werttheoretischer und deontologischer Reflexion zustimmt, impliziert dies die zeitunabhängige Berechtigung aller handlungskonstitutiv fundierten Ansprüche von Akteuren, solange sie sich in dem von Gewirth bestimmten Sinne als Akteure auffassen können. Die Frage nach einem rational begründeten Recht auf die eigene Handlungsfähigkeit ist unabhängig von der bloßen Tatsache, dass ich de facto jetzt und hier handeln kann, da sie nichts darüber aussagt, wozu ich (jetzt und zukünftig) aufgrund meines Akteurseins *berechtigt* bin.

Ad 2. Schwerwiegender als die skizzierten Einwände Hudsons ist sein Verweis darauf, dass die Verbindlichkeit des praktischen Rechtsanspruchs aus der faktischen Wertschätzung des eigenen Akteurseins folgen soll. Auch bei Veatch findet man diese Kritik, allerdings in abgewandelter Form: »(...), why should something's being necessarily the case make it more a matter of right or obligation than its merely being actually the case? Is an inference from ›must be‹ to ›ought‹ any more valid than one from ›is‹ to ›ought‹?«[562] Veatch wirft hier nicht allein die Frage nach einem möglichen Sein-Sollen-Fehlschluss auf, sondern formuliert seine Frage so, dass sie sich konkret auf die strukturelle Signifikanz der Gewirthschen Argumentation beziehen soll, indem die postulierte Notwendigkeit des Faktums der Wertschätzung berücksichtigt wird. Auch ein Hedonist könne dafür argumentieren, dass der Mensch notwendig nach Lust strebe, und dennoch würde man nicht sagen, dass dies eine valide Begründung für den Wert der menschlichen Lustfixiertheit darstelle. An dieser Stelle wird deutlich, dass sich Veatchs Zweifel an der Zulässigkeit des »Muss-Sein«-Sollen-Fehlschlusses bestimmten Missverständnissen

---

560   S.: A. a. O., S. 126.
561   Auch erschöpft sich der Sinn der Fähigkeit, die zur Erhebung des Anspruchs notwendig ist, nicht in eben dieser Erhebung des Anspruchs auf die Fähigkeit, den Anspruch erheben zu können.
562   S.: H. B. Veatch – Review of Reason and Morality, in: Ethics 89 (1979), S. 401-414, S. 410.

6.3 VOM NOTWENDIGEN WERT ZUM PRUDENTIELLEN RECHT

verdanken. Er beachtet den von Gewirth unterstellten dialektischen Status der relevanten Notwendigkeit nicht, sondern verbleibt in einem assertorischen Redemodus.[563] Das primäre Problem besteht jedoch in seiner Deutung des Konzepts der Notwendigkeit[564]: Während der Hedonist in Veatchs Beispiel offenbar aus rein empirischen Ursachen notwendig nach Glück strebt, soll es sich bei Gewirths Argumentation für die notwendige Schätzung des eigenen Handlungsvermögens um praktisch-logische Gründe handeln, also nicht um eine z.B. durch biopsychologische Dispositionen bedingte empirische Gegebenheit, die als anthropologisches Faktum aus der drittpersonalen Perspektive konstatierbar ist. Die strukturelle Pointe, die bei Gewirths Ansatz übersehen werden und zum Vorwurf des Sein-Sollen-Fehlschlusses führen kann, besteht darin, dass das Ausgangsurteil der Argumentationssequenz (I) »Ich vollziehe Handlung H, weil ich Zweck Z verwirklichen will« nur in drittpersonaler Analyse ein deskriptives Urteil ist. Es handelt sich bei der in der Ausgangsthese thematisierten Handlung zwar zugleich um ein Phänomen, das auch von der dritten Person-Perspektive aus beschrieben werden kann. Auf diese Weise verfehlt man allerdings das eigentlich Charakteristische dieses Phänomens, nämlich das konative Moment, welches mit dem auf den Handlungszweck gerichteten Streben verbunden ist. Der argumentationsstrategische Vorteil der dialektischen Begründungsmethode im Sinne Gewirths besteht vor allem darin, dass bereits mit dem Zugeständnis der Plausibilität der Handlungsteleologie *eine Form* des kategorialen Grabens zwischen Sein und Sollen überbrückt ist. Dies gilt aus dem einfachen Grund, dass das scheinbar nur beschreibende Urteil »Ich vollziehe Handlung H, weil ich Zweck Z verwirklichen will« ein weiteres Urteil impliziert, und zwar »Ich vollziehe Handlung H, weil ich Zweck Z verwirklichen will – ich will Zweck Z, weil Z für mich ein Gut ist«. Aus der Sicht des Akteurs gibt es schlichtweg keine Zwecke, die der Akteur nicht wertschätzt, denn andernfalls wären es nicht seine Zwecke, sondern bloße Handlungsoptionen. Die Wertschätzung des Akteurs ist in praktisch-erstpersonaler Hinsicht die notwendige *Existenzbedingung* von Zwecken, da Zwecke für ihn immer nur *seine* Zwecke, also durch ihn affirmierte Handlungsoptionen sein können.[565]

---

563 »Those who wish to question the validity of Gewirth's argument cannot do so on the basis that it constitutes denial of the claim (which I think Gewirth accepts, as I do) that moral »ought« cannot be derived from »is« *assertorically*.« S.: Beyleveld (1991), S. 123.
564 Vgl. dazu auch: A. a. O., S. 101.
565 In diesem Kontext muss auch Nielsens Einwand zurückgewiesen werden, mit der Idee eines konativ normalen Akteurs habe Gewirth ein kontingentes Element in seine angeblich rationale Argumentation eingeschmuggelt; vgl.: Nielsen (1984), S. 78f. Es gehört *notwendig* zum Begriff des Akteurs, in einem praktisch-teleologischen Sinne konativ normal

Nun besteht natürlich auf dieser Ebene der Betrachtung noch keinerlei verbindliches Sollen (»ought«), das für den Akteur mit seiner faktischen Zweckverfolgung verbunden ist. Wenn ich Lust auf ein Eis habe und mir den Zweck des Eiskaufens setze, dann *soll* ich aus meiner Sicht nur in einem sehr schwachen Sinne das Eis kaufen, nämlich eben nur im Rekurs auf diesen an sich kontingenten Zweck. Ein aussagekräftiger Begriff von »Sollen« kann hier (wenn überhaupt) noch nicht gefunden werden. Gewirth ist dementsprechend nicht daran interessiert, zu begründen, warum für den Akteur irgendwelche spezifischen Zwecke die Grundlage eines prudentiellen Sollens darstellen sollen, da die handlungsteleologische Ausgangsthese nur als rein formaler Ausgangspunkt für die weiterführenden begründungstragenden Reflexionen fungiert. Entscheidend ist jedoch, dass es aufgrund der Einnahme der Perspektive des Zwecke verfolgenden Akteurs direkt von Beginn der Argumentation an eine praktische Form von Verbindlichkeit zu berücksichtigen gilt, die nicht über evtl. angreifbare Zusatzargumente in die handlungstheoretische Prämisse »eingespeist« werden muss.

Allerdings ist soeben nicht zufällig davon die Rede gewesen, dass der systematische Gehalt der Handlungsteleologie in der Argumentation Gewirths nur *eine bestimmte Form des Sein-Sollen-Fehlschlusses* vermeiden kann, und dabei handelt es sich allein um den Fehlschluss von der Faktizität meiner Handlungszwecke auf deren praktischen Wert für mich. Dies ist kein marginaler Punkt, denn die Zuschreibung des Werts von Zweck Z für Akteur A verdankt sich aus Sicht von Akteur A notwendigerweise keinem Fehlschluss. Gewirth behauptet nicht, dass sich Akteur A aus rein subjektiver Evidenz heraus als autonomer Zwecke verfolgender Handelnder auffasst. In dieser Hinsicht resultieren die geäußerten Kritiken aus einer Verkennung der praktischen Urteilslogik. Dennoch gilt, dass im bisherigen Argumentationsgang allein eine erstpersonal-psychologische Normativität aufgezeigt wurde, die sich in unserer handlungstheoretischen Begrifflichkeit niedergeschlagen hat.[566]

Was durch die Implikationen dieses Urteils nicht begründet wird, ist die für jede Zuschreibung prudentieller Rechte vorauszusetzende Annahme, dass das autonome Akteursein des seine prudentiellen Rechte einfordernden Handelnden *wertvoll* ist – nur dann, wenn praktische Autonomie

---

zu sein, sodass die Kritik Nielsens darauf hinausläuft, die Existenz rationaler Akteure als solche als unzulässiges kontingentes Moment zu bezeichnen. Diese Position wiederum kann durchaus von einer z. B. evolutionsbiologischen Perspektive aus konsistent verteidigt werden, jedoch nicht ohne weiteres aus der Akteurperspektive.

566 Urteil (I) »Ich vollziehe Handlung H, weil ich Zweck Z verwirklichen will« impliziert, dass sich jeder Akteur zu Recht als seine Zwecke verfolgender Handelnder begreift, da er sich *als autonomer Akteur* so begreifen muss.

nicht nur erstpersonal-psychologisch notwendig erscheint, sondern auch in einem urteilslogischen Sinne *sein soll*, können prudentielle Rechte auch als strikt verbindlich begriffen werden. Einmal mehr muss hier auf Gewirths problematische dialektisch-logische Interpretation von Urteil (I) verwiesen werden. Es ist richtig, dass der Begriff der praktischen Autonomie nicht sinnvoll ohne Unterstellung eines unbedingten Werts des Akteurs gedacht werden kann, und ebenfalls ist zu konzedieren, dass im Kontext der Handlungsteleologie eine psychologische Notwendigkeit der Wertschätzung der eigenen Zwecke besteht. Zugleich folgt weder aus der reinen Begriffsbedeutung noch aus dem erstpersonal-psychologischen Faktum, dass der zum Für-wahr-Halten bestimmter Urteile genötigte Akteur allein aufgrund seiner Akteuridentität als praktisch-logische Autoritätsinstanz fungieren muss. Anders ausgedrückt: Nach wie vor wird vorausgesetzt, jedoch nicht logisch gerechtfertigt, dass jeder Akteur als Akteur dazu berechtigt ist, normativ verbindliche Rechtsansprüche zu erheben. Der Vorwurf des Sein-Sollen-Fehlschlusses wird zwar von einigen Kritikern aus den falschen Gründen bzw. in falschen Hinsichten erhoben, ist jedoch insofern ernst zu nehmen, als aus der bloßen Angewiesenheit von Akteur A auf die Bedingungen seiner Existenz der Wert seiner Existenz *auch für ihn selbst nicht* logisch notwendig folgt.[567]

c. Die Kritik am Übergang von Wert zu Norm
Ein auf das Verhältnis von Werthaftigkeit und deontischer Normativität bezogener Kritikpunkt am argumentativen Grundgerüst Gewirths kann von einem Standpunkt aus erhoben werden, der sich der Position v. Wrights anschließt. Seine Kritik zielt direkt auf den Kern der für Gewirth zentralen Idee, dass deontische Strukturen von evaluativen Strukturen abgeleitet werden können. Diesen Analysen zufolge implizieren axiologische Elemente keine Normativität, auch wenn man in einem deontologischen Sinn normative Urteile so rekonstruieren können soll, dass sie werttheoretische Implikationen besitzen. Deontische Normativität kann dem zufolge die Anerkennung von Werten beinhalten, nicht aber in einer begründungstheoretisch relevanten Hinsicht voraussetzen. Daraus würde für die Plausibilität von Gewirths Argumentation resultieren, dass sie auf einem an sich simplen, aber äußerst weitreichenden Fehlschluss beruht, der zwar explizit nichts mit dem Sein-Sollen-Fehlschluss zu tun hat, da es um die Relation von Wert und Norm geht, aber dennoch auf diesen hinausläuft: Wenn werttheoretische Reflexionen keinen genuinen

---

567 Der hier mögliche Einwand, dass der Akteur sich doch notwendigerweise als unbedingt wertvoll begreifen müsse, um handeln zu können, würde auf der Missdeutung von Begriffsbedeutung und psychologischen Prämissen als logischen Notwendigkeiten beruhen.

normativen Gehalt besitzen können, dann ist Gewirths These des Werttransfers von angestrebten Zwecken auf das Handlungsvermögen als Grundlage für die inferentiell damit verbundenen Sollensforderungen schlichtweg funktionslos und steht nicht nur unverbunden neben der gesamten Folgeargumentation für die Pflichten und Rechte, die ursprünglich strukturell auf die praktisch-axiologische Basis verweisen – vielmehr impliziert die Normativitätslosigkeit evaluativer Urteile, dass alle über die bloße Konstatierung axiologischer Sachverhalte hinausgehenden Schlüsse Sein-Sollen-Fehlschlüsse »höherer Stufe« sind. Bedeutet die sprachanalytische These der Unableitbarkeit von deontischer Normativität aus axiologischen Fundamenten, dass nicht nur die Theorien von z.B. Gewirth und Korsgaard, sondern *alle* auf Handlungsteleologie basierenden Begründungsstrategien aus begriffslogischen Gründen, d. h. *prinzipiell* unhaltbar sind?

Werturteile sind keineswegs auf offensichtliche Art und Weise identisch mit normativen Urteilen – »X ist gut« und »X soll sein« unterscheiden sich allein schon durch die Urteilsform: »X ist gut« ist in formaler Hinsicht ein deskriptives Urteil, das einer Entität präsentisch ein Wertprädikat zuschreibt, während »X soll sein« eine Sollensforderung formuliert, die auch auf einen zukünftigen Zustand Bezug nimmt. Dementsprechend beginnt von Wright seine einflussreiche Untersuchung zur Relation von Wert und Norm mit der These, dass der oft unterstellte intrinsisch-normative Charakter von Werten meist unklar rekonstruiert werde und daher grundsätzlich zweifelhaft sei: »It is a widely entertained opinion that value-concepts are intrinsically normative options. This opinion is reflected in a certain philosophical jargon, which tends to confuse or to mix value-terms with normative terms. (...). Which is then the alleged normative nature of value? When one tries to give a clear answer to the question, one immediately runs up against difficulties. To say that the good is something which ought to exist or ought to be pursued, is not only very vague but can easily be seen to be an untenable opinion, unless stated with heavy qualifications.«[568] Zwar widmet sich auch von Wright dem Verhältnis des Begriffs des Guten zum Begriff der Handlung, doch geht es bei ihm auch in diesem Kontext vor allem um sprachliche Aspekte des Prädikats »gut«. Eine pointierte Zusammenfassung seiner Behandlung dieses Problemkomplexes weist jedoch darauf hin, dass auch von Wright implizit (und zudem vermutlich ungewollt) einen Aspekt anerkennt, der bei Gewirth im Mittelpunkt steht: »Ends are goods attainable through action (...). To say, as is sometimes done, that ends demand or require us to pursue them, is metaphorical speech. There is nothing normative about ends and goods as such. Ends *are* pursued and

---

568 Vgl.: G. H. v. Wright – The Varieties of Goodness, London/New York 1972, S. 155.

goods wanted, or else they are not ends and goods.«[569] Werte (»goods« bzw. Güter) und Zwecke als angestrebte Güter besitzen in dieser Sicht nach wie vor keine eigenständige Normativität, doch soll dies von Wright zufolge primär deswegen gelten, weil sie nur faktisch von Akteuren angestrebt werden und nicht *von sich aus* angestrebt werden *sollen*. Es ist zwar richtig, dass Zwecke grundsätzlich Zwecke von Akteuren sind und nicht etwa aufgrund ihres intrinsischen Werts notwendig sein sollen, doch schließt diese Feststellung zum einen nicht aus, dass es unbedingt notwendige (gebotene) Zwecke[570] geben kann, zum anderen sind Handlungszwecke aus der Akteurperspektive insofern stets normativ, als dem Anstreben der Zwecke durch den Akteur *in erstpersonaler Sicht* durchaus Normativität im Sinne eines *Sein-Sollens* dieser Zwecke zukommt.

Diesen Aspekt von Handlungen berücksichtigt Gewirth, indem er bei jeder Handlung unterstellt, dass der Akteur ein vitales Interesse an seinem Handlungserfolg nimmt. Es ist demnach in diesem Zusammenhang nicht relevant, ob sich aus der Begriffsanalyse von Werturteilen Sollensforderungen ableiten lassen, da bloße Wert*begriffe* gar nicht als Inferenzbasis für das prudentielle Recht des Akteurs auf die Bewahrung der generischen Eigenschaften seiner Handlungen dienen. Sehr wohl jedoch muss man von einer intrinsischen Normativität der Wertschätzungsakte sprechen, die anhand des teleologischen Handlungsmodells rekonstruiert werden. Handlungen sind Gewirth zufolge nicht aufgrund der konkreten Inhalte der durch sie angestrebten Zwecke praktisch normativ, sondern deswegen, weil sie stets eine praktische Affirmation durch den Akteur implizieren: »Weil ich Zweck Z will« ist der einzige Grund, den der Akteur benötigt, um sich in psychologischer und begrifflicher Hinsicht als zur Verfolgung eines selbstgewählten Zwecks berechtigt anzusehen.

d. Die monologische Rechtfertigung praktischer Sollensforderungen
Gewirths These besteht darin, dass Akteur A alle anderen Akteure als zu der Achtung seines Handlungsvermögens verpflichtet ansehen muss, weil er zu der Beanspruchung eines Rechts auf die Bedingungen seines Handlungsvermögens logisch berechtigt ist. Dies ist nach Ansicht verschiedener Kritiker[571] keineswegs selbstverständlich, sondern umgekehrt sei es plausibel, davon auszugehen, dass ich nur dann einen Rechtsanspruch erheben kann, *wenn auch ein Verpflichtungsgrund aus der Adressatenperspektive vorliegt*. Zu diskutieren

---

569 S.: A. a. O., S. 176.
570 Von Wright thematisiert nur die Notwendigkeiten, die mit der Verfolgung individuell relevanter Zwecke verbunden sind; vgl.: A. a. O., S. 181.
571 Vgl. dazu: Steigleder (1999), S. 84.

ist hier dementsprechend die Auffassung, »daß ein Rechtsanspruch prinzipiell nicht sinnvoll ohne Bezug auf die Gründe, welche die Adressaten für seine Befolgung haben, erhoben werden kann«[572]. Gewirth geht von der entgegengesetzten These aus: Pflichten anderer Akteure in Bezug auf Akteur A gründen einzig und allein in dessen praktischem Selbstverhältnis und sind von faktischen oder möglichen Gründen anderer Akteure geltungstheoretisch unabhängig. Hier ist u.a. die Relation von Faktizität und Normativität von Belang, wobei grundsätzlich zwei unterschiedliche Deutungen möglich sind: a) Wenn ich der Auffassung bin, dass ein anderer Akteur nur dann zu einer Einstellung oder Handlung verpflichtet ist bzw. ich ihn nur dann für als mir gegenüber verpflichtet halten darf, wenn dieser *de facto* entsprechende Gründe dafür besitzt, dann ergibt sich eine Situation, in der die Normativität der verpflichtenden Gründe von einem kontingenten Faktum abhängt; b) wenn ich andere Akteure nur dann als verpflichtet ansehe, wenn sie Gründe haben *sollten*, sich als verpflichtet zu betrachten, dann wären andere Akteure – prima facie – auch unabhängig von ihrer faktischen Motivationslage für die Zuschreibung von Rechten und Pflichten relevant. Deutungsvariante b) impliziert im Unterschied zu Variante a) kein Kontingenzmoment, doch ist ihre hinreichende Rekonstruktion insofern komplex, als ihr eine bestimmte Mehrdeutigkeit zukommt. Sowohl Variante a) als auch Variante b) sind als Kritik an Gewirths Position problematisch, allerdings aus verschiedenen Gründen. Ich werde in der gebotenen Kürze auf die wichtigsten systematischen Gründe dafür eingehen, warum beide Varianten für Gewirths Argumentation für prudentielle Rechte des Akteurs keine Bedrohung darstellen. Dabei werden zum einen das bereits angesprochene Verhältnis von Normativität und Faktizität, zum anderen die jeweils eingenommene Reflexionsperspektive eine zentrale Rolle spielen.

Variante a) kann deswegen nicht ernsthaft in Betracht gezogen werden, weil sie prinzipiell eine Unterminierung von intersubjektiv relevanten Verpflichtungsgründen impliziert: Wenn ich nur dann andere Personen als mir gegenüber verpflichtet ansehen kann, wenn diese sich selbst faktisch als verpflichtet ansehen, kommt dies einer (im Übrigen auch in pragmatischer Hinsicht abwegigen) Verabschiedung von praktischer Rationalität gleich.[573] Die Berechtigung jeder Rede von intersubjektiv verbindlichen

---

572 Vgl.: A. a. O., S. 85.

573 Gewirth selbst verweist vergleichsweise zurückhaltend auf die verbreitete Praxis, dass zahlreiche Anspruchsrechte (z. B. von Wissenschaftlern, Künstlern etc.) unabhängig von der expliziten Zustimmung der jeweiligen Adressaten anerkannt werden; vgl.: Gewirth (1978), S. 73. Seine diesbezügliche Bemerkung, dass eine gegenteilige Auffassung auf problematische Weise konservativ sei, ist m.E. zwar zutreffend, verharmlost jedoch die bestehende Problematik; vgl.: A. a. O., S. 74.

6.3 VOM NOTWENDIGEN WERT ZUM PRUDENTIELLEN RECHT

Verpflichtungsgründen würde von empirischen Unwägbarkeiten abhängen.[574] Wenn Kettner konstatiert, dass ein Akteur andere Akteure nur dann als ihm gegenüber verpflichtet ansehen kann, wenn er die anderen Akteure als sich ihm gegenüber verpflichtet ansehend denkt[575], dann wird dadurch unmöglich, dass ein einzelner Akteur durch das Vorbringen rationaler Gründe einen auch intersubjektiv ernst zu nehmenden Geltungsanspruch erheben kann. Dies führt jedoch zu einer geradezu absurden Position, die nicht nur mit Gewirth nicht vereinbar ist.

Variante b) ist im Unterschied zu a) nicht im strengen Sinne problematisch, wohl jedoch irreführend, was die Bedeutung anderer Akteure für den individuell erhobenen Geltungsanspruch betrifft. Wie bereits erwähnt, ist diese Variante nicht durch das Kontingenzmoment belastet, welches die Plausibilität von Variante a) unterminiert. Dies ist der Fall, weil es nicht um ein entweder vorliegendes oder nicht vorliegendes empirisches Faktum geht, sondern um die genuin normative Frage, wie bestimmte Akteure handeln *sollen*. Unter »Handeln« wird in diesem Kontext auch begriffen, sich selbst zu möglichen Sollensansprüchen in Beziehung zu setzen. Was aber bedeutet es genau, wenn ich jemanden nur dann als mir gegenüber verpflichtet ansehen kann, wenn dieser sich selbst mir gegenüber als verpflichtet ansehen *sollte*?

Die zur Debatte stehende These lautet: Andere Akteure sollen sich mir gegenüber aus bestimmten Gründen als verpflichtet ansehen und nur *deswegen* kann ich mich diesen Akteuren gegenüber als berechtigt ansehen, einen Anspruch auf mein mit dieser fremden Selbstverpflichtung verbundenes Gut zu erheben. Die anderen Akteure scheinen hier unabhängig vom Akteur, dessen

---

574 Dementsprechend würde sich eine diesbezügliche Rechtfertigung nicht primär auf logische Gründe, sondern auf im Kern nur kausale Erklärungen von empirischen Zuständen der Welt bzw. des Adressaten der Rechtsansprüche beziehen (»Ich halte mich Dir gegenüber für verpflichtet, weil ich entsprechend erzogen wurde/für Deine Argumentation aufgrund guter Laune offen bin/gezwungen werde, das jetzt zu tun etc.«). Andere Akteure können zumindest nicht in diesem Sinne relevant für die Geltung praktischer Rechtsansprüche sein, sondern diese muss vielmehr rationalen Kriterien genügen: »(...), the generic rights as claimed by the agent are logically prior to a community, in that they derive their validity not from the community but rather from his own needs with regard to action.« S.: A. a. O., S. 74. Hier gilt einmal mehr, was bereits bei der Zurückweisung von MacIntyres sozial-historisch motivierter Kritik an Gewirths Rechtsbegriff geltend gemacht wurde: Wenn man die logische Gültigkeit einer These nicht von ihren empirischen Anerkennungsbedingungen unterscheidet, verfehlt man die Argumentation Gewirths nicht nur im Detail, sondern in ihrer Gesamtheit.

575 Vgl.: M. Kettner – Otfried Höffes transzendental-kontraktualistische Begründung der Menschenrechte, in: W. Kersting (Hrsg.) – Gerechtigkeit als Tausch? Auseinandersetzungen mit der politischen Philosophie Otfried Höffes, Frankfurt a. M. 1997, S. 243-283, S. 280.

Rechtsanspruch ihnen gegenüber infrage steht, für die Verbindlichkeit dieses Rechtsanspruchs nicht nur auf eine vage Weise relevant, sondern vielmehr primär oder ausschließlich konstitutiv zu sein. Doch dieser Eindruck täuscht: In Variante b) sind andere Akteure für die Geltung meiner Rechtsansprüche zumindest nicht *per se* konstitutiv, weil sie in erster Linie als Adressaten von bereits an sie erhobenen Sollensforderungen in Erscheinung treten, wobei die Verbindlichkeit dieser Sollensforderungen nicht von den adressierten Akteuren als Individuen abhängen muss. Praktische Normativität geht demnach nicht notwendigerweise von den anderen Akteuren aus, auch wenn ein an sie gerichteter Sollensanspruch als Bedingung der Gültigkeit meiner Rechtsansprüche an sie benannt wird. Hier gibt es zwei Rekonstruktionsmöglichkeiten: 1. Die Verbindlichkeit des an die anderen Akteure gerichteten Sollens wird durch die anderen Akteure selbst begründet, 2. besagte Verbindlichkeit ist in einer weiteren, den anderen Akteuren äußerlichen Normativitätsquelle begründet. Ich werde im Folgenden zuerst auf Rekonstruktionsmöglichkeit 1) eingehen, doch wird sich im Laufe der Diskussion verschiedener Einwände gegen Gewirths Rechtsbegriff zeigen, dass auch Variante 2) bei einigen dieser Einwände eine wichtige Rolle spielt.[576]

Wenn sich andere Akteure als mir gegenüber verpflichtet ansehen sollen und die Verpflichtungsquelle in den Akteuren selbst liegt, bleiben die beiden Optionen, dass die jeweils relevanten Verpflichtungsgründe entweder 1. in der Individualität der Akteure bzw. ihrer individuellen Situation oder 2. in ihrem allgemeinen Akteursein begründet sind. Die Individualität der Akteure könnte für diese Akteure einen Verpflichtungsgrund darstellen, wenn es sich z. B. um eine Eltern-Kind-Relation handelte, demnach die soziale Rolle für den Verpflichtungsgrund entscheidend wäre. Auch kann man an einen spezifischen Beruf denken, der dem Berufsinhaber bestimmte Pflichten gegenüber anderen Akteuren auferlegt (so z. B. Arzt oder Polizist). Doch wäre es in allen genannten Fällen unklar, warum man von einem Primat der Selbstverpflichtung der Adressaten der Sollensforderung gegenüber dem Akteur, der einen Rechtsanspruch geltend macht, ausgehen sollte. Stets handelt es sich um Beziehungen zwischen Individuen, in denen es willkürlich wäre, innerhalb der unterstellten *Rechte-Pflichten-Symmetrie* einen geltungstheoretischen Primat einer Seite einzuführen: Rechte und Pflichten von Arzt und Patient oder von Mutter und Kind werden nicht linear voneinander abgeleitet, sondern zentral

---

576 Möglichkeit 2) beschreibt im Grunde nichts anderes als die Grundannahme des klassischen praktischen Realismus, der zufolge von menschlichen Aktivitäten oder Dispositionen unabhängige Werte oder Prinzipien objektive Gültigkeit besitzen, d.h. für alle Menschen bzw. Vernunftwesen verbindlich sind.

ist jeweils die Relation von beiden Parteien, welche die jeweiligen Rechte und Pflichten immer schon als gleichzeitig gegeben impliziert.

Dies würde allerdings nicht nur gegen den Primat von Pflichten anderer Akteure, sondern auch gegen eine unabhängige Rechtfertigung von Rechtsansprüchen von allein einer der beteiligten Parteien sprechen. Von Gewirths Position aus muss man diesbezüglich erstens anmerken, dass in seiner Argumentation für ein prudentielles Recht auf die Bedingungen des eigenen Handlungsvermögens individuelle Eigenschaften (soziale Rollen, Berufe etc.) von Akteuren prinzipiell keine Rolle spielen. Die allgemeine praktische Identität, die mit den generischen Handlungseigenschaften verbunden ist, ist keine an sich kontingente Rolle oder Funktion, die man wählen kann oder nicht, sondern vielmehr die notwendige Bedingung für die Einnahme von sozialen Rollen oder gesellschaftlichen Funktionen. Darüber hinaus zentral ist jedoch zweitens die Frage nach der jeweiligen Reflexionsperspektive. Gewirth betont nicht zufällig, dass sein Argument die Einnahme einer formal verstandenen Erste-Person-Perspektive erforderlich macht. In der soeben skizzierten Überlegung wurde diese Perspektive verlassen, ein Bild von Partei A auf der einen und von Partei B auf der anderen Seite entworfen und aus einer distanzierten Sicht »von oben« darauf reflektiert, welche Partei sich warum und wozu verpflichtet ansehen könnte bzw. sollte. Diese Vorgehensweise führt am hier relevanten Problem vorbei, wie im Folgenden deutlich gemacht wird.

Wenn die Verpflichtungsgründe der Akteure aus den besagten Gründen nicht in ihren spezifischen sozialen Identitäten oder Kontexten zu finden sein sollen, bleibt nur noch ihr allgemeines Akteursein übrig. Hier wird die Reflexionsebene relevant, die auch von Gewirth fokussiert wird, nämlich das allgemeine Akteursein, welches einzig die generischen Eigenschaften der Handlung impliziert. Allerdings lässt sich in dieser Hinsicht ebenfalls nicht ausmachen, warum ich keinen von intersubjektiven Reflexionshinsichten unabhängigen Rechtsanspruch auf die Bedingungen meiner Handlungsfähigkeit erheben können soll. Dies gilt zum einen deswegen, weil sich auf der Ebene der formal-allgemeinen Akteuridentität kein Grund dafür finden lässt, warum das Sich-für-verpflichtet-Halten des Adressaten die Rechtfertigung für einen Rechtsanspruch der jeweils anderen Partei darstellen sollte. Jeder Akteur ist hier gleichwertig, was seinen Status als Fundierungsinstanz von praktischer Geltung anbetrifft. Zum anderen zeugte es von einem Missverständnis der Position Gewirths, wenn man den soeben skizzierten Einwand als zentral betrachten würde. Im Kontext von Gewirths dialektischer Argumentation gibt es keine Adressaten-Partei B, der gegenüber ich nachweisen muss, warum sie sich mir gegenüber als verpflichtet ansehen sollte, damit ich ihr gegenüber einen Anspruch geltend machen kann. Um letzteres als gültig zu erachten, müsste ich die Erste-Person-Perspektive verlassen und mich, wenn auch abstrakt, in die andere Partei hineinversetzen und über ihre rationalen Verpflichtungsgründe in Bezug auf mich reflektieren.[577]

Eine implizit an Kettner anschließende Kritik an der Rechtfertigung des prudentiellen Rechts des Akteurs auf die Bedingungen seines Handlungsvermögens ist von Illies erhoben worden. Grundsätzlich sei nicht nachvollziehbar, inwiefern der prudentielle Rechtsanspruch eine transsubjektive Verbindlichkeit besitzen und daher auch, warum es sich genau genommen überhaupt um einen Rechtsanspruch handeln sollte. Illies bezieht sich auf den Übergang von der Einsicht in die Notwendigkeit von Freiheit und Wohlergehen für den Akteur aus der Sicht des Akteurs zu der These, dass der Akteur zu Recht davon überzeugt sein muss, dass kein anderer Akteur ihn diesbezüglich einschränken darf: »It (der Übergang vom Werturteil zum Rechtsanspruch – C.B.) would be justified only if, on the basis of Gewirth's argument, I were entitled to regard my freedom as an *objective* (positive) value. Without this subject-transcending status I am not entitled to make any ›ought‹- or ›right‹-claims which affect other subjects. But this objective status is not provided by the dialectically necessary method (...).«[578]

Während Gewirth in seinem Argument die rationale Genese des am Ende anvisierten, in der Tat transsubjektiv gültigen praktischen Prinzips nachzeichnet, ist objektive Verbindlichkeit Illies zufolge bereits an früherer Stelle der Sequenz notwendig, um die Schlüssigkeit des Arguments zu erweisen. Diese allgemeine Kritik ergänzt er jedoch durch eine genauere Analyse des Anspruchs auf die Nicht-Einschränkung meiner Handlungsfähigkeit durch andere Akteure, wobei er Gewirths Begründung des prudentiellen Rechtsanspruchs zurückweist: »(...) the rationale behind the prohibition (...) appears to be that I consider any negative interference to contradict my necessary value judgments. By why should there be a clash? The value judgment I must

---

577 Ein solches Vorgehen wäre zwar in einer Theorie sinnvoll, in der es z. B. gilt, einen kontraktualistischen Interessensausgleich zwischen mehreren Individuen etc. zu bewirken, doch ist dies bei Gewirths Konzept prudentieller Rechte ausdrücklich nicht der Fall. Sehr wohl gibt es eine Adressaten-Partei B, die ich – der den Rechtsanspruch auf die Bedingungen seines Handlungsvermögens erhebende Akteur A – als mir gegenüber verpflichtet ansehen muss. Auch sollen meine Gründe, Partei B als mir gegenüber verpflichtet zu betrachten, rational, d.h. prinzipiell für andere Akteure verständlich und praktisch anerkennbar sein. Vgl.: Gewirth (1978), S. 74. Partei B als der Adressat meines Sollensanspruchs hat dabei *für mich* einen rationalen Grund, sich als mir gegenüber verpflichtet (nicht als sich für verpflichtet *haltend*) anzusehen, weil ich notwendig auf die Bedingungen meines Handlungsvermögens angewiesen bin. Sie *hat* einen Verpflichtungsgrund in demjenigen Sinne, dass sie aus meiner Perspektive einen solchen *haben sollte*.
578 S. Illies (2003), S. 121.

make is simply not explicit about whether it is a value only for me or also for others; its scope (and hence the scope of the obligation) remains crucially underdetermined. I cannot rule out the possibility that the value is exclusive to me; I simply do not know. (...). Gewirth has not shown a contradiction with respect to my agency when I claim that my freedom is a necessary value for me but not for others.«[579] Wie schon im Falle Kettners weist die Art der erhobenen Einwände darauf hin, dass der bei Gewirth eingenommene dialektische Standpunkt keine systematische Rolle spielt, denn andernfalls ist die These nicht nachvollziehbar, dass im Falle der rein prudentiell notwendigen Wertschätzung von Freiheit und Wohlergehen kein Widerspruch resultiert, wenn zugleich eine Verhinderung bzw. Einschränkung eben dieser Güter aus der Sicht desselben Akteurs als erlaubt gelten soll.[580]

Zudem ist, im Gegensatz zu Illies' Einschätzung, die Reichweite des dem prudentiellen Rechtsanspruch zugrunde liegenden Werturteils keineswegs unterbestimmt: Es kann kein Zweifel daran bestehen, dass aus *meiner* notwendigen Wertschätzung der Bedingungen *meines* Handlungsvermögens nur *für mich* folgt, dass diese Bedingungen einen unbedingten Wert darstellen müssen. Aus dem methodisch-praktischen Kontext ergibt sich, dass Gewirth an dieser Stelle des Argumentationsganges nicht an der Rechtfertigung assertorischer Urteile interessiert ist. Illies zufolge ist jedoch fraglich, ob er nicht an der Begründung assertorischer Urteile interessiert sein *müsste*. Er führt seine Kritik an Gewirth weiter aus, wenn er den Aspekt des intersubjektiven Bezugs von Rechtsansprüchen mit dem Problem der objektiven Geltung deontischer Urteile verbindet: »(...) the fact that I *must* evaluate something does not determine range. It only expresses that I cannot but have a certain relationship to that thing (a positive attitude), but not automatically that I must think that it is good in a full and objective sense. Gewirth, in contrast, seems to conclude exactly this; namely, that since I *must* make a normative judgement, this must address *everyone*.«[581] Die Kritik, dass ein für mich notwendiges Urteil nicht notwendigerweise an alle Akteure adressiert sein muss, nur weil es für mich logisch unhintergehbar ist, ist als solche bis zu einem gewissen Grad offen für verschiedene Interpretationen. Zumindest zwei Deutungen sind mit dem Zitierten kompatibel. Es kann gemeint sein, dass 1. für mich logisch

---

579 S.: A.a.O., S. 122f.
580 Natürlich besteht auch Gewirth zufolge – auf dieser Stufe des Arguments – kein unmittelbarer Selbstwiderspruch *für eine mögliche Adressatenpartei B* darin, meine notwendigen Güter einzuschränken bzw. zu negieren, doch *aus meiner Sicht* muss meine notwendige Wertschätzung bestimmter Güter die Rechtfertigung meines Anspruchs auf diese Güter auch gegen Widerstände anderer Akteure hinreichend begründen.
581 S.: A. a. O., S. 123.

notwendige Urteile insofern nicht für jeden Akteur verbindlich sind, als solche Urteile prinzipiell keinerlei normative Implikation für andere Akteure besitzen (können), was die Berücksichtigung meiner notwendigen Forderungen anbetrifft, und dass 2. für mich logisch notwendige Urteile nur für einige andere Akteure normative Implikationen besitzen.

Illies' Kritikpunkt kann am plausibelsten im Sinne der zweiten Variante verstanden werden. Er veranschaulicht seine Kritik folgendermaßen: »Consider devils and their ›values‹(...). Devils, if they exist, must evaluate wickedness and vice positively by virtue of what they are. But even if these negative values are necessary for them, we do not have to regard them as objective and thus universally binding. (...). The claim that I must evaluate x is not identical with the more substantial one that I must see it as true that x is a value (and hence binding for everyone).«[582] Im Falle des Teufel-Beispiels scheint nun in der Tat zu gelten, dass es für den einzelnen Teufel sowie für *den Teufel* als solchen, also subjektiv-allgemein, gilt, das Böse aufgrund der gegebenen praktischen Identität notwendigerweise wertschätzen zu müssen, ohne dass daraus ein allgemeiner Wert des Bösen für alle Akteure abgeleitet werden kann. Nur kann man all dies von Gewirth aus ohne weiteres zugestehen, denn Gewirth behauptet nirgendwo, dass subjektiv notwendige Wertschätzungen im Rahmen *spezifischer praktischer Identitäten* eine strikt logische Verbindlichkeit besitzen – auch nicht für die jeweils urteilenden Akteure selbst. Ein Teufel stellt nun jedoch eine spezifische praktische Identität dar, er ist nicht der Akteur als solcher, sondern eine (sogar ziemlich spezielle) konkrete Ausprägung des Akteurseins. Auch wenn nun für jeden Teufel gilt, dass er *als Teufel* das Böse wertschätzen muss, würde sich Gewirth zufolge daraus keinesfalls irgendeine Form des Rechtsanspruchs auf die Bewahrung des Vermögens zur Wertschätzung des Bösen ergeben, da im Falle der Negation dieses Vermögens nur die spezifische praktische Identität des Handelnden als Teufel, nicht aber als Handelnder verneint würde – genau dies aber ist der argumentationstheoretische Angelpunkt, der bei Gewirth zentral ist. Es ergibt sich demnach auch kein fundamental-praktischer Selbstwiderspruch, wenn etwa ein Richter keinen Anspruch darauf erhebt, juristische Gerechtigkeit wertschätzen zu können, obwohl letzteres notwendig zu seiner beruflich bedingten, spezifischen praktischen Identität gehören mag. Solange ich einen Teufel *als Teufel*, einen Richter *als Richter* oder einen Arzt *als Arzt* fokussiere, können stets nur Widersprüche resultieren, die relativ zu den jeweils kontingenten vorausgesetzten Identitäten gültig sind. Es ist jedoch für einen Handelnden *nicht* kontingenterweise wahr, dass er sein Handlungsvermögen schätzen muss,

---

582 S.: A. a. O., S. 126.

6.3 VOM NOTWENDIGEN WERT ZUM PRUDENTIELLEN RECHT

sondern dies gilt unabhängig von jeder spezifischen praktischen Identität bzw. Identifizierung. Wenn Illies' Beispiel Gewirths Theorie treffen können soll, muss nachgewiesen werden, dass das *Teufelsein selbst* für jeden Teufel *als Akteur* strikt unhintergehbar ist.[583]

Illies hat durchaus Recht, wenn er darauf aufmerksam macht, ein notwendiges Wertschätzen von X allein reiche nicht aus, um strikte praktische Verbindlichkeit zu begründen. Sein Teufel-Beispiel verfehlt jedoch die systematische Pointe der von Gewirth fokussierten praktischen Perspektive.[584] Bei Gewirth steht die Idee der Prudentialität auf eine Weise im Mittelpunkt, die nichts mit prudentieller Rationalität im relativistischen Sinne zu tun hat, da die fokussierten prudentiellen Motive als im Kern eben nicht nur subjektiv-prudentielle, sondern *objektiv-prudentielle Handlungsgründe* erwiesen werden sollen, und dies konsequenterweise über den Weg des Aufzeigens ihrer praktischen Unhintergehbarkeit für den Akteur *als Akteur*. Beyleveld stellt daher zu Recht fest, dass es sich bei dialektisch notwendigen Urteilen um Urteile handelt, die *für jeden Akteur assertorisch wahr* sind.[585] Sie sind subjektiv-assertorisch wahr, also *an sich wahr für den Akteur*.[586]

---

583 Ein solcher Nachweis würde jedoch den Rahmen einer vernünftigen identitätspsychologischen Reflexion sprengen, da er zum einen auf den Bereich einer spekulativen und gegebenenfalls mit einem infiniten Regress belasteten Identitätswahl-Metaphysik verweist, und weil es zum anderen schon rein methodisch betrachtet unklar ist, wie die Wahl einer spezifischen praktischen Identität einen strukturellen Bezug zum Kriterium der logischen Konsistenz besitzen können soll.

584 In Bezug auf die früher angestellten Reflexionen zu den unterschiedlichen Quellen und Formen von Verpflichtungsgründen ist in diesem Kontext entscheidend, dass mit »ich« kein durch kontingente Interessen und Identitäten charakterisierter Akteur gemeint ist, sondern das durch die generischen Handlungseigenschaften bestimmte Handlungssubjekt als solches. Ein »für mich« aufgrund logischer Notwendigkeit unbedingt gültiger Wert ist demnach nicht nur für mich im individuellen Verständnis, sondern für mich im formal-praktischen Verständnis – sprich: für *den* Handelnden – unbedingt wertvoll (und entsprechend zu schützen, insofern ich ein rationaler Akteur bin). Die für den monologisch Urteilenden notwendigen Urteile sind zumindest in demjenigen Sinne transsubjektiv gültig, dass sich ihre Verbindlichkeit aus den allgemeinen generischen Eigenschaften der Handlung herleitet, denn diese Eigenschaften könnten nicht generisch sein, wenn sie nicht für ausnahmslos jede Handlung (und jeden Handelnden) charakteristisch wären. Man kann bestreiten, dass es generische Handlungseigenschaften gibt, doch dann müsste man zugleich bestreiten, dass es sinnvoll ist, von Handlungen im Unterschied zu Ereignissen zu sprechen, da wir uns nur unter der Bedingung der Unterstellung solcher generischer Eigenschaften auf ein bestimmtes Phänomen namens »Handlung« beziehen können.

585 Vgl.: Beyleveld (1991), S. 114.

586 Der prudentielle Rechtsanspruch soll sich zwar aus den notwendigen Bedingungen der Handlung ableiten und ist somit modallogisch stärker beschränkt als Urteile, deren

Illies' argumentiert gegen diese Position, indem er strikte praktische Verbindlichkeit mit einem theoretischen Prinzip der objektiven Geltung identifiziert: »Objective validity does not follow, not even within the standpoint of the agent'. (...). Not even Gewirth argues that at the moment of acting I must see all my particular ends E as objectively good. Why should this be different for my freedom? That I evaluate it whenever I act will allow us to conclude that agents *always* evaluate their freedom *qua* being agents, but not more.«[587] Seine Kritik an Gewirths Begriff von strikter Verbindlichkeit muss dabei von der Kritik Kettners unterschieden werden, die dialektische Notwendigkeit mit dem Prinzip des subjektiven Vorteils in Verbindung bringt: »Daß *meine* unaufgebbare Angewiesenheit auf gewisse für mich selbst qua Handelnden notwendige Vorteile (...) anderen Menschen ›Grund genug‹ (...) sein müßte, diese Vorteile/Güter als mir zustehende Vorteile/Güter zu behandeln, ist nicht einzusehen. Daraus, daß ich selbst etwas *haben muß* (...), folgt nur unter der zusätzlichen Bedingung eines vollkommen dezentrischen (und natürlich präskriptiven!) Moralprinzips (wie der Goldenen Regel oder des Kategorischen Imperativs) dies, daß ein anderer es mir *lassen muß* (›muß‹ in einem anderen und stärkeren Sinne als dem, daß ich unbedingt und durchgängig will, daß er es mir doch lassen wolle).«[588] Offenbar setzt Kettner Güter mit Vorteilen

---

Geltung z. B. von den Bedingungen für rationale Urteile überhaupt abhängig ist; doch ist zugleich unklar, inwiefern die Beschränkung auf Handlungen einen nachteiligen (z.B. relativistischen) Einfluss auf die Verbindlichkeit entsprechender Urteile haben sollte, weil es sich um praktische Urteile handelt, die ausschließlich auf Handlungen in unserer Welt bezogen sind; vgl.: Gewirth (1978), S. 157. Wenn man z.B. die kantische Variante von subjektiver Verbindlichkeit als objektive Verbindlichkeit im Sinne einer allgemeinen subjektiven Notwendigkeit akzeptiert, existiert kein rationaler Grund dafür, bei Gewirth von einem Geltungsrelativismus der Wertschätzung von Freiheit und Wohlergehen zu sprechen, obwohl vom Standpunkt des assertorischen Objektivismus aus betrachtet keine überzeitlichen und an sich gültigen Urteile vorliegen. Gewirth zufolge spielt es *praktisch gesehen* keine Rolle, ob alle Akteure einer an sich gültigen oder einer von der Angewiesenheit auf die generischen Handlungseigenschaften abgeleiteten Sollensforderung Folge leisten sollen, da sich in beiden Fällen *alle Akteure* strikt zu bestimmten Handlungen, Einstellungen etc. verpflichtet ansehen müssen; vgl.: Beyleveld (1991), S. 111.

587 S.: Illies (2003), S. 123.
588 S.: Kettner (1997), S. 281. Ein dezentrisches Prinzip soll offenbar ein impartialistisches Prinzip sein. Dabei ist jedoch fraglich, inwiefern es sinnvoll ist, sowohl die Goldene Regel als auch den Kategorischen Imperativ zu nennen, denn beide Prinzipien haben strukturell nicht allzu viel gemeinsam. Die Goldene Regel ist ein formales moralisches Prinzip, dessen jeweiliger Inhalt nicht – wie beim Kategorischen Imperativ – durch objektive Gesetze wie Nicht-Widersprüchlichkeit mitbestimmt wird. Im Unterschied zum KI, der in der Tat ein impartialistisches Prinzip ist, ist die Goldene Regel ein subjektives Prinzip, da hier individuelle Präferenzen verallgemeinert werden sollen – »was ich will« soll auch für andere maßgeblich sein. Da das »ich« der Goldenen Regel mitnichten das formale

6.3 VOM NOTWENDIGEN WERT ZUM PRUDENTIELLEN RECHT

gleich, was nicht zutreffend ist, denn die bei Gewirth relevanten notwendigen Güter haben mit Vorteilen für den Akteur nichts zu tun.[589]

Ohne den irreführenden Rekurs auf anvisierte Vorteile des Urteilenden konstatiert Illies, dass Gewirths impliziter Bezug auf ein allgemeines Hintergrundprinzip problematisch sei, wobei er dieses Prinzip – von ihm »Objectivation Principle« (OP) genannt – folgendermaßen rekonstruiert: »My necessarily making a positive value judgement about some x is a sufficient reason for me to judge x as an objectively positive value.«[590] Illies sieht in diesem Zusammenhang nicht nur das Problem, dass besagtes Reflexionsprinzip von Gewirth nirgendwo hinreichend explizit thematisiert werde, sondern schwerwiegender sei das vollständige Fehlen jedweder Rechtfertigung. Seine Formulierung des Gewirthschen Kriteriums ist partiell zutreffend, doch besteht nach wie vor die Schwierigkeit, dass der von ihm favorisierte Begriff des »objektiven Werts« auf unterschiedliche Weise verstanden wird. Das bei Gewirth konstatierte Problem soll darin bestehen, dass die Etablierung prudentieller Rechte nicht vollzogen werden kann, um dann in einem späteren Schritt zu einem objektiven Prinzip zu führen, sondern dass das Objektivitätskriterium bereits als Bedingung der besagten Etablierung dieser Rechte erfüllt sein muss. Einen sinngemäß ähnlichen Kritikpunkt findet man bei Stohs, wenn er Gewirth die Annahme zuschreibt: »What logically must be accepted by the agent is right (true)«.[591]

»ich« von Gewirths dialektischer Notwendigkeit ist, wird die Goldene Regel in besagtem Kontext zu Unrecht angeführt.

589 Man kann schwerlich davon sprechen, dass es nur ein »Nachteil« für den Akteur wäre, wenn er kein Handlungsvermögen hätte. Eine solche Redeweise ist ähnlich irreführend wie etwa die Aussage, dass der Verlust des Lebens ein Nachteil für ein Lebewesen wäre. Ein Handelnder ohne Handlungsvermögen ist kein Handelnder mehr, d.h. das Aberkennen seiner notwendigen Güter ist gleichbedeutend mit der Vernichtung seiner praktischen Identität bzw. seiner Existenz.

590 S.: Illies (2003), S. 125.

591 S.: M. D. Stohs – Gewirth's Dialectically Necessary Method, in: Journal of Value Inquiry 22 (1988), S. 53-65, S. 62. Auch Adams formuliert eine ähnliche These, wenn er konstatiert, dass der Akteur Gewirth zufolge diejenigen praktischen Sollensforderungen als verbindlich ansehen soll, die für ihn aus logischer Notwendigkeit resultieren, wobei er dieses Prinzip als mit dem normativen Selbstverhältnis des Akteurs verbundene ethische Wahrheit auffasst; vgl.: E. M. Adams – Gewirth on Reason and Morality, in: Review of Metaphysics 33 (1980), S. 579-592, S. 590. Die Einwände von Stohs und Adams beziehen sich auf die erst im weiteren Verlauf dieser Untersuchung explizit thematisierte Problematik der Universalisierung prudentieller Rechte sowie auf die Frage, wie der von Gewirth zum Schluss seiner Argumentation angestrebte Übergang von der rein dialektischen Formulierung notwendiger Urteile zur assertorischen Fassung des Moralprinzips geleistet werden soll. Dennoch sind ihre Kritiken auch schon auf der Ebene der ersten Etablierung prudentieller Rechte virulent, da auch hier zentral ist, was genau die

Im Unterschied zu Stohs' Unterstellung eines assertorischen Prinzips beschreibt Gewirth das Kriterium für dialektisch-praktische Verbindlichkeit unter Rekurs auf die logisch begründete subjektive Notwendigkeit des Fürwahrhaltens von Urteilen: »(...) what he (der rationale Akteur, C.B.) is rationally justified in thinking he ought to do is what he logically must accept that he ought to do. For what he logically must accept is such that he contradicts himself if he fails to accept it; and by contradicting himself he loses a necessary condition of rational justification.«[592] Mit Steigleder muss hier festgehalten werden, dass dieses Rechtfertigungskriterium keinesfalls exotisch oder anderweitig fragwürdig, sondern vielmehr sinnlogisch notwendig ist, da die Zugrundelegung eines davon abweichenden Kriteriums eine rationale Antwort auf die Frage nach bloß subjektiv unterstellter oder tatsächlicher Verbindlichkeit von Urteilen unmöglich macht.[593] Zugespitzt formuliert handelt es sich bei der rationalen Hinterfragung rationaler praktischer Verbindlichkeit um einen widersinnigen Zweifel an der Gültigkeit der Bedingungen, die für diesen Zweifel logisch notwendig anzunehmen sind. *Insofern* also ein Anspruch oder eine Verpflichtung als logisch notwendig anzuerkennen erwiesen sind, ist es in dieser Sicht schlichtweg nicht sinnvoll, darüber hinaus noch die Frage zu stellen, ob es neben der logischen Anerkennungsnotwendigkeit auch *wirklich* einen vernünftigen Anerkennungsgrund gibt. Die m.E. unumgängliche Plausibilität dieser Position besteht unabhängig davon, dass mit Urteil (I) in Gewirths Argumentationssequenz keine strikte praktisch-logische Verbindlichkeit etabliert wurde.

Der fundamentale Kritikpunkt, der von Illies gegen Gewirth stark gemacht wird, besteht nun jedoch nicht etwa in der grundsätzlichen Bestreitung der Normativität von praktisch-logischen Evidenzen, sondern darin, dass Gewirth einen falschen normativen Bezugsrahmen voraussetzt. Strikt verbindlich scheinen für Illies nur Geltungsansprüche zu sein, deren Negation einen unmittelbaren logischen Selbstwiderspruch auf der Ebene der *theoretischen* Reflexion impliziert. Seiner Kritik an der dialektischen Methode zufolge können alle dialektisch notwendigen Urteile stets nur für Akteure *in ihrer Identität als Akteure* gültig sein und sind somit nicht davon unabhängig (objektiv) gültig. Dieser Punkt muss auch über Gewirths Theorie hinaus als einer derjenigen Aspekte handlungstheoretischer Ethikbegründungen bezeichnet werden, dessen Beurteilung für die Einschätzung der Plausibilität

---

in der Akteursperspektive bestehende logische Notwendigkeit von Urteilen für ihren praktischen Verbindlichkeitsgrad bedeuten soll.

592 S.: Gewirth (1978), S. 153 f.
593 Vgl.: Steigleder (1999), S. 133.

des praktischen Begründungsparadigmas maßgeblich ist. Dies gilt, weil die Beurteilung der möglichen normativen Verbindlichkeit des erstpersonalen Reflexionsrahmens eine Grundsatzentscheidung hinsichtlich der Frage impliziert, ob auf diese Weise kategorisch gültige universelle Moralprinzipien etablierbar sind. Diese Kritik am generellen Bezugsrahmen von Gewirths Ansatz und die damit verbundene Forderung nach theoretisch-objektiver Geltung praktischer Rechtsansprüche läuft darauf hinaus, dass Gewirths Argument zu Unrecht bei dem Urteil (I) »Ich vollziehe Handlung H, weil ich Zweck Z verwirklichen will« ansetzt, weil alle weiteren Argumentationsschritte Resultate der präsuppositionslogischen Analyse dieses Urteils darstellen und somit auch alle deontischen Urteile immer nur dialektisch verbindlich sein können.

Im Kontext seines eigenen Arguments der normativen Konsistenz[594] setzt Illies dementsprechend bei der Tatsache an, dass rationale Akteure rationale Urteile fällen und argumentiert dafür, dass jeder Akteur der Wahrheit seiner Urteile einen unbedingten Wert zuschreiben muss. Mittels präsuppositionslogischer Analysen kommt er schließlich zu dem Schluss, dass jeder Akteur rational zur Anerkennung der objektiv gültigen Verbindlichkeit von Wahrheit und Freiheit verpflichtet sei.[595] Mit diesem Argument bzw. seinem Ausgangspunkt bezieht Illies jedoch die Position allein des *theoretischen Akteurs*, und er kann aufgrund seiner präsuppositionslogischen Argumentationsmethode genau wie Gewirth nur dasjenige systematisch explizieren, was das erste Urteil der Sequenz – »Ich fälle Urteile mit bestimmbarem Wahrheitswert« – impliziert. Illies scheint anzunehmen, dass sein Standpunkt umfassender ist als derjenige von Gewirth, da er wiederholt auf die Beschränktheit bzw. Relativität des Standpunkts des allgemein handelnden Akteurs hinweist. Man könnte Illies' Position deswegen teilen, weil aus der Sicht allein des theoretischen Akteurs in der Tat »zeitlos« wahre Urteile möglich sind, wenn es sich z.B. um fundamentallogische Notwendigkeiten handelt.

Tatsächlich geht es bei der Fokussierung auf den nur theoretischen Akteurstandpunkt jedoch um eine Einschränkung des umfassenderen Standpunkts *des* Akteurs – der Akteur muss Illies zufolge zwar in Übereinstimmung mit allen logischen Implikationen seiner Urteilsvollzüge agieren und daher auch bestimmte daraus resultierende Urteile als wahr anerkennen, doch kann gegen seinen Ansatz aus praktischer Sicht geltend gemacht werden, dass die für die Moraltheorie zentralen Aspekte dadurch systematisch (und keineswegs zufällig) ausgeblendet werden bzw. werden *müssen*: Der theoretische Akteur ist genau genommen nichts anderes als eine personifizierte Vorstellung

---

594   Vgl. zu diesem Argument: Illies (2003), S. 129ff.
595   Vgl.: A. a. O., S. 155ff.

unhintergehbarer rationaler Standards, und die Erfüllung dieser Standards steht in keinerlei struktureller Verbindung zu menschlichen Grundbedürfnissen, also dem, was unter der Bezeichnung der zentralen menschlichen Interessen im Mittelpunkt von moralischer Normativität steht. Wenn man eine konsequente präsuppositionslogische Analyse von Urteilen wie »Ich fälle Urteile mit bestimmbarem Wahrheitswert« oder »Ich will wahre Urteile fällen« durchführt, kann man nicht zu moralisch relevanten Prinzipien gelangen, sondern nur bestimmen, welche Werte für den theoretischen Akteur strikt verbindlich sind, insofern er theoretisch-rational urteilt.

In diesem Zusammenhang ist zu berücksichtigen, dass die Perspektive des theoretischen Akteurs bei Gewirth nicht ignoriert oder bewusst ausgeschlossen wird, sondern vielmehr umgekehrt eine systematisch fundamentale Rolle spielt. Sie ist von kaum zu überschätzender Bedeutung, weil sich ihre Berücksichtigung bei Gewirth darin äußert, dass das oberste Kriterium für praktische Verbindlichkeit die *logische Konsistenz von Urteilen* ist. Nicht nur wird von Gewirth die Abstraktion mitvollzogen, die notwendig ist, um die Perspektive des theoretisch urteilenden rationalen Akteurs einnehmen zu können, sondern dem Selbstverhältnis des Akteurs als *rational* Handelnder wird ein vorrangiger Wert zuerkannt. Zugleich trägt Gewirth dem Umstand Rechnung, dass eine Analyse der Bedingungen der Möglichkeit des rationalen Urteilens nicht dazu in der Lage ist, die im Ausgang vom formalen Moralbegriff (der Berücksichtigung zentraler menschlicher Interessen) bestimmten Anforderungen an den *praktisch* relevanten Begriff eines Akteurs zu erfüllen – dies ist einer der methodischen Aspekte, denen in den systematischen Vorüberlegungen von Gewirth zu Recht eine große Bedeutung zukommt. In der Theorie Gewirths abstrahiert der Akteur von seinen kontingenten Eigenschaften und beurteilt *als theoretischer Akteur* die logische Konsistenz der Urteile, die er *als Akteur* fällt[596], während bei Illies dieser letzte Schritt nicht mehr vollzogen wird, sodass der theoretische Akteur den Weg zu sich selbst als auch bedürftiges, in der Welt handelndes Wesen nicht mehr zurück geht, sondern auf der Ebene der Abstraktion verharrt. Dies bedeutet nicht, dass Illies' Ansatz nicht plausible Gründe für die Werte von Wahrheit und Freiheit *für den urteilenden Akteur* anführt. Es ist zudem möglich, von einem praktisch Guten auch für den nur urteilenden Handelnden zu sprechen. Illies' externe Kritik an der Gesamtsystematik Gewirths kann jedoch aus praktischer Perspektive mit dem Argument zurückgewiesen werden, dass eine überzeugende Ethikbegründung

---

596 Dies zeigt sich u.a. daran, dass der Akteur bei Gewirth seinem Wohlergehen einen praktisch-normativen Status zuschreibt und sich dabei auf das logische Konsistenzkriterium beruft.

eine spezifische Relation von theoretischem und praktischem Standpunkt erfordert, die in *materialer* Hinsicht notwendigerweise den nicht nur urteilenden, sondern auch verletzlichen, auf sein physisches Wohlergehen angewiesenen Akteur in den Blick nimmt.597

Illies' Einwand, dass Gewirth mit dialektischer Notwendigkeit fälschlicherweise objektive Verbindlichkeit verbinde, kann zwar als rein theoretisch-externe Kritik zurückgewiesen werden, doch gilt es, die dieser Kritik implizite Hinterfragung der geltungstheoretischen Validität von Gewirths Ausgangspunkt ernst zu nehmen, da Gewirths Urteil (I) zuvor als in der Tat nicht dialektisch notwendig erwiesen wurde. Auch wenn man also Gewirths Konzept der dialektischen Verbindlichkeit von Urteilen verteidigt, ist damit die normative Deutung der teleologischen Handlungsbeschreibung nicht hinreichend gegen Illies' Einwand abgesichert. M.a.W.: Aus der Sicht des theoretischen, d.h. logisch urteilenden Akteurs bleibt offen, warum er den Standpunkt nicht nur des urteilenden, sondern auch des in der Welt handelnden Akteurs im Rahmen seiner Urteilsbildung einnehmen sollte, wenn dieser praktische Standpunkt nicht *für ihn*, den theoretischen Akteur, als logisch valide ausgewiesen wird.

Fazit
Zusammenfassend hat sich die Mehrzahl der behandelten Kritikpunkte am Konzept der prudentiellen Rechte als nicht haltbar erwiesen. Wenn man die These akzeptiert, dass der Akteur sich notwendigerweise als auf sein Handlungsvermögen und dessen Bedingungen angewiesen begreifen muss, wäre es nur unter der Voraussetzung eines nicht-rationalen Kriteriums für berechtigte praktische Ansprüche oder der Anforderung von theoretisch-objektiven Geltungsansprüchen konsistent, die Berechtigung dieser Ansprüche zurückzuweisen. Beide Möglichkeiten sind im praktisch-rationalen Reflexionskontext nicht überzeugend vertretbar. Da Gewirth jedoch die praktisch-logische Notwendigkeit des in Urteil (I) beschriebenen Akteurstandpunkts nicht begründet, sondern implizit aus psychologisch-empirischen Annahmen ableitet, sind auch die prudentiellen Rechte nicht strikt, sondern nur in psychologischer bzw. begriffsanalytischer Hinsicht gerechtfertigt. Der Vorwurf des Sein-Sollen-Fehlschlusses ist daher insofern berechtigt, als er sich nicht

---

597 Interessanterweise spricht Illies selbst einen damit verwandten Punkt an und versucht, in explizitem Anschluss an Gewirth durch eine Rechtfertigung des Werts der Freiheit den abstrakten Standpunkt des rein logisch urteilenden Akteurs zu erweitern; vgl.: A. a. O., S. 158ff. Allerdings bleibt der oben genannte Kritikpunkt bestehen, dass auf diese Weise das Wohlergehen des Akteurs nicht hinreichend in den Blick genommen werden kann.

auf handlungsteleologische Binnenstrukturen, sondern auf die geltungstheoretische Verbindlichkeit der systematischen Implikationen der Akteurperspektive selbst bezieht: Während Zwecke immer schon wertgeschätzte Handlungsoptionen sind, ist bisher nicht eigens gezeigt worden, inwiefern die Akteurperspektive als solche logische Normativität für den urteilenden Akteur besitzt. Die Kritik von Illies, dass Gewirth keine objektive Rechtfertigung prudentieller Rechte leiste, ist zwar in Bezug auf die Idee dialektischer Notwendigkeit verfehlt, doch wird zu klären sein, ob die durch Illies' eigene Theorie aufgeworfene Frage nach dem Verhältnis von theoretischem und praktischem Standpunkt bei der Rekonstruktion von Gewirths Modell nicht auch eine konstruktive Rolle spielen kann.

6.4 Die Universalisierung des prudentiellen Rechts

Die im vorherigen Kapitel behandelte These (X) »Ich habe ein Recht auf meine Freiheit und mein Wohlergehen als meine handlungskonstitutiven Güter« führt nach Gewirth zu der weiteren These (XI):

(XI) Jeder Akteur hat ein Recht auf seine Freiheit und sein Wohlergehen als seine handlungskonstitutiven Güter

Aufgrund der unterstellten Korrelation von Rechten und Pflichten impliziert das Urteil der Universalisierung prudentieller Rechte das Urteil (XII):

(XII) Jeder Akteur hat die Pflicht, alle anderen Akteure hinsichtlich ihrer Freiheit und ihres Wohlergehens als ihren handlungskonstitutiven Gütern nicht einzuschränken

Da die mit These (X) verbundene Gültigkeit des prudentiellen Rechtsanspruchs allein auf die generischen Handlungseigenschaften zurückzuführen sei, müsse dieser Anspruch universalisiert und somit auf alle rationalen Akteure ausgeweitet werden. Zu der genaueren Begründung dieses Universalisierungsschritts führt Gewirth ein Kriterium der relevanten Ähnlichkeiten an: Wenn ein Prädikat P einem Subjekt S allein aufgrund von dessen Eigenschaft Q zukommt, dann kommt Prädikat P ebenfalls jedem Subjekt S', S" etc. zu, das über Eigenschaft Q verfügt.[598] Es wäre irrational, dieses Kriterium in seiner hier präsentierten formalen Kernvariante nicht zu akzeptieren. Mit

---

598 Vgl.: Gewirth (1978), S. 105.

6.4 DIE UNIVERSALISIERUNG DES PRUDENTIELLEN RECHTS

dem Ausdruck »allein aufgrund« wird festgelegt, dass es sich bei dem Grund, der für die Zuschreibung von P ausschlaggebend ist, um einen hinreichenden (nicht nur notwendigen) Grund handelt. Dieser Zusatz ist entscheidend, um die konsistente Allgemeinheit des Prinzips zu garantieren. Das entsprechende Universalisierungsargument lautet demnach folgendermaßen: Wenn Akteur A allein aufgrund seines Handlungsvermögens (Eigenschaft Q) das Urteil »Ich habe ein Recht auf meine Freiheit und mein Wohlergehen als meine handlungskonstitutiven Güter« für wahr halten muss (Prädikat P), dann muss auch jedes andere Subjekt S', S" etc. dieses Urteil für wahr halten (Prädikat P), das über Handlungsvermögen (Eigenschaft Q) verfügt – d.h. jedes andere Subjekt muss dieses Urteil aus Konsistenzgründen stets in Bezug auf sein eigenes Handlungsvermögen für wahr halten. An dieser Stelle des Arguments ist jeder einzelne Akteur jedoch nicht dazu verpflichtet, auch das Handlungsvermögen aller anderen Akteure wertzuschätzen, sondern muss jeden Akteur als dazu berechtigt ansehen, aus dessen Erste-Person-Perspektive sein Handlungsvermögen und dessen Voraussetzungen unbedingt wertzuschätzen.

Insofern man den universellen prudentiellen Rechtsanspruch jedes Akteurs auf die Wahrung der eigenen Handlungsfähigkeit anerkennt, ergeben sich daraus spezifische moralische Restriktionen für die Handlungen aller Akteure vor dem Hintergrund der durch die Universalisierung etablierten Reziprozität der Sollensforderungen.[599] Dieser Umstand manifestiert sich konkret darin, dass jeder Akteur dazu angehalten ist, jedwede Handlung zu unterlassen, welche eine Einschränkung des Handlungsvermögens anderer Akteure als Möglichkeit impliziert oder gar direkt bedingt. Bei diesen praktischen Restriktionen handelt es sich um *moralische Normen*: Mit der Entgrenzung der prudentiellen Rechte wird der Schritt von zwar vernünftiger, jedoch immer noch rein prudentieller Verbindlichkeit (»Ich habe ein Recht auf meine Freiheit und mein Wohlergehen als meine handlungskonstitutiven Güter«) zu moralischer Verbindlichkeit vollzogen, da die Thesen (XI) und (XII) die Berücksichtigung nicht nur der prudentiellen Rechte von Akteur A, sondern von allen Akteuren unbedingt gebieten. Da jedoch auch diese beiden moralischen Thesen nur deshalb praktisch verbindlich sein können, weil sie aus der Akteurperspektive logisch notwendig wahr sind, impliziert Gewirths Argument einen Übergang vom Prudentiellen zum Moralischen. Das Moralische ist jedoch nicht einfach eine durch Universalisierung überhöhte Prudentialität, sondern moralischen Forderungen wird insofern eine eigenständige, das rein Prudentielle übersteigende praktische Geltung zuerkannt, als sie jedem

---

599 Dergestalt interpersonal implikative Handlungen nennt Gewirth »transactions«; vgl.: A. a. O., S. 129ff.

Akteur Grenzen für das Verfolgen seines Selbstinteresses auferlegen, die nicht als prudentiell-strategisch fundierte Grenzen zu verstehen sind. Dies gilt, weil moralische Forderungen das Resultat der Universalisierung von *objektiv-prudentiell* notwendigen Ansprüchen darstellen.

Der einzelne Akteur ist allerdings nicht rational genötigt, das Handlungsvermögen *an sich* als wertvoll anzusehen, wie Scheuermanns Kritik am postulierten Übergang von prudentiellen Rechten zu moralischen Ansprüchen impliziert.[600] Ihm zufolge ist es ein Trugschluss zu glauben, dass Gewirths Argument für die Notwendigkeit der Universalisierung der prudentiellen Rechte des Akteurs in methodischer Hinsicht in Einklang mit den von Gewirth selbst explizierten Maßstäben gebracht werden könne: Nur dann, wenn der Akteur nicht nur jeweils seine eigene Handlungsfähigkeit, sondern Handlungsfähigkeit als solche (»prudential agency«) wertschätze, sei der schlüssige Fortgang des Arguments gesichert. Damit sei jedoch bereits eine moralische Dimension der Deliberation erreicht, sodass unter der Hand schon im Stadium der Einführung angeblich prudentieller Rechte dasjenige vorausgesetzt werde, dessen Rechtfertigung im Folgenden erst zur Debatte stehe. Der Hintergrund von Scheuermanns These wird durch zwei Annahmen gebildet. Die erste Annahme besagt, dass folgende zwei Behauptungen Verschiedenes besagen: A) der Akteur universalisiert seinen Anspruch auf prudentielle Rechte auf Basis *seines eigenen* Akteurseins; B) der Akteur universalisiert seinen Anspruch auf prudentielle Rechte aufgrund dessen, dass dasjenige, was auf einen *zufällig gewählten* Akteur zutrifft, auch grundsätzlich auf *jeden* Akteur zutrifft. Die zweite Annahme besteht darin, dass die von Gewirth anvisierte Universalisierung der Rechtsansprüche nur unter Rekurs auf Behauptung A geschehen soll, de facto jedoch Behauptung B nötig ist, um vom Prudentiellen zum Moralischen kommen zu können. Bei These B bestehe nun jedoch das bereits erwähnte Problem, dass der Schluss von einem zufälligen Akteur auf jeden Akteur die Wertschätzung des Handlungsvermögens als solches impliziere bzw. voraussetze und die damit verbundene Ableitung des Moralprinzips auf eine Form der petitio principii hinauslaufe. Scheuermanns Kritik ist allerdings problematisch, weil ihr eine Verkennung der Struktur von Gewirths Universalisierungsbegründung zugrunde liegt: Die Universalisierung erfolgt nicht deshalb, weil der einzelne Akteur die allgemeine Handlungsfähigkeit schätzen muss, sondern weil er aufgrund der Anerkennung des Prinzips der relevanten Ähnlichkeiten allen anderen Akteuren die Selbstzuschreibung

---

600 Vgl.: J. Scheuermann – Gewirth's Concept of Prudential Rights, in: Philosophical Quarterly 37 (1987), S. 291-305, S. 304. Vgl. kritisch dazu: Beyleveld (1991), S. 288ff.

6.4 DIE UNIVERSALISIERUNG DES PRUDENTIELLEN RECHTS

prudentieller Rechte zuzugestehen hat, die er selbst aufgrund seiner allgemeinen Akteuridentität vollzieht.[601]

Eine von Gewirth selber diskutierte und strukturell an Scheuermanns Kritik angelehnte Gegenargumentation besteht darin, dass ich mich nur deswegen als zum Rechtsanspruch berechtigt ansehe, weil es jeweils um die notwendigen Bedingungen *meiner* Zwecke geht.[602] Demzufolge wäre das von mir als notwendig anzusehende Urteil bezüglich meiner Handlungsfähigkeit und meiner entsprechenden Rechtsansprüche nicht universalisierbar, weil andere Akteure nicht grundsätzlich meine, sondern *ihre eigenen* Zwecke verfolgen. Umgekehrt sind andere Akteure nicht auf meine Handlungsfähigkeit angewiesen, um ihre Zwecke handelnd in den Blick zu nehmen. Dieses Argument kann nicht einfach mit dem Verweis darauf zurückgewiesen werden, dass es die (hier allein relevante) formale Ebene der Reflexion verlässt, da das Prädikat »mein« mit bestimmten inhaltlichen Aspekten der praktischen Deliberation verbunden ist, denn dies ist de facto nicht der Fall. »Mein« oder »dein« sind formale Eigenschaften der jeweiligen Zwecke und somit unabhängig von einer spezifischen Zweckmenge, die ein Akteur verfolgen mag oder nicht.

Die von Gewirth diskutierte Variante des Anti-Universalisierungsarguments weist jedoch dahingehend ein schwerwiegendes strukturelles Defizit auf, dass sie nicht universell angewendet wird, daher allerdings auch keine valide Formulierung des Arguments sein kann. Dies gilt deshalb, weil die Deutung des Prädikats »mein« als begründungstheoretisch relevantes Prädikat der

---

[601] Scheuermann müsste die These verteidigen, dass sich sowohl ich als auch jeder andere Akteur aufgrund dialektischer Notwendigkeit zur Erhebung des prudentiellen Rechtsanspruchs berechtigt ansehen muss, zugleich jedoch ein Unterschied in meinem Akteursein und demjenigen anderer Akteure besteht. Genauer formuliert: *Mein* Bezug auf *mein* Akteursein muss eine Eigenschaft implizieren, die konstitutiv für die dialektische Notwendigkeit *meines* prudentiellen Rechtsanspruchs ist, jedoch nicht für denjenigen aller anderen Akteure. Erst dann wäre die Annahme eines objektiven Werts des Handlungsvermögens notwendig, da unter diesen Voraussetzungen keine Universalisierung nach Maßgabe des Prinzips der relevanten Ähnlichkeiten gerechtfertigt wäre. Die These Scheuermanns ist allerdings nicht aufrecht zu erhalten, denn per definitionem sind allein diejenigen Urteile dialektisch notwendig, die der logischen Konsistenzanforderung entsprechen, welche ihrerseits aus der Relation der erstpersonalen Akteurperspektive und den generischen Handlungseigenschaften resultiert. Die Universalisierungsthese kann nur dann erfolgreich verteidigt werden, wenn die prudentiellen Rechte aus der einzelnen erstpersonalen Perspektive plausibel begründet sind. *Insofern* man aber das Urteil »Ich muss mich als zur Erhebung des prudentiellen Rechtsanspruchs berechtigt ansehen« sowie Gewirths Kriterium der relevanten Ähnlichkeiten als hinreichend gerechtfertigt ansieht, ist nicht nachvollziehbar, warum sich nicht jeder Akteur zu diesem Urteil berechtigt ansehen können soll bzw. muss.

[602] Vgl.: Gewirth (1978), S. 115f.; vgl. dazu: Steigleder (1999), S. 117f.

Gründe für die Beanspruchung prudentieller Rechte zur Folge hätte, dass die Definitionskriterien für das Konzept des »gleichen Grundes« auf eine denkbar unplausible Weise bestimmt werden: Wenn Akteur A z. B. mit Akteur B ein logisches Problem diskutiert und beide darin übereinstimmen, dass ein bestimmtes Argument aufgrund seiner immanenten Inkonsistenz falsch sein muss, dann müsste man streng genommen darauf hinweisen, dass die Akteure A und B das Argument unmöglich aus denselben Gründen ablehnen können, obwohl beide denselben Grund der immanenten Inkonsistenz angeben, da die jeweils für wahr gehaltenen Gründe akteurspezifisch indexikalisiert werden müssen. Das Fürwahrhalten des Arguments der Inkonsistenz individualisiere das Argument auf eine Weise, die die andernfalls zulässige Rede von einem übereinstimmenden bzw. gleichen Grund verbieten würde. Die von Partei A als Grund angeführte Inkonsistenz wäre eine andere als die von Partei B angeführte, doch auch der logische Grund für die Falschheit der Inkonsistenz müsste konsequenterweise individualisiert rekonstruiert werden: Wenn Akteur A dafür argumentiert, dass eine Verletzung des Widerspruchsverbots jeglicher rationaler Argumentation den Boden entzieht, ist das zwar selbst eine logische Argumentation, doch nicht allgemeingültig, da *von A* für wahr gehalten – es ist *sein* Grund und nicht derjenige aller anderen theoretisch-rationalen Subjekte. Die »individualization objection«[603] bezieht sich der Sache nach nicht nur auf die Argumente Gewirths, sondern muss von ihren Befürwortern als allgemeingültige Wahrheit behandelt werden, wenn sie in Bezug auf Gewirths Theorie eine systematische Schlagkraft besitzen können soll. Wenn dies berücksichtigt wird, entzieht ein Vertreter dieser These der Gültigkeit seiner eigenen These den Geltungsgrund, weil er unterstellen muss, dass diese Kritik an Gewirth auch von Befürwortern der Universalität prudentieller Rechte eingesehen werden sollte, da sie selbst durch nicht-individualisierte Gründe wahr gemacht wird.[604] Es droht eine kontraproduktive Selbstrelativierung.

Eine weitere Argumentationsstrategie gegen Gewirths Universalisierungsargument besteht darin, auf eine (zumindest potentielle) Inkompatibilität

---

603 S.: Gewirth (1978), S. 115.
604 Gewirth verweist darüber hinaus auf das Problem, dass zusätzlich zu der bereits erläuterten personalen Individualisierung der Gründe auch eine temporale Individualisierung bzw. »Atomisierung« denkbar sei, welche implizieren würde, dass auch ein und dieselbe Person niemals die gleichen Gründe für verschiedene Handlungen haben kann; vgl.: A. a. O., S. 117f. Seine Verwendung der Idee der Gründe-Atomisierung darf hier jedoch nicht mit dem Begriff des Gründe-Atomismus Dancys verwechselt werden, sondern weist dagegen Berührungspunkte mit Korsgaards Argument gegen das partikularistische Wollen auf.

der prudentiellen Gründe von Akteur A und den prudentiellen Gründen anderer Akteure hinzuweisen. Natürlich ist sich auch Gewirth bewusst, dass die prudentiellen Handlungszwecke von Akteuren konfligieren können, doch wird diese Möglichkeit bei ihm nicht als problematisch rekonstruiert. Dagegen macht Schwartz gegen Gewirth geltend, dass ein Akteur auch unter der Bedingung des Zugeständnisses universeller prudentieller Rechte widerspruchsfrei wollen kann, dass andere Akteure ihre Handlungszwecke nicht verwirklichen, insofern diese den eigenen Zwecken im Wege stehen.[605] In diesem Zusammenhang wirke sich die allein prudentielle Begründung der universalisierbaren Rechte insofern nachteilig aus, als es auf dieser Basis stets möglich sei, unter Berufung auf dieselben (prudentiellen) Gründe deren Gültigkeit auch aus der erstpersonalen Perspektive anderer Akteure zu relativieren.[606] Obwohl nicht nur die nicht-universalisierten prudentiellen Rechte, sondern auch ihre Universalisierung zugestanden werden, wird hier die Missachtung der Rechte anderer Akteure als rational zulässig bezeichnet. Damit man sich als dazu verpflichtet ansehen muss, ein proaktives Interesse an den Interessen auch anderer Akteure zu nehmen, reiche ein prudentielles Fundament nicht aus, sondern dafür müsse bereits ein moralisches Prinzip anerkannt werden, welches die praktische Berücksichtigung der Zwecke anderer Akteure gebietet. Schwartz' Kritik besagt somit, dass die von Gewirth als universalisierbar und daher moralisch relevant aufgefassten prudentiellen Rechte de facto moralisch unverbindlich sind und die ihnen von Gewirth zugeschriebene Funktion der wechselseitigen Grenzsetzung von Freiheitseinschränkungen erst dann besitzen können, wenn sie anders, nämlich *genuin* moralisch begründet werden. Schwartz verfehlt mit ihrem Einwand die hier relevante formale Systematik: Der prudentielle Ausgangspunkt umfasst bei Gewirth nicht einfach nur das Haben bestimmter selbstbezogener Interessen, sodass eine Universalisierung dieses subjektiven Bezugs auf die eigenen Zwecke konsistent mit einer optionalen wechselseitigen Negation der Verwirklichungsmöglichkeit dieser Interessen koexistieren könnte. Es ist daher, gegen Schwartz, mit Gewirths Systematik nicht zu vereinbaren, das Kriterium für rationales Handeln von demjenigen für

---

605 Vgl.: A. Schwartz – Review of Reason and Morality by Alan Gewirth, in: Philosophical Review Nr. 88 (1979), S. 654-656, S. 656.

606 »(...) Gewirth has only shown that each agent must claim these rights for him/herself on prudential grounds. Therefore, each agent is only logically bound to admit that all other agents have sound prudential reasons for claiming those same rights for themselves. Having so judged, an agent can coherently assert that he/she does not want others to achieve their goals. Therefore, he/she can argue, while it is prudent for each of them to demand rights to freedom and well-being, it is rational for him/her to refuse to grant such rights to any other purposive agent.« S.: A. a. O.

prudentielles Handeln abzutrennen. Gewirths »dialektische Konsistenz« ist nicht identisch mit dem herkömmlichen Konzept der prudentiellen Rationalität, das im intersubjektiven Kontext strategisch durchdachte Konkurrenzsituationen ermöglicht. Dem korreliert die enge Zusammengehörigkeit von Rationalität und Moralität, die für das gesamte Argument Gewirths charakteristisch ist, von Schwartz jedoch gleich zweifach verkannt wird, wenn sie von einer »nur logischen« Verbindlichkeit der »sound prudential reasons« anderer Akteure spricht: Zum einen ist logische Verbindlichkeit bei Gewirth das zentrale Kriterium für ausnahmslos alle praktisch notwendigen Urteile, zum anderen sind die von Schwartz adressierten vernünftigen prudentiellen Gründe nicht deswegen vernünftig, weil sie prudentiell sind – daher handelt es sich streng genommen gar nicht primär um prudentielle Gründe, sondern um logische Gründe, die strukturell mit der teleologischen Handlungstheorie und ihren präsuppositionslogischen, praktisch-werttheoretischen Implikationen verbunden sind.

Eine vergleichsweise schwerer zu widerlegende Variante dieser Kritik an der prudentiellen Basis von Moralität findet sich bei Bond, der argumentiert, dass man von prudentiellen Gründen nicht zu moralischen Gründen gelangen kann.[607] Dagegen sollen moralische Gründe bzw. Prinzipien auch schon für die These der individuellen prudentiellen Rechte vorauszusetzen sein, sodass Gewirths Argumentationssequenz allein in umgekehrter Lesart sinnvoll wäre, dann jedoch offen bleibe, wie man zur genuin moralischen Reflexionsebene gelangen können soll. Man müsse das einzelne prudentielle Recht vom allgemeingültigen Moralprinzip ableiten und den partikularen Rechtsanspruch als Instanziierung dieses Prinzips rekonstruieren. Auch hier wird danach gefragt, wie ein ursprünglich prudentielles Urteil allein durch den Prozess der Universalisierung zu einem moralischen Urteil werden kann. In diesem Sinne verweist Bond zudem darauf, dass ein universalisiertes prudentielles Urteil nicht mehr sein könne als eben dies – ein universell gültiges, jedoch immer noch rein prudentielles Urteil. Ihm zufolge gibt es durch die Universalisierung keine kategoriale, nämlich qualitative Modifikation des prudentiellen Urteils, sondern einzig eine Entgrenzung des Adressatenkreises sowie des Kreises

---

607 Vgl.: E. J. Bond – Gewirth on Reason and Morality, in: Metaphilosophy Nr. 11 (1980), S. 36-53, S. 50ff. Auch Sterba teilt diese Grundthese. Allerdings ist seine These, dass aus Gewirths Argumentation ein universalisierter Egoismus folgt, nicht haltbar, da eine solche Interpretation u.a. die Pointe des Universalisierungsschrittes der prudentiellen Rechte verkennt: Sobald ich anderen Akteuren diese Rechte zugestehe, kann ich aus logischen Gründen keinen prinzipiellen Egoismus für wahr halten; vgl.: J. P. Sterba – Justifying Morality: The Right and the Wrong Ways, in: Synthèse Nr. 72 (1987), S. 45-69.

derjenigen, die zum Fürwahrhalten des Urteils berechtigt sind. In seiner Antwort auf Bond macht Gewirth den Punkt stark, dass der partikulare Rechtsanspruch geltungstheoretisch nicht auf die Unterstellung der Wahrheit des erst noch zu begründenden Moralprinzips angewiesen sei.[608] Diese Antwort ist jedoch nicht hinreichend, um den von Bond fokussierten Punkt zu entkräften, dass ein universalisiertes prudentielles Urteil nicht per se identisch mit einem moralischen Urteil ist.[609] Mit Bond ist demnach das folgende Urteil zwar wahr, jedoch nicht moralisch: »Jeder Akteur ist es allen anderen Akteuren gegenüber schuldig, ihren prudentiell begründeten Rechten in seinem Handeln Rechnung zu tragen«.[610]

In Bezug auf Bonds These, dass universalisierte prudentielle Rechte nicht als moralische Rechte bzw. Pflichten anzusehen sind, ist festzuhalten, dass eine solche Position durchaus möglich ist – sie ist weder selbstwidersprüchlich, noch unmittelbar anderweitig unsinnig. Gewirth kann mit seinem Argument

---

608 Vgl.: A. Gewirth – Comments on Bond's article, in: Metaphilosophy Nr. 11 (1980), S. 54-69, S. 66.
609 Vgl. ebenfalls: E. J. Bond –Reply to Gewirth, in: Metaphilosophy Nr. 11 (1980), S. 70-75, S. 74.
610 Beyleveld zufolge ist Bonds Position nicht nachvollziehbar bzw. mehrdeutig, da nicht ausgemacht sei, ob sich das »prudentiell« hier auf den jeweiligen Urheber des Anspruchs oder auf den Adressaten beziehe. Im Falle der externen Interpretation (A) ergebe sich das Urteil »Ich muss der Auffassung sein, dass sich andere Akteure aufgrund ihrer Interessen zum Anspruch auf ihre Freiheit und ihr Wohlbefinden berechtigt ansehen müssen«, während die interne Variante (B) besage »Ich muss aus Konsistenzgründen der Auffassung sein, dass andere Akteure ein Recht auf ihre Freiheit und ihr Wohlergehen haben, weil ich mich zum prudentiellen Rechtsanspruch auf meine Freiheit und mein Wohlergehen berechtigt ansehen muss«. Da die Affirmation der internen Variante (B) gleichbedeutend sei mit einer Affirmation von Gewirths Position, müsse Bond die externe These (A) verteidigen. Gegen Bond werde durch dessen (im Übrigen nicht weiter gerechtfertigte) Konzentration auf die externe Interpretation weder gezeigt, warum bereits das nicht-universalisierte prudentielle Recht moralisch sein soll, noch inwiefern es notwendigerweise von einem moralischen Prinzip abgeleitet werden müsse; vgl.: Beyleveld (1991), S. 261. Beyleveld argumentiert in seinem Zusatz zu seiner Kernargumentation, dass es keine Rolle spiele, wie genau man nun die handlungsreflexiv begründeten Rechte des Akteurs nenne, solange man eben diese Rechte jedem Akteur zugestehe. Diese Stellungnahme scheint die Sachlage jedoch zu stark auf eine pragmatische Art und Weise zu vereinfachen, was man anhand einer Übertragung des diskutierten Problems auf den Bereich der allgemeinen Ethik verdeutlichen kann: Wenn ein Kantianer mit einem Utilitaristen darüber streitet, ob das Streben nach Glück oder Nützlichkeit moralisch relevant und entsprechend in moralphilosophischen Theorien maßgeblich zu beachten ist, dann hat dies per se nichts mit dem Problem der logischen Begründung des Utilitarismus zu tun – dennoch wäre es eine fragwürdige Position zu behaupten, dass es sich dabei nur um einen Streit um unbedeutende Worte handelte. In einer solchen Diskussion ginge es um Kernmerkmale des Moralbegriffs, und auch bei Bonds Kritik spielt die Frage nach der zugrunde gelegten Moralauffassung eine wichtige Rolle.

prinzipiell nicht begründen, warum man seine Auffassung von Moral teilen soll – dies ist nicht das Problem von Gewirths Ethikbegründung, sondern ergibt sich zwingend aus der Natur der Sache. Andernfalls müsste man für einen plausiblen Moralbegriff und nicht für die Verbindlichkeit eines Moralprinzips argumentieren. Wie bereits früher erwähnt wurde, legt Gewirth ein transparentes methodisches Konzept vor, wie mit dem Problem der Relation von Moralbegriff und Moralprinzip umzugehen ist. Dennoch ist es für einen rationalen Akteur nicht *logisch* verbindlich, die aus Gewirths Argumentation folgenden praktischen Gebote als moralische Forderungen zu verstehen. Allerdings müsste konkret dafür argumentiert werden, warum eine solche Position nachvollziehbar sein soll, was u.a. einen Verweis auf eine plausiblere Alternative erforderlich machte. Da unklar ist, wie eine handlungstheoretisch begründete Ethik ganz ohne einen geltungstheoretisch relevanten Rekurs auf das teleologische Handlungsmodell und damit immer auch auf die Dimension des Prudentiellen konzipierbar sein soll, müsste Bond sich auf eine Theorie festlegen, deren Verbindlichkeit unabhängig von der praktischen Relevanz von Strukturen der Handlung und des Akteurs wäre. Von diesem Standpunkt aus müsste jedoch ein Bezug auf das Moralische hergestellt werden, der es ermöglicht, die jeweils relevanten Bedürfnisse und Interessen menschlicher Akteure zu berücksichtigen, womit der Graben zwischen dem theoretisch Gebotenen und dem konkreten Akteur mit seinen prudentiellen Zwecken zu überbrücken wäre.

Bonds Kerneinwand, die prudentiellen Rechte setzten immer schon die Gültigkeit des Moralprinzips voraus, ist nicht haltbar, wie bereits aus der Verteidigung von Gewirths diesbezüglicher Argumentation hervorgeht – der Akteur muss sich aus allein internen Reflexionen als dazu berechtigt ansehen, andere Akteure als sich ihm gegenüber verpflichtet zu begreifen.[611] Allerdings

---

611   Ein ebenfalls auf den Übergang von Prudentialität zu Moralität abzielendes und partiell implizit an Bond anschließendes Argument wird von Hare vertreten; vgl.: R. Hare – Do Agents have to be Moralists? In: E. Regis Jr.(1984), S. 52-58. Hares Einwand setzt der Sache nach bereits bei einer Kritik der nicht-universalisierten prudentiellen Rechte ein, zielt jedoch auf eine Widerlegung von Gewirths Universalisierungsthese ab: Wenn es überhaupt so etwas wie partikulare prudentielle Rechte geben können solle, dann müsse man diesbezüglich insofern von »schwachen Rechten« sprechen, als es sich bei Gewirth um Rechte handele, die nicht ohne weiteres universalisierbar seien. Falls ein solches (unübliches) Konzept von Rechten nicht plausibel zu verteidigen sei, würde Gewirths Argument demnach spätestens bei der Etablierung partikularer prudentieller Rechte scheitern. Sei die Rede von partikularen, grundsätzlich jedoch universalisierbaren prudentiellen Rechten jedoch sinnvoll, könne es sich nicht einfach nur um prudentielle Rechte handeln, sondern dann müsse man von allgemeingültigen bzw. moralischen Rechten sprechen. Falls ein Akteur Hare zufolge partikulare prudentielle Recht für sich beanspruchen

6.4 DIE UNIVERSALISIERUNG DES PRUDENTIELLEN RECHTS

ist der Grundgedanke Bonds nicht ganz ohne Pointe, auch wenn er in der von ihm präsentierten Form falsch ist. Anders ausgedrückt: Er wirft einmal mehr eine für das Verständnis von Gewirths Theorie wichtige Frage auf, die im Laufe der Rekonstruktion des Arguments der generischen Konsistenz immer wieder relevant wurde. Da sich die prudentiellen Rechte bis auf das ursprüngliche handlungsteleologische Urteil (I) »Ich vollziehe Handlung H, weil ich Zweck Z verwirklichen will« zurückführen lassen müssen und dort die Quelle aller im Argument vorfindlichen praktischen Normativität liegt, ist immer noch die Frage zu beantworten, *warum sich Akteure als dazu berechtigt ansehen können, ihre Zwecke zu verfolgen*. Diese Frage ist nicht identisch mit derjenigen nach moralischen Voraussetzungen prudentieller Rechte, weil sie nicht notwendig auf moralische Normativität, wohl jedoch auf einen bestimmten Wert verweist, der dem Akteur immer schon implizit zugeschrieben wird.

---

können soll, muss es sich stets um *eigentlich prinzipiell universalisierbare Rechte* handeln, womit sich dann jedoch die Struktur von Gewirths Argument auf eine Weise ändern würde, die dessen ursprünglicher Logik widerspricht. Wenn es hingegen tatsächlich nicht-universalisierbare Rechte geben sollte, wäre der argumentative Weg zu genuin moralischen Rechten versperrt, denn dann müsste es für jeden Akteur widerspruchsfrei möglich sein, die partikularen Rechte für sich alleine in Anspruch zu nehmen. Aus Hares Kritik folgt ihm zufolge ein Dilemma für Gewirth: Entweder können prudentielle Rechte nicht universalisiert werden, dann kann man im Ausgang von ihnen auch nicht zu moralischen Urteilen gelangen; oder partikulare Rechte sind universalisierbar, dann sind sie jedoch nicht partikular, sondern besitzen immer schon moralische Implikationen und setzen damit voraus, was erst noch eigens zu erweisen wäre; vgl.: A. a. O., S. 53. Diese Kritik ist zwar partiell berechtigt, jedoch in Bezug auf die ihr von Hare zugeschriebenen argumentativen Implikationen nicht zwingend, da es möglich ist, Hares These der Zusammengehörigkeit von Universalität und moralischer Relevanz zu teilen, ohne den damit verbundenen Vorwurf der petitio principii anerkennen zu müssen. Wenn man mit Hare Universalität als hinreichendes Kriterium für moralische Relevanz ansieht, müssen bereits alle diejenigen Urteile, die sich in konstitutiver Weise auf die generischen Handlungseigenschaften beziehen, als Urteile mit moralischen Eigenschaften aufgefasst werden. Somit verschiebt sich bei Hare der Übergang von Prudentialität auf Moralität innerhalb der Argumentationssequenz von Gewirth nach vorne. Die allgemein-formalen Rahmenbedingungen Gewirths bleiben jedoch auch in Hares Interpretation insofern unverändert, als es nach wie vor bei jedem einzelnen Argumentationsschritt um die Aufdeckung von vernunftnotwendigen Präsuppositionen geht. Abgesehen davon, dass Hares Verhältnisbestimmung von Universalität und Moral nicht verbindlich ist, würde unter dieser Voraussetzung nur folgen, dass bereits These (X) »Ich habe ein Recht auf meine Freiheit und mein Wohlergehen als meine handlungskonstitutiven Güter« ein moralisch verbindliches Urteil darstellt. Die Plausibilität der globalen Struktur des Arguments würde damit nicht hinterfragt; vgl. zu einer weiterführenden Kritik: Beyleveld (1991), S. 273.

Fazit
Im Rückblick auf maßgebliche Einwände gegen die Universalisierung prudentieller Rechte des Akteurs erweisen sich zwei der diskutierten Kritikpunkte als bedenkenswert: *Erstens* kann berechtigterweise hinterfragt werden, ob universalisierte prudentielle Rechte verbindlich als moralische Ansprüche zu verstehen sind. In diesem Zusammenhang lassen sich zwar plausible Gründe für Gewirths Position anführen, doch wäre es vor allem angesichts seines eigenen strengen Begründungsanspruchs unzulässig, in Bezug auf die schwierige Frage nach einer letztgültigen Bestimmung des Moralischen weitaus schwächere Maßstäbe anzusetzen. Zugleich wäre eine Kritik an Gewirths Verständnis von Moral erst dann wirklich schlagkräftig, wenn sie vor dem Hintergrund einer überzeugenderen Alternative entwickelt würde. *Zweitens* ist Bonds Einwand der Abhängigkeit prudentieller Rechte von einem vorausgesetzten Moralprinzip zwar nicht stichhaltig, doch muss im Ausgang von der bei Bond relevanten Analysehinsicht nach impliziten Voraussetzungen des teleologischen Ausgangsurteils gefragt werden, die schon zu Beginn des Arguments von Gewirth in Anspruch genommen, nicht jedoch als strikt normativ verbindlich gerechtfertigt werden. Gewirth geht implizit nicht nur davon aus, dass Akteure sich als zur Verfolgung eigener Zwecke berechtigt ansehen, sondern dass sie dies auch in logischer Hinsicht *zu Recht* tun. Falls es sich nicht so verhielte, bliebe unklar, warum es überhaupt möglich sein sollte, im alleinigen Ausgang vom handlungsteleologischen Ausgangspunkt mittels Präsuppositionsreflexion zu normativ relevanten Gehalten zu gelangen. Es wäre schlichtweg unverständlich, warum die notwendige Angewiesenheit von Akteuren für andere Akteure irgendeine Form von Verbindlichkeit besitzen sollte.[612]

Der normative Kontext des Arguments wird nur in formaler Hinsicht durch logische Konsistenz, in materialer Perspektive jedoch durch die erstpersonal beschriebene Handlungsteleologie bestimmt: Das Kriterium der logischen Konsistenz ist als solches zwar unabhängig von praktisch-teleologischen Voraussetzungen, doch besteht die Pointe von Gewirths Theorie vor allem darin, dass *der Zwecke verfolgende Handelnde dieses Kriterium reflexiv anwendet* und erst auf diese Weise gehaltvolle Urteile über handlungskonstitutive Güter bilden bzw. rechtfertigen kann. Die unter diesem Gesichtspunkt entscheidende Frage zielt auf die Rechtfertigung der geltungstheoretischen

---

612 Der an dieser Stelle naheliegende Hinweis darauf, dass man aufgrund der Anforderungen der dialektischen Konsistenz zu einem solchen Urteil logisch verpflichtet sei, löst das Problem nicht, da eine logische Deutung des Kriteriums der dialektischen Konsistenz die Normativität der Handlungsteleologie immer schon voraussetzt.

Verbindlichkeit des zweiten Teils von These (I) ab: »*Weil ich* Zweck Z verwirklichen *will*«. Gewirths Argument für die notwendige Universalisierung prudentieller Rechte aufgrund des Kriteriums der relevanten Ähnlichkeiten ist haltbar, doch solange die vom einzelnen Akteur beanspruchten prudentiellen Rechte nicht als praktisch-logisch notwendig erwiesen wurden, kann auch die Universalisierung von psychologisch notwendigen Akten des Fürwahrhaltens nicht als strikt normativ anerkannt werden.

6.5 Das Moralprinzip der Konstitutiven Konsistenz

Den Abschluss des Arguments bildet die Formulierung des »Principle of generic consistency« (PGC), welches im Folgenden durch das Kürzel »PKK« (Prinzip der Konstitutiven Konsistenz)[613] bezeichnet wird. Gewirth formuliert zuerst eine dialektische Variante des PKK, um von dieser Formulierung auf eine assertorische Fassung des Moralprinzips zu schließen.

Im Zusammenhang mit den vorhergehenden Thesen zu universalisierten prudentiellen Rechten ergeben sich folgende Argumentationsschritte:

(XI)   Jeder Akteur hat ein Recht auf seine Freiheit und sein Wohlergehen als seine handlungskonstitutiven Güter

(XII) Jeder Akteur hat die Pflicht, alle anderen Akteure hinsichtlich ihrer Freiheit und ihres Wohlergehens als ihren handlungskonstitutiven Gütern nicht einzuschränken

(XIIIdi) Jeder Akteur soll stets in Übereinstimmung mit den konstitutiven Rechten der Empfänger seiner Handlungen wie auch seiner selbst handeln[614]

---

613 Vgl. zu dieser Abkürzung: Steigleder (1999), S. 113.
614 Im Fall von These (XIIIdi) wird im Unterschied zu allen vorhergehenden Thesen (außer These (I)) systematisch relevant, dass es sich um ein dialektisches Urteil handelt. Der Zusatz »Jeder Akteur ist aus Gründen der dialektischen Konsistenz genötigt anzunehmen, dass ...« war daher bei allen anderen Urteilen überflüssig. Da am Ende von Gewirths Argument jedoch eine assertorische Variante von These (XIIIdi) steht, werden zur Kenntlichmachung dieses Unterschieds die Zusätze »di« und »as« verwendet.

(XIIIas) Jeder Akteur soll stets in Übereinstimmung mit den konstitutiven Rechten der Empfänger seiner Handlungen wie auch seiner selbst handeln

Wenn man die Thesen (XI) bzw. (XII) akzeptiert, gibt es keinen nachvollziehbaren Grund, (XIIIdi) nicht als plausibel anzusehen, da in der dialektischen Fassung des PKK allein dasjenige expliziert wird, was bereits zuvor ausgesagt wurde. Eine Akzeptanz von (XI) und (XII), nicht aber von (XIIIdi) würde bedeuten, dass die deontischen Termini des Rechts und der Pflicht nicht als solche verstanden werden. Eine solche Annahme ist jedoch in hohem Maße erläuterungsbedürftig und stellt keine sinnvolle Kritik an Gewirth dar. Angesichts der Tatsache, dass beide Thesen bereits auf früheren Stufen der Argumentation eingeführt und eigens begründet wurden, kann es am Ende der Argumentation nicht mehr primär um die Frage nach der systematischen Berechtigung dieser Thesen gehen, sondern vielmehr um die Rechtfertigung des Wechsels von dialektischer zu assertorischer Redeweise. Das in systematischer Hinsicht relevante Problem des Arguments hängt daher mit der assertorischen Fassung des PKK, also These (XIIIas) zusammen. Zwei Aspekte sind hier zentral: *Erstens* muss geklärt werden, warum (XIIIas) notwendig sein soll, um das Argument erfolgreich abzuschließen; *zweitens* gilt es zu prüfen, inwiefern die dafür von Gewirth und Steigleder vorgebrachten Argumente zwingend sind.

Im Hinblick auf die Beantwortung der Frage nach der Notwendigkeit der assertorischen Variante des PKK kann eine Voraussetzung bereits vor der detaillierteren Diskussion bestimmt werden – (XIIIas) muss sich von (XIIIdi) durch eine spezifische Eigenschaft unterscheiden, die nicht allein mit ihrem Inhalt verbunden ist. Am Ende von Gewirths Argumentation steht nach der präsuppositionslogisch fundierten Explikation aller relevanten (generisch begründeten) Rechte und Pflichten keine weitere inhaltliche Progression, sondern eine *Modifikation der Urteilsform*. Steigleder beginnt seine Rekonstruktion der Argumentation für (XIIIas) mit dem Rekurs auf die These von Stohs, dass allein objektive Gültigkeit im Sinne der Unabhängigkeit von praktisch-erstpersonal notwendigen Urteilen ein Moralprinzip als dazu geeignet erweise, das von Gewirth verfolgte Ziel der Widerlegung des Relativismus erfolgreich zu verwirklichen. Die Forderung einer in diesem Sinne objektiven Verbindlichkeit praktischer Prinzipien wurde jedoch im Rahmen der Auseinandersetzung mit dem gleichlautenden Einwand von Illies mit dem Argument zurückgewiesen, dass dialektische Notwendigkeit das praktische Äquivalent zu objektiver Notwendigkeit darstelle. Zur Debatte steht dabei, was über die – an dieser Stelle hypothetisch unterstellte, da de facto in Frage stehende – strikte logische

6.5 DAS MORALPRINZIP DER KONSTITUTIVEN KONSISTENZ

Notwendigkeit des erstpersonalen Für-wahr-Haltens von praktischen Urteilen hinaus gefordert werden kann bzw. muss, damit diese Urteile objektiv-praktisch gültig sind. Konkret ist zu erörtern, warum allein das PKK im Unterschied zu anderen dialektisch notwendigen Urteilen offenbar nicht ausreichend gerechtfertigt sein könnte, sodass eine Modifikation als notwendig erachtet wird.

In diesem Zusammenhang sind zuerst die diesbezüglichen Argumente Gewirths in den Blick zu nehmen. Gewirth spricht zwar von einer »assertoric detachability«, also von der Möglichkeit der Abtrennung der assertorischen Variante des PKK von seinem dialektisch notwendigen argumentativen Vorlauf, doch darf dies nicht so interpretiert werden, als ob das assertorische PKK völlig losgelöst von seiner dialektischen Herleitung gültig sei. Vielmehr macht Gewirth an dieser Stelle keine neue systematische Pointe geltend, sondern verweist einmal mehr auf seine bereits zuvor entwickelte Argumentation für die strikte Verbindlichkeit von dialektisch notwendigen Urteilen: »(...) the PGC has a certain relative status: its truth or correctness cannot be completely seperated from what agents must accept. But this relativism is not in any important way a limitation on the status of the PGC as a moral principle. Since the PGC logically must be admitted by every agent, it is necessary and universal in the context of action, and it is this context that is relevant to morality. Thus the PGC has as much necessity and universality as can be attained by any substantial normative moral or practical principle.«[615] Um naheliegende Missverständnisse zu vermeiden, werde ich anstatt von der »Abtrennbarkeit« von der »Überführbarkeit« von dialektischen Urteilen in assertorische Urteile sprechen.

Im Kontext der Herleitung von These (XIIIas) stellt Gewirth klar, dass ihre Wahrheit durch logische Argumentation aufgezeigt werden kann, indem ihre Negation als selbstwidersprüchlich erwiesen wird. Die Negation von (XIIIas) sei jedoch auf eine andere Weise widersprüchlich, als dies etwa im Falle der Negation von Definitionsbestimmungen der Fall ist (Gewirth greift diesbezüglich auf das Urteil »Einige Junggesellen sind verheiratet« zurück).[616] Die

---

615 S.: Gewirth (1978), S. 158.
616 Dies gelte, obwohl man streng genommen auch über die bloße Explikation des Begriffs des Rechts zeigen könne, dass dessen Negation zu einem notwendigen Selbstwiderspruch führe, somit also eine zumindest oberflächliche Ähnlichkeit zum Junggesellen-Beispiel bestehe. Es gebe jedoch einen strukturell begründeten Unterschied zwischen beiden Fällen, da der Gehalt des PKK zumindest nicht allein über die Analyse der Bedeutung des Rechtsbegriffs ermittelt werden könne. Dies impliziere jedoch auch, dass die drohende Selbstwidersprüchlichkeit im Falle einer Negation des PKK nicht rekonstruierbar sei, ohne auf die unterschiedlichen begrifflichen und implikationslogischen Präsuppositionen prudentieller Rechte zu reflektieren. Vgl.: A. a. O., S. 152. Mit diesem Hinweis adressiert Gewirth implizit die andernfalls evtl. naheliegende Kritik, dass sich die inhaltlichen

systematische Pointe des Abschlusses der Argumentation besteht in einem anderen Aspekt. Bei Gewirth finden sich zwei Argumente für die Zulässigkeit von (XIIIas), deren argumentativer Kern bereits im Kontext der Diskussion von Einwänden gegen die strikte Verbindlichkeit prudentieller Rechtsansprüche zur Sprache kam: 1. Es sei selbstwidersprüchlich, das als logisch notwendig Erkannte nicht für strikt verbindlich zu halten; 2. Der vorausgesetzte Begriff des rationalen Akteurs impliziere die Verpflichtung des Akteurs, die Resultate seiner rationalen Reflexion als unbedingt gültig zu erachten.[617] Aus beiden Argumenten folge, dass der einschränkende dialektische Zusatz »Jeder rationale Akteur ist genötigt anzunehmen, dass ...« überflüssig sei, da er de facto keine geltungsrelativierenden Implikationen besitze.

Gewirths erste Reflexion bezieht sich auf den normativ-autoritativen Zusammenhang von dem, was man aus logischen Gründen für wahr halten muss, und demjenigen, was wahr *ist*. Demnach sei es vollkommen einsichtig, dass das dialektische Urteil »Jeder Akteur muss für wahr halten, dass er die Bedingungen der Handlungsfähigkeit aller Akteure unbedingt achten soll« in das assertorische Urteil »Jeder Akteur soll die Bedingungen der Handlungsfähigkeit aller Akteure unbedingt achten« überführbar sei. Diese Transformation der Urteilsform sei allerdings nur unter der Bedingung nachvollziehbar, dass man die folgende Prämisse akzeptiert: Akteure sollten dasjenige tun, was sie jeweils aus logischen Gründen tun sollten.[618]

Gewirth setzt mit besagter Prämisse dasjenige voraus, was zu beweisen war, nämlich die Überführbarkeit von dialektisch notwendigen in assertorische Aussagen. Dass die Prämisse offensichtlich wahr sein soll, hilft hier begründungstheoretisch nicht weiter.[619]

Resultate der Vermeidung von Selbstwidersprüchen – die Etablierung prudentieller Rechte auf Freiheit und Wohlergehen – einer bloßen Begriffsbestimmung verdankt. Mit Gewirth ist darauf zu verweisen, dass aus dem bloßen Konzept des Rechts »X hat einen Rechtsanspruch auf Y gegenüber W« zwar in der Tat unmittelbar (analytisch) folgt, dass das jeweilige Recht normativ ist und entsprechend gehandelt werden sollte, somit auch seine Negation zu einem analytischen Widerspruch führt, doch dass damit noch nichts darüber ausgesagt wird, ob das besagte Recht überhaupt besteht und warum. Kurz: Nur deswegen, weil Junggesellen unverheiratet sind, ist nicht erwiesen, dass Junggesellen auch existieren. Hier handelt es sich um einen anderen möglichen Kritikpunkt als denjenigen, der die Plausibilität von Gewirths Argumentation an der Voraussetzung eines spezifischen Moralbegriffs festmacht, da der Moralbegriff in dieser anderslautenden Kritik nicht als notwendige Bedingung von Selbstwidersprüchlichkeit rekonstruiert werden muss. Mit Gewirth ist daher festzuhalten, dass die Wahrheit des PKK nicht einfach im Ausgang von evtl. leicht angreifbaren Begriffsbestimmungen resultiert.

617 Vgl.: A. a. O., S. 153f.
618 Vgl.: A. a. O., S. 153.
619 Vgl.: Steigleder (1999), S. 125.

6.5 DAS MORALPRINZIP DER KONSTITUTIVEN KONSISTENZ

Der zweite Argumentationsversuch setzt nicht bei besagter Prämisse, sondern bei dem Konzept des rationalen Akteurs an, d.h. bei Akteuren, für die die rationalen Minimalstandards der induktiven und deduktiven Logik als handlungsleitende Prinzipien fungieren sollen. Ein rationaler Akteur solle das tun, was für ihn aus rational gerechtfertigten Urteilen folgt, und da Urteile, die man notwendigerweise für wahr halten muss, den Inbegriff rational gerechtfertigter Urteile darstellen, solle er dasjenige tun, was er logisch notwendig für wahr halten müsse – andernfalls würde er selbstwidersprüchlich agieren. Das hier relevante argumentationsmethodische Problem besteht darin, dass eine Negation des PKK als jeweils selbstwidersprüchlich erwiesen werden soll, insofern man mindestens eine der beiden Prämissen als gültig voraussetzt. Im ersten Fall handelt es sich um eine einfache petitio principii, während im zweiten Fall nicht ohne weiteres nachvollziehbar ist, warum aus dem Begriff des rationalen Akteurs folgen soll, dass man von der dialektischen zur assertorischen Variante des PKK übergehen kann. Gewirths zweites Argument ist zwar nicht unmittelbar zirkulär, doch scheint es den Punkt zu verfehlen, um den es eigentlich geht: Nur deswegen, weil ich als rational Handelnder dasjenige tun soll, was ich als logisch zwingend geboten erachten muss, gilt nicht zwingend, dass die jeweiligen Gebote auch unabhängig von dieser meiner Einsicht (d.h. objektiv) verbindlich sind. Es wäre in der Tat selbstwidersprüchlich zu behaupten, dass ich als rational Handelnder *nicht* tun soll, was mir meine rationalen Urteile unbedingt vorschreiben. Der hier zu erlangende Erkenntnisgewinn nimmt sich jedoch bescheiden aus. Vor allem wird aus Gewirths Ausführungen nicht deutlich, warum (XIIIas) überhaupt notwendig ist, da seine beiden Argumente für das assertorische PKK auf die aus rationaler Perspektive durchaus nachvollziehbare Notwendigkeit rekurrieren, logisch strikt begründeten Urteilen gemäß zu urteilen bzw. zu handeln. Diese Notwendigkeit muss jedoch für *alle* dialektisch notwendigen Urteile unterstellt werden, da das Argument andernfalls gar nicht bis zu These (XIIIdi) nachzuvollziehen wäre und demnach schon (XIIIdi) von einem rationalen Akteur nicht akzeptiert werden könnte.

Eine transparentere Begründung für die Notwendigkeit von (XIIIas) legt Steigleder vor, wenn er (XIIIas) mit anderen seiner Ansicht nach dialektisch notwendigen Urteilen vergleicht. Der Zusatz »seiner Ansicht nach« ist an dieser Stelle wichtig, da bereits mehrfach darauf verwiesen werden musste, dass Steigleder schon die ersten zwei Thesen des Arguments als dialektisch verbindlich interpretiert, wogegen angeführt wurde, dass Thesen (I) bis (II) nur eine Explikation der allein psychologisch plausiblen, nicht jedoch praktisch-*logisch* notwendigen Handlungsteleologie darstellen. Es muss daher zumindest auch nach den geltungstheoretischen Implikationen der Handlungsteleologie gefragt werden, die für die Beurteilung der Notwendigkeit von (XIIIas) wichtig sind. Der andere entscheidende Aspekt besteht in der Bestimmung von strikter (praktischer) Verbindlichkeit – wenn im Kontext der Diskussion von (XIIIdi) und (XIIIas) Argumente eine Rolle spielen, die die unbedingte Notwendigkeit von dialektischer Notwendigkeit relativieren, wäre zu zeigen, woher diese die Akteurperspektive transzendierende Verbindlichkeit stammen und warum sie mit der Globalstruktur des Arguments kompatibel sein soll. Die Frage nach dem »woher« ist gezielt so formuliert, da der argumentationsstrategische Vorteil von Gewirths Argument bis zu (XIIIdi) darin besteht, dass alle praktische Verbindlichkeit konsequent aus den systematischen Implikationen der Zweckverfolgung entwickelt wurde. Natürlich ist diese Verbindlichkeit deshalb auch an die Akteurperspektive gebunden, doch ist die Verknüpfung von praktisch-erstpersonalem Referenzsystem und logischer Konsistenzanforderung dafür verantwortlich, dass Gewirth mit dem Kriterium *praktisch-logischer Selbstwidersprüchlichkeit* arbeiten kann. Wenn jedoch die geltungstheoretische Referenz zu Strukturen der Akteurperspektive aufgegeben würde, könnte man nur noch von Widersprüchlichkeit zu externen Standards sprechen, deren praktische Relevanz infrage stehen würde. Es ist daher zu prüfen, ob in (XIIIas) von dem Konzept der *für den Akteur assertorisch wahren Urteile* abgewichen oder nur eine andere Interpretation von (XIIIdi) vorgeschlagen wird.

Steigleder zufolge weist das dialektische PKK eine Besonderheit auf: Nicht alle dialektischen Urteile seien implizit assertorische Urteile, sondern die Überführbarkeit des PKK ins Assertorische hänge von spezifischen inhaltlichen und strukturellen Merkmalen ab, sodass die den dialektisch notwendigen Urteilen eigene logische Form nur eine notwendige, jedoch keine hinreichende Bedingung für besagte Überführbarkeit darstellen könne: »Es wird sich (...) zeigen, daß diese Eigenschaft (der Überführbarkeit, C.B.) (...) an den konkreten *Inhalt* des Urteils (...) und die Weise des *reflexiven Bezugs* dieses Inhalts auf die Urteilenden, für die dieses Urteil ein dialektisch notwendiges Urteil darstellt, rückgebunden ist.«[620] In Bezug auf den letztgenannten Punkt hebt Steigleder hervor, dass jedes assertorische Urteil, welches sich inhaltlich auf alle Akteure bezieht, immer auch notwendig ein Urteil über den Urteilenden selbst sei, d.h. auch in erstpersonaler Perspektive wahr sein müsse. Im Hinblick auf die beiden in Steigleders Zitat genannten Merkmale von überführbaren dialektischen Urteilen, Inhalt und reflexiver Bezug dieses Inhalts auf den Akteur, kann man von einem *aus inhaltlichen Gründen notwendigerweise reflexiven assertorischen*

---

620   S.: A. a. O., S. 127.

6.5 DAS MORALPRINZIP DER KONSTITUTIVEN KONSISTENZ

Urteil sprechen. Dieser Umstand, der notwendige selbstreflexive Bezug des das assertorische PKK affirmierenden Urteilenden, impliziere, dass die Frage, ob man als Handelnder wirklich zu dem verpflichtet ist, zu dem man sich als verpflichtet ansehen muss, »konkret letztlich sinnlos ist«[621]. Dies gelte, weil die Differenzierung zwischen einer »wirklichen« und einer dialektisch fundierten Verpflichtung aufgrund der strukturell bedingten Reflexivität des PKK hinfällig werde – auch das assertorische PKK sei ein Urteil, mit dem der jeweils Urteilende eine praktisch relevante Aussage über die Bedingungen seiner eigenen Handlungsfähigkeit treffe. Da nun auch wir, die wir über die Frage reflektieren, ob ein Handelnder zu demjenigen verpflichtet ist, zu dessen Anerkennung er sich als logisch genötigt ansehen muss, Akteure seien, folge, dass es auch für uns keine reale praktische Option darstelle, einen Unterschied zwischen wirklicher und nur dialektischer Verbindlichkeit zu konstatieren.

Vor einer genaueren Analyse dieser Argumentation sollen einige ergänzende Überlegungen Steigleders rekonstruiert werden, die bestimmte bereits zuvor adressierte Punkte vertiefend aufgreifen. Es handelt sich um einen strukturellen Vergleich des Urteils »Z ist gut« und (XIIIdi), der genauer verdeutlichen soll, worin die spezifischen Eigenschaften von (XIIIdi) bestehen, die ihre Überführbarkeit bedingen.

Steigleder nennt eine Reihe von Hinsichten, in denen sich beide Urteile signifikant voneinander unterscheiden sollen:

1. »Z ist gut« impliziere nur die individuell-erstpersonal verbindliche Anerkenntnis einer allgemeinen Struktur, nämlich der Struktur der Handlungsteleologie, nicht aber diejenige eines bestimmten Gehalts wie im Fall von (XIIIdi). Handelnde verfolgten jeweils verschiedene Zwecke, doch müssten sie ihre tatsächlich verfolgten Zwecke stets aus individuellen Rechtfertigungsgründen für gut befinden (andernfalls würden sie die Zwecke nicht anstreben).[622] Dagegen sei Urteil (XIIIdi) aufgrund seiner Rückbindung an die beiden generischen Güter der Freiheit und des Wohlbefindens immer schon inhaltlich bestimmt. Zu diesen Gütern komme man jedoch erst durch die präsuppositionslogische Reflexion auf das ursprüngliche Urteil »Z ist gut«, sodass sie im subjektiven teleologischen Urteil selber noch nicht *als rational verbindlicher Inhalt* in Erscheinung treten können.[623] Aufgrund dessen sei der Gehalt

---

[621] S.: A. a. O., S. 128.
[622] Vgl.: A. a. O., S. 128f.
[623] Natürlich könnten auch der Erhalt der eigenen Freiheit oder die Beförderung des eigenen oder fremden Wohlbefindens konkrete Handlungszwecke sein, die als Z in »Z ist gut« fungieren, doch wären Freiheit oder Wohlbefinden im Kontext dieser Urteile aufgrund der Struktur und Begründetheit der jeweiligen Urteile stets nur optionale Zwecke mit

von (XIIIdi) allgemein-erstpersonal verbindlich, während »Z ist gut« zwar als ein formales, jedoch nur individuell-erstpersonal bindendes Urteil verstanden werden müsse.

2. »Z ist gut« beziehe sich nicht nur immer auf einen bestimmten, sondern zudem auf einen stets zu einem spezifischen Zeitpunkt verfolgten Zweck. Ein jetzt angestrebter Zweck werde häufig nur aus einem aktuellen Anlass wertgeschätzt und entsprechend verfolgt, während er gestern unwichtig war und morgen schon wieder unwichtig (bzw. subjektiv wertlos) werden kann. Die (subjektive) Gültigkeit des Urteils »Z ist gut« sei demnach an einen zeitlichen Index gebunden, sobald man für Z einen bestimmten Zweck einsetze. Demgegenüber sei die Gültigkeit von (XIIIdi) nicht durch temporale Parameter restringiert, sondern gelte für jeden Akteur zu jeder Zeit unabhängig von wechselnden subjektiven Zwecken.

3. »Z ist gut« beinhalte einen formalen Begriff von »gut«, der inhaltlich auf ganz unterschiedliche Weise gedeutet werden könne. So wäre es möglich, einen Zweck z.B. in ästhetischer, finanzieller oder moralischer Hinsicht als gut anzusehen. Unabhängig von den konkreten Beurteilungskriterien bleibe allein das Faktum der eigenen Wertschätzung der angestrebten Zwecke als logisch notwendiges Moment übrig. Daher gelte: »Dieses Faktum ist deshalb unbestreitbar, weil etwas nicht ein Handlungsziel sein kann, ohne daß es von demjenigen, der um dieses Zieles willen handelt, in einer bestimmten Weise positiv bewertet wird.«[624] Im Unterschied zu der nur formalen Bestimmung des Prädikats »gut« im Urteil »Z ist gut« und der damit einhergehenden kriteriologischen Flexibilität des Urteilenden fungierten nach (XIIIdi) die generischen Güter als feststehendes Kriterium für die Bedeutung von »gut«, wobei das PKK ein Urteil der Form »Z ist gut« zwar als Voraussetzung impliziere, nicht jedoch selbst ein solches darstelle. Die durch das dialektische PKK normativ ausgezeichneten Handlungsprinzipien seien nicht nur temporär für einen einzelnen Handelnden, sondern zu allen Zeiten für jeden verbindlich. Aufgrund der strukturellen Anbindung des PKK an die ihm vorgängige dialektische Argumentationssequenz müssten die durch das PKK gebotenen Rechte und Pflichten als rational, d.h. nicht nur willkürlich-prudentiell gerechtfertigt aufgefasst werden. (XIIIdi) verfüge demnach im Unterschied zum teleologischen Ausgangsurteil über einen allgemeingültig begründeten sowie wohlbestimmten Gehalt.

---

    zahllosen denkbaren Alternativen, da sie nicht das Resultat von Voraussetzungsanalysen darstellten. Die im PKK adressierten Pflichten und Rechte seien im Unterschied dazu nicht optional, sondern kategorisch verbindlich und alternativlos.

624   Vgl.: A. a. O., S. 130.

6.5 DAS MORALPRINZIP DER KONSTITUTIVEN KONSISTENZ

Die drei von Steigleder angeführten Unterschiede zwischen den beiden von ihm fokussierten dialektischen Urteilen bestehen in der Tat – die entscheidende Frage ist nun, was diese Überlegungen für die adäquate Relationsbestimmung von dialektischer und assertorischer Variante des PKK konkret bedeuten. Die Situation wird dadurch verkompliziert, dass mit »Z ist gut« ein Vergleichsurteil gewählt wurde, das m.E. nicht das Resultat einer logischen Präsuppositionsanalyse darstellt, wie sie bei den meisten anderen Urteilen in Gewirths Theorie zum Tragen kommt. Angesichts von Steigleders Fokussierung des Urteils »Z ist gut« muss das Problem einer überzeugenden Interpretation der teleologischen Handlungstheorie wieder aufgegriffen werden.

Das Urteil »Z ist gut« ist nur dann notwendig, wenn man den motivationspsychologischen Aspekt der Handlungsteleologie immer schon präsupponiert, denn nur unter dieser Bedingung ist die Wertschätzung von »Z« der notwendige und hinreichende Existenzgrund von »Z« als eines Zwecks, der *jemandes Gut* darstellt. Die hier thematische Notwendigkeit ist an die psychologische Prämisse rückgebunden, dass Zweckverfolgungen nur durch die Voraussetzung überzeugend erklärt werden können, Handlungsoptionen müssten durch Wertschätzungsakte von Akteuren zu Zwecken werden. Man könnte an dieser Stelle soweit gehen und von einer *psychologischen Notwendigkeit der Handlungsteleologie* sprechen, doch auch ein empirisch bedingter Zwang würde keine unbedingte logische Geltung implizieren. Das Urteil »Z ist gut« ist daher allein aufgrund des unterstellten teleologischen Handlungsbegriffs notwendig, d.h. hier aber: *psycho*logisch verbindlich. Die Notwendigkeit dieses Urteils resultiert *unmittelbar* aus der Voraussetzung des praktisch-teleologischen Kontextes – allerdings nur deshalb, weil in diesem Urteil ein zentraler Aspekt der immer schon vorausgesetzten *Bedeutung* von Handlung zum Ausdruck kommt. Urteile wie »Z ist gut« oder »Z ist ein Gut« sowie »Ich vollziehe Handlung H, weil ich Zweck Z verwirklichen will« sind Aussagen, in denen der Gehalt der teleologischen Handlungskonzeption dargelegt wird. Daher würde selbst unter der Voraussetzung der Gültigkeit der Handlungsteleologie im Hinblick auf das Urteil »Mein Zweck Z ist kein Gut für mich« nur ein analytischer Widerspruch folgen, der sich notwendig aus der Bedeutung des Begriffs »Handlung« ergibt. Hier handelt es sich um eine semantisch, d.h. konventionell bedingte Notwendigkeit, nicht jedoch um dialektisch begründete Verbindlichkeit.[625]

---

625 Die Negation eines dialektisch notwendigen Urteils führt zu einem logisch notwendigen Selbstwiderspruch, weil die Relation von Urteilsgehalt und seinen urteilslogischen Bedingungen *aus nicht-kontingenten Gründen* logisch inkonsistent ist.

Davon zu unterscheiden sind Urteile, die dialektisch notwendig sind, indem sie sich auf den Wert von handlungskonstitutiven Gütern als Konsistenzbedingungen beziehen und aus der Akteurperspektive gefällt werden. Die Gültigkeit dieser Urteile ist nicht allein durch den teleologischen Kontext, sondern die diesem Kontext inhärente praktische Logik bedingt, da sie im Unterschied zu den Thesen (I) und (II) bzw. zu dem Urteil »Z ist gut« nicht Resultate einer Begriffsexplikation, sondern einer logischen Implikationsreflexion darstellen. Die Negation von These (IVb) »Ich muss mein Handlungsvermögen prinzipiell unbedingt wertschätzen« führt nicht primär deswegen zu einer logischen Inkonsistenz, weil in ihr die Gültigkeit der teleologischen Handlungs*psychologie* bestritten wird, sondern der Selbstwiderspruch des rationalen Akteurs resultiert aus der Negation einer *logischen Implikation* des Handlungsbegriffs. Natürlich muss auch für diese Art des Widerspruchs grundsätzlich die Verbindlichkeit der Handlungsteleologie unterstellt werden, doch besteht der strukturelle Unterschied der Urteile »Z ist gut« und »Ich muss mein Handlungsvermögen prinzipiell unbedingt wertschätzen« darin, dass in Bezug auf das letztgenannte Urteil die vormals deskriptive These »Z ist gut« als normatives Urteil, und zwar als *Konsistenzbedingung* fungiert. Die praktisch-logischen Konsistenzbedingungen in Gewirths Argument werden in den deskriptiven Urteilen zu Beginn der Sequenz formuliert, und diese an sich deskriptiven Urteile werden zu verbindlichen Rationalitätsstandards, sobald auf die Implikationen der Handlungsteleologie reflektiert wird. Erst dann kommt systematisch zum Tragen, dass es sich um einen *rationalen* Akteur handelt, der Zwecke verfolgt, da nur ein rationaler Akteur in Übereinstimmung mit den logischen Implikationen seines Handelns bzw. seiner Handlungsfähigkeit urteilen und agieren soll bzw. will.[626]

---

626 An dieser Stelle besteht auch ein Unterschied zwischen den Ansätzen von Korsgaard und Gewirth. Während die Annahme eines handlungswilligen, d.h. eines sein Handlungsvermögen bejahenden Akteurs aus motivationstheoretischen Gründen zu dem Ausgangspunkt von Korsgaard gehört, geht Gewirth von demselben Akteur aus, jedoch aus praktisch-logischen Gründen: *Als Akteur* wäre es logisch unmittelbar selbstwidersprüchlich, sein eigenes Handlungsvermögen *nicht* wertzuschätzen. Diese logische Problematik ist für Korsgaard irrelevant, denn Sie setzt die Selbstaffirmation des Akteurs deshalb voraus, weil ohne diese Affirmation kein Handeln möglich wäre und die Existenz von Handlungen den empirischen Ausgangspunkt ihres Konstitutivismus darstellt. Da jedoch beide Ansätze allgemein auf dem Gebot der Vermeidung von Widersprüchen beruhen, gilt in beiden Fällen, dass in den jeweils ersten Urteilen der Argumentationssequenzen bestimmte handlungstheoretische Elemente beschrieben werden, die im Folgenden für den um Konsistenz bemühten Akteur als normativer Maßstab seines Urteilens und Handelns fungieren.

Das Urteil (I) »Ich vollziehe Handlung H, weil ich Zweck Z verwirklichen will« kann daher auch von einem irrationalen Akteur für wahr gehalten werden, weil es kein präsuppositionsreflexiv generiertes Urteil darstellt. Auch »Z ist gut« folgt nicht implikationstheoretisch aus einem vorher genannten Urteil, sondern bringt vielmehr die mit der Handlungsteleologie verbundene These zum Ausdruck, dass die Prozesse der Zwecksetzung und Zweckverfolgung unter Rekurs auf Wertschätzungen kausal erklärt werden. Um nachzuweisen, dass die Urteile, die den Gehalt des teleologischen Handlungsmodells beschreiben, praktisch-logisch notwendig sind, müsste man begründen, warum das Urteil (I) »Ich vollziehe Handlung H, weil ich Zweck Z verwirklichen will« *unmöglich* von einem *irrationalen Akteur* für wahr gehalten werden kann, denn nur dann würde es den Verbindlichkeitsstatus von dialektisch notwendigen Urteilen besitzen, da diese durch implikationslogische Reflexion zustande kommen.

Vor dem Hintergrund dieser Rekonstruktion ist es folgerichtig, die dialektisch begründeten Urteile von den begriffsexplikativen Thesen zu Beginn von Gewirths Argument zu unterscheiden. Es bleibt zu klären, inwiefern die These der Notwendigkeit einer assertorischen Deutung unter diesen Voraussetzungen haltbar ist. Angesichts des Sachverhalts, dass alle dialektisch-logisch fundierten Urteile denselben Verbindlichkeitsgrad besitzen, weil sie auf dieselbe Weise begründet wurden, ist unklar, worin der argumentationsstrategische Vorteil einer Verteidigung von (XIIIas) liegen soll, da (XIIIas) in *praktischer* Hinsicht nicht verbindlicher ist als (XIIIdi). Allein dieser praktische Reflexionszusammenhang ist jedoch entscheidend. Auch die von Steigleder erwähnte These Stohs', eine Zurückweisung des moralischen Relativismus könne nicht allein durch dialektische Notwendigkeit, sondern nur unter Bezug auf objektive Gültigkeit geleistet werden, hat angesichts dessen, dass dialektische Notwendigkeit *nichts anderes ist* als praktisch-objektive Gültigkeit, keine nachvollziehbare Pointe.

Fazit
Eine striktere Form von Verbindlichkeit, als sie in dialektisch notwendigen Urteilen formuliert und begründet wird, kann nur noch im Bereich theoretisch-logischer Aussagen gefunden werden. Dies gilt unabhängig davon, ob man Gewirths Ansatz für überzeugend hält oder nicht. Wenn man ihn jedoch zumindest prinzipiell als gelungen ansieht – und dafür spricht m.E. eine Reihe von Gründen –, ist (XIIIas) nicht notwendig, um den moralischen Relativismus zu widerlegen, da ein rationaler moralischer Relativist nicht mehr fordern kann als den Nachweis von aus der Akteurperspektive logisch notwendigen praktischen Forderungen, die von allen rationalen Handelnden aufgrund

deren logischer Notwendigkeit akzeptiert werden müssen.[627] Streng genommen ist nur eine Deutung von präsuppositionslogisch begründeten dialektischen Urteilen als *für den Akteur assertorisch wahren Urteilen* mit Gewirths Ansatz kompatibel und trägt dessen systematischen Vorzügen Rechnung. Es mutet wie ein mit seiner übrigen Theorie unvereinbares Zugeständnis an theoretische Ethikbegründungen an, wenn Gewirth am Ende seines Arguments einen Schritt zu assertorischen Urteilen vollzieht, obwohl er dort in praktischer Hinsicht schon angekommen ist. Allerdings kann man Gewirth im Ausgang von der hier vertretenen Sichtweise insofern entgegenkommen, als eine assertorische Deutung des Moralprinzips zwar nicht notwendig, wohl jedoch zulässig ist.

6.6 Die Erweiterung des Arguments der generischen Konsistenz

Die bisherige Analyse von Gewirths Theorie hat ergeben, dass verschiedene Gründe begrifflicher, methodischer und argumentationslogischer Art für die grundsätzliche Plausibilität seines Modells sprechen. Ein Großteil der in der Forschung erhobenen Kritikpunkte ist entweder auf Missverständnisse zurückzuführen oder kann von Gewirth aus als nicht zwingend zurückgewiesen werden. Bevor jedoch die überzeugenden Aspekte von Gewirths Ansatz in einem abschließenden Überblick zusammengefasst und im Hinblick auf die Leistungskraft handlungstheoretischer Ethikbegründungen ausgewertet werden können, muss dem Umstand Rechnung getragen werden, dass neben systematischen Vorzügen auch ein grundlegendes Problem von Gewirths Theorie herausgearbeitet wurde: Das Ausgangsurteil des Arguments (I) »Ich vollziehe Handlung H, weil ich Zweck Z verwirklichen will« wird von Gewirth nicht als dialektisch notwendig erwiesen, sondern hier deutet er eine empirisch orientierte Theorie zu Unrecht als für den Akteur logisch verbindlich. Urteil (I) müsste allerdings praktisch-logisch zwingend und nicht nur empirisch plausibel sein, damit das Argument funktionieren kann, da das erste Urteil der Sequenz nicht logisch hinterfragbar sein darf.[628]

---

627 An dieser Stelle ist allein die geltungstheoretische Tragweite der *Idee* der dialektischen Notwendigkeit thematisch, sodass das grundlegende Begründungsdefizit des Arguments diesbezüglich keine Rolle spielt.

628 Der strukturelle Unterschied zwischen deduktiv-nomologischen und reflexiven Argumenten besteht nicht darin, dass bei letzteren das erste Urteil nicht strikt begründet sein muss, sondern reflexive Argumente basieren auf Urteilen, die sich notwendigerweise logisch selbst voraussetzen (nur deswegen sind sie *reflexive* Argumente). Da die ersten Urteile in plausiblen reflexiven Argumenten nicht sinnvoll bzw. konsistent bestritten werden können, lassen sich deren jeweiligen logischen Implikate entsprechend

6.6 DIE ERWEITERUNG DES ARGUMENTS DER GENERISCHEN KONSISTENZ

Mit Gewirths fragwürdiger logischer Interpretation der teleologischen Handlungstheorie hängt folgendes Problem zusammen: Wenn Urteil (I) »Ich vollziehe Handlung H, weil ich Zweck Z verwirklichen will« nicht als logisch gerechtfertigt angesehen werden muss, fungieren die handlungskonstitutiven Güter *als Bedingungen von etwas nicht Notwendigem* und sind daher selbst stets nur hypothetisch gültig. Nur dann, wenn die eigenen autonomen Handlungen aus der Sicht des Akteurs logisch *zu Recht* bestehen bzw. bestehen *sollen*, sind auch die generischen Güter als die Bedingungen eines wertvollen Sachverhalts kategorisch verbindlich. Die Frage nach der logischen Rechtfertigung von Urteil (I) verweist darüber hinaus auf die Frage nach werttheoretischen Implikationen des Akteurbegriffs: Auch die logische Angewiesenheit des Akteurs auf seine handlungskonstitutiven Güter würde keinen notwendigen Grund für einen strikt verbindlichen Anspruch des Akteurs auf diese Güter darstellen, sondern es wäre auch unter diesen Bedingungen möglich, dass man die prudentiell-logische Argumentation aus Sicht des Akteurs rational nachvollziehen und zugleich das Bestehen von praktischer Verbindlichkeit konsistent negieren kann. Die Tatsache, dass sich ein Akteur *als Akteur* zum Fürwahrhalten eines Urteils bzw. zu einem entsprechenden Handeln genötigt ansehen muss, besitzt nur dann praktische Verbindlichkeit, wenn der Akteurstatus immer schon in werttheoretischer Hinsicht ausgezeichnet ist. Implizit vorausgesetzt wird, dass die Existenz von Handlungen und Akteuren etwas Gutes darstellt, und nur deswegen kann es praktisch-normativ bedeutsam sein, wenn Akteure zwingend auf bestimmte Güter angewiesen sind. Wenn Handlungen und Akteure gar nicht sein sollen, d.h. keinen (unbedingten) Wert besitzen, trifft dies auch auf die handlungskonstitutiven Bedingungen des Handelns zu – die Normativität dieser Bedingungen hängt von dem Wert des Handelns ab und kann diesen nicht fundieren. Kurz: Auch logische Nötigung impliziert allein keine praktische Verbindlichkeit, sondern nur die *logische Nötigung von wertvollen Entitäten* kann praktische Ansprüche dieser Entitäten geltungstheoretisch begründen.[629] Eine logische Nötigung des Akteurs

---

als rational belastbar einstufen, während dies bei deduktiven Systemen in der Regel nicht der Fall ist.

629 Im Hinblick auf unsere Alltagspsychologie lässt sich ein hiermit verwandter autoritätstheoretischer Aspekt veranschaulichen: Die Interessen und Zwecke von uns fremden Personen, die in der Stadt an uns vorbeilaufen, haben für uns üblicherweise solange keinerlei Verbindlichkeit, bis wir Interesse an den jeweiligen Personen selbst nehmen. Andernfalls könnte jemand uns Unbekanntes noch so sehr darauf verweisen, wie sehr und existenziell er/sie auf irgendein Gut angewiesen wäre, es würde uns nicht interessieren. Nur dann, wenn die jeweilige Person als das praktische Geltungsfundament der infrage stehenden Zwecke oder Wünsche einen hinreichenden Wert für uns besitzt, werden wir über die Realisierung dieser uns fremden Zwecke nachdenken. In diesem Sinne muss

kann jedoch – gegen Gewirth – nicht *innerhalb* des Akteurstandpunkts bzw. der Handlungsteleologie rekonstruiert werden, da in diesem Kontext stets nur eine psychologische Notwendigkeit unterstellt werden kann.[630] Die bisher etablierten Gewirth-Rekonstruktionen lassen demnach zwei fundamentale Fragen unbeantwortet: 1. Warum soll der Akteur logisch zum Fürwahrhalten von handlungsteleologisch fundierten Urteilen genötigt sein? 2. Warum soll diese logische Nötigung für irgendwelche Akteure eine strikte praktische Verbindlichkeit besitzen?

Die an dieser Stelle zu bewältigende Aufgabe besteht demnach darin, Urteil (I) auf eine Weise als logisch notwendig auszuweisen, die die notwendige praktische Autorität der Akteurperspektive rechtfertigt. Angesichts dessen, dass Gewirths Konzept der dialektischen Notwendigkeit implikationslogisch strukturiert ist, d.h. stets auf ein Urteil rekurriert, in Bezug auf das sich der Akteur zum Fürwahrhalten eines anderen Urteils berechtigt ansehen muss, ist zu klären, wie Urteil (I) unter diesen Bedingungen als strikt verbindlich ausgewiesen werden kann, da es das erste Urteil der Argumentationssequenz darstellt und somit prima facie nicht als praktisch-logische Implikation eines vorherigen Urteils fungieren kann. Die alternative Möglichkeit der logischen Begründung des ersten Urteils bestünde in dem Aufweis, dass es sich um ein notwendigerweise selbstverifizierendes Urteil handelte, doch ist ein solcher Nachweis bisher nur eine theoretische Option. Im Folgenden (Abschnitt 6.6.1.) wird zuerst die hier vorliegende Problemsituation genauer rekonstruiert und dann in einem zweiten Schritt (Abschnitt 6.6.2.) eine Erweiterung von Gewirths Argument skizziert, der zufolge eine mit dem psychologischen Charakter der Handlungsteleologie kompatible logische Rechtfertigung von Urteil (I) möglich ist, ohne den von Gewirth vorgezeichneten systematischen Rahmen zu verlassen.

6.6.1 *Das Problem der Rechtfertigung des selbstbestimmten Handelns*
Zuvor wurde konstatiert, dass Gewirth im Hinblick auf das handlungsteleologische Ausgangsurteil (I) von impliziten werttheoretischen Prämissen ausgeht, diese Prämissen jedoch nicht eigens rechtfertigt. Die praktisch-logisch

---

auch der Wert des Akteurseins und des Handelns begründet werden, denn andernfalls mögen alle denkbaren logischen Notwendigkeiten bestehen, die jedoch aufgrund der Wertlosigkeit oder der werttheoretischen Indifferenz des Subjekts dieser Notwendigkeiten ebenfalls nur »vor sich hin bestehen«.

630 Sicherlich könnte man hier auch von einer hermeneutischen Notwendigkeit der subjektiven Handlungsteleologie sprechen, doch liefe auch diese nicht auf logische Notwendigkeit hinaus.

6.6 DIE ERWEITERUNG DES ARGUMENTS DER GENERISCHEN KONSISTENZ

begründete Angewiesenheit von Akteuren auf bestimmte Güter wird immer schon als die rationale Bedürftigkeit von Wesen verstanden, deren gerechtfertigte praktische Ansprüche normative Implikationen auch für andere Akteure besitzen sollen. Gewirth geht damit von einer besonderen Dignität der Akteurperspektive bzw. des Akteurs aus. Ein Zirkularitätseinwand wäre hier *in Bezug auf die Verbindlichkeit des Moralprinzips* verfehlt, da diese Verbindlichkeit keineswegs bereits im Ausgang von dem handlungsteleologischen Standpunkt als analytisch deduzierbare Prämisse vorausgesetzt wird. Sehr wohl handelt es sich jedoch um eine zirkuläre Argumentation im Hinblick auf das immer schon unterstellte *Recht des Akteurs auf die selbstbestimmte Zweckverfolgung*: Nur deshalb, weil Urteil (I) über die bloße Handlungsbeschreibung hinaus auch die Annahme der Berechtigung des Akteurs zur Zweckverfolgung impliziert, kann von Beginn des Arguments an auf eine Form praktischer Verbindlichkeit zurückgegriffen werden, die dann in späteren Schritten über den Werttransfer bis hin zum PKK »geleitet« wird. Gewirths Theorie liegt eine *prudentielle petitio principii* zugrunde, da sein Argument nicht zuletzt zeigen soll, dass jeder Akteur prudentielle Rechte hat, Urteil (I) jedoch immer schon so gedeutet wird, als ob Handeln bzw. prudentielle Zweckverfolgung sein *soll*, also gerechtfertigt sei.

Ein Sein-Sollen-Fehlschluss kann von Gewirth nur dadurch vermieden werden, dass im Ausgang von Urteil (I) »Ich vollziehe Handlung H, weil ich Zweck Z verwirklichen will« *implizit* angenommen wird, der Akteur müsse das Urteil (R) »Ich habe das Recht, meinen Willen als hinreichenden Grund für meine Zweckverfolgung anzusehen« für wahr halten. Das letztgenannte Urteil wird bei der Affirmation von These (I) immer schon mitgedacht. Es wird darüber hinaus jedoch auch unterstellt, dass der Akteur Urteil (R) *zu Recht* für wahr hält. Die vollständige Variante von Urteil (I) muss daher Urteil (R) beinhalten und lauten: (Ir) »Ich vollziehe Handlung H *zu Recht* allein deswegen, weil ich Zweck Z verwirklichen will«. Mit (Ir) wird keine normative Prämisse in die Handlungsteleologie geschmuggelt, die nicht in vollkommener Übereinstimmung mit Gewirths eigener Systematik steht, da seine Argumentationssequenz nur Urteile umfassen soll, zu deren Für-wahr-Halten sich der Akteur aus rationalen Gründen berechtigt, d.h. *genötigt* ansehen muss. Konsequenterweise reicht die bloß faktische bzw. psychologisch bedingte Verbindlichkeit der eigenen Zwecke allein aufgrund ihrer subjektiven Wertschätzung durch den Akteur nicht aus, sondern dieser muss sich selbst[631] ein Recht zur selbstbestimmten Zweckverfolgung zuschreiben und diese Rechtszuschreibung

---

631 Freilich muss dieses Recht im Fortgang des Arguments auch allen anderen Akteuren zuerkannt werden.

selbst als gerechtfertigt voraussetzen. Andernfalls könnte Urteil (I) gar kein Element von Gewirths Argumentationssequenz darstellen.[632]

Der naheliegende Einwand gegen diese Überlegung besteht in der Behauptung, es sei aus der Akteurperspektive sinnlos, daran zu zweifeln, dass man sich zu Recht als zur Verfolgung selbstbestimmter Zwecke berechtigt ansehen müsse, *da man andernfalls nicht mehr (berechtigterweise) handeln könne.* Genau darin besteht die prudentielle petitio principii: In der unbegründeten Voraussetzung, dass der Akteur aus seiner Sicht seine Zwecke verfolgen bzw. handeln dürfen muss. Wenn man nun darauf antwortete, es sei absurd, das Recht von Akteuren auf selbstbestimmte Handlungen zu hinterfragen, implizierte eine solche Antwort offenbar immer schon die keinesfalls selbstverständliche Annahme von prudentiellen Rechten.[633] Aus Gewirths eigener Systematik folgt, dass dialektisch notwendige Urteile logisch gerechtfertigt sein müssen – wodurch ist jedoch der Wert meiner Zwecke *dialektisch* gerechtfertigt? Die Antwort »durch die logische Notwendigkeit der Normativität der Handlungsteleologie« ist unmittelbar zirkulär und rechtfertigt nichts, weil die logische Verbindlichkeit der Handlungsteleologie dabei schon unterstellt wird.[634] Da es sich um eine psychologische und keine logische Theorie handelt, kann man die logische Normativität der Handlungsteleologie jedoch

---

632   Eine alternative Interpretation könnte davon ausgehen, dass die ersten Urteile, in denen der Akteurstandpunkt subjektiv-teleologisch beschrieben wird, nicht strikt dialektisch notwendig sind, wohl jedoch die folgenden Urteile, die sich auf die teleologische Handlung als ihren normativen Maßstab beziehen. Dann bliebe jedoch unklar, warum man diese ersten Urteile nicht einfach bestreiten können sollte.

633   Zur Debatte steht im Unterschied zur Theorie Korsgaards nicht, ob autonome Handlungen faktisch existieren. Es geht allein um die *Rechtfertigung* von Handlungen, und zwar nicht von spezifischen Handlungen, sondern von Handlungen überhaupt.

634   Dementsprechend würde auch das Argument nicht helfen, dass man sich durch eine Hinterfragung der in Urteil (I) implizit konstatierten unbedingten praktischen Normativität des eigenen Handlungsvermögens in einen logischen Selbstwiderspruch verstricken würde. Dies wäre deswegen der Fall, weil dieses Argument die logische Rechtfertigung der infrage stehenden Normativität immer schon präsupponiert, um funktionieren zu können. Da dialektisch notwendige Urteile jedoch logisch notwendig die prudentielle petitio principii bzw. die *logisch*-normativ konnotierte Handlungsteleologie voraussetzen, kann man hier – auf einer Metaebene der Reflexion – nicht genauso argumentieren wie innerhalb der im Argument vorausgesetzten normativen Bedingungen, d.h. der Handlungsteleologie *im Sinne von* (Ir). Zugleich verlässt man mit der Metareflexion nicht die Systematik von Gewirths Theorie, da es sich um Reflexionen handelt, die sich auf den von Gewirth gewählten Ausgangspunkt des Arguments beziehen. Das hier relevante argumentationstheoretische Problem tritt vielmehr erst dadurch zutage, dass man die praktisch-logische Verbindlichkeit der Handlungsteleologie mit der dialektischen Methode zu begründen versucht. Dieser Versuch ist der Theorie Gewirths nicht äußerlich, sondern bezieht sich vielmehr auf den Kern der postulierten Reflexionsmethode.

6.6 DIE ERWEITERUNG DES ARGUMENTS DER GENERISCHEN KONSISTENZ

nicht voraussetzen. Auch die erstpersonale Antwort »weil ich nicht anders kann« deutete nur auf einen psychologischen Zwang hin.

Es sei an dieser Stelle wiederholt, dass (Ir) *nicht* besagt, der Akteur müsse sich aus *moralischen* Gründen zu Recht als zur selbstbestimmten Zweckverfolgung berechtigt ansehen, sondern hier wird allein die Frage aufgeworfen, warum ein Akteur sein eigenes Handlungsvermögen als hinreichenden praktischen Geltungsgrund seiner Handlungen ansehen sollte. Ohne die Unterstellung der praktischen Autorität von Akteuren ist schon *vor* dem Argumentationsgang nicht zwingend einsichtig, warum ihre im Laufe des Arguments dargelegten Forderungen nicht als rein deskriptive Fakten zur Kenntnis genommen werden können: »Ich bin notwendig auf Gut G angewiesen, um handeln zu können« – dieses Urteil gibt mir nur dann berechtigten Anlass für das normative Urteil »Ich habe ein Recht auf G«, wenn ich mich in meinen Augen nicht nur aus handlungspsychologischen Gründen zu Recht als praktisches Wertfundament meiner Zwecke unbedingt schätze (das ist der Gehalt der Handlungsteleologie – Urteil I), sondern nur unter der Voraussetzung, dass ich logisch dazu genötigt bin, auch diese Selbstzuschreibung der Berechtigung als *rechtens* anzusehen (das wäre die logisch notwendige Rechtfertigung der Handlungsteleologie – Urteil Ir). Diese setzt jedoch eine urteilslogische Begründung des Werts meiner allgemeinen praktischen Akteuridentität als zur Erhebung von Sollensansprüchen berechtigte normative Autoritätsinstanz voraus.

Ein mit der soeben skizzierten Problematik verbundener Punkt wird sowohl von Gewirth als auch von Steigleder auf unterschiedliche Weise angesprochen, wobei das damit verbundene Kritikpotential an Gewirths Ansatz nicht als solches gewertet wird. So spricht Gewirth von der Würde des Akteurs als Fundament seiner Rechtsansprüche, und zwar nicht als Folge seines Arguments, sondern als untrennbar mit der Handlungsteleologie verbundener Prämisse.[635] Gewirth bezeichnet die dem Akteur faktisch vorgegebene, praktische Wertschätzungspsychologie des zweckgerichteten Handelns unmittelbar als dialektisch notwendig, obwohl er sie zugleich explizit allein auf die Beschaffenheit menschlichen Handelns zurückführt: »(...) he (der Akteur, C.B.) is both the general locus of all the particular ends he wants to attain and also the source of his attribution of worth to them. Because he is this locus and source, he must hold that the worth he attributes to his ends

---

[635] A. Gewirth – Dignity as the Basis of Rights, in: M. J. Meyer/W. A. Parent (eds.) – The Constitution of Rights, Ithaca 1992, S. 10-28, S. 13.

pertains a fortiori to himself. They are *his* ends, and they are worth attaining because he is worth sustaining and fulfilling, so that he has what for him is a justified sense of his own worth. This attribution of worth to himself derives not only from the goodness he attributes to his particular actions but also from the general purposiveness that characterizes all his actions and himself qua agent.«[636] Er führt weiter aus: »This attribution of worth must, at least in the first instance, be interpreted neither assertorically nor phenomenologically, but, rather, dialectically necessary, as reflecting a characteristic of human purposive action that every agent must attribute to himself or herself.«[637] Es besteht kein Zweifel daran, dass Gewirths Theorie *explizit* allein auf dem Urteil (I) »Ich vollziehe Handlung H, weil ich Zweck Z verwirklichen will« und nicht dem dialektisch notwendigen Urteil (Ir) »Ich vollziehe Handlung H *zu Recht* allein deswegen, weil ich Zweck Z verwirklichen will« beruht, zugleich jedoch Urteil (I) im Sinne von Urteil (Ir) interpretiert wird. Diese Interpretation wird innerhalb von Gewirths Argumentationssequenz jedoch nicht begründet.

Steigleder kommt im Anschluss an entsprechende Reflexionen Gewirths auf einen damit verwandten Punkt zu sprechen: »In den Augen des Handelnden muß seine unaufhebbare Angewiesenheit auf die konstitutiven Güter ›Grund genug‹ sein, ihn nicht in diesen Gütern zu beeinträchtigen. Die Rechtsansprüche des Handelnden *beruhen* also in einer bestimmten Hinsicht auf einer normativ gehaltvollen *positiven Selbstevaluation*.«[638] Diese Analyse ist zutreffend, denn für die Erhebung z.B. von prudentiell fundierten Rechtsansprüchen muss eine grundsätzliche Selbstbejahung seitens des Akteurs unterstellt werden. Andernfalls wäre bereits unklar, warum meine notwendige Angewiesenheit auf bestimmte Güter auch nur *für mich selbst* bedeutsam sein können sollte. Steigleder versteht unter dem Prinzip der positiven Selbstevaluation kein psychologisches Moment, sondern betont den damit verbundenen *normativen Gehalt*. Weiterführend rekonstruiert er den Würdebegriff in direktem Anschluss an Kant: »Diese Selbstevaluation läßt sich (an Kant anknüpfend) als notwendige Zuschreibung eines streng normativen Begriffs von Würde interpretieren. Entsprechend bildet die Würde das Fundament der Rechtsansprüche des Handelnden.«[639] Steigleders Erläuterung der Würde als Grundlage von prudentiellen Rechtsansprüchen impliziert eine weiterführende Differenzierung: Die positive Selbstevaluation des einzelnen Akteurs solle noch nicht als moralisch konnotierte Würde verstanden werden,

---

636   S.: A. a. O., S. 22.
637   S.: A. a. O., S. 23.
638   S.: Steigleder (1999), S. 141.
639   S.: A. a. O.

sondern im strikten Sinne moralisch relevant sei erst die Zuschreibung von Würde in Bezug auf andere Personen.[640]

Die fremdreferentielle Zuschreibung von Würde wird von Steigleder als »evaluative Übertragung«[641] rekonstruiert, deren Notwendigkeit aus der Konsistenzanforderung resultiere.[642] Das Konzept der evaluativen Übertragung setzt die Annahme des eigenen Werts als gültig voraus, denn andernfalls gäbe es nichts, was im Prozess der logischen Universalisierung übertragen werden könnte. Steigleder weist zu Recht darauf hin, dass die bloße Schätzung der eigenen Handlungsfähigkeit keine Zuschreibung von moralischer Würde rechtfertigt. Allerdings bleibt auch im Zusammenhang mit der Applikation des prudentiellen (nicht-moralischen) Würdebegriffs offen, warum die Selbstzuschreibung der allein mit dem selbstbestimmten Handeln verbundenen Würde *dialektisch notwendig*, d.h. praktisch berechtigt sein soll. Genau diese sowohl bei Gewirth als auch Steigleder vorausgesetzte Würde des Akteurs als Wertgrund der logisch notwendigen Ansprüche von Akteuren verleiht den praktischen Ansprüchen ihre praktische Verbindlichkeit, doch sobald man Urteil (I) ohne diese implizite Prämisse deutet, stellt sich die innerhalb von Gewirths Argumentationssequenz unbeantwortbare Frage, warum die logische Angewiesenheit von Akteur A auf Gut G praktisch verbindlich sein soll.

6.6.2   *Die erweiterte Variante des Arguments*

Das zuvor herausgearbeitete begründungstheoretische Kernproblem der Theorie Gewirths kann folgendermaßen zusammengefasst werden:

Wenn Urteil (I) dialektisch logisch notwendig sein soll – d. h. wenn Urteil (Ir) berechtigterweise für wahr gehalten werden kann bzw. sollte –, muss eine Antwort auf die Frage gegeben werden können, welcher Reflexionsschritt zu diesem Urteil geführt hat. Entweder muss (Ir) unmittelbar logisch unhintergehbar sein oder es muss als logisch notwendige Implikation eines ihm vorgängigen Urteils ausgewiesen werden, welches seinerseits für den reflektierenden Akteur logisch unhintergehbar ist.

---

640   Allerdings könne auch der individuelle Würdebegriff dem Akteur in bestimmten moralisch komplexen Situationen Orientierung geben; vgl.: A. a. O.
641   S.: A. a. O., S. 142.
642   Wenn Steigleder weiterführend konstatiert, dass die Pflicht zur Anerkennung der Würde anderer Akteure eine moralische sei, ist dies auf die logische Rechtfertigung der Anerkennung zurückzuführen und nicht umgekehrt, d.h. der Akteur ist nicht unabhängig von der prudentiell bedingten rationalen Nötigung verpflichtet, die vitalen Interessen anderer Akteure zu achten.

Da diese Überlegungen Gewirths Interpretation der handlungsteleologischen Ausgangsthese hinterfragen, scheinen sie prima facie *erstens* Gewirths methodische Systematik zu verkennen und *zweitens* die Gültigkeit seines Arguments infrage zu stellen. Beides ist jedoch nicht der Fall. Der erste Punkt trifft deswegen nicht zu, weil nach einer strikten Begründung von Urteil (I) gefragt und damit das Prinzip dialektisch notwendiger Urteile nicht verabschiedet, sondern affirmiert wird. In diesem Zusammenhang bleibt zu prüfen, ob es nicht eine andere Form von dialektisch notwendigen Urteilen gibt, die bisher nicht als solche identifiziert wurde. Die Tatsache, dass über Gewirths eigene Ausführungen hinaus nach einer *wirklichen* Begründung von (I) gefragt wird, rührt daher, dass im Anschluss an die zuvor entwickelte Argumentation Gewirth implizit das Urteil (Ir) und nicht (I) als strikt gültig voraussetzt, (Ir) jedoch nicht analytisch oder anderweitig aus (I) folgt und auch nicht auf andere Weise gerechtfertigt wird. Das folgende Argument soll zeigen, dass eine konsequente Anwendung des Prinzips der dialektisch-logischen Argumentation notwendig zu (Ir) führt. Damit ist über die zuvor genannten Einwände hinaus konkret erwiesen, dass Urteil (I) nicht dialektisch notwendig ist und daher eine weitere These für Gewirths Argument vorausgesetzt werden muss.

Damit Urteil (I) nach Gewirths Systematik zu einem dialektisch notwendigen Urteil wird, muss es eine notwendige systematische Relation zu dem Kriterium der Handlungskonstitutivität besitzen. Handlungskonstitutiv können nur diejenigen Güter bzw. Zwecke sein, ohne die Handeln aus der Akteurperspektive nicht möglich ist. Wenn sich also dialektisch notwendige Urteile auf handlungskonstitutive Strukturen beziehen und Urteil (I) dialektisch notwendig sein soll, liefe dies – sinngemäß – auf das Urteil (Hh) hinaus: »Mein Handeln ist handlungskonstitutiv«. Diese scheinbar unsinnige These ist das folgerichtige Resultat der Anwendung der dialektischen Argumentation auf Urteil (I).

In Urteil (I) werden implizit die normativen Maßstäbe für das Kriterium der Handlungskonstitutivität formuliert, weil dieses Urteil die erstpersonale Handlungsbeschreibung beinhaltet. Genau besehen ist Urteil (Hh) allerdings nicht wirklich unsinnig, denn worauf darin in geltungstheoretischer Hinsicht hingewiesen wird, ist schlicht, dass Gewirths Methode und damit auch sein Argument de facto nicht Urteil (I) sondern, wie gezeigt werden sollte, Urteil (Ir) voraussetzt: Da »handlungskonstitutiv« bei Gewirth nichts anderes bedeutet als »praktisch-logisch gerechtfertigt« (d.h. dialektisch notwendig), besagt Urteil (Hh) eigentlich »(Mein) Handeln ist praktisch-logisch gerechtfertigt.« Ausführlicher formuliert: »Ich vollziehe Handlung H, weil ich Zweck Z verwirklichen will – und dies ist aus meiner Sicht logisch gerechtfertigt«. Weil

(Hh) ein dialektisch notwendiges Urteil ist, muss es in vollständiger Variante lauten: »Ich bin als Akteur logisch dazu genötigt, für wahr zu halten, dass ich Handlung H *zu Recht* vollziehe, weil ich Zweck Z verwirklichen will«. (Hh) ist demnach logisch äquivalent zu (Ir): »Ich vollziehe Handlung H *zu Recht* allein deswegen, weil ich Zweck Z verwirklichen will«. Eine konsequente Anwendung von dialektisch-logischer Reflexion auf Urteil (I) führt zu (Ir).

Der zweite oben genannte Punkt ist ebenfalls zu verneinen: Die Tatsache, dass die Argumentationssequenz von Gewirth im Hinblick auf seine Methode der dialektisch logischen Argumentation nicht konsistenterweise bei (I), sondern bei (Ir) beginnen muss und (Ir) nicht innerhalb der Argumentationssequenz begründet wird, ist nicht gleichbedeutend mit der These, dass (Ir) nicht innerhalb der *Theorie* Gewirths gerechtfertigt werden kann. Diese Überlegung führt zu der Frage, ob seine Theorie die Anforderung erfüllt, den vorausgesetzten Begriff von Moral auf eine Weise zu bestimmen, die diesen Begriff zum einen hinreichend präzise und zum anderen nicht zu spezifisch bestimmt. Gewirths Grundidee besteht darin, einen minimalistischen Handlungsbegriff von den praktischen Mindestanforderungen abzuleiten, die man mit moralischen Forderungen jedweder Art verbinden muss, damit sinnvoll von möglichen Adressaten dieser Forderungen auszugehen ist. Moralische wie überhaupt praktische Forderungen setzen Akteure voraus, die praktischen Forderungen nachkommen können, d.h. Akteure, die selbstbestimmt handeln können. Da Gewirth das teleologische Handlungsmodell als die plausibelste Theorie des Handelns ansieht, geht er davon aus, dass moralische Forderungen aus praktisch-sinnlogischen Gründen allein die Annahme von Zwecke verfolgenden Akteuren voraussetzen. Dies ist der übergeordnete normative Kontext der Handlungsteleologie.

Zugleich ist damit auch das Urteil identifiziert, welches der Sache nach den Beginn der Argumentationssequenz darstellt: Gewirths Argument beginnt eigentlich mit der in seiner Gesamttheorie präsenten, nicht jedoch in seinem Argument explizierten These, *dass moralische Handlungen möglich sind*. Diese Grundvoraussetzung fungiert als der Argumentationssequenz voran gestellte Prämisse. Aus dieser Prämisse folgt als *zweite Annahme* Urteil (I), also die erstpersonale Beschreibung von Handlung, welche den ersten expliziten Schritt des Arguments in seiner bekannten Form darstellt. Nun wurde zuvor dafür argumentiert, dass (Ir) das erste Urteil der Sequenz darstellt: »Ich vollziehe Handlung H *zu Recht* allein deswegen, weil ich Zweck Z verwirklichen will«. Die Frage, wessen notwendige Implikation Urteil (Ir) sein kann, wenn es doch das erste Urteil des Arguments darstellt, ist beantwortet, wenn man seinen normativen Kontext berücksichtigt: Gewirth kann implizit von der Rechtmäßigkeit des (faktischen) Handelns ausgehen, weil diese Annahme in dem Sinne geboten ist, dass sie praktisch-notwendig für die Möglichkeit moralischen Handelns ist und diese Möglichkeit als gegeben vorausgesetzt wird. Urteil (Ir) »Ich vollziehe Handlung H *zu Recht* allein deswegen, weil ich Zweck Z verwirklichen will« ist also nicht dogmatisch gesetzt, sondern rational gerechtfertigt – allerdings auf eine andere Weise als dialektisch notwendige Urteile, nämlich nicht aus handlungskonstitutiven Gründen, sondern sozusagen *in moralkonstitutiver Hinsicht*: Damit moralische Forderungen sinnvoll, d.h. tatsächlich normativ und handlungsleitend sein können, müssen freie und zweckverfolgende Akteure vorausgesetzt werden, d.h. autonome Handlungen sind konstitutiv für die Möglichkeit von moralischen Handlungen. Anders ausgedrückt: *Wenn moralisches Handeln möglich sein soll, muss (selbstbestimmtes) Handeln wirklich sein.* Somit ist Urteil (I) eine notwendige Implikation der Prämisse (M) »Moralisches Handeln ist möglich, daher müssen autonome Handlungen wirklich sein«, und da (I) eine *notwendige* Implikation von (M) darstellt, gilt (Ir).[643]

Die erweiterte Reformulierung des Beginns von Gewirths Argumentationssequenz führt zu folgenden Urteilen:

(M)   Moralisches Handeln ist möglich, daher müssen autonome Handlungen wirklich sein
(Ir)   Ich vollziehe Handlung H *zu Recht*, weil ich Zweck Z verwirklichen will
(IIr) Da ich Zweck Z will, stellt Z *für mich zu Recht* ein Gut dar
(IIIr) Die erfolgreiche Verwirklichung von Z stellt *für mich zu Recht* ein Gut dar usw.

Urteil (M) stellt die übergeordnete Prämisse des Arguments dar. (Ir) gilt allein in Abhängigkeit von (M), weil (Ir) ohne implikationslogischen Bezug zu (M) als (I) reformuliert werden müsste – dann wäre es jedoch kein dialektisch notwendiges Urteil. Man darf (M) nicht als anthropologische These verstehen, der zufolge Handlungen in empirischer Hinsicht möglich sein müssen. Weil Handlungen aufgrund der vorausgesetzten logischen Möglichkeit von moralischen Handlungen existieren sollen, ist der Akteur auch aus geltungstheoretischen und nicht nur psychologischen Gründen dazu berechtigt, sich als autonomer Akteur zu verstehen bzw. zu handeln – aus dem anfechtbaren, logisch nicht abgesicherten Urteil (I) wird das begründete Urteil (Ir).

---

643   Es ist zu beachten, dass (Ir) nicht deshalb als praktisch gerechtfertigt angesehen werden muss, damit ein spezifisches Moralkonzept plausibel erscheint. (Ir) folgt einzig und allein unter der Voraussetzung, dass der Sinn moralischer Forderungen bzw. die Existenz moralischer Handlungen *nicht ausgeschlossen* werden kann.

Nur deshalb, weil selbstbestimmte Handlungen und autonome Akteure möglich sein *müssen*, da andernfalls keine moralischen Handlungen möglich sein *können*, sind handlungskonstitutive Güter in Gewirths Theorie überhaupt *mit Recht* normativ für den Akteur. Vor diesem Hintergrund kann ich rationalerweise davon ausgehen, dass meine mit meiner freien Zweckverfolgung verbundene Wertevidenz in einem strikten Sinne gerechtfertigt ist, da meine Freiheit und meine Zweckverfolgung (sprich: mein Handeln und ich selbst als Akteur) ein *praktisches Erfordernis der (sinn-)logischen Möglichkeit von moralischem Sollen* darstellen. Weil nun die Annahme, dass ich als Akteur mein freies und zweckgerichtetes Handeln *zu Recht* als wertvoll betrachte, von der Voraussetzung des Sinns von moralischen Forderungen abhängt, impliziert Prämisse (M) die Verbindlichkeit des Kriteriums der Handlungskonstitutivität.

Dies bedeutet weiterhin Folgendes: Da Prämisse (M) die Verbindlichkeit des Kriteriums der Handlungskonstitutivität impliziert und (Ir) die unmittelbare praktisch-notwendige Implikation von (M) darstellt, folgt, dass (Ir) als Formulierung des Prinzips der Handlungskonstitutivität fungieren muss. Genau dies ist der Fall: »Ich vollziehe Handlung H *zu Recht*, weil ich Zweck Z verwirklichen will« bringt den normativen Gehalt der Idee der Handlungskonstitutivität in erstpersonal-deskriptiver Form zum Ausdruck – inhaltlich besagt (Ir) nichts anderes als »Mein autonomes Handeln *soll* sein.«[644] Wenn Urteil (M) wahr ist, ist damit die Normativität der handlungskonstitutiven Bedingungen in Gewirths Theorie allein im Ausgang von der logischen Möglichkeit moralischer Forderungen etabliert.

An dieser Stelle ist auf eine systematische Konsequenz der hier verteidigten These hinzuweisen, dass Prämisse (M) das Urteil (Ir) praktisch begründet: Wenn es zutrifft, dass das Argument nur rational nachvollziehbar ist, wenn (Ir) gilt, und wenn (Ir) aufgrund seines systematischen Bezugs zu (M) gilt, dann ist Gewirths Argument nur nachvollziehbar, wenn (M) *gilt*, d. h., wenn es *logisch notwendig* anzunehmen ist, dass moralische Handlungen möglich sind.[645] Mit der Ergänzung von Gewirths Argument um Urteil (M) »Moralisches Handeln ist möglich, daher müssen autonome Handlungen wirklich sein« wird zwar das begründungstheoretische Problem adressiert, das in der herkömmlichen Gewirth-Interpretation in Bezug auf Urteil (I) besteht, jedoch kann man nicht einfach voraussetzen, dass Prämisse (M) richtig ist. Um die Plausibilität von (M)

---

644 Einmal mehr wird hier deutlich, dass der Sein-Sollen-Fehlschluss in Gewirths Theorie allein durch (Ir) vermieden werden kann: Nur dann, wenn mein Handeln sein soll, soll aus meiner Sicht alles das, was handlungskonstitutiv ist, ebenfalls sein.

645 Wenn Urteil (M) als nur möglicherweise gültig verstanden würde, wäre (Ir) nicht mehr strikt gültig.

zu rechtfertigen, muss konkret gezeigt werden, dass die Möglichkeit bzw. der Sinn moralischer Forderungen logisch nicht ausgeschlossen werden kann. Ich werde im Folgenden zwar keine erschöpfende Analyse, jedoch einige grundlegende Überlegungen zu dieser Problematik anstellen, die verdeutlichen sollen, dass und inwiefern nachvollziehbare Gründe für die Berechtigung von (M) bestehen.

Da (M) bei Gewirth nicht explizit als logisch notwendiges Urteil rekonstruiert und nicht in die Argumentationssequenz integriert wird, besitzt dieses Urteil in diesem Zusammenhang einen nur hypothetischen Status: *Wenn* die Diskussion um Moralbegründung überhaupt sinnvoll sein soll, *dann* müssen Handlungen und rationale Akteure existieren, und weil das teleologische Handlungsmodell das plausibelste ist, sollten Handlungen als freie und zweckgerichtete Akte verstanden werden. Gewirths Annahme von (M) hängt damit unmittelbar von dem Ziel ab, eine rationale Moralbegründung zu leisten. Wenn man dieses Ziel nicht verfolgte, weil man Moralbegründungen z.B. für hinfällig oder unmöglich hielte, würde Urteil (M) vielleicht nicht für wahr zu halten sein. Zumindest liefert Gewirth selbst keinen Grund für eine anderslautende Annahme: Die für die Plausibilität seines Ansatzes notwendige These des möglichen Sinns moralischer Forderungen wird nicht auf die Weise begründet, dass Gewirth die Selbstwidersprüchlichkeit ihrer Negation aufzeigt. Urteil (M) fungiert im Rahmen von Gewirths Theorie zwar nur als hypothetische Prämisse seines Begründungsansatzes, doch lässt sich für die Berechtigung der Annahme des Sinns praktischer bzw. moralischer Forderungen auch auf eine Weise argumentieren, die eine nicht-hypothetische Gültigkeit von (M) nahelegt. Die logische Möglichkeit von Urteilen jedweder Art ist grundsätzlich dadurch gegeben, dass diese Urteile konsistent denkbar, d.h. nicht immanent (selbst-)widersprüchlich sind bzw. mit fundamentalen logischen Gesetzen konfligieren. Die Sinnhaftigkeit von praktischen Forderungen zeichnet sich jedoch über ihre bloße Denkbarkeit hinaus dadurch aus, dass der Begriff einer solchen Forderung immer schon auf Akteure und Handlungen verweist, d.h. ohne die Voraussetzung von Adressaten (und Urhebern) von Sollensforderungen ist es nicht verständlich, von der Möglichkeit moralischen Handelns zu sprechen. Damit praktische Forderungen im strengen Sinne sinnvoll sein, d.h. erstens verstanden und zweitens in die Tat umgesetzt werden können, müssen rationale Akteure existieren, die ihr Handeln aus Einsicht in die Berechtigung dieser Forderungen nach ihnen ausrichten können.[646]

---

646 Grundsätzlich kann man die Sinnbedingungen praktisch-normativer Urteile auch anders bestimmen, d.h. man könnte z.B. auch nur das theoretische Verstehen der Semantik

6.6 DIE ERWEITERUNG DES ARGUMENTS DER GENERISCHEN KONSISTENZ

Doch worin genau besteht nun eine Rechtfertigung von (M), die über Gewirths hypothetische Rekonstruktion ihres Gehalts hinausgeht? (M) umfasst zwei Thesen: Der ersten These zufolge ist moralisches Handeln möglich bzw. sind moralische Forderungen sinnvoll; der zweiten These zufolge impliziert die erste These, dass autonome Handlungen und Akteure existieren müssen. Eine nicht-hypothetische Rechtfertigung von (M) kommt ohne weitere Zusatzannahmen aus und kann direkt bei der Relation dieser beiden Thesen ansetzen: Wenn man zugesteht, dass die Möglichkeit von moralischem Handeln die Wirklichkeit von rationalen Handlungen und Akteuren als deren notwendige Voraussetzung impliziert, ist der Weg nicht mehr weit zu der Erkenntnis, dass die Möglichkeit von moralischen Handlungen streng genommen in nichts anderem besteht als in der Annahme der Existenz von Handlungen bzw. Akteuren. Moralische Forderungen zielen bei Gewirth grundsätzlich darauf ab, dass Akteure auf eine Weise agieren, die im Einklang mit der Achtung der zentralen Interessen (bzw. der notwendigen Handlungsbedingungen) aller Akteure steht. Dazu bedarf es – zumindest theorieimmanent – keiner besonderen Fähigkeit, sondern das bereits alltäglich relevante Handlungsvermögen ist vollkommen hinreichend, um gegebenenfalls auch moralisch handeln zu können. Im Ausgang von dieser Überlegung muss man daher dafür argumentieren, dass die Annahme der Existenz von rationalen Handlungen und Akteuren nicht nur hypothetisch plausibel, sondern strikt notwendig ist. Im Kontext von Gewirths Theoriearchitektur und Argumentationsmethodik ist es geboten, eine diesbezügliche Argumentation von dem erstpersonal-praktischen Standpunkt aus zu entwickeln.

Die Existenz von Handlungen kann in phänomenologischer Hinsicht als gesichert angesehen werden, da die subjektive Selbstevidenz des Akteurseins nur schwer bestreitbar ist. Allerdings kann in diesem Zusammenhang kein primär erfahrungsbasiertes Urteil relevant sein, da es nicht um die empirische Plausibilität der Existenz von rationalen Akteuren, sondern um die logische Berechtigung zu ihrer Annahme geht. Doch auch in logischer Hinsicht sprechen belastbare Gründe für die Annahme der Existenz von Akteuren: Das Fällen von Urteilen muss ebenso als ein zuschreibbarer Akt verstanden werden wie es im Hinblick auf physische Handlungen der Fall ist[647], und da eine Negation

---

dieser Urteile als hinreichend ansehen. Allerdings wäre ein solch minimalistisches Verständnis praktischer Urteile m.E. allein deshalb wenig überzeugend, weil besagte Urteile offenbar mehr implizieren als nur ihre rein semantische Rekonstruktion. Es reicht nicht aus, Moral nur zu denken.

647 Vgl. zu den weitreichenden Strukturähnlichkeiten von rationalen Urteilen und Handlungen: Illies (2003), S. 133. Im Übrigen entspricht die obige Auffassung von Urteilen auch unserer alltäglichen Praxis, wie sich z.B. darin zeigt, dass Ärzte für medizinische

des eigenen Akteurstatus' nur in Form einer Bestreitungshandlung eines Akteurs als ein Urteil mit Geltungsanspruch rekonstruierbar ist, würde eine Negation des eigenen Akteurseins einen performativen Selbstwiderspruch[648] implizieren. Dieser Widerspruch kann deshalb zustande kommen, weil jedes Urteil *als Urteil* eine notwendige Sinnbedingung erfüllen muss, und diese Sinnbedingung besteht darin, dass jedes Urteil als freie und zweckgerichtete Handlung eines Akteurs zu rekonstruieren ist. So wie es keine schlichtweg vorhandenen Zwecke gibt, existieren auch Urteile nicht ohne implizite praktische Voraussetzungen – jeder Zweck ist *jemandes Zweck* und jedes Urteil ist *jemandes Urteil*. Ein nicht-hypothetisches Argument für den Sinn moralischer Forderungen bzw. für die Existenz der Adressaten dieser Forderungen kann demnach darauf verweisen, dass sich kein Akteur den eigenen Akteurstatus absprechen kann, ohne im Akt des sich Absprechens immer schon implizit in Anspruch zu nehmen, ein Urteilender bzw. ein Akteur zu sein. Der propositionale Gehalt des Performanzaspekts, d.h. des Urteilens, widerspricht dem propositionalen Gehalt des Urteils. Da sowohl der Gehalt des Urteilens als auch derjenige des Urteils auf den Urheber des Urteils rekurrieren, kann der eigene Akteurstatus nicht ohne performativen Selbstwiderspruch bestritten werden. Insofern man diesen Gedankengang nachvollzieht, ist es nicht nur legitim, sondern vielmehr notwendig, (M) nicht nur als hypothetische Rahmenbedingung von Gewirths Argument, sondern als erstes Urteil innerhalb der Sequenz derjenigen Urteile zu verstehen, die aus der Sicht jedes rationalen Akteurs logisch notwendig für wahr gehalten werden müssen.

Die praktisch-logische Notwendigkeit von (M) verdankt sich ebenso wie die meisten der folgenden Urteile in der Sequenz[649] ihrer systematischen Relation zu dem Konzept des Handelns, doch kommt bei (M) ein spezifischer Aspekt zum Tragen, der dieses Urteil von den anderen Urteilen der Sequenz unterscheidet: Es ist nicht deswegen von jedem Akteur logisch notwendig für wahr zu halten, weil seine Negation notwendige Handlungsbedingungen negieren

---

Fehlurteile vor Gericht verantwortlich gemacht werden können. Urteile werden gemeinhin als Resultate von Urteilshandlungen eines spezifischen Akteurs verstanden.

648 Vgl. dazu die Einführung des Konzepts performativer Widersprüche im Kontext der Rekonstruktion des cartesischen Cogito-Arguments: J. Hintikka – Cogito, ergo sum: Inference or performance?, in: Philosophical Review 71/1 (1962), S. 3-32; vgl. zudem: Grundmann (2008), S. 294. Insbesondere Apels Transzendentalpragmatik beruht auf der Forderung der Vermeidung von performativen Widersprüchen, vgl.: K.-O. Apel – Fallibilismus, Konsenstheorie der Wahrheit und Letztbegründung, in: Forum für Philosophie Bad Homburg (Hg.) – Philosophie und Begründung, (Frankfurt a.M. 1987, S. 116-211, S. 181. Vgl. zur generellen Struktur performativer Widersprüche: M. Ossa (2007), S. 100.

649 Ausnahmen stellen die Urteile dar, die das teleologische Handlungskonzept nur rekonstruieren.

6.6 DIE ERWEITERUNG DES ARGUMENTS DER GENERISCHEN KONSISTENZ

würde, sondern weil eine solche Negation darauf hinausliefe, eine noch grundlegendere Bedingung zu bestreiten, und zwar die Bedingung der Verbindlichkeit der erstpersonal-praktischen Akteurperspektive und damit auch der Verbindlichkeit notwendiger Handlungsbedingungen für den Akteur. Mit (M) wird implizit Handlungskonstitutivität als oberstes geltungstheoretisches Kriterium für die Prüfung der logischen Konsistenz späterer Urteile etabliert, und dies ist deshalb der Fall, weil wir uns nicht nur als Handelnde erleben, sondern uns auch als Handelnde denken müssen. In dieser erstpersonalen Hinsicht müssen wir uns aus logischen Gründen als Akteure auffassen, die sich zu Recht als Urheber von Handlungen verstehen. Deshalb ist es auch im Ausgang von der Akteurperspektive berechtigt, notwendige Handlungsbedingungen als nicht nur biologisch oder psychologisch, sondern auch als logisch notwendig anzusehen. Gewirths Argumentationssequenz ohne (M) und (Ir) beruht zwar auch auf der Idee, dass Handlungen sein sollen – andernfalls wäre das Kriterium der Handlungskonstitutivität praktisch-logisch vollkommen uninteressant und es bliebe nur bei einem bloß faktischen Wollen der handlungsnotwendigen Güter ohne weitere Verbindlichkeit. Meine *faktische* Selbstauffassung als Akteur impliziert jedoch schlichtweg nicht, dass die notwendigen Bedingungen der Verwirklichung meines Wollens aus meiner Sicht logisch notwendig sein sollen, denn diese Selbstauffassung bzw. Selbstidentifizierung könnte z.B. kontingent und nur optional sein. Das hier skizzierte Argument für den nicht-hypothetischen Charakter der Verbindlichkeit der Handlungskonstitutivität aufgrund ihrer Verbindung zur logischen Notwendigkeit der Affirmation des eigenen Akteurstatus' kann Einwände solcher Art insofern entkräften, als es nicht optional oder willkürlich ist, sich als Akteur und damit als Adressat möglicher moralischer Forderungen aufzufassen. Dennoch ist erläuterungsbedürftig, ob dieses Argument die erstpersonal-logische Verbindlichkeit notwendiger Handlungsbedingungen hinreichend rechtfertigen kann.

Zwei zentrale Einwände legen sich nahe: 1. Performative Widersprüche implizieren die Beschränktheit ihrer Geltung durch den jeweiligen Performanzaspekt – daher können sie nicht strikt, d.h. unter allen Umständen bindend sein[650]; 2. Auch wenn der performative Widerspruch strikt gültig wäre, folgte daraus keine praktisch aussagekräftige Anerkennung der Autorität

---

650 Dieses Argument wird zuweilen z.B. gegen Apels Transzendentalpragmatik geltend gemacht: Falls ich nur dadurch moralische Zugeständnisse mache, dass ich im Diskurs meine Diskurspartner implizit als rationale Akteure achte, dann kann ich mich aus diesen moralischen Kontexten lösen, indem ich keine oder kaum Diskurse führe.

des praktischen Standpunkts. Wie im Folgenden gezeigt wird, sind beide Einwände trotz einer gewissen Berechtigung nicht ohne weiteres gültig.

Ad 1. Da es verschiedene Formen von performativen Widersprüchen gibt, muss etwas ausführlicher reflektiert werden, um welche Variante es sich bei dem hier vorliegenden Widerspruch handelt. Die unterschiedlichen Formen von performativen Widersprüchen resultieren aus den je verschiedenen logischen Relationen von Urteilsgehalt und dem propositionalen Gehalt der für den Vollzug des Urteils notwendig vorauszusetzenden Handlung. *Erstens* gibt es performative Widersprüche, die in einem allgemeinen Sinne die Einnahme der Akteurperspektive voraussetzen (z.B. »Ich existiere nicht«). Diese Widersprüche setzen einzig den Standpunkt universaler Erstpersonalität, d.h. die Akteurperspektive an sich voraus. Daher ergeben sich diese Widersprüche auch dann, wenn *irgendein zufälliger Akteur* das jeweilige Urteil (»Ich existiere«, »Ich bin ein Akteur«) negieren würde. Sie sind somit zwar in einem formalen Sinne akteurrelativ, doch in Bezug auf individuelle Akteure zugleich akteurneutral. *Zweitens* existieren performative Widersprüche, die nur unter der Bedingung zustande kommen, dass eine *bestimmte Person* das Urteil bestreitet (»Ich, Bill Gates, existiere«). Wenn Bill Gates das Urteil »Ich, Bill Gates, existiere« negiert, wird durch den Akt des Urteilens dieser bestimmten Person ein an sich logisch unproblematisches Urteil selbstwidersprüchlich. *Drittens* kann performative Widersprüchlichkeit allein durch *bestimmte Handlungsvollzüge* bedingt, jedoch von der personalen Identität des sie ausführenden Akteurs logisch unabhängig sein: »Ich spreche jetzt nicht« ist immer dann performativ inkonsistent, wenn irgendjemand dieses Urteil ausspricht. Es ist jedoch im Unterschied zur ersten Variante nicht deswegen problematisch, weil die Bedingungen des Urteilens negiert werden, sondern allein wegen des Vollzugs einer bestimmten Urteilshandlung.[651] Der für den Beginn von Gewirths Argumentationssequenz relevante performative Widerspruch ist von der erstgenannten Art, da es dort weder um bestimmte Personen, noch um spezifische Handlungen, sondern um den Vollzug des eigenen Akteurseins geht. Der Einwand, jeder performative Widerspruch könne umgangen werden, indem bestimmte Handlungen unterlassen würden, geht daher insofern ins Leere, als es keinem Akteur offen steht, sein Akteursein zu verwirklichen oder nicht, da jede Art der Bestimmung des eigenen Handlungsvermögens den Vollzug seiner selbst als eines praktischen Wesens darstellt.

---

651 Jeder durch die allgemeine Erstpersonalität bedingte performative Widerspruch entsteht auch aus der Perspektive des einzelnen Akteurs, doch gilt diese Relation nicht umgekehrt.

Ad 2. Was bedeutet die These der logischen Verbindlichkeit der Selbstauffassung als Akteur für die Plausibilität von Gewirths These, der Akteur besitze einen besonderen Wert bzw. eine Würde, die seinen praktischen Rechtsansprüchen zugrunde liege? Die auch von Steigleder hervorgehobene Selbstbejahung des Akteurs kann im Kontext von Gewirths eigener Interpretation seiner Theorie nur als handlungstheoretische bzw. motivationspsychologische Notwendigkeit rekonstruiert werden, da sie eine Deutung von Urteil (I) darstellt und dieses Urteil weder eine assertorische noch eine dialektische Verbindlichkeit besitzt. Diese Selbstbejahung bleibt solange nur ein subjektiv-psychologisches Faktum ohne strikte normative Implikationen, bis sie als rational notwendige Selbstbejahung ausgewiesen wurde. Der Vergleich des mit dieser Selbstbejahung verbundenen praktischen Werts des Akteurs mit Kants Begriff der Würde des moralischen Vernunftwesens ist insofern angreifbar, als die Würde des Akteurs bei Kant daher rührt, dass der Akteur immer schon als Adressat von definitiv bestehenden moralischen Ansprüchen des Sittengesetzes verstanden wird. Ein solches Szenario ist jedoch bei Gewirths Theorie prinzipiell nicht gegeben, da in Urteil (I) bzw. (Ir) moralische Normativität noch keine Rolle spielen kann – diese soll erst im Ausgang von diesem Urteil gerechtfertigt werden. Wenn die Würde des Akteurs jedoch allein darin bestehen soll, dass er aufgrund seiner (im Grunde kontingenten) psychologischen Funktionsweise dazu genötigt ist, Zwecke zu verfolgen und sein Handlungsvermögen wertzuschätzen, bleibt unklar, inwiefern eine solcherart begründete Würde weiterführende logische Implikationen besitzen können soll.

Auch vor dem Hintergrund der hier vorgeschlagenen Rekonstruktion, die von den Urteilen (M) und (Ir) ausgeht, kann sich der rationale Akteur zwar nicht als Adressat von sicher bestehenden moralischen Sollensforderungen verstehen, doch ist er über die handlungspsychologische Notwendigkeit der Selbstbejahung hinaus zu der Annahme berechtigt, dass er seine Bestimmung seines Handlungsvermögens zu Recht als hinreichenden Grund für die Verfolgung der entsprechend gewählten Zwecke ansieht. Damit ist keineswegs ohne weiteres konstatiert, dass man im Ausgang von der logischen Notwendigkeit der Affirmation des eigenen Akteurstatus' auf so etwas wie eine Würde des Akteurs schließen kann.[652] Zugleich ist fraglich, ob die Plausibilität

---

652 In Anlehnung an Kant könnte man davon sprechen, dass die notwendige Selbstauffassung als Akteur ein von den eigenen Neigungen unabhängiges Handeln impliziert, sodass man dadurch des Naturdeterminismus' enthoben ist, was im kantischen Kontext bereits als ein Zeichen von Würde gedeutet werden kann. Allerdings ist nicht ersichtlich, warum man diese spezifisch kantische Sicht umstandslos auf Gewirth übertragen können soll, da Gewirth zwar auch gegen einen umfassenden Naturdeterminismus argumentiert, damit jedoch zumindest explizit keine spezifische Theorie der Würde zu

von Gewirths Theorie dadurch gesteigert wird, dass man mit Gewirth und Steigleder von der Selbstevidenz der Würde des Akteurs ausgeht, die in der Argumentationssequenz den Rechtfertigungsgrund für prudentielle Rechte und weiterer Urteile darstellt. Die zentrale begründungstheoretische Funktion der Würde in der soeben skizzierten Lesart besteht darin, dem erstpersonal-praktischen Standpunkt Autorität zuschreiben zu können, denn nur, wenn der Akteurstatus normative Implikationen besitzt, legt sich der Schluss auf den Wert von Handlungen und somit der Schluss auf die normative Verbindlichkeit des Kriteriums der Handlungskonstitutivität nahe. Im Hinblick auf die Methode der Etablierung der Autorität des Akteurstatus' lässt diese Rekonstruktion allerdings entscheidende Fragen offen. So geht aus der These der immer schon vorausgesetzten Akteurwürde z.B. nicht hervor, warum genau man diese Würde nicht logisch konsistent bestreiten können soll. Im Unterschied dazu ist das Argument der Selbstwidersprüchlichkeit der Negation der eigenen allgemeinen Akteuridentität direkt an die übrige Systematik Gewirths bzw. speziell an das Kriterium des zu vermeidenden dialektischen Widerspruchs angelehnt. Zudem wird die systematische Relevanz der von Gewirth und Steigleder adressierten positiven Selbstevaluation des Akteurstatus' für die Überzeugungskraft von Gewirths Argument nicht bestritten, sondern vielmehr anerkannt und bekräftigt. Schließlich liefert das durch (M) und (Ir) erweiterte Argument eine (in metaphysischer Hinsicht vergleichsweise sparsame) Begründung der Annahme der Normativität des eigenen Akteurseins und erfüllt zumindest grundsätzlich dieselbe Funktion, die der vormoralische Würdebegriff nach Gewirth und Steigleder übernehmen soll.

Abschließend gilt festzuhalten, dass eine Reihe von unterschiedlichen Gründen für die Inklusion von (M) und (Ir) in die Argumentationssequenz spricht. Da die These der logischen Notwendigkeit der Affirmation des eigenen Akteurstatus' unweigerlich einen gewissen Interpretationsspielraum offen lässt, wäre zwar die Behauptung nicht haltbar, dass mit ihr eine über jede Kritik erhabene Rechtfertigung der Normativität der Akteurperspektive geleistet wird. Allerdings stehen die Kritiker dieser These insofern in einer gewissen Bringschuld, als keineswegs klar ist, welche alternative Begründungsstrategie existieren sollte, die eine noch striktere oder weitreichendere Verbindlichkeit

---

verbinden scheint. Gewirth geht zwar davon aus, dass der Wert unserer Zwecke auf den Wert unseres Handlungsvermögens als Ursprung aller Wertzuschreibungen zurückzuführen ist, doch fokussiert er die allgemeine Zweckhaftigkeit (»general purposiveness«) von Handlungen bzw. Akteuren und nicht die Unabhängigkeit bestimmter Motivationsgründe von determinierten Strukturen; vgl.: Gewirth (1992), S. 22f.

zu etablieren in der Lage ist, als eine These, die nur um den Preis des logischen Selbstwiderspruchs bestritten werden kann.

6.7 Fazit: Die praktische Notwendigkeit des Guten als logische Verbindlichkeit der Handlungskonstitutivität

Gewirths teleologischer Handlungsbegriff ist intuitiv-psychologisch plausibel und in einer bis in die Antike zurückreichenden philosophischen Tradition verwurzelt. Eine Handlung scheint in begrifflicher Hinsicht im Vergleich zu einem nicht-intentionalen Ereignis nur dann über ein hinreichend scharfes Profil zu verfügen, wenn sie mit einem zweckgerichteten Willensakt eines Akteurs verbunden gedacht wird. Ein zurechenbarer, zweckgerichteter Willensakt eines Akteurs ist wiederum nur dann als ein solcher identifizierbar, wenn man eine grundsätzliche Wahlfreiheit des Akteurs voraussetzt. Wenn Gewirth Freiheit und Zweckgerichtetheit als die beiden generischen Handlungseigenschaften bestimmt, geschieht dies nicht willkürlich, sondern hängt unmittelbar mit den minimalen Sinnbedingungen des Handlungskonzepts zusammen. Darüber hinaus existiert ein praktisch-axiologischer Aspekt dieses Modells: Nicht nur wählt der Akteur im Kontext des Handlungsvollzugs bestimmte Zwecke, sondern die Wahl und das damit verbundene Anstreben der Verwirklichung des jeweiligen Zwecks wird als Beweis dafür interpretiert, dass der Akteur dem Zweck eine hinreichend große Wertschätzung entgegenbringt, die ihn zu solchem Handeln veranlasst hat. Im Kern handelt es sich um eine motivationspsychologische These, hinter der die starke Evidenz steht, dass ein Akteur einen Zweck nicht wählen bzw. anstreben würde, wenn dieser Zweck nicht den für ihn im Vergleich zu anderen aktuell verfügbaren Optionen größten Wert besitzen würde. Diese sich fast schon als selbstverständlich aufdrängende Position basiert jedoch auf einer *psychologischen Evidenz*. Das teleologische Handlungsmodell ist eine empirisch orientierte Theorie, die in erster Linie Handlungen *erklären* soll. Dagegen geht Gewirth zu Unrecht davon aus, dass die in dem handlungsteleologischen Anfangsurteil ausgesagten Sachverhalte für den Akteur *logisch* notwendig sind. An dieser Stelle der Theorie wird dem Ausgangsurteil *erstens* ein zu strenger Grad an Verbindlichkeit zugeschrieben und *zweitens* eine Verbindlichkeit der falschen Art, da die Negation dieses Urteils keine logischen Urteils- oder Schlussregeln verletzt.[653]

---

653 Es sei an dieser Stelle daran erinnert, dass die Negation des Anfangsurteils der Argumentationssequenz in Gewirths originaler Formulierung nicht auf die Negation des eigenen Akteurstatus', sondern nur auf die Bestreitung der These hinausläuft, jeder Akteur

Wenn Gewirth seine Argumentationssequenz mit einer formal-teleologischen Handlungsbeschreibung beginnt und als generische Eigenschaften der Handlung Freiheit und Zweckgerichtetheit anführt, impliziert dies die Bestimmung des Akteurs als eines freien und zwecksetzenden Wesens. Wie die Handlung wird auch der Akteur als von allen kontingenten Merkmalen »gereinigt« vorgestellt und hat dementsprechend nichts Persönliches mehr an sich. Diese gezielte Abstraktion von allem Kontingenten mag z. B. personalistisch-phänomenologischen Zugängen zum handelnden Menschen als denkbar inadäquat erscheinen, doch ist dieser Schritt vor dem Hintergrund des anvisierten Begründungsziels nicht nur legitim, sondern notwendig, um zu universal verbindlichen Prinzipien gelangen zu können.[654]

Für die Erhebung von Geltungsansprüchen und insbesondere von prudentiell fundierten Rechtsansprüchen muss eine grundsätzliche Selbstbejahung seitens des Akteurs unterstellt werden. Andernfalls wäre bereits unklar, warum meine notwendige Angewiesenheit auf bestimmte Güter auch nur für mich selbst bedeutsam sein können sollte.[655] Im Rahmen der Recht-

---

sei logisch zu der Annahme genötigt, er vollziehe Handlung H, um Zweck Z zu verwirklichen. Nach Gewirth impliziert diese These, dass jeder Akteur aus logischen Gründen zu der Annahme berechtigt sei, die allgemeine Zweckhaftigkeit seines Handelns und seiner allgemeinen Akteuridentität stelle die unhintergehbare Basis seiner prudentiellen Rechte dar. Es bleibt unklar, welche genuin logischen Probleme bei einer Bestreitung dieser These resultieren. Im Unterschied dazu impliziert die Negation des eigenen Akteurstatus' eine unmittelbare logische Inkonsistenz. Diese Problematik gerät jedoch nur dann hinreichend in den Blick, wenn man Gewirths Argument um die Urteile (M) und (Ir) erweitert.

654 Auch wenn die Struktur der Psyche des Akteurs in begründungstheoretischer Hinsicht nicht relevant ist, stellt Gewirth einige pointierte Überlegungen zur Frage des Verhältnisses insbesondere von Rationalität und nicht-rationalen Impulsen bei praktischen Entscheidungsprozessen an. Diesbezüglich differenziert er zwischen zwei Modellen, gemäß denen das Verhältnis verschiedener mentaler Vermögen rekonstruiert werden kann: Während das egalitaristische Modell ein harmonisches und ausgewogenes Nebeneinander von vernünftiger Reflexion, Berücksichtigung von basalen physischen Bedürfnissen und sozialen Kontakten als Ideal impliziert, soll dem hierarchischen Modell zufolge ein bestimmtes Vermögen oder Interesse (oft, jedoch nicht notwendigerweise die Vernunft) die übrigen dominieren. Im Rahmen der Frage nach einem adäquaten Selbstverhältnis des Akteurs ergibt sich nach dem ersten Modell, dass der Handelnde sich selbst nicht gerecht wird bzw. unfair gegenüber sich selbst ist, wenn er eine seiner verschiedenen mentalen Kapazitäten den anderen überordnet und letztere somit unterdrückt; dem zweiten Modell zufolge liegt ein gestörtes Selbstverhältnis vor, wenn derjenige Aspekt des Selbst, der den anderen eigentlich übergeordnet sein sollte, vom niedrigeren Aspekt bestimmt wird; vgl.: Ders. (1978), S. 357.

655 Der Akteur ist nicht nur aufgrund seiner Freiheit und seines Wohlergehens, sondern auch nur unter der Voraussetzung seiner unbedingten Selbstschätzung dazu fähig, adäquat auf praktische Forderungen zu reagieren. Hinsichtlich der Relation von Freiheit, Wohlergehen

fertigung normativer Urteile wie z.B. prudentieller Rechtsansprüche ist der psychologische Akt der Selbstachtung allerdings irrelevant, denn hier steht zur Debatte, inwiefern die notwendige Angewiesenheit eines Akteurs auf bestimmte Güter einen normativ relevanten Sachverhalt darstellt. Entgegen der an dieser Stelle im diesbezüglichen Diskurs oftmals angeführten Frage nach der intersubjektiven Verbindlichkeit prudentieller Rechtsansprüche ist hinsichtlich der systematischen Funktion der positiven Selbstevaluation vielmehr zu klären, *mit welchem Recht sich der Akteur als zur Erhebung von Rechtsansprüchen berechtigt ansehen kann.* Dieses Recht wird in Gewirths Argument als Implikation der Handlungsteleologie immer schon präsupponiert, jedoch nicht gerechtfertigt.

Gewirth versteht unter Moral im Ausgang von einer empirisch aufgegriffenen Kernbedeutung dieses Phänomens kategorisch gültige Sollensforderungen, die kraft ihrer anderen Gründen im Zweifelsfall überlegenen normativen Verbindlichkeit von allen Akteuren bestimmte Handlungen einfordern, die in einem strukturellen Zusammenhang mit den zentralen Interessen anderer Akteure stehen.[656] Dieser Moralbegriff ist keineswegs alternativlos und scheint eine in methodischer Hinsicht problematische, da substantielle Vorentscheidung für einen spezifischen (deontologischen) Ethiktyp zu bedeuten. Da der Moralbegriff als normativer Maßstab für Gewirths Konzept eines plausiblen Handlungsbegriffs fungiert, könnte sein Vorgehen unzulässig, da zirkulär anmuten. Tatsächlich geht Gewirth jedoch davon aus, dass sich im Handlungsbegriff nur diejenigen Eigenschaften finden lassen müssen, die eine sinnvolle Reaktion von Akteuren auf praktische (nicht nur moralische) Forderungen bzw. Präskriptionen ermöglichen, sodass hier keine petitio principii vorliegt. Der vorausgesetzte Moralbegriff dient als Anfangspunkt der Argumentation und wird über den Weg der Implikationsanalyse im Laufe des Arguments in materialer Hinsicht reflexiv eingeholt. Auf dem Wege der Reflexion auf die für das Handeln notwendig wertzuschätzenden Güter generiert der korrekt Urteilende zugleich den konkreten Gehalt des Moralbegriffs. In dieser Hinsicht liegt insofern ein handlungstheoretisch fundierter Moralbegriff vor,

---

und Selbstachtung gilt es festzuhalten, dass Selbstachtung Freiheit voraussetzt und zwar sicherlich auch zum Wohlergehen des Akteurs beiträgt, nicht jedoch einfach mit dem Wohl des Akteurs identisch ist. Ein Aspekt des Wohlergehens ist Gewirth zufolge zwar die psychische Integrität, doch ist Selbstachtung nicht identisch mit der psychischen Einheit des Akteurs, sondern mit der individuellen Wertschätzung dieser *meiner* Einheit. Selbstachtung ist demnach vielmehr eine *Voraussetzung* von psychischer Integrität und Wohlergehen und nicht einfach nur ein Element in der Gesamtheit aller prudentiellen Güter.

656 Vgl.: A. a. O., S. 1.

als sich die im Laufe des Arguments vollziehende inhaltliche Spezifizierung der Moralkonzeption direkt aus der basalen praktischen Notwendigkeit von Handeln ergibt.[657]

Da die Idee dialektischer Notwendigkeit stets auf den formalen Begriff des Akteurs als eines freien und zweckgerichteten Wesens bezogen ist, sind nur diejenigen Urteile praktisch zwingend, die eine unmittelbare Verbindung zu den generischen Handlungseigenschaften und damit zu den notwendigen Interessen eines rationalen Akteurs aufweisen. Die notwendigen Interessen des Akteurs sind auf die für ihn notwendigen (handlungskonstitutiven) Güter der Freiheit und des Wohlergehens bezogen, welche ihrerseits durch die generischen Handlungseigenschaften begründet werden. Die die Anwendung der dialektischen Methode leitende normative Hinsicht ist entsprechend die *selbstreferentielle praktische Konsistenz*. Als Konsistenzkriterium, in Bezug auf welches die notwendigen Interessen von Akteuren bestimmt und normativ ausgezeichnet werden, fungiert das Prinzip der Handlungskonstitutivität.[658] Dieses Prinzip kann jedoch nur dann als normativ und nicht nur deskriptiv aufgefasst werden, wenn Handlungen sein *sollen* – genau diese Wertprämisse bleibt aufgrund von Gewirths problematischer Deutung der Handlungsteleologie jedoch eine bloße Versicherung.

Ein struktureller Grundzug des Arguments besteht darin, von subjektiv-prudentiellen Wertschätzungsakten auf universell verbindliche Rechte und Pflichten zu schließen, d.h. es gibt einen Übergang von evaluativ-teleologischen Urteilen zu präskriptiv-deontologischen Forderungen. Dies impliziert zweierlei: Erstens soll ein Übergang von Wert zu Pflicht, zweitens ein Übergang von

---

657 Die begriffshistorisch bestimmte Variante von Moral dient nicht als einfach gesetzter Ausgangspunkt einer klassischen (und entsprechend problematischen) Deduktion, sondern stellt vielmehr ein argumentationstheoretisch untergeordnetes, im Kern heuristisches Moment im Kontext der Begründungssequenz dar.

658 Im Hinblick auf die Methode der präsuppositionslogischen Aufdeckung von Implikationen des Handlungsbegriffs könnte man darauf verweisen, dass Gewirth zwar explizit keinen substantiellen Moralbegriff voraussetzt, tatsächlich jedoch genau dies der Fall ist, da er andernfalls allein mittels Präsuppositionsreflexion nicht zu moralischen Gehalten kommen könnte: Die Analyse von logischen Implikationen ist vollständig von dem vorausgesetzten Gegenstand abhängig, dessen Implikationen aufgezeigt werden sollen. Demnach setzt Gewirth mit dem teleologisch Handelnden *implizit* immer auch eine materiale Moralkonzeption voraus. Da diese Moralkonzeption jedoch allein an unhintergehbare Handlungsbedingungen geknüpft ist, kann man sie nur dann kritisch hinterfragen, wenn man in Kauf nimmt, zugleich auch die notwendigen Bedingungen des Bereichs des Praktischen selbst zu negieren.

Prudentialität zu Moralität vollzogen werden.[659] Die den generischen Gütern eigene praktische Normativität manifestiert sich Gewirth zufolge auf der Seite von Akteur A als praktisch notwendiger Anspruch in Form eines Rechts auf dessen Handlungsfähigkeit, zugleich begründet sie in der Sicht von A die anderen Akteuren zukommende Pflicht zur Achtung seiner Handlungsfähigkeit. Das prudentielle Recht von A ist jedoch nichts anderes als ein für A praktisch notwendiger Zweck, und die dieses Recht anerkennenden Akteure achten die Handlungsfähigkeit von A dadurch, dass die notwendigen Zwecke von A (Rechte) zu ihren eigenen Zwecken (Pflichten) werden. Rechte und Pflichten sind demnach praktisch notwendige Zwecke rationaler Akteure.

Die Rechtfertigung der prudentiellen Rechtsansprüche kann prima facie als monologisch bezeichnet werden – sie geht vom einzelnen Akteur aus und wird somit nicht gleichzeitig und in expliziertem wechselseitigem Einvernehmen mit anderen Akteuren vollzogen. Abgesehen davon, dass sich im Rahmen der Analyse der diesbezüglichen Diskussion keiner der Einwände gegen die monologische Begründung praktischer Rechtsansprüche als zwingend erwiesen hat, ist zu berücksichtigen, dass die rationale Begründung dieser Ansprüche keineswegs monologisch ist, da sie als durch alle rationalen Akteure implizit bestätigt und akzeptiert verstanden werden kann. Die prudentiellen Rechte werden zwar faktisch von dem einzelnen Akteur beansprucht, jedoch geschieht dies unter Rekurs auf eine allgemeingültige Geltungsinstanz. Auch hier gilt freilich, dass die logische Rechtfertigung prudentieller Rechte nur unter der von Gewirth nicht explizit eingelösten Voraussetzung der Normativität der Akteurperspektive gültig sein kann.

Das übergeordnete Ziel von Gewirths Argument besteht darin, mit dem Prinzip der Konstitutiven Konsistenz (»Jeder Akteur soll stets in Übereinstimmung mit den konstitutiven Rechten der Empfänger seiner Handlungen wie auch seiner selbst handeln«) ein universelles kategorisch verbindliches Moralprinzip zu rechtfertigen. Der Weg dahin soll zwar ausschließlich über dialektisch notwendige Urteile führen, doch wenn am Ende der Sequenz

---

659 Ein weiterer, jedoch nicht vergleichbar implikationsreicher Schritt besteht im Übergang von Werten zu Zwecken, denn das teleologische Anfangsurteil der Sequenz besagt zwar, dass der Akteur einen Zweck verwirklichen will, doch schon die unmittelbar darauf folgende Präsuppositionsreflexion dient der praktischen Rechtfertigung von Werturteilen, die der rationale Akteur für wahr halten muss. Die beiden generischen Handlungseigenschaften Freiheit und Wohlergehen stellen als notwendige Bedingungen der eigenen Handlungsfähigkeit vom Akteur notwendig wertzuschätzende Güter, d.h. Werte dar. Aufgrund seiner konstitutionslogischen Relation zu diesen Gütern ist der Akteur sich selbst gegenüber dazu angehalten, dass diese Werte für ihn zu Zwecken werden, d.h. dass er diesen Gütern in seinem Handeln Rechnung trägt.

das Prinzip der Konstitutiven Konsistenz als für alle Akteure dialektisch notwendig gültig konstatiert wird, soll über all dies hinaus ein Überstieg über die dialektische hin zur assertorischen Verbindlichkeit stattfinden. Während ein zentraler Kritikpunkt an der dialektischen Verbindlichkeit darin besteht, dass es sich nicht um objektive Gültigkeit im strengen Sinne handelt, die strikte Geltung dialektisch notwendiger Urteile jedoch mit dem (m.E. korrekten) Argument verteidigt wird, dass es sich um eine Form genuin *praktischer Objektivität* handele, stellt sich zum Schluss des Arguments die Frage, warum auch eine assertorische Variante des PKK ins Feld geführt wird. Darüber hinaus ist unklar, was die Betonung der assertorischen Form von Objektivität im Unterschied zur dialektischen positiv auszeichnet, da die Differenz von dialektisch notwendigen und assertorischen Urteilen *aus praktischer Sicht* irrelevant ist – darin besteht ja gerade die Grundidee dialektisch notwendiger Forderungen.[660]

Im Unterschied zu der mehrheitlich vertretenen Kritik an Gewirths Ansatz stellt m.E. der handlungstheoretische Beginn des Arguments das systematische Kernproblem dar, während die spätere Ableitung der Verbindlichkeit handlungskonstitutiver Güter sowie das dialektische Moralprinzip mit guten Gründen verteidigt werden können, *insofern* der Akteurperspektive sowie rationalen Handlungen ein normativer Status zugeschrieben werden kann. Um zeigen zu können, dass das Argument der generischen Konsistenz trotz dieser Grundlagenkritik haltbar ist, muss man mit Gewirth über Gewirth hinausgehen, indem man die von ihm zwar erwähnte, nicht jedoch konkret in sein Argument implementierte Prämisse ernst nimmt, dass generische Konsistenz für jeden Akteur normativ verbindlich ist, wenn moralische Forderungen sinnvoll, d.h. wenn moralische Handlungen möglich sein sollen. Die Möglichkeit von praktischen Forderungen besteht dann, wenn man die Existenz von autonomen Handlungen voraussetzen muss. Die strikte performative Widersprüchlichkeit der Negation des eigenen Akteurstandpunkts zeigt, dass die Selbstauffassung als Akteur für den urteilenden Akteur logisch notwendig ist. Durch den Nachweis, dass die eigene Akteuridentität strikt verbindlich anzunehmen ist, ist der Akteur dazu berechtigt, die allein auf der Wertschätzung seines Akteurseins beruhende Wahl von Handlungszwecken als hinreichenden Rechtfertigungsgrund für seine Zweckverfolgung anzusehen.

---

660   Falls man diesen Unterschied in praktischer Sicht jedoch für hinfällig hält, bedeutet dies im Rückblick auf das Argument, dass nicht erst das PKK, sondern alle dialektisch notwendigen sowie universell gültigen Urteile assertorisch gültig sind. Dies wäre zwar aus der Sicht Gewirths nicht notwendigerweise problematisch für die Plausibilität des Arguments, doch würde es in diesem Falle willkürlich anmuten, die Frage nach einer assertorischen Interpretation erst im Kontext des PKK aufzugreifen.

Weil die eigenen rationalen Handlungen sein sollen, ist jeder Akteur nicht nur in psychologischer, sondern auch in normativer Hinsicht dazu genötigt, sein Akteursein als für sich unbedingt wertvoll zu verstehen. Auf diese Weise wird für die strikte Verbindlichkeit argumentiert, die strukturell mit der Handlungsteleologie verbunden sein muss, damit die weiteren Schritte des Arguments nachvollziehbar werden können.

KAPITEL 7

Tragweite und Grenzen praktischer Ethikbegründungen

Abschließend gilt es, die Resultate dieser Untersuchung zusammenfassend zu beurteilen. Dies gilt sowohl im Hinblick auf die begründungstheoretische Tragfähigkeit der beiden behandelten Theorien von Korsgaard und Gewirth, als auch in Bezug auf die übergeordnete These der Studie, dass eine bestimmte Variante der praktischen Ethikbegründung in vergleichsweise hohem Maße plausibel ist. Zuerst wird ein zusammenfassender Rückblick auf die Theorien von Korsgaard und Gewirth unternommen, wobei vor allem die strukturellen Unterschiede beider Theorien sowie damit verbundene systematische Konsequenzen herausgestellt werden (Abschnitt 7.1.). In diesem Kontext wird rekapituliert, warum der Konstitutivismus Korsgaards die Aufgabe einer rational nachvollziehbaren Rechtfertigung moralischer Forderungen nicht überzeugend erfüllt. Zudem wird im Rekurs auf die im ersten Teil der Studie skizzierten Anforderungen an eine rational nachvollziehbare Ethikbegründung herausgestellt, dass die Theorie Gewirths aufgrund der ihr eigenen Verbindung von Zielsetzung, Rechtfertigungskonzept, Argumentationsmethode und vor allem ihrer Relationsbestimmung von Handlungstheorie und praktischer Philosophie zahlreiche Stärken besitzt, die sie als belastbare Form der Ethikbegründung ausweisen. Dies gilt zumindest für die erweiterte Form von Gewirths Argument, wie sie in vorliegender Studie rekonstruiert wurde. Im zweiten Teilkapitel (Abschnitt 7.2.) werden abschließend die vier wichtigsten systematischen Vorzüge von Gewirths praktischer Ethikbegründung in ihrer erweiteren Variante benannt, die sie als zu berücksichtigende Form der rationalen Rechtfertigung von moralischer Normativität auszeichnen. Zudem werden die maßgeblichen strukturbedingten Grenzen dieses Arguments benannt. Der letzte Teil (7.3.) ist einer abschließenden Reflexion auf die für die Untersuchung zentralen Reflexionsperspektiven und ihrem Zusammenhang gewidmet.

7.1 Rückblick auf Korsgaard und Gewirth

Der zentrale strukturelle Unterschied zwischen beiden Theorien besteht in der Verhältnisbestimmung von Handlungs- und Moraltheorie. Die unterschiedliche systematische Relation von Handlungs- und Moraltheorie beider

Ansätze ist unmittelbar mit dem jeweils zugrunde gelegten Rechtfertigungsbegriff verbunden: Korsgaard sieht eine Moraltheorie dann als gerechtfertigt an, wenn diese nachvollziehbar *erklären* kann, warum rationale Akteure durch die Verbindlichkeit praktischer Prinzipien zu einem entsprechenden Handeln motiviert werden können, d.h. sie versteht unter praktischen Gründen primär *motivierende Gründe*; Gewirth dagegen schreibt einzig *rechtfertigenden Gründen* eine argumentative Funktion zu. Unmittelbar mit diesen begrifflich-systematischen Weichenstellungen sind unterschiedliche Anforderungen verbunden, die von den Theorien zu erfüllen sind: Korsgaard muss nachweisen, inwiefern moralische Normativität eine unverzichtbare *kausale* Funktion für menschliches Handeln besitzt und warum diese Funktion die Motivation zum moralischen Handeln nicht unterminiert bzw. stärkt; Gewirth muss hingegen begründen, warum es für jeden Akteur *logisch* notwendig ist, bestimmte moralische Sollensforderungen als wahr und daher verbindlich anzusehen.

Vor diesem Hintergrund lassen sich maßgebliche profilkonstitutive Unterschiede beider Modelle nachvollziehen (was für eine grundsätzlich konsequente Umsetzung der jeweiligen Zielsetzungen spricht): Weil Korsgaard zeigen will, dass moralische Verbindlichkeit ein notwendiges Strukturmoment des Handelns darstellt, muss sie eine vergleichsweise differenzierte Handlungstheorie entwickeln, da sie die psychologische Bindungskraft moralischer Prinzipien *handlungstheoretisch* begründen muss – auch ihre partiell weitreichenden anthropologischen Reflexionen verdanken sich diesem Umstand. Sie muss jedoch nicht begründen, warum bestimmte moralische Prinzipien geltungslogisch für jeden Akteur wahr sein müssen. Gewirth muss dagegen auf urteilslogischer Reflexionsebene zeigen, dass ein rationaler Akteur die Wahrheit bestimmter moralischer Forderungen aus Gründen der logischen Konsistenz akzeptieren muss, während die motivationspsychologische Dimension der Moral für ihn keine unmittelbare Relevanz besitzt.

Die Analyse von Korsgaards und Gewirths Theorien hat gezeigt, dass diese jeweils unterschiedliche Ziele verfolgen, auch wenn in beiden Fällen von einer Rechtfertigung moralischer Forderungen bzw. Prinzipien die Rede ist. Man muss jedoch nicht direkt eine externe Perspektive einnehmen, um die Plausibilität von Theorien zu beurteilen. Bereits unter dem Gesichtspunkt der immanenten Konsistenz ist zu konstatieren, dass Korsgaards Modell Defizite aufweist, die in dieser Form bei Gewirth nicht zu finden sind. Dies wird besonders deutlich, wenn man ihre Theorie der unbedingten Verbindlichkeit von in personalen Beziehungen fundierten Gründen in den Blick nimmt, die nicht aus der unterstellten Normativität der rationalen Natur resultiert. Man mag verschiedene Argumentationsschritte von Gewirth nicht mitvollziehen können oder wollen, doch gibt es kein normatives Element in seiner Theorie, das zumindest von der Struktur der Theorie her in direkte Konkurrenz zum Moralprinzip oder zu den handlungskonstitutiven Gütern tritt.

Die ebenfalls mit dem Problem der immanenten Konsistenz verbundene Frage danach, ob die jeweils anvisierten Ziele erreicht wurden, ist schwieriger zu beantworten, doch auch hier ist es vor allem Korsgaards Versäumnis, die ihrer Ansicht nach maßgeblichen Kriterien für eine überzeugende Ethikbegründung vergleichsweise fahrlässig formuliert zu haben. Das Konzept des Reflexivitätstests verweist auf eine anthropologische bzw. psychologische Theorie, anhand derer man wenigstens halbwegs verbindlich beurteilen kann, ob Akteure grundsätzlich durch eine bestimmte Art von Erklärung der Funktion von Moral weiterhin zu moralischen Handlungen motiviert werden können oder nicht. Ein Hauptproblem von Korsgaards Ansatz besteht darin, dass selbst unter der nicht selbstverständlichen Voraussetzung ihrer These, der Zweck von Handlungen bestehe in der Selbst-Konstitution des Akteurs, nicht deutlich gemacht wird, worin genau die universale Motivationskraft dieser Idee im Unterschied zu alternativen Vorstellungen liegen und warum sie bestehen soll. Man kann zugestehen, dass wir uns in jeder Handlung als Urheber dieser Handlungen und auch als individuelle Personen konstituieren, doch daraus folgt nicht, dass es der letzte Zweck aller Handlungen ist, das eigene Handlungsvermögen nach platonischem Vorbild zu strukturieren. Ihre Theorie ist in einem Sinne voraussetzungsvoll, der ihr nicht zum Vorteil gereicht, weil sie dadurch zahlreiche (und evtl. überflüssige) Angriffsflächen bietet.

Zugleich muss im Hinblick auf die von Korsgaard fokussierte Problemstellung gefragt werden, inwiefern prinzipiell eine weitaus striktere Rechtfertigung vieler ihrer theoretischen Kernelemente geleistet werden kann, als dies bei ihr der Fall ist. Methodisch ist z.B. unklar, wie genau man den Zweck von Handlung als wesenskonstitutive Eigenschaft des Menschen anders begründen sollte als im Rückgriff auf Argumente, die sich auf anthropologische, handlungstheoretische und schließlich auch metaphysische Thesen beziehen. Ähnliches gilt für den Begriff eines rationalen Akteurs, dem Handlungen zugeschrieben werden können. Im Kontext von Korsgaards Problemstellung würde es schlichtweg nicht helfen, im Sinne von Gewirth dialektisch notwendige Urteile über die eigene Einheit zu formulieren, da dies immer nur Urteile über konsistenterweise zu unterstellende Urteile und nicht über konkrete handlungstheoretische Strukturen sein könnten.

Daraus folgt im Hinblick auf das Projekt einer praktischen Begründung von kategorischer moralischer Verbindlichkeit, *dass Korsgaards Problemstellung das Problem ist*: Selbst dann, wenn man die Voraussetzung eines allein handlungsfunktionalen Moralbegriffs teilt, ist schon *vor* der Durchführung eines Theorietyps, wie Korsgaard ihn vertritt, klar, dass der Grad der begründbaren moralischen Verbindlichkeit von demjenigen der handlungstheoretischen Elemente abhängt. Letztere können jedoch nicht strikt verbindlich sein, da entsprechende Urteile und Prinzipien sich nicht nur mittelbar auf empirische Sachverhalte beziehen – dies ist auch bei Gewirth der Fall –, sondern weil deren Gültigkeit unmittelbar von empirischen oder gegebenenfalls handlungsmetaphysischen Reflexionen abhängt. Daher ist eine auch den kritischen Skeptiker überzeugende Theorie der Verbindlichkeit von kategorischen Sollensforderungen prinzipiell nicht zu erwarten. Korsgaards Theorie besitzt durchaus verschiedenartige Vorzüge und gewinnt nicht zuletzt unter der Voraussetzung bestimmter, in der antiken Philosophie gründender Vorannahmen an Plausibilität. Im Kontext aktueller Ethiktheorien finden sich zudem kaum andere Ansätze, die die Idee der erstpersonal-praktisch fundierten Philosophie ähnlich ambitioniert umsetzen. Eine nachvollziehbare Rechtfertigung kategorischer moralischer Forderungen leistet sie dennoch nicht.

Die Grundstruktur von Gewirths Theorie stimmt in zahlreichen Punkten mit dem überein, was in den systematischen Vorbemerkungen dieser Studie als zu einer Rechtfertigung kategorischer praktischer Verbindlichkeit erforderlich beschrieben wurde (vgl. Kap. 4). Das Kriterium des zu vermeidenden logischen Selbstwiderspruchs, das in der theoretischen Reflexion die Zuschreibung der unbedingten Gültigkeit von normativen Urteilen rechtfertigt, fungiert als Kriterium für wahre praktisch-normative Urteile, indem diese als untrennbar mit den logisch notwendigen Bedingungen selbstreferentieller Konsistenz des rationalen Akteurs verbunden aufgezeigt werden. Damit trägt Gewirth dem Umstand Rechnung, dass sich unbedingt verbindliche normative Urteile prinzipiell durch die notwendige Selbstwidersprüchlichkeit ihrer Negation auszeichnen. Der dialektisch notwendige Widerspruch erfüllt die Anforderung an ein nachvollziehbares Konzept eines *strikten praktischen Widerspruchs*, weil dieses Konzept die theoretische Konsistenzanforderung mit einem begrifflichen implementierten Bezug auf die Akteurperspektive verbindet. Da das Argument so aufgebaut ist, dass mit der vorausgesetzten Handlungsteleologie akteurinterne Strukturen für den Akteur normativ sein müssen, ist zudem jeder praktisch-logische Widerspruch ein *Selbst*widerspruch.

Darüber hinaus ist mit der praktisch-erstpersonalen Rekonstruktion des Zwecke verfolgenden Handelnden der Reflexionsstandpunkt hinreichend transparent beschrieben. Der Anforderung der Begründung der Irreduzibilität des praktischen Standpunkts wird Gewirths Theorie gerecht, indem die sinnlogische Widersprüchlichkeit des harten Determinismus aufgezeigt wird.

7.1 RÜCKBLICK AUF KORSGAARD UND GEWIRTH

Darüber hinaus argumentiert Gewirth in diesem Zusammenhang insofern auf praktische Weise, als er auf den systematischen Rahmen seiner Theorie verweist, der durch die Frage bestimmt wird, wie kategorische moralische Prinzipien begründet werden können: Wenn man dieser Frage überhaupt nachgehen will, muss man aus sinnlogischen Gründen handlungsfähige Akteure voraussetzen, die als Adressaten bzw. Urheber moralischer Forderungen fungieren können, da andernfalls die Möglichkeit moralischen Handelns ausgeschlossen ist. Allerdings wird praktische Erstpersonalität darüber hinaus zu Beginn des Arguments nicht als ein in normativer Hinsicht qualifizierter Standpunkt erwiesen, da Gewirth die erstpersonale Handlungsbeschreibung als Urteil mit logisch zwingenden Implikationen für den Akteur interpretiert. Dies bedeutet, dass Gewirth nachvollziehbarerweise nur für die Irreduzibilität des praktischen Reflexionsstandpunkts, nicht jedoch für dessen Auszeichnung als Geltungsfundament valider kategorischer Sollensforderungen argumentiert. Die erforderliche normative Auszeichnung des praktischen Akteurstandpunkts kann jedoch mit einer Gewirths Argumentationssequenz ergänzenden Reflexion geleistet werden: Weil die Negation des eigenen Akteurseins aus der Sicht des urteilenden Akteurs strikt performativ widersprüchlich ist, muss sich jeder Akteur aufgrund der normativen Implikationen seiner allgemeinen Akteuridentität als zur selbstbestimmten Zweckverfolgung berechtigt ansehen. Das Argument der performativen Widersprüchlichkeit der Negation des eigenen Akteurstatus' spricht für die praktische Reflexionsperspektive als den legitimen Ausgangspunkt für strikte Geltungsansprüche auf Basis des Kriteriums der Handlungskonstitutivität.

Die Anforderung der konkreten Bestimmung und praktisch-normativen Auszeichnung moralischer Güter wird durch die rationale Herleitung der beiden handlungskonstitutiven Güter der Freiheit und des Wohlergehens erfüllt – dieser Aspekt des Arguments stellt nicht nur im Vergleich zu Korsgaards in materialer Hinsicht unklar bleibendem Begriff der rationalen Natur einen Vorzug dar, sondern begegnet darüber hinaus dem möglichen Einwand, dass Ethikbegründungen entweder formal und strikt oder inhaltlich aussagekräftig, dann jedoch nur unverbindlich sein können. Da jeder Akteur aus Gründen der performativ-logischen Konsistenz dazu genötigt ist, sich als Handelnder aufzufassen, und da dieses Selbstverhältnis des Akteurs die notwendige Unterstellung des unbedingten Werts der eigenen Handlungsfähigkeit impliziert, ist auch das von Gewirth am Schluss seines Arguments formulierte Gebot der Achtung der handlungskonstitutiven Güter jedes Akteurs nachvollziehbar. Eine Bestreitung des Prinzips der Konstitutiven Konsistenz würde entweder auf die Negation der universellen oder der individuellen erstpersonal-praktischen Verbindlichkeit des Kriteriums der Handlungskonstitutivität hinauslaufen.

Beide Varianten sind nicht haltbar: Die Negation des eigenen Akteurstatus' ist unmittelbar selbstwidersprüchlich, die Negation der normativen Verbindlichkeit des Akteurstatus' anderer Akteure ist inkonsistent, weil die Gültigkeit des Kriteriums der relevanten Ähnlichkeiten ignoriert wird.

7.2 Vorzüge und Grenzen des erweiterten Arguments

Im ersten Teil der Untersuchung wurde eine allgemeine Argumentationslinie nachgezeichnet, der zufolge vor allem in begrifflicher und argumentationstheoretischer Perspektive plausible Gründe für die praktisch-geltungstheoretische Relevanz des Akteurstandpunkts bestehen. Darüber hinaus wurde für einen Moralbegriff kantischen Typs, die Notwendigkeit eines normativen Rechtfertigungsbegriffs und die moraltheoretische Bedeutung des Konzepts des Selbstwiderspruchs argumentiert. All dies waren nur grundsätzliche Präliminarien, die nachvollziehbar machen sollten, warum der Bezug einer rationalen Rechtfertigung moralischer Forderungen auf die praktischen Kernbegriffe des Akteurs und der Handlung sinnvoll ist. In der Analyse der Theorie Korsgaards wurde deutlich, dass allein die konsequente Einnahme des Akteurstandpunkts und die Adaption der Methode der Präsuppositionsreflexion nicht zielführend sind, wenn man kategorische praktische Verbindlichkeit rechtfertigen will. Die zumindest partielle Verabschiedung des Kriteriums der logischen Konsistenz und die Konzentration auf die kausale Funktion von Moral unter Rekurs auf motivierende Gründe sind aufgrund ihrer Fundierung in handlungstheoretischen Annahmen zwar dem Begriff nach kompatibel mit der allgemeinen Idee einer praktischen Ethikbegründung, doch führt ein solcher Ansatz nicht zu einer normativen Rechtfertigung rationaler Prinzipien.

Die zu Beginn der Studie entwickelten Argumente und begrifflichen Weichenstellungen sind nur dann von Belang, wenn man nicht an der Erklärung von moralisch motiviertem Verhalten interessiert ist, sondern das Projekt einer logisch konsistenten Ethikbegründung verfolgt. Dasselbe gilt für die modifizierte Variante von Gewirths Argument der generischen Konsistenz, die sich im Rahmen dieser Untersuchung als in wichtigen Hinsichten tragfähig erwiesen hat. Im Sinne der übergeordneten Zielsetzung diese Studie gilt es nun, über die Analyse einzelner Theorien hinaus die maßgeblichen Stärken einer rationalen praktischen Ethikbegründung zu benennen. Die im Folgenden skizzierten Stärken findet man konkret in der erweiterten Form von Gewirths Ansatz wieder, doch stellt diese Theorie zugleich eine material ausgearbeitete Form einer auch abstrakt rekonstruierbaren Verbindung spezifischer Theorieelemente dar, welche die systematischen Vorteile einer rationalen handlungstheoretischen Rechtfertigung moralischer Forderungen ausmacht.

In diesem Zusammenhang sind vor allem vier Vorzüge zu berücksichtigen. Sie beziehen sich auf die fundamentalen Aspekte einer jeden Ethikbegründung: a) Ausgangspunkt der Reflexion, b) Begründungsmethode, c) Begriff der Verbindlichkeit und d) Bestimmung moralisch relevanter Inhalte.

a) Der moralneutrale und zugleich praktische Ausgangspunkt
Zentral für die Plausibilität jeder Rechtfertigung praktischer Sollensforderungen ist die Wahl des Ausgangspunktes der begründungstheoretischen Reflexion. Dieser Ausgangspunkt muss zwei Bedingungen erfüllen: *Erstens* muss er neutral in Bezug auf ein spezifisches Moralkonzept sein, um das Problem der Zirkularität zu vermeiden; *zweitens* muss er dennoch einen strukturellen Bezug zum Bereich des Praktischen aufweisen, da andernfalls das Problem einer rein theoretischen Verbindlichkeit besteht. Durch den Ansatz bei praktischer Erstpersonalität wird eine Reflexionsperspektive eingenommen, die sowohl unabhängig von bestimmten moraltheoretischen Voraussetzungen ist als auch eine notwendige Beziehung zu praktischen Sachverhalten aufweist. Ersteres ist deswegen der Fall, weil das Konzept des Akteurs als möglicher Adressat bzw. Urheber moralischer Forderungen jeglicher Provenienz einer theoriespezifischen Qualifizierung dieser Forderungen prinzipiell vorgeordnet ist – es gibt keine utilitaristischen oder kantischen Akteure, sondern nur Akteure. Letzteres gilt, da die Begriffe des Akteurs und der Handlung nicht nur einen Bezug zum Bereich des Praktischen aufweisen, sondern diesen vielmehr ihrerseits definieren. Die Perspektive des Akteurs ist die einzige Reflexionshinsicht, welche beide genannten Anforderungen erfüllt. Sie ist daher alternativlos, insofern man nicht zumindest eines dieser Kriterien aufgeben will. Letzteres wäre jedoch problematisch: Eine Verabschiedung der Moralneutralität impliziert die Gefahr einer zirkularitätsbedingten Selbstrelativierung, die Aufgabe des Bezugs zum Praktischen die Verfehlung des thematischen Phänomenbereichs. Da die Negation des eigenen Akteurstatus' performativ selbstwidersprüchlich ist, besteht eine rationale Rechtfertigung dafür, die Reflexionsperspektive des Akteurs als legitimes Geltungsfundament von Sollensansprüchen anzuerkennen. Im Unterschied zu der diskursethisch-transzendentalpragmatischen Beschränkung des Geltungsbereichs performativer Widersprüchlichkeit auf bestimmte Handlungstypen bezieht sich die Negation des eigenen Akteurseins auf die Bedingungen der Möglichkeit von Handeln überhaupt. Das mit dieser Anerkennung verbundene Zugeständnis der Möglichkeit von moralischen

Handlungen ist selbst moralneutral, da es keine substantiellen moralischen Implikationen besitzt.

b) Die Vermeidung der Probleme deduktiver Begründungen
Der Vorzug der Moralneutralität des Ausgangspunktes provoziert unweigerlich die Frage, wie man zu moralisch gehaltvollen normativen Prinzipien gelangen können soll, ohne diese Gehalte entweder zirkulär oder ex nihilo zu konstruieren.[661] Man kann dies als das Problem des Übergangs von Moralneutralität zum Moralischen bezeichnen. Da die moralneutralen Begriffe des Akteurs und der Handlung als Ausgangspunkte praktischer Ethikbegründung dienen und eine Rekonstruktion des besagten Übergangs als Deduktion naheliegend ist, scheint an dieser Stelle das Problem des Münchhausen-Trilemmas relevant zu werden. Philosophische Begründungsversuche müssen dem Trilemma zufolge entweder in einen infiniten Regress führen, eine petitio principii implizieren oder können allein durch einen Abbruch des Begründungsverfahrens mittels einer dogmatischen Setzung zu einem Ende gebracht werden. Eine praktische Begründungstheorie ist jedoch weder auf die These festgelegt, dass ein Übergang von nicht-moralischen zu moralischen Urteilen geschehen muss, noch ist die Annahme alternativlos, der systematische Zusammenhang von Nicht-Moralischem und Moralischem könne einzig durch deduktive Schlüsse gestiftet werden. Die beiden Probleme des Übergangs vom Nicht-Moralischen zum Moralischen sowie der deduktiven Begründungsstruktur werden dadurch vermieden, dass *erstens* moralische Normativität als logische Implikation des moralneutralen Ausgangspunkts rekonstruiert und *zweitens* die Negation dieses Ausgangspunktes als in reflexiver Sicht notwendig inkonsistent erwiesen wird.

c) Die logische Rechtfertigung praktischer Verbindlichkeit
Durch die Rückbindung der begründungstheoretischen Reflexionen an die Perspektive der allgemeinen Akteuridentität wird eine unbedingte praktische Notwendigkeit etabliert, wodurch *erstens* im Anschluss an Aristoteles das Praktische als Bereich sui generis anerkannt und *zweitens* das andernfalls bestehende Problem vermieden wird, in einem eigenen Argumentationsschritt die praktische Relevanz (d.h. die bedingte praktische Notwendigkeit) theoretisch verbindlicher Gehalte aufzeigen zu müssen. Die Eigenständigkeit praktischer Verbindlichkeit zeigt sich nicht zuletzt darin, dass der theoretische Satz vom zu vermeidenden Widerspruch im Kontext praktischer Ethikbegründung zum

---

661 Vgl. zu diesem Problem: H. A. Prichard – Does Moral Philosophy Rest On A Mistake?, in: Mind 21 (1912), S. 21-37.

Satz vom zu vermeidenden dialektischen Widerspruch wird: Die aus der Akteurperspektive notwendigerweise verbindlichen Urteile können von keinem Akteur konsistent negiert werden. Die Negation eines praktisch-erstpersonal notwendigen Urteils führt prinzipiell zu einem Selbstwiderspruch, da die hier relevanten Konsistenzbedingungen nicht extern, sondern dem praktischen Selbstverhältnis des Akteurs inhärent sind. Da die geltungstheoretische Verbindlichkeit von dialektisch notwendigen Urteilen durch die performativ-logisch begründete Annahme der notwendigen Existenz von Akteuren abgesichert ist, wird die praktische Eigenständigkeit des Dialektisch-Notwendigen nicht unterminiert.

d) Die Rechtfertigung moralisch relevanter Güter im Rekurs auf ein Moralprinzip

Moralische Gründe können sinnvollerweise als Gründe verstanden werden, die sich auf die zentralen Interessen von Akteuren beziehen. Die charakteristische Eigenschaft moralischer Gründe besteht darin, dass sie unbedingt gültig sind und im Falle des Konflikts mit nicht-moralischen Gründen vorrangige Relevanz besitzen. Zwei Fragen sind in diesem Zusammenhang primär relevant: 1. Was sind die aus moralischen Gründen zu berücksichtigenden Interessen von Akteuren? 2. Warum handelt es sich um moralisch zu berücksichtigende Interessen? Die präsuppositionslogische Reflexion aus erstpersonaler Perspektive beantwortet diese Fragen unter Bezug auf das Prinzip der Konstitutiven Konsistenz: *Erstens* werden die moralisch relevanten Interessen von Akteuren mittels praktischer Präsuppositionsanalyse bestimmt, *zweitens* werden sie in ihrer Funktion als notwendige Handlungsbedingungen praktisch gerechtfertigt. Bestimmung und Rechtfertigung der notwendigen Interessen von Akteuren sind unmittelbar miteinander verbunden, weil sich beide Reflexionsschritte am Kriterium der Handlungskonstitutivität orientieren. Da sich diese Interessen aufgrund ihrer direkten Rückbindung an menschliches Handeln nicht auf abstrakte Ideen, sondern auf empirisch notwendige Handlungsbedingungen beziehen, wird auf diese Weise die handlungsreflexive Etablierung einer praktischen Gütertheorie geleistet. Im Unterschied zu einer angreifbaren, da gegebenenfalls willkürlich anmutenden Aufzählung von essentiellen Grundgütern werden diese Güter in einem praktischen Kontext rational gerechtfertigt.

Mit der in vorliegender Untersuchung verteidigten These, dass eine praktische Rechtfertigung moralischer Forderungen in Form der erweiterten Variante von Gewirths Theorie ein tragfähiges Modell der Ethikbegründung darstellt, ist nicht zugleich behauptet, ein solcher Ansatz sei unter allen Umständen zu akzeptieren. Dies müsste m.E. auch dann zugestanden werden, falls man diesen Begründungsansatz nicht nur als tragfähig, sondern als die insgesamt überzeugendste Variante der Ethikbegründung ansieht, die zur Verfügung steht. Insbesondere drei problematische Aspekte sind zu nennen, die unmittelbar mit strukturbedingten Grenzen des Arguments von Gewirth verbunden sind.

a') Die Unverbindlichkeit des Moralbegriffs
Wie bereits in den systematischen Vorüberlegungen zu dem Problem der rationalen Ethikbegründung herausgearbeitet wurde, ist kein rationaler Akteur dazu genötigt, von einem universalistischen und kategorisch verbindlichen Moralbegriff auszugehen. Auch wenn verschiedene Argumente für eine solche Moralauffassung sprechen und das Argument Gewirths einen wertvollen Beitrag zu einer rational begründeten Bestimmung des Gehalts eines solchen Konzepts leistet, ist z.B. ein moralischer Partikularismus dadurch nicht als per se irrational bzw. falsch erwiesen. Prinzipiell ist es möglich, die bei Gewirth fokussierten notwendigen Handlungsbedingungen Freiheit und Wohlergehen zwar als generische Güter zu begreifen, mit diesen jedoch keine moralische, sondern eine allein prudentielle Normativität zu verbinden. Es bestehen verschiedene Gründe für die Annahme, dass ein auch für Gewirth maßgeblicher Moralbegriff kantischen Zuschnitts innerhalb der gegebenen Grenzen plausibel verteidigt werden kann, doch ist stets konsistent denkbar, unter dem Gehalt eines obersten moralischen Prinzips etwas anderes als universalisierte prudentielle Rechte zu verstehen. Diese begrifflichen Freiräume können durch keine Begründungstheorie prinzipiell ausgeschlossen werden.

b') Die Akteurrelativität praktischer Normativität
Eine über spezifische Theorien hinausreichende Kritikmöglichkeit besteht angesichts der strukturellen Rückbindung von moralischer Normativität an die systematischen Implikationen von Akteur- und Handlungsbegriff. In diesem Kontext kann eingewendet werden, dass moralische Prinzipien nur dann verbindlich sind, falls Akteure existieren. Die Gültigkeit moralischer Forderungen kann stets nur akteurrelativ sein, und dies trifft sowohl auf Korsgaards wie auch auf Gewirths Ansatz zu. Dies steht im Falle Gewirths nicht im Widerspruch zur universalen kategorischen Verbindlichkeit des obersten Moralprinzips, denn *insofern* rationale Akteure existieren, müssen auch entsprechende prudentielle Rechte und Pflichten anerkannt werden. Es ist vor diesem Hintergrund jedoch unabhängig von einer bereits unterstellten Akteurperspektive nicht ohne weiteres zu begründen, warum Akteure existieren sollten, da Handelnde *unabhängig von wertzuschreibenden Akteuren* konsequenterweise keinen intrinsischen Wert besitzen. Wenn man unter der Begründung eines

Moralprinzips einen argumentativen Rekurs auf zeitunabhängig bestehende Werte oder transhumane Norminstanzen versteht, wird man weder Korsgaards noch Gewirths Modell als eine solche Begründung akzeptieren können.

c') Die nicht-moralische Begründung des Werts autonomer Handlungen
Drittens könnte speziell der erweiterten Variante von Gewirths Argument vorgeworfen werden, dass mit der Möglichkeit von Moral entgegen allen anderslautenden Behauptungen dem Akteur doch schon zu Beginn des Arguments ein bereits moralisch konnotierter Wert zugeschrieben würde und die gesamte Argumentation auf eine nur umständlich getarnte petitio principii hinausliefe. Dagegen ist daran zu erinnern, dass der Argumentationsgang, demzufolge die Möglichkeit von Moral aufgrund der mit ihr verbundenen, logisch notwendigen Annahme von rationalen Akteuren den normativen Status dieser Akteure und Handlungen rechtfertigt, nur impliziert, dass sich Akteure zu Recht als Urheber ihrer Handlungen begreifen können. Es handelt sich dabei allein um ein »Minimalrecht«, überhaupt zu handeln, nicht jedoch um ein moralisches Recht, nach bestimmten Werthinsichten behandelt und geachtet zu werden. Diese letztgenannten Thesen müssen erst noch durch bestimmte Argumentationsschritte entwickelt werden.[662] Während durch die skizzierte Struktur des Arguments der Vorwurf der Zirkularität der Moralbegründung vermieden wird – dies sollte gemeinhin als Stärke des Ansatzes betrachtet

---

662   Da dies durch eine implikationslogische Analyse bewerkstelligt wird und sich Gewirth konsequent an urteilslogischer Konsistenz orientiert, aber auch in Korsgaards Theorie die Vermeidung von Handlungen geboten ist, die im Widerspruch zur praktischrationalen Natur stehen, kann sich in diesem Kontext die Frage nach der Verbindlichkeit von Rationalität bzw. des Konsistenzkriteriums stellen. Die Frage »Warum soll ich rational sein?« wird von Korsgaard mit dem Zweck der Selbst-Konstitution beantwortet, doch kann ihre Antwort an dieser Stelle nicht als logisches Argument unter Rekurs auf rechtfertigende Gründe verstanden werden. Der Zweck bzw. Selbstzweck der Selbst-Konstitution ist rational im Sinne der Verwirklichung der eigenen und zugleich allgemein-menschlichen metaphysischen Natur, und da diese Form von Rationalität mit dem Guten für den Menschen identifiziert wird, ist es auch gut, durch der Selbst-Konstitution dienliche Gründe zum Handeln motiviert zu werden. Aus der Perspektive Gewirths hingegen muss die Frage als unsinnig zurückgewiesen werden, weil sie, als Frage nach einem rechtfertigenden Grund gedeutet, nach einer Antwort verlangt, deren mögliche Wahrheit von der Unterstellung der Normativität rechtfertigender Gründe bzw. geltungstheoretischer Urteile immer schon bedingt ist. Dass sich Moralität bei Gewirth jedoch nicht einfach in reiner Rationalität erschöpft, kann u.a. daran festgemacht werden, dass die Frage »Warum moralisch sein?« nicht auf gleiche Weise als redundant erwiesen werden kann, da mit dem Akteursein stets nur die Möglichkeit, nicht jedoch die Wirklichkeit von Moral konzediert ist. Nicht auf *irgendeine* Weise rational zu handeln ist moralisch geboten, sondern das Handeln in Konsistenz zu den eigenen sowie allgemeinen Handlungsbedingungen.

werden –, ist zugleich eine Position denkbar, von der aus es vielmehr *notwendig* ist, den Wert von Handelnden bzw. Personen direkt moralisch zu fundieren. Auch wenn Gewirths Argument in einigen Hinsichten Berührungspunkte zu Kants Ethik aufweist[663], könnte von einem kantischen Standpunkt aus geltend gemacht werden, dass der Akteur bei Gewirth zu Beginn nur als *möglicher* Adressat von moralischen Sollensforderungen gedacht werde, während zu der Annahme sowohl von praktischer Freiheit als auch von der Würde des Handelnden vorauszusetzen sei, dass sich der Akteur immer schon als unter dem Anspruch des Sittengesetzes stehend begreifen muss.[664]

Inwiefern in der individuellen Beurteilung die Stärken oder Schwächen des durch Gewirth repräsentierten Zugangs zur Ethikbegründung überwiegen, wird über das bisher in diesem Abschnitt Skizzierte hinaus u.a. maßgeblich davon abhängen, ob man das Kriterium des logischen Selbstwiderspruchs als für die praktische Philosophie relevant ansieht. Insbesondere vor dem Hintergrund vieler aktuell prominenter Ethiktheorien ist partiell nachvollziehbar, wenn dieses Kriterium z.B. als zu anspruchsvoll oder im Hinblick auf den Bereich des Praktischen eher fremd anmutet.[665] Ebenfalls ist die verbreitete Kritik an Gewirths These verständlich, dass aus den faktischen Charakteristika des teleologischen Handelns unmittelbar logische Schlüsse gezogen werden können bzw. sogar müssen. Diese Kritik an den logischen Implikationen der teleologischen Handlungstheorie verweist auf die Notwendigkeit einer Ergänzung des Arguments. Beide Punkte wurden in der zuvor entwickelten kritischen Analyse adressiert und konstruktiv aufgegriffen: Das Kriterium des logischen Selbstwiderspruchs ist in der Tat anspruchsvoll, doch entspricht dies dem Anspruch strikter moralischer Sollensforderungen; der Kritik an Gewirths Deutung der subjektiven Handlungsteleologie wird durch die Erweiterung der Urteilssequenz dahingehend Rechnung getragen, dass die Affirmation des erstpersonal-praktischen Standpunkts eigens als für den Akteur logisch verbindlich ausgewiesen wird. Auch wenn man den letztgenannten Punkt als

---

663   Gewirths Nähe zu Kant wird z.B. von Beyleveld betont, wobei er sich nicht zufällig primär auf die Deduktion in der GMS, nicht jedoch auf die spätere Faktumslehre bezieht; vgl.: D. Beyleveld – Gewirth and Kant on Justifying the Supreme Principle of Morality, in: Boylan (1999), S. 97-117.

664   Vgl.: I. Kant – KpV AA V, S. 31; vgl. darüber hinaus: Willaschek (1992), S. 182. Wie zuvor dargelegt wurde, schreibt auch Gewirth dem Akteur die Position zu, sich aufgrund seiner praktisch-teleologischen Verfasstheit als wertvoll begreifen zu müssen. Während diese These (auch im Anschluss an Korsgaard) in psychologischer Sicht durchaus haltbar ist, trifft dies auf die von Gewirth vertretene logische Deutung m.E. nicht zu.

665   Dies gilt trotz der Tatsache, dass z.B. Kant dem »Widerspruch im Denken« im Rahmen seines eigenen Ansatzes eine systematisch grundlegende Rolle zuschreibt.

hinreichende normative Auszeichnung des Akteurstandpunkts akzeptiert, kann man nicht ohne weiteres von einer dadurch gerechtfertigten Selbst- und Fremdzuschreibung von Würde sprechen. Sehr wohl kann man allerdings davon ausgehen, dass die Affirmation des eigenen Akteurstatus' auf eine Weise berechtigt ist, die das für die Urteile in Gewirths Argumentationssequenz entscheidende Kriterium erfüllt, nämlich die logische Notwendigkeit aus erstpersonal-praktischer Sicht.

7.3 Schluss: Perspektiven praktischer Rationalität

In dieser Studie wurden *erstens* mit den Theorien von Christine Korsgaard und Alan Gewirth zwei einflussreiche Ansätze zur praktischen Ethikbegründung in struktureller Hinsicht analysiert und deren Plausibilität evaluiert; *zweitens* wurde über den Rekurs auf das handlungstheoretische Profil beider Ansätze hinaus untersucht, welches begründungstheoretische Potential grundsätzlich mit dem Ausgang von der erstpersonal-praktischen Perspektive verbunden ist.

Die komparative Analyse von Korsgaards und Gewirths Theorien hat zu der Herausarbeitung von zwei zentralen Resultaten geführt: 1. Beide Ansätze verfolgen aufgrund des voneinander abweichenden Verständnisses der Idee der Rechtfertigung von moralischen Sollensforderungen unterschiedliche Ziele. Korsgaards Fokussierung auf die Frage nach der Motivation zum moralischen Handeln führt sie zu der These, dass die Verbindlichkeit moralischer Prinzipien deswegen besteht, weil sie zurechenbare Handlungen möglich machen. Die Einsicht in die handlungskonstitutive Funktion von Moral wird von ihr als überzeugende, da motivationsaffine Rechtfertigung von Moral rekonstruiert. Gewirth hingegen vertritt die Auffassung, dass eine Rechtfertigung moralischer Prinzipien allein durch die Bestimmung derjenigen Urteile geleistet werden kann, die jeder Akteur aufgrund seines Akteurstatus' logisch notwendig für wahr halten muss. Im Unterschied zu Korsgaard fokussiert er nicht die motivationstheoretische, sondern die geltungstheoretische Dimension moralischer Sollensforderungen; 2. Im Hinblick auf die Frage nach der Rechtfertigung moralischer Sollensforderungen kann Korsgaards Ansatz aus verschiedenartigen Gründen nicht überzeugen. Primär relevant sind in diesem Kontext die Fokussierung motivierender Gründe, die mangelnde Begründung der These der Selbstkonstitution des Akteurs als Zweck alles Handelns sowie theorieimmanente Inkonsistenzen. Allerdings kann Korsgaards Zugang zu der moralischen Rechtfertigungsproblematik u.a. in Bezug auf den Zusammenhang von praktischer Identität und psychologischer Normativität sowie auf die moraltheoretische Bedeutung von Implikationen des teleologischen Handlungsmodells wertvolle Impulse liefern. Gewirths Theorie zeichnet sich dadurch aus, das begründungstheoretische Potential praktischer Ethikbegründungen zumindest im Hinblick auf viele wichtige Punkte mit mehr systematischem Gewinn als Korsgaard zu nutzen. Sein Modell liefert belastbare methodische Ansätze und Argumente u.a. für die Etablierung der Normativität des erstpersonal-praktischen Reflexionsstandpunkts, die Konstatierung eines genuin praktisch-logischen Widerspruchs als Kriterium für strikte moralische Sollensforderungen sowie für die Bestimmung moralisch grundlegender Güter im Ausgang von der Akteurperspektive.

Im Zusammenhang mit dem zweiten systematischen Hauptaspekt der Studie wurde dafür argumentiert, dass sich der Standpunkt des Akteurs als Ausgangspunkt für eine möglichst strikte Rechtfertigung von normativen moralischen Urteilen empfiehlt. Dies gilt insbesondere dann, wenn man unter der Rechtfertigung moralischer Sollensforderungen im Anschluss an Gewirth deren geltungstheoretische Begründung versteht. Die klassische Schwachstelle von Ethikbegründungen nicht nur neokantischer Provenienz – die Rechtfertigung der jeweils fundamentalen Quelle der Normativität bzw. Geltung – spielt auch im Rahmen der Analyse der Tragweite praktischer Rechtfertigungsmodelle eine zentrale Rolle. Nicht zuletzt angesichts dieser grundlegenden Problematik musste ausführlicher auf das Verhältnis von psychologischen und logischen Implikationen sowohl der Akteurperspektive generell als auch der subjektiven Handlungsteleologie reflektiert werden. Diesbezüglich wurde die Position vertreten, dass das für erstpersonal-praktische Ethikbegründungen zentrale Kriterium der Handlungskonstitutivität nicht als direkte Implikation der teleologischen Handlungsbeschreibung betrachtet, sondern im Ausgang von der nicht konsistent bestreitbaren eigenen Akteuridentität fundiert werden sollte.

Der in dieser Studie positiv herausgestellte Typ der Ethikbegründung leistet vieles von dem, was man vernünftigerweise von einer Rechtfertigung moralischer Sollensforderungen verlangen kann. Die meisten seiner zuvor genannten Grenzen und Schwächen kommen nicht nur ihm, sondern im Prinzip allen Ethikbegründungen in dieser oder jener Form zu. Aus diesem Grund wäre zwar die Behauptung verfehlt, dass eine Rechtfertigung moralischer Prinzipien im Anschluss an Gewirth nicht angreifbar sei, doch ist abschließend festzuhalten, dass die durch diesen Ansatz geleistete Verbindung von Handlungstheorie und Moralbegründung die Grundlage von entscheidenden systematischen Vorzügen bildet, die ihn im Vergleich zu den zur Verfügung stehenden Alternativen auszeichnen.

Nachwort und Danksagung

Die vorliegende Studie ist eine leicht gekürzte Fassung meiner Habilitationsschrift, die im WS 2014/15 von der Ruhr-Universität Bochum angenommen wurde. Für die Betreuung während dieser Zeit und auch für anderweitige Unterstützung bin ich Frau Prof. Dr. Corinna Mieth (Bochum) sehr verbunden. Für die Erstellung der Habilitationsgutachten danke ich Herrn Prof. Dr. Klaus Steigleder (Bochum), Herrn Prof. Dr. Christoph Horn (Bonn) sowie Herrn Prof. Dr. Marcus Düwell (Utrecht). Darüber hinaus bin ich Prof. Dr. Oliver Sensen (New Orleans) für die Erstellung eines weiteren Gutachtens für den mentis-Verlag und VG Wort zu Dank verpflichtet. Im Übrigen danke ich Herrn Dr. Michael Kienecker herzlich für die sehr gute Zusammenarbeit sowie dem Förderungsfonds Wissenschaft der VG Wort GmbH für die großzügige finanzielle Förderung der vorliegenden Publikation. Gertraude Bambauer danke ich für die unermüdliche Hilfe bei den Korrekturen und für die weitergehende Unterstützung in all den Jahren.

Christoph Bambauer   Essen, den 22.08.2019

Literaturliste

Ackrill, J. L. – Aristotle on Eudaimonia (I 1-3 und 5-6), in: O. Höffe (Hrsg.) – Die Nikomachische Ethik, Berlin 1995, S. 39-62
Adams, E. M. – Gewirth on Reason and Morality, in: Review of Metaphysics 33 (1980), S. 579-592
Albert, H. – Traktat über kritische Vernunft, Tübingen 1991
Allison, H. E. – Justification and Freedom in the Critique of Practical Reason, in: Förster, E. (Hrsg.) – Kant's Transcendental Deductions, Stanford 1989, S. 114-130
Altham, J. E. J./Harrison, R. (ed.) – World, Mind and Ethics, Cambridge University Press, New York 1995
Anna, G. de (ed.) – Willing the Good, Cambridge 2012
Anscombe, G. E. – Modern Moral Philosophy, in: Philosophy 33 (1958), S. 1-19
Anscombe, G. E. – Intention, Oxford 1957
Apel, K.-O. – Fallibilismus, Konsenstheorie der Wahrheit und Letztbegründung, in: Ders. – Auseinandersetzungen – In Erprobung des transzendentalpragmatischen Ansatzes, Frankfurt 1998, S. 81-193
Apel, K.-O. – Diskurs und Verantwortung, Frankfurt a. M. 1988
Apel, K.-O. – Fallibilismus, Konsenstheorie der Wahrheit und Letztbegründung, in: Forum für Philosophie Bad Homburg (Hrsg.) – Philosophie und Begründung, Frankfurt a.M. 1987, S. 116-211
Apel, K.-O. – Transformation der Philosophie (2 Bde.), Frankfurt a. M. 1973
Aristoteles – Nikomachische Ethik, Hamburg 1985
Arroyo, Chr.: Freedom and the Source of Value: Korsgaard and Wood on Kant's Formula of Humanity, in: Metaphilosophy 42/4 (2011), 353-359
Audi, R. – The Good in the Right, Princeton 2004
Audi, R. – The Architecture of Reason, New York 2001
Audi, R. – The Structure of Justification, Cambridge 1993
Bach, K. – Actions are not events, in: Mind 89 (1980), S. 114-120
Baker, L. R. – Naturalism and the First-Person Perspective, New York 2013
Bambauer, Chr. – Die Normativität der Menschheit. Zur Interpretation von Christine Korsgaards Theorie praktischer Normativität, in: Zeitschrift für philosophische Forschung 2/18 (Bd. 72), 205-230
Bambauer, Chr. – Christine Korsgaard and the Normativity of Practical Identities, in: K. Bauer, K./Mieth, C./ Varga, S. (ed.) – Here I stand I can do no other, Cham 2017, S. 61-85
Bambauer, Chr. – Action Theory and the Foundation of Ethics in Contemporary Ethics: A Critical Overview, in: Anna, G. de (ed.) – Willing the Good, Cambridge 2012, S. 148-163

Bambauer, Chr. – Deontologie und Teleologie in der kantischen Ethik, Freiburg/München 2011

Bambauer, Chr. – Harald Köhl: Abschied vom Unbedingten (Rezension), in: Philosophisches Jahrbuch 116/1 (2009), S. 189-194

Baumann, P. – Erkenntnistheorie, Stuttgart 2002

Baumrin, B. H. – Aristotle's Ethical Intuitionism, in: New Scholasticism 42 (1) 1968, S. 1-17

Beckermann, A. – Wittgenstein, Neurath und Tarski über Wahrheit, in: Zeitschrift für philosophische Forschung 49 (1995), S. 529-552

Beebee, H./Hitchcock, Chr./Menzies, P. (ed.) – The Oxford Handbook of Causation, Oxford/New York 2012

Beisbart, C. – Handeln begründen: Motivation, Rationalität, Normativität; Berlin 2007, S. 34ff.

Beyleveld, D. – Korsgaard v. Gewirth on Universalisation: Why Gewirthians are Kantians and Kantians Ought to be Gewirthians, in: Journal of Moral Philosophy 2013, S. 1-24

Beyleveld, D. – Gewirth and Kant on Justifying the Supreme Principle of Morality, in: Boylan (1999), S. 97-117

Beyleveld, D. – The Dialectical Necessity of Morality, Chicago 1991

Bieri, P. – Analytische Philosophie der Erkenntnis, Frankfurt 1987

Bittner, R. – Moralisches Gebot oder Autonomie, Freiburg/München 1983

Bond, E. J. – Gewirth on Reason and Morality, in: Metaphilosophy Nr. 11 (1980), S. 36-53

Bond, E. J. – Reply to Gewirth, in: Metaphilosophy Nr. 11 (1980), S. 70-75

BonJour, L. – In Defense of Pure Reason. A Rationalist Account of A Priori Justification, Cambridge 1998

Botham, T. – Agent-causation revisited, Saarbrücken 2008

Boylan, M. (ed.) – Gewirth. Critical Essays on Action, Rationality, and Community, Oxford 1999

Brady, M. (ed.) – New Waves in Metaethics, Hampshire 2011

Bratman, M. – The Sources of Normativity (Review), in: Philosophy and Phenomenological Research Vol. LVIII, No. 3 1998, S. 699-709

Brink, D. O. – Prudence and Authenticity: Intrapersonal Conflicts of Value, in: The Philosophical Review Vol. 112, No. 2 (2003), S. 215-245

Brink, D. O. – A Puzzle about the Rational Authority of Morality, in: Tomberlin (1992), S. 1-26

Broome, J. – Rationality through Reasoning, Malden/Oxford 2013

Buber, M. – Ich und Du, 16. A. Gütersloh 1999

Burckhart, H./Gronke, H. (Hrsg.) – Philosophieren aus dem Diskurs: Beiträge zur Diskurspragmatik, Würzburg 2003

Chisholm, R. – Freedom and Action, in: Lehrer, K. (ed.) – Freedom and Determinism, New York 170, S. 11-44

Churchland, P. – Eliminative Materialism and propositional Attitudes, in: Journal of Philosophy 78 (1981), S. 67-90

Clarke, R. – Determinism and our self-conception, in: Philosophy and Phenomenological Research 80, No. 1, S. 242-250

Cockburn, D. (ed.) – Human Beings, Cambridge 2010

Cohen, G. A. – Reason, humanity, and the moral law, in: Korsgaard (1996a), S. 167-188

Coleman, M. C.: Korsgaard on Kant on the Value of Humanity, in: The Journal of Value Enquiry 40 (2006), 475-478

Cullity, G./Gaut, B. (ed.) – Introduction to Ethics and Practical Reason, Oxford 1997

Dancy, J. – Intuition and Emotion, in: Ethics Vol. 124, No. 4 (2014), S. 787-812

Dancy, J. – Ethics without Principles, Oxford 2004

Dancy, J. – Practical Reality, Oxford 2000

Darwall, S. – Weil ich es möchte, in: Halbig, Chr./Henning, T. (Hrsg.) – Die neue Kritik der instrumentellen Vernunft, Frankfurt 2012, S. 213-251

Darwall, S. – The Second-Person Standpoint: Morality, Respect, and Accountability, Harvard 2006

Darwall, S. – Internalism and Agency, in: Tomberlin, J. A. (ed.) – Philosophical Perspectives 6, Atascadero 1992, S. 155-174

Darwall, S. – Autonomist Internalism and the Justification of Morals, in: Nous 24 1990, S. 257-268

Davidson, D. – Essays on Actions and Events, Oxford 1980

Davis, W. A. – The Causal Theory of Action, in: O'Connor, T./Sandis, C. (ed.) – A Companion to the Philosophy of Action, Malden/Oxford 2013, S. 32-39

De Caro, M./Voltolini, A. – Is Liberal Naturalism possible?, in Dies. (ed.) – Naturalism and Normativity, New York 2010, S. 69-88

De Caro, M./Voltolini, A. (ed.) – Naturalism and Normativity, New York 2010

Dennett, D. – The Intentional Stance, Cambridge/London 1987

DePaul, M. R./Ramsey, W. – Preface, in: Dies. (ed.) – Rethinking Intuition, Oxford 1998, S. V-XV

DePaul, M. R./Ramsey, W. (ed.) – Rethinking Intuition, Oxford 1998

Düwell, M. – Handlungsreflexive Moralbegründung, in: Düwell, M./Hübenthal, Chr./Werner, M. H. (Hrsg.) – Handbuch Ethik, Stuttgart 2002, S. 152-162

Düwell, M./Hübenthal, Chr./Werner, M. H. (Hrsg.) – Handbuch Ethik, Stuttgart 2002

Elizondo, E. S. – Reason in its Practical Application, in: Philosopher's Imprint Vol. 13, No. 21 2013, S. 1-17

Enoch, D. – Shmagency Revisited, in: Brady, M. – New Waves in Metaethics, New York 2011, S. 208-233

Enoch, D. – Taking Morality Seriously. A Defense of Robust Realism, Oxford 2011

Enoch, D. – Agency, Shmagency: Why Normativity Won't Come from What is Constitutive of Action, in: The Philosophical Review Vol. 115 No. 2 (2006), S. 169-198

Ferrero, L.: »Constitutivism and the Inescapability of Agency«, in: Oxford Studies in Metaethics 4 (2009), S. 303-333
FitzPatrick, W.J. – The practical Turn in Ethical Theory: Korsgaard's Constructivism, Realism, and the Nature of Normativity, in: Ethics 115 (2005), S. 651-691
Flach, W. – Hegels dialektische Methode, in: Gadamer, H.-G. (Hrsg.) – Heidelberger Hegel-Tage 1962 (Hegel-Studien Beiheft 1), Bonn 1964, S. 55-64
Förster, E. (Hrsg.) – Kant's Transcendental Deductions, Stanford 1989
Foot, P. – Morality as a System of Hypothetical Imperatives, in: Philosophical Review Vol. 81, No. 3 (1972), S. 305-316
Forschner, M. – Die stoische Ethik, 2. durchges. und erw. A. Darmstadt 1995
Forum für Philosophie Bad Homburg (Hrsg.) – Philosophie und Begründung, Frankfurt a.M. 1987
Frankfurt, H. – Alternate Possibilities and Moral Responsibility, in: Watson, G. (ed.) – Free Will. Second Edition, Oxford 2003, S. 167-176
Franklin, Chr. E.: Event-causal libertarianism, functional reduction, and the disappearing agent argument, in: Philosophical Studies: An International Journal for Philosophy in the Analytic Tradition Vol. 170, No. 3 2014, S. 413-432
Frege, G. – Logische Untersuchungen, Göttingen 2003
Gadamer, H.-G. (Hrsg.) – Heidelberger Hegel-Tage 1962 (Hegel-Studien Beiheft 1), Bonn 1964
Gauthier, D. – Morals by Agreement, Oxford 1986
Gert, J. – Korsgaaard's Private-Reasons Argument, in: Philosophy and Phenomenological Research Vol. LXIV, No. 2 2002, S. 303-324
Gethmann, C. F./Hegselmann, R. – Das Problem der Begründung zwischen Dezisionismus und Fundamentalismus, in: Zeitschrift für allgemeine Wissenschaftstheorie 8 (1977), S. 342-368
Geuss, R. – Morality and Identity, in: Korsgaard (1996a), S. 189-199
Gewirth, A. – Dignity as the Basis of Rights, in: Meyer, M. J./Parent, W. A. (eds.) – The Constitution of Rights, Ithaca 1992, S.10-28
Gewirth, A. – Foreword, in: Beyleveld (1991), S. vii-xvii
Gewirth, A. – Replies to my Critics, in: Regis Jr., E. (ed.) – Gewirth's Rational Rationalism. Critical Essays with a Reply by Alan Gewirth, Chicago 1984, S. 192-257
Gewirth, A. – Why Agents Must Claim Rights: A Reply, in: Journal of Philosophy 79 (1982), S. 403-410
Gewirth, A. – The Future of Ethics: The Moral Powers of Reason, in: Nous 15 (March 1981), 15-30
Gewirth, A. – Comments on Bond's article, in: Metaphilosophy Nr. 11 (1980), S. 54-69
Gewirth, A. – Reason and Morality, Chicago 1978
Gewirth, A. – The Normative Structure of Action, in: Review of Metaphysics 25 (1971), S. 238-261

Gibbard, A. – Morality as Consistency in Living: Korsgaard's Kantian Lectures, in: Ethics 110 (1999), S. 140-164

Gillet, C./Loewer, B. (ed.) – Physicalism and its Discontents, Cambridge 2001

Ginet, C. – Reasons explanations of action: Causalist versus noncausalist accounts, in: Kane, R. (ed.) – The Oxford Handbook of Free Will, Oxford 2002, S. 386-405

Grundmann, T. – Analytische Einführung in die Erkenntnistheorie, Berlin/New York 2008

Habermas, J. – Wahrheit und Rechtfertigung, Frankfurt 1999

Habermas, J. – Die Einbeziehung des Anderen, Frankfurt 1996

Habermas, J. – Theorie des kommunikativen Handelns (2 Bde.), Frankfurt a. M. 1981

Halbig, Chr./Henning, T. (Hrsg.) – Die neue Kritik der instrumentellen Vernunft, Frankfurt 2012

Halbig, Chr. – Praktische Gründe und die Realität der Moral, Frankfurt 2007

Hare, R. – Do Agents have to be Moralists?. In: E. Regis Jr. (1984), S. 52-58

Harman, G. – Change in View, Cambridge 1986

Harsanyi, J. C. – Morality and the theory of rational behaviour, in: Sen, A./William, B. (ed.) – Utilitarianism and beyond, Oxford 1982, S. 39-62

Held, V. – The Normative import of Action, in: Boylan, M. (ed.) – Gewirth. Critical Essays on Action, Rationality, and Community, Oxford 1999, S. 13-27

Hempel, C. G. – Erklärung in Naturwissenschaft und Geschichte, in: Krüger, L. (Hrsg.) – Erkenntnisprobleme der Naturwissenschaft, Köln/Berlin 1970, S. 215-238

Herman, B. – The Practice of Moral Judgment, Harvard 1993

Hintikka, J. – Cogito, ergo sum: Inference or performance?, in: Philosophical Review 71/1 (1962), S. 3-32

Hoffmann, M. – Der Standard des Guten bei Aristoteles: Regularität im Unbestimmten, Freiburg 2010

Höffe, O. (Hrsg.) – Die Nikomachische Ethik, Berlin 1995

Höffe, O. – Philosophische Handlungstheorie als Ethik, in: Poser, H. (Hrsg.) – Philosophische Probleme der Handlungstheorie, Freiburg i. Brsg. 1982, S. 233-261

Holz, H. – Allgemeine Strukturologie. Entwurf einer transzendentalen Formalphilosophie, Essen 1999

Holz, H. – Ein Nukleus transzendentaler Formalintuition: Über Binnenstrukturen philosophischer Letztbegründung, in: Ders. – Immanente Transzendenz, Würzburg 1997, S. 77-102

Hooker, B./Little, M. (ed.) – Moral Particularism, Oxford 2000

Hookway, Chr. – Modest Transcendental Arguments and Sceptical Doubts: A Reply to Hooker, in: Stern, R. (ed.) – Transcendental Arguments. Problems and Prospects, Oxford 1999, S. 173-187

Horn, Chr./Löhrer, G. – Einleitung: Die Wiederentdeckung teleologischer Handlungserklärung, in: Dies. (Hrsg.) – Gründe und Zwecke. Texte zur aktuellen Handlungstheorie, Frankfurt 2010, S. 7-45

Horn, Chr./Löhrer, G. (Hrsg.) – Gründe und Zwecke. Texte zur aktuellen Handlungstheorie, Frankfurt 2010

Horn, Chr. – Klugheit, Moral und die Ordnung der Güter: Die antike Ethik und ihre Strebenskonzeption, in: Meixner, U./Newen, A. (Hrsg.) – Philosophiegeschichte und logische Analyse. Schwerpunkt: Geschichte der Ethik, Paderborn 2003, S. 75-95

Horn, Chr. – Wille, Willensbestimmung und Begehrungsvermögen, in: O. Höffe (Hrsg.) – Immanuel Kant: Kritik der praktischen Vernunft, Berlin 2002, S. 43-61

Horn, Chr. – Antike Lebenskunst, München 1998

Hösle, V. – Die Krise der Gegenwart und die Verantwortung der Philosophie, 3. erw. A. München 1997

Hudson, W. D. – The Is-Ought-Problem resolved?, in: E. Regis Jr. (1984), S. 108-127

Hutter, A. – Das Interesse der Vernunft, Hamburg 2003

Illies, Chr. – Philosophische Anthropologie im biologischen Zeitalter, Frankfurt 2006

Illies, Chr. – The Grounds of Ethical Judgment, Oxford 2003

Irwin, T. – Ethics as an inexact Science: Aristotle and the ambitions of Moral Theory, in: Hooker, B./Little, M. (Hrsg.) – Moral Particularism, Oxford 2000 (repr. 2003), S. 100-129

Kane, R. (ed.) – The Oxford Handbook of Free Will, Oxford 2002

Kane, R. – The Significance of Free Will, New York 1999

Kant, I. – Kants gesammelte Schriften (Hrsg. von der Königlich Preußischen Akademie der Wissenschaften, Berlin 1902-10)

Kaulbach, F. – Das Prinzip der Handlung in der Philosophie Kants, Berlin 1978

Keil, G. – Willensfreiheit, Berlin 2007

Keil, G. – Naturalismus und Intentionalität, in: Ders./Schnädelbach, H. (Hrsg.) – Naturalismus, Frankfurt a. M. 2000, S. 187-204

Keil, G./Schnädelbach, H. (Hrsg.) – Naturalismus, Frankfurt a. M. 2000

Keil, G. – Kritik des Naturalismus, Berlin/New York 1993

Kellerwessel, W. – Normbegründung in der analytischen Ethik, Würzburg 2003

Kerstein, S. J. – Korsgaard's Kantian Arguments for the Value of Humanity, in: Canadian Journal of Philosophy Vol. 31, No. 1 (2001), S. 23-52

Kersting, W. (Hrsg.) – Gerechtigkeit als Tausch? Auseinandersetzungen mit der politischen Philosophie Otfried Höffes, Frankfurt a. M. 1997

Kettner, M. – Otfried Höffes transzendental-kontraktualistische Begründung der Menschenrechte, in: Kersting, W. (Hrsg.) – Gerechtigkeit als Tausch? Auseinandersetzungen mit der politischen Philosophie Otfried Höffes, Frankfurt a. M. 1997, S. 243-283

Keuth, H. – Ist eine rationale Ethik möglich?, in: Logos 1 (1994), S. 288-305

Keuth, H. – Fallibilismus vs. transzendentalpragmatische Letztbegründung, in: Zeitschrift für allgemeine Wissenschaftstheorie 14 (1983), S. 320-337

King, J. T. – Aristotle's Ethical Non-Intuitionism, in: New Scholasticism 43, No. 1 1969, S.131-142

Kohl, M. – Kant on Determinism and the Categorical Imperative, in: Ethics Vol. 125, No. 2 2015, S. 331-356

Köhl, H. – Abschied vom Unbedingten, Freiburg/München 2006

König, J. – Der Begriff der Intuition, Hildesheim 1924

Korsgaard, Chr. – Self-Constitution. Agency, Identity, and Integrity, Cambridge 2009

Korsgaard, Chr. – The Constitution of Agency. Essays on Practical Reason and Moral Psychology, Cambridge 2008

Korsgaard, Chr. – The Sources of Normativity, Cambridge 1996

Korsgaard, Chr. – Creating the Kingdom of Ends, Cambridge 1996

Korsgaard, Chr. – Kant's formula of universal law, in: Pacific Philosophical Quarterly 66, No. 1-2, S. 24-47

Korsgaard, Chr. – Motivation, Metaphysics, and the Value of the Self: A Reply to Ginsborg, Guyer, and Schneewind, in: Ethics 109 (1998), S. 49-66

Krämer, H. – Integrative Ethik, Frankfurt 1992

Krüger, L. (Hrsg.) – Erkenntnisprobleme der Naturwissenschaft, Köln/Berlin 1970

Kuhlmann, W. – Begründung, in: Düwell/Hübenthal/Werner (2002), S. 313-319

Kuhlmann, W. – Reflexive Letztbegründung. Untersuchungen zur Transzendentalpragmatik, Freiburg/München 1985

Kutschera, F. v. – Grundlagen der Ethik, Berlin/New York 1999

LeBar, M. – Korsgaard, Wittgenstein and the Mafioso, in: Sothern Journal of Philosophy 39 (2001), S. 261-271

LeBuffe, M. – Hobbes on the Origin of Obligation, in: British Journal for the History of Philosophy 11, No. 1 (2003), S. 15-39

Lehrer, K. (ed.) – Freedom and Determinism, New York 170

Leist, A. – Die gute Handlung, Berlin 2000

Levinas, E. – Zwischen uns. Versuch über das Denken des Anderen, München 1995

Levinas, E. – Die Spur des Anderen. Untersuchungen zur Phänomenologie und Sozialphilosophie, 3. A. Freiburg 1992

Lewis, D. – Finkish Dispositions, in: The Philosophical Quarterly 47 (1997), S. 143-158

Lubin, D. – External Reasons, in: Metaphilosophy 40, No. 2 (2009), S. 273-291

MacInytre, A. – Der Verlust der Tugend, Frankfurt 1997

Makkreell, R. A./ Luft, S. (ed.) – Neo-Kantianism in Contemporary Philosophy, Indiana 2009

Martin, C. B. – Dispositions and Conditionals, in: The Philosophical Quarterly 44 (1994), S. 1-8

McCann, H. – Metaethical Reflections on Robert Audi's Moral Intuitionism, in: Timmons, M./Greco, J./Mele, A. R. (ed.) – Rationality and the Good. Critical Essays on the Ethics and Epistemology of Robert Audi, Oxford 2007, S. 40-53
McDowell, J. – Mind, Value, and Reality, Harvard 2001
McDowell, J. H. – Geist und Welt, Paderborn 1998
McDowell, J. H. – Might There Be External Reasons?, in: Altham, J. E. J./Harrison, R. (ed.) – World, Mind and Ethics, Cambridge University Press, New York 1995, S. 68-85
McKeever, S. – Principled Ethics: Generalism as a Regulative Ideal, Oxford 2006
Meixner, U./Newen, A. (Hrsg.) – Philosophiegeschichte und logische Analyse. Schwerpunkt: Geschichte der Ethik, Paderborn 2003
Mele, A. – Effective Intentions, Oxford 2009
Mele, A. – Motivation and Agency, Oxford 2003
Mele, A. – Autonomous Agents. From Self-Control to Autonomy, New York 2001
Mele, A. – Springs of Action, New York 1992
Meyer, M. J./Parent, W. A. (eds.) – The Constitution of Rights, Ithaca 1992
Millgram, E. – Williams' Argument Against External Reasons, in: Nous 30, No. 2 (1997), S. 197-220
Moore, G. E. – The Conception of Intrinsic Value, in: Ders. – Philosophical Studies, London 1922, S. 245-275
Moore, G. E. – Principia Ethica, London 1903
Nagel, T. – Universality and the reflective self, in: Korsgaard (1996a), S. 200-209
Nagel, T. – The View from Nowhere, New York 1986
Narveson, J. – Gewirth's Reason and Morality. A Study of the Hazards of Universalizability in Ethics, in: Dialogue 19 (1980), S. 651-674
Naughton, D. – The Importance of Being Human (Reply to Cora Diamond), in: Cockburn, D. (ed.) – Human Beings, Cambridge 2010, S. 63-82
Nelson, W. – Kant's Formula of Humanity, in: Mind (New Series) Vol. 117 No. 465 (2008), 85-106
Neurath, O. – Radikaler Physikalismus und »Wirkliche Welt«, in: Erkenntnis 4 (1934), S. 346-362
Nida-Rümelin, J. – Angewandte Ethik. Die Bereichsethiken und ihre theoretische Fundierung, Stuttgart 1986
Nielsen, K. – Against Ethical Rationalism, in: E. Regis (1984), S. 59-83
Nyholm, S. – Revisiting Kant's Universal Law and Humanity Formulas, Berlin/Boston 2015
O'Connor, T./Sandis, C. (ed.) – A Companion to the Philosophy of Action, Malden/Oxford 2013
O'Connor, T. – Agent-Causal Theories of Freedom, in: Kane, R. (ed.) – Oxford Handbook of Free Will, New York 2011, S. 309-328

O'Connor, T. – Persons and Causes. The metaphysics of free will, New York 2000

O'Connor, T. (ed.) – Agents, causes, and events: Essays on Indeterminism and Free Will, New York 1995

O'Neill, O. – Towards Justice and Virtue, Cambridge 1996

Ossa, M. – Voraussetzungen voraussetzungsloser Erkenntnis? Das Problem philosophischer Letztbegründung von Wahrheit, Paderborn 2007

Ossa, M./Schönecker, D. – Ist keine Aussage sicher? Rekonstruktion und Kritik der deutschen Fallibilismusdebatte, in: Zeitschrift für philosophische Forschung 58/1 (2004), S. 54-79

Ott, K. – Moralbegründungen, Hamburg 2001

Parfit, D. – Reasons and Motivation, in: Aristotelian Society Supplementary Vol. 71 Issue 1 (1997), S. 99-130

Parfit, D. – Reasons and Persons, Oxford 1984

Pauer-Studer, H. – Maximen, Identität und praktische Deliberation. Die Rehabilitierung von Kants Moralphilosophie, in: Philosophische Rundschau Bd. 45 (Heft 1) 1998, S. 70-81

Pink, T./Stone, M. W. F. (ed.) – The Will and Human Action, London 2004

Poser, H. (Hrsg.) – Philosophische Probleme der Handlungstheorie, Freiburg i. Brsg. 1982

Potter, N. T./Timmons, M. (ed.) – Morality and Universality: Essays on Ethical Universalizability, Dordrecht 1985

Price, A. W. – Aristotle, the Stoics and the will, in: Pink, T./Stone, M. W. F. (ed.) – The Will and Human Action, London 2004, S. 29-52

Prichard, H. A. – Does Moral Philosophy Rest On A Mistake?, in: Mind 21 (1912), S. 21-37

Priest, G. – In contradiction. A Study of the Transconsistent, Oxford 2006

Priest, G. – What is so bad about contradictions?, in: Journal of Philosophy 1995 (1998), S. 410-426

Puolimatka, T. – Moral Realism and Justification, Helsinki 1989

Rähme, B. – Wahrheit, Begründbarkeit, Fallibilität. Ein Beitrag zur Diskussion epistemischer Wahrheitstheorien, New York/Berlin 2010

Rawls, J. – A Theory of Justice, New ed. Harvard 2005

Rawls, J. – The Law of Peoples (with »The Idea of Public Reason Revisited«), 3rd printing Cambridge 2001

Raz, J. – Der Mythos der instrumentellen Rationalität, in: Halbig, Chr./Henning, T. (Hrsg.) – Die neue Kritik der instrumentellen Vernunft, Frankfurt 2012, S. 363-402

Raz, J. – Engaging Reason. On the theory of Value and Action, Oxford 1999

Raz, J. – The Morality of Freedom, Oxford 1986

Regis Jr., E. (ed.) – Gewirth's Rational Rationalism. Critical Essays with a Reply by Alan Gewirth, Chicago 1984

Regis Jr., E. – Gewirth on Rights, in: Journal of Philosophy 78 (1981), S. 786-794
Rorty, R. – Philosophy and Social Hope, London 1999
Rorty, R. – Is Truth a Goal of Inquiry? Donald Davidson versus Crispin Wright, in: Ders. – Truth and Progress. Philosophical Papers, Cambridge 1998, S. 19-42
Ross, W. D. – Aristotle, London 6. A. 1995
Ross, W. D. – The Right and the Good, Oxford 1930
Roth, A. S. – Reasons Explanations of Actions: Causal, Singular, and Situational, in: Philosophy and Phenomenological Research No. 59 (1999), S. 839-874
Russell, B. – Problems of Philosophy, London 1912
Scarano, N. – Moralische Überzeugungen. Grundlinien einer antirealistischen Theorie der Moral, Paderborn 2001
Schälike, J. – Spuren und Spielräume des Willens, Paderborn 2010
Scheffler, S. – The Rejection of Consequentialism, Oxford 1982
Scheler, M. – Der Formalismus in der Ethik und die materiale Wertethik, 4. A. Bern 1954
Scheuermann, J. – Gewirth's Concept of Prudential Rights, in: Philosophical Quarterly 37 (1987), S. 291-305
Schlick, M. – Über das Fundament der Erkenntnis, in: Erkenntnis 4 (1934), S. 79-99
Schneewind, J. B. – The Invention of Autonomy, Cambridge 1998
Schneewind, J. B. – Korsgaard and the unconditional in morality, in: Ethics 109 (1998), S. 36-48
Schönecker D./Wood, A. – Kants »Grundlegung zur Metaphysik der Sitten«, Paderborn 2002
Schueler, F. – Reasons and Purposes. Human Rationality and the Teleological Explanation of Action, Oxford 2003
Schwartz, A. – Review of Reason and Morality by Alan Gewirth, in: Philosophical Review Nr. 88 (1979), S. 654-656
Seebaß, G. – Die konditionale Analyse des praktischen Könnens, in: Ders. – Handlung und Freiheit. Philosophische Aufsätze, Tübingen 2006
Sehon, S. – Teleological Realism, Cambridge 2005
Sen, A./William, B. (ed.) – Utilitarianism and beyond, Oxford 1982
Setiya, K. – Introduction: Internal Reasons, in: Setiya, K./Paakkunainen, H. (ed.) – Internal Reasons: A Contemporary Readings, Cambridge 2012, S. 1-34
Setiya, K./Paakkunainen, H. (ed.) – Internal Reasons: A Contemporary Readings, Cambridge 2012
Siep, L. – Konkrete Ethik. Grundlagen der Natur- und Kulturethik, Frankfurt 2004
Silverstein, M. E. – The Shmagency Question, in: Philosophical Studies 172 (no. 5) 2015, 1127-42
Singer, M. – Gewirth's Ethical Monism, in: Regis Jr., E. (1984), S. 23-38
Smith, M. – Internal Reasons, in: Philosophy and Phenomenological Research 55, No. 1 (1995), S. 109-131

Smith, M. – Rational Capacities, or: How to Distinguish Recklessness, Weakness, and Compulsion, in: Ders. – Ethics and the Apriori. Selected Essays on Moral Psychology and Meta-Ethics, Cambridge 2004, S. 114-135

Sosa, E./Tooley, M. (ed.) – Causation, Oxford 1993

Southwood, N. – The Authority of Social Norms, in: Brady, M. (ed.) – New Waves in Metaethics, Hampshire 2011, S. 234-248

Southwood, N. – Contractualism and the Foundations of Morality, Oxford 2010

Steigleder, K. – Kants Moralphilosophie, Stuttgart 2002

Steigleder, K. – Grundlegung der normativen Ethik. Der Ansatz von Alan Gewirth, Freiburg/München 1999

Steinvorth, U. – Was ist Vernunft? Eine philosophische Einführung, München 2002

Sterba, J. P. – Justifying Morality: The Right and the Wrong Ways, in: Synthèse Nr. 72 (1987), S. 45-69

Stern, R. (ed.) – Transcendental Arguments. Problems and Prospects, Oxford 1999

Stoecker, R. – Einleitung, in: Ders. (Hrsg.) – Handlungen und Handlungsgründe, Paderborn 2002, 7-32

Stoecker, R. (Hrsg.) – Handlungen und Handlungsgründe, Paderborn 2002

Stohs, M. D. – Gewirth's Dialectically Necessary Method, in: Journal of Value Inquiry 22 (1988), S. 53-65

Stout, R. – Action, Durham 2005

Stratton-Lake, P. (ed.) – Ethical Intuitionism: Re-evaluations, Oxford 2002

Sturgeon, N. L. – Ethical Intuitionism and Ethical Naturalism, in: Stratton-Lake, P. (ed.) – Ethical Intuitionism: Re-evaluations, Oxford 2002, S. 184-211

Timmons, M./Greco, J./Mele, A. R. (ed.) – Rationality and the Good. Critical Essays on the Ethics and Epistemology of Robert Audi, Oxford 2007

Tomberlin, J. A. (ed.) – Philosophical Perspectives 6, Atascadero 1992

Tooley, M. – Causes, Laws, and Ontology, in: Beebee, H./Hitchcock, Chr./Menzies, P. (ed.) – The Oxford Handbook of Causation, Oxford/New York 2012, S. 368-386

Tugendhat, E. – Dialog in Letitia, Frankfurt 1997

Tugendhat, E. – Vorlesungen über Ethik, Frankfurt 1993

Veatch, H. B. – Review of Reason and Morality, in: Ethics 89 (1979), S. 401-414

Vihvelin, K. – Free Will Demystified: A Dispositional Account, in: Philosophical Topics 32 (2004), S. 427-450

Walker, M. T. – Kant, Schopenhauer and Morality: Recovering the Categorical Imperative, New York 2012, 113

Wandschneider, D. – Grundzüge einer Theorie der Dialektik, Stuttgart 1995

Watson, G. – Free Action and Free Will, in: Ders. – Action and Answerability. Selected Essays, Oxford 2004, S. 161-196

Welsch, W. – Vernunft. Die zeitgenössische Vernunftkritik und das Konzept der transversalen Vernunft, Frankfurt 1996

Werner, M. H. – Minimalistische Handlungstheorie – gescheiterte Ethikbegründung: Ein Blick auf Alan Gewirth, in: Burckhart, H./Gronke, H. (Hrsg.) – Philosophieren aus dem Diskurs: Beiträge zur Diskurspragmatik, Würzburg 2003, S. 308-328

Wetzel, M. – Praktisch-politische Philosophie Bd. 2, Würzburg 2004

Wiggins, D. – Deliberation and Practical Reason, in: Ders. – Needs, Values, Truths (Oxford 1987), S. 215-237

Willascheck, M. – Praktische Vernunft. Handlungstheorie und Moralbegründung bei Kant, Stuttgart/Weimar 1992

Williams, B. – Ethics and the Limits of Philosophy, London/New York 2011

Williams, B. – Der Begriff der Moral, Stuttgart 1986

Williams, B. – Persons, Character and Morality, in: Ders. – Moral Luck, Cambridge 1981, S. 1-19

Wilson, G. – The Intentionality of Human Action, Stanford 1989

Wimmer, R. – Universalisierung in der Ethik: Analyse, Kritik und Rekonstruktion ethischer Rationalitätsansprüche, Frankfurt 1980

Wolf, U. – Aristoteles' Nikomachische Ethik, Darmstadt 2002

Wood, A. – Kant's Ethical Thought, Cambridge 1999

Wright, G. H. v. – Handlung, Norm und Intention. Untersuchungen zur deontischen Logik, Berlin/New York 1977

Wright, G. H. v. – The Varieties of Goodness, London/New York 1972

Wright, G. H. v. – Explanation and Understanding, New York 1971

Wright, G. H. v. – Norm and Action, London 1963

Wuerth, J. – Kant on Mind, Action & Ethics, Oxford 2014

Zoglauer, T. – Normenkonflikte. Zur Logik und Rationalität ethischen Argumentierens, Cottbus 1995

Personenregister

Ackrill, John L. 7
Adams, Ellie M. 293
Albert, Hans 29f., 76
Allison, Henry E. 62
Altham, James E. J. 64
Anscombe, Elizabeth 3f., 41
Apel, Karl-Otto 1, 30, 334
Aristoteles 7, 29, 56, 57, 103, 114f., 136, 227f., 239
Arroyo, Christopher 138
Audi, Robert 21, 27
Augustinus 226
Ayer, Alfred 34

Bach, Kent 57
Baker, Lynne R. 59
Bambauer, Christoph 6, 36, 57, 147, 159, 180
Bauer, Katharina 152
Baumann, Peter 22
Baumrin, B. H. 24
Beckermann, Ansgar 72
Beebee, Helen 120
Beisbart, Claus 36
Beyleveld, Deryck 5, 200, 216f., 220, 222, 245, 267f., 273, 279, 291f., 300, 305, 307, 358
Bittner, Rüdiger 255ff.
Bond, E. J. 304ff., 308
BonJour, Laurence 21
Botham, Thad 61
Boylan, Michael 216, 358
Brady, Michael 26, 185
Bratman, Michael 150, 262
Brink, David O. 36, 41
Broome, John 21, 128, 254, 261
Buber, Martin 1
Burckhart, Holger 256

Chisholm, Roderick 48
Churchland, Paul 3
Clarke, Randolph 61
Cockburn, David 28
Cohen, Gerald A. 145f.
Coleman, M. C. 138
Cullity, Garrett 89

Dancy, Jonathan 25, 75, 163, 239ff., 302
Darwall, Stephen 1, 41, 50, 89
Daveney, T. F. 225
Davidson, Donald 1, 22, 57f., 239
Davis, Wayne A. 58
De Anna, Gabriele 6
Decaro, Mario 59
Dennett, Daniel 3
DePaul, M. R. 25
Descartes, Renee 25
Diamond, Cora 28
Düwell, Marcus 4f., 19

Enoch, David 10, 69, 80, 106, 111, 185, 187f.

Ferrero, Luca 111, 189
FitzPatrick, William 156ff.
Flach, Werner 29
Foot, Philippa 32f., 36
Forschner, Maximilian 56
Förster, Eckart 62
Frankfurt, Harry 229
Franklin, Christopher E. 61
Frege, Gottlob 28

Gadamer, Hans-Georg 29
Gaut, Berys 89
Gauthier, David 23
Gehlen, Arnold 43
Gert, Joshua 10, 100, 197
Gethmann, Carl F. 28
Geuss, Raymond 196f.
Gewirth, Alan 4, 9ff., 15ff., 27, 199f., 213-231, 235, 237ff., 241ff., 245-258, 262-284, 286, 288ff., 296-314, 317-319, 320ff., 337ff., 347ff., 355ff.
Gibbard, Allan 34, 161f.
Gillet, Carl 59
Ginet, Carl 58
Greco, J. 27
Gronke, Horst 256
Grundmann, Thomas 58, 73, 334

Habermas, Jürgen 1, 42, 44
Halbig, Christoph 20, 50, 69, 261

Hare, Richard 306f.
Harman, Gilbert 254
Harrison, R. 64
Harsanyi, John C. 37
Hegselmann, Rainer 28
Held, Virginia 216
Hempel, Carl G. 58
Henning, Tim 50, 261
Herman, Barbara 5f., 147
Hintikka, Jaakko 334
Hitchcock, Christopher 120
Hobbes, Thomas 87 f., 145ff.
Höffe, Otfried 2, 7, 37
Hoffmann, Magda 24
Holz, Harald 22, 30
Hooker, Brad 7
Hooker, Brad 75
Hookway, Christopher 152f.
Horn, Christoph 3, 5, 37, 39, 56f.
Hösle, Vittorio 29f., 42
Hübenthal, Christoph 4, 19
Hudson, William D. 275, 277
Hume, David 93, 95ff., 100, 102, 103, 148, 168, 226, 239, 240
Husserl, Edmund 25
Hutcheson, Francis 94
Hutter, Axel 147

Illies, Christian 5, 26, 43, 148, 218, 226f., 252, 258, 265f., 288ff., 310, 333
Irwin, Terence 7, 24

Kane, Robert 55, 58
Kant, Immanuel 2, 8, 16, 41ff., 53, 56f., 61f., 66, 98, 103, 105f., 108 - 110f., 114ff., 126ff., 136, 140, 145ff., 172, 188, 206, 213, 239, 244, 337, 358
Kaulbach, Friedrich 2
Keil, Geert 3, 226, 244
Kellerwessel, Ulf 25, 38
Kerstein, Samuel J. 138
Kersting, Wolfgang 285
Kettner, Matthias 285, 288f., 292
Keuth, Herbert 23, 28
King, John T. 24
Köhl, Harald 36, 38, 40
Kohl, Markus 120
König, Josef 25
Korsgaard, Christine 2, 4ff., 9ff., 15ff., 79-211, 214, 258f., 282, 318, 347ff., 356ff.

Krämer, Hans 9
Krüger, Lorenz 58
Kuhlmann, Wolfgang 19, 31

LeBar, Mark 198, 201
LeBuffe, Michael 146
Lehrer, Keith 48
Leibniz, Gottfried Wilhelm 48
Leist, Anton 5, 38, 49, 60, 68
Levinas, Emmanuel 1
Lewis, David 230ff.
Little, Margaret 7, 75
Loewer, Barry 59
Löhrer, Guido 3, 56
Lubin, Dean 64
Luft, Sebastian 1

MacIntyre, Alasdair 274, 285
Mackie, John 261, 276f.
Makkreel, Rudolf 1
Martin, Charles B. 232
McCann, Hugh 27
McDowell, John 24, 64, 72
McKeever, Sean 75
Meixner, Uwe 56
Mele, Alfred 27, 55, 215, 241
Menzies, Peter 120
Mieth, Corinna 152
Millgram, Elijah 64
Moore, George E. 24, 124, 226

Nagel, Thomas 50, 89f., 173
Narveson, Jan 275
Naughton, David 28
Nelson, William 138
Neurath, Otto 72
Newen, Albert 56
Nida-Rümelin, Julian 53
Nielsen, Kai 273, 279
Nietzsche, Friedrich 43
Nyholm, Sven 138

O'Connor, Timothy 58, 61
O'Neill, Onora 5
Odgen, Charles K. 34
Ossa, Miriam 22, 29f.
Ott, Konrad 6, 19f., 68, 72, 223f.

Paakkunainen, Hille 64
Parfit, Derek 20, 50

PERSONENREGISTER

Parmenides 31
Pauer-Studer, Herlinde 1, 6
Pink, Thomas 8
Platon 8, 56, 103, 124, 187
Poser, Hans 2
Potter, Nelson T. 75
Price, Anthony W. 8
Prichard, Harold A. 91, 354
Priest, Graham 21
Pufendorf, Samuel 53, 87f.
Puolimatka, Tapio 219

Rähme, Boris 22, 29
Ramsey, W. 25
Rawls, John 23, 42f.
Raz, Joseph 21, 241, 261ff.
Regis, Edward 217, 221, 245f., 273, 306
Richards, Ivor A. 34
Rorty, Richard 22, 48
Ross, William D. 7, 25
Roth, Abraham S. 59
Russell, Bertrand 73

Sandis, Constantine 58
Scarano, Nico 5, 220
Schälike, Julius 226, 228, 232f., 235
Scheffler, Samuel 60
Scheler, Max 24
Scheuermann, J. 300f.
Schlick, Moritz 72
Schnädelbach, Herbert 3
Schneewind, Jerome B. 44, 157
Schönecker, Dieter 8f., 29
Schueler, Frederick 239, 241
Schwartz, Adina 303f.
Seebaß, Gottfried 228
Sehon, Scott 55f., 63, 218, 239, 241
Sen, Amartya 37
Setiya, Kieran 64
Siep, Ludwig 72
Silverstein, Matthew E. 111
Singer, Marcus 221
Smith, Michael 64, 230
Sosa, Ernest 120
Southwood, Nicholas 23, 26
Steigleder, Klaus 2, 5, 62, 64, 214, 218, 223, 225f., 236, 244, 254ff., 283, 294, 301, 309f., 312ff., 319 326f., 337

Steinvorth, Ulrich 63
Sterba, James P. 304
Stern, Robert 153
Stevenson, Charles 34
Stoecker, Ralf 2 f.
Stohs, Martin D. 293 f., 310, 319
Stone, Martin W. F. 8
Stout, Roger 58
Stratton-Lake, Philip 24
Sturgeon, N. L. 24

Timmons, Mark 27, 75
Tomberlin, James E. 41
Tooley, Michael 120
Tugendhat, Ernst 42, 44, 226
Tugendhat, Ernst 66, 72

Varga, Somogy 152
Veatch, Henry B. 278f.
Velleman, David 187f.
Vihvelin, Kadri 232ff.
Voltolini, Alberto 59
Von Kutschera, Franz 74
Von Wright, Georg H. 1, 3, 281ff.

Walker, M. T. 138
Wallace, R. Jay 261
Wandschneider, Dieter 21, 50
Watson, Gary 229, 234f.
Welsch, Wolfgang 45, 50
Werner, Micha H. 4, 19, 256, 258, 260
Wetzel, Manfred 45
Wiggins, David 24
Willascheck, Marcus 2, 358
Williams, Bernard 32f., 36ff., 40, 83, 100, 148, 199, 275
Wilson, George 55
Wimmer, Reiner 75
Wolf, Ursula 7
Wolff, Christian 53
Wood, Allen 8f., 57
Wright, Crispin 22
Wuerth, Julian 138

Zoglauer, Thomas 48